加藤高明と政党政治

二大政党制への道

奈良岡聰智

山川出版社

加藤高明と政党政治——二大政党制への道——　目次

【凡例】

史料の原文引用の際は、旧字を改め句読点を施すなど適宜変更を加えた。また、頻出史料については、以下のように略記するのを原則とした。

・伊藤正徳編『加藤高明』上下巻（原書房復刻版、一九六九年、原著は加藤伯伝記編纂委員会、一九二九年）→『加藤高明』上下巻

・佐伯平造『加藤高明伝』（加藤高明伝刊行会、一九二八年）→『加藤高明伝』

・若槻礼次郎『明治・大正・昭和政界秘史―古風庵回顧録―』（講談社学術文庫版、一九八三年、原著は読売新聞社、一九五〇年）→『古風庵回顧録』

・『政治談話速記録第八巻　男爵若槻礼次郎談話速記』（ゆまに書房、一九九九年）→『若槻談話速記』

・原奎一郎編『原敬日記』全六巻（福村出版、一九六五～一九六七年）→『原敬日記』（原則として巻数は省略）

・岡義武、林茂校訂『大正デモクラシー期の政治　松本剛吉政治日誌』（岩波書店、一九五九年）→『松本剛吉日誌』

・伊藤隆、広瀬順晧編『牧野伸顕日記』（中央公論社、一九九〇年）→『牧野伸顕日記』

・『帝国議会貴族院（衆議院）議事速記録』（東京大学出版会、一九七九～一九八五年）→『貴（衆）本』巻数、『帝国議会貴族院委員会議事速記録』『帝国議会衆議院委員会議録』（臨川書店、一九八一～一九八八年）→『貴（衆）委』巻数

・『大阪朝日新聞』→『大朝』、『大阪毎日新聞』→『大毎』、『国民新聞』→『国民』、『時事新報』→『時事』、『東京朝日新聞』→『東朝』、『東京日日新聞』→『東日』、『郵便報知新聞』『報知新聞』→『報知』

・Kenneth Bourne and D. Cameron Watt（General Editors）, *British Documents on Foreign Affairs : Reports and Papers from the Foreign Office Confidential Print*, University Publications of America, 1984～→ *BD* と略記し、巻数を表記

・Foreign Office Papers（イギリス外務省文書、The National Archives, London）→ FO と略記し、文書番号のみを表記

はじめに

本書は、加藤高明（一八六〇～一九二六年）の政治指導を分析し、戦前期における二大政党制（一九二四～一九三二年）の形成過程を明らかにするものである[1]。

近代日本の政党政治史研究は、自由党から政友会に至る第一党の分析を中心として行われてきた。政党政治が本格的に展開しはじめた大正期においても、研究の関心は政友会総裁・原敬による藩閥政府凌駕の過程に集中してきた[2]。一方、原と共に大正政治史を二分した憲政会総裁・加藤高明については、本格的な研究は存在しない。

これまで加藤の研究が本格的になされなかったのは、加藤の活動が日英同盟の提唱、二十一ヵ条要求の提出、憲政会の創立、普通選挙法や治安維持法の制定など複雑で多岐にわたった反面、加藤周辺の一次史料が不足したため、そのユニークな政治構想や政治的立場が十分に理解されなかったためであると思われる。加藤は、三菱財閥の創立者・岩崎弥太郎の娘婿であったため、従来三菱との関係が過度に強調され、その政治指導を政治資金力に帰する評価が戦前から見られた[3]。戦後になっても、『原敬日記』の公刊以降、原敬の再評価が大きく進んだのに対して、史料の乏しい加藤の研究はなされず、むしろ原に対する再評価と軌を一にして、本格的な考察がなされないまま、原とは対照的に党内掌握が不十分で硬直した政治指導を行ったというのが通説的理解となった[4]。三菱財閥との関係は相変わらず強調されたし、戦前期の帝国主義外交や民衆抑圧の代表例と見なされた二十一ヵ条要求提出や治安維持法成立に関わったことが、低い評価の大きな要因となった。

政党指導者としての加藤高明を実証的に評価する試みは、一九八〇年代初頭に発表された北岡伸一氏の研究によって初めて緒についた。北岡氏は、原・政友会による一党優位制確立の下で同志会およびその後身の憲政会が野党の座に甘んじるようになった過程を分析し、加藤の政治指導を原のそれと対比して「受動的」「官僚的」であると評した[5]。北岡氏の研究は、加藤に対して低い評価を与えてきたそれまでの先行研究を集大成した感があり、近年に至るまで通説的位置を占めてきた。北岡氏は最近の研究でも「加藤の政治手腕は、原敬には及ばなかった。（中略―筆者）当然、党内には、不満が絶えなかった。それにもかかわらず、加藤が生き延びた理由は、一つにはその財力であった」とし、憲政会を「官僚主導型の政党」と評価している(6)。この他、憲政会創立期の加藤の政治指導を「非常に曖昧で二面的」とする季武嘉也氏の評価や(7)、護憲三派内閣の内実を「挙国一致内閣」と見なし、その政党内閣としての画期性を否定する有馬学氏の評価なども、北岡氏の提示した加藤・憲政会像の延長上に位置していると言える(8)。

しかしこれらの先行研究の評価には、多くの問題点がある。確かに、加藤は三菱との関係が良好で、人脈や政治資金をはじめとして、政治活動を行う上での便宜を三菱から数多く得ていた。憲政会の政策も、大企業の経済競争力や外国貿易、海軍との関係を重視するものであり、三菱の利益に合致する点も多かった(9)。しかし、婿とは言っても当主や跡取りではなく、加藤が岩崎家の財産を自由にできた訳ではないし、財閥との関係で政治資金を得るのは戦前においては一般的な姿であり、加藤に関してのみ三菱との関係を過度に強調するのは誤りである(10)。例えば、加藤と同じく非藩閥出身、帝国大学法科首席卒業で、岩崎弥太郎の娘（三女磯路）を妻とし、官界に入った木内重四郎（京都府知事、貴族院議員などを歴任）という人物がいるが、彼が政界に意欲を持ちながら十分に志を得なかったことを見ても(11)、三菱との関係だけからは政党政治家としての成功を説明できないことは明らかである。

また、加藤が党人派や新聞から常に「官僚的」だという批判を浴びていたのも事実である。しかし、例えば後藤新平のように政党に身を置くのを嫌った官僚政治家と、官僚出身ではあるが政党に参加して政党活動に身を捧げた加藤を「官僚的」だとして同一視することはできない。それ以上に重要なのが、加藤が官僚閥の総帥・山県有朋を生涯嫌い抜き、対決姿勢を貫いたことである。加藤は、原敬のように山県系官僚閥を提携・懐柔しながらその基盤を掘り崩すというような政治技術には長けていなかったが、藩閥政府への批判と政党政治への信念を確固として持ち、官僚との提携や共働に意を用いながら、政党の要求実現を図るという基本姿勢は共通していた。実際、首相時代の両者の政権運営にはかなり共通点が見られ、戦前期の政党政治家の間でも、加藤の評価は原と並んで極めて高かった(12)。要は、三菱との関係や官僚的という一般的な評価に留まるのではなく、加藤の政治構想や政治指導を具体的、内在的に分析することが必要なのである。

　加藤の政治指導に対する評価の多くが、同時代の原の政治指導との比較を前提にしてなされてきたことも問題である。初期議会以来の自由党の基盤を持ち、「勅許政党」として伊藤博文や西園寺公望を総裁に擁した政友会に比べ、憲政会は桂太郎による同志会結成でようやく民党色を脱した段階にあり、しかも桂は結成後間もなく死去した。憲政会以前の第二党の歴史が加藤の政治指導を大きく制約していたのであり、加藤の政治指導を評価するにはこの前提を考慮に入れることが必要である。原とて、政友会創立期から党首として強力な政治指導を行っていた訳ではないのである。

　一九二〇年代における二大政党制の形成を視野に入れる時、これまでの加藤評価に大きな問題点があることはより明瞭となる。そもそも加藤の政治指導力不足という従来の評価からは、憲政会が一九二〇年代半ば以降政友会に拮抗する勢力に成長し、二大政党制の一翼を担うに至るという明白な事実の説明が不可能なのである。大正期の第二党の動向を巨視的に見れば、「苦節十年」と称される紆余曲折を経ながらも最終的には民党色の払拭、党勢不振からの脱却、政権政党化に成功しているのであって、加藤の動向はこのような流れと関連づけて再評価される必要がある。

　さらに、これまでは加藤周辺の基本的な事実でさえも十分に明らかにされてこなかった。加藤の政治指導については、今でも戦前に公刊された伊藤正徳編の伝記がよく活用される(13)。この伝記は加藤の日記や当事者の証言などを含んでおり、加藤周辺の一次史料がきわめて不足する中で、一級の史料的価値を有している。しかし、刊行が加藤の死後わずか三年であったために、公開が憚られる文書や書翰はほとんど利用されておらず、史料的に大きな制約がある。また、憲政会内部の組織や人事については詳しい記述がなく、政策に関しても偏った評価が与えられている。ワシントン体制に批判的立場を取り、外交の刷新や海軍軍拡を主張していた伊藤の立場を反映し(14)、加藤の強硬外交の姿勢が過度に強調されていること、財政政策に関してほとんど記述がないことなどがその典型例である。

　憲政会の最も基本的な資料として機関誌『憲政』や党史『憲政会史』が挙げられるが、機関誌の発行状況については、従来完全には明らかになっていなかった[15]。また加藤に関する多くの情報を含む「加藤高明文書」「大隈重信文書」「陸奥宗光文書」や日英の外交文書、憲政会幹部の動向を伝える「安達謙蔵文書」「河野広中文書」「石川安次郎日記」「降旗元太郎日記」、加藤内閣期の豊富な政治情報を含む「倉富勇三郎日記」「財部彪日記」などの基本的な一次史料も十分に活用されていない。その結果、原については一次史料を駆使した研究がなされているのに対し、加藤については伝記や憲政会の機関誌、党史などの二次史料に頼る傾向が続いている。

一九八〇年代以降、史料状況の改善と共に、これらの問題点が徐々に認識され、新しい研究が生み出されてきた。伊藤之雄氏は、原敬内閣から犬養毅内閣によって政党政治が崩壊するまでの政党政治を分析し、二大政党の一翼となった憲政会の動向を、政友会と対比しながら当該期の政治過程の中に大きく位置づけた[16]。伊藤氏の研究は、憲政会が政権政党に成長した軌跡を明らかにすることで、従来の憲政会に対する低い評価を変え、現在では一九二〇年代の政党政治史で通説的な位置を占めている。また松尾尊兊氏は、憲政会の普通選挙（以下普選と略す）に対する積極的な取り組みと、治安維持法なしには普通選挙法の成立が極めて困難であったことを明らかにし、加藤の政治指導の再評価につながる方向性を示した[17]。しかしいずれの研究においても、加藤個人に対する立ち入った分析や評価はなされず、北岡氏の提示した加藤像が崩されるには至らなかった。また、原内閣以前の同志会・憲政会の動向や憲政会内部の動きを明らかにすることも、課題として残された。

その後、伊藤氏によって同志会・憲政会の動向を大きく位置づける研究が進んだ[18]。また、加藤・憲政会に対する再評価が進み、加藤外交や同志会の創立期の動きを明らかにした櫻井良樹氏の研究[19]、第一次大戦期の加藤の強い内政改革志向を指摘したフレデリック・ディキンソン氏の研究[20]、第一次大戦後の憲政会の政策転換に注目した村井良太氏の研究が生み出された[21]。これらの研究によって、加藤の政治指導や憲政会の政権政党化の意義を再評価する解釈がより明確に打ち出されたものの、前述の先行研究の問題点は克服されているとは言えず、二大政党制の成立を促した加藤の政治指導の研究は、原の研究の水準にはまだ到達していない。例えば村井氏の研究は、前述の基本的な一次史料をほとんど使わず、新聞や雑誌の活用すらも不十分なため、公刊史料の記述に基づく従来よく知られた事実に依拠した議論にとどまっており、加藤の政治指導、憲政会の政策転換の実態やその意義が捉え切れていない。その結果、大正期の政党政治の全体像は、今なお十分には描かれていない。

本書は以上を踏まえ、加藤高明の政治指導を以下の四つの視角から検討するものである。

第一は、加藤の政治構想である。加藤はイギリスに留学し、大隈重信や陸奥宗光の政治的庇護の下で成長し、代議士として桂内閣打倒のために行動した経験を持つなど、イギリスをモデルとした政党政治の実現に強い情熱を持った人物であった。一九一三年の同志会参加以後は、自らが党首を務める同志会・憲政会を発展させ、二大政党制を樹立することを最大の政治目標とした。元老の死後を見据え、二大政党制を樹立し日本をイギリスのような立憲国家にすること、これこそが加藤の政治構想の核心であった。本書ではこのようなイギリスをモデルとした政治改革構想がどのように形成され、変化していったのか、実際の政治過程の中でどのように実現されていったのかに注目していく。そして、加藤がイギリスの議院内閣制、二大政党制、立憲君主制の原理のみならず実態をも深く理解した上で、日本でもそれを実現しようとしていたこと、加藤の政治構想がともすればイギリスの政治制度を直輸入しようとする性急なものから、日英の歴史的背景の違いや政治的現実に照らしつつ改革を目指す円熟したものへと変わっていったことを明らかにする。

加藤は同志会創立直前に親友の陸奥広吉に「乗り掛かりたる舟今更彷徨も難致候に付、遣れる処迄遣るの外無之と覚悟致居候。前途の遼遠なるは勿論の事に有之候」と述べていた[22]。これは加藤が自らの政党生活が前途多難であるという認識の下、長期的見通しを持ってそれを乗り越えていこうとしていたことを示している。また、これに関連して興味深いのが加藤の自己規定である。加藤は『中庸』に由来する「高明」という名を非常に気に入り[23]、自らの号を「剛堂」とし、好んで「清真」「淳厚中正」「閑美」「終始一誠意」の語を揮毫するなど[24]、「生真面目さ」「至誠」「剛直」に価値を置いていた[25]。加藤の政治構想や政治指導のあり方は、このような愚直な態度と密接に結びついたものであったことに注意する必要がある。

第二は、憲政会の権力構造、組織および政策である。憲政会の運営の中心となったのは、若槻礼次郎、浜口雄幸、江木翼、安達謙蔵の四名であった。本書では憲政会「最高幹部」の語をこの四名に限定して用い、彼らを中心に憲政会の動向を見ていくことにする。その際、加藤・最高幹部に対抗する流れとして、大浦兼武（前身の同志会最高幹部）、尾崎行雄、党人派の動向にも着目していくことにする。また最高幹部主導の権力構造との関連を視野に入れながら、憲政会の組織の問題を検討し、政治資金についても可能な限り明らかにする。さらに、これまで十分に明らかにされてこなかった憲政会系官僚の動向、憲政会と元老西園寺、貴族院、陸海軍との関係などから、憲政会とその後身の民政党との連続性についても検討する[26]。

政策については、外交政策、財政政策、官制改革問題、選挙権拡張問題（普選問題）を検討する。いずれも、加藤の政治構想や政治指導との関連を中心に据え、第一次大戦後の政策変化、加藤高明内閣期における政策決定のあり方に特に着目しながら分析を行う。外交政策では、二十一ヵ条要求への弁明に固執する姿勢を改め、英米との協調外交方針に徹し、幣原外交を生み出していく過程に着目する。もっとも本書では、外交交渉そのものの分析は、政治指導との関連で最低限必要な範囲で触れるにとどめる。財政政策については、緊縮財政論の展開と変化、加藤内閣期における行財政整理問題について明らかにする。官制改革では、政務次官設置問題を取り上げる。この問題は加藤がイギリスをモデルとした政治決定システムを実現しようとしていたことを示す好適な例である。選挙権拡張問題については、憲政会の普選論への転換に特に着目し、従来ほとんど研究がない中選挙区制導入の経緯についても触れる。この他、加藤内閣期に進展した地方制度改革問題、枢密院改革問題、陸海軍との関係にも触れ、後続の若槻内閣、浜口内閣の政策との関連を示す。

第三は、原敬の政治指導との比較である。原は加藤と共に陸奥によって引き立てられ、元来加藤と非常に親しい仲であり、ジャーナリストの前田蓮山に「将来の国家を負擔する者は、何んと言っても、吾輩と加藤だ」と語ったことがあるという[27]。二人は、山県との距離の取り方や政策的志向の違いから反対党に分かれることとなったが、根底にある政治観は非常に近かった。本書では、加藤と政友会との関わり、原・政友会と加藤・憲政会の拮抗、原以後の政友会や政友本党と加藤・憲政会との関係を検討することにより、第一党の動向と結びつけた形で二大政党制の形成を分析する。また、政友会との合同(政国合同)路線と非政友合同路線の間で揺れる犬養毅・国民党(および後身の革新俱楽部)の動向についても検討を加え、第三党の動きをも二大政党制形成の中に位置づける。

第四は、イギリスが加藤や日本の政党政治をどのように見ていたかという問題である。イギリスは日本と同じ君主国で、日英同盟(のち四カ国条約)による同盟国だったこともあり、日本の動向に強い関心を持っていた。興味深いのは、イギリスの外交官が日本の政治体制を特殊なものとは見なさず、自国と共通の尺度を用いて観察していたことである。彼らは、日本の政党政治の進展も一定程度評価し、よく観察していた。本書では、主にイギリスの外交官や新聞の加藤に対する評価を明らかにするが、それは加藤のイギリス政治に対する理解の度合いを測る素材ともなるはずである。また、加藤はイギリス側から最も親英的な政治家と考えられており[28]、イギリス人の知己も多かった。本書では、加藤がイギリス人に対して話した談話や書翰も検討材料に加え、これまでほとんど明らかにされていない加藤とイギリス人の交遊を分析する。

史料としては、日記や回顧録、帝国議会の議事録などの公刊史料、国立公文書館、外務省外交史料館、防衛庁防衛研究所、イギリス公文書館(The National Archives)所蔵の公文書、国立国会図書館憲政資料室や早稲田大学所蔵の私文書など、従来体系的に活用されてこなかった未公刊史料を積極的に活用した。とりわけ、加藤の出翰の分析に力を入れ、加藤が親友の陸奥広吉に宛てた書翰の集成である「加藤高明文書」(国立国会図書館憲政資料室所蔵)[29]、加藤の遺族の許に残された家族間の書翰(個人蔵)[30]、友人の山本達雄に宛てた書翰(個人蔵)など従来使われてこなかった史料を活用した[31]。また、従来ほとんど注目されてこなかった加藤と生家、生地との関係や加藤の家族関係についても調査を行った。それと共に、党機関誌『同志』『憲政』『憲政公論』[32]、東西の有力全国紙である『東京日日新聞』『大阪朝日新聞』や憲政会系(党員の箕浦勝人や町田忠治が社長や顧問を歴任)の『報知新聞』[33]、有力総合雑誌の『太陽』『中央公論』や大隈重信主宰の総合雑誌『新日本』『大観』などの基本史料を系統的に用いた[34]。特に加藤や憲政会幹部の発言、論説については、近年図書館のレファレンス状況が飛躍的に改善されたことを受け、徹底的に収集を行い、新たな史実の発掘に努めた。

(1) 本書では二大政党制を「主要な二つの政党が交互に政権を担当する体制」と定義し、加藤高明内閣から犬養毅内閣まで(一九二四〜一九三二年)を二大政党制の展開期と見なす。

(2) 大正期における原・政友会を分析した主な先行研究として、升味準之輔『日本政党史論』第四、五巻(東京大学出版会、一九六八年、一九八〇年)、三谷太一郎『増補　日本政党政治の形成　原敬の政治指導の展開』(東京大学出版会、一九九五年)、テツオ・ナジタ著(佐藤誠三郎監修、安田志郎訳)『原敬　政治技術の巨匠』(読売新聞社、一九七四年)、山本四郎『山本内閣の基礎的研究』(京都女子大学、一九八二年)、伊藤之雄『大正デモクラシーと政党政治』(山川出版社、一九八七年)、川田稔『原敬　転換期の構想　国際社会と日本』(未来社、一九九五年)、玉井清『原敬と立憲政友会』(慶応義塾大学出版会、一九九九年)が挙げられる。

(3) 白柳秀湖『財界太平記』(日本評論社、一九二九年)、同『続財界太平記』(日本評論社、一九三〇年)。

(4) 原・政友会研究の多くや岡義武『転換期の大正　一九一四〜一九二四』(東京大学出版会、一九六九年)、今井清一『大正デモクラシー』(中央公論社、一九六六年)、江口圭一『二つの大戦』(小学館、一九八九年)などの通史では、加藤は概ねそのように描かれている。加藤の政治指導に一定の高い評価を与え、同志会・憲政会の成長に注目しつつ一九二〇年代の二大政党制の形成過程を分析した好著に Peter Duus, *Party rivalry and political change in Taishō Japan*, Harvard University Press, 1968 があるが、現在の史料水準からは物足りない内容であり、憲政会と政友会の政策的差違を強調し過ぎているなど視角面でもいくつか問題がある。

(5) 北岡伸一「政党政治確立過程における立憲同志会・憲政会——政権構想と政党指導——」(上)(下)(『立教法学』二一号、一九八三年一月、二五号、一九八五年九月)。

(6) 北岡伸一『政党から軍部へ　一九二四〜一九四一』(中央公論新社、一九九九年)四〇頁。

(7) 季武嘉也『大正期の政治構造』(吉川弘文館、一九九八年)二一六頁。

(8) 有馬学『「国際化」の中の帝国日本　一九〇五〜一九二四』(中央公論新社、一九九九年)二四五〜二四八頁。

(9) 加藤自身、アメリカの海軍軍拡の真相は海軍と造船会社との結託にあると述べたことがあり(『原敬日記』一九一六年六月一三日)、政治と大企業が密接な関係を持っていることは強く意識していた。

(10) 政友会総裁の西園寺公望は、実弟が当主をしている住友財閥から政治資金を得ていた。原敬はその資金を引き継ぐと共に、古河財閥副社長の職などから、国民党総理の犬養毅は三菱の豊川良平との関係などから、政治資金を得ていた。

(11) 馬場恒吾『木内重四郎伝』(ヘラルド社、一九三七年)。

(12) 憲政会幹部が原敬を高く評価していたのと同様(『若槻談話速記』六七頁、『安達謙蔵自叙伝』新樹社、一九六〇年、一五八頁)、政友会幹部も加藤高明のことを高く評価していた(高橋是清著〔上塚司編〕『随想録』千倉書房、一九三六年、五五頁、岡崎邦輔『憲政

回顧録』福岡日日新聞社東京連絡部、一九三五年、一六〇頁）。

(13)『加藤高明』上下巻。

(14) 第一次大戦後の伊藤の外交姿勢を示す著作として、伊藤正徳『改造の戦ひ』（日本評論社出版部、一九二〇年）、同『華府会議と其後』（東方時論社、一九二二年）、同『想定敵国』（佐々木出版部、一九二六年）、同『軍縮？』（春陽堂、一九二九年）などを参照。

(15) 山本四郎「解題」（『憲政』復刻版、柏書房、一九八六年）。

(16) 前掲、伊藤之雄『大正デモクラシーと政党政治』。

(17) 松尾尊兊『普通選挙制度成立史の研究』（岩波書店、一九八九年）。なお、普通選挙は正確には男子普通選挙と記すべきであるが、婦人参政権問題が主要な政治争点とならなかったこともあり、以下では単に普通選挙（普選）と記すのを原則とする。

(18) 伊藤之雄『政党政治と天皇』（講談社、二〇〇二年）、同『昭和天皇と立憲君主制の崩壊　睦仁・嘉仁から裕仁へ』（名古屋大学出版会、二〇〇五年）。

(19) 櫻井良樹『大正政治史の出発　立憲同志会の成立とその周辺』（山川出版社、一九九七年）、同「外交問題から見た立憲同志会の党内抗争——第一次山本内閣期を中心にして」（『日本歴史』五六四号、一九九五年五月）、同「加藤高明と英米中三国関係」（長谷川雄一編『大正期日本のアメリカ認識』慶応義塾大学出版会、二〇〇一年）、同「第二次大隈内閣期における外交政策の諸相」（日本国際政治学会編『国際政治』一三九号、二〇〇四年一一月）。

(20) Frederick R. Dickinson, *War and National Reinvention: Japan in the Great War, 1914 ~ 1919*, Harvard University Press, 1999, F・ディキンソン（拙訳）「加藤外交と日米関係」（川田稔・伊藤之雄編『二〇世紀日米関係と東アジア』風媒社、二〇〇二年）。

(21) 村井良太『政党内閣制の成立　一九一八～二七年』（有斐閣、二〇〇五年）。

(22) 一九一三年一〇月二一日付陸奥広吉宛加藤高明書翰（「加藤高明文書」国立国会図書館憲政資料室所蔵）。

(23)『加藤高明』上巻、一一七頁。出典は「中庸」第二六章の「故至誠無息、不息即久、久則徴、徴則悠遠、悠遠則博厚、博厚則高明、博厚所以載物　也、高明所以覆物也、悠久所以成物也」という言葉である（金谷治訳注『大学・中庸』岩波文庫、一九九八年、二一四～二一七頁）。

(24)『加藤高明伝』巻頭の写真、加藤高明筆書幅（筆者所蔵）、『名古屋新聞』一九二二年一一月四日。

(25)『加藤高明』上巻、一一七頁。

(26) 従来から、憲政会の野党経験や加藤内閣での政権運営が民政党の基礎となったことは指摘されてきたが、本格的な分析はなされてこなかった（伊藤隆『昭和初期政治史研究　ロンドン海軍軍縮問題をめぐる諸政治集団の対抗と提携』東京大学出版会、

一九六九年、一七頁、黒沢文貴「解題」池井優、波多野勝、黒沢文貴編『浜口雄幸　日記・随感録』みすず書房、一九九一年、波多野勝『浜口雄幸　政党政治の試験時代』中公新書、一九九三年、五九一〜六〇六頁、川田稔『激動昭和と浜口雄幸』吉川弘文館、二〇〇四年、九〜一〇頁)。

(27) 前田蓮山『原敬伝』下巻(高山書院、一九四三年)四〇五〜四〇六頁。

(28) F・S・G・ピゴット(長谷川才次訳)『断たれたきずな——日英外交六十年——』(時事通信社、一九五一年)八〇頁。

(29) 同文書は、憲政資料室が古書店から購入したもので、陸奥家から古書店に渡った経緯は不明である。なお、広吉の日記(ほとんどが出翰、来翰と面会の記録で、手帳的な内容)がご遺族の許に残されているが、そこに記されている来翰記録と照合すると「加藤高明文書」の日付と完全に符合する。また日記からは、二人が書翰のやり取り以外にもよく面談していたことが分かり、二人の仲が非常に良く、「加藤高明文書」に語られている内容が信頼できることが判明する。日記の閲覧を許可して下さったご遺族の方に、厚くお礼を申し上げたい。

(30) 加藤の娘岡部悦子氏のご遺族の許に、数点の家族間の書翰が残されていることが確認された。直接政治的な意味を持つものは少ないが、加藤が家族に見せていた姿を伝える極めて貴重な史料である。書翰の閲覧を許可し、貴重なお話をお聞かせ下さった岡部綾子氏に厚くお礼を申し上げたい。

(31) 山本宛の書翰は、ご遺族の許に数点残されていることが確認された(そのうち一点は、山本達郎『山本達雄小傳』山川出版社、一九九二年に掲載されている)。点数こそ少ないが、これまで知られていない加藤の本音が語られており、極めて貴重なものである。書翰の閲覧を許可して下さったことに厚くお礼を申し上げたい。

(32) 『同志』は、櫻井良樹編『立憲同志会資料集』第一巻(柏書房、一九九一年)に全て収録されている。『憲政』『憲政公論』は復刻版(柏書房、一九八六年)を利用した。ただし、前者のうち復刻版未収録の一巻七号〜二巻二号(一九一六年十月〜一九一七年二月)については、国立国会図書館所蔵のマイクロフィルムを、後者のうち復刻版未収録の創刊号〜四巻一二号(一九二一年四月〜一九二四年一二月)については、東京大学法学部附属近代日本法政史料センター版(一部欠号あり)を利用した。

(33) 『報知新聞』と憲政会の関係の概略については、報知新聞社・社史刊行委員会編『世紀を超えて——報知新聞一二〇年史』(報知新聞社、一九九三年)第六〜八章を参照。

(34) 『新日本』『大観』は一九一一〜二一年に発行された月刊総合雑誌で(佐藤能丸「大日本文明協会史試論」早稲田大学大学史編集所編『大隈重信とその時代——議会・文明を中心として——』早稲田大学、一九八九年、二〇九頁)、加藤、若槻、江木ら同志会・憲政会系の政治家がしばしば論説を発表した。

第一部　政党政治家以前

第一章　実業界から官界へ

第一節　官界に入るまで

（一）　青年期

社会的背景と幼年期

加藤高明は、安政七年（のち改元して万延元年）一月三日（一八六〇年一月二五日）、尾張藩海東郡佐屋（現愛知県愛西市）の代官手代である服部重文（のち東一郎）の次男総吉として生まれた。この年江戸幕府は、軍艦咸臨丸をアメリカに派遣して日米修好通商条約批准書を交換し、品川御殿山にアメリカ、イギリスなどの公使館設置を決定している。欧米でも日本に対する関心は急速に高まっており、イギリスでは、間もなく外交官として来日するアーネスト・サトウ（Ernest Satow）が日本への憧憬を募らせつつあった(1)。加藤は首相時代に、自らの一生と重なる明治維新以来の近代日本の歩みを「開国進取」の歴史であったと振り返り、高く評価したが(2)、加藤の生年は、まさにその日本と欧米との交際が本格的に始まろうとしている年であった。

服部家は微禄で、総吉の誕生当時の俸禄は僅か切米一一石扶持二人分に過ぎなかった（現代の年収に換算すると、約四百万円弱に相当）(3)。祖父の作助の代になって初めて佐屋に着任し、その祖は総吉の五代前までしか判明していないことから、近世後期になって百姓や町人から武士に登用されたいわゆる「身分的中間層」に属する家柄と考えられる(4)。総吉は、一八七二年に親戚の尾張藩士加藤家の養子となった。加藤家は、家格は服部家より上だったが、五六俵取りという服部家と同様の微禄であった（現代の年収の約五百万円強に相当）。加藤はのちに先祖の調査で手がかりを得られなかった際、

「先祖累代中、余の右に出づる人物は無かったのであろう」と笑ったが(5)、服部家、加藤家共にその家格は大したものではなかった(系図(1)も参照)。

しかし、服部家は家格こそ低いが、経済的には比較的恵まれていた。総吉の生誕当時の佐屋は、東海道の脇往還(補助街道)に位置し、人口は約一二〇〇人とそれほど多くなかったが、本陣二軒、脇本陣二軒、旅籠三一軒があり、名古屋と桑名を結ぶ交通の要衝として繁栄していた(6)。そのため、代官所の実務を取り仕切る手代にはかなりの副収入があり、事務能力に秀でた能吏である祖父と父はそれなりの財を蓄えたらしい(7)。このことは、近隣の代官手代の家もそれなりに裕福で、外波内蔵吉(のち海軍少将、無線電信の創案者、佐屋代官所の手代の子)、坪内逍遙(文芸評論家、美濃国加茂郡の太田代官所の手代の子)らが輩出していることからも窺える(8)。

養父が既に死去し、養母がまもなく実家に戻ったことから、加藤家が事実上総吉ただ一人となったため、総吉は加藤姓となった後も服部家に身を留めていた。父重文は劇場経営などで理財に励み、総吉が上京して大学を卒業するまで学資を醸出したという。ちなみに重文は歌集を残すなど詩文にも優れ、一時名古屋区会議員を務めた才人であった(ただしのちに破産し、下級官吏として没した)(9)。総吉は、祖父と父から事務や理財の才、詩文の才(加藤は和歌をよくした)を受け継ぐと共に、就学に必要な学資の支援を得て、社会的上昇のきっかけを得たと言える。

生家に関してさらに注目されるのが、神道や国学、尊王思想との関わりである。総吉の祖父と父は敬神の念が強く、特に祖父作助は神社への願文や祝詞を自ら物したほどであったという。また、作助の三男松三郎は、伊勢の学塾で学び、母方の従兄(作助の妻加奈子の甥)で、伏見奉行所に勤務していた羽田野永七)と語らって一八六六年に尊王攘夷の一揆を策し、事破れて自刃した勤王家であった。さらに作助の妻加奈子の従姉には梁川紅蘭(安政の大獄に連座した尊王攘夷運動家・梁川星巌の妻で女流詩人)がおり、総吉も幼少時に祖母に連れられてしばしば紅蘭の学塾に赴いたという(10)。

父方のみならず母方も、神道とのつながりが深かった。総吉の母久子の生家寺西家(明治期に五十倉家と改姓)は、三七代にわたって海東郡須成村(現愛知県蟹江町)の鎮守である冨吉建速神社・八剣社(須成神社)の神職を務め、熱田大宮司家から嫁を迎えたこともある近郷きっての旧家で、貴族的な雰囲気を持っていた。冨吉建速神社は、七三三年(天平五年)に行基によって創立されたとされ、源頼朝のものとされる書状や、織田信長によって社殿が造営されたという伝承が伝わり、江戸時代には歴代尾張藩主の篤い保護を受けた由緒の古い神社である(11)。加藤は父方以上に母方の生家との関係が深く、精神的なつながりも感じていたようで、一九二一年と一九二五年には冨吉建速神社・八剣社改築のため、それぞれ二百円(現代の約百万円弱に相当)を寄付している(12)。

ちなみに、久子の長兄寺西蔵之丞は尊王攘夷を志し、一八五〇年に佐野七五三之助と改名して江戸に出奔し、一八六四年に伊東甲子太郎らと共に新選組に加わった。佐野は、伊東らが新選組を脱退して御陵衛士を結成した際にも組に残留したが、一八六七年に伊東一派との合流のため脱退を図って挫折し、仲間四人と共に自刃するという壮絶な最期を遂げている(13)。加藤は上京後も寺西家をたびたび訪問し、明治後期から大正期にかけても二度蟹江に墓参していることから、佐野の存在を知っていた可能性が高いが(14)、この叔父をどう見ていたかは不明である(15)。いずれにしても佐野の存在は、加藤の生家が尊王思想と関わりを持ち、一本気な人物を多く輩出していることの一例として大変興味深い。

のちに加藤は、ヨーロッパと比べて日本では宗教の力が極めて薄弱であると自覚するようになったが(16)、そのために国家神道や尊王思想、天皇絶対主義的な考えを強化しようとは決してしなかった。他方で加藤は、強い国家意識と貴族的な精神性を持ち、天皇に対しても国家の秩序を担保する象徴としての役割を期待した。加藤のこのような感覚は、生家の雰囲気から受けた影響によるところが大きいのではないだろうか。加藤の知的形成や性格を語る上で、これまではイギリスからの影響という面のみが強調されてきた嫌いがある。しかし、加藤の強い個性は、イギリスとの関わりだけからはうまく説明できない。むしろ加藤が基本的な国家観、社会観、宗教観や貴族的、剛直にして道義性を重んじる性格を形成する上では、イギリスと出会う以前に生家から受けた影響の方がはるかに大きいように思われる。

総吉は幼少時から頭脳明晰で、祖父や父から手ほどきを受けた漢学の上達はきわめて早かったという。一〇歳からは藩校明倫堂や私塾で漢学を学んだが、『十八史略』などに人並み外れた理解を示し、秀才だと評判になった。総吉が非常に早熟であったこと、洋学に接する以前に漢学を学んでいたことが注目される。性格としては寡黙で、義理堅く、意志が強い子供だったようである。他方で勉学以外にはあまり関心を示さず、運動が苦手で鈍重であったことから「牛」という渾名がついたという[17]。いずれも後年の加藤に相通じる性格をよく示しているように思われる。こうして総吉は、能吏である祖父や父、神職の娘である母、そしてそれぞれの生家から影響を受けながら、順調に成長していった。

学生時代

総吉は、一八七二年に名古屋洋学校(のち愛知英語学校、愛知一中等を経て現旭丘高校)に入学した。当時の日本は英学の全盛期であったが、総吉は初めて接した新来の学問に並々ならぬ興味を示した。詳しい史料は残されていないものの、同校ではイギリス人とフランス人の教師が在籍し、万国史や理数系科目まで英語で教えるなど、かなり本格的な英学教育を行っていたようである[18]。このことは、同校の蔵書として伝わる英学教科書[19]、後進の愛知英語学校におけるより本格的な英学教育[20]、同校ならびに愛知英語学校から坪内逍遙、三宅雪嶺、清沢満之ら文豪、哲学者が多く輩出していることからも窺えよう。

総吉は、ほとんど一切を擲って英語の勉強に没頭したが、漢学の勉強が既にかなりの水準に達していたため、すぐに教師から習う所がないほど上達したという。そこで翌年に学校が改組となったのを機に、父親に上京を直訴した。父親は当初難色を示したが、東京で司法省に在職中の叔父安井譲(父重文の妹婿)の熱心な勧めにより最終的には許可し、一八七三年一二月、総吉は単身上京した。この上京は、加藤の人生における最初の大きな転機となった。上京した総吉が、叔父の勧めによって天道天徳を描象する二文字である「高明」へと改名したのは、まさにその象徴であった。

上京後の生活は決して楽ではなかったが、勉強に集中した甲斐あって、加藤は一八七四年に東京外国語学校に入学、翌一八七五年に東京開成学校に進んだ後、一八七七年に新設の東京大学法学部に入学した。いずれにおいても教育の中心は英学で、ほとんどの授業はイギリス人かアメリカ人によって英語で行われた(加藤在籍当時の東京開成学校、東京大学の開講科目については表1、2を参照)(21)。加藤は、東京開成学校時代に歴史をよく学んだようである(22)。加藤の後輩高田早苗は、開成学校時代にイギリス人教師サイル(Edward Syle)のイギリス憲政史の講義に感銘を受けたと回顧しているが、加藤も彼の講義を受けており、ここでイギリス憲政史に関する知識を身につけたものと思われる(23)。

加藤は東京大学に入ると英語を徹底的に磨き、同級生の中でも群を抜く英語力をつけた(24)。当時の日本は英語の教育熱が極めて盛んで、内村鑑三(一八六一年生)、新渡戸稲造、岡倉天心(一八六二年生)ら、英語が得意な日本人を数多く輩出している(25)。これまでほとんど注目されていないが、加藤は彼ら「英語名人」と同世代だったのである。英語以外では法律や実業に最も関心を持っていたようで、イギリス人教授ターリング(Charles Tarring)や鳩山和夫講師から学んだ民法や商法に特に力を入れた(26)。ターリングは、講義の報告書(申報)の中で「殊に称揚すべしとす」『生徒中加藤氏と秋山〔正議―筆者註〕氏は月々前後を競ふて相軒軽せず」などと記し、加藤を絶賛した(27)。実際、加藤がターリングから受けた講義の試験答案が残されているが、非常に緻密で他の学生に比べて長いものであり、加藤の真面目な性格や精励ぶりが窺われる(28)。のちに若槻礼次郎に「法律家」と評されるほどの徹底した論理性は(29)、この時期の鍛錬によって磨かれたのであろう。こうして加藤は、語学だけに留まらずイギリスに対して幅広い関心を培っていった。

なお東京大学では、スペンサー(Herbert Spencer)の代議政体論やマコーレー(Thomas Macaulay)の憲法史評、バックル(Henry Buckle)の英国開化史、ミル(J. S. Mill)の理財原論、自由貿易論などが開講されていたが、のちの帝国大学と異なり、これら政治学・経済学関連科目は文学部で開講されており、加藤が在籍した法学部の正規の受講科目には、これらは含まれていなかった(30)。ただし、加藤も東京開成学校時代には経済学の講義を受けていたと思われること、加藤が文学部の田中稲城、嘉納治五郎と親しかったこと(31)、法学部と文学部共通の開講科目がいくつかあり、両学部の学生が正規の科目以外の授業を自主的に開講してもらうこともあったことから(32)、少なくとも加藤にも文学部の講義の大要は伝わっていたものと推測される。これらの講義の背景となっていた思想は、イギリス流の自由主義であった。加藤がイギリス流の政党政治実現を追い求める一つの契機は、このように若き日に徹底して英学を学んだことにあるように思われる。

しかし加藤は、自由民権運動と密接に結びつきながら啓蒙活動を行った英学派の諸グループとは交遊を持たなかった。加藤が東京大学を卒業したのは一八八一年、明治十四年の政変が起きた年であり、その在学期間はまさに英学の全盛期と重なる[33]。例えば、民権派に近い立場で啓蒙活動を行っていた共存同衆や嚶鳴社には英学派が集い、東京大学出身者も多く加わっていた。しかし、加藤がこれらに参加した形跡はない[34]。また、後輩の高田早苗や市島謙吉らは鷗渡会を結成し、大隈重信・立憲改進党を支えていくことになるが、加藤は彼らともほとんどつきあいはなかった[35]。加藤は、政論を好み、急進的な政治姿勢に傾きがちな学生達とは、意識的に一線を画していたのではないだろうか。自由主義に立脚しつつ、自由と秩序の両立を常に忘れないのが加藤の政治信条であったが、その立場は既に東京大学時代に確立されていた。また加藤は、のちに大隈・改進党の政治勢力を引き継いで憲政会を創立しながらも、改進党の系譜を継ぐ党人派政治家とは一貫して距離を取り、民党色の払拭に努めることになるが、このような行動様式も既に大学時代に芽生えていたと言える。

加藤が親しかったのは、先輩の仙石貢(のち鉄道大臣)、同級生の田中稲城(のち帝国図書館長)、鈴木充美(のち内務次官)、末岡精一(のち帝国大学法科大学教授、行政法)、嘉納治五郎(のち東京高等師範学校校長)、野村龍太郎(のち満鉄社長)らで、いずれも官僚や学者になった人物であった。彼らの回顧によれば、加藤は非常に意志が強く、人に屈しない意気を持っていたが、真面目で几帳面であり、他人を籠絡したり、策を用いる風はなかった。また、老成して自然に人の上に立つ風格を備えていたものの、あまり子分を作ることを好まず、無口でめったに口も開かない方であった。ただし、一度口を開くと皮肉を連発し、「皮肉屋の加藤」として名が通っていた。酒はほとんど飲まず、趣味は義太夫程度で、概して品行方正であったという[36]。意志の強さ、真面目、皮肉、寡黙など、いずれも加藤の性格としてよく知られているものであり、大学時代までに加藤の人格がほぼ固まっていたことが分かる。

もっとも加藤は品行方正で真面目なだけではなく、既に政治家となる意志と素養を示しつつあった。例えば加藤は、入学後間もなく東京大学で学費給与が廃止された際に、同級生の先頭に立って大学側と交渉し、貸費制度(奨学金制度)の創設を実現させた[37]。また、一学年終了後の帰省時に加藤が在京の友人田中稲城宛に送った書翰が残っているが、この中で加藤は、井上馨や矢野文雄に対する世評を尋ね、政府と民権派双方の動向に強い関心を向けている(38)。さらに一八八〇年一〇月(四学年時)に加藤は、鈴木充美や田中稲城、穂積八束ら一五名の東京大学学生と共に、学術問題に関する官吏演説の禁を解き、実学教育を推進すべきであるという建議書を元老院議長(大木喬任)に提出した(39)。この建議書が出された背景には、前年五月に官吏による職務外の政談演説が禁止され、この年四月には集会条例が発せられるなど、政府が民権運動の取り締まりを強化していたという政治状況があった。建議書には、官吏演説の禁を解けば「世間空論虚談を勧めず、人々実学を学ぶの風を生じ、人民進取の気力自ら発達し、自治の振作自ら生ずべし」などと唱われ、言論の自由や実学振興を求める考え方が示されていた。加藤は建議書提出の中心人物の一人であったようで(40)、民権派と一線を画しつつも自由主義を奉ずる加藤の立場がよく表れている。

加藤と旧尾張藩の郷党との関係からも、加藤の政治家としての資質が看て取れる。地元での教育に見切りをつけ、郷党の中で一早く上京した加藤は、東京で後輩の上京を世話し続けた。加藤に世話してもらった坪内逍遙(愛知英語学校の後輩)は、加藤が夏期休暇の度に帰省し、学生一同が上京する際にいつも宰領役をしていたと回顧している(41)。加藤と同世代の郷党には八代六郎(愛知英語学校の後輩、のち海軍大将)、浅井正次郎(のち海軍少将)、丹羽教忠(のち海軍少将)ら海軍志望者が多く、彼らは薩摩中心の海軍を打破すべきだという「非薩海軍論」を唱えていた(42)。彼らの間でリーダー的地位にあった加藤はこれを支持し、藩閥打破を主張する一方で、そのためにもまずは勉強して実力をつけるのが一番だと説いたという。加藤は、反藩閥意識を明確に持ちつつ、それをあからさまに表すことを戒め、じっくりと将来の雄飛の機会を窺っていたのである。ちなみに八代は、奇しくも誕生日が一日違いの加藤が最も信頼を寄せた親友で(43)、こののち加藤の政治生活を助けていくことになる。

加藤は、八代や永井久一郎(荷風の父親)ら有能な郷党を引き立てていく他(44)、将来藩閥政治を打破するために郷党を中央政界や軍部に送り込もうと考え、東京大学在学中に旧藩主尾張徳川家に働きかけて、親睦組織・愛知社と奨学組織・愛育社を設立した。加藤は両会の中心人物として、大正期に至るまで会の運営に熱心に携わった(45)。同会の貸費生からは、のち加藤直系の憲政会代議士となる鈴置倉次郎らが輩出したし、同会設立によって尾張徳川家との関係が生まれ、加藤は一八九〇年に若くして徳川侯爵家相談人に就任した[46]。こうして地道に作り上げた人間関係は政治家としての大きな財産となり、徳川義親(一九〇八年から尾張徳川家当主)や愛知社は、こののちしばしば加藤を支援していくこととなる。

加藤高明と原敬

ここで以上の加藤の経歴を、終生のライバル原敬のそれと比べてみよう[47]。加藤と原の経歴は非常によく似ている。原は、加藤とほぼ同世代(四歳年長の一八五六年生)であり、原家が禄高二〇〇余石(実質約三〇〇石)の家老に近い家格という違いはあったものの、経済的にあまり不自由のない家の次男という点は共通していた。また、共に非藩閥出身で(原は南部藩〔現岩手県〕出身)、藩閥政府への疎外感や批判的意識を強く持っていた点、郷党を大事にし、彼らと密に連絡を取りながら上京した点も共通している。原は学問による立身を志し、私塾でフランス語などを学んだ後、一八七六年に司法省法学校に入学したが、この点も類似している。加藤と原の経歴は、立身を目指した非藩閥出身者の辿った一つの典型的なコースであり、このような社会的立場や問題意識の近さは、のちに両者が接近するきっかけとなったと言える。

もっとも、比較的順調に学歴を重ねた加藤に比べ、原の青年期は波乱に富んでいた。原は九歳で父を失い、一二歳で南部藩が戊辰戦争に敗れたため、若くして生国と生家の没落という衝撃的な経験をした。一五歳で上京し英学校に入学したものの学資が続かず退学し、海軍兵学校の受験にも失敗した。その後キリスト教へ入信し[48]、自らの意志によって分家し平民となり、私塾を渡り歩いた末、ようやく二〇歳で司法省法学校に入学したものの、同校に入ったのは主に学資不足のためで、官学で束縛されるのを嫌う原にとってこの進路は極めて不本意なものであった[49]。原が入学後間もない一八七九年、賄征伐問題(学生が食事への不満から騒動を起こすこと)で退校処分に遭ったのも、望んでいなかった進路に対する不満の発露と見ることができよう。このような若き日の深刻なアイデンティティーの危機や将来に対する不安は、加藤とはむしろ対照的であった。加藤の雅号が剛直たらんという意気を示した「剛堂」であったのに対して、原の雅号「一山」(または「逸山」)が東北人を軽侮した「白川以北一山百文」という言葉に対する当てつけであったのを見れば、両者の青年期における原体験がいかに異なっていたかが分かる。こののちも加藤はしばらく原に比べて比較的順境を歩み、入閣も原に先んじることになる。

とはいえ、加藤もこの先全くの順境を歩んだ訳ではない。加藤は社会的上昇のルートに順調に乗りながらも、しばしば世間の常識や目先の出世には目もくれない行動を取った。大学卒業時の進路選択もそうであった。

(二) 三菱時代

三菱入社

一八八一年、加藤は東京大学法学部を首席で卒業した。東京大学は、のちの帝国大学と異なり官吏養成学校としての性格が定まっておらず、進路は代言人(弁護士)、教員など比較的多様であった[50]。それでも法学部および文学部卒業生の三分の一強は官僚になっていたし、加藤も官界に入るかどうかで悩んだようである。しかし加藤は、東京大学の先輩である末延道成(のち東京海上保険会長)の勧めもあって実業界を選択し、三菱社に入社した[51]。当時まだ学士の実業界入りは極めて少なく(加藤は三菱に就職した二人目の学士)、この進路選択はかなり異色であったが、加藤は、学生時代から抱いていた実業への関心と非藩閥意識から、藩閥の縁故に左右されずに自分の実力が発揮できると思われた世界に身を投じたのである。

加藤の三菱入りを熱心に勧誘した岩崎弥太郎社長は、進取の精神に富む経営者であった。弥太郎は維新の風雲に乗じて積極果敢な政商活動を行い、当初は後藤象二郎ら土佐系の要人、後には大久保利通、大隈重信らの支持を得て、着々と事業を拡大した[52]。その経営方針は、政府に協力して日本進出を図る外国勢力と競争すると同時に、政府による経済への過度の干渉を嫌い、官営事業との対決も辞さないという、いわば国家性と在野性を併せ持ったものであった。弥太郎は、一八七七年頃までにP&O会社、パシフィック・メイル社など英米系の会社と官営の日本国郵便蒸気船会社を共に海運市場から駆逐し、三菱を海運業でトップに育て上げた(53)。そしてこのような積極的事業を支えるため、高等教育を受けた人材を熱心に採用し、慶応義塾出身の荘田平五郎、豊川良平、山本達雄、東京大学出身の末延道成らを三菱に入れた(54)。

加藤の三菱入社の経緯は必ずしも明らかではないが、加藤の卒業間際に両者が接触し、弥太郎が熱心に入社を勧めた模様である(55)。加藤への勧誘は、まさに弥太郎が経営のさらなる拡大を図っている時に行われたものであり、その強い国家意識と国家との対決も辞さない在野的な闘争性が大いに語られたことは想像に難くない。加藤の一年半後に三菱に入社した山本達雄は、「非凡の人物」弥太郎に惹かれていったが(56)、加藤もその人間的魅力と経営方針に惹かれたのであろう。

このことは、加藤と同世代の非藩閥出身者との関係からも推定される。加藤の同級生で卒業後に官僚になった代表的人物として、都筑馨六(一八六一年生、高崎藩の名主の子)が挙げられる。都筑は、文学部でドイツ学を修めた後、岳父井上馨や山県有朋に連なり一貫して官界に生きることとなるが、両者は学生時代からあまり親しい関係ではなく(57)、のちに不和になっていく(58)。加藤は、都筑のドイツ贔屓や官僚臭を嫌っていたのではないだろうか。他方で、加藤は同世代の民権派とも交流を持たなかった。加藤が三菱に入った一八八一年七月、慶応義塾出身で大隈重信麾下の犬養毅(一八五五年生、備中庭瀬藩の大庄屋の子)、尾崎行雄(一八五九年生、相模の郷士の子)は、統計院に入った。しかし間もなく明治十四年の政変が起きたため、彼らは大隈に殉じて官を辞し、翌年の立憲改進党創立に参加した。立憲改進党には、犬養、尾崎の他、高田早苗(一八六〇年生、江戸の商人の子)ら東京大学出身者も参加したが、加藤は関与しなかった。大隈は同年に東京専門学校を創立し、東京大学を卒業した高田や坪内逍遙(一八五九年生、尾張藩の代官手代の子)が、官界からの誘いを断って同校の講師に就任した。加藤は東京専門学校にも関わりを持たなかった。

大隈との結びつきが強い三菱(59)に入社し、民権派の拠った英学の知識を持ち、藩閥政府への不満を持っていた加藤は、彼ら民権派の動向に無関心ではなかった。にもかかわらず彼らとの交流が確認できないのは、加藤が反権力運動を嫌い、彼らと意識的に距離を取っていたからであろう。ところで明治十四年の政変当時、原敬は友人のつてで『郵便報知新聞』の記者をしていたが、政変後に大隈系が社に進出してきたのを嫌って退社した。新たに入社した矢野文雄らも、原を政府系と見て引き留めなかった(60)。原はその後、迷った末に政府系の大東日報社に入社した。加藤の藩閥政府および民権派との対し方は、原のそれと類似している。加藤と原は、国家と在野の狭間で将来を模索しながら、自己の立場をいずれかに委ねることなく、片や実業界、片やジャーナリズムにひとまず進路を求めたのである。政党が国家と在野を結ぶ結節点であることを考えれば、この進路選択はのちに政党指導者となる両者の姿を予示していると言えるのではないだろうか。

陸奥宗光との邂逅

加藤は、三菱時代に二つの人生の大きな転機を経験した。その第一は、一八八三年から約二年間イギリスに留学したことであった。加藤は正規の大学教育を受けず、実地で回漕業、保険業などを学んだ(61)。加藤が大学に入学しなかった理由は定かではないが、正規の大学教育を修了するにはかなりの長い時間を要したからだと推測される(62)。加藤は英語で日記をつけ(63)、後年まで自らの英語力に絶大の自信を有し(64)、実際イギリス人にもその力を絶賛されるほどであったが(65)、その基礎はここで作られたものと思われる。また当時イギリスでは、グラッドストン(William Gladstone)政権の下で第三次選挙法改正法案が問題となっていたが(一八八四年一一月改正)(66)、加藤はイギリス政治に強い関心を持ち、しばしば議会を傍聴したと伝えられている(67)。この頃イギリスに滞在して視察を行っていたジャーナリストの矢野文雄(郵便報知新聞社長)は、選挙法改正問題をはじめとするイギリスの政治状況を日本に詳細に紹介していたが(68)、矢野が取材のためにイギリス人を訪問する際には、たいてい加藤が通訳として付き添ったという。矢野は加藤とかなり親しく交際していたようで(69)、のちに加藤のことを「其時から非凡な男だと思った」と振り返っている(70)。

しかし、加藤に最も大きな影響を与えたのは、陸奥宗光との邂逅であった。当時陸奥は、議会開設後に備えイギリスに遊学中であり、ケンブリッジ大学講師のワラカー(Thomas Waraker)や下院書記官のメイ(Thomas May)から憲法講義を受けていた(71)。加藤は英語力を買われて陸奥の通訳を務め、やがて親しく交際するようになった。陸奥は、日本の妻宛の書翰で、加藤を「十分に学問もこれあり候人」と紹介し、帰国後に嗣子広吉と引き合わせるよう勧めるなど、加藤のことを高く評価していた。その後加藤と広吉は親友となり、両者の交遊は終生続くことになる(72)。

陸奥は、ベンサム(Jeremy Bentham)の功利主義的自由主義の立場に強い影響を受け、立憲政治の本質を議院内閣制(責任内閣制)であると把握した(73)。また、イギリスの政党史について詳しく学び、イギリスの二大政党はディズレイリ(Benjamin Disraeli)、グラッドストンのように党首を前面に押し立てることによって成り立つこと、議会政治には小党乱立の危険があり、二大政党が過半数を制していない場合には第三党の役割が増大すること、多くの欠点もあるがイギリスでは小選挙区制が望ましいと考えられていることなどを学んだ(74)。通訳をしていた加藤も、当然この講義に触れる機会があったはずである。加藤は、陸奥と共に憲法講義を聞くことによって、イギリスの二大政党制の本質に触れたのである。

陸奥はこの後ウィーンに渡り、ウィーン大学教授シュタイン(Lorenz von Stein)の憲法講義を受けた。そして、日本が将来目指すべき政治モデルとしてのイギリスを視野に入れつつ、それを直ちに採用することは困難であるとし、当面はドイツ流の国家建設を行うという政治構想を抱くに至った。加藤は、この後ドイツについて深く学ぶことはなく(75)、陸奥以上に立憲国家のモデルとしてのイギリスに執着するものの、陸奥の政治構想に共鳴し、以後陸奥に師事する。加藤がロンドンで得た最大の財産は、イギリス流の政党政治実現という生涯の政治目標と、陸奥宗光という理想の政治家に出会ったことであった。その意味で、加藤の人生にとってこのイギリス留学は決定的意味を持つものであったと言える(76)。

結婚

第二の人生の転機は、イギリスから帰国した翌一八八六年四月に、岩崎弥太郎の長女春治(一八六四年生)と結婚したことである。加藤の帰国直前に弥太郎が病没し、岩崎家では弥太郎の娘の婿を誰にするかが大きな問題となっていた。弥太郎は既に加藤を候補として考えており、弥太郎の母も弟弥之助(新社長)も加藤を渇望していた(77)。加藤は既に留学中から、弥太郎の長男久弥のペンシルヴェニア大学への留学について相談を受けるなど、岩崎家の深い信頼を得ていた(78)。申し出を受けた加藤は、陸奥(一月に帰国していた)にだけ相談した上で、春治との結婚を決めた(系図(2)も参照)。

春治の婿候補には、弥太郎と同郷の土佐出身ということもあり、当初民権家の馬場辰猪が候補に挙がっていたらしい(79)。しかし馬場は「民権家である自分が財閥の娘を嫁に貰うわけにはいかない」と言って断ったという。確かに、明治十四年の政変当時の大隈が三菱との密接な関係を盛んに攻撃されたように、三菱の娘婿という地位は非難の的となる可能性があり、加藤もそのことを懸念していたという(80)。恐らく陸奥に相談したのは、陸奥を尊敬していたことに加え、次男潤吉を養子に出すなど、陸奥が豪商古河市兵衛と深く結びついていることも考慮したからであろう。しかし陸奥、加藤共に結婚を断るべきだとは考えなかったようである。将来政党政治家として大成するには莫大な政治資金が必要なことは明らかであり、世評への懸念はあったとしても、加藤はむしろこの結婚に積極的だったと推測したい。

加藤が結婚によって強い経済的背景を手にしたのは紛れもない事実で、この後加藤は三菱あるいは岩崎家から様々な形で支援を受けることになる(第四章第二節)。この後加藤が外交官、政治家に転進し、政敵との対決に躊躇しない強気な姿勢を示すことができた背景の一つとして、この結婚は大きな意味を持ったと言わねばならない。加藤と岩崎家の関係は概ね良好に推移したようで、加藤は弥太郎の次女磯路と木内重四郎(当時農商務省官房庶務課長)の結婚を仲介し(81)、弥之助の長男小弥太にイギリス留学や三菱入社を勧めるなど(82)、一族の長老格として影響力を維持していった(83)。また、豊川良平、荘田平五郎、近藤廉平やグラバー(Thomas Glover)ら三菱系の実業家とも多くの交流を持ち(84)、兄服部三樹之助をはじめ縁者の三菱への就職をよく世話したし(85)、のち長男厚太郎も三菱銀行に勤務した(86)。

こうして二〇代半ばに大きな人生の転機を経験した加藤は、実業界への関心を急速に失っていった。加藤は「方々に頭ばかり下げる商売には閉口」し、既に自分の性格が実業界に不向きであると悟っていたし、春治との結婚により、かえって岩崎家の羽翼から脱したいという気持ちが強くなったらしい(87)。それ以上に大きかったのが、陸奥が欧米巡遊を終え、帰国したことである。陸奥は、将来自ら政党内閣を組織することを夢見つつ、まずは藩閥政府内での地歩を固めるため、一八八六年一〇月に外務省弁理公使に就任した。陸奥は加藤にも外務省入省を勧めた。加藤を自分の手許で育てようとしたのであろう。この時陸奥は、秘書役として訓練するため従弟の岡崎邦輔も郷里から呼び寄せている(88)。岡崎はこの後一貫して陸奥の片腕として働く人物であり、陸奥の加藤に寄せた信頼、期待がいかに高かったかが分かる。加藤が陸奥の勧誘に心を動かされたのは言うまでもない。こうして加藤は、五年余にわたる実業界生活に別れを告げたのであった。

第二節　官界への転進

（一）　加藤高明と初期議会

外務省へ

一八八七年一月、加藤は外務省に入省し、官界生活のスタートを切った。加藤の外務省入省当時の外相は井上馨であったが、井上は間もなく条約改正の失敗で辞任し、伊藤博文首相は大隈重信を後任外相に起用した。激化する民権運動による政府批判をかわし、その政府取り込みを図るためであった（四月に内閣は黒田清隆内閣に代わったが、大隈外相は留任）[89]。大隈と不仲であった陸奥は、大隈外相の配下になることを肯んぜず、同月駐米公使に転じた[90]。他方で加藤は国内に残り、大隈外相自身の抜擢により、外相秘書官兼政務課長に就任した。

加藤が大隈と初めて出会ったのは、一八八七年のことである[91]。その経緯は不明であるが、加藤がその後の大隈宛書翰でよく三菱関係の話題に言及し、岩崎弥之助を通じて大隈に土産を贈るなどしていることから、両者共に関係の深い岩崎家を通じて知り合ったものと推測される[92]。秘書官就任当初、加藤と大隈の関係はまだ浅いものであったが、加藤は、大隈が自分の要求を受け容れ、つまらない私事を決して押しつけてこないことに好感を抱いた[93]。また、後に当時の大隈の印象を「きつい人」であったと振り返っているように、大隈の剛直な姿勢に強い印象を受けたようである[94]。こうして加藤は、秘書官として鳩山和夫（取調局長兼翻訳局長）と共に条約改正交渉で大隈外相を全力で支えるようになり、非常に高い事務能力を示した[95]。のちに加藤は、大隈の条約改正案は「全く僕の案を実行せんとした」ものであると語り[96]、陸奥に

『蹇々録』草稿に対する意見を求められた際には、大隈の条約改正交渉への言及が少ないことに対して不満を述べている(97)。これらは、加藤と大隈の関係が非常に深いものとなったこと、加藤が条約改正交渉の中心となって尽力したという自負を強く持っていたことを示している。

外務省に勤務する中で、加藤には専門官僚としての自負が生まれた。加藤は外務省在勤中、外交活動が不活発な華族出身の公使を「貴公子方は格別役にも立たざる」と揶揄し、華族中の人材と見られていた西園寺公望ドイツ公使に対してさえ「エナジー(energy)、タクト(tact)あるのだろうが現れず」と批判的に見た(98)。加藤の自信の程がよく窺われる。しかし加藤の外交官生活は、あっけなく終わった。一八八九年一〇月、大隈外相は条約改正反対派に襲撃されて片足を失い、交渉中止と辞職を余儀なくされた。内閣は黒田内閣から山県有朋内閣へと交代し、山県は腹心である青木周蔵外務次官を外相に昇格させた。青木や井上馨は加藤に留任を要請したが、加藤はそれを謝絶し、翌年二月に外務省を辞めて浪人となった(99)。加藤は陸奥に対し、心血を注いだ条約改正が失敗に終わったことを深く慨嘆していること、山県内閣が条約改正の交渉方針に大変更を加える方針である以上、政見の異なる青木の下で働くのは衷情が許さないという心事を伝えている(100)。こうして加藤は、大隈外相に殉じて外務省を去ったのであった。この時の辞任は、この後加藤の生涯を通して続く山県との対立の端緒となるという点でも注目される。

帝国議会の開設

加藤は外務省在勤時から来るべき議会開設をにらみ、政党政治に対して強い関心を寄せた。既に知られているとおり、陸奥は駐米公使時代にアメリカの政党政治について研究し、共和党と民主党の外交問題への対応などから、二大政党制の運用には反対の抑制や妥協が不可欠であることを学んでいたが(101)、加藤は陸奥から送られてきた書翰や資料を通して、アメリカの政党政治について積極的に学んだ。例えば加藤は、一八八八年のアメリカ大統領選挙に際して、二大政党の候補者の演説書を送ってもらい、熱心に読み比べている(102)。また、アメリカのような二大政党制の下では外交が政争の具となる危険性もあるという陸奥の指摘に対し、「精密の御調べ」と「感服」の意を表明している(103)。加藤はイギリス時代に引き続き、陸奥を通して二大政党制の実態について理解を深めたのであった。

当然加藤は、日本国内の政治情勢にも強い関心を抱いた。この頃国内では、発布が迫っていた大日本帝国憲法に世論の注目が集まっていたが、加藤はこれを注視し、今後「世の中も段々多事」になるだろうと陸奥に報じた。その際、民権派には相変わらず冷淡であり、後藤象二郎の唱える大同団結については「訳の分からぬこと」と評し(104)、後藤が引き続いて黒田内閣に入閣すると「小生輩のコンモンセンスにては解釈難致候」と冷笑した(105)。後藤は岩崎家と関係が深く、加藤の結婚の媒妁人も務めていたが(106)、加藤は後藤を全く評価していなかったのである。一八八九年二月に発布された憲法については、「多数の人が予期したるよりはリベラルにして甚だ評判宜敷」と見て、むしろ政府側を評価した(107)。

憲法が発布され、議会開設と初の衆議院議員選挙が近づくと、既に郷里でかなり名の知られていた加藤に出馬の勧誘がなされた。外相秘書官である加藤は、官吏と議員を兼職すれば「中途半端になる恐れあり」として、これを謝絶した(108)。しかし、加藤は将来的な立候補を視野に入れ、被選挙資格を得るために親友から財産の名義を移してもらい(109)、陸奥駐米公使にも進退を相談した。さらに、陸奥が出馬への意欲を持っていることも早くから了解し、陸奥の出馬準備のために国内情勢を報知した。例えば加藤は、一八八九年二月に大赦令が出されたことにより、過去に有罪判決を受けたことがある陸奥が議員となるにも障害がなくなったことを詳しく調査し、陸奥に報知している(110)。

また加藤は、イギリスから帰国後も自由民権運動に関与しなかったが、大隈麾下の改進党系の政治家とは徐々に個人的なつながりを持ち始めていた。加藤は、イギリス留学中に矢野文雄と交遊を持ち、帰国後には犬養毅や尾崎行雄と知り合った(111)。外相秘書官辞任後には、藤田茂吉(郵便報知新聞主筆)や朝吹英二(元三菱商会支配人、大隈と親しい)と京阪地方を旅行している(112)。こうして加藤は、改進党系から期待を集める存在になったようで、『郵便報知新聞』(改進党系)紙上では、外相秘書官辞任後の加藤の動静がかなり詳しく報じられ、愛知一区の代議士立候補見込者としても加藤の名が挙がっていた(ただし無所属・中立系とされていた)(113)。加藤は、改進党系以外からも衆議院議員の有力候補者と目されており[114]、その名は中央政界でそれなりに知られるようになっていたのである。

一八九〇年七月、第一回衆議院議員選挙が行われた。この選挙で、一月にアメリカから帰国し、五月に山県内閣の農商相に就任していた陸奥宗光は、初心を貫いて立候補して当選し、現職閣僚として唯一代議士となった[115]。これは加藤に将来の自分の姿を強く意識させたに違いない。しかし加藤は、やはり代議士に立候補はしなかった。加藤は将来の議会入りを視野に入れつつも、当面は陸奥や大隈と共に官界に復帰するつもりであったと思われる。当時陸奥農商相の秘書官として実力を認められつつあった原も、立候補の希望を持っておらず、むしろ議員の資質に疑念を向けるなど、議会の実力に対して懐疑的であった[116]。既に官界で活躍の機会を得ていた加藤と原が、先行きが不透明な議会よりも官界に当面の活躍の場を求めたのは、自然な選択だったように思われる。ちなみに、第一回衆議院議員選挙に加藤と原の郷里（愛知六区、岩手一区）から当選したのは、愛知県会議員の青樹英二（大成会）、岩手県会議員の谷河尚忠（自由党）であった。青樹は農業や鉄道事業を営む地方名望家[117]、谷河は民権運動家で[118]、新知識をもとに中央政治で活躍する加藤や原とはおよそ対照的な人物であった。彼らの当選は、この頃の加藤や原と議会の距離を象徴している感がある。加藤はしばらくは充電期間だと決め込んでいたようで、この間に憲法の研究をしたり[119]、創立されたばかりの日本法律学校で国際法担当の講師を務めたりしている[120]。日本法律学校は保守的で政府寄りと見られ、民権派からは快く思われていなかったが、民権派に近い東京専門学校には関与せず、同校で三年間講師を務め続けたところにも、加藤の政治姿勢が表れている[121]。

加藤は、約半年間の浪人生活の後、一八九〇年九月に大蔵省参事官に就任した。これは松方正義蔵相の引き立てによるものであった[122]。加藤と松方が岩崎家を通して姻戚関係にあるという事情も働いたのかもしれない[123]。加藤は翌年銀行局長に昇進した後、監査局長、主税局長を歴任し、財政や金融に対する見識を養った。のちに加藤の側近となる若槻礼次郎は、当時加藤の下僚としてその剛直果断な仕事ぶりに惹かれ、以後音信を続けるようになったという[124]。大蔵省勤務は人脈拡大の上でも有益であった。また加藤は、大蔵省時代に政府委員や帝国議会交渉事務取調委員を務め、議会答弁や政党との折衝に当たった[125]。この頃、陸奥のために議会交渉に関する情報を入手、報知するなどもしている[126]。このように様々な形で議会活動を実見する機会を持ったことは、後に政党政治家になる上で大きな意味を持ったものと思われる。

（二）　加藤高明と日清戦後の政党政治

駐英公使就任

加藤が大蔵省で順調に累進を重ねる間、陸奥は一八九二年八月に第二次伊藤内閣の外相に就任した。一八九四年七月、陸奥外相はイギリスとの間に条約改正を実現すると共に、日清開戦に踏み切った。そして同月に、自らの強い希望により加藤を特命全権公使兼政務局長として再び外務省に招いた[127]。加藤にとって四年ぶりの外務省復帰であった。当時の外務省は、林董次官（四四歳）、加藤政務局長（三四歳）、原敬通商局長（三八歳）という清新な陣容で、彼らは陸奥派「三羽ガラス」と呼ばれていた。

加藤が原と直接知り合ったのは、実にこの時であった[128]。原は『大東日報』記者を半年で辞めた後、一八八二年に井上馨の世話で外務省に入っていた。その後薩摩出身の中井弘の娘と結婚し（のち離婚）、一八八七年に加藤が外務省に入った時にはパリ公使館書記官をしていた。原はパリ在勤の間に外交の研究に精力を注ぎ、フランス語で日記をつけるなど語学力の向上にも励んだが[129]、大隈の外相就任を嫌ったため農商務省に転じた。そこで秘書官として陸奥農商相に仕えたのが原の転機となった。原は陸奥に心酔し、陸奥の農商相辞任に殉じて秘書官を辞任するほどであった。陸奥もまた原の才覚を高く評価し、外相に就任すると原を通商局長に抜擢した。こうして、原の大隈嫌いもあってそれまで直接的接点のなかった二人は、ついに陸奥の下で互いを知ったのである。加藤は原と知り合って間もなくイギリスに赴任したが、在任中に長文の書翰を送って率直に心事を明かしており、両者が意気投合していた様子が窺われる[130]。

陸奥の外相在任中、原は通商局長、取調局長、外務次官という国内のポストを歴任し、外交官試験制度の導入などに尽力した。これに対して加藤は、政務局長を半年近く務めただけで、以後約五年間駐英公使の任に当たった。恐らく陸奥は両者の個性の違いを見抜き、原については堅実な行政手腕、国内政治に対する洞察力や自らへの忠誠心、加藤についてはイギリスに対する確かな知識や頑強な外交交渉力を評価し、各々の才を適所に活かそうとしたのであろう。

陸奥は、加藤を外務省に招いた当初から駐英公使として起用するつもりであったが[131]、一八九四年一〇月に伊藤首相の了解を取った上で[132]、一一月に加藤にイギリス赴任を命じた。前任の駐英公使は外相経験者の青木周蔵（一八四四年生）、その前任は枢密顧問官に転じた河瀬真孝（一八四〇年生）という長州出身の大物であり、若干三四歳で局長を経験したに過ぎない加藤の起用は、かなり思い切った抜擢であった[133]。外相秘書官時代、加藤は陸奥が駐米公使から駐英公使に転じ対英外交を打開することを期待していたが[134]、早くも六年後に自らがそのポストに就くことになった訳である。加藤は一二月に勇躍して日本を発った。

加藤は翌年一月にロンドンに到着後、陸奥の期待によく応え、三国干渉や賠償金問題をめぐって揺れる日清戦後処理を無事に落着させた[135]。また、欧米の情勢について詳細な報告を繰り返した他[136]、朝鮮問題など東アジア情勢についても積極的に意見を具申した[137]。加藤は、これらの問題について伊藤首相にも直接書翰を送った[138]。一方、陸奥も加藤を非常に信頼していた。三国干渉後もドイツが反日的な動きを続け、青木駐独大使がこれについて矛盾した報告を繰り返した際には、「頗る秘密な話」として、伊藤首相はほとんど青木の電報を信頼していないこと、ドイツに心酔する青木はドイツ政府から「インフリューエンス（influence—筆者註）」されているという疑いを免れないと明かし、青木とドイツの関係について探るよう依頼までした[139]。これに対して加藤も、青木の外交家としての力には信頼が置けないと率直に応じた[140]。このように加藤は、第二次伊藤内閣の堅実な外交方針を支持し、伊藤・陸奥と緊密に連携しながら外交を進めたのである。

陸奥宗光の死

日清戦争後、第二次伊藤内閣は自由党と提携し、板垣退助を内相に迎えた。加藤は、板垣は「時代遅れの老漢」に過ぎず[141]、めざましい働きは何もできないと見ていた[142]。もっとも加藤は、自由党には好意を持たなかったものの、内閣と自由党の提携の橋渡しをした陸奥個人には強い期待を抱いていた。条約改正や日清戦争で外交指導者として大きな成功を収めた陸奥は、いずれ自由党を掌握して政党内閣を組織することを夢見ていたが、持病の結核が悪化し、一八九六年五月に外相辞任を余儀なくされた。陸奥は辞職にあたって加藤に送った書翰で、条約改正などを解決したのでもはや格別の難問はなく安心であるとし、「笑止之事なれども老兄との交情は小生在職の有無にて相変ずべき取次も無之候」と語った[143]。加藤はこの辞任を大いに惜しんだが、元来陸奥の健康状態を非常に心配しており[144]、今は療養によって「再び有用の財を国家に致さるるの日あらんこと千祈萬祷」する旨を陸奥に書き送った[145]。伊藤内閣は間もなく九月に総辞職し、第二次松方正義内閣(松隈内閣)が成立した。加藤は内閣交代の遠因は伊藤が陸奥を失ったことにあると見て、陸奥に「老台の力の偉大なりしこと今更の様相感申候」と書き送って回復を祈ったが[146]、陸奥は一八九七年八月に死去した。

政治的な師とも言うべき陸奥の死は、加藤にとってまさに痛恨であった。陸奥の死に対する加藤の所懐を示す史料は存在しないが、原敬が日記に記した「余は全力を挙げて伯を補佐し、伯亦深く余を信任したり。而して今日幽明を異にす。悲しまざるを欲するも豈得べけんや」という有名な一節は、そのまま加藤の気持ちでもあっただろう[147]。

原は、遺族や岡崎邦輔らと共に陸奥の葬儀や遺書開封に立ち会い、その後自由党を継承した政友会を政権政党へと成長させた。原が陸奥の遺志を引き継いだと評価される所以である[148]。他方で加藤は、イギリスにいたため陸奥の死去に立ち会うこともできず、その後陸奥との関係は薄れてしまったように見える。しかし加藤はその後も、陸奥家と家族ぐるみのつき合いを続けたし[149]、何よりも陸奥が設定したイギリス流の政党政治実現という目標に最もこだわり、それを継承したのは加藤であった。また加藤は、外交指導者として実績を積みつつ、政党政治実現を図るという陸奥が描いたキャリアデザインを、最も忠実になぞっていくことにもなる。その意味で、加藤もまた陸奥の政治的後継者として位置づけられるべきであろう。

日清戦後経営

加藤は、日清戦後に第二次伊藤内閣と政党の提携により諸種の事業が進むことは好ましいものと考えたが、実際に戦後経営が進行するにつれて、批判的になっていった(150)。第一に、加藤は戦後の財政の拡大があまりにも急激で大規模だと考えていた(151)。大蔵省は、戦後の財政難を補うため国債をロンドンで売り出すための調査を開始したが、加藤は日本の信用がいまだ不十分で、大蔵省の見込み通りに募債がうまくいくとは考えなかった(152)。その後も募債には批判的で、駐英公使辞任間際に外債募集が問題になった時には、そもそも募債の原因である「身代不相応なる戦後の経営」には反対であること、今日の財政難は「時の内閣や無学無識の議員等が前後を顧みず無法の大計画を立て」た結果であると論じた(153)。加藤は、健全財政へのこだわりを非常に強く持っていたのである。

第二に、加藤は戦後の陸軍の台頭を強く懸念していた。加藤は、戦争中に起きた旅順での虐殺事件への国際的波紋を懸念し、その再発防止の必要を感じていた(154)。また戦後に軍人に爵位のばらまきが行われるなど軍の威信が過度に増し(155)、本来は軍を掣肘して軍備の方針を定めるべき内閣が陸軍に引きずられていると見、シビリアンコントロールが崩れていることを懸念していた(156)。また、陸軍の増強は台湾の守備兵増加や兵器改良などで十分であり、師団増は「我国の前途に不必要なる大陸軍」を建設し、財政を圧迫することになるとして、緊縮財政論の観点からも陸軍を批判していた(157)。加藤は、師団数削減が困難であることから、小隊中隊単位の兵員削減や在営期間の短縮などの方策も考えていた(158)。

ただし加藤は、海軍力はむしろ増強する必要があると考え、その軍拡の停滞を嘆息していた(159)。そして、軍艦の注文を最も安価で高品質でしかも製造期限の短いイギリスに集中すれば、軍拡が効率よく行われ、イギリスとの関係も強化できると提唱していた(160)。このようないわゆる「島帝国論」の系譜に属する加藤の主張は、陸軍力を抑え海軍中心の軍事力を有するイギリスをモデルとしていたものであった。

以上の加藤の財政政策論は、大隈とかなり近いものであった。大隈は、松隈内閣に外相として入閣した際、陸軍拡張規模の縮小や行財政整理の断行を条件として掲げたように、伊藤の進めた日清戦後経営策を修正する意欲を持っていたが(161)、加藤は大隈にその実行を期待していた。加藤が、松隈内閣の権力基盤が弱体であることを懸念したり(162)、鳩山和夫(進歩党)が衆議院議長に就任したのを歓迎したのも(163)、大隈への期待の表れである。また加藤は、欧米巡遊の旅(一八九六〜

九七年)にやって来た徳富蘇峰(国民新聞社長兼主筆)のために種々便宜を図り、旅行中によく連絡を取っていた[164]。蘇峰は元来、イギリスをモデルとする平民主義的な社会の実現(閥族打破)を唱え、当時政治的には大隈に近かった。世代が近く、イギリス、大隈という接点を持つ二人は、互いの存在にそれなりの興味を抱いたようである[165]。

この頃大隈は対外硬派に接近し、一八九六年三月には改進党や対外硬派が合同して進歩党を結成していた。彼らは三国干渉に対する伊藤内閣の責任を追及し、その後も軍備拡張や自主外交を主張した[166]。加藤は、海軍軍拡を重視するという点では彼らと共通する考えも持っていたが、対外観は根本的に異なっていた。加藤は、日清戦争の終局に際しては、中国大陸の占領はできるだけ狭い範囲に限定すべきという慎重な意見だったし[167]、三国干渉による遼東半島返還については残念だがやむを得ない処置であるとし、「此際冷水を頭上に掛け其熱を引下げ候事肝要」[168]「永遠の実益に於ては却て好都合」[169]とまで述べていた。その後も加藤は、対外硬派の自主外交論や対外拡張論を肯定するような発言は残しておらず、逆に大隈外相に対して、欧米の言語を解さない「老人」や辞令に不慣れな「壮年有志家」を在外公使に登用しないよう求め、対外硬色の強い政党人の猟官が外務省に及ばないよう、暗に釘を刺した[170]。しかし大隈は、稲垣満次郎ら対外硬色の強い人物を公使に登用した[171]。加藤は、このような大隈の姿勢には違和感を覚えていたものと思われる。欧米から帰国後に対外膨張論に傾斜していった徳富蘇峰との交遊がその後ほとんど途絶えたのも、そのためではないだろうか[172]。こうしてみると、加藤は外交政策の面では、大隈よりも伊藤に近かったように思われる。加藤の日清戦後経営論は、外交面では伊藤、財政面では大隈に近いものであったのである。

隈板内閣

一八九七年一二月、松隈内閣は閣内対立をきっかけにして倒れた。翌年一月、元勲が総出で第三次伊藤内閣を成立させたが短命に終わり、紆余曲折の後、六月に初の政党内閣である第一次大隈重信内閣(隈板内閣)が成立した。首相に就いた大隈は、さっそく加藤に手紙を送り、今回の内閣交代は、従来対立してきた自由・進歩両党の合同によって「大いに政治上の気運を促すに至」り、伊藤前首相が「議会の多数を制することを得る者を以て内閣を組織せしむるに非ざれば、終に憲政の円満を期すべからざること」を天皇に上奏した結果起こったものであって、この内閣は従来と「全然性質を異にする」ものであると誇った。そして、与党(憲政党)の結束を保ち、財政・外交政策で新機軸を打ち出す意欲を表明した[173]。また その後も、行財政整理によって日清戦後の財政膨脹を是正する決意を語り、小村寿太郎の駐米公使抜擢など外交官人事についても詳しく報知している[174]。大隈が加藤を非常に信頼していたことが、よく分かる[175]。

これに対して加藤も、隈板内閣の成立を「目先一新頗る面白きこと」と考え[176]、大隈が財政政策をはじめとする「多年御蓄積の経綸」を実行することに強い期待感を持っていた[177]。それゆえ、隈板内閣がわずか四ヶ月で倒れた際、加藤は落胆した。加藤は、内閣総辞職を新聞で知ってすぐに大隈に書翰を送り、「折角成りたる議院政府が転覆するに至りたるは、国家の為痛惜至極」と失望の意を伝えた。そして、新たに成立した第二次山県有朋内閣は「藩閥の古物」を並び立てたものなので、次は伊藤、さらにその後は大隈の再登板となるのは必至であるという見通しを示し、大隈が再組閣の際に「真正の御同志のみにて純粋の議院内閣を組織」することへの希望を表明した[178]。

山県内閣の主力は、日清戦後の政党勢力の伸張に反発する保守的な官僚達(山県系官僚閥)[179]であったが、加藤が既に彼らを敵対視し、政党内閣を理想と考えるに至っていたことが注目される。また加藤が、自由党と近い伊藤、進歩党を率いる大隈が交互に政権を交代するものと予測していたことも興味深い。加藤は、二大政党制の実現を期待し始めていたのである[180]。もっとも、政党の権力的基盤や政策能力がいまだに弱く、自由党、進歩党の単独政権が交互にできる状況とは程遠かったことを考えると、加藤がこの時点で二大政党制の実現を現実の政治課題と考えていたとは考え難い。加藤は、伊藤、大隈が交互に政権を担い、それが将来的に二大政党制の形成につながっていくことを期待していたものの、その実現にはなおかなりの時間を要するものと見ていたと思われる。

イギリスの政党政治に対する観察

加藤はこのように日本国内における政党政治の進展に期待を寄せながら、イギリスの政党政治についてもよく研究し、共感を強めていった。一八九五年一月に加藤がイギリスに到着した時、イギリスでは自由党のローズベリー(5th Earl of Rosebery)が首相であった。ローズベリー政権は、三国干渉に参加しないなど日本に好意的な政策を取ったが、税制改革をめぐる右派のローズベリー首相と左派のハーコート(Sir William Harcourt)蔵相の対立、貴族院改革の失敗などで政権運営に行き詰まり、政権発足一年足らずで早くも危機に直面した[181]。加藤はこれを目の当たりにして、ローズベリー内閣は解散か総辞職かの二者択一を迫られたが後者を選択し、保守党のソールズベリー(3rd Marquess of Salisbury)内閣が誕生したこと[182]、ソールズベリー内閣の下で総選挙が行われて保守党が大勝を収め、その背景には国民の自由党政権に対する倦怠感が存在したこと[183]、ソールズベリー内閣は保守党政権の常として堅実な外交手腕を有し、自由党がつけ入る隙はないことなどを丹念に報告した[184]。

ここで注目されるのが、加藤がソールズベリー内閣の動向のみならず、野党に転落した自由党の動向にも強い関心を向け、その概要をかなり正確に把握していたことである。一八九六年、ローズベリーは党首を辞任した。加藤は、グラッドストンに嘱望されたローズベリーが急に辞任したことは、「意外」だと評した。また、ハーコートが下院、キンバリー(1st Earl of Kimberley)が貴族院の指導者に就任したが、加藤はハーコートに人望がないため、やがてアスキス(Herbert Asquith)が党首になるのではないかと観測した[185]。一八九九年にハーコートが下院指導者の座を降りると、アスキス、キャンベル・バナマン(Sir Henry Campbell-Bannerman)、ファウラー(Sir Henry Fowler)、グレイ(Sir Edward Grey)の四人が有力候補だが、後継決定は難しいことを伝え[186]、キャンベル・バナマンが党首に選出されると、その外交政策をさっそく報告した[187]。

加藤は、自由党の党首は「一言に云尽せば首領は生長物にして制作物にあらず」で、投票ではなく名声や力によって選ばれるため、党員の動議は無意味であると評するなど、政党の組織の問題にも目を向けていた。また政策全般にも目を向け、自由党の弱点は首領を欠くよりも一定の主義を欠くことであり、従来は「内治改良」が特徴であったが、外交を重視した結果党内が分裂に陥り、目下党勢回復は「尚甚遼遠なりと思われる」と報告していた(188)。加藤は、キンバリー元外相と文通を行う仲にもなっていた(189)。加藤は、政権に復帰した際に親日的な外交政策を打ち出すことが期待できる自由党の動向に目を向け、パイプ作りに意を用いていたのではないだろうか。加藤は、のちの駐英大使時代(一九〇八～一九一三年)にグレイ外相と親交を深めることになるが、その関係もこの頃から始まっていたのかもしれない。また、想像を逞しくすれば、この頃に観察した野党時代の自由党の動向は、後に加藤が「苦節十年」の憲政会を率いる上で、何らかの指針を与えたかも知れない。いずれにせよ、加藤がこの頃にイギリス自由党との接点を深めようとしていたことは非常に興味深い。

加藤は、イギリスの新聞・雑誌の論調を本国に知らせることに力を注ぐと共に(190)、親日家で『デーリー・テレグラフ(Daily Telegraph)』主筆のアーノルド(Edwin Arnold)とのつながりを維持し(191)、ドイツ問題の専門家である『ニューヨーク＝ヘラルド(New York Herald)』特派員のホイットマン(Sidney Whitman)を伊藤博文に紹介するなど(192)、ジャーナリストとの交遊にも努めた。また、海外に日本情報を積極的に発信するため、日本報道にあまり熱心でないロイター(Reuter)通信社との契約打ち切りを主張した(193)。加藤がメディアやジャーナリストの動向に強い関心を示し、周到に目配りを行ったことは、加藤が外交における世論の役割を強く意識していたことを示している。

また加藤は、社交活動も積極的に行い、情報収集や日本に関する情報の発信に努めた(194)。加藤は、着任時にトレンチ(Power Trench)駐日公使から「イギリス留学でかなりの英語の知識を獲得」し、大隈外相の下で秘書官として「条約改正に積極的な役割を果たした」と評されたように、若いながら(着任時三五歳)イギリス人の間で非常に評価が高かったし(195)、イギリスのサトウ駐日公使やベルギーのダヌタン(Baron Albert Jean Louis Marie d'Anethan)駐日公使ら駐日外交団とも、良好な関係を築いていた(196)。日英関係の緊密化に加藤が大きな役割を果たしたのは疑いない。加藤が当時ロンドンで流行していた自転車を日本に持ち込み、その紹介の先駆けとなったというエピソードも、イギリス国内の動きに対する加藤の幅広い興味の表れと言えよう(197)。

以上の観察や交際を通して、加藤は、イギリス社会はコモンセンスに富み社会道徳が高尚であると見るようになった(198)。加藤は帰国後の一九〇〇年二月の国家学会における講演で、日本人が知識や経済力では西洋人に劣るものの道徳では勝るという議論を「負け惜しみ」だと戒め、日本で国粋保存の議論が盛んになっていることを批判した。そしてイギリス人が公共心と節制に富み、政治や社会などあらゆる点において「秩序」が重視されていることを高く評価し(199)、イギリスの「憲法政治」を見習うべきであると示唆した(200)。加藤は秩序と節制を重んじるイギリス社会をモデルとし、日本でも漸進的にイギリス流の政党政治を発展させて行くべきだと考えたのである。

もっとも、当時の日本の国際的地位はまだ低く、日本に関心の薄いソールズベリー政権の下では、加藤がなし得ることは限られていたことには注意が必要である。イギリスの外交文書を見る限り、ソールズベリーが加藤に特別な関心を抱いていた様子は見られない。のちの駐英大使時代(一九〇八〜一九一三年)と異なり、『タイムズ(Times)』紙上を加藤の社交活動が賑わすこともなく、加藤の社交界での活躍も、伝記などにおいてやや強調されすぎている嫌いがある。また、加藤によるイギリス国内の情勢報告は、主に新聞に拠っていたものと思われ、大物政治家との直接の接触による情報探知はあまり確認できない。加藤が原外務次官を通して日本公使館の移転や通信設備の向上を再三訴えたのも、このような状況を打開するためであろう(201)。日英同盟以前の日英関係はまだ疎遠なものであり、加藤のイギリス社会への浸透はそれほど深いものではなかったのである(202)。

帰国

こうして、イギリスでの在任は瞬く間に過ぎた。加藤は赴任当初、日本に家族を残していた。妻春治が長男厚太郎を身ごもっていたからである(加藤がイギリスに到着した一八九五年一月に出生)。長女の悦子はまだ六歳であったが、着任直後の加藤に送った書翰が現存している。非常に珍しい史料なので、紹介する。

「お父様お手紙をありがとうございます。私は四月から小学校へ参りますから、本字〔漢字―筆者註〕を覚えてお手紙をあげますよ。厚ちゃん〔厚太郎—筆者註〕はほんとにかわいくなりました。朝はよく笑います。私の写真をこの次の船であげます。私は明後日から大磯へ参ります。駒込のお祖母様〔岩崎喜勢—筆者註〕と。おさようなら。チリンチリン」（原文は全て片仮名）[203]

加藤がこの書翰を見て目を細めたであろうことは、想像に難くない。加藤はしばしば悦子と書翰をやり取りし[204]、二児の父親として精神的な充実を感じながら、公使としての職責を果たしたのであった。なお、その後妻の春治は妹の岩崎雅子（弥太郎の三女）と共にイギリスに渡っている[205]。この間、子供の世話は岩崎家が行い、一九〇三年には雅子と幣原喜重郎（当時釜山領事館在勤の領事）の結婚を加藤夫妻が強く望んで実現させるなど[206]、加藤と岩崎家の関係が非常に良好だったことも注目される。

しかし加藤は、本国の外交方針に徐々に不満を持ち始めていた。不満の第一の原因は、加藤の唱える日英同盟論に対する取り扱いにあった。加藤は、日清戦後に一貫してイギリスとの提携強化に努力し、一八九八年上旬にはチェンバレン（Joseph Chamberlain）植民相との間で提携強化に向けた会談を行い、日英同盟の締結に向かうよう本国政府にも働きかけた。しかし政府は、それに肯定的ではあったものの、ロシアとの交渉も重視して、具体的な行動には移らなかった。加藤はこれに強い苛立ちを覚えた[207]。第二の原因は、ロンドンでの外債募集問題にあった。加藤は、日清戦後の財政膨脹に懸念を抱き、それを助長する外債募集にも非常に批判的であったが、地租増徴がうまく進まない中、自らが望まない外債募集を行わなければならない立場に置かれた。加藤はこれにも不満を抱き、一八九八年一〇月に大隈外相（首相との兼任）に長文の書翰を送り、外債募集の実行を懇請する本国政府を痛烈に批判している[208]。

このように不満をつのらせた加藤は、在勤満四年になるのをきっかけに、健康と家事の都合を表向きの理由として、一八九八年九月に大隈外相に帰国を申し出た。大隈外相は、翌年の辞任を許可したが、一一月に成立した第二次山県有朋内閣で後任外相に就任した青木周蔵は、外債募集が迫っていることを理由に、留任を要請した。これは加藤の神経を逆撫でした。これまで加藤は、再三外債募集の不当と困難を進言してきたからである。こうして加藤は、再度帰国を要請して半ば強引に帰国の途に就き、翌年五月に日本に到着した。日本では、加藤が外債募集という重要な事業を投げ出したとして、厳しい非難の声が存在したという[209]。なお加藤は、帰国時にはアメリカを経由し、議会図書館などを見学している[210]。

帰国した加藤は、一九〇〇年一月に青木外相から駐独または駐露公使、次いで山県首相からは直々に外務次官への転任を要請されたが、拒絶した[211]。前者を拒絶したのは、ドイツやロシアに興味がない上に、しばらくは海外赴任を続けたくなかったからであったが、外務次官のポストまでも拒絶したのは、加藤が山県や青木の保守的な政治姿勢を嫌っていたからに他ならない。山県内閣は、加藤の帰国の前月に文官任用令の改正を断行し、政党員の就官ポストを大幅に縮小された政党側の憤激を買っていたが[212]、加藤は政党への敵対心を顕わにする彼らと生硬に距離を取ろうとしたのである。また加藤は、青木の外交家としての力も評価しておらず、山県内閣の下では働きたくないと思っていたのであろう。加藤は、九月に浅田徳則外務次官から駐清公使への転任を勧められたが、これも断った[213]。このような加藤の身の処し方は、政党内閣の登場を念頭に置いた政務官的な出処進退と評価できる。山県が加藤のかたくなな姿勢に不快を覚えたのは間違いないだろう。こうして加藤は、駐英公使を被免され待命の全権公使となり、事実上の浪人生活に入った。

(1) イアン・C・ラックストン(長岡祥三、関口英男訳)『アーネスト・サトウの生涯　その日記と手紙より』(雄松堂出版、二〇〇三年)八〜九頁。
(2) 一九二四年一一月一〇日全国教化団体代表者大会における加藤高明首相演説(『時弊と教化』教化団体連合会、一九二四年)。
(3) 『加藤高明伝』には五石二人扶持、増扶持一〇石取(三頁)、『加藤高明』上巻には、初任給七石二人扶持と記されているが(七六頁)、切米一一石扶持二人分というのが正確のようである(新見吉治「加藤高明の生家」『佐屋町史』史料編一、佐屋町史編集委員会、一九七五年)。現代の年収への換算は、磯田道史『武士の家計簿　「加賀藩御算用者」の幕末維新』(新潮新書、二〇〇三年)五五頁の大工見習の賃金に基づいた推計に従う。
(4) 「身分的中間層」については、朝尾直弘「一八世紀の社会変動と身分的中間層」(辻達也編『近代への胎動』中央公論社、一九九三年)を参照。
(5) 『加藤高明』上巻、七二〜七三頁。

(6) 日下英之『佐屋路　歴史散歩』(七賢出版、一九九四年)第七章、佐屋町教育委員会編『佐屋街道』(佐屋町教育委員会社会教育課、一九九五年)、『佐屋町史』通史編(佐屋町史編集委員会、一九九六年)第五章。なお加藤は、生地佐屋との精神的結びつきはそれほど感じていなかったようだが、のちに「懐恩碑」と記した石碑を一九一六年に佐屋に贈り(現在佐屋代官所址に設置)、『佐屋村誌』に「治心保静」という序文を贈っている(佐屋村教育会編『佐屋村誌』佐屋村、一九二二年)。佐屋での調査に際しては、青木英夫氏(佐屋町教育委員会)のご高配を賜った。厚くお礼を申し上げたい。

(7) 『加藤高明』上巻、七五〜七六頁。

(8) 『佐屋町史』史料編一、一八七頁、藤野義雄『坪内逍遙と名古屋』(名古屋市教育委員会、一九七九年)一〜六頁。尾張藩における代官手代の実態については、小島広次「〝代官所下役人〟ノート——尾張藩付代官所の場合——」(林董一編『尾張藩家臣団の研究』名著出版、一九七五年)を参照。なお、代官手代にかなりの副収入があり、私腹を肥やす者も少なくないという社会イメージは、江戸時代にはかなり広く行き渡っていた(定兼学「代官手代——寛政改革期の風評にみる——」久留島浩編『支配をささえる人々』吉川弘文館、二〇〇〇年)。

(9) 『加藤高明』上巻、七九〜八八頁、一一一〜一一三頁。

(10) 同右、七一〜七二頁、七七〜八一頁、九二頁。梁川紅蘭については、辻ミチ子『女たちの幕末京都』(中公新書、二〇〇三年)九六〜一〇三頁を参照。

(11) 蟹江町史編さん委員会編『蟹江町史』(蟹江町、一九七三年)八七三〜八七八頁、花村清隆『尾張地方の神社と密教寺院の建物』(花村清隆、二〇〇三年)五二〜五九頁、「蟹江町歴史民俗資料館特別展示　須成の文化財」(『年報』第二六冊、蟹江町歴史民俗資料館、二〇〇六年三月)、一九四三年一〇月二八日付植村尚清宛植村俊二書翰(植村朋子氏所蔵)。貴重な所蔵史料を閲覧させて下さった植村朋子氏に厚くお礼を申し上げたい。一般に地方の神職は、村の祭祀はもとより行政や教育にまで深く関与し、経済的にも豊かで、漢学や国学を基礎とした後継者教育に熱心だったようである(岸本芳雄『近世神道教育史——江戸期における神道の社会教化的意義——』明治図書、一九六二年、鈴木理恵「近世後期における神職の専業化傾向と蔵書形成」頼祺一先生退官記念論集刊行会編『近世近代の地域社会と文化』清文堂出版、二〇〇四年、同「近世末期の神主家における後継者教育」『長崎大学教育学部社会科学論叢』六七号、二〇〇五年六月)。おそらくこの傾向は、寺西家にも当てはまったであろう。

(12) 「大正十年四月冨吉建速神社・八剣神社改築寄附芳名録」(冨吉建速神社・八剣社所蔵)、「冨吉建速神社・八剣社改築費寄付調書(大正十年四月勧請)」(後藤昌之氏所蔵)。貴重な所蔵史料を閲覧させて下さった冨吉建速神社・八剣社および後藤昌之氏に厚くお礼を申し上げたい。現代の貨幣価値への換算は、第五章の註(165)と同様の試算に基づく。

(13) 加藤と佐野の血縁的つながりについては、『朝日新聞』二〇〇五年四月一六日愛知県版(二〇〇五年三月に伊藤和孝氏(蟹江町歴史民俗資料館)と筆者が共同で行った調査の概要を記載)、清水隆「佐野七五三之助覚書」(『幕末史研究』四一号、二〇〇五年九月)を参照。蟹江町での調査全般にご協力下さった伊藤氏に厚くお礼を申し上げたい。なお佐野については、市居浩一『新選組・高台寺党』(新人物往来社、二〇〇四年)、清水隆「佐野七五三之助」(古賀茂作、鈴木亨編著『「新選組」全隊士録』講談社、二〇〇三年)一九一〜一九四頁、宮地正人『歴史のなかの新選組』(岩波書店、二〇〇四年)一八六〜一九一頁も参照。

(14) 『加藤高明』上巻、九四頁、「神社略縁起」(冨吉建速神社・八剣社、一九五三年、後藤昌之氏所蔵)一五〜一六頁。佐野の墓は蟹江町須成天王橋西の寺西家累代の墓地にあり、一八六九年に同地で神葬祭が開かれている。

(15) 『加藤高明』『加藤高明伝』いずれも佐野の存在については全く言及がない。また管見の限り、加藤が佐野や新選組をどう見ていたかを示す史料は見あたらなかった。

(16) 加藤高明「英国人ニ就テノ所感」(『国家学会雑誌』一四巻一五七号、一九〇〇年三月)二二頁。

(17) 『加藤高明』上巻、九五〜一〇七頁。

(18) 同右、一〇八〜一一〇頁。堀川柳人編『名古屋藩学校と愛知英語学校』(安藤次郎、一九三五年)、愛知県教育委員会編『愛知県教育史』第三巻(愛知県教育委員会、一九七三年)六一〜六七頁、鯱光百年史編集委員会編『鯱光百年史』(愛知一中創立百年祭実行委員会、一九七七年)一〜六頁も参照。

(19) 加藤詔士「『愛知一中旧蔵書解題目録』にみられる英学教科書」(『英学史研究』三一号、一九九八年一〇月)。

(20) 坪内逍遙「学生時代の追憶」(逍遥協会編『逍遥選集』第一二巻、第一書房、一九七七年復刊)四八頁、三宅雪嶺『三宅雪嶺　自伝／自分を語る』(日本図書センター、一九九七年)二九〜三二頁。

(21) 『加藤高明』上巻、一二五〜一二九頁、東京大学百年史編集委員会編『東京大学百年史』通史一(東京大学、一九八四年)三〇六〜三一四頁、四七七〜四七九頁、前掲、三宅雪嶺『三宅雪嶺　自伝／自分を語る』三三〜四三頁、高田早苗『半峰昔ばなし』(早稲田大学出版部、一九二七年)一七〜六四頁。

(22) 『加藤高明』上巻、一二五〜一二六頁、一二九頁。

(23) 前掲、高田早苗『半峰昔ばなし』三三頁。

(24) 『加藤高明』上巻、一二〇〜一二一頁、一二五〜一二六頁、野村龍太郎「加藤伯の思出話」(『太陽』三二巻三号、一九二六年三月)五三頁。

(25) 太田雄三『英語と日本人』(ＴＢＳブリタニカ、一九八一年)第一〜三章。

(26)『加藤高明』上巻、一二九頁。

(27)東京大学史史料研究会編『東京大学年報』第一巻(東京大学出版会、一九九三年)一一九〜一二〇頁、一五四頁。

(28)三学年時(一八八〇年)の「為換券法(Bill of Exchange)」「衡平法(Equality)」答案(「明治十三年六月試業答書」東京大学総合図書館所蔵)。

(29)『若槻談話速記』三三八頁。

(30)前掲、『東京大学年報』第一巻、一二九頁、一六四頁、前掲、三宅雪嶺『三宅雪嶺　自伝/自分を語る』一八九頁。政治学を担当したフェノロサ(Ernest Fenollosa)の講義内容や聴講学生については、山口静一『フェノロサ　日本文化の宣揚に捧げた一生』上(三省堂、一九八二年)第二章に詳しい。

(31)『加藤高明』上巻、一二六頁、一三三頁。

(32)前掲、『東京大学年報』第一巻、一五三頁。

(33)明治十四年の政変を契機に学問の主流が英学からドイツ学へ移行したことについては、山室信一『法制官僚の時代　国家の設計と知の歴程』(木鐸社、一九八四年)、瀧井一博『ドイツ国家学と明治国制　シュタイン国家学の軌跡』(ミネルヴァ書房、一九九九年)、前掲、『東京大学百年史』通史一、四七七〜四八七頁を参照。

(34)共存同衆、嚶鳴社については、前掲、山室信一『法制官僚の時代』一四九〜二四九頁、勝田政治「共存同衆の基礎的研究」(『民衆史研究』二二号、一九八一年一一月)を参照。

(35)『加藤高明伝』五二一頁。鷗渡会については、大日方純夫『自由民権運動と立憲改進党』(早稲田大学出版部、一九九一年)第Ⅱ部第三章を参照。

(36)前掲、野村龍太郎「加藤伯の思出話」、嘉納治五郎「学生時代の加藤伯を追想して」(『太陽』三二巻三号、一九二六年三月)五五〜五六頁、前掲、三宅雪嶺『三宅雪嶺　自伝/自分を語る』一八五頁、『加藤高明伝』一四〜一七頁、六五八〜六五九頁、「大学学生溯源」(日付・紙名不明新聞切抜)(「田中稲城文書」R二、国立国会図書館憲政資料室所蔵)。

(37)『加藤高明』上巻、一三二〜一三四頁。

(38)一八七八年(推定)八月四日付田中稲城宛加藤高明書翰(「田中稲城文書」R一)。

(39)『横浜毎日新聞』一八八〇年一一月二〇日。

(40)建議書の草稿(「田中稲城文書」R二)、横地石太郎「東京大学時代の卒業證書及学位授与式」(『学士会月報』五八三号、一九三六年一〇月)。横地の回想内容は信頼できるが、建議書提出のきっかけが鳩山和夫講師の東京大学辞任(一八八一年)であったとしている点は誤りである。

(41)『加藤高明』上巻、一四七～一五〇頁、前掲、坪内逍遙「学生時代の追憶」四九頁、『東日』一九二六年一月三〇日夕刊（坪内逍遙談）。

(42)『加藤高明』上巻、一三八～一四一頁、「郷土名物わしが国さ　尾参の巻」(六)（『東日』一九二五年一一月二九日）。この他、外波内蔵吉（のち海軍少将）、真野厳次郎（のち海軍少将）も加藤の幼なじみであったという（『加藤高明伝』六二八～六二九頁）。

(43)綾部健太郎「加藤高明を語る」（尾崎行雄記念財団『講演』一〇三号、一九六六年一月）。八代は加藤の長男厚太郎の結婚に際して媒妁人も務めている（『読売』一九二〇年七月二八日）。

(44)一九〇九年七月二九日および一九一〇年一月一日付斎藤実宛加藤高明書翰（「斎藤実文書」国立国会図書館憲政資料室所蔵）、一八九二年八月一六日陸奥宗光宛加藤高明書翰（「井上馨文書」国立国会図書館憲政資料室所蔵）。

(45)『加藤高明』上巻、一四二～一四三頁、『愛知社創立六十年史』（愛知社、一九三八年）一～六〇頁、永井威三郎『風樹の年輪』（俳句研究社、一九六八年）一九二～一九三頁。

(46)『加藤高明』下巻、七八〇頁。

(47)以下本章の原に関する記述は、特に断りのない限り、山本四郎『評伝原敬』上（東京創元社、一九九七年）第一部に拠る。

(48)三谷太一郎『増補　日本政党政治の形成　原敬の政治指導の展開』（東京大学出版会、一九九五年）五一～五六頁。

(49)原は、司法省法学校の受験直前に、学資不足のためやむなく出願に至った事情を説明し、「迂生の如き下層会不幸之窮生は如何共致方なし。大器晩成とは古人の事、今人能わざるには非るべけれども、碌々光陰を送る様にては成業期すかたし」と悲観的に述べた書翰を友人に送っている（一八七六年〔推定〕五月九日付松岡毅夫〔目録に松岡時敏とあるのは誤り〕宛原敬書翰「渡辺刀水旧蔵諸家書簡」東京都立中央図書館所蔵）。同書翰については、渡辺金造『渡辺刀水集一』（青裳堂書店、一九八五年）五三頁も参照。

(50)天野郁夫『試験の社会史　近代日本の試験・教育・社会』（東京大学出版会、一九八三年）一六四頁。

(51)『加藤高明』上巻、一五一～一五二頁。

(52)入交好脩『岩崎弥太郎』（吉川弘文館、一九六〇年）、小林正彬『政商の誕生　もうひとつの明治維新』（東洋経済新報社、一九八七年）七五～九六頁。

(53)小風秀雅『帝国主義下の日本海運　国際競争と対外自立』（山川出版社、一九九五年）。

(54)三島康雄編『三菱財閥』（日本経済新聞社、一九八一年）一九～五〇頁（三島康雄執筆部分）。

(55)『加藤高明』上巻、一五二頁、前田蓮山『三党首領』（文化出版社、一九二一年）三八～三九頁、荒木武行『加藤高明論』（大観社、一九二五年）五四～五五頁。なお前田と荒木は、岩崎が入社前から加藤を婿に決定していたらしいと記している。岩崎に期待されていた加藤が、早くから娘婿候補となった可能性は高いが、入社前から婿に決定していたというのは穿ちすぎた見方であろう。

(56) 小坂順造編『山本達雄』(山本達雄先生伝記編纂会、一九五一年)九六～九七頁。

(57) 『都筑馨六伝』(馨光会、一九二六年)三七～四五頁。

(58) 都筑馨六「奉答文と議会の解散」(『太陽』一〇巻一号、一九〇四年一月)、『原敬日記』一九一四年六月五日。

(59) 五百旗頭薫『大隈重信と政党政治　複数政党制の起源　明治十四年―大正三年』(東京大学出版会、二〇〇三年)一八～一九頁。

(60) 『東日』一九二一年一一月五日(原死去に際しての矢野龍溪談)。

(61) 『加藤高明』上巻、一六七～一七九頁。当時のイギリスにおける日本人社会の動向については、倉田喜弘『一八八五年ロンドン日本人村』(朝日新聞社、一九八三年)を参照。

(62) 例えば末松謙澄は、ケンブリッジ大学卒業に実に約八年を要している(玉江彦太郎『若き日の末松謙澄　在英通信』海鳥社、一九九二年、小山騰『破天荒〈明治留学生〉列伝　大英帝国に学んだ人々』講談社、一九九九年、一三四～一四八頁)。

(63) 『加藤高明』下巻、七六一頁。

(64) 加藤は一九一五年一〇月に東京帝国大学法科大学緑会で行った講演で「吾輩が英京〔ロンドンのこと――筆者註〕に赴任してた時も英語の一番巧いのは大使たる吾輩」であったと自らの英語力を誇っている(『東日』同年一〇月一七日)。

(65) 武者小路公共『外交裏小路』(大日本雄弁会講談社、一九五二年)二七頁、内田康哉「外交家としての加藤伯を偲ぶ」(『太陽』三二巻三号、一九二六年三月)六三頁、Trench to Kimberley, 20 Nov. 1894, FO46/438.

(66) 当時のイギリスの政治状況については、神川信彦『グラッドストン　政治における使命感』下巻(潮新書、一九六七年)六章、君塚直隆『イギリス二大政党制への道　後継首相の決定と「長老政治家」』(有斐閣、一九九八年)第五章四を参照。

(67) 『加藤高明』上巻、一七二～一七五頁。

(68) 松尾尊兊監修、野田秋生著『矢野龍渓』(大分県教育委員会、一九九九年)第六章。

(69) 一八八四年〔推定〕七月四日付豊川良平宛加藤高明書翰(「豊川良平文書」国立国会図書館憲政資料室所蔵)。

(70) 木村毅監修『大隈侯昔日譚』(早稲田大学出版部、一九六九年)二七四～二七五頁。

(71) 陸奥のイギリスおよびウィーンへの留学については、萩原延寿『陸奥宗光』下巻(朝日新聞社、一九九七年)二九三～三三九頁、岡崎久彦『陸奥宗光』(PHP文庫、一九九〇年)上巻、三九九～四三九頁、下巻、一五～七四頁、前掲、瀧井一博『ドイツ国家学と明治国制』第四章、同編『ローレンツ・フォン・シュタイン講述／陸奥宗光筆記　シュタイン国家学ノート』(信山社、二〇〇五年)、高世信晃「陸奥宗光の『議会政治論』――イギリス政治制度の研究から――」(『国際学論集』三九号、一九九七年一月)、同「陸奥宗

(72) 光と日本の選挙制度確立――イギリスおよびオーストリアにおける留学研究から――」(黒沢文貴、斎藤聖二、櫻井良樹編『国際環境のなかの近代日本』芙蓉書房出版、二〇〇一年)を参照。

(73) 一八八五年三月二七日付陸奥亮子宛陸奥宗光書簡(萩原延寿編『日本の名著三五　陸奥宗光』三二四頁)。広吉は一八六九年生で、ケンブリッジ大学を卒業後バリスターの資格を取得し、外交官となった。広吉の評伝として、下重暁子『純愛　エセルと陸奥広吉』(講談社、一九九四年)を参照。

(74) 前掲、萩原延寿『陸奥宗光』下巻、三一三～三一七頁。

(75) 前掲、高世信晃「陸奥宗光の『議会政治論』」六一～七一頁。

(76) 一八八五年にドイツを巡遊し、中央政府の力の強さを示す官有物の立派さに感銘を受けるが、それ以上の興味は持たなかったようである(一八八五年二月三日付豊川良平宛加藤高明書翰「豊川良平文書」)。その後もドイツについて深く研究した形跡はない。ちなみに、加藤と同時期に尾張徳川家の当主である徳川義礼もイギリスに留学しており、加藤は義礼や彼に随行していた家令の海部昂蔵のために種々尽力した。海部は、イギリス人の体格が良いのは彼らが肉や卵を食べるからであることに思い至り、帰国後は日本人の「飲食改良」のため、北海道開拓や養鶏に尽力した(『加藤高明』上巻、一七七～一七八頁、豊田行二『改訂版　海部俊樹・全人像』行研出版局、一九九一年、三一～六頁、入谷哲夫『名古屋コーチン作出物語　「養鶏も武士道なり」――海部兄弟の大いなる挑戦』ブックショップ「マイタウン」、二〇〇〇年、九二頁)。このエピソードは、当時の日本に対するイギリスの影響力の大きさも物語っており、興味深い。海部昂蔵については、遠縁にあたる海部俊樹氏からご教示を賜った。厚くお礼を申し上げたい。

(77) 『加藤高明』上巻、一八三～一八五頁。

(78) 一八八四年〔推定〕七月四日、一八八五年二月三日付豊川良平宛加藤高明書翰(「豊川良平文書」)。加藤は久弥の渡米後も種々世話をした(一八八八年一二月二六日、一八八九年三月二八日付陸奥宗光宛加藤高明書翰「陸奥宗光文書」六八―一、国立国会図書館憲政資料室所蔵)。

(79) 萩原延寿『馬場辰猪』(中央公論社、一九六七年)二〇六～二〇八頁。

(80) 『加藤高明』上巻、一八七～一八九頁。

(81) 馬場恒吾『木内重四郎伝』(ヘラルド社、一九三七年)八二～八七頁。

(82) 宮川隆泰『岩崎小弥太　三菱を育てた経営理念』(中公新書、一九九六年)三頁、三九頁。

(83) なお、三菱二代目社長の弥之助は加藤より年上だが(一八五一年生、一八八五～一八九三年社長)、三代目の久弥(一八六五年生、一八九三～一九一六年社長)、四代目の小弥太(一八七九年生、一九一六～一九四五年社長)は共に加藤より年下である。

(84) 一八九六年〔推定〕一〇日（月不明）付豊川良平宛加藤高明書翰（『豊川良平文書』）、一八九六年〔推定〕一月一日、三月二〇日付豊川良平宛加藤高明書翰（櫻井良樹氏所蔵）、年不明六月二一日付大隈重信宛加藤高明書翰（「大隈文書」早稲田大学図書館特別資料室所蔵）。

(85) 『加藤高明』上巻、一一四頁、『加藤高明伝』五九八頁、六三七頁、六四〇頁。

(86) 厚太郎は一八九五年生。東京帝大法科を卒業後、三菱銀行に勤務し、のち東明火災海上取締役。一九二二～二四年には政治経済学を学ぶためにイギリスに留学した。新聞はこの留学を、父の後を継いで「政治修業」を行うためではないかと見たが、本人にその気はなく、父の政治生活に対しても冷淡だったようである（『加藤高明』下巻、七四八～七四九頁、『読売』一九二二年四月四日、一九二五年一月一九日、『東日』一九二二年五月三日、『報知』一九二六年一月二九日）。厚太郎と親交のあった綾部健太郎によれば、彼は「自分は決して政治家にならぬ、親父の力になっていろいろなことをやるというのはいやだ」と言って「すね者みたいな考え方」をしていたというが、父に対する反発を感じていたのかもしれない（前掲、綾部健太郎「加藤高明を語る」）。

(87) 『加藤高明』上巻、一九一～一九四頁。

(88) 伊藤隆、酒田正敏『岡崎邦輔関係文書・解説と小伝』（自由民主党和歌山県支部連合会、一九八五年）六頁。

(89) 小宮一夫『条約改正と国内政治』（吉川弘文館、二〇〇一年）二六～三一頁。

(90) 陸奥と大隈の不仲については、前掲、岡崎久彦『陸奥宗光』上巻、一九三～一九八頁、下巻、二五頁、一二四～一二七頁を参照。

(91) 加藤高明「偉大なる政治家」（『大観』五巻二号、一九二二年二月）。

(92) 一八九四年一二月一二日付大隈重信宛加藤高明書翰（『大隈重信関係文書』第五巻、日本史籍協会、一九三四年）、一八九七年二月一二日付大隈重信宛岩崎弥之助書翰（「大隈文書」）。加藤の伝記が、加藤が「家族的長老に対するの態度」で大隈に対したと記しているのも、そのためであろう（『加藤高明』上巻、三六八頁、四六七～四六八頁）。

(93) 加藤高明「故大隈重信侯の一面観」（『文明協会講演集』大正一一年度第四、一九二二年五月）。

(94) 大隈侯八十五年史編纂会編『大隈侯八十五年史』第二巻（原書房復刻版、一九七〇年、原著は同会、一九二六年）一〇一頁。

(95) 『加藤高明』上巻、二〇一～二一八頁、当時の加藤の日記「条約改正日誌」（『大隈文書』第一巻、早稲田大学社会科学研究所、一九五八年所収）。当時伊藤博文の招きによって日本の法律顧問をしていたイギリス人のF・T・ピゴット（Sir Francis Taylor Piggott）の名刺帳には加藤の名刺が残されており、加藤が外国人と活発に交際していた一端が窺われる（「憲政資料室収集文書」一二五一、国立国会図書館憲政資料室所蔵）。大隈による条約改正交渉については、前掲、小宮一夫『条約改正と国内政治』二、大石一男「大隈条約改正交渉再考——立案過程と国際的背景——」（『史林』八五巻六号、二〇〇二年一一月）を参照。

(96)『大朝』一九一三年一一月八日(加藤高明談)。
(97)一八九六年一〇月二日付陸奥宗光宛加藤高明書翰(「陸奥宗光文書」)。のちの加藤の談によれば、この書翰に対する陸奥の返信はなかった(前掲、加藤高明「故大隈重信侯の一面観」)。
(98)前掲、一八八八年一〇月二六日、一八八九年三月二八日付陸奥宗光宛加藤高明書翰(「陸奥宗光文書」六八―一)。
(99)『加藤高明』上巻、二一八〜二一九頁。
(100)一八八九年一二月一九日付陸奥宗光宛加藤高明書翰(「陸奥宗光文書」九五―三二)。
(101)伊藤之雄『立憲国家の確立と伊藤博文　内政と外交　一八八九〜一八九八』(吉川弘文館、一九九九年)二〇頁。
(102)一八八八年九月一〇日付陸奥宗光宛大隈重信書翰、同年九月二〇日付陸奥宗光宛加藤高明書翰(「陸奥宗光文書」六八―一)。
(103)一八八八年一〇月二六日付陸奥宗光宛加藤高明書翰(「陸奥宗光文書」六八―一)。
(104)前掲、一八八八年九月二〇日付陸奥宗光宛加藤高明書翰。加藤はイギリス留学中から、後藤象二郎と板垣退助が早々に留学を切り上げて帰国したことを「何等の効果無之」と冷ややかに見ていた(一八八五年六月三日付永井久一郎宛加藤高明書翰、前掲、永井威三郎『風樹の年輪』所引)。
(105)前掲、一八八九年三月二八日付陸奥宗光宛加藤高明書翰。
(106)『加藤高明』上巻、一八九頁。
(107)一八八九年二月一五日付陸奥宗光宛加藤高明書翰(「陸奥宗光文書」六八―一)。
(108)一八八九年五月一八日付陸奥宗光宛加藤高明書翰(「陸奥宗光文書」六八―一)。
(109)『加藤高明』上巻、四七九頁。和合誌編纂委員編『和合誌』(東郷町大字和合区、一九八七年)六八頁も参照。
(110)一八八九年六月四日付陸奥宗光宛加藤高明書翰(「陸奥宗光文書」六八―一)。
(111)もっとも加藤と尾崎は、初対面の後あっさりと別れ、親しくはならなかった(『尾崎咢堂全集』第十巻、公論社、一九五五年、五四九頁)。
(112)『報知』一八九〇年一月一日。
(113)同右、一八九〇年二月一一日。
(114)大久保利夫『衆議院議員候補者列伝　一名帝国名士叢伝』(大空社復刻版、一九九五年、原著は六法館、一八九〇年)三二七〜三二九頁。ちなみに同書ならびに『報知』の代議士候補者として原の名前は挙がっていない。
(115)前掲、萩原延寿『陸奥宗光』下巻、二七〜三〇頁。

(116) 一八九〇年一二月一八日付原恭宛原敬書翰(原敬文書研究会編『原敬関係文書』第三巻、日本放送出版協会、一九八五年)。

(117) 『佐屋町史』史料編四(佐屋町市編集委員会、一九八八年)二五六〜二八一頁。

(118) 盛岡市先人記念館編『盛岡の先人たち』(盛岡市先人記念館、一九八七年)三六〜三七頁。

(119) 『加藤高明』上巻、二二〇頁。

(120) ただし加藤が実際に講義を行ったかどうかは不明である(日本大学百年史編纂委員会編『日本大学百年史』第一巻、日本大学、一九九七年、九一頁、二四七頁、三四三頁)。なおこの頃は官吏が私立学校の講師をするのはごく一般的であり、西園寺公望(明治法律学校)、金子堅太郎(日本法律学校)、小村寿太郎(東京法学院)ら多くの官吏が法律学を教授していた(『報知』一八九〇年四月二日、二九日、五月二九日)。

(121) 前掲、『日本大学百年史』第一巻、一一九〜一五四頁。

(122) 『東日』一九二四年七月三日(松方死去に際しての加藤高明談話)。

(123) 『古風庵回顧録』二〇三頁。松方の二男正作(外交官)は、岩崎弥之助の長女繁子と結婚しており、加藤は正作と面識があった(年不明一二月一日付松方正義宛加藤高明書翰、松方峰雄他編『松方正義関係文書』第七巻、大東文化大学東洋研究所、一九八六年)。

(124) 『若槻談話速記』二三四〜二三六頁、『加藤高明伝』六五一〜六五二頁。

(125) 『加藤高明』上巻、二二一〜二三四頁。

(126) 一八九二年〔推定〕六月一八日付伊藤博文宛井上毅書翰(伊藤博文関係文書研究会編『伊藤博文関係文書』第一巻、塙書房、一九七三年)。

(127) 『加藤高明』上巻、二三五〜二三六頁、一八九四年〔推定〕七月二六日渡辺国武宛陸奥宗光書翰(「渡辺国武文書」国立国会図書館憲政資料室所蔵)。

(128) 『東日』一九二一年一一月五日(原死去に際しての加藤高明談話)。

(129) 原は、自身のフランス語を「徹頭徹尾胡麻化し」と謙遜していたが(吉田茂『回想十年』第四巻、中公文庫、一九九八年、一六六頁)、原の首相時代にフランス語で会見を行ったエリオット(Sir Charles Eliot)駐日大使が「語彙は少ないが堪能である」と評価したように(Eliot to Curzon, 7 Nov. 1921, FO371/6709)、それなりの力を持っていた。他方で、英語はほとんどできなかったようである(『原敬日記』六巻、一二七頁、バッソンピエール〔磯見辰典訳〕『在日十八年　バッソンピエール回想録』鹿島研究所出版会、一九七二年、三七頁)。

(130) 原奎一郎、山本四郎編『原敬をめぐる人びと』(ＮＨＫブックス、一九八一年)一七七〜一九八頁(山本四郎執筆部分)。

(131) 『加藤高明』上巻、二三八～二四〇頁。
(132) 一八九四年一〇月二九日付伊藤博文宛陸奥宗光書翰（前掲、『伊藤博文関係文書』第七巻）。
(133) そのため加藤は、陸奥の外相辞職や伊藤内閣総辞職の際に自らの更迭を懸念するなど（一八九六年六月四日付陸奥宗光宛加藤高明書翰「陸奥宗光文書」、一八九六年〔推定〕一〇日〔月不明〕付豊川良平宛加藤高明書翰「豊川良平文書」）、自らの立場がそれほど強くないことを自覚していた。
(134) 前掲、一八八八年一〇月二六日付陸奥宗光宛加藤高明書翰。
(135) 加藤駐英公使の外交面での活動については、『加藤高明』上巻、第五編、櫻井良樹「ロンドン駐箚公使時代の加藤高明――書簡史料を中心に――」（『九州史学』一四一号、二〇〇五年六月）六四～六八頁、Ian Nish, "Katō Takaaki, 1860-1926 : Japanese ambassador to London and Japanese Foreign Minister", Hngh Cortazzi (ed.), *Britain & Japan : Biographical portraits, Vol. IV*, Japan Library, 2002, pp. 16-22 を参照。
(136) 一八九六年一月三一日付陸奥宗光宛加藤高明書翰（「陸奥宗光文書」六八―一一）。
(137) 一八九五年一一月一九日、一八九六年三月六日付陸奥宗光宛加藤高明書翰（「陸奥宗光文書」六八―九、六八―一三）。
(138) 一八九五年二月九日付伊藤博文宛加藤高明書翰（前掲、『伊藤博文関係文書』第七巻）、一八九六年〔推定〕一月一六日付伊藤博文宛加藤高明書翰（「憲政資料室収集文書」一六五）。
(139) 一八九五年〔推定〕六月一八日陸奥宗光宛加藤高明書翰（「陸奥宗光書翰」巻二、外務省外交史料館所蔵）。
(140) 一八九五年七月二五日付陸奥宗光宛加藤高明書翰（「陸奥宗光文書」九七―一五）。
(141) 一八九六年四月一六日付陸奥宗光宛加藤高明書翰（「陸奥宗光文書」六八―一五）。
(142) 一八九六年六月一〇日付大隈重信宛加藤高明書翰（『大隈重信関係文書』第六巻、日本史籍協会、一九三五年）。
(143) 一八九六年〔推定〕六月一七日陸奥宗光宛加藤高明書翰（「陸奥宗光書翰」巻三）。
(144) 一八九五年七月一一日付原敬宛加藤高明書翰（前掲、『原敬関係文書』第一巻）、同年九月二五日付渡辺国武宛加藤高明書翰（「渡辺国武文書」尚友倶楽部寄託）、同年一一月四日付伊藤博文宛加藤高明書翰（前掲、『伊藤博文関係文書』第七巻）。
(145) 前掲、一八九六年六月四日付陸奥宗光宛加藤高明書翰。
(146) 前掲、一八九六年一〇月二日付陸奥宗光宛加藤高明書翰。
(147) 『原敬日記』一八九七年八月二四日。
(148) 前掲、伊藤之雄『立憲国家の確立と伊藤博文』二二三～二二五頁。

(149) 加藤の娘岡部悦子がアメリカで出産した際には、陸奥広吉の妻エセル（イソ）は心のこもったお祝いの手紙を送っている（一九一三年八月二二日付岡部悦子宛陸奥イソ書翰、岡部綾子氏所蔵）。

(150) この点については、前掲、櫻井良樹「ロンドン駐剳公使時代の加藤高明」六八〜七一頁も参照。

(151) 前掲、一八九六年六月一〇日付大隈重信宛加藤高明書翰。

(152) 一八九六年一〇月九日付大隈重信宛加藤高明書翰（前掲、『大隈重信関係文書』第六巻）。

(153) 一八九八年一〇月一八日付大隈重信宛加藤高明書翰（前掲、『大隈重信関係文書』第六巻）。

(154) 一八九五年（推定）二月九日付榎本武揚宛加藤高明書翰（「榎本武揚宛諸家書簡」巻三四、外務省外交史料館所蔵）。

(155) 一八九五年九月二六日付大隈重信宛加藤高明書翰（前掲、『大隈重信関係文書』第六巻）。

(156) 前掲、一八九六年六月一〇日付大隈重信宛加藤高明書翰。

(157) 一八九五年七（二とあるのは誤り）月一二日付大隈重信宛加藤高明書翰（前掲、『大隈重信関係文書』第五巻）。

(158) 一八九六年一〇月一日、一〇月九日付大隈重信宛加藤高明書翰（前掲、『大隈重信関係文書』第六巻）。

(159) 前掲、一八九五年七月一二日、一八九六年六月一〇日付大隈重信宛加藤高明書翰。

(160) 一八九五年九月二三日付大隈重信宛加藤高明書翰（前掲、『大隈重信関係文書』第六巻）。当時の日英が海軍を通して結びつきを深めていったことについては、細谷雄一「黄昏のパクス・ブリタニカ」（田所昌幸編『ロイヤル・ネイヴィーとパクス・ブリタニカ』有斐閣、二〇〇六年）一六五〜一七五頁を参照。

(161) 前掲、五百旗頭薫『大隈重信と政党政治』二三五〜二三六頁。

(162) 一八九六年一〇月二二日付大隈重信宛加藤高明書翰（前掲、『大隈重信関係文書』第六巻）、一八九六年一〇月二五日付徳富蘇峰宛加藤高明書翰（「徳富蘇峰文書」徳富蘇峰記念館所蔵）。

(163) 一八九七年一月一日付大隈重信宛加藤高明書翰（「大隈信幸氏寄贈　大隈重信関係文書」早稲田大学大学史資料センター所蔵）、一八九七年一月四日付徳富蘇峰宛加藤高明書翰（「徳富蘇峰文書」）。

(164) 一八九六年一二月一四日付徳富蘇峰宛加藤高明書翰（「徳富蘇峰文書」）、一八九七年三月五日、七月九日付大隈重信宛加藤高明書翰（前掲、『大隈重信関係文書』第六巻）など。

(165) 「徳富蘇峰文書」には、旅行中の蘇峰に加藤が送った書翰六通が巻物にまとめられて収められている。同文書の書翰が巻物にされている例は非常に珍しく、巻物になっていること自体が、蘇峰が加藤を意識していたことの表れと見ることができる。このことをご教示下された高野静子氏をはじめとする徳富蘇峰記念館の皆様に厚くお礼を申し上げたい。また、加藤が蘇峰と共にイギリスを訪問して来た深井英五（国民新聞社および民友社記者）を帰国後に外務省に勧誘したのも、この頃の加藤と蘇峰の近さを表している（深井栄五『回顧七十年』岩波書店、一九四一年、四七頁）。

(166) 酒田正敏『近代日本における対外硬運動の研究』（東京大学出版会、一九七八年）第二章、前掲、大日方純夫『自由民権運動と立憲改進党』第Ⅲ部第四章、前掲、伊藤之雄『立憲国家の確立と伊藤博文』一七七～一八二頁、前掲、五百旗頭薫『大隈重信と政党政治』二一六～二三三頁。

(167) 一八九五年二月一二日付大隈重信宛加藤高明書翰（前掲、『大隈重信関係文書』第五巻）。

(168) 一八九五年（推定）五月九日付豊川良平宛加藤高明書翰（「豊川良平文書」）。

(169) 一八九五年（推定）五月一〇日付陸奥宗光宛加藤高明書翰（「陸奥宗光文書」九六―三〇）。

(170) 一八九六年一二月二一日付大隈重信宛加藤高明書翰（前掲、『大隈重信関係文書』第六巻）。

(171) 加藤は稲垣のことを評価していなかった（前掲、一八九六年四月一六日陸奥宗光宛加藤高明書翰）。これは原も同様であった（『原敬日記』一八九七年三月三一日）。

(172) 蘇峰が日清戦後に対外膨脹論に傾斜していった軌跡については、米原謙『徳富蘇峰　日本ナショナリズムの軌跡』（中公新書、二〇〇三年）第三章以下を参照。

(173) 一八九八年七月九日加藤高明宛大隈重信書翰（「加藤家文書」東京大学社会科学研究所図書室所蔵）。同文書は、隈板内閣期から第四次伊藤内閣期に加藤・大隈間で交わされた書翰と書類数点から成っている（成立経緯は不明）。同文書の存在をご教示下さった清水唯一朗氏に厚くお礼を申し上げたい。

(174) 一八九八年九月一一日付加藤高明宛大隈重信書翰（「加藤家文書」）。

(175) そのため、外務省内には加藤が外務次官に転じて大隈を補佐するという観測が存在した（一八九八年八月三一日付原敬宛中田敬義〔外務省政務局長〕書翰、前掲、『原敬関係文書』第二巻）。

(176) 一八九八年七月一五日付豊川良平宛加藤高明書翰（櫻井良樹氏所蔵）。

(177) 前掲、一八九八年一〇月一八日付大隈重信宛加藤高明書翰。

(178) 一八九八年（推定）一一月一一日付大隈重信宛加藤高明書翰（「大隈信幸氏寄贈　大隈重信関係文書」）。

(179) 坂野潤治『明治憲法体制の確立　富国強兵と民力休養』（東京大学出版会、一九七一年）一二五頁、前掲、伊藤之雄『立憲国家の確立と伊藤博文』一八八～一九二頁。

(180) このことは、櫻井良樹氏も指摘している（前掲、同「ロンドン駐剳公使時代の加藤高明」七二～七三頁）。

(181) Chris Cook, *A Short History of the Liberal Party 1900-1997*(5th edition), Macmillan, 1998, pp. 27-29.

(182) 一八九五年六月二七日付西園寺公望臨時外相代理宛加藤高明駐英公使報告(「各国内政関係雑纂　英国之部」第一巻、「外務省記録」1.6.3.2-6、外務省外交史料館所蔵)。

(183) 一八九五年七月五日、八月七日付西園寺臨時外相代理宛加藤公使報告(同右)。

(184) 一八九七年一月三〇日大隈重信外相宛加藤公使報告(同右)、前掲、一八九五年九月五日付陸奥宗光宛加藤高明書翰(「陸奥宗光文書」)。

(185) 一八九六年一〇月一六日付大隈外相宛加藤公使報告(「各国内政関係雑纂　英国之部」第一巻)。ローズベリーの党内での権力基盤は非常に不安定であり(君塚直隆「イギリス政府と日清戦争——ローズベリー内閣の対外政策決定過程」『西洋史学』一七九号、一九九五年一二月、三七頁)、彼の辞任はそれほど「意外」ではなかった。それを「意外」と評したのは、加藤がローズベリーを好意的に見ていたことの表れだと言えるかもしれない。

(186) 一八九八年一二月二〇日付青木周蔵外相宛加藤公使報告(同右)。

(187) 一八九九年二月九日付青木外相宛加藤公使報告(同右)。以上の自由党内の動きについては、Chris Cook, *op. cit.*, p. 30, Duncan Brack et al. (ed.), *Dictionary of Liberal Biography*, Politico's Publishing, 1998, pp. 70, 166 を参照。

(188) 前掲、一八九八年一二月二〇日付青木周蔵外相宛加藤公使報告。

(189) Ian Nish, "Katō Takaaki", p. 22.

(190) 一八九五年二月一二日大隈重信宛加藤高明書翰(前掲、『大隈重信関係文書』第五巻)、同年九月五日付陸奥宗光宛加藤高明書翰(「陸奥宗光文書」六八—七)など。

(191) 一八九六年五月七日付山県有朋宛加藤高明書翰(「山県有朋文書」国立国会図書館憲政資料室寄託)、一八九五年一〇月二九日付原敬宛加藤高明書翰(前掲、『原敬関係文書』第一巻)。アーノルドについては、Carmen Blacker, "Sir Edwin Arnold, 1832-1904 : A Year in Japan, 1889-90", Hugh Cortazzi(ed.), *op. cit.* を参照。

(192) 前掲、一八九六年〔推定〕一月一六日付伊藤博文宛加藤高明書翰。

(193) 大谷正『近代日本の対外宣伝』(研文出版、一九九四年)一七〇頁。

(194) 『加藤高明』上巻、二四五頁、三四四〜三四八頁。

(195) Trench to Kimberley, 20 Nov. 1894, FO46/438.

(196) サトウは、加藤と親密な仲であったし(E・サトウ〔長岡祥三・福永郁雄訳〕『アーネスト・サトウ公使日記』II〔新人物往来社、一九九一年）一八九七年一〇月一四日）、ダヌタン夫妻も加藤のことを高く評価していた（エリアノーラ・メアリー・ダヌタン〔長岡祥三訳〕『ベルギー公使夫人の明治日記』（中央公論社、一九九二年）一九〇〇年一〇月一九日、一九〇一年四月八日）。
(197) 『加藤高明』下巻、七五二〜七五三頁。当時の自転車の流行に関しては、清水一嘉『自転車に乗る漱石　百年前のロンドン』（朝日選書、二〇〇一年）二四一〜二六六頁を参照。
(198) 前掲、一八九六年一二月二一日付大隈重信宛加藤高明書翰。
(199) 前掲、加藤高明「英国人ニ就テノ所感」二一〜二〇頁。
(200) 同右、二六頁。
(201) 前掲、原奎一郎、山本四郎編『原敬をめぐる人びと』一七八〜一八七頁（山本四郎執筆部分）、犬塚孝明「在英日本公使館の設置経緯とその変遷――日英外交の舞台裏」（『政治経済史学』三三〇号、一九九三年一二月）、『加藤高明』上巻、二四二〜二四五頁。
(202) これに比べて、同時期に駐日公使を務めたイギリスのサトウは、加藤よりはるかに深く日本社会に浸透していた（拙稿「アーネスト・サトウの日本政治観――一八九五〜一九〇〇年――」『法学論叢』一五六巻三・四号、二〇〇五年一月）。
(203) 一八九五年三月二二日付加藤高明宛加藤悦子書翰（岡部綾子氏所蔵）。
(204) 一月、五月二六日（年不明）付加藤高明宛加藤悦子書翰（岡部綾子氏所蔵）。
(205) 『加藤高明』上巻、二四五頁。
(206) 雅子は、加藤の帰任後もイギリスに留まって勉強を続けた。その間に幣原が領事として着任し、二人は一九〇三年に石井菊次郎を媒妁人として結婚した（『幣原喜重郎』幣原平和財団、一九五五年、四四〜四五頁）。
(207) 村島滋「加藤高明駐英公使の『初期日英同盟論』をめぐって――一八九五〜九八年の日英関係――」（『政治経済史学』三三六号、一九九四年六月）二三〜二五頁。
(208) 前掲、一八九八年一〇月一八日付大隈重信宛加藤高明書翰。
(209) 『加藤高明』上巻、三六〇〜三六五頁。
(210) 近衛篤麿日記刊行会編『近衛篤麿日記』第二巻（鹿島研究所出版会、一九六八年）一八九九年四月二六日。
(211) 『加藤高明』上巻、三六六〜三六七頁。
(212) 拙稿「政務次官設置の政治過程――加藤高明とイギリスモデルの官制改革構想――」（一）（『議会政治研究』六五号、二〇〇三年三月）六四〜六六頁。
(213) 『加藤高明』上巻、四六八頁。

第二章　官僚と政党の間で

第一節　加藤高明と立憲政友会

（一）　政友会の創立

政友会の創立

加藤高明は、約一〇年に及ぶ官界生活で順調に累進を重ねたが、官僚（事務官）として一生を終えるつもりはなく、将来の政党参加を視野に入れていた。そのため、反政党色を鮮明にした第二次山県有朋内閣への協力を拒み、駐英公使を免ぜられた一九〇〇年二月から約八ヶ月間を待命のまま過ごした。

山県が政党に対抗する姿勢を取ったのに対して、伊藤博文は政治参加の拡大と立憲政治の完成を期して、官僚や商工業者、憲政党（旧自由党系）などの糾合による新党結成に着手した。伊藤は一八九九年四月の全国遊説以降その動きを本格化させ、一九〇〇年九月についに立憲政友会の創立に漕ぎ着けた(1)。創立に先立ち、伊藤は種々の人脈を介して官僚達に政友会参加を呼びかけた。この頃原敬は、嫌悪する大隈が松隈内閣成立で外相になったのを機に外務省を退官した後（最終ポストは駐韓公使）、大阪毎日新聞社長として政界に出るチャンスを窺っていた(2)。そして、山県内閣からの駐清公使就任の誘いを断って伊藤による新党結成準備に関わり、政友会の創立と同時に毎日新聞社を退き、さっそく入党した。原は、退路を断って政党政治家としての道に賭けたのである。

加藤にも勧誘はなされた。伊藤は陸奥宗光を通して加藤を知り、一八九七年にヴィクトリア（Victoria）女王即位六〇周年式典出席のために渡英した際には、駐英公使時代の加藤と直接会っていた(3)。伊藤は加藤の有能さと剛強さに好感を持ったようで[4]、加藤の帰国後にも何度か会見を行い、一九〇〇年七月、政友会入党の勧誘を行った[5]。しかし加藤は、山県を嫌い、政友会創立を憲政史上の画期として大いに評価したにもかかわらず[6]、この勧誘を断った。加藤はなぜ政友会に入党しなかったのであろうか。

それは第一に、加藤が外交指導者としての地位にこだわりを持っていたからである。当時はまだ政党内閣に対する忌避感は相当なものがあり、とりわけ外相のポストに関しては、外交の継続性を保つために政党と無関係であるべきという考えが根強かった[7]。政党員が外相に就く前例が全く存在しない中で、政友会に参加することは、外相として外交指導の中心に立つという加藤の夢を挫く可能性があった。政友会内閣ができるかどうかも依然不透明であったし、万一、政友会が前の憲政党のように解体することにでもなれば、外交官として取り返しのつかないことになったであろう。加藤は、かつての陸奥がそうであったように、政友会と連携しながらもまずは党外の外交指導者として外交的成果をあげる道を目指したのである[8]。

第二に、加藤が政友会の中心的勢力となった旧憲政党(自由党系)と従来ほとんど関係を持っていなかったことが挙げられる。加藤は陸奥に師事していたものの、陸奥配下の自由党関係者とはあまり交流がなかった。他方で、憲政本党(改進党系)の党首的存在である大隈重信とは長年の深いつきあいがあり、幹部の犬養毅、尾崎行雄、鳩山和夫、大石正巳とも旧知の仲であった。また加藤は、前章で述べたように、日清戦後経営に批判的で、行財政整理を断行し、外債に依存した財政運営を改めるべきだと考えていたが、この点でも憲政本党の考え方と近かった。それゆえ加藤は、日記にも「従来屢々進歩党員たる可き機会と、その非公式の勧誘とを拒んできた」と記したほどであった[9]。ちなみに三菱の岩崎弥之助も、松隈内閣時に伊藤と大隈の提携(伊隈提携)を画策し、第三次伊藤内閣時に新党を計画した伊藤に非協力的な態度を取るなど、従来から関係の深い大隈を支援し続けていた[10]。

もし政友会に大隈・憲政本党がこぞって入党していれば、加藤も入党していたかもしれない。しかし明治十四年の政変で袂を分かった伊藤と大隈の反目には根深いものがあり、憲政本党からの政友会入党者は尾崎、鳩山らごくわずかに留まった[11]。加藤は「政党に入らんとすれば、先ず断然官職を辞し、機会を求めて衆議院議員に選挙せられた上、余の名声、年功、若しくは資力に依って、出来るだけ多数の政友とか子分とかを作ることに努力す可べきであろう」と考えていたが[12]、現実に子分と呼べる存在も持たず、今はまだ入党できる状況ではないと判断したのである。

第四次伊藤内閣の外相

伊藤は加藤の考えに理解を示した。そして、政友会を切り崩そうという山県の思惑によって翌月に第四次伊藤内閣が成立すると、伊藤は加藤を外相に抜擢した。伊藤周辺には、加藤の若さやイギリスへのバイアス、大隈との関係を危惧する声もあったが[13]、伊藤は加藤の剛直さと手腕に期待した。弱冠四〇歳で、学士としては初の大臣となる加藤の外相就任は、新聞から好意を持って受け止められた[14]。とりわけ、加藤が就任早々一部の外交文書を公開し、可能な限り外交交渉の経過を公にしていく方針を示したことは、強く歓迎された[15]。加藤は、イギリスの外交官や『タイムズ(Times)』からも、「かなりの英語の知識」「経験と能力」がある[16]、「イギリスのことをよく知り」「幅広い知識と健全な判断力がある」[17]、という高い評価を受けていた。

伊藤内閣は事実上の政党内閣であり、以後続く「官僚の系列化」(官僚が特定の政党を支持して行動するようになること)「官僚の政党化」(官僚が政党に入党すること)の端緒となった[18]。加藤も、自身が事実上政友会系の外相であることを自覚していた[19]。しかし、あるいはそうであればこそ、加藤は外相就任の条件として、党派的色彩のない大臣でありたいこと、外務省の官吏はできるだけ更迭しないことを伊藤首相に示した[20]。政党政治の進展は望ましいが、同時に政と官の境界線(政務と事務の区別)をはっきりさせなければいけない、特に外交政策の継続性が求められる外務省に関してはなおのことそうである、加藤はこのように考えていた。加藤はこの方針の下で、老朽と見た浅田徳則総務長官(一時期次官を改称したもの)を更迭し、後任に新進で気心の知れた内田康哉(一八六五年生)を抜擢した[21]。

加藤は、外交上の応答は全て外相を通して行ってほしいという就任条件も示した。これは具体的には、陸軍の外交に対する容喙を防ぎ、外交を外務省に一元化して欲しいということであった。加藤は、山県内閣の下で起こった厦門事件（日本が義和団事変に乗じて厦門占領を図った軍事的謀略）の処理で陸軍に同調した室田義文前メキシコ弁理公使を依願免官に追い込むなど、陸軍の積極的な対外拡張政策にはっきりと一線を画しつつ[22]、イギリスとの提携強化によるロシアの南下抑止を重視し、積極的な外交指導を進めた[23]。

他方で加藤は、外交以外の問題に対しても強い関心を示した。閣内で加藤と最も近いのは、外務省時代からの盟友原であった。原は、政友会に入党したにもかかわらず内閣成立時に入閣できず、四歳年少でありながら先に入閣を果たした加藤に微妙な嫉妬心を抱いていた[24]。そのため、伊藤に自身の貴族院入りを懇請したりした。しかし、やがて星亨が疑獄事件で逓相を辞職すると、元々原にも大いに期待していた伊藤首相は、後任に原を起用した。こうして加藤と原は共に緊密に連携しながら、内閣を引っ張っていった。原は後に「吾輩と加藤の間には、少しも遠慮はなかったからね」と、その親密ぶりを語っている[25]。

伊藤首相は、山県内閣の行った文官任用令を再改正して政党政治の制度的基盤を固めると共に、行政組織の統廃合などによる行財政整理を進め、その余剰と既定の増税で鉄道事業などの積極政策を進めようとした[26]。加藤もこの方針を支持した。伊藤内閣は第一五議会（一九〇〇年一二月一二日召集）に予算案、増税案を提出したが、政友会に反感を持つ貴族院は強硬に反対した。伊藤は元老による話合いで解決を図ったが果たせず、辛くも詔勅によって同案を可決に導いた。

この過程で加藤外相は、「英国流に衆議院を解散して民意を問」い、政友会が多数を占める衆議院の圧力を背景に貴族院改革を実行すべきだと主張した。しかし、原逓相は貴族院改革には同意したものの、解散は政友会の基礎固めのために避けるべきとし、貴族院の停会説を唱えた。話し合いの結果、衆議院解散説よりも停会説が大勢となり、伊藤首相が貴族院改造の上奏案を作ることで話はまとまり、上記のように詔勅による解決となった。加藤と原が、衆議院の優越および貴族院に対する強い姿勢で一致しつつも、その実現のための手法で著しく差異を見せたことは注目される。原が党内情勢などに鑑み慎重な貴族院対策を説いたのに対して、加藤はイギリス流の政党政治を念頭に置いた原則論に固執し、貴族院との全面対決も辞さぬ勢いであった。原は自分の説が陸奥の政治手法に倣ったものだと認識しており、加藤の主張にかなり違和感を感じていた[27]。この違和感はこののち両者の政治志向の差異として表面化していくことになる。

もっとも両者の仲は、まだ極めて良好だった。第一五議会が終了すると、財政難を憂慮する渡辺国武蔵相が公債支弁の政府事業を全て中止すべしという極論を提起し、これが政友会の積極政策と衝突する事態が発生した。原逓相は渡辺蔵相批判の中心に立ち、事業の繰り延べなどによって妥協を図った。加藤は従来から公債発行による積極政策に批判的で、伊藤内閣総辞職後も、外債の発行中止と鉄道事業の延期を主張した[28]。しかし、渡辺のように極端な非妥協的態度を取ることはなく、原に協力して総辞職の直前まで渡辺蔵相の説得を行い、内閣存続に尽力した[29]。結局伊藤内閣は、この閣内対立が原因となって総辞職に追い込まれたが、伊藤は山本権兵衛海相、原逓相と並んで加藤外相の手腕を非常に高く評価した[30]。加藤は、政友会系の外相としての役割を見事に果たし、伊藤の期待に応えたのであった。

第一次桂内閣への留任拒否

伊藤内閣の後継は、難航の末、桂太郎内閣となった。組閣に着手した桂首相は、加藤に留任を求めた[31]。山県内閣で二度外相になった青木周蔵が、加藤を「生意気な小僧ではあるけれども、頗る明晰な頭脳を持って居て、事務の才には通じて居る」と評したように[32]、加藤の行政能力は山県系官僚にも一目置かれており、桂もそれに期待したのであった。また、加藤の外相在任はまだわずか半年であったし、日英関係を背景にロシアの抑止を図っていくという加藤の外交方針は、桂の外交方針とも合致する方向性を持っていた[33]。桂にとって、加藤の留任は自然なことだったのである。

これに対して加藤は、在任があまりに短かったことを内心残念に思っていたが[34]、内閣の連帯責任を強く主張して、桂からの留任要請を拒絶した[35]。伊藤前首相らが熱心に引き留めたが、加藤は頑として聞き入れなかった。これまで政友会に協力してきた加藤は、伊藤内閣の政権運営に反対してきた山県直系の内閣に協力することを肯んじ得なかったのである。加藤は、桂内閣が短命に終わり、やがて再び伊藤政友会内閣ができるものと予想し、伊藤内閣での外相就任を期していたようである。その結果、外相には小村寿太郎前駐清公使が就任した。加藤の進退はまさに、イギリス流の政党政治下での政権交代を念頭に置いた出処進退であったと言える。

当時外務次官としてこの経緯をつぶさに見ていた内田康哉は、のちに以下のように述べている。「もし加藤君にして、この期が国家の重大時期であると自覚し、国家のために多少の我をまげて留任したならば、日英同盟を同君の手でやすやすと成立せしめることが出来たであろうと思って、遺憾に堪えない」「明治三五年の日英同盟は、人も知る如く、小村寿太郎侯が締結したのであるが、即ちこの小村侯の役目は、当然加藤君がなすべきであったと思うのである」(36)

日英同盟、日露戦争というこの後の流れを考えれば、内田の言うとおり、加藤は外交指導者として檜舞台に立つ千載一遇のチャンスを逃したと言える。外交指導者としての成功を目指すのであれば、加藤は内閣の連帯責任という原則にこだわるべきではなかっただろう。もし加藤が留任していれば、日英同盟締結、日露戦争遂行を成し遂げ、小村のような外交指導者としての名声を得ていたかもしれない。そうすれば、桂の腹心として早くから政友会に対抗する第二党育成に加わったかもしれないし、あるいは桂、政友会双方とつながりを保ちながら日露戦後経営を主導する存在になっていたかもしれない。もっとも、この後触れるとおり、日露戦争期の加藤の外交論はかなり大きくぶれており、実際に加藤が外交指導者として成功したかどうかには疑問も残る。もしも加藤が外相であれば、外務省主導の外交にこだわり過ぎて開戦過程で軍との和を乱したり、強硬論を唱えて講和交渉を妥結できなかった可能性もある。そうすれば加藤は、まもなく政界から姿を消していただろう。

いずれにせよこの時の加藤は、政党内閣の実現という理想に忠実であり過ぎ、また自らの力を過信していたために、生硬に外相留任を拒否したのであった。

（二）　代議士時代

代議士に当選

このように政友会に協力する態度を鮮明にした以上、加藤は思い切って政友会に入党すべきであった。確かに政友会に加藤の知己は少なく、党内の主導権争いに伍していくのは困難なことであった。しかし山県系への協力をはっきりと拒み、政友会から距離を置いた中立的な官僚（事務官）としての立場を放擲した以上は、政友会に入らなければ政界の二大勢力（山県系と政友会）の狭間で中途半端な立場になることは目に見えていた。にもかかわらず加藤は政友会に入党せず、以後、伊藤と大隈の提携（伊隈提携）によって政友会と憲政本党を協力させ、桂内閣を打倒するという大芝居の実現に邁進していく。この頃加藤は、行財政整理ができなければ「元老死後は大騒動をも引起こす」と語るなど(37)、「元老死後」の政治像を明確に意識していた。加藤は、議会の二大政党の団結によって桂内閣を倒し、再び政党内閣を樹立することによって、日本の政党政治をイギリスに近い形に変えていこうとしていたのである。

桂内閣成立当時、伊藤・政友会（代議士数一五九名）は、引き続き文官任用令の改正や行財政整理の実施による積極政策に意欲を持っていた。しかし、党内は桂内閣打倒を目指す原が徐々に主導権を握るようになっていったものの、まとまりは不十分であり、伊藤総裁は倒閣よりも桂内閣との妥協に傾きがちであった(38)。他方で大隈・憲政本党（代議士数七〇名）も行財政整理を主張していたが、積極政策よりも地租軽減への意欲を示し、外交的に対露強硬論を唱える点で政友会と意見を異にし、裏面では政友会との連携よりもむしろ桂内閣との連携にも望みを繋ぎ、曖昧な態度を取っていた(39)。

このような中で両党につながりを持つ加藤は、伊隈提携によって両党を反桂内閣でまとめようと考え、岩崎弥之助、犬養、大石、西園寺公望、原の間を奔走した。しかし、隈板内閣失敗の記憶がまだ生々しかった上に、翌年に第七回総選挙が迫っていたこともあり、ひとまず連携は見送られた(40)。結局、第一六議会（一九〇一年一二月召集）では、伊藤総裁の宥和的姿勢や政友会内の意見対立などのため、桂内閣と政友会の妥協が成立した。

第一六議会中の一九〇二年一月、日英同盟が締結された。加藤は各地の講演で強い歓迎の意を表した。その主旨は、以後、日英間の提携を強化しなければならないが、日本は同盟締結に伴う責任や負担を自覚しなければならないこと、同盟はあくまで平和を目的とし、戦争をするためのものではないこと、同盟締結と外債募集には直接の関係はなく、イギリスからの資金流入に過度の期待は禁物であることの三点であり、同盟締結を非常に冷静に捉えていたことが特徴的であった[41]。ただし加藤は、自らが種をまいた同盟締結の功を小村外相や林董駐英公使に取られ、内心では非常に悔しい気持ちでいっぱいだった。後に林が死去した際に加藤が、林について「私交は殆ど無きも同様」「唯だ趣味の広く道楽の多かりし人呑気なりし人たりし以外多くを知らず」と述べ、日英同盟締結の功についても「其功績は世人の熟知する所にて敢て余の贅言を要せざるべし」とし、牧野伸顕外相や林権助駐伊大使に比べ非常に素っ気ないコメントに終始したことは、それをよく物語っている[42]。

その悔しさを埋め合わせるかのように、加藤は以後も伊隈提携構想にのめり込んでいった。この年二月に伊藤が欧米外遊から帰国したが、加藤は原と示し合わせて、伊藤に桂内閣と妥協しないよう要望した[43]。また加藤は、伊藤の帰国歓迎会の席上で「私は伊藤さんと大隈さんと両雄が御顔合せになったら随分面白かろうと思うて」と述べ、大隈との提携に期待感を表明した[44]。大隈も再起の足掛かりとして加藤の動きに関心を持っていたようで、日英同盟締結時に加藤の役割を賞揚した[45]。

八月、任期満了に伴う第七回総選挙が開かれた。原はこの選挙で故郷盛岡から立候補して初当選を果たし、代議士として政党政治家の道を歩み始めた[46]。一方、加藤は原の立候補を熱心に支援し[47]、自らも代議士となる覚悟を持っていた[48]。郷里の名古屋や高知などからは、立候補の強い勧誘がなされた。しかし、悩ましいのは政友会と憲政本党双方から勧誘がなされたことであった。加藤は両党間で立場を取りかね双方の申し出を断ったが、憲政本党の大石正巳が強引に選挙運動を進めた結果(当時はまだ立候補制ではない)、加藤は本人不承諾のまま高知県で代議士に当選してしまった。これによって面子をつぶされた政友会土佐派は激怒し、首領の板垣退助が加藤に絶交を宣言するという事件まで勃発した[49]。加藤の煮え切らない態度が、思わぬ事態を招いたのであった。

桂内閣との対決

原は、代議士に当選した加藤のため絶交問題の火消しを行うと同時に、伊藤と相談の上で政友会入党を勧めた(50)。伊藤も原も、実際既にそうなりつつあったように、せっかく代議士に当選した加藤が両党間で困難な立場に陥ることを危惧したのである。しかし加藤は、「行動は主義に於て反対なることの外は政友会と倶にす」ると述べたものの、入党は断った(51)。伊藤はこれを非常に惜しみ、原も再度説得を行ったが、加藤は聞き入れなかった。加藤は同郷の旧友伊藤徳三に「小生目下の境遇議員と為るも容易に既成の政党に加はるを許さず」「小生が議員となるを好まざるは明瞭なるべき」と漏らしている(52)。

加藤は、伊隈提携に固執した。伊藤の政治力を評価する一方で、従来からの大隈とのつながりも断ち難かったし、加藤の財政観は、政友会よりもむしろ憲政本党に近かった。今さら入党して、政友会で着々と足場を固める原の下風に立ちたくないとの思いもあったのかもしれない。もしここで加藤が政友会に入党していれば、原と手を携えて政友会を強化していくことになっていたのか、いずれ加藤が脱党して大隈系の第二党を創立することになっていたのか、非常に想像力をかき立てられるところである。いずれにしても、この時、加藤が政友会入党の好機を失ったのは確かなことであった。

総選挙後、桂内閣による行財政整理が進捗しないのを見て、伊藤・政友会は桂内閣への対決姿勢を強め、憲政本党もまた桂内閣との提携の望みを断った。そこで、加藤が再び両党幹部の周旋を行った結果、両党で提携して地租増徴継続に反対する約束が成立し、一二月三日には、一時間余りではあったが、伊藤と大隈の密議も実現した(53)。長年疎隔していた両巨頭の久々の会同に、加藤は深い感慨を覚えたようである(54)。一二月六日に召集された第一七議会の衆議院議長選挙の決選投票では、無所属の加藤に一四四票もの票が集まった(原は一五四票)(55)。当時、議会の現状に絶望していた中江兆民でさえ加藤のことを高く評価していた(56)。イギリス的な紳士という加藤のイメージも既に広く行き渡り(57)、政界には加藤に対する期待感がかなり広く存在していたようである。加藤もこれに自信を深め、演説で伊藤や大隈に触れる際には、「私の友人」という自分と同格であるかのような表現を用いていたほどである(58)。加藤は、このような自らへの期待と自信をバックに桂内閣打倒で一役果たそうとしたのであった。

これに対して、桂内閣は政党に徹底的な対決姿勢を取り、一二月二八日に衆議院を解散した。加藤は伊藤の勧めにより横浜から立候補したものの、加藤を三菱と結託する「金権候補」として批判した島田三郎らに破れて落選し、奥田義人（愛知英語学校、東京大学法学部の後輩）の好意による当選辞退で、辛くも補充当選するという憂き目を見た[59]。また、選挙後の第一八議会（一九〇三年五月八日召集）では伊藤・政友会が桂内閣との妥協に動いたため、伊隈提携は結局成立せず、加藤は大いに面目を失う羽目になった[60]。その後、伊藤は加藤や原の反対にもかかわらず、山県や桂首相の意向によって、政友会総裁辞職と枢密院議長就任を余儀なくされた[61]。ここに、加藤の構想する伊隈提携は完全に破綻したのである。

しかし加藤は、その後も執拗に桂内閣打倒を目指した。加藤は、第一九議会（一九〇三年一二月五日召集）を前に再び政友会、憲政本党幹部の周旋に努めた[62]。一二月四日には、桂内閣との妥協に反対して政友会を脱党した尾崎行雄や河野広中、小川平吉ら一九名が組織した同志研究会に参加し、両党の提携に尽力した[63]。しかし同志研究会は対外硬色が強く、桂内閣打倒のために政府の「軟弱外交」を批判するという、加藤の思惑とは異なる方向へ進んでいった。同会の主要メンバーの一人である河野広中衆議院議長は、明治天皇の開院の勅語に対する奉答文の中で、政府の軟弱外交を批判するという異例の行動を取り、これに対して桂内閣は即座に議会の解散で応じた[64]。この異例の事件はイギリス人の興味も惹いたようで、『タイムズ』やマクドナルド（Sir Claude MacDonald）駐日公使の報告でも詳しく取り上げられている[65]。

このように混迷する議会の状況に絶望した加藤は、政界での見通しを失い、迷った末に解散後の第九回総選挙には立候補しないことを決めた[66]。翌一九〇四年二月一〇日には日露戦争が勃発したため政争中止が唱われ、加藤が推進した伊藤と大隈の提携は結局立ち消えとなった。

当時加藤はいつも「つまらんね」「これではいかぬ」と言い続け、議会での発言は一度もなく、「総てが失望の態度」であったという[67]。加藤の構想した伊隈提携は、所詮は隈板内閣で破綻した民党連合路線の焼き直しであって、政友会、憲政本党共に受け容れる下地が欠けていた。加藤は、政友会の政権政党化、衆議院における一党優位制の進行という政党政治の大きな流れに、うまく乗ることができなかったのである。一方政友会で主導権を確立しつつあった原は自信にあふれ、もはや加藤に対して嫉妬心など抱いていなかった。今や二人の地位は完全に逆転したのであった。

もっとも、加藤にとって代議士時代が全く無意味であったとは思われない。確かに代議士時代の政治的成果は乏しく、この間に加藤は、政友会掌握を進めた原敬に大きく水をあけられることとなった。しかし、加藤の直情的な行動は、山県系官僚閥に対する敵対心、政党政治実現への情熱を多くの党人派政治家に印象づけたはずである。のちに立憲同志会が創立された際、同じく官僚出身であった大浦兼武、後藤新平に支持が集まらず、加藤が党首に選出されたのも、加藤が単なる官僚政治家ではないという期待感があったからである。加藤自身も、代議士時代は決して愉快な思い出ではないが、政党政治に対する情熱の発露だったという思いを持っていたようで、憲政会時代に雑誌記者から加藤には代議士は務まらないと揶揄された際に、「イヤ、(代議士になったことは―筆者註)あるよ、一度高知県から頼みもせぬのに、或る人が擔ぎ上げて代議士になったことがある」と言って、大笑いしたことがある(68)。

ともあれ、加藤は一九〇四年三月投票の第九回総選挙には立候補せず、加藤の代議士時代はわずか二期一年半で終わったのであった。

(三) 政友会との訣別

日露開戦

日露開戦前の加藤の外交構想は、まとまった発言が残されていないため、はっきりとは分からない。加藤自身、外交交渉の詳しい経緯が分からないことにもどかしさを感じていたようで、開戦前からしばしば、政府に対して外交文書を公開し、外交の経緯を可能な限り明らかにするよう求めた(69)。もっとも、開戦を主導した桂、小村や対外硬派と距離を置いていたのは確実で、開戦慎重論の伊藤や原に近い立場であったことが確認される(70)。加藤は、日露開戦直後のある講演会で「日露の関係が早晩何等かの処置を要するのは事実だが、今日はまだ戦わねばならぬ程に切迫してはいない。本戦争の後には必ず恐るべき反動が来るであろう」と述べ、緒戦の戦勝気分に酔う満座を威圧したこともあるという[71]。ただし、加藤も表立った桂内閣批判は慎んでおり、開戦後は挙国一致の方針で政府に協力した伊藤や原と同様[72]、開戦した以上は国内が分裂していてはいけないと考えていたものと思われる。

ここで興味深いのは、加藤と原の戦後に対する見通しである。原は「戦争は熱病である」と見ていた。すなわち、戦争は熱病のように危険きわまる困難なものであるが、熱病から回復した後で体がかえって丈夫になるのと同じように終戦後には必ず進歩が伴うので、戦争は絶対悪ではなく、今から戦後に向けて周到な準備をしなければならない、という意見であった[73]。原は、日清戦後に日本の商工業が飛躍的に発達したのに倣い、今から日露戦後経営の準備をしなければいけないと考えていたのである。他方で加藤は、日清戦後経営の経験から、原に比べて悲観的な見通しを持っていた。この点は加藤と原の大きな違いであり、戦後にこの違いが表面化することになる。

原は、日露戦争に熱狂する大衆に批判的な目を向けた[74]。加藤はこの点では、原に近い意識を持っていた。開戦後間もなく、旅順港閉塞作戦で広瀬武夫少佐が戦死すると、政府や新聞は彼を「軍神」扱いし、大衆もその劇的な戦死を讃えた[75]。実は広瀬は、加藤の義理の従兄弟にあたり（系図①）、加藤やその親友八代六郎と非常に親しい仲であった[76]。ロンドンの駐在武官時代には、駐英公使の加藤ともよく会って話をしていたようである[77]。そのため加藤は、その戦死を聞いて大いに嘆いたし[78]、その後も個人的に広瀬家との交遊は続けた[79]。しかし、大々的に進められた広瀬の顕彰に加藤が関わった形跡はない。加藤は、熱狂的な「軍神」扱いとは明らかに距離を置いていたのである。

新聞経営へ

日露開戦から半年余りが経った一九〇四年一〇月、加藤は伊東巳代治から東京日日新聞社を買収し、その社長に就任した。代議士を辞したものの政治への志は捨てられず、将来の政界復帰の足がかりを得るため、従来から関心のあった新聞経営の道を選んだのである[80]。

原は政友会入党前の三年間、『大阪毎日新聞』の編集総理、社長として敏腕を振るった。原は政界進出を窺い、在野で政治を勉強し直しながら、多くの論説を執筆した。また、漢字制限や部分的な口語の採用、外電欄や家庭欄、文芸欄、付録の充実、婦人記者の採用などによって読者数を三年間で三倍に増やし、経営的にも成功した。関西財界とのつながりができたのも大きかった。原の『大阪毎日新聞』時代は、政友会入党後の基盤となったのであった(81)。

これに対して、加藤の『東京日日新聞』時代は、振るわなかった(82)。また加藤は、それまで政府の御用新聞的存在だった同新聞の論調を一新し、政党に近い立場から桂内閣に政策論争を挑んだ。加藤は、イギリスの『タイムズ』を、下品で暴露的記事の多い日本の新聞と異なり、上品で、紙面が浩瀚で、外交記事が穏健だと高く評価していたが(83)、これをモデルとする格調高い新聞作りを理想とし、社説や外報記事の充実などに力を入れた。文芸欄では島村抱月を採用して高級娯楽中心の掲載を心がけ、広告主も制限したという。そのため「紙面陰鬱」という非難を生み、社長就任時に四万五千部だった発行部数は、日露戦争中に六万部に増大したが、戦後は一時期二万三千部にまで落ち込んだという。気負いが空回りして、経営に失敗したのは明らかであった。加藤は次第に経営を持て余し、一年半余でほとんど意欲を失った。その後はほとんど出社しなくなり、のちに駐英大使に就任したのを機に経営を岩崎久弥に引き受けてもらい、社長も辞任した。『東京日日新聞』は、一九一一年に原が飛躍させた『大阪毎日新聞』に合併されることになるが、これはまさに両者の地位の逆転を象徴するかのようであった。

加藤が『東京日日新聞』の社長に就任した頃、日露戦争は一進一退の攻防が続いていた。加藤は、記者の人事(84)、記事の内容にかなり関与した他(85)、しばしば自らの命令と口授に基づいて同紙の社説を作らせ(86)、自分の政治的見解を発信し始めた。加藤がイギリスのマクドナルド公使に対して直接明かした通り、日露戦争期の同紙の記事は、間違いなく加藤の見解の反映であった(87)。その特徴は、桂内閣に対する批判や鞭撻が多かったことである。以下、加藤が口授した社説の論調を追っていこう。

加藤は、一九〇五年一月の社説「決戦論」を皮切りに、政府や国民に勝利にたどりつくまでの覚悟を促した(88)。また、ロシアの北海におけるイギリス漁船攻撃（ドッガー＝バンク事件）、フランスや清国の中立違反を、国際法の知識を駆使した社説で批判した[89]。加藤が開戦前とは異なり、戦時下で沸騰する世論に接近しつつあるのが注目される。

戦争終結が視野に入り始めると、加藤の主張は徐々に強硬色を帯び、政府への批判のトーンが強くなった。加藤は早くから戦後の講和交渉に着目し、社説「速やかに薩哈嗹（サハリン―筆者註）島を占領すべし」（二月一三日）「戦敗国に講和条件提起の権利なし」（二月一五日）で、講和交渉を有利にするために樺太全島を占領することを主張した。日本政府は三月の奉天占領以降講和を本格的に検討し始め、五月の日本海海戦で勝利すると、いよいよその動きは加速した。これを見た加藤は、六月三日の社説で、ロシアが講和を求めるならば無条件でなければならないと断じ、さらに一六日の社説では「黒竜江の通航及貿易権の獲得」を主張するなど、かなりの強硬論を唱えた[90]。

ポーツマス講和会議

日露戦争の講和会議は、八月九日からアメリカのポーツマスで開催された。加藤は会議中「譲歩の余地なし」（八月二〇日）「償金割地譲るべからず」（八月二五日）「樺太分割非なり」（八月二八日）「遂に屈譲乎否乎」（八月三一日）などの社説で、賠償金獲得と樺太の完全割譲という要求を貫徹するよう主張した。しかし、九月五日に締結された講和条約は、無賠償、南樺太の割譲を内容とするものであり、加藤は「帝国の不利益」「屈譲」に強い失望を表明した[91]。この間『東京日日新聞』は、財政政策に関しても、政府が漫然と公債募集を続けたとして激しい批判を行った[92]。

加藤は九月一四日の社説「外交上の不成功」で、日本はロシアに対する要求放擲か戦争継続かという二者択一に立たされ、いずれの道も不幸であったが、前者の不幸は後者の不幸よりもやや軽かったと論じており、戦争継続が困難であったことは認めていた。しかし、自ら定めたはずの賠償金と全島割譲という要求を貫徹できなかったのは「失敗」であったと断じ、桂内閣を強く非難した。とりわけ南樺太のみの割譲となった点については、小村外相ら全権の交渉の不手際を責めた[93]。加藤は、小村がポーツマス講和会議全権に任命された際に期待感を表明していたが[94]、その後の交渉を見て、自分が外相であればもっと有利な形で講和をまとめられたはずだという思いがわき起こったようで、講和条約に対する桂内閣の責任追及に執拗にこだわった。この頃、伊藤も同じような不満を持っており、講和後の原との会見で、自分が全権であればきっと賠償金を獲得できたと述べている(95)。伊藤の場合、その不満を表立って示すことはなかったが、加藤は伊藤よりも一層感情的になっており、不満を新聞紙上で直接政府にぶつけたのであった。

加藤は、日比谷焼討ち事件などの騒擾は嫌悪し、治安の速やかな回復を優先すべきとしたものの(96)、事件の背景にある講和条約への不満には同情的であった(97)。それゆえ、外交の失敗や事件の責任を取って桂内閣が退陣することを要求すると共に(98)、臨時議会の開催によって速やかに講和の顛末について報告がなされるべきだとした(99)。一〇月一六日に講和条約の内容が正式に公表されると、加藤は翌日の新聞社説で条約に対して詳細な逐条批判を行った(100)。加藤はこれを最後に、社説での講和条約批判をようやく止めた。開戦後の新聞各紙が主戦論や非講和を唱える中で、『東京日日新聞』の桂内閣批判が特に突出していたとは言えないが(101)、加藤は、日露戦争末期にかなり強硬な外交を主張し、一貫して桂内閣を批判し続けたと言える。桂首相は、加藤が講和条件には同意していたにもかかわらず、新聞の売り上げ増加のために大衆側にすり寄ったと見て、強い不快感を覚えていた(102)。

加藤の書いた社説は、対外的な宣伝や世論の昂揚、政府の鞭撻という目的も持ったものであり、加藤が実際に構想していた外交政策とは必ずしも同一ではなかっただろう。しかし、もしも日本政府が加藤の主張通りの態度で講和会議に臨んでいれば、交渉が妥結できなかったのは間違いなく、このような実行不可能な政策を主張した加藤は、外交指導者として失格であった。加藤がこの時外相であれば、第一次大戦で二十一ヵ条要求を提出した時のような大失敗をしていた可能性もあるのではないだろうか。そして実は加藤自身も、ある時点からは自分の主張が説得的でないことに薄々気付きつつ、引くに引けない状態になっていたように思われる。というのも、一〇月一七日以降、『東京日日新聞』の社説から講和批判がぱったりと消えてしまうからである。それ以降も同紙は、財政など内政面から桂内閣批判を続けたが(103)、一二月二一日に至り、桂内閣は人心一新を図って総辞職し、後継を西園寺公望政友会総裁に委ねた。加藤は、開戦前と同様に政友会、憲政本党の連立内閣ができることを期待していたようで(104)、このタイミングでの政友会内閣の成立は、加藤にとって全く予想外の事態であった。加藤は、国際情勢のみならず国内情勢も見誤っていたのである。

この間の原の態度は、加藤と全く対照的であった。原は既に一九〇四年一二月に桂首相と会見し、桂内閣への協力の見返りとして講和後の政友会に対する政権受け渡しの密約をまとめていた。講和条約に対しても、憲政本党が強硬に反対したのに対し、政友会は政府批判を慎んで講和を歓迎した。すなわち原は、戦争継続が無理であることから過大な講和条件にはこだわらず、桂やその背後にいる元老山県、陸軍とある程度妥協しながら日露戦後経営に参加する道を選択したのである。伊藤や西園寺も、この路線を支持していた。原は、憲政本党の説に耳を傾けないよう加藤に忠告していたものの、政友会員ではない加藤に対して政権受け渡し交渉のことは何も洩らさなかった(105)。こうして日露戦争中から桂園体制が着々と形成されていく中で(106)、加藤は徐々に伊藤や原から遠ざかり、政治的に孤立し始めていた。

第一次西園寺内閣の外相就任

一九〇五年一二月一九日、桂首相は西園寺政友会総裁を呼び、内閣総辞職の方針を伝えた。西園寺は翌二〇日に、政友会の原、松田正久を呼び、閣僚の選考に入った。原は同日に加藤を訪問し、入閣を要請した(107)。従来桂内閣を痛烈に批判してきた加藤の入閣には問題が多く、元老の伊藤や井上馨は、加藤の入閣に懸念を覚えていた(108)。にもかかわらず原があえて加藤に入閣交渉を行ったのは、政界で漂流しかけている親友加藤を救い出すと共に、元老山県や桂、陸軍に対抗して政友会主導の政権運営を進めるため、加藤の手腕に期待したからであろう(109)。

しかし、原から要請を受けた加藤は、藩閥との妥協や憲政本党からの入閣がないという組閣方針については受け入れたものの、「内閣員の顔振によっては、お断りするかも知れない」とも述べ、いったん態度を保留した。加藤は、講和を強く批判してきたために外相就任を半ば諦め、蔵相に就任を要請されるだろうと思い込んでいた。いざ蓋を開けてみれば、予想に反し本来の希望である外相就任を要請されたが、今さら立場を翻して入閣すべきかどうかを躊躇したのであった。予期せぬ西園寺内閣成立にもたつく加藤を見て、原は失望した。原はその日の日記に「彼れは案外幼稚なる思想の人にて、世間が思ふ程の政事家の資格を有する人にあらざれば、其云ふ所甚だ時勢に適せざり」と書き留めている(110)。

加藤は二二日に西園寺と会見し、『東京日日新聞』の態度変更と閣員選択は一切西園寺に任せることを伝え、入閣を受諾した。西園寺内閣は、翌年一月七日に成立した。原が「要するに彼も此際其選に漏るるを恐れたるならん」と観測したように(111)、加藤はこれ以上の政治的没落を恐れ、陸軍や官僚と粘り強く妥協と対抗を続けながら日露戦後経営に参画する決意をしたのである。ジャーナリズムには、加藤と原を内閣の両輪と見て、期待する声が強かった(112)。またイギリスでは、マクドナルド駐日公使が「イギリス的な理想を抱く」加藤の外相復帰を歓迎し(113)、『タイムズ』も同様であった(114)。しかしこのような決意と期待は、内閣発足後すぐに破られることとなった。発端となったのは、鉄道国有化問題であった。

従来、日本の鉄道建設は民間資本が中心であり、一八九二年に鉄道敷設法が成立していたものの、財政難で国有化は停滞していた。しかしその後、輸送の効率化、画一化を進めるために陸軍や逓信省で国有論が台頭し、赤字の私鉄がそれに便乗した。黒字の私鉄や大蔵省は国有化に消極的であったが、ドイツの国有化の進展などを受け大蔵省にも国有論が台頭し、既に桂内閣期には鉄道国有法案の準備が相当進んでいた(115)。政友会は元来国有化にそれほど熱心ではなかったが、西園寺内閣になってその必要を認め、第二二議会(一九〇五年一二月二五日召集)中の法案成立を目指した。

二月一七日、同法案が閣議に上った。ここで加藤外相は、所管外の問題であるにもかかわらず、①国家が民間の鉄道を買収するのは私権蹂躙である、②国債の負担が加重する、③官営は経営的に拙劣である、という三つの理由を挙げて強く反対した(116)。原内相らは内閣の死活問題ではないとして、再三にわたり説得を試みたが、加藤は頑として聞き入れず、三月一日に外相を辞任した。在任わずか五六日であり、旧知の松岡康毅農商相(加藤の叔父安井譲の親友)は、辞任を「過激也」と評した(117)。加藤はなぜこれほど鉄道国有化に反対したのであろうか。

第一の理由は、財政の膨張に対する懸念にあった。若槻礼次郎(当時大蔵次官)や田健治郎(当時前逓信次官)が回想しているように、加藤の反対論は彼が従来から唱えてきた財政論の延長線上にあり、健全財政を重視し、政府支出の増大を民業圧迫につながるものと見なすイギリス流の古典的自由主義経済観に基づくものだった(118)。前の理由のうちでは、後二者（特に②）が重視されていたと見るべきであろう(119)。しかし奇妙なのは、財政を預かる大蔵省が加藤に同調しなかったことである。阪谷芳郎蔵相は前年の次官在任中から国有論を唱えていたし、若槻次官は「とうてい大蔵省で力んでみたところでいかん」と考え、主計局や理財局の反対を押し切って省内を取りまとめていた(120)。要するに加藤の緊縮財政論は極端であり、あまり説得的ではなかったと言えよう。

第二の理由は、陸軍主導の満州経営に対する懸念であった。加藤は外相就任後、何度か元老や寺内正毅陸相、児玉源太郎参謀本部次長事務取扱らと満州経営について話し合いを持ったが、陸軍側と意見が合わず、前途を悲観していた(121)。イギリスのマクドナルド駐日大使は、第一次西園寺内閣の時に加藤が伊藤博文の仲介で山県と会談したが、意見が合わなかったという話を、のちに加藤から直接聞いている(122)。加藤は原に対しても、寺内陸相との対立を漏らしており、これを聞いていた原は、加藤の辞任理由を「藩閥に対する悪感情並に軍人に対し之を抑制せんと欲するもの」「満韓経営並に日露漁業協約等の到底締結の望みなき」ことと推測した(123)。

西園寺内閣の成立前、『東京日日新聞』は社説「満韓経営の方針に就て」（一九〇五年一二月二〇日）「満州の開放」（一二月二六日）を掲げ、他国を排斥して陸軍主導で進められる満州経営に警鐘を発していた(124)。加藤の外相在任中はそのような論調は控えられたが(125)、加藤は辞任後に社説「関東総督」（六月二九日）「関東都督府の組織」（八月二日）を起草して、同紙に掲げた(126)。この中で加藤は、撤兵および軍政廃止後に関東都督の権限を強化すること、関東都督任命者の資格を軍人に狭く限定することに反対し、陸軍主導の満州経営を批判した。また、加藤の後任には林董駐英大使が就任したが、林も関東都督府顧問官設置問題で陸軍と対立し、九月に病気を理由に休職に至った。加藤は親友の陸奥広吉に「世上にては、同氏（林外相—筆者註）は至極丈夫にて病者にあらず、引籠には他に原因ありと専ら言い触らし、多分其説に根拠あるが如くにも被察候」と述べたが(127)、加藤は陸軍との関係に苦悩する林に自分の姿を重ね合わせていたのではないだろうか。いずれ所管の外交問題で陸軍との対立が抜き差しならないものになること、これこそが加藤が最も恐れていたことだった。

なお、国有化される鉄道に三菱と関係の深い山陽鉄道や九州鉄道が含まれていたことから、加藤は買収によって利益を得た三菱の意向を代弁したという非難を後々まで浴び(128)、今でもしばしばそのような評価を受けることがある(129)。しかし、大隈重信や荘田平五郎(三菱合資会社支配人、妻が岩崎弥太郎の姪)が国有化に消極的である一方、末延道成(山陽鉄道取締役等を歴任、岩崎弥太郎と同郷)は国有化に賛成で、仙石貢(九州鉄道社長、岩崎弥太郎と同郷)の反対論も買収の条件をめぐるものであるなど、三菱関係者が反対論でまとまっていたわけでは決してない(130)。国有化がいずれ不可避の情勢の中、前年から国有論を唱えていた井上馨が財界の取りまとめに奔走しており、三菱からは豊川良平(三菱合資銀行部支配人、岩崎弥太郎の従弟)が井上や西園寺首相との会見に参加していた(131)。議会での反対論も、条件付き反対論が少なくなかった(132)。こうしてみると、加藤の主張は、妥協に動いていた三菱関係者の中でむしろ突出していたと言える。

以上により、加藤は鉄道国有化に反対であったものの、それを外相辞任の理由にしたのは多分に名目的であり、陸軍主導の満州経営に対する懸念から、山県や陸軍との提携を放棄し、外相の座を投げ出したいというのが本心だったように思われる。後に前田蓮山が原に確かめたところによると、加藤と原の間では激論があり、原が「兎も角、やってみようじゃないか。やってみてうまく行かなかったら、やり直せばよいじゃないか」と激励したのに対し、加藤は「君と僕との違いは、そのような物の考え方だ」と応じたらしい(133)。このやりとりは、原が陸軍や山県系官僚に粘り強く妥協と対抗を続けることを説いたのに対し、加藤はそれに嫌気がさしていたことを示している。こうして二人は、日露戦後経営をどのように進めていくかという問題で決定的に立場を異にし、袂を分かったのであった。原は、加藤の考え方が「極めて幼稚」であると嘆じた(134)。

加藤の失敗は、従来の桂内閣批判から「変説」して入閣した点よりも、陸軍との妥協に対する強い決意がないまま「無雑作に」外相に就任し、すぐにその決意を覆した点にあった(135)。妥協ができないのであれば入閣すべきでなかったし、一度妥協を決意したのであれば辞任などすべきでなかった。原が「加藤近来不健康にてあまりに神経的なるが」と日記に記したように(136)、加藤は半ばノイローゼ状態だったようで、ついにいずれの態度にも徹することができなかった。

親友の陸奥広吉は、加藤の辞任を惜しみ、前途を心配した[137]。また、イギリスのマクドナルド駐日大使も、加藤の辞任を経済的自由主義と反軍主義によるものと見つつ、惜しんだ[138]。しかし一般にはこの外相辞任は、世間に加藤を「三菱の代弁者」「非妥協的」「気紛れ」として記憶させることになり、この後加藤は政界で孤立し、しばらく失意のどん底に陥った。徳富蘇峰に「八方無礙」と称されるほど順調な前半生を歩んできた加藤の、初めての大きな挫折であった[139]。

第二節　駐英大使時代

（一）　駐英大使への就任

再びイギリスへ

精神的に完全に打ちのめされた加藤は、外相辞任後半年余りを療養のうちに過ごした。その後体調は少し持ち直したものの、心身共に不調が続き、閑居を続けた。加藤は「自分は官を離れても別に食うには困らぬ。困る事は無為の月日を送ることである」と語っていたというが、無為の日々を送らざるを得なかったこの時ほど苦しい時期はなかったであろう[140]。加藤は西園寺首相に貴族院議員就任を希望したが[141]、その後加藤が候補に挙げられた形跡はない[142]。再起のためにあえて外相に就けた恩を仇で返された西園寺や原が、加藤を見捨てたのは当然のことであった。加藤と原の親交は、ほとんど途絶えた。一九〇七年に原らが中心となって陸奥宗光の銅像建設が行われたが、加藤はこの事務局に加わっていない[143]。あるいは加藤は、原が中心となっていることを忌避したのかも知れない。

この頃憲政本党では、大石正巳ら改革派（藩閥との提携に転じて政権獲得を目指す一派）と犬養毅ら非改革派（従来の民党的路線を維持しようとする一派）の争いが激しくなり、一九〇七年一月には大隈重信が総理の座を追われる事態になっていた[144]。この過程で、加藤が何らかの積極的役割を果たした形跡はない。加藤は、知己が多いとはいえ、民党色が強く政権政党として未熟な憲政本党のことを評価しておらず、これを足掛かりに政界復帰を図る気はなかった。

加藤は、政界復帰のためには、むしろ官界にポストを得ることを希望した。その機会は、一九〇八年七月の第二次桂内閣成立によって訪れた。桂首相は、小村寿太郎駐英大使を外相に再任したが、元来自派に忠実な有力外交官をあまり多く持っておらず、小村の後任に頭を悩ませたが、小村はすぐに加藤を推したという(145)。小村はイギリスから大陸膨脹主義者と見られ(146)、社交が苦手だったこともあってあまり評判が良くなかったため(147)、条約改正などの重要懸案を目前に控える中で、イギリスに受けのいい人物が必要だと見込んだのであろう。

桂は後任候補として、加藤、林董前外相(元駐英大使)、牧野伸顕前文相(元駐オーストリア大使)を考慮したが、西園寺内閣の閣僚であった林や牧野の起用は好まなかった。加藤については、これまでの行きがかりから「其人としては充分ならざる」と考えつつも、「英国駐在としては是又従来の関係上、全く不適任とも不相考候」とし、対英外交の手腕を評価していた(148)。桂は元老伊藤博文に相談すると、伊藤も加藤の起用に賛成した。また元老松方正義は、既にいち早く桂に加藤を推挙していた。こうして八月に伊藤と松方が加藤と会談し、駐英大使受諾を勧めた。

日清戦後から加藤と親しく(149)、この時加藤に相談を受けた山本達雄(貴族院議員、元日銀総裁)の証言によれば、松方が推挙に先立ち加藤に意向を打診したところ、加藤は「元来日英同盟は、はじめじぶんが手をつけたるものなり」と述べ、就任に意欲を示したという(150)。桂も加藤の意欲を見抜き、加藤が「廻り廻りて我が外交之中間に立ち入るの得策なるを了解」し、外交の実務に立つことによって再起を図っていると観測した。桂は以上の状況を山県に報告したが、山県も加藤の抜擢に同意した(151)。こうして加藤は九月一二日に駐英大使に任じられ、官界に復帰することになった。加藤は、桂の厚意を非常に多とし(152)、赴任前は非常に楽しそうな様子だったという(153)。

この間に加藤は、雑誌『太陽』に興味深い談話を寄せている(154)。加藤は「桂内閣観」と題されたその談話の中で、現下の財政は無責任な事業計画のために危機的な状況にあり、自分がこれまで唱えてきた財政論は杞憂ではなかったと指摘した。そして、大蔵省の「フロックコート連」が軍の「サーベル党」に盲従してきたためにそのような大計画が行われてきたと論じ、

「サーベル党の首領」である桂が蔵相を兼任したことで、財政の実態を理解することが期待されるので、今後「前非を悔いて」整理を断行することを期待するとした。この談話は、雑誌の発行時期(九月)から見て、駐英大使への就任交渉が行われている中で述べられたものである。加藤が桂に痛烈な皮肉を浴びせつつ、一定の期待感を表明している点に、桂との関係を改善しようという意識が読み取れる。加藤は、この後も日露戦後経営のあり方に批判的で、ロンドン着任後に友人の山本達雄に宛てた手紙でも、「国民負担過重」「国家不相応の官私計画」や大規模な募債に対する批判を述べているが(155)、公使時代とは異なり、これを桂首相や小村外相に訴えることはなかった。加藤は内政問題については自重し、基本的に本務である外交に専心するのである。

日英関係再建の努力

一九〇九年二月、一〇年ぶりにロンドンの地に到着した加藤は、中央政界での再活躍の思いを胸に秘めながら、得意の対英外交に邁進した。林董は、「知的で健全で教養があり、何よりもイギリスの生活が好きな」加藤は駐英大使として適任であるとイギリスの知人に書き送ったが(156)、加藤は相性の合うイギリスで心身共に復調した。イギリス側も加藤の着任を歓迎しており、マクドナルド駐日大使は加藤を「日本で最も有能で健全な人物」だと絶賛し、その役割に期待したし(157)、『タイムズ』も加藤の再任を強く歓迎した(158)。ロンドンで加藤に会った園田孝吉(正金銀行頭取)は、加藤が着任後四ヶ月ほどで肥満し、元気に活躍しているのを見て、「一見別人之如き思」がしたという(159)。加藤の充実ぶりが窺われるエピソードである。なお妻春治と娘悦子も加藤と共に渡英し、イギリスの社交界で活躍した(160)。

加藤の外交活動の最大の目標は、動揺する日英関係の再建であった。それは、ジャーナリズムとの関係に顕著に表れている。イギリスの『タイムズ』は、一九世紀末以降日本に関心を寄せ、外報部長のチロル(Sir Valentine Chirol)や日本特派員のブリンクリー(Francis Brinkley)を中心にかなり親日的な報道を行っていたが(161)、加藤はチロルと渡英前からつき合いがあり、渡英後もイギリスの内政、外交双方に関して種々情報を得た(162)。『タイムズ』では、日露戦後になると中国特派員モリソン（George Morrison）を中心に日本を警戒する反日色も出てきたが(163)、加藤はこれを非常に憂慮していた。そのため、チロルが下り坂にある日英関係の再検討とモリソンを日本寄りの立場に戻す目的で、一九〇九年に一緒に訪日した際には(164)、加藤はチロルを伊藤博文に紹介し、日英間の疎通を図る好機であると進言した(165)。チロルとモリソンは、外国人ジャーナリストとして初めて明治天皇に謁見したが(166)、それには加藤のこのような働きかけが影響を及ぼしていたのである。

加藤は、一九一〇年の日英博覧会の際、英語に堪能な陸奥広吉参事官を責任者として、日本の宣伝や友好ムードの醸成に努めた(167)。またしばしば『タイムズ』やロイター通信社のインタビューに応じ、日本の実情や政策を自らの言葉で説明した(168)。さらに、親交のあったダヌタン（Baroness Eleanora Mary d'Anethan）元ベルギー駐日公使夫人の日記が一九一二年にロンドンで出版された際には、序文を贈って日本との友好関係を説いたが、これも対日世論の動向に気を配っていた一例として見ることができる(169)。そのため加藤の動向はイギリス側からかなり注目され、『タイムズ』には加藤が各地で行ったスピーチがよく掲載されており(170)、加藤はチロルにその「親日的報道」に対する感謝を伝えていたほどだった(171)。加藤が「愉快」に感じた通り(172)、イギリスにおける日本の地位は、加藤の公使時代よりも格段に高くなっていたし、加藤自身もジャーナリズムとの関係を深め、日本への理解を深めるための発信の場を確保することに成功していたのである。

もっとも加藤は、日々交際の努力はしているが、「如何んせ毛色の異なることにてほんとうに奥底迄は至入れ不申、好い加減の事より外は出来不申候」と友人の山本達雄に語った通り、自らのイギリス社会への浸透はまだ不十分だと感じていた(173)。日英博覧会についても、日本に比べてイギリスはあまり熱心ではないことを痛切に感じ取っており、山本にも「日本にて騒ぎ居る程のえらきものにては有之間敷」と伝えている(174)。

このような加藤の観察は、当然、日英同盟にも及んでいた。加藤はイギリスへの着任直後に伊藤博文に書翰を送り、満州問題などで日英の利害が衝突しているため、イギリスでは日英同盟に対する人気が「疑もなく下り坂」にあるとし、その対策の必要性を訴えた。また、エジプト統治に功のあったクローマー（1st Earl of Cromer）卿（カイロ総領事やエジプト政府顧問を歴任)と会見した際、クローマーが「伊藤公は朝鮮人に苦めらるるよりは自国より来る種々の adventurers(山師—筆者註)に悩ませらるるならん乎」と話していたと伝えた。加藤は、日英関係の悪化に対する憂慮を伊藤と共有すると共に、韓国統治に苦慮する伊藤の立場を慮っていたのである[175]。加藤は山県にも、イギリスの大衆の間では日英同盟の存在はほとんど忘れられている有様だと報じた[176]。加藤は、日英同盟の動揺の最大の原因が満州問題にあると見ており、山県に対する書翰では、日本が「満州方面に於て大いに其行動を慎み」「外国人の利害と衝突することを出来得べき的避くること頗る肝要」だと率直に具申し、満州問題に対する慎重な対応を求めている[177]。加藤は、日英同盟の形骸化を間近で感じ、強い危機感を抱いていたのである。

加藤が、更新の期限前であるにもかかわらず、一九一一年に日英同盟の改訂を熱心に推進したのは、このような危機感を考慮せずには理解できない。加藤はしばしば「日英同盟骨髄論者」と評されるが、日英同盟の将来を楽観視していた訳では決してなく、むしろ同盟の形骸化を誰よりもよく知っていたが故に、その再建に奔走していたのである。加藤が、イギリスでは同盟存続の熱意が低下し、同盟存続の最大のネックがアメリカであることを正確に把握していたこと[178]、同年の条約改正(日英通商航海条約改正)の際にも、イギリスでは「先以て英国政府に取りて上出来という評判」ではあるものの「熱心なる賞賛も無之」であるという冷静な観察をしていたことも[179]、これを裏づける。

なお加藤は、日本の満州権益の基礎が非常に脆弱であるため、今後日中関係においてそれが問題になるという危機感を持っており(日露戦争で獲得した旅順と大連、満鉄の租借ないし保有期限は、早いもので一九二三年に迫っていた)、友人の山本達雄に対する書翰では、それを率直に述べていた。従来知られていない非常に興味深い史料なので、少々長くなるが引用する。

「満洲に於ける日清交渉問題の真相を分析すれば、彼れの申分有理にして我立場の無理なること頻々に有之。志那側の新聞紙に対する働き甚だ鈍ぶければこそ、どうやらこうやら太刀打出来るものの若し。彼に於て相応に此方面の働を為すことあらば、往々にして我は顔色なき場合に陥いるべく、実に危険千萬の事に有之候。是に就けても、戦争中及び戦争終了後、我政府及官憲の満洲問題に対し又は満洲に於ける処置宜しきを得ざりしこと、今更遺憾至極に有之候」[180]。加藤は、このような状態を打開するため、イギリスのグレイ(Sir Edward Grey)外相から租借期限延長方針に対する基本的な了解を取りつけることに成功する[181]。もっとも、加藤は後にこの問題を二十一ヵ条要求によって解決しようとし、大きな紛糾を生むことになる。

政治的再起の模索

一九一一年八月、加藤は条約改正と日英同盟改訂の功により、男爵となった。これは、実は政党政治家を目指す加藤にとっては、悩ましい名誉であった。衆議院議員選挙法第七条の規定により、華族の戸主は代議士になれないこととなっていたからである。これを嫌った原が、爵位を授からないよう事前に周到な根回しをしていたのは有名な話であるが[182]、加藤もこのことを懸念し、襲爵後に「予めそういう恩命でも賜ることが判ったら、むしろ拝辞したかった」と語ったことがあるという[183]。しかし、それまで日本やイギリスの勲章をもらってきた加藤が[184]、外務次官の石井菊次郎でさえ男爵を授かっている中で、爵位を受けないというのはきわめて不自然であった。加藤は、代議士立候補がきわめて困難になったことを気に懸けつつも(第二次護憲運動の際の高橋是清のように、爵位を相続者に譲らない限り立候補は不可能)、駐英大使として果たすべき役割を果たそうとしたのである。

政友会では、加藤が政友会を離れ桂に接近していると見ていた。一九〇九年に病気の小村外相の後任が問題となった際、伊藤は桂に後任外相として加藤を推したし、西園寺も加藤はこれを受けると見ていた[185]。しかし、桂は気乗りしない様子で[186]、結局、小村は重病をおして外相に留任し続けた[187]。桂は、外相に就けるほどには加藤のことを信頼していなかったのである[188]。一方の加藤も、一九一〇年に日英博覧会のために来英した桂の側近大浦兼武農商相のことを「官僚主義の徒にして、只管権勢に執着する人物」と考えて格別接触しないなど、桂をまだ信頼していなかった[189]。

この頃、加藤は将来の政界復帰のため、薩派への接近も試みていた。薩派は郷党色が強く、山県系官僚閥と比べて政界の主流となる力はなかったものの、各方面に一定の影響力を保持していたし、加藤はしばしば薩派の巨頭松方正義から世話を受けてきた。政友会と疎隔し、山県への接近も肯んじ得ない以上、薩派への接近は加藤にとって当然の選択であった。加藤はイギリス赴任前に山本権兵衛と会見し、山本内閣成立の折には外相就任の意思があると伝えた(190)。山本も加藤に期待し、これ以降、薩派の牧野伸顕や伊集院彦吉らは、山本内閣樹立に備えて加藤の動きに注目し、連絡を取り合った(191)。

もっとも、加藤が最も信頼を寄せていた政治家は、依然として伊藤と大隈であった。加藤はマクドナルド大使との会談で、山県をはじめとする元老のことは嫌いだが、伊藤のことだけは「非常に賢明」だと高く評価していると語っていた(192)。それ故、一九〇九年一〇月に伊藤がハルビンで非業の死を遂げたことは、まさに痛恨の出来事であった。加藤は、伊藤の暗殺後間もなく友人の山本達雄に長文の書翰を送り、「伊藤の横死真に痛恨」「今後様々な結果現るべし」「国家の大損害」などと述べた(193)。とりわけ、漠然とした状態が続いている満州問題、緊張感を増している日米関係の前途を憂慮し、近い将来「伊藤公が生きていれば」と慨嘆することにならなければよいがと述べた。加藤は、政界で力を失いつつあった伊藤が暗殺という形で死去したことは、むしろ「大いに死所を得たる観あり」とも述べたが、これは伊藤のことをよく知り、その晩節が全うされることを願っていればこそ出てきた言葉であった。珍しく「心細し」と洩らしたところに、加藤の真情がよく表れている。

加藤は、この翌日に大隈にも書翰を送り、韓国統治にも「面白からざる」影響が出るだろうと憂慮を示したが(194)、その大隈も、伊藤の死を大いに嘆いていた。大隈は雑誌に談話を発表し、伊藤のことを「吾が国の政治が比較的円満に淀みなく発達して来たのは、大分伊藤の調和的生活、折合主義の御蔭に依る処が多い」と高く評価した(195)。大隈は、伊藤が憲法の運用に努力する所が少なかったとし、それが「伊藤に対する不感服の第一」であると不満も表明したものの、隈板内閣成立の際には「伊藤は直ちに内閣を我が輩の前に投げ出して仕舞った。流石に時勢を解して居る」と述べ、伊藤が大筋では柔軟に政党政治を受け容れていったと見た。そして、「我が国はまだまだ伊藤に期待する処が多いので、返す返すも残念な事をした」としつつ、加藤と同様に「ビスマーク(没落したビスマルク(Otto von Bismarck)―筆者註)の晩年と花々しい最後を遂げた伊藤とを比較して友人として僅かに慰めて居る」「伊藤は実に死処を得たるもの」とも述べた。振り返れば、大隈と伊藤は明治初期には非常に親しい仲であったが、立憲構想の違いから明治十四年の政変で訣別して以来、政府と在野の首領として厳しく対峙してきた。大隈の伊藤評には、四〇年来のつき合いに由来する親しみと競争意識がにじんでおり、結果的に両者は異なる政治的立場で争うことになったものの、両者が目指す政治像は実はそれほど遠いものではなかったことがよく表れている。

（二）　イギリスモデルの政治改革構想

加藤高明のイギリス政治観

加藤が駐英大使として赴任した一九〇九～一九一二年当時、イギリスは自由党政権の全盛期であった。イギリスでは、ドイツやアメリカの台頭による国力の衰退が認識されつつあり、時のアスキス（Herbert Asquith）内閣はそれを食い止めるべく、ロイド・ジョージ（Darid Lloyd=George）蔵相、グレイ外相、ホルデーン（Richard Haldane）陸相といった布陣の下で、行財政整理や税制、軍制など様々な分野での改革に取り組んだ[196]。加藤もイギリスの国力が相対的に低下しつつあることは駐英公使時代から認識しており[197]、それを押し止めようとする改革の動きを注視していた。加藤は、同時代のイギリス政治をどのように見、それは日本の政治に対する見方とどのように結びついていたのだろうか。以下この問題を、まずは君主と政党に対する見方に即して検討していく。

加藤は、恐らく生家の雰囲気の影響もあって、若い頃から皇室に敬愛と親しみを感じていたようで、東京大学時代には旅行中に明治天皇の男児（建宮敬仁親王）が夭折したことを知ると、友人に「国家の不幸之より大なく、残懐に御座候」と書き送っている[198]。第四次伊藤内閣で外相に就任すると天皇に直接接する機会もでき、伊藤首相の引き合わせにより、二度ばかり明治天皇と煙草をのみながら打ち解けて話をしたこともあるという[199]。そのためもあり明治天皇は加藤を信任していたようで、加藤は外相辞任時に徳大寺実則宮相からそれを聞いて「嬉しかった」と日記に記した[200]。また明治天皇が死去した際には、日記に「陛下は世界歴史上、最も偉大なる君主の一人にて坐した。日本国民の損失は全く取り返す可からず。深刻なる悲愁と悲嘆」と悲しみを綴っている(201)。

イギリスでも、明治天皇の力は高く評価されていた。『タイムズ』など新聞各紙は、明治天皇が死去した際、その二年前に死去したエドワード七世(Edward VII)とも重ね合わせながら、「偉大なる立憲君主」と評価した(202)。また、マクドナルド駐日大使をはじめとする外交官も、明治天皇が日本の近代化や日英同盟締結に果たした役割を極めて高く評価していた(203)。イギリス王室や政府、議会、ロンドン市は、大正天皇に見舞や弔意を伝えたが、加藤は、イギリス側の対応が周到であったのは「日英同盟の継続に重きを置くことの疑もなき証拠」と冷徹に観察した(204)。加藤は、明治天皇の死に深い感慨を覚えつつも、それを現実政治の観点から冷静に受け止め、日英間の意思疎通に努めたのである。

加藤は、計八年にわたる駐英公使、大使時代に、積極的に宮廷外交を活用した。加藤がそれを推進したのは、皇族を儀礼の面で利用することで着実に日英間の協調関係を増進できると見、その実利的な効果に着目したからであった。例えば、一八九七年のヴィクトリア女王即位六十年祝典、一九一一年のジョージ五世(George V)戴冠式において、加藤は渡英した皇族の待遇改善を通して日本の地位向上を図った(205)。また一九一〇年の日英博覧会においては、コンノート公爵家のアーサー王子(Prince Arthur of Connaught)のイギリス側名誉総裁への就任やエドワード皇太子の開会式出席に尽力し、イギリス王室を日英協調のシンボルにしようとした(206)。さらに一九一二年四月には、西園寺首相に働きかけて、明治天皇から日英同盟を重視する旨の勅語が下賜されるよう尽力し、それをジョージ五世に伝奏している(207)。

後になるが、加藤は一九二五年のアメリカのジャーナリスト・ベル(Edward Bell)によるインタビューで、明治天皇の治世を振り返り、「虚構のものであれ皇室に対する敬意は必要であり、さもなくば日本に無秩序が現出する」と述べている。加藤はこのインタビューで「秩序ある自由」こそが重要であるという考えを強調した(208)。これまで見てきた政党政治実現への情熱と考え併せるならば、加藤は、天皇の直接的政治関与を極力抑制しつつ、その儀礼的役割や一定の調停能力に期待し、その一方で統治の中心に立つのはあくまで政党内閣だと考えていた(209)。このような加藤の考えは、伊藤の立憲国家構想の流れを汲むものであり、伊藤もこの点で考えが一致していたからこそ、加藤のことを高く評価したのである。加藤は、以上のような考えからイギリスの立憲君主制のあり方を高く評価し、それを前提としたイギリス流の政党政治を日本でも実現しようと考えていたのである。

「人民予算」の衝撃

加藤は、駐英公使時代から自由党右派の動向に関心と共感を持ってきた。自由党は一八九五年以降、長い野党生活を続けていたが、一九〇六年の総選挙に勝利して政権に返り咲いた。加藤は自由党の政権復帰を歓迎し（第三章第一節）、公使時代と同様に自由党に好意的な観察を続けた。例えば加藤は、自由党が保守党や社会主義者の言論にも圧迫を加えず、紳士的な態度で言論の自由を守っていることを高く評価した[210]。また海軍拡張問題に関して、保守党右派はドイツへの対抗のために大軍拡を主張し、逆に自由党左派は軍拡無用論を唱えていたが、「自由党官吏派」（自由党右派のこと）が唱えているように、陸軍費の抑制、一定の海軍軍拡とアメリカとの接近によって二国標準主義を修正していくフィッシャー改革の方向性が至当であると見ていた[211]。

自由党右派の政治家の中で、加藤が最も親交を持っていたのはグレイ外相であった。グレイは加藤より二歳若い一八六二年生で、二三歳で下院議員に当選して以来外交畑を歩み、一八九二年から三年間外務政務次官を務め、一九〇五年以降外務大臣の座にあった。加藤は「自由党に其人ありと知られた」有能で紳士的なグレイの人柄に好意を持っていた[212]。グレイも加藤に好意を持っていたようで、伊藤の死、日英同盟の改訂、加藤の叙爵、桂の訪欧などの節目には互いに私信を交わした[213]。また外交面では、グレイは日英同盟を重視し、東アジアにおける日本の権益拡張を一定程度認めるべきだという考え方を持っており[214]、この点でも加藤との意思疎通はスムーズに進んだ。それ故グレイは、以下で触れるように、しばしばイギリスの国内政治についても加藤に種々の情報をもたらしており、加藤はそこでイギリス政治に対する理解を深めたものと思われる。

イギリス政治は、アスキス内閣の下で大きな危機に直面した。ロイド＝ジョージ蔵相が一九〇九年に提出した「人民予算」（社会保障の実現のため、高所得者を対象とした大規模な土地課税を行って組んだ予算）を貴族院が否決したのをきっかけに、貴族院と下院の権限関係が問題となり、国王をも巻き込んだ貴族院改革問題が発生したのである(215)。アスキス首相は、国王エドワード七世の支持を調達し、それを背景にして野党統一党と憲法協議会を開くことで事態の解決を図った。加藤は、エドワード七世がヴィクトリア女王の「元首として政務を親裁」すべきではないという考えを受け継ぎつつも「頗る能く政治上の事態を研究」し、「政党政派の運用を円滑」にする働きを果たしていたことを知っていた。それ故、この政争の際も識者の間に「皇帝其人の老熟なる居中調停を期待する」者が少なくなく(216)、国王が首相と緊密に連絡を取るなどして強い影響力を持っていると観測していた(217)。加藤は、政治的危機における君主の調停的役割を否定的には捉えていなかったし、実際に同時代のイギリスでもなお国王が政治関与を行っている実態も知っていたのである。もっとも加藤は、君主の調停によって容易に事態が収拾されるものとは考えず、しばらく争いが続かざるを得ないと予想した(218)。加藤は、事態の本質を「少数富裕及階級者流と多数民雲の権力及利益争」「上下院の権限問題」にあることを見抜き、自由党が総選挙で勝てば、その問題が浮上するものと観測した(219)。そしてイギリスが、今「当国の憲政史上最も大切の場合」にあるものと見て、事態を注視し続けた(220)。

しかし一九一〇年五月に、事態を調停できないまま、エドワード七世は政争の途中で急逝した。最終的に政争を収拾したのは、アスキスが国王大権行使による大量の新貴族創出（いわゆるスワンピング〔Swamping〕）の可能性をちらつかせながら行った二度の下院解散であった。この政争の最中、加藤は個人的に親しかったグレイ外相や『タイムズ』外報部長のチロルから、種々情報を収集した。加藤は、元来保守主義者を自認するチロルでさえ貴族院による予算案否決を不可とし、自由党中枢のアスキス、グレイ、ホルデーンを支持したこと(221)、ローズベリー（5th Earl of Rosebery）元首相が貴族院改革案を出したこと(222)、二度の解散によって政府の基礎が確固たるものになったとグレイ外相が語ったことに関心を示した(223)。また、保守党が貴族院の勢力を背景にして首相の地位を危うくしたことに、批判的な目を向けた(224)。政争終結後には、しばらく自由党の優位が続くと見た[225]。加藤は、帰国後も自由党に同情的で[226]、アスキス内閣が貴族院改革を行い、衆議院の優越を明確にしたことを支持していた[227]。すなわち加藤は、君主の調停能力に一定の期待をかけつつも、基本的には下院の力によって政争に決着をつけたアスキス内閣に好意的な観察を行ったと言える。大隈に伝えた「両党の首領先頭に立て正々堂々各其主張を争う景況は、実に立派なるものにて羨望限りなき次第」という言葉に、加藤の真情がよく表れている[228]。

加藤はイギリスから一時帰国した一九一二年二～三月に、『時事新報』に「滞英偶感」と題する論説を連載した[229]。加藤は、この連載の初回二回を「民主主義と王室」に充て、イギリスでは民主主義と王室に対する尊王心とが極めて良く調和していると紹介した[230]。そして、イギリスでは君民接触の機会が多く過度に威厳を重んじることはないこと、国民の尊王心も形式的な「畏敬」ではなく「敬愛」と呼ぶべきものであることなどを、好意的に伝えた。また加藤は、イギリスでは国王が直接政治に関与しないため民主主義の下でも尊王心が盛んであると論じた。加藤がイギリスの実態を知りつつ、敢えて国王の政治的関与がないと論じたところに、政党政治に対する信念を読みとることができる。連載の最終回では、「民主思想とオーダー」の調和こそがイギリスの一大特色であると論じたが[231]、加藤は、両者が調和するイギリス流の政党政治のあり方を理想的な政治像として提示したのである。なお、「人民予算」問題の原因となった土地課税の問題は、国家の歳入における直接税の比率を上げるという経済的な意味でも大きな事件であった。加藤はこの点にも着目しており、従来の経済史の常識から外れる新しい現象であると評価している[232]。

こうして加藤は、危機を乗り越えて新たな段階に入ったイギリスの政党政治を間近で観察し、その危機の乗り越え方に共感を示した。かつて第四次伊藤内閣でこの時と同じような衆議院解散による貴族院改革を主張した加藤にとって、一連の政治過程はまさに我が意を得たりと思わせるものであったに違いない。イギリスではこの危機を通じて下院の優越が確立したが、加藤はこの後政党政治家として、日本でも衆議院を基礎とする政党政治を実現させるべく努力していくことになる。

イギリス社会への関心

加藤は、イギリス社会の動向にも幅広い関心を示した。当時イギリスでは各種の社会運動が盛んになっていた。加藤は初めての渡英時から婦人問題に関心を持っていたが(233)、大使時代も婦人参政権運動に関心を寄せ、男子と同等以上に教養を持ち権利を主張するイギリス女性に好感を抱いた(234)。そして、教育や財産のない者が多い日本女性が同じ運動を起こすのは「身の程を知らざる者」としたが、イギリスの女性が参政権と被参政権を獲得するのは「時間の問題」と予想した。加藤は、著名な婦人参政権運動家で親日家でもあったマリー・ストウプス(Marie Stopes)とも接触を持っていた(235)。加藤は私信で相手の夫人に対する挨拶を付け加えることが多かったが、これも西洋流の女性に対する接し方への意識の高さの表れだったようである(236)。

イギリスでは一九〇〇年に労働代表委員会が結成された頃から、社会主義勢力は院内でも無視できない存在となり、一九〇六年には労働党が結成され、同年の総選挙で二九名の代議士が当選していた。加藤は、労働党の理論的指導者であるウェッブ夫妻(Sidney Webb, Beatrice Webb)が一九一一年に訪日した際には、彼らに一八通もの紹介状を書いて便宜を図った。ウェッブ夫妻は当初、加藤が自分達と接触を持ったのは、社会主義者の動向に神経質になっている日本政府がイギリスの社会主義者の動向を探ろうとしているからではないかと疑ったが、予想外の加藤の「快い」対応に好感を抱いた(237)。加藤は帰国後の論説で、労働者出身の議員の識見が決して劣っていないことや、歳費の支給開始によって労働者議員が増加していることを紹介するなど、労働党の動向にも無関心ではなかった(238)。

なお、ウェッブ夫妻が当初加藤に警戒感を抱いたのは、この年に起きた大逆事件の影響であった。一九一〇年一一月、天皇暗殺計画の疑いにより幸徳秋水ら社会主義者、無政府主義者を中心とする二六名の公判が決定されたが、これは欧米の新聞でかなり大きく報道され、社会主義者を中心に各地で抗議運動が発生した(239)。加藤の許にも多くの抗議が寄せられた。そこで加藤は、来るべき日英同盟改訂や条約改正への影響を考慮し、二度にわたるコミュニケ発表や議会答弁への工作によって事態の沈静化に尽力すると共に、桂内閣に対しても懸念を伝えた(240)。加藤は帰国後に、イギリス政府が社会主義勢力を無理に弾圧しないことを評価する論説を発表しているが(241)、桂内閣が社会主義者の弾圧によって国際的にも大きな波紋を及ぼしたことを、快く思わなかったのではないだろうか。また加藤は、後に首相として治安維持法を成立させることになるが、これは普通選挙を実現させるための妥協として行ったもので、元来治安立法の強化にはあまり積極的ではなかった(第五章節二節、第六章節二節)。その背景には、加藤がイギリスの社会主義運動やその取締りについてよく知っていたことも影響していたのではないだろうか。

もっとも加藤は、社会主義運動や婦人運動に深入りすることは決してなかった。また、労働運動に対しては、粗暴な挙動が少ない点などを評価したが、最低賃金などの「過大」な要求がイギリス工業の国際競争力を弱めるとして懸念していた。加藤の基本的な関心は、社会政策による労働者の保護よりも、大企業の経済競争力をいかに保つかに向けられていたのである(242)。

加藤は駐英公大使期を通じて、以上のイギリスの国内政治や社会の動向を、詳細に本国に報告していた。その報告の質と量は、歴代の駐英公大使のそれをはるかに凌いでおり、日本の外交官というよりもイギリスの外交官の報告スタイルに近い。加藤はイギリスの外交官から文書の作り方を学んでいたのではないかと推測される。そのことを示す決定的な史料はないが、間接的な証拠として、日英の外交官が相互に外交文書を参照していた形跡は確認できる。例えばイギリスの駐日公大使館では、領事や通訳官の試験準備をしている者のために、日本の外交文書を編纂した冊子を利用して、日本語の文章や書式を学んでいた(243)。逆に日本の外交官がイギリスの外交文書を参照した例としては、加藤内閣期に駐英大使に任命された松井慶四郎の例が挙げられる。松井は一九二六年に、イギリスの外交文書にならって、新任外交官の人物記録を残すことを幣原喜重郎外相に提案すると共に、イギリスの国内動向を記した「英国政情月報」の送付を開始している(244)。

加藤の豊富な情報は、加藤がイギリス人とよく語り合い、彼らから信頼されることによって、得られたものであった。マクドナルド駐日大使をはじめ、イギリスでは一般に加藤のことを「日本で最も有能な政治家」と非常に高く評価しており(245)、この評価は、以後基本的に首相時代まで続くことになる(246)。商相や駐米大使などを歴任した自由党の政治家ブライス（James Bryce）は、「未だかつて、あんな日本人に会ったことがない。加藤君は何事に対しても、明確なる意見を持って居る人である」とまで述べていた(247)。ライバルの原がイギリスではあまり知られていないことも相俟って(248)、このことは加藤にとって大きな自信になったものと思われる。また加藤は、イギリスを訪れる日本の若い官僚たちと交流を持った。内務官僚の塚本清治（加藤内閣で内閣書記官長）は、社会政策などの調査のために渡英し、加藤の知遇を得たという(249)。駐在武官などとしてイギリスにいた財部彪（加藤内閣で海相）、加藤寛治ら海軍軍人とも交流があり(250)、人脈形成や国内の最新動向を知る上でも、イギリス駐在は有益であった。

もっとも、加藤がイギリスに長期間駐在し、他国への駐在経験を一度も持たなかったことは、加藤の弱点ともなった。外務省のお雇い外国人デニソン（Henry Denison）は「日本外交官に有り勝ちなる欠点は任国に対する憧憬深きに失して任国贔屓に陥ることである。（中略—筆者）青木周蔵は親独主義、加藤高明は親英主義（中略—筆者）に傾き居るに非ずや」と述べたというが、確かに加藤の視野はイギリスに偏り、それがイギリスの制度をそのまま日本に移植しようとする傾向につながりがちだったことは否めない(251)。原ものちに「世には英国の政党政治を例に引いて論ずる者もあるが、日本で言って居る英国は蓋し日本の英国で、真の英国では必ずしもそう理想的に行われて居るのではない」と加藤を揶揄したことがある(252)。また加藤のイギリス贔屓は、一方では党人派政治家やジャーナリズムから期待を集める一因となったが、他方で元老などから嫌われる一因ともなった。第一次大戦期に、元老井上馨が「加藤は英の事のみ知って居る」と評して批判したのはその例である(253)。

乃木希典の殉死

最後に加藤のイギリス観と関連させて、加藤の大使在任中に起こった乃木希典の殉死問題について触れておきたい。殉死に対する反応の中に、加藤の国家観、天皇観やパーソナリティーなどがよく表れているからである。

一九一二年九月、乃木希典が明治天皇に殉死した。ロンドンでこの報を聞いた加藤は乃木の死に大いに感じるところがあり、「大君はひとりさみしくいますらん　われおともしてみやつかひせん」と乃木の死を惜しむ歌を詠んだ。当時加藤から この歌を聞いた広田弘毅は、後にこの歌を加藤の「忠誠の心」の表れと回顧した(254)。加藤は、この歌を死の直前に最後の議会に臨む際に再度思い返すほど、乃木の死に鮮烈な印象と共感を覚えていた（第七章第二節）。

乃木の死は、欧米にも少なからぬ反響を巻き起こしていた。『ニューヨークタイムズ（New York Times）』が、その死の動機を不可解としたように、アメリカでは無益な蛮習とする受け止め方が一般的だったようである(255)。これに対して、乃木の名が既に知られ（乃木は前年のジョージ五世戴冠式に出席していた）、明治天皇の大喪にコンノート公爵家のアーサー王子を参列させていたイギリスでは、「侍の高貴さ」の表れなどとする好意的な論評も少なからず見られた。加藤は親友陸奥広吉への書翰で、『タイムズ』などが日本の近代化の原動力となった精神の発現として敬重したことを、興味深く報じた(256)。もっとも、イギリス人もかなり違和感を感じていた。マクドナルド駐日大使は「高貴だがバランスを逸した行為」と評したし、『タイムズ』も「尊敬するが理解はできない」と論じた(257)。また、欧米の論者から批判されたように、乃木の殉死は国家主義的な観点から歓迎される傾向があり、山県や寺内らは乃木神社創設や乃木家再興によって乃木の神格化を推し進めていた(258)。原はこれを批判的に見ていた(259)。加藤もイギリス人の中にも違和感があることには気付いていたし(260)、前述の陸奥宛書翰の中でも、天皇死去に際して多くの日本人が「附他的偽善的形式的」に熱狂し、冷静な常識論に対して「国賊呼ばわり」をしていることを慨嘆した(261)。

加藤が、原と違和感を共有しつつもなお乃木の死を評価した点に、至誠、剛直さに価値を置き、明快な出処進退を好む加藤のパーソナリティーがよく表れている。加藤は「滞英偶感」の中で、正々堂々と言論戦を行うイギリスの政治家の態度を「武士的態度」と賞賛したことがあるが(262)、乃木の中にも武士の姿を見出していたのだろう。幣原喜重郎は、アメリカ人ジャーナリストが乃木を顕彰した本に序文を送り、乃木を「我古武士の典型」と評したが、加藤もこれに近い受け止め方をしていたものと思われる(263)。

前述した通り、加藤は日露戦争で戦死した親友広瀬武夫の戦死を大いに嘆いたが、その後「軍神」となった広瀬の顕彰に加藤が力を貸した形跡はない。加藤は乃木や広瀬の死をあくまで個人の感情のレベルで受け止めており、国家や天皇に対する忠誠と国家がそれを強制することを明確に区別していたのではないだろうか。加藤が親戚に当たる梁川星巌の顕彰も行っていないこと(264)、イギリス人の個人主義に共感していたこと(265)、強い国家意識を持ちながらも国家神道や国粋主義と距離を置いていたことも、これを裏付ける。このことは、この後の政党指導の中でも確認していく。

(1) 立憲政友会の創立に関しては、山本四郎『初期政友会の研究　伊藤総裁時代』(清文堂出版、一九七五年)、伊藤之雄『立憲国家と日露戦争　外交と内政　一八九八～一九〇五』(木鐸社、二〇〇〇年)五二～五九頁を参照。

(2) 山本四郎『評伝原敬』上(東京創元社、一九九七年)二四八～二八一頁。以下本章の原に関する記述で特に註記のないものは、同書に拠る。

(3) 『加藤高明』上巻、一五～二二頁、三四〇～三四八頁、吉村道男「宮廷外交にみる日本の『脱亜入欧』過程——日英関係を事例として——」(『国史学』一五八号、一九九五年一二月)五二～五六頁。

(4) E・サトウ(長岡祥三・福永郁雄訳)『アーネスト・サトウ公使日記』Ⅱ(新人物往来社、一九九一年)一八九八年六月二七日。

(5) 『加藤高明』上巻、一五～一九頁、三六七～三六八頁。

(6) 加藤は憲政会創立後に至るまで、伊藤による政友会創立を高く評価した(一九一六年一二月二〇日憲政会九州大会における加藤高明演説『憲政』一巻九号)。

(7) この前例を開いたのは加藤であり、加藤は第二次大隈内閣で同志会総理のまま外相に就任している(第三章第一節)。しかし、これは戦前の日本で政党員が外相となった唯一の例であり、その後慣例としては定着しなかった。政党政治全盛期の幣原喜重郎外相でさえ、憲政会や民政党に入党はしていない。

(8) 『加藤高明』上巻、四六五～四六六頁引用の加藤の日記。

(9) 同右。

(10) 伊藤之雄『立憲国家の確立と伊藤博文　内政と外交　一八八九～一八九八』(吉川弘文館、一九九九年)二一四頁、五百旗頭薫『大隈重信と政党政治　複数政党制の起源　明治十四年-大正三年』(東京大学出版会、二〇〇三年)二六八～二六九頁。磯野小右衛門(大阪の実業家、北浜銀行頭取)の話によれば、大隈には三菱から年六万円の生活費が出ていたという(『原敬日記』一九〇二年一〇月一七日)。大隈の政治資金については未解明な点が多いが、前掲、五百旗頭薫『大隈重信と政党政治』一八頁、一四〇頁、二六八～二六九頁、木下恵太「政友会成立期における大隈重信と憲政本党」（『早稲田大学史記要』三五巻、二〇〇三年一〇月）一七二～一七三頁、同「日露戦後における大隈重信と憲政本党――一九〇七年一月の総理辞任とその周辺について――」（『早稲田大学史記要』三六巻、二〇〇四年一二月）二五一～二五五頁を参照。

(11) 前掲、木下恵太「政友会成立期における大隈重信と憲政本党」。

(12) 『加藤高明』上巻、四六五～四六六頁引用の加藤の日記。

(13) 一九〇〇年一〇月一二日付伊藤博文宛中田敬義（元外務省政務局長）書翰（伊藤博文関係文書研究会編『伊藤博文関係文書』第六巻、塙書房、一九七八年）。

(14) 前掲、伊藤之雄『立憲国家の確立と伊藤博文』七五～七六頁。

(15) 『大朝』一九〇〇年十一月九日社説、『読売』同年十一月八日社説。

(16) Trench to Kimberley, 20 Nov. 1894, FO46/438, Memorandum by A. H. Lay, 22 Oct. 1900, FO46/528.

(17) *The Times*, 30 Nov. 1900.

(18) 同右、五二～六二頁、拙稿「政務次官設置の政治過程――加藤高明とイギリスモデルの官制改革構想――」（二）（『議会政治研究』六六号、二〇〇三年六月）六五～六六頁。

(19) 『加藤高明』上巻、四六六頁引用の加藤の日記。

(20) 前掲、伊藤之雄『立憲国家の確立と伊藤博文』七六～七七頁。

(21) 内田康哉「外交家としての加藤伯を偲ぶ」（『太陽』三二巻三号、一九二六年三月）六二頁。

(22) 田谷広吉、山野辺義智編『室田義文翁譚』（財団法人常陽明治記念会東京支部、一九三八年）二二四頁。厦門事件については、斎藤聖二「厦門事件再考」（『日本史研究』三〇五号、一九八八年一月）を参照。

(23) 第四次伊藤内閣における加藤外相の外交指導については、前掲、伊藤之雄『立憲国家と日露戦争』第一章第二節三を参照。

(24) そのため原は、加藤の入閣を松方の依頼によるものと疑い（『原敬日記』一九〇〇年一〇月一三日）、以後もしばしば加藤と薩派の関係を観察した。

(25) 前田蓮山『原敬伝』下巻（高山書院、一九四三年）八六頁。

(26) 前掲、伊藤之雄『立憲国家と日露戦争』第一章第二節二参照。

(27) 『原敬日記』一九〇一年二月二六日、三月四、一一、一三日。

(28) 「加藤高明の公債談」（『東京経済雑誌』一一〇一号、一九〇一年一〇月五日）。

(29)『原敬日記』一九〇一年四月一五、二〇、二六、三〇日、五月一一日。

(30)一九〇一年六月上日付藤田伝三郎、岩下清周宛井上馨書翰(原敬関係文書研究会編『原敬関係文書』第一巻、日本放送出版協会、一九八四年)。原は井上からこの伊藤の評価を聞いた(『原敬日記』一九〇一年八月五日)。

(31)前掲、内田康哉「外交家としての加藤伯を偲ぶ」六四～六五頁、一九〇九年[推定]七月七日付伊集院彦吉宛牧野伸顕書翰(尚友倶楽部、広瀬順皓、櫻井良樹編『伊集院彦吉関係文書』第一巻、芙蓉書房出版、一九九六年)。

(32)前田蓮山の聞いた青木周蔵の談(『太陽』二〇巻九号、一九一四年七月)。

(33)前掲、伊藤之雄『立憲国家と日露戦争』九二頁。

(34)一九〇一年[推定]九月一二日付牧野伸顕宛加藤高明書翰(「牧野伸顕文書」国立国会図書館憲政資料室所蔵)。

(35)『加藤高明』上巻、四五八～四六二頁。

(36)前掲、内田康哉「外交家としての加藤伯を偲ぶ」六五頁。

(37)『原敬日記』一九〇二年一一月六日(加藤から伊藤博文への談話)。

(38)前掲、伊藤之雄『立憲国家と日露戦争』一二三～一二四頁、一四八～一五五頁。

(39)同右、三八四～三八九頁、木下恵太「第十六・十七議会期における憲政本党」(『早稲田政治公法研究』五一号、一九九六年四月)七九～九六頁。

(40)『加藤高明』上巻、四七〇～四七四頁、『原敬日記』一九〇一年一一月二一日、二五日。

(41)加藤の日英同盟観の詳細については、Naraoka Sochi, "The Russo-Japanese War and Kato Takaaki", Inaba Chiharu, John Chapman (ed.), *New Perspectives of the Russo-Japanese War*, Global Oriental, forthcoming を参照。

(42)『東日』『時事』一九一三年七月一一日(林董死去に際しての加藤高明談、牧野伸顕談、林権助談)。

(43)『原敬日記』一九〇二年二月一日、一五日、一八日、二五日。

(44)「伊藤侯歓迎会に於ける席上演説」(『東邦協会会報』八五号、一九〇二年三月)一一頁。東邦協会は、東洋や南洋に関する調査研究を行う民間団体(会頭は近衛篤麿、のち黒田長成)で、加藤は一九〇二年三月から一九一四年頃まで同会の副会頭を務めた(安岡昭男『明治前期大陸政策史の研究』法政大学出版局、一九九八年、第一二章)。

(45)「晩餐会演説速記録」(『東邦協会会報』八八号、一九〇二年六月)八～九頁。

(46)宮崎隆次「政党領袖と地方名望家――原敬・盛岡市・岩手県の場合――」(『年報政治学　近代日本政治における中央と地方』岩波書店、一九八五年)。

(47) 原奎一郎、山本四郎編『原敬をめぐる人びと』（日本放送出版協会、一九八一年）一八七〜一九〇頁。

(48) 『原敬日記』一九〇二年五月三日。

(49) 『加藤高明』上巻、四七九〜四八七頁、前掲、原奎一郎、山本四郎編『原敬をめぐる人びと』一九一〜一九五頁、黒沢文貴「加藤高明、浜口雄幸と土佐」（『日本歴史』五八三号、一九九六年一二月）。

(50) 『原敬日記』一九〇二年八月二一〜二四日、一九〇二年八月三〇日原敬宛加藤高明書翰（前掲、『原敬関係文書』第一巻）。

(51) 『原敬日記』一九〇二年八月二六日。

(52) 一九〇二年八月三〇日付伊藤徳三宛加藤高明書翰（「伊藤徳三文書」東京大学法学部附属近代日本法政史料センター所蔵）。伊藤は、加藤が叔父安井譲宅で同宿していた旧友であり（『加藤高明』上巻、一一六頁）、この書翰は真意を述べているものと思われる。

(53) 前掲、伊藤之雄『立憲国家と日露戦争』一六五〜一六八頁、三九三〜三九四頁、前掲、木下恵太「第十六・十七議会期における憲政本党」九六〜一一〇頁。

(54) 『加藤高明』上巻、四九一〜四九五頁。

(55) 一回目の投票結果は、片岡健吉（政友会）三三七票、鳩山和夫（憲政本党）四九票、林有造（政友会）三八票、加藤高明（無所属）三八票、原敬（政友会）三六票、決選投票の結果は、鳩山和夫（憲政本党）一八九票（当選）、林有造（政友会）一七五票（当選）、原敬（政友会）一五四票、加藤高明（無所属）一四四票で、最終的には三人の当選者のうち片岡が議長に任命された（衆議院、参議院編『議会制度百年史　帝国議会史 上巻』大蔵省印刷局、一九九〇年、二九八〜二九九頁）。

(56) 中江兆民『一年有半・続一年有半』（岩波文庫、一九九五年改版、原著は博文館、一九〇一年）八九頁。

(57) 中には、トイレの後で手を洗わない加藤を見て、英国式だと感心したという随分安直な者もいたが、これも「イギリス的な紳士」という加藤のイメージが流布していたことを示す逸話ではある（横山雄偉『加藤高明論其他』世界雑誌社、一九一七年、一七頁）。イギリス人はトイレの後に手を洗わないという俗説は、比較的よく広まっていたものらしい（福沢諭吉『学問のすゝめ』岩波文庫、一九七八年、一三八頁、『河上肇全集』第八巻、岩波書店、一九八二年、四一〜四三頁）。

(58) 加藤高明「日英同盟に就て」（『東邦協会会報』八五号、一九〇二年三月）六八頁。

(59) 『加藤高明』上巻、四九六〜五〇四頁、『横浜市史』第四巻下（横浜市、一九六八年）七七〜八八頁（大島美津子執筆部分）、山田操『京浜都市問題史』（一九七四年、恒星社厚生閣）五〜一三頁。

(60) 『加藤高明』上巻、五〇四〜五〇八頁、前掲、伊藤之雄『立憲国家と日露戦争』一六九〜一七〇頁、一七五〜一七八頁、木下恵太「『民党連合』形成期における憲政本党」（一）（『早稲田政治公法研究』五三号、一九九六年一二月）。

(61) 前掲、伊藤之雄『立憲国家と日露戦争』一七八〜一八五頁。
(62) 同右、二四二〜二四六頁、三九五〜四〇〇頁、木下恵太「『民党連合』形成期における憲政本党」(一)(『早稲田政治公法研究』五六号、一九九七年一二月)一七九〜一八八頁。
(63) 『加藤高明』上巻、五〇八〜五一〇頁、『大朝』一九〇三年一二月五日。この他同志研究会には、望月圭介、奥田義人、望月小太郎、鈴置倉次郎らがいた。
(64) 今西一「日露戦争期の議会」(内田健三他編『日本議会史録』第一巻、第一法規出版、一九九一年)三二七〜三二八頁。
(65) *The Times*, 13 Jan. 1904, MacDonald to Lansdowne, 18 Dec. 1903, FO46/567.
(66) 加藤が立候補中止を正式に表明したのは、日露開戦後の二月末であったが、解散直後から気持ちは中止に傾いていたらしい(『報知』一九〇三年一二月二〇日、『毎日新聞』一九〇四年二月二六日)。それにもかかわらず、前に当選した横浜市や愛知県海東郡では加藤擁立の動きがあったらしい(『報知』一九〇三年一二月一一日、『毎日新聞』一九〇三年一二月二三日、一九〇四年一月一二日)。
(67) 『加藤高明伝』六〇二頁(当時中立系代議士だった兼松熙談)。
(68) 「高原の涼気を追ふて——総裁加藤子と語る——」(『憲政公論』二巻九号、一九二二年九月)二五頁。
(69) 一九〇三年一二月一四日東邦協会における加藤高明演説(『東邦協会会報』一〇六号、同年一二月)、「臨時議会の召集は如何せしぞ」(『東日』一九〇五年一〇月五日)、「講和条約の発表」(同前一〇月一七日)。
(70) 『原敬日記』一九〇四年一月五日、二〇日。原の開戦への慎重論に関しては、前掲、伊藤之雄『立憲国家と日露戦争』二四一〜二四六頁を参照。
(71) 東清次郎「二十三年前の加藤伯」(『憲政公論』六巻三号、一九二六年三月)。
(72) 春畝公追頌会編『伊藤博文伝』第三巻(原書房復刻版、一九七〇年、原著は春畝公追頌会、一九四〇年)六三九〜六四三頁、一九〇四年二月一六日政友会大会における原敬演説(『政友』四四号)。
(73) 「原敬君を訪う」(『太陽』一〇巻七号、一九〇四年五月)。
(74) 『原敬日記』一九〇四年二月一一日。
(75) 大江志乃夫「軍国美談はどのようにつくられたのか」(藤原彰他編『日本近代史の虚像と実像』第一巻、大月書店、一九九〇年)。
(76) 加藤の従妹である安井春江(父方の叔父安井譲の娘)が、広瀬武夫の兄である広瀬勝比古海軍少将と結婚していた(『加藤高明伝』一〇頁)。広瀬と加藤、八代の交遊については、島田謹二『ロシアにおける広瀬武夫』上下(朝日選書、一九七六年)、城山会編『八

代海軍大将書翰集』(尾張徳川黎明会、一九四一年)三九～四六頁を参照。
(77)一八九九年九月(日付不明)広瀬勝比古夫妻宛武夫書翰(『広瀬武夫全集』下巻、講談社、一九八三年)。
(78)エリアノーラ・メアリー・ダヌタン(長岡祥三訳)『ベルギー公使夫人の明治日記』(中央公論社、一九九二年)一九〇四年五月三一日。
(79)高城知子『広瀬家の人びと』(新潮社、一九八〇年)一八頁。広瀬神社(大分県竹田市)には、加藤が「和鳴鏘々」「丹心抱忠貞」と記した寄書帳が残されている(「和鳴集」「懐古十年帖(大正三年)」広瀬神社所蔵)。貴重な史料の閲覧を許可して下さった広瀬智子氏に、厚くお礼を申し上げたい。広瀬家と日露戦争の関わりについては、産経新聞取材班『日露戦争　その百年目の真実』(産経新聞社、二〇〇四年)第四部(安本寿久執筆部分)を参照。
(80)『加藤高明』上巻、五一三～五一八頁。
(81)前掲、山本四郎『評伝原敬』上、二五一～二七九頁、同『原敬　政党政治のあけぼの』(清水書院、一九八四年)四四～四六頁。
(82)『加藤高明』上巻、五一三～五二八頁、東京日日新聞社編『東日七十年史』(東京日日新聞社、一九四一年)一三四～一六〇頁、一九七頁、毎日新聞百年史刊行委員会編『毎日新聞百年史　一八七二―一九七二』(毎日新聞社、一九七二年)一〇一～一〇三頁、三五二～三六〇頁。
(83)加藤高明「上品なる新聞紙」(一)～(五)(『時事』一九一二年二月二七日～三月二日)。
(84)龍居頼三「自筆回顧録」(「龍居頼三文書」東京大学法学部附属近代日本法政史料センター所蔵)。
(85)年不明三月一一日付田中稲城宛加藤高明書翰(「田中稲城文書」国立国会図書館憲政資料室所蔵)。
(86)『加藤高明』上巻、五三〇～五五〇頁。
(87)MacDonald to Lansdowne, 20 Sep. 1905, FO46/593.
(88)「決戦論」(『東日』一九〇五年一月二〇日)。
(89)「中立違反問題」(『東日』一九〇五年二月一日)、「北海事件と英国の外交」(同前二月二七日)、「敵艦隊尚仏国の領海に在る乎」(同前五月四日)。
(90)「露国果して和を欲する乎」(『東日』一九〇五年六月三日)、「黒竜江の通航及貿易権の獲得」(同前六月一六日)。
(91)「和議なる」(『東日』一九〇五年九月一日)、「速に和約の要項を示せ」(同前九月三日)、「和約と列国の輿論」(同前九月四日)。
(92)「市場の変調」(『東日』一九〇五年八月二八日)など。
(93)「講和条約の発表」(『東日』一九〇五年一〇月一七日)。
(94)「講和委員の任命」(『東日』一九〇五年七月四日)、「全権委員一行を送る」(同前七月八日)。

(95)『原敬日記』一九〇五年一〇月一〇日。
(96)「稽緩を許さず」(『東日』一九〇五年九月六日)、「戒厳令の適用」(同前九月八日)。
(97)「箝口の弊害」「政府の威信を奈何」(『東日』一九〇五年九月六日)。
(98)「外交上の不成功」(『東日』一九〇五年九月一四日)、「俗論を排す」(同前九月一七日)、「立憲の本義を知る乎」(同前九月二七日)、「閣臣の進退」(同前一〇月五日)。
(99)「臨時議会の召集は如何せしぞ」(『東日』一九〇五年一〇月五日)。
(100)前掲、「講和条約の発表」(『東日』一九〇五年一〇月一七日)。
(101)日露戦争期の新聞各紙の態度については、山本文雄編『日本マス・コミュニケーション史〔増補〕』(東海大学出版会、一九九八年)八六~八九頁(山本文雄執筆部分)、伊藤之雄「日露戦争以前の中国・朝鮮認識と外交論」(京都大学法学部百周年記念論文集刊行委員会編『京都大学法学部百周年記念論文集』第一巻、有斐閣、一九九九年)を参照。
(102)MacDonald to Lansdowne, 10 Sep. 1905, FO46/593.
(103)「杜撰なる戦後財政の方針」(『東日』一九〇五年一一月一二日)、「立憲の常道を忘るる勿れ」(同前一一月二四日)、「外資輸入に就て」(同前一二月九日)など。
(104)『東日』の記事は、その期待を示唆している(『東日』一九〇五年一一月一日、四日、三〇日)。またこの時期の『東日』の報道は、概して憲政本党を政友会と同等以上に扱っている。
(105)『原敬日記』一九〇六年二月一九日。
(106)前掲、伊藤之雄『立憲国家と日露戦争』二五五~二六七頁、山本四郎「第一次西園寺内閣試論」(同編『日本近代国家の形成と展開』吉川弘文館、一九九六年)二九二~二九七頁。
(107)『原敬日記』一九〇五年一二月二〇日。
(108)同右、一九〇五年一二月二四日。『大朝』も同様の懸念を持っていた(『大朝』一九〇六年一月一七日)。
(109)憲政本党との連携を期待したためという観測もあったが、原自身は否定している(山路愛山「原敬論」〔『中央公論』二三七号、一九〇八年二月〕に対する原の反論『原敬日記』第六巻、一二七頁)。
(110)『原敬日記』一九〇五年一二月二〇日。
(111)同右、一九〇五年一二月二三日。
(112)『大朝』一九〇六年一月八日、九日、早川鐵冶「新内閣評」(『太陽』一二巻二号、一九〇六年二月)、鹽島仁吉「西園寺内閣成る」(『東京経済雑誌』一三一九号、一九〇六年一月一三日)。
(113) MacDonald to Grey 15 Jan. 1906, FO371/84.
(114) *The Times*, 4 Sep. 1908.
(115) 鉄道国有化法の成立については、野田正穂、原田勝正、青木栄一、老川慶喜編『日本の鉄道 成立と展開』(日本経済評論社、一九八六年)一〇一~一二五頁(桜井徹執筆部分)、小林道彦「桂園時代の鉄道政策と鉄道国有――『地方主義的鉄道政策』『国家主義的鉄道政策』をめぐって――」(『年報近代日本研究』一〇、山川出版社、一九八八年一一月)、松下孝昭『近代日本の鉄道政策 一八九〇~一九二二年』(日本経済評論社、二〇〇四年)一九九~二一九頁を参照。
(116) 『加藤高明』上巻、五六六~五七〇頁。
(117) 高瀬暢彦編『松岡康毅日記』(日本大学精神文化研究所、一九九八年)一九〇六年二月二八日。
(118) 『若槻談話速記』二四七頁~二五〇頁、田健治郎「大陸主義と英国主義の衝突」(『早稲田講演』二年三号、一九一二年七月)。
(119) なお、①の「私権蹂躙」は原則論に過ぎず、土地収用法などで私権の制限は普通に行われていたので説得力がないことは、当時から指摘されていた通りである(田健治郎〔前逓信次官〕「鉄道国有に就て」『鉄道時報』三三九号、一九〇六年三月一七日)。
(120) 『古風庵回顧録』九七~一〇〇頁。
(121) 『加藤高明』上巻、五八二~五八六頁。
(122) MacDonald to Grey, 11 Apr. 1908, FO371/475.
(123) 『原敬日記』一九〇六年二月一九日、三月一日。原は後にも、加藤の辞任は寺内との不仲が一因であったと山県に説明している(同前一九一四年九月三〇日)。
(124) 「満韓経営の方針に就て」(『東日』一九〇五年一二月二〇日)、「満州の開放」(同前一二月二六日)。それ故『大朝』は、社説で加藤新外相による満州問題の解決への期待を表明していた(「満州問題と新外相」『大朝』一九〇六年一月一三日)。このことは、加藤が『東日』の論調を自らコントロールしていたことをよく示している。
(125) 「関東都督」(『東日』一九〇六年六月二九日)、「関東都督府の組織」(同前八月二日)。
(126) 一九〇六年九月五日付陸奥広吉宛加藤高明書翰(「加藤高明文書」国立国会図書館憲政資料室所蔵)。
(127) 「鉄道国有問題雑観」(『鉄道時報』三三八号、一九〇六年三月)、白柳秀湖『続財界太平記』(日本評論社、一九三二年)五七~七〇頁。
(128) 原田勝正『鉄道と近代化』(吉川弘文館、一九九八年)一三二頁。
(129) 「大隈伯の非鉄道統一説」(『鉄道時報』三三三号、一九〇六年二月三日)、末延道成「鉄道国有に就て」(同前三三六号、一九〇六年
(130)

(131) 二月二四日)、荘田平五郎「鉄道国有に就て」(同前三三八号、一九〇六年三月一〇日)、『加藤高明』上巻、五八〇頁。
(132) 前掲、小林道彦「桂園時代の鉄道政策と鉄道国有」一四九～一五三頁、前掲、山本四郎「第一次西園寺内閣試論」三〇八～三一二頁、鶴崎熊吉『豊川良平』(豊川良平伝記編纂会、一九二二年)二〇七～二一〇頁。
(133) 前掲、野田正穂、原田勝正、青木栄一、老川慶喜編『日本の鉄道』一一四～一一七頁(桜井徹執筆部分)。
(134) 前掲、前田蓮山『原敬伝』下巻、八五～八六頁。これは恐らく、原が加藤の説得を行った二月一九日または三月一日に交わされたやりとりのことであろう(『原敬日記』一九〇六年二月一九日、三月一日)。
(135) 『原敬日記』一九〇六年二月一九日。
(136) 鳥谷部春汀「西園寺侯と加藤高明氏」(『太陽』一二巻五号、一九〇六年三月)がこの点をうまく指摘している。
(137) 『原敬日記』一九〇六年二月一七日。
(138) 一九〇六年二月一四日付原敬宛陸奥広吉書翰(前掲、『原敬関係文書』第三巻)。
(139) MacDonald to Grey 6 Mar. 1906, FO371/84.
(140) 徳富蘇峰『大正政局史論』(民友社、一九一六年)一二九～一三一頁。
(141) 『加藤高明』上巻、五八六～五九〇頁、六八八～六八九頁。
(142) 『原敬日記』一九〇六年五月二五日。
(143) 第一次西園寺内閣の下では阿部浩(新潟県知事、原と同郷の先輩)、鎌田栄吉(慶応義塾教授、元代議士)ら一八名が貴族院議員に勅選されているが、加藤がその候補に上った形跡はない。
(144) 陸奥の銅像建立を目的とした寄付金の報告書は、原敬や林董の名で出され、加藤の名は入っていなかった。寄付金の額も、林や原、岡崎邦輔らが五〇〇円であったのに対し、加藤は半額以下の二〇〇円であった(一九〇七年一二月一〇日付原敬宛中田敬義書翰の別紙印刷物、前掲、『原敬関係文書』第二巻)。
(145) 時任英人『犬養毅　リベラリズムとナショナリズムの相剋』(論創社、一九九一年)第一章、木下恵太「日露戦後の憲政本党と『旗幟変更』」(『年報政治学　日本外交におけるアジア主義』岩波書店、一九九八年)、前掲、同「日露戦後における大隈重信と憲政本党」。
(146) 『加藤高明』上巻、五九五～五九八頁。
(147) Eliot to Curzon, 24 Nov. 1921, FO371/6684.
(148) 黒木勇吉『小村寿太郎』(講談社、一九六八年)七八四～七八五頁。
一九〇八年八月二八日付山県有朋宛桂太郎書翰(「山県有朋文書」国立国会図書館憲政資料室寄託)。

(149) 一八九六年〔推定〕一二月四日付山本達雄宛加藤高明書翰（山本家所蔵）、小坂順造編『山本達雄』（山本達雄先生伝記編纂会、一九五一年）一九八〜一九九頁。

(150) 一九〇八年八月二八日付桂太郎宛山県有朋書翰（「桂太郎文書」国立国会図書館憲政資料室所蔵）。

(151) 『小山完吾日記　五・一五事件から太平洋戦争まで』（慶応通信、一九五五年）一九三七年五月二九日（山本達雄談）。

(152) 『古風庵回顧録』一三七頁。

(153) MacDonald to Grey, 24 Dec. 1908, FO371/687.

(154) 加藤高明談「桂内閣観」（『太陽』一四巻一二号、一九〇八年九月）。

(155) 一九〇九年〔推定〕八月七日、一二月二六日付山本達雄宛加藤高明書翰（山本家所蔵）。

(156) Hayashi to Dilke, 12 Nov. 1908, Dilke Papers, British Library, add. 43920.

(157) MacDonald to Grey, 24 Dec. 1908, FO371/687.

(158) *The Times*, 28 Sep. 1908.

(159) 一九〇九年六月二六日付伊集院彦吉宛牧野伸顕書翰（前掲、『伊集院彦吉関係文書』第一巻）。

(160) 『加藤高明』上巻、六〇〇頁、下巻、七四八頁。長男厚太郎は教育のため日本に残り、家庭教師の五島慶太（東京帝大在学中、のち加藤の世話で農商務省に入省し、退官後に東急グループを創始）と麹町の加藤邸に同居していた（五島慶太『七十年の人生』要書房、一九五三年、一六頁）。加藤は厚太郎のことを非常に心配し、赴任の途上「渡英船中、厚太郎のことをおもひて」と題し、「朝おきて何よりさきにおもふかな、ひとりのこせしわが子いかにと」という歌を詠んでいる。

(161) 拙稿「アーネスト・サトウの日本政治観――一八九五〜一九〇〇年――」（『法学論叢』一五六巻三・四号、二〇〇五年一月）三七二〜三七八頁。

(162) 一九〇九年四月七日発小村外相宛加藤大使公信（「帝国諸外国外交関係雑纂　日英間」「外務省記録」1.1.4.1-7、外務省外交史料館所蔵）。後にチロルは、同志会の機関誌にも論説を寄せている（チロル「印度に於ける教育問題」『同志』一巻一号、一九一六年四月）。

(163) モリソンの親日から反日への転換については、ウッドハウス暎子『日露戦争を演出した男モリソン』上下（東洋経済新報社、一九八八年）、Eiko Woodhouse, *The Chinese Hsinhai Revolution : G. E. Morrison and Anglo-Japanese Relations, 1897-1920*, RoutledgeCurzon, 2004 を参照。

(164) 前掲、一九〇九年四月七日発小村外相宛加藤大使公信、MacDonald to Grey, 23 Jan. 1909, FO371/686.

(165) 一九〇九年〔推定〕四月一一日付伊藤博文宛加藤高明書翰（「伊藤博文文書」その二、一七一―一、国立国会図書館憲政資料室所蔵）。

(166) 「『バレンチン、チロル』及『ドクトル、モリソン』」(「外国人謁見関係雑件（英国人之部）」三巻「外務省記録」6.4.3.3-3)。

(167) Ayako Hotta-Lister, *The Japan-British Exhibition of 1910*, Japan Library, 1999, Hirokichi Mutsu (ed.), *The British Press and the Japan-British Exhibition of 1910*, The University of Melbourne, 2001.

(168) 前掲、エリアノーラ・メアリー・ダヌタン『ベルギー公使夫人の明治日記』序。

(169) *The Times*, 22 Feb. 1910 (interview to Kato), 31 July 1912 (interview to Kato).

(170) 例えば加藤がロンドンに着任した一九〇九年の『タイムズ』には、四月一日、五月二五日、七月六日、一〇月二二日、一一月一〇日、一二月一日に加藤の演説やスピーチが掲載されている。

(171) 前掲、一九〇九年四月七日発小村外相宛加藤大使公信。

(172) 一九〇九年四月二五日付山県有朋宛加藤高明書翰（「山県有朋文書」）。

(173) 前掲、一九〇九年〔推定〕八月七日付山本達雄宛加藤高明書翰。

(174) 同右、一九〇九年一一月一〇日、一九一〇年一月二八日付陸奥広吉宛加藤高明書翰（「加藤高明文書」）。

(175) 一九〇九年〔推定〕四月一一日付伊藤博文宛加藤高明書翰（「伊藤博文文書」その二、一七一一）。

(176) 前掲、一九〇九年〔推定〕四月二五日付山県有朋宛加藤高明書翰（「山県有朋文書」）。

(177) 一九〇九年八月二五日付山県有朋宛加藤高明書翰（「山県有朋文書」）。

(178) 櫻井良樹「加藤高明と英米中三国関係」（長谷川雄一編『大正期日本のアメリカ認識』慶応義塾大学出版会、二〇〇一年）八四～八八頁、Ian Nish, *Alliance in Decline: A Study in Anglo-Japanese Relations, 1908-23*, The Athlone Press, 1972, pp. 48-50.

(179) 一九一一年四月九日付陸奥広吉宛加藤高明書翰（「加藤高明文書」）。

(180) 前掲、一九〇九年〔推定〕八月七日付山本達雄宛加藤高明書翰。

(181) 臼井勝美『日本と中国——大正時代——』（原書房、一九七二年）六七～六八頁、王平「加藤高明像の再構築——政党政治家とビジネスマンとしての視点から——」（『一橋法学』一巻三号、二〇〇二年一一月）七七一～七七五頁、Peter Lowe, *Great Britain and Japan, 1911-1915: A Study of British Far Eastern Policy*, Macmillan, 1969, pp. 221-223.

(182) 浅見雅男『華族たちの近代』（ＮＴＴ出版、一九九九年）第六章。

(183) 『東日』一九二六年一月二九日（加藤の秘書である松本忠雄談）。

(184) 加藤は、一九〇六年に当時の在英外交官として最高の名誉であるセント・マイケル・アンド・セント・ジョージ勲章の勲一等（GCMG）を授かっていた（『加藤高明伝』三〇頁）。同勲章については、君塚直隆『女王陛下のブルーリボン　ガーター勲章とイギリス外交』（NTT出版、二〇〇四年）二五七～二五八頁を参照。

(185) 一九〇九年（推定）七月七日付伊集院彦吉宛牧野伸顕書翰（前掲、『伊集院彦吉関係文書』第一巻）。

(186) 『原敬日記』一九〇九年六月二八日。

(187) 一九一〇年（推定）一一月二九日付伊集院彦吉宛牧野伸顕書翰（前掲、『伊集院彦吉関係文書』第一巻）。

(188) 『原敬日記』一九一〇年一一月一二日、一七日。

(189) 加藤高明「大浦君の人格」（香川悦次、松井広吉共編『大浦兼武伝』博文館、一九二一年）二六九頁。

(190) 一九〇九年（推定）六月二六日付伊集院彦吉宛牧野伸顕書翰（前掲、『伊集院彦吉関係文書』第一巻）。

(191) 同右、一九一一年八月一九日付牧野伸顕宛加藤高明書翰（「牧野伸顕文書」）、一九一〇年一一月二〇日松方正義宛加藤高明書翰（松方峰雄他編『松方正義関係文書』第七巻、大東文化大学東洋研究所、一九八六年）。一九〇八年に薩派の高崎正風が一徳会（教育勅語の精神を普及するための団体）を創設した際、加藤は牧野らと共に祝辞を寄せているが、これも薩派への接近の一環であろう（加藤高明「祝辞」『一徳』一号、一九〇八年四月）。

(192) MacDonald to Grey, 11 Apr. 1908, FO371/475.

(193) 前掲、一九〇九年（推定）一二月二六日付山本達雄宛加藤高明書翰。

(194) 一九〇九年一二月二七日付大隈重信宛加藤高明書翰（「大隈信幸氏寄贈　大隈重信関係文書」四（ホ）三〇、早稲田大学大学史資料センター所蔵）。

(195) 大隈重信「伊藤公は如何にして出世せしか」（『無名通信』二巻一九号、一九一〇年一〇月）。

(196) この時期の改革については非常に多くの研究があるが、政党政治の視点からの主な研究として、Chris Cook, *A Short History of the Liberal Party 1900-1997* (5th edition), Macmillan, 1998, pp. 42-62, Roy Jenkins, *Asquith* (3rd edition), Collins, 1986, pp. 165-323、高橋直樹『政治学と歴史解釈　ロイド・ジョージの政治的リーダーシップ』（東京大学出版会、一九八五年）一五三～一七八頁、杉本稔『イギリス労働党史研究　労働同盟の形成と展開』（北樹出版、一九九九年）第二章を参照。中西輝政氏は、この時期を大英帝国の衰退を押しとどめるための「改革論の季節」であったと表現している（中西輝政『大英帝国衰亡史』ＰＨＰ研究所、一九九七年、第八章）。

(197) 一八九四年一二月一二日付大隈重信宛加藤高明書翰（『大隈重信関係文書』第五巻、日本史籍協会、一九三四年）、一九〇九年（推定）四月一一日付伊藤博文宛加藤高明書翰（「伊藤博文文書」その二）、一九〇九年四月二五日付山県有朋宛加藤高明書翰（「山県有朋文書」）。

(198)一八七八年〔推定〕八月四日付田中稲城宛加藤高明書翰（「田中稲城文書」R一）。
(199)原田熊雄述『西園寺公と政局』第四巻（岩波書店、一九五一年）三八頁。
(200)『加藤高明』上巻、四六一頁。
(201)同右、六八四頁。
(202)一九一二年七月三一日、八月一日発内田外相宛加藤大使公信（「外国新聞雑誌」第二「外務省記録」6.4.7.14-16）、望月小太郎編訳『世界に於ける明治天皇』上巻（原書房復刻版、一九七三年、原著は英文通信社、一九一三年）一～一九〇頁。ヴィクトリア女王とジョージ五世の間に挟まれて比較的影の薄いエドワード七世であるが、加藤が報告していたとおり、外交上の役割は高く評価されていた（一九一〇年五月一七日発小村外相宛加藤大使公信「『エドワード』七世崩御之件」「外務省記録」6.4.7.1-13-2）。
(203)Annual Report 1912 in *BD, Part I, Series E, Volume 9*, pp. 313-316, Macdonald to Grey, 16 Sep. 1912, FO371/1391.
(204)外務省編纂『日本外交文書』第四五巻第一冊（日本国際連合協会、一九六三年）五七四～五九九頁、一九一二年九月一四日付陸奥広吉宛加藤高明書翰（「加藤高明文書」）。
(205)『加藤高明』上巻、三四〇～三四四頁、吉村道男「ジョージ五世戴冠式前後の国際情勢と日本の対応」（『政治経済史学』三七〇号、一九九七年四月）。
(206)「英京倫敦ニ於ケル日英博覧会開設一件」（「外務省記録」3.15.2.68）、「伏見宮貞愛親王殿下日英博覧会名誉総裁トシテ御渡英一件」（同 6.4.4.48）。
(207)前掲、櫻井良樹「加藤高明と英米中三国関係」八九～九〇頁、『加藤高明』上巻、六六二～六七一頁、「徳大寺実則日記」一九一二年四月一七日（早稲田大学図書館特別資料室所蔵）。
(208)Edward Price Bell, *World Chancelleries*, The Chicago Daily News, 1926, p. 120.
(209)この点については、拙稿「加藤高明とイギリスの立憲君主制」（伊藤之雄・川田稔編著『二〇世紀日本の天皇と君主制　国際比較の視点から一八六七～一九四七』吉川弘文館、二〇〇四年）も参照。
(210)加藤高明「英国の議院政治」（中）（『時事』一九一二年二月二一日）。
(211)加藤高明「国防問題」（『時事』一九一二年二月一五日）。
(212)前掲、加藤高明「英国の議院政治」（中）、同「英国政界雑俎」（『時事』一九一二年二月二三日）。ちなみに、幣原喜重郎もグレイと面識があり、その人柄に好意を持っていた（同『外交五十年』中公文庫、一九八六年、原著は読売新聞社、一九五一年、二五四～二六二頁）。

(213) Kato to Grey, 27 Oct. 1909, 13 Aug. 1911, Grey to Kato, 26 Aug. 1911, 9 Aug. 1912, FO800/68.
(214) Ian Nish, *op. cite*, pp. 28-113.
(215) Vernon Bogdanor, *The Monarchy and the Constitution*, Oxford, 1995, pp. 113-122. 邦語では、水谷三公『王室・貴族・大衆　ロイド・ジョージとハイ・ポリティックス』(中公新書、一九九一年)を参照。
(216) 前掲、一九一〇年五月一七日発小村外相宛加藤大使公信。
(217) 一九一〇年二月一四日、四月二六日、六月二〇日発小村外相宛加藤大使公信(「各国内政関係雑纂　英国之部」第四巻「外務省記録」1.6.3.2-6)。
(218) 前掲、一九〇九年一二月二七日付大隈重信宛加藤高明書翰。
(219) 同右、前掲、一九〇九年〔推定〕一二月二六日付山本達雄宛加藤高明書翰。
(220) 前掲、一九〇九年一二月二七日付大隈重信宛加藤高明書翰。
(221) 一九〇九年一一月一日発小村外相宛加藤大使公信(「各国内政関係雑纂　英国之部」第三巻「外務省記録」1.6.3.2-6)。
(222) 前掲、一九一〇年六月二〇日発小村外相宛加藤大使公信。
(223) 一九一〇年一二月一六日発小村外相宛加藤大使公信(「各国内政関係雑纂　英国之部」第四巻)。
(224) 前掲、一九一〇年四月二六日発小村外相宛加藤大使公信。
(225) 一九一一年八月一五日発、小村外相宛加藤大使公信(「各国内政関係雑纂　英国之部」第四巻)。
(226) 前掲、加藤高明「英国の議院政治」(中)。
(227) 『報知』一九一四年三月九日(加藤高明談)。
(228) 前掲、一九〇九年一二月二七日付大隈重信宛加藤高明書翰。
(229) 『時事』一九一二年二月一一～三月一七日。この論説の一部は、『加藤高明』上巻、附録に収録されている。
(230) 加藤高明「民主主義と王室」(上)(下)(『時事』一九一二年二月一二日、一三日)。
(231) 加藤高明「英国人の人情風俗」(十)(『時事』一九一二年三月一七日)。
(232) 加藤高明「税制改革問題」(『時事』一九一二年二月一六日)。
(233) 一八八五年三月二七日付陸奥亮子宛陸奥宗光書翰(萩原延寿編『日本の名著三五　陸奥宗光』中央公論社、一九七三年、三二四頁)。
(234) 加藤高明「婦人参政権運動」(上)(下)(『時事』一九一二年二月一七日、一八日)。
(235) Kato Takaaki to Marie Stopes, 21 Mar. 1910, Stopes Papers, British Library. 加藤は、ストウプスの能についての著作に序言も贈っ

ている(Marie Stopes and Joji Sakurai, *Plays of old Japan the "no"*, William Heinemann, 1913)。ストウプスについては、カーメン・ブラッカー「マリー・ストウプス」(サー・ヒュー・コータッツィ&ゴードン・ダニエルズ編〔大山瑞代訳〕『英国と日本　架橋の人びと』思文閣出版、一九九八年)を参照。

(236) 例えば、前掲、『大隈重信関係文書』第五巻所収の大隈重信宛加藤高明各書翰を参照。加藤は、イギリス人の書翰の書き方を模範としていた(加藤高明「英国の人情風俗」(六)『時事』一九一二年三月一三日)。

(237) 加藤高明「朝鮮の統治に就て」(『大阪銀行通信録』二六三号、一九一九年七月)、George Feaver (ed.), *The Webbs in Asia : The 1911-12 Travel Diary*, Macmillan, 1992, p. 29. ウェッブ夫妻の来日については、宮本盛太郎『来日したイギリス人――ウェッブ夫妻、R・ディキンスン、B・ラッセル――』(木鐸社、一九八八年)第一章、コリン・ホームズ「シドニー&ベアトリス・ウェッブ」(前掲、サー・ヒュー・コータッツィ&ゴードン・ダニエルズ編『英国と日本』)も参照。

(238) 前掲、加藤高明「英国政界雑俎」。

(239) 以下、山泉進「解説(一)『大逆事件』とニューヨーク」、荻野富士夫「解説(二)『大逆事件』と外務省」(山泉進、荻野富士夫編『「大逆事件」関係外務省往復文書』不二出版、一九九三年)を参照。

(240) Grey to MacDonald, 5 Jan. 1911, FO371/1139.

(241) 前掲、加藤高明「民主主義と王室」(上)、「英国政界雑俎」、同「労働組合と産業」(『時事』一九一二年二月一四日)。

(242) 前掲、加藤高明「民主主義と王室」(上)、「労働組合と産業」。

(243) 一九一一年にイギリスの駐日大使館が編纂した教材には、加藤外相とマクドナルド大使がやりとりした文書などが収録されているが、これらの文書は、日本の外務省が提供したものと推測される(「対英外交文書教材」〔正確には英国日本大使館外交文書教材と言うべき内容〕早稲田大学図書館特別資料室所蔵)。

(244) 一九二六年八月五日付幣原外相宛松井大使公信(「帝国諸外国外交関係雑纂 日英間」「外務省記録」1.1.4.1-7)、同年六月二〇日付幣原外相宛松井大使公信(「各国内政関係雑纂 英国之部」第九巻、「外務省記録」1.6.3.2-6)。

(245) MacDonald to Grey, 28 Jan. 1910, Annual Report 1909 in *BD, Part I, Series E, Volume 9*.

(246) Greene to Grey, 16 Aug. 1916, FO371/2694. Eliot to MacDonald,19 June 1924, FO371/10303.

(247) 前掲、内田康哉「外交家としての加藤伯を偲ぶ」六三頁。

(248) イギリスの駐日大使が毎年外務大臣に送付していた年次報告書には、桂園体制下における原の活躍についてほとんど記されていない(Annual Reports, 1907-1913 in *BD, Part I, Series E, Volume 9*)。『タイムズ』も原にはほとんど注目しておらず、一九〇八年に原が訪英した際にも、短い紹介の記事を掲載しただけであった(*The Times*, 28 Sep. 1908)。

(249) 「塚本清治氏の想出譚」(『民政』二巻一一号、一九二八年一一月)。

(250) 坂野潤治、広瀬順皓、増田知子、渡辺恭夫編『財部彪日記　海軍次官時代』下(山川出版社、一九八三年)一九一二年三月七日、一九一一年三月一一日付斎藤実宛加藤寛治書翰(「斎藤実文書」国立国会図書館憲政資料室所蔵)。加藤と海軍軍人との交流はその後も続き、大角岑生(加藤と同郷、加藤内閣で海軍次官)らも加藤の知遇を得ていた(大角大将伝記刊行会編述『男爵大角岑生伝』海軍有終会、一九四三年、八〇九頁)。

(251) 鹿島平和研究所編『石井菊次郎遺稿　外交随想』(鹿島研究所出版会、一九六七年)三二七頁。

(252) 『大毎』一九一六年一二月一四日(原敬談)。原は、イギリスの政治制度を直接のモデルとすることにあまり関心を持っていなかった(拙稿「政務次官設置の政治過程」(二)、九二〜九三頁)。

(253) 大隈首相と四元老会見談話筆記(一九一四年九月二四日)(山本四郎編『第二次大隈内閣関係史料』京都女子大学、一九七九年)。

(254) 『報知』一九二六年一月二九日(「亡き加藤伯の筆跡」および広田弘毅談)。

(255) *New York Times*, 16 Sep. 1912.『東朝』一九一三年九月一五日。

(256) 前掲、一九一二年九月一四日付陸奥広吉宛加藤高明書翰。

(257) MacDonald to Grey, 18 Sep. 1912, FO371/1391, *The Times*, 14 Sep. 1912.

(258) 大濱徹也『乃木希典』(河出文庫、一九八八年)二三四頁以下、井戸田博史『日本近代「家」制度の研究　乃木伯爵家問題を通じて』(雄山閣出版、一九九二年)。

(259) 伊藤之雄「山県系官僚閥と天皇・元老・宮中――近代君主制の日英比較――」(『法学論叢』一四〇巻一・二号、一九九六年一一月)一五二頁。

(260) 一九一二年九月一五日発内田外相宛加藤大使公信(前掲、『原敬関係文書』第九巻)。

(261) 前掲、一九一二年九月一四日付陸奥広吉宛加藤高明書翰。

(262) 加藤高明「英国の議院政治」(中)。

(263) スタンレー・ウォシュバン(目黒真澄訳)『乃木大将と日本人』(講談社学術文庫、一九八〇年)一〇九頁。

(264) 加藤は一九二五年に出版された梁川星巌の伝記に関与しておらず、序文を寄せたのは徳富蘇峰であった(伊藤信『梁川星巌翁　附紅蘭女史』梁川星巌翁遺徳顕彰会、一九二五年、一〜四頁)。

(265) 加藤高明「英国の人情風俗」(七)(八)(『時事』一九一二年三月一四・一五日)。

第二部　政党時代

第三章　政党政治家へ

第一節　大正政変と立憲同志会の創立

（一）　第一次護憲運動

桂への接近

加藤高明が元気を取り戻して精力的に働くのを見て、妻春治も安心した[1]。春治は後に、「首相になることが彼の野心の最終目標だったかもしれないが、彼はロンドンにいた時の方が幸福だった」と回顧している[2]。確かに加藤の駐英大使時代は充実したものだったし、この先、外交官としての実績から貴族院議員や枢密顧問官、宮中のポストに転じ、官僚政治家として大過ない人生を歩むことも可能であった。実際、ほとんどの外交官がそうしたのである。しかし加藤は外交官としては例外的にそのような道を選ばず、あえて政党政治家という苦難の道に向かって進んでいった。

加藤は、日英同盟の改訂、条約改正という大きな外交課題を実現したのを機に、一九一一年一〇月に一時帰国した。帰国中、加藤は原敬と何度か会った[3]。しかし、八月に成立していた第二次西園寺公望内閣で加藤が外相候補に挙がることはなかった模様で（外相は内田康哉）、原・政友会との仲は冷え切ったままであった。加藤は一時帰国中に、第二次西園寺内閣は短命に終わるという観測をマクドナルド（Sir Claude MacDonald）駐日大使にも話したが、これは冷静な観察というよりも期待が混じったものであっただろう[4]。他方で、加藤の帰国中に注目すべき事件が起きた。桂太郎前首相の片腕であった小村寿太郎前外相が、一一月に病死したのである。新党結成による桂園体制の刷新を構想していた桂は、小村に代わって新たに加藤を政治的パートナーに見込んだ。桂は、翌年四月に再渡英前の加藤と会見を行い、次期桂内閣で加藤を外相にするという黙契を交わし、政党政治の必要についても話し合った[5]。桂は、帰任した加藤に対し「屢々講話を得毎度快を覚申候」と書き送っている[6]。桂に近くなっていたジャーナリストの徳富蘇峰が「従来屢々桂に向て臂鉄砲を喫せしめたる加藤が、桂に靡くが如きは、桂に取りて浅からざる快感を来したるならん」と想像したように[7]、桂は、加藤が自分に接近する態度を取ったことに満足したであろう。

加藤が桂に接近していたことは、家族関係からも窺える。加藤はこの一時帰国中に、愛娘悦子と岡部長景の縁談をまとめた。長景は、学習院(首席卒業)、東京帝大を経て一九〇九年に外務省に入った有望な外交官であった。注目されるのは、長景の父親が、貴族院研究会の最高幹部で第二次桂内閣の法相を務めた岡部長職であり、同じく研究会幹部の三島弥太郎が結婚を仲介していることである[8]。桂系である長職の息子との縁談は、加藤による桂接近の一つの証と言えるだろう。なお加藤は、結婚に際してイギリスからアメリカ(長景の在勤地)、日本と長い移動をした娘の健康と無事を気遣う長い書翰を送っている[9]。また、結婚翌年に悦子がアメリカで懐妊した際にも、出産法や医者の選定など様々なことを自分で調べて長文の手紙を送っている(この際、アメリカ在勤中の義弟幣原喜重郎に種々面倒を見てもらっている)[10]。加藤の政治的再起の陰には、このような私的生活の充実があったのである。

一九一二年七月、桂は次期政権獲得の下準備のため、訪欧の途に就いた。桂はロシア、ドイツ、イギリスを訪問して各国と提携強化を図ると共に、将来の新党結成に向けて政党事情や労働運動など、ヨーロッパの新しい動きを視察する予定であった[11]。加藤は、イギリスの知名の士と会いたいという桂の意を受け、桂とアスキス(Herbert Asquith)首相、グレイ(Sir Edward Grey)外相らの会談の下準備を進めた[12]。加藤は桂をイギリスの最新情勢に触れさせ、感化しようと目論んでいたのではないだろうか。しかし、同月に明治天皇が突然崩御して桂は帰国を余儀なくされたため、桂、加藤の目論見は挫かれた。加藤は、帰国する桂に対して「如何にも恨事」と無念を伝えた[13]。

帰国した桂は内大臣兼侍従長に就任したが、これは桂の台頭を快く思わない元老山県有朋の働きかけによるもので、政治的再起を目指す桂にとっては不本意なものであった[14]。加藤は、桂の宮中入りへの批判が多かったのは桂の不徳に起因すると見たように[15]、桂に心服していたわけではなかったが、再び組閣を夢見る桂の心事をよく理解していた。そこで、桂の宮中入りを祝しつつも、「政治方面に於いて大革新を要する今日の時機、閣下を此方面より少なくも当分失うことと成るは、遺憾至極に御座候得共、我国に二人の桂公爵なき以上、双方の欠陥を同時に充たすこと能わず」「更に適当之時機を得て高教を仰度と奉冀望候」と励ました[16]。

「適当之時機」は突然訪れた。桂が裏で煽動した陸軍二個師団増設問題によって第二次西園寺内閣が倒れ、桂に再び組閣の大命が下ったのである。加藤は、桂からの正式な外相就任依頼に決然と応じ[17]、一九一三年一月一二日にイギリスを出発した(外相はしばらく桂首相の兼任)。しかし、二八日に加藤が帰京した時には、内閣は既に容易ならざる事態に直面していた。桂を西園寺内閣倒閣の黒幕の一人と目す世論が激昂し、護憲運動が発生していたのである。桂首相は、無理を重ねた組閣のつけで、内大臣から首相になる異例を認める勅語、斎藤実海相に留任を求める勅語、議会(一九一二年一二月開会の第三〇議会)停会を命じる詔勅を次々と出させ、天皇を利用して事態を乗り切らざるを得なかった。しかし、新たに即位した大正天皇には威信や政治的調停能力がなく[18]、運動はかえって高揚した。こうして、第三次桂内閣成立の過程で政局は混乱状態に陥ったのであった。

第三次桂内閣の外相就任

近年明らかにされてきたように、桂は桂園体制に限界を感じ、元老や政友会に飽き足らない政治勢力を結集して新しい政治を行おうと考えていた[19]。桂は、軍部大臣現役武官制の改正や国防会議の設置などによる陸軍改革[20]、外交の刷新を構想していた[21]。内政面でも、都市政策や社会政策、官制改革などに意欲を持っていた[22]。桂はこれらを実行するため、側近の大浦兼武内相、若槻礼次郎蔵相、後藤新平逓相、仲小路廉農商相、柴田家門文相らを入閣させた外、江木翼内閣書記官長、一木喜徳郎法制局長官、川上親晴警視総監、浜口雄幸逓信次官、下岡忠治農商務次官ら若手を中心とした桂系官僚を政権に糾合した。桂は、一月二〇日に新党結成の方針を発表し、彼らの多くをそれに参加させることにより、政友会に対抗する第二の「官僚の系列化」「官僚の政党化」の波を起こした。加藤もこの波に乗ろうとしたのである。

加藤の外相就任にあたっての抱負は、第一に外交一元化の徹底であった。加藤はイギリスから帰任すると直に桂首相と会見し、陸軍のコントロールと外交一元化の徹底方針を確認した(23)。加藤は、桂が加藤の申し出を受諾するのを確認した上で外相に就任し、外務次官に親しい松井慶四郎を起用した(24)。第二の抱負は、対中外交の刷新であった。加藤は日英の提携を基礎とした対中関係の刷新に意欲を持っていた。とりわけ、当時、不安視されていた満州権益の存続問題を最大の外交課題と考え、既にイギリスのグレイ外相から租借期限延長方針に対する基本的な了解を取りつけていた(第二章第二節)。加藤は問題解決の下準備のため、帰国時もシベリアルートを使い、伊集院彦吉駐華公使や寺内正毅朝鮮総督と会見を行っていた(25)。

加藤は外交政策を強力に進めるため、外相就任時に既に新党への入党を考慮しつつあった。しかし、政党員の外相就任はまだ前例がないとして、とりあえず入党を保留した。長くなるが加藤の考えを示す重要な史料なので、加藤の談話を以下に引用する。

「最近発表されたる入党の可否に就いては余に於て未だ何等決定する所なし。政党を基礎とする内閣の閣員が全部政党党員たる可きは理論上当然にして、各国殆んど皆然り。故に其閣員の職務の性質に依り、外務大臣又は司法大臣が入党せずと云うが如きは、蓋し異例と言はざる可からず。但し、斯かる政党内閣は日本に未だ其の例なきを以て、今回は果して如何に決す可きや、帰京の上ならでは確言し難し」(26)。

加藤にとって理想的な状況は、桂が満を持して新党結成と組閣を行い、新党が衆議院の多数を制すれば所期の政策を実行に移し、少数与党に留まれば時機を見て衆議院を解散するというものであっただろう。そして、桂内閣の外相として実績を挙げ、適当な時機に新党に参加した上で、桂側近の大浦内相や後藤逓相らに伍して新党で主導権を握り、桂の後継者として政党内閣樹立を目指すつもりであった違いない。しかし、眼下の状況はそれから程遠かった。

護憲運動が高揚する中で、桂内閣は勝算の少ない解散に踏みきることができなかった(27)。桂首相は一月二四日に、辞表捧呈後に元老会議で留任を決議してもらうという策を山県に提案したが、拒否された。また後藤逓相は、一月一七日に西園寺と会見して政友会が内閣不信任案を提出することはないという言質を取り、その際の覚書を二月二日に新聞紙上で公表したが、逆に西園寺を困難に陥れただけであった(28)。

ここで加藤は、再度の勅語利用による事態収拾を提案した。加藤は、二月四日、五日の閣議の席上で、イギリスで一九一〇年にエドワード七世(Edward VII)が死去した際、アスキス首相が保守党幹部と会見し、諒闇中であることを理由に、貴族院改革をめぐる政争の中止を図った例を引いた。そしてこの例にならい、勅語を使って西園寺に政友会を収めさせようとしたのである。同席した若槻礼次郎蔵相は、「加藤の話し方がなまなましいので皆耳を傾けた」と伝えている(29)。桂はこの献策を採用した。加藤は旧知の西園寺、原と連絡を取り、二月八日に加藤の仲介で桂・西園寺会見が実現した(30)。この間、議会は二月五日に再開されたが、尾崎行雄が「玉座を以て胸壁となし、詔勅を以て弾丸に代えて、政敵を倒さんとするもの」という有名な内閣弾劾の演説を行い、政友会の内閣不信任案提出が確実な情勢となったため、即日再停会となっていた。

桂は八日の西園寺との会見で、不信任案提出が撤回されなければ天皇からの御沙汰による解決しかないと迫ったが、西園寺はそのような話をしないようにとかわした。翌九日、桂の意を受けた加藤が西園寺と会見し、再び勅語による不信任案の撤回を求めた。西園寺は、政友会説得は不可能と答え、勅語については「相談は困る困る」と繰り返したという。加藤は説得不可能ではないと見て、直ちに青山離宮に出向き、参内中の桂に報告した。そして間もなく西園寺が離宮に呼ばれ、諒闇中の政争中止を求める勅語が下された(ただし読み上げられたのみで、覚書の下賜はされず)。勅語を起草したのは、桂側近の江木内閣書記官長であった(31)。西園寺はすぐに桂と面会し、勅語を実行できなければ切腹の外なしと述べ、政友会説得の意を固めた。桂は事態収拾の目処がついたと見、事が落ちついたら「祝酒」を飲もうと西園寺に語りかけ、希望の色を浮かべて退出した。政友会説得の結果は、西園寺から加藤に報告される手筈となった。

西園寺や原は、いったん勅語が出されてしまった以上はそれに従わなければならないと考えた。しかし、護憲の声は一層盛り上がり、政友会は翌一〇日になっても西園寺、原の説得に応じなかった。もはや事態は、革命を想起させるほどになっていたのである。西園寺からの報告が来ないのに業を煮やした加藤は、一〇日昼に原と面会したが、もはや西園寺も原も政友会説得を断念したことを知らされた。原は内心解散を覚悟した(32)。加藤はこれを直ちに桂に報じたが、加藤の報告を聞いた桂は、内閣総辞職の意を決した。午後一時から開かれた閣議では解散論が強かったが(33)、加藤は沈痛なる面持で多くを語らなかったという(34)。桂は閣議後、訪問してきた大岡育造衆議院議長に内閣総辞職の意を伝えた。これを受けて加藤が総辞職の次第を西園寺に知らせたところ、西園寺は「実に止むを得ざる成行なり」と洩らしたという。西園寺は事の次第を天皇に上奏した後、違勅の責任を取って謹慎した。

桂内閣の総辞職に際しては、一〇日朝に桂に辞職を迫った山本権兵衛や、昼に総辞職の一声を直接桂から引き出した大岡衆議院議長の役割が大きかったことが、よく知られている。しかしながら、総辞職の決め手となったのは加藤による工作の挫折であり、桂が内閣総辞職を決断したのは、加藤から工作の失敗を告げられた時点であった。加藤も内閣の幕引きを行ったのは自分だと認識しており、親交のあったイギリスのグレイ外相には「桂は自らの進言を受け容れて、内閣総辞職を行った」という加藤の談話が伝えられていた(35)。こうして第三次桂内閣は、わずか五三日で退陣に追い込まれたのであった。

政党政治家としての出発

以上の過程は、加藤にとって苦い思い出として残ったはずである。そもそも、加藤が例に引いたイギリスの諒闇を理由とした政争中止の試みは、一時的な効果しかもたらさず失敗に終わったものであった。既に見たとおり、加藤はロンドンで直接その状況を目の当たりにしていた（第二章第二節）。加藤は、成算のない解散をするよりも穏健で現実的な解決策として勅語の利用を提案したのであろうが、天皇を利用した事態収拾への忌避感は加藤の予想を超えていた。

加藤を名指しすることこそなかったものの、新聞各紙は勅語を利用した桂内閣の延命策を「皇室を政争に巻き込んだ責任重大」「徹頭徹尾非立憲的行動」などと強く非難した[36]。大隈重信の側近である市島謙吉（早稲田大学図書館長）は、加藤の行動を、日本の政党の状況に疎いために犯した失敗であると見ていた[37]。このような批判は、何らかの形で加藤の耳に入ったことであろう。さらに、西園寺が「違勅問題」で事実上政友会総裁からの引退と謹慎を余儀なくされたことは、加藤も懸念していたことであり[38]、西園寺との関係悪化は禍根となった。加藤は、松井外務次官に「コンナことになるならわざわざ英国から帰ってくるのではなかった」と洩らしたというが[39]、偽らざる本音であっただろう。

では、このような展開が事前にある程度予測できたにもかかわらず、なぜ加藤はあえて勅語を利用した事態収拾に尽力したのであろうか。それは、今が政党に身を投じる最後の機会と判断し、桂を徹底的に支える以外ないと思い定めたからに他ならない。加藤は既に五四歳であり、政党政治家としてスタートを切るにはもはや遅すぎる位であった。ライバルの原は既に政友会に確固たる地歩を築いており、いずれ首相の座に就くことも予想された。友人の山本達雄（前蔵相）は、入閣時から桂との関係に深入りしないよう忠告していたが、加藤は聞き容れなかった[40]。加藤は、残された決して長くはない自分の人生を桂新党に賭けることを決断し、全力で桂を支えようとしたのである。

桂は、加藤が示した誠意と力量を大いに評価した。桂のブレーンはそれまで後藤逓相や大浦内相であったが、桂内閣末期に最も桂の信頼を得て政治的手腕を発揮したのは、明らかに加藤外相であった。桂は、内閣総辞職の際に首相のみの辞表を提出し[41]、後継首相候補者として加藤を山県に推薦した[42]。これは拒否されたものの、外相在職期間が短い加藤に前官礼遇を賜るよう尽力した[43]。ここに、桂との関係においては新参者であった加藤が、桂新党の後継者として浮上する素地ができたと言えよう。

後継内閣は、紆余曲折の末、山本権兵衛が政友会を与党として組織することとなった。山本首相は加藤が桂内閣に入る際、入閣によって加藤が桂系になることはなく、むしろ外交政策上都合がよいと考えていたし、この先桂新党が成功する見込みはないとも見ていた[44]。それゆえ、以前に外相就任を約していた加藤に対して、外相留任を求めた。しかし加藤は、桂への情義を理由にこの要請を謝絶した[45]。山本は、「加藤は桂の乾分でもなければ心服しているわけでもないんだ」として、加藤留任にこだわったが(46)、加藤は使者の牧野伸顕に「加藤の男を立てさせて呉れ」と述べ、聞かなかった(47)。この謝絶は、加藤が薩派・政友会と完全に手を切り、全面的に桂・桂新党にコミットすることを宣言するものであった。山本は加藤の違約に怒り、後に原に「甚だ陋劣なる考する人なりと当時思へり」と語った(48)。

加藤がこの時外相に留任していれば、山本との約束を果たせたし、政友会と復縁の機会をつかみ、将来入党することも不可能ではなかっただろう。しかし、かつて疎隔の原因となった山県系官僚閥や陸軍との関係、財政政策などの点で政友会と折り合いがつくかは不明であったし、政友会で主導権を確立した原の下風に立つことは、加藤にとって屈辱以外の何物でもなかった。たとえ薩派や政友会と完全に関係が切れるとしても、また桂新党が不人気で先行き不透明であったとしても、加藤にとっては、新しい政治生活の可能性の方がはるかに魅力的だった。加藤は、桂新党を自らの理想とする政党に育て上げる道に賭けたのである。

イギリスの外交官は、この政変における加藤の手腕と出処進退を高く評価した。駐日大使館のランボルド(Horace Rumbold)代理大使は、加藤が護憲運動に取り囲まれる桂内閣に身を投じたことを加藤の「強い意志」の表れと見た。また、山本内閣成立後に政変を振り返った際には、加藤が桂との近さを認識したため留任しなかったのだと見、「加藤は確かな見通しと強い性格を持った政治家との評価を得た」と観察した(49)。加藤は、グレイ外相に「内閣の最後の変化に関する状況は説明しがたいが、人々は辞任をベストだったと思うに違いない」と書き送ったが、グレイも、加藤の辞任は残念だが「同じ状況がイギリスであったとしても、外相を辞めざるを得ないだろう」と理解を示した(50)。

加藤がこのように評価されたのは、護憲運動で沸いていた日本と異なり、イギリスの外交官や新聞が桂新党結成の長期的意義を冷静に認めていたためでもあった。ランボルドは、その日記に「騒ぎの大部分は、報道によって作られた」と冷静な観察を記していた(51)。また前年末に帰国したマクドナルド駐日大使は、以前から桂の政治力や親英的な態度を非常に高く評価しており(52)、前年二月には、国民党の改革派などが桂に接近することによって、日本の政界は政友会と桂系の政党に二分されるだろうという鋭い見通しをグレイ外相に報告していた(53)。ランボルドや新任のグリーン(Sir

William Conyngham Greene）駐日大使は、大正政変は桂の不人気や官僚的な政策に起因するとして、桂に厳しい目を向けたものの、桂は政治への意欲を失っていないし、そのため山本内閣の前途は厳しいものになると観測した[54]。『タイムズ（Times）』も、従来から桂のことを自由主義的な面を持っていると見ており[55]、桂が元老政治の刷新を図ったこと、政党政治に対する信念を持っている点を評価した[56]。グリーンは桂が一〇月に死去した際も、「死の間際まで自分の新党を作るべく努力した」ことを評価した[57]。このような評価は加藤も耳にし、大いに励まされたに違いない。

こうして加藤は、政党政治家への第一歩を踏み出したのであった。

（二） 立憲同志会の創立

桂新党への参加

前述の通り、加藤は入閣の際から桂新党入党を視野に入れており、二月七日の立憲同志会結党式には来賓として出席した[58]。加藤は山本内閣への留任を謝絶した後、旧国民党領袖の大石正巳の勧誘に応じ、三月上旬に入党を決心した。その際、加藤は「政権のために軽挙妄動せざる事」を入党条件にしたという[59]。加藤は四月四、五日頃桂に入党の決心を伝え、六日に加藤の入党手続が完了した[60]。加藤はこの間の事情を、四月七日に親友の陸奥広吉に報知した。加藤の入党時の決意を示す重要な史料なので、以下に引用する。

「新政党へ加入之件其後頻に勧誘有之。無下に相断兼ねる感覚も有之遂に一決、数日前桂公へ決答致置候処、昨日発表せられたる由（中略—筆者）前途の見込みも一向不付候得共、既に決心之上は可及的（但し緩々と）尽力可致覚悟に有之候間、将来御心付之際は十分御注意被下度奉懇請候」[61]。

同志会は衆議院の少数勢力にとどまり、諸勢力が桂の下で辛うじてまとまっている状態であったが、護憲運動を裏切って藩閥にすり寄ったと見なされた政友会に批判が向かったため、なんとか一息つくことができた。そのような中で加藤は、同志会での外交指導者としての地位を固めるため、四月末から六月上旬まで中国視察の旅に出た。加藤はこの旅行で袁世凱や孫文、黄興らと会見を行い、議会や鉄道、港、外国人居留地などを視察した(62)。この間、同志会は党員総出で新党の存在をアピールする遊説活動を行ったが、後藤新平が大きな紛議を巻き起こした。同志会参加はあくまで桂との個人的関係によるもので、自分は政党が嫌いであると明言したり、政党内閣制を否定する論文を公表するなどして、党人派の憤激を買ったのである(63)。既に病床にあった桂はこれを聞いて、「老生病中党内に紛紛を生じ候事は、十分御勘弁相願度ものに候」と後藤に書き送った(64)。政党に魅力を感じない後藤と比べ、桂はその重要性を認識していた。桂は、五月に原敬に「政党は随分面倒臭きも又可憐の処もあり」と語ったとおり(65)、もはや政党と離れがたい思いになっていた。

徳富蘇峰が指摘したように、桂の同志会結成はイギリスをモデルとしたものではなく、日本独自の政党主義を実現するものとされ、その目指すところははっきりしていなかった(66)。結局、桂は自らの目指す政党の内容について明らかにしないまま死去した(67)。しかし、少なくとも桂が後藤とは異なって政党政治という枠組みにこだわり、同志会の政党としての発展を望んでいたことは確かである。その意味で、桂の死後に後藤が脱党し、加藤が同志会の中枢を占めていったのは、必然的であったように思われる。

六月三日、加藤は中国視察から帰国した。この頃、桂は葉山で静養していたが、六月一五日に子息が重態になったため意気消沈し、この日、桂を見舞った後藤は、桂の余命が長くないことを悟って自己の進退を考慮し始めた(68)。桂死後の同志会の指導体制をどうするかという問題が浮上したのである。

同志会は桂創立委員長（実質的党首）の下、大浦兼武、後藤新平、大石正巳、河野広中の四人を常務委員としていたが（表三）、七月一八日の幹部会で加藤を常務委員に加え、筆頭常務委員とすることに決定した。実質的に加藤を次期党首にするという決定であった。従来、加藤が筆頭常務委員に推挙された理由は、閲歴、財力そしてそれ以上に「具体的勢力関係を欠いた、いわば白紙の人物であったこと」に求められてきた(69)。確かにそのような面もあるが、より重要なのは、加藤が大正政変の過程で桂から高い信頼を獲得していたことと、党内の多数を占める党人派が加藤のイギリス流の政党政治実現への情熱に対して期待感を持っていたことである。桂は病床から直接加藤に党首になることを要請した(70)。後藤との提携が不可能だと述べて辞退する加藤に対して、桂は「後藤は内実どうでもなる人物だから、気にかけるに及ばぬ」とまで述べて、加藤を説得したという(71)。自重する大浦も「総裁の任に最も善く適する者、君を除いて他に其人を得る能わず」と加藤を党首に推したし(72)、後藤も不本意ながら加藤を筆頭常務委員就任に推さざるを得なかった(73)。党人派の間でも大浦や後藤より加藤への支持の方が圧倒的に強く(74)、新聞は常務委員に加わる前から加藤を「新政党の副総理」と見ていた(75)。桂をはじめとする党内からの期待が、加藤を積極的に党首の座に押し上げたのである。

桂の病状は好転せず、一〇月一〇日に死去した。これを受けて後藤は、ついに一〇月三一日に脱党した。後藤は脱党時に突如各方面から大量の政治資金を集める必要性を訴えたが、これは加藤の資金力に対する当てつけだったと思われる(76)。後藤と共に脱党した代議士はおらず、後藤と並ぶ実力者の大浦は党に留まったものの、桂の死に同志会は動揺した。既に桂死去と同時に仲小路廉前農商相が脱党していたし、二月の同志会結党式に来賓として出席し、秋頃まで同志会に関わっていた柴田家門前文相も、一二月の同志会の創立大会までに脱落した(77)。桂との個人的関係から入党していた徳富蘇峰も、桂死後の留党要請を謝絶し、離脱した(78)。桂の勧誘を受け、当初一部が応じる構えも見せていた貴族院の十金会からも、結局同志会参加者は出なかった(79)。このような中で同志会の行方は混沌としており、これより以前に新聞では寺内正毅の党首説すら噂されていた(80)。

「子分」の育成

かつて政友会創立当時には、「子分」がいなかったことが、加藤が入党を躊躇する大きな要因となった。この時も加藤には信頼できる子分はいなかった。旧国民党の大石正巳や仙石貢とは長い交際があったものの、共に年上で一癖ある人物であり、加藤の意を受けて動く存在ではなかった。そこで加藤は、新たに子分を獲得し、自派を形成しようと積極的に努力した。加藤が注目したのは、桂の下に集った官僚達であった。

加藤の子分に最も近い存在だったのが、大蔵省時代以来旧知の若槻礼次郎前蔵相であった。若槻は、二月の同志会結党時に会計監督となり、党人派からも好感を持たれるなど党内で既に一定の存在感があり[81]、加藤にとって頼りになる存在であった。若槻はのちに加藤が「他の人に言わないことでも、いろいろ私に相談したし、私も誠意をもって彼を助けていた」と回顧しているが[82]、加藤の入党後間もなくこのような関係はできあがったものと思われる。

若槻が従来大蔵省で注目し引き立ててきたのが、浜口雄幸前逓信次官であった。浜口は後藤とも関係が深く、同志会入党も後藤の勧誘によるものであったが、後藤の脱党には批判的で、同志会に踏みとどまった。結党時は政務調査常務委員で、まだ目立たない存在であったが、四月以降の遊説活動に積極的に参加し、党務に励んでいた[83]。加藤は桂の死後間もなく浜口を呼び寄せ、「メンタルテスト」を行った[84]。このテストは二日間に及ぶ長いもので、多岐にわたる政策的態度を試すものであり、この後、加藤の態度が目立って親しくなったという。浜口は「テスト」に合格したのである。このエピソードは、加藤が自派形成に際して政策面での一致を何よりも重視していたことを示している。浜口は加藤の剛毅な人格にも魅かれ、以後加藤の側近となり、この後は若槻と共に財政政策立案の中心人物となった。

浜口を六月頃、加藤に初めて引き合わせたのが、江木翼前内閣書記官長であった[85]。江木は桂に嘱望され、三九歳の若さで内閣書記官長に抜擢された新進の法制官僚であった。桂は江木のことを高く評価し、大正天皇の西園寺に対する勅語や桂首相の辞表、桂新党結成の覚書や綱領並政策案の起草を江木に任せた[86]。江木は官歴が短く恩給年限に達していなかったため、内閣総辞職後に経済的苦境に陥ったが、桂はこれに同情し、自分の家屋を江木に与えたという[87]。江木も桂に心服し、死後は遺族と共に桂の自伝の整理も行ったほどであった[88]。

江木は、結党時に幹事を務め、その後も論説の発表や遊説活動への参加などで党務に励み[89]、党人派との連絡にも努めた[90]。桂が死去し、同郷の恩人である柴田家門が同志会を離れた後も、江木は党に留まり、その頃から加藤との仲が深まったらしい[91]。江木は経済的苦境から弁護士を開業し、一二月の同志会創立大会頃から休党としたが[92]、同志会を脱党する気はなかった[93]。創立大会で発表された宣言書なども江木が起草したものであったし[94]、翌年の大隈重信内閣成立の際にも加藤の下で奔走していることなどから、江木が休党しても加藤の下で働いていたのは間違いない。こうして江木もまた加藤の側近となり、のちには憲政会・民政党の「知恵袋」と称されるようになった。若槻の証言によれば、加藤の演説のほとんどは江木の草稿をもとにしていたという(95)。

若槻、浜口、江木が加藤の下に集ったのは、いずれも加藤の抱くイギリスモデルの政治改革構想に共感したからであった。若槻は大蔵省財務官としてイギリスに駐在したことがあり、主に経済を通してイギリスの情勢に通じていた。『タイムズ』のチロル(Sir Valentine Chirol)らと交流を持ち(96)、グレイ外相とも面識があったようである(97)。浜口は外遊経験こそ一度もなかったものの、大学の卒業論文題目は「英国国会の起源」であり、普段から『タイムズ』を購読していたと言われる(98)。江木も外遊経験はなかったが、普段から『タイムズ』を購読し(99)、大量の英書を読んでいた(100)。同志会結成の頃にもイギリスの政党組織について丹念に調査し、新党がそれに倣うよう桂に進言していたという(101)。

党人派の中にも、イギリス流の政党政治を志向する者は多かった。党人派は、旧国民党改革派、非改革派(政界革新グループ)、吏党系の流れを汲む中央倶楽部出身者に大別されるが、最も勢力の大きかった国民党改革派は、五領袖(大石正巳、河野広中、島田三郎、武富時敏、箕浦勝人)以下、従来から二大政党制の実現を唱えてきた(102)。彼らが加藤と具体的な政策を共有していたとは言い難いが、イギリス流の二大政党制実現という大枠の政治目標は共有できたのである。

この点で興味深いのは、大隈重信の動向である。大隈は、憲政本党の総理辞任後も国民党改革派とつながりを保ち、政界再起の機会を虎視眈々と窺ってきた(103)。彼らの桂新党参加も歓迎しており、桂の依頼に応じて五領袖を説得し(104)、同志会招待会でも新党への期待を明言するなど(105)、「同志会の陰のオーナー」と言うべき存在となった(106)。大隈は、七月に桂の病が重くなると同志会が「余り桂公に依頼しすぎる」ことを戒め、「永く立憲模範国たる英国に於て充分立憲制運用の呼吸を了解せる」加藤に対する期待感を表明した(107)。その後も、加藤と連絡を取りつつ(108)、同志会が加藤の下で「英国主義を樹立し、国民を中心としての政策を採るを得ば、或は物になるべし」という意見を表明するなど、党人派を加藤・同志会に繋ぎ止めるよう尽力した(109)。この意味で、第二次大隈内閣への布石は、同志会の結党当初から既に存在していたと言える。

もっとも加藤は、党人派が大隈を担ぎ上げて自分に対抗することを警戒し、大隈の同志会最高顧問就任の噂などは打ち消していた[110]。この先、加藤は大隈の支援を受けつつも、微妙な緊張感を持って大隈に接していくことになる。

立憲同志会の創立

加藤は六月に中国視察から帰国した後、長崎、下関、大阪、東京など各地で講演を行った[111]。筆頭常務委員就任後も、八月中旬に長野、名古屋、静岡、九月下旬に宮城、新潟、一一月には大阪、京都、長野、富山の地方大会や支部発会式に出席し[112]、元老の死去や高齢のため今後末永くその力を借りるのは不可能であること、元老なき後の政治を担うのは国民の信頼を得た「政党政治」しかないことを強く訴えた[113]。当時、同志会はまだ党報を持たず、支部のない県も多かった。組織も支持基盤も脆弱な新党への支持を訴えるため、加藤は愚直に遊説を行ったのである。

もっとも加藤の党内におけるリーダーシップは、不十分であった。当時、中国では辛亥革命後の南北対立が続いており、南方派に同情を寄せる党人派の中には、中国に対して積極的な干渉を行うべきだという議論が起こっていた[114]。しかし加藤は、山本内閣の内政不干渉方針を支持し、党内の対外硬論の抑制を図ったため、加藤と党人派の間には軋轢が生じていた[115]。また、加藤自ら「予は政党に於て全く無経験なれば、今や実地見学中なり」と述べたように[116]、加藤は党務に疎く、党人派の中に溶け込むことができなかった。木下謙次郎（旧国民党改革派）が加藤の度量が狭いことを批判するのを聞いた江木は、加藤に「大小合せ飲み清濁併せ食うの快」が不足していることを嘆いた[117]。

同志会は、一二月末の第三一議会開会を前に、同志会創立大会を開く準備を進めた。まず一二月一日、加藤邸で臨時幹部会が開かれ、創立大会の期日や規模、経費などについて話し合いが持たれた。出席者は、常務委員の加藤、大浦、大石（河野は病欠）、幹事の安達謙蔵、富田幸次郎、木下謙次郎の他、会計監督の若槻、無役の仙石貢であった[118]。幹事の八名のうち出席者は三名のみで、無役の仙石が出席するなど、出席者が加藤に近い者を中心として柔軟に決められている点が注目される。このののち重要な決定は、憲政会時代に至るまで、インフォーマルな幹部会という形で、加藤邸で出席者の範囲を厳密に決めずに決定されていく。

二二日、築地精養軒で評議員会などが開催され、大浦、大石、河野三常務委員以下、各役員が出席した。ここで会則、綱領などについて起草者の江木から説明がなされ、おおむね原案通りでいくことが確認された(119)。綱領は、皇室中心、憲法の條章恪守、庶政の更張など党の基本方針を定めたものであり、二月の同志会結党式で発表したものをそのまま踏襲していた(120)。会則はこの時初めて定められたもので(121)、「会務を総理」する総理、「総理を補佐」する総務三名を置き、それぞれ大会で選挙すること、幹事長、政調会長、会計監督を置き、総理が指名することなどが定められた(122)。

二三日、同志会創立大会が開催された(123)。会則の上では総理は選挙によって選ばれることになっていたが、事前の話し合いにより議長(河野)推薦という形式を取ることになり、加藤が満場一致で総理に選ばれた。また総務も総理指名に切り替えられ、大浦、大石、河野の三人が常務委員からそのまま留任した(表3)。加藤は三人のうち大浦のことを最も信頼しており、実質的に加藤に次ぐ副党首格であった。この後、加藤・大浦が同志会運営の中心となっていく(124)。

加藤は創立大会の挨拶で、桂の遺志を継ぎ「一部人士若くは一地方の小利益を満さんとするに汲々」とする政友会に対抗して「国民真正の世論」に基づく新政党を創立すべきこと、目下の最大急務は党内の結束であり、党の運営は最終的には総理と総務に一任して欲しいことなどを訴えた。加藤は桂による同志会結成の意義を強調する一方で、改進党以来の民党の系譜には全く触れず、幹部中心の党運営を訴えた。加藤はその後の憲政会創立に際しても、桂の同志会創立や伊藤博文の政友会創立の意義を強調しており、管見の限り、初期議会における民党を評価した演説は全く見られない(125)。加藤は、民党色を払拭しようという強い意欲を持っていたのである。

大会の壇上にはユニオンジャック(イギリス国旗)をはじめとする万国旗が置かれ、大会後の懇親会ではシャンパンで乾杯が行われるなど、セレモニーにも同志会をイギリス流の政党に育てようという加藤の意欲が表れていた。二五日には、幹事長を坂本金弥(旧国民党非改革派、翌年脱党)から箕浦勝人(旧国民党改革派)に交代し、政調会長には武富時敏(旧国民党改革派)を留任させ、新設の政調副会長に側近の浜口を任命するという人事がなされた(表3)(126)。加藤が自分の側近や旧国民党系の中でも比較的自分に近い改革派を役職に就け、自らの意に沿う党運営を行おうとしていたことが分かる。

加藤高明の二大政党制論

加藤は、陸奥宗光や自身の観察を通してイギリスやアメリカの二大政党制の実態についてよく知っていたが(第一章)、はっきりと二大政党制を理想的政治形態として表明するようになったのは、日露戦後のことである。一九〇五年一二月に政友会を与党とする第一次西園寺内閣が成立し、それまでしばしば連携しながら桂内閣に対抗してきた政友会、憲政本党は、与党と野党に分かれることとなった。これを受けて、憲政本党の実質的党首である大隈重信は、一国には二つの政党が必要であり、在野党は自由な立場から政府党と競い合わなければならないと演説して、自党を鼓舞した(127)。この時、加藤は既に入閣を決めていたが、元々は財政政策が近い憲政本党からの入閣も期待していた。そこで、加藤が社長を務める『東京日日新聞』では、翌日に大隈の演説を支持する社説を掲げ、憲政本党の役割に対する期待感を表明した(128)。加藤は、与野党間の議論の活性化を望んでいたのであろう。

翌月、イギリスでは総選挙が行われ、野党自由党が一〇年ぶりに第一党の座に返り咲いた(一九〇五年一二月に成立したキャンベル＝バナマン〔Sir Henry Campbell-Bannerman〕内閣が翌月の解散総選挙で大勝)。加藤はこれを受けて、『東京日日新聞』に、自由党が「逆境」からはい上がったことを歓迎し、「イギリスの国論旺盛に嘆嗟の感なき能わず。多大の興快を覚ゆ」とする社説を掲げた(129)。自身が直接よく知る政治家が政権に復帰したことは、加藤にイギリスの二大政党制がうまく機能しているという印象を与えたのではないだろうか。また、加藤が後に憲政会の「苦節十年」を堪え忍ぶことができたのは、自由党の長期にわたる野党生活と政権復帰をよく知っていたからではないだろうか。

既に述べたとおり、加藤は西園寺内閣の外相をすぐに辞任し、政友会と疎隔していった。その間、加藤は駐英大使としてイギリスの政党政治を間近で見て、与党と野党が競い合う姿に共感を深めていった。前述の「人民予算」をめぐる政争の観察はそのことをよく示しているし(第二章第二節)、『東京日日新聞』の編集部長・高木信威に宛てた書翰でも、イギリスでは「政府党反対党互いに堂々旗鼓の陣を張り、切磋琢磨一日として息まざるは、実に羨ましきことに有之候」と述べている(130)。こうして、加藤は政友会と疎隔していく中で、政友会に代わる第二党育成の必要性を認識するようになり、日本でも二大政党制を実現することが現実の課題として必要であると感じ始めたのである。このように現実の政治状況との格闘の中から導き出されたという点に、加藤の二大政党制論の特徴がある。

加藤は、同志会入党後もしばらくは持論の二大政党制論をはっきりと示すことはなかったようである[131]。一〇月までは桂が生存していたし、その後も大浦や中央倶楽部出身者など、イギリス流の政党政治に必ずしも共鳴しない勢力を党内に抱える中で、加藤が自らの発言に慎重になったのは賢明だったと言えよう。ただ加藤は政党生活に非常に前向きで、一〇月に親友の陸奥広吉に、「政党業は思いの外繁多」で「閉口」したが「遣れる処迄遣るの外無之と覚悟致居候。前途の遼遠なるは勿論の事に有之候」と記した書翰を送っている[132]。

加藤が初めてはっきりとイギリス流の二大政党制を目指すことを公式の場で宣言したのは、一九一四年一月二〇日の同志会招待会の場であった。加藤はこの時の演説で、野党である同志会をイギリスの「陛下の在野党」(His Majesty's Opposition)に擬して党員を鼓舞した[133]。これは、同志会を二大政党の一翼を担う政権政党に育て上げることを宣言したことに他ならない。加藤はこれに続き、政党が政権を獲得するには「健全なる順序」というものがあり、「相当の年月と奮闘」が必要であると論じた。加藤は、政権政党への道が長く困難であると認識していたのである。以後約一二年間、加藤は自分自身、政党政治家として成長しながら、同志会および後身の憲政会の政権政党化を通して、二大政党制の実現というまさに「前途遼遠」の課題に向かって突き進んでいくことになる。その意味で、この演説は加藤の政党生活の原点として位置づけられるべきであろう。

なお、加藤が二大政党制論を唱えることとなった背景には、原・政友会に対する対抗意識と共に、一定の信頼感もあったことを見逃してはならない。既に述べてきたとおり、加藤と原は、陸軍や官僚との対し方、財政政策では異なる意見を持っていたが、藩閥政府を打破して自由主義的な政治を実現するという政治目標は共有していたし、外交政策の面でも根本的な差異はなかった。この後、加藤は、ライバル心をむき出しにしながら原と競い合っていくことになるが、あくまで政友会の政権担当能力と一定の政策的共通点を認めた上で、時代状況の変化に応じながら、政友会とは異なる政治スタイルと政策を持つ政党を育成しようとしていたと理解するべきである。

このような加藤と原の関係は、伊藤と大隈の関係にやや似ている。伊藤と大隈は、藩閥政府の元勲の中で最も自由主義的で政党政治に理解があったが、明治十四年の政変以降、基本的には政府と在野で対立してきた。しかし、二人が異なる立場から似た政治目標を追求して競い合った結果、伊藤は政友会、大隈は憲政会という種子を残し、それぞれを継いだ原、加藤によって二大政党制が形成されることとなった。かつて加藤は、イギリスのサトウ駐日公使に「伊藤と大隈が連携するという話は、二人の性格に似た点が多すぎるので、本当かどうか疑わしい」と語ったことがあるが(134)、これは非常に当を得ており、しかも加藤自身と原にも当てはまる評言ではないかと思われる。

立憲同志会の政策

同志会は、創立大会に先立って評議員会を開き、「政策」(党の公式文書)を採択した(135)。これは前年四月に決定されていた「政策」を新たに改訂したもので、政権公約と言うべきものであった。後に加藤は、「白紙主義」を標榜して政策を曖昧にしている政友会に対して、憲政会が「政策」を公表していることを、新しい政治手法として自負した(136)。加藤は明確な政策提示を行うことによって、自党の政権担当能力を示そうとしたのである。以後、同志会は後身の憲政会・民政党期に至るまでほぼ議会毎に「政策」の発表を行った。

政策の中身について見ていくと、財政政策では、減税、非募債主義、民営主義など、緊縮財政論の立場が明確に示されていた。この頃、都市の商工業者を中心に廃減税が主張され(137)、党人派には営業税以下の全廃を叫ぶ声があった。しかし加藤は、政策の実行を考えれば全廃は不可能とし、営業税は廃止するとしたものの減税要求額は三千万円に留めた(138)。加藤は、民党の伝統である民力休養論を現実的な政策に変えようと努力したのである。

官制改革については、行政の刷新と官吏の任用法改善が掲げられていた。加藤の説明によれば、それは具体的には第一に軍部大臣文官制を意味していた(139)。これは第三次桂内閣の構想を受け継ぎ(140)、加藤が従来主張してきた外交の一元化を実体化しようとするものでもあった。これと関連して、国防会議の設置も提唱されていた。これは第三次桂内閣が国防会議設置を目指し(141)、前年の「政策」でも「陸海軍備の整理統一」が掲げられていたのを継承したものであった(142)。起草者の江木は、桂の下で一九〇七年の帝国国防方針に基づいて開かれた国防会議の経緯を知っており、軍の要求を抑える桂の構想を受け継ごうとしたのであろう(143)。第二に、文官任用令の改正によって、イギリスにならって政務次官を設置することを意味していた（本章第二節(二)）。山本内閣の下では既に、軍部大臣現役武官制の改正や文官任用令の改正による官吏の自由任用の拡大が行われていたが(144)、加藤はそれに対する対案を提示したのであった。

外交政策では、前年の「政策」にはなかった日英同盟の尊重、日米親善の増進などの方針が盛り込まれた。これが加藤の意向による方針であるのはほぼ間違いないだろう。もっとも、加藤は評議員会、招待会の演説で外交政策について触れることはなかった。『国民新聞』は、加藤が「一言外交に説及」しなかったことをやや奇異と見ていた(145)。加藤は、前に見たとおり党内で外交政策に関して軋轢が生じていたため、対立を避けようとしていたのだと思われる。得意の外交政策で意見を思い通りに発表できなかったことは、加藤の指導力が不十分であったことを象徴している。

このように、加藤は政友会の政策をいくつか批判しつつも、同志会が政権を担うには未熟であることも熟知していた。加藤が創立大会の演説で、党の結束という点では政友会に見習うべき点が多いとしたのも、そのためである(146)。原も「我党は他の小政党の如く区々たる小問題に拘泥する必要なし」とし、同志会を対等のライバルと見ていなかった(147)。しかし、第三一議会中に発生したシーメンス事件という突発的事件によって、同志会は突如として政権の座に放り込まれることになる。加藤・同志会にとって、新たな苦難の始まりであった。

第二節　第二次大隈重信内閣の政権運営

（一）　第二次大隈重信内閣の成立

シーメンス事件と山本内閣の倒閣

一九一四年一月二三日、同志会代議士の島田三郎が衆議院予算委員会で海軍軍人の収賄問題を取り上げ、山本内閣を攻撃した。シーメンス事件の発生である[148]。政権獲得のための地道な努力を説いた加藤にとって、疑獄事件による倒閣は本来不本意であった。まして攻撃の対象となったのは加藤と関係の深い海軍であり[149]、加藤はしばらく沈黙を続けた。しかし、犬養毅・国民党、尾崎行雄・中正会（一九一三年一二月結成の小会派）、同志会党人派による政府批判は盛り上がり、二月九日に行われた衆議院佐賀選挙区補欠選挙では、松田正久（政友会で原と並ぶ最高指導者）の襲爵と代議士辞任に伴う選挙だったにもかかわらず、同志会候補者が当選した。一〇日には衆議院で内閣弾劾決議案が提出され、加藤の「因循」な態度は批判を浴びた[150]。

政府批判は貴族院にも飛び火し、海軍拡張費を含む政府予算案の貴族院通過が危ぶまれる状況となった。貴族院の動向の背後には、山県の支持があったものと推測される。これを受けて加藤は二月半ば過ぎに態度を変え[151]、三月一日の同志会招待会では国民党、中正会との提携に期待感を表明した[152]。三月九日には、貴族院予算委員会が予算案の海軍拡張費に大幅削減を加えた。加藤はこれを新聞で論評し、このような修正は「憲法実施以来破天荒の行動」で従来の貴族院のあり方と異なること、政府は本来イギリスの「人民予算」否決時のように衆議院を解散して国民に信任を問うべきであるのに、漫然と政権に居座っているのは憂慮に堪えないこと、しかしながら大局から見て貴族院の修正に同意することを述べた[153]。加藤は、本来望ましくないと認識しながらも、貴族院との提携による倒閣と次期政権獲得に乗り出したのである。のちに薩派の牧野外相は、加藤の山本首相に対する態度が「決して好意的のものでなかった事」を遺憾に思うと振り返っている[154]。

三月一三日、海軍拡張費に大幅削減を加えた予算案は貴族院本会議を通過した。衆議院は貴族院修正案に不同意を唱え（ただし同志会は同意）、一九日に両院協議会が開かれたが、協議はまとまらなかった。同日の閣議で原内相は、予算不成立と内閣総辞職を提案し、閣僚の同意を得た。原は、貴族院修正案を丸呑みして予算を成立させたとしてもいずれ倒閣は免れないと見、今後のために自重して野に下る道を選んだのである。山本首相は後継を原に譲ろうとしたが、元老山県らに対して有効な手段を取れないまま、二四日に内閣は総辞職した。こうして副総理格の原の手腕によって種々の改革を断行した山本内閣は、わずか一年余で倒れた。

加藤は、前内閣の野党で衆議院第二党である自党を基礎として自分が組閣するのが理想と考え、周囲にそのことを洩らしていた(155)。この頃加藤と会見した『東京日日新聞』記者も、「吾輩に大命が下ったら其時は其時さ」という言葉を聞き、加藤に後継内閣組織の色気が満々であると報じた(156)。加藤は、内閣総辞職当日の同志会代議士における演説では、現状では閣員全員を政党員とする純粋な政党内閣成立は期しがたいとして党員に自重を促すと共に、国家のため真の挙国一致が必要である事を訴えていたが(157)、裏面では、大浦が加藤と連絡を取りながら山県周辺に同志会系内閣の樹立を働きかけ、江木千之（翼の義父）ら貴族院議員の一部がそれに呼応していた(158)。山県は、第一次護憲運動および山本内閣の施策の経験から政友会に強い反発と警戒感を抱いており、大浦はその心理に訴えようとしたのであろう。このように加藤は、深刻な党勢不振脱却のためにはまず政権に就くことが第一と考え(159)、大浦と連携しながら、同志会・山県系官僚閥との提携による政権樹立に動いたのである。

第二次大隈重信内閣の成立

大正政変以降の政局で山県系官僚閥、薩派、政友会という主要政治勢力が相次いで打撃を受けたため、山本内閣の後継選びは非常に難航した(160)。元老会議では、徳川家達、大隈重信、加藤高明、清浦奎吾、伊東巳代治、平田東助、後藤新平の名が挙がり(161)、まず二九日に徳川家達貴族院議長に組閣の命が下ったが、徳川は組閣を拝辞した。次いで三一日に山県系の清浦奎吾枢密顧問官に組閣の命が下ったが、海軍の協力を得られず、組閣断念を余儀なくされた(162)。ここで窮余の一策として、大隈に白羽の矢が立った。元老は同志会与し易しと考え、大衆的人気の高い大隈の下で同志会を与党化し、陸海軍軍拡の実施と政友会の打破を実行させようとしたのである。同志会は、いわば「御用政党」視されていた。

元老の中で最も大隈に近かった井上馨は、四月一〇日に大隈と会見した。大隈はまず加藤首班論を持ち出したが、井上がそれを一蹴したため、政権運営に対する元老の協力の言質を取った上で、自らによる組閣を受諾した(163)。大隈はいずれ加藤に後継を譲るつもりであり(164)、この後すぐに加藤と会談した。加藤は、「飛び迷った小鳥が、懐の中に飛び込んで来たも同然である。之は、何としても逃がしてはいけない」と述べ、全力で大隈を支援することを約したという(165)。翌一一日、加藤は大浦、河野両総務から入閣への賛成をとりつけた上で(大石総務は反対)、井上との会見に望んだ。井上が大隈内閣に対する態度如何を迫ると、加藤は「自分は中心となって尽力」するつもりだと述べた上で、「迚も今日政党内閣と云うた所が、畢竟事実を申せば無政党」と吐露し、官僚勢力との提携による組閣を受け容れた(166)。こうして、一二日の元老・大隈会見を経て、一三日に大隈に組閣の大命が下った。このように第二次大隈内閣は、加藤が後に述べたとおり、主要政治勢力の敵失により「殆んど偶然に成立」したものであった(167)。

大隈は、前年から犬養に二大政党制樹立を訴えており(168)、シーメンス事件発生後にも再三にわたって非政友三派の協力に期待感を表明するなど(169)、非政友勢力の糾合を目論んでいたため、組閣の大命を受けると加藤、犬養、尾崎を呼んで協力を求めた。しかし犬養は、シーメンス事件を批判してきた行きがかりと大隈への恩義があったものの、国民党を分裂させられた恨みから同志会を不倶戴天の敵と見なしており(170)、この頃むしろ政友会との合同(政国合同)を策していた。犬養は、加藤個人に対しても激しい悪感情を抱いており(171)、大隈内閣が事実上「加藤内閣」であることを嫌い(172)、閣外協力を約するに留まった。一方の尾崎は入閣に前向きな返事をしたものの、本来は倒閣の立役者たる自分が組閣するべきだという自負を抱いており(173)、旧知の同志会党人派と組んで加藤の主導権に積極的に挑戦する構えを見せた。

大隈は、イギリスのグリーン大使に、自分と加藤は「普通の首相と外相以上に近い関係」だと語り(174)、後に側近の市島謙吉に「実は内閣に於ては加藤を除きては相談相手となるべきもの居らず」と洩らし、尾崎については「駄目だ」と酷評したことからも分かるとおり(175)、加藤のことを深く信任しており、陸相以外の閣員選定を加藤に一任した。加藤は、大浦との協調、行政手腕のある官僚出身の側近の登用を重視して、実質的な副総理として人事に主導権を発揮した(176)。その結果、加藤が外相、大浦が農商相、尾崎が法相、若槻礼次郎が蔵相、武富時敏が逓相、一木喜徳郎(貴族院議員で山県と近い)が文相、江木翼が内閣書記官長に就任した。難航が予想された海相には、加藤の選定によって八代六郎(加藤の親友)が就任した。この他、大浦系官僚の伊沢多喜男が警視総監、下岡忠治が内務次官、加藤側近の浜口雄幸が大蔵次官、加藤と旧知の仙石貢が鉄道院総裁に就いた(表4)。加藤・大浦が政見運営の中枢を占めたこと、第三次桂内閣で見られた「官僚の系列化」が継承されたことが分かる。

もっとも、加藤の指導力は盤石なものではなかった。その端的な例が、内相人事である。加藤は当初内相に大浦を据えるつもりであったが、山県に近い大浦の起用に尾崎、大石ら同志会党人派は猛反発した。党人派の間では尾崎内相説や犬養内相説が唱えられ、一部には加藤への対抗のため党外から後藤新平を担ぎ出す計画まであった(177)。加藤が一時組閣を「痛烈に破壊し去」ろうと提案するまでに内相人事は行き悩んだが、大浦が自重して農商相に転じ、内相は大隈首相が兼任することになったため(178)、尾崎も、武富や江木らの説得に応じ矛を収めた(179)。ただし、大隈は党人派よりも加藤・大浦に信頼を置いており(180)、いずれ大浦を内相に移す心積もりであった。

尾崎や同志会党人派は、組閣後も加藤への対抗を続けた。党人派は影響力を増すために人事刷新を求め、一部には加藤の総理辞任と総務制への移行という案まであった(181)。そこで、五月三日に会則変更による総務の二名増員が実現し、党人派有力者の島田三郎と箕浦勝人が総務となった(箕浦の後任の幹事長も党人派の藤沢幾之輔)(182)。また、尾崎、大石、関東会(加藤政之助、大津淳一郎、小泉又次郎ら)を中心とする同志会党人派は、与党および加藤への対抗勢力拡大のため、国民党をも含んだ形での非政友合同運動を進めた(183)。尾崎は、合同後の新党党首に大隈を据えることを構想していた(184)。大隈は自らが新党党首になることは否定したが(185)、非政友合同自体には極めて前向きで、五月上旬に同志会、中正会、国民党三派の代議士を相次いで首相官邸に招き、合同の要を訴えた(186)。ただし、犬養があくまで合同に反対だったため、国民党からの脱党者は関和知ら五名に留まった(187)。大隈は、犬養が「ヒステリー患者」のようだと嘆き、大隈の意を受けた側近の市島謙吉は「国民党打破」の工作を続けた(188)。このように同志会は動揺を続けていた。

この頃政友会でも、総裁の交代問題が起こっていた(189)。総裁の西園寺は、大正政変時の違勅問題から既に辞意を表明して京都に閑居していたが、山本内閣の総辞職後、政友会に総裁辞任を督促したのである。党内には原の主導権に挑戦する動きもあったが、原は周到に手続を進め、六月に第三代政友会総裁に就任した。ここに加藤と原は二大政党の党首として対峙することになったが、党内に対する指導力は圧倒的に原の方が上であった。原は総裁就任直後の演説で、政友会を「真に国家を思うの大政党」であると規定し、大隈内閣を「官僚政治の逆転にあらざるか」と皮肉った(190)。原は、自党の掌握に自信を持ち、大隈内閣の動向を注視した。

第二次大隈重信内閣の政策

もし大隈内閣が、山県系官僚閥に一定の妥協をしつつ対抗して政権運営を進め、大きな統治実績を挙げていれば、同志会が政友会に拮抗する政権政党となり、本格的な二大政党制への展望が早く開けた可能性もない訳ではなかった。イギリスのグリーン大使は、第一二回総選挙で同志会が大勝した際、「桂による同志会結成が基礎となり、この総選挙は政党政治確立に向けての決定的なステップとなった」と見たほどであった(191)。しかし、実際の政権運営はそれとは程遠かった。創立後日の浅い同志会は政権政党としての内実を欠いていたし、加藤は政治指導者として未熟であり、西園寺内閣や山本内閣における原のような役割を果たすことが出来なかった。時に元老や山県系官僚閥の意向に従い、時にそれに抵抗を試みた政権運営は、一貫性を欠いたものとならざるを得なかった。

大隈内閣は、五月一五日に政綱を発表した。その内容は、①外交の刷新、②諸弊の洗除、③官紀の振粛、④官制の更改、⑤国防の施設、⑥言論の自由、⑦産業の奨励、⑧選挙法改正、⑨教育の改善、⑩財政と税制整理であった(192)。

このうち⑤は、具体的に言えば、陸軍の期待する二個師団増設と八四艦隊を作る海軍拡張計画の実現のことであった。大隈内閣は少数与党であったため、一九一四年末に開会した第三五通常議会をすぐに解散し、翌年の第一二回総選挙で衆議院の過半数を制した後、第三六特別議会(一九一五年五〜六月)で陸海軍拡を内容とする追加予算を通した。大隈内閣は元老の期待に忠実に応えたのである。他方で大隈内閣は、陸軍の主張した鉄道の広軌化へは消極的態度を貫いた(193)。また、軍に対するコントロールを拡大するために防務会議を設置した。もっともこれは軍の抵抗により国防会議構想が矮小化したものであり、大きな成果を挙げることはなかった(194)。海軍に対してはシーメンス事件の責任を明らかにする意味で、山本前首相、斎藤前海相を予備役に編入したが、そのために加藤外相と八代海相は薩派から大きな恨みを買った(195)。第一次大戦への参戦問題もからんで、大隈内閣と軍との間ではぎくしゃくした関係が続いたと言える。

財政政策では、非募債主義、緊縮財政方針を掲げた(⑩)。大隈・同志会はそれまで減税を唱えてきたが、財政難の中で実行の不可能を悟ってこの方針を放棄し(196)、地方費の緊縮や減債基金の一部取り崩しなどによって財源確保を図った(197)。このようにして大隈内閣は軍拡を実行すると共に、地方への鉄道建設を中心とした政友会に対して、既存の鉄道の改修を主とした「改主建従」の鉄道政策を進めた(198)。同志会は、政友会の積極政策による「党弊」を批判したが(②)、政権の座に就いて政友会と類似した公共事業への取り組みを開始したのである。もし一九一四年末頃から大戦景気が始まっていなかったら、財政難の中で予算をどの方面に振り分けるかが大きな政治課題となっていたと思われる。しかし、やがて好況の下で財政問題は大きな政治的争点ではなくなった。

この他内政面では、加藤外相が外交文書の一部公開を実行して歓迎された(199)。加藤は既に第四次伊藤博文内閣の外相時代にこれを実行した実績があったし、東京日日新聞社長時代にも外交文書の公開がないため正確な外交批評ができないことを嘆き、政府に公開を求めたことがある(第二章第一節)。また、イギリスが『外交青書』を出版して国民の外交知識を涵養していることにも着目していた(200)。外交文書の公開は、このような問題意識の所産であり、初の政党員の外相としての面目躍如たるものがあった。一九一五年には、外務省が「一般参考」に資するため『各国之政党』という大部の調査資料を出版しているが、これも加藤外相の意向による可能性が高い(201)。もっとも加藤が熱心に取り組んだ④の官制改革では、あまり成果はなかった(本節(二))。⑧の選挙権拡張に関しては、内閣末期の一九一六年七月に、ようやく衆議院議員選挙法改正調査会を設置したが、具体的な拡張案を出すには至らなかった(202)。また、簡易生命保険法の制定や工場法の施行を社会政策の実行だとしてアピールしようとしたが、前者では党内の混乱(日本生命保険会社社長でもある片岡直温代議士の脱党問題)(203)、後者では枢密院の反対を招いたし(204)、いずれも同志会独自の政策とは言い難かった。

内政面で独自色を打ち出せない中で、大隈内閣が積極的に取り組んだのは外交政策であった。一九一四年七月、ヨーロッパで第一次大戦が勃発すると、加藤外相はこれを奇貨として参戦を主導した。三国協商側に立って参戦し、日英提携を基礎に日本の権益を拡張するという加藤の外交方針は、当時としては基本的に妥当だったと考えられ、加藤がそれに成功していれば、名外相として陸奥宗光や小村寿太郎と並び称され、彼の目指していた本格的な二大政党制への展望もより早く開けていたかもしれない。しかし加藤外交は、大隈内閣の政治的基盤が極めて不安定だったことに加え、加藤外相の過去三度の外相時代に大した実績を残せなかったという悔しさや、同志会をライバル原敬の率いる政友会に対抗する政権政党に育て上げたいという焦りが強く働いていたために、非常に錯綜して混乱したものとなった。

加藤は参戦以降、外交一元化に固執しすぎて元老や軍の激しい反発を招き、国内の主要政治勢力の支持を調達するのに失敗した(205)。また、それ以上に大きな紛糾を巻き起こしたのが、二十一ヵ条要求問題であった。周知の通り二十一ヵ条要求とは、日本がドイツから獲得した山東半島をいずれ中国に還付するという含みのもとで、懸案の満州権益の租借期限延長などを中国に認めさせるために提出したものである。しかし要求中に、山東権益や満州権益について規定した要求事項(第一号から第四号)のみならず、中華民国政府への日本人顧問招聘、満州における警察の日華合同制などを定める希望条項(第五号)が含まれ、しかも加藤外相が列国に秘匿した希望条項が中国側から暴露され内外から強い反発を招いたことから、交渉は難航した。要求が出されたのは一九一五年一月であったが、交渉は日本が第五号を撤回した上で最後通牒を発し、中国がそれを受諾することによって、五月九日になってようやく妥結した(条約調印は二五日)。要するに、過大な要求を盛り込んだため、対中交渉を穏便に妥結することができず、最後通牒によって辛うじて解決させるという最悪の事態を招いたのである[206]。二十一ヵ条要求は大きな失敗であり、日本外交のみならず、加藤・同志会の将来にも大きな禍根を残すこととなった。

(二) 参政官の設置

加藤高明の官制改革構想

ここで大隈内閣が取り組んだ政策のうち、参政官の設置を中心とする官制改革問題について取り上げる。この問題は、大隈内閣で加藤が最も熱心に取り組んだ内政政策であり、加藤のイギリス流の政党政治実現に対する意欲がよく示されている。また後述するように、官制改革の結果は実質的には失敗であったが、失敗に至った経緯には同志会の弱体ぶりや山県系官僚閥に抑え込まれた大隈内閣の権力構造が浮き彫りにされている。官制改革問題はこれまであまり注目されてこなかったが、この時期の加藤・同志会を象徴する重要問題であり、以下やや詳しくその展開を追っていきたい。

従来官制改革に熱心に取り組んできたのは政友会であり、既に第一次山本内閣では、大規模な官制改革が行われていた[207]。その主な内容は、第一に、自由任用(文官高等試験に合格していない者も含めて自由に任用すること。これにより政党の意に沿う人事が行いやすくなる)の官を拡大したことである。すなわち、勅令改正(第二次山県内閣が文官任用令に対する特例として制定した明治三三年勅令一六二号を廃止し、新たに大正二年勅令二六二号(任用分限又は官等の初叙陞叙の規定を適用せざる文官に関する件)を制定)によって、自由任用の官は従来の内閣書記官長、秘書官のみならず、法制局長官、次官、警視総監、内務省警保局長、勅任参事官(各省一名、実質的に課長クラスの役職)、衆議院書記官長、貴族院書記官長にまで拡大された。第二に、文官任用令の改正によって勅任官への昇進要件を緩和し、教官、技術官など一部の勅任官に銓衡任用(文官高等試験の合格に関わらず、職務上必要な学識、技能、経験を有する者を銓衡の上で任用すること。自由任用ほどではないが、政党の意に沿う人事が行いやすくなる)を認めることによって、試験任用の緩和を図った。これらはいずれも、アメリカ流に自由任用のポストを拡大しようとする原の構想に基づき、政党による人材登用を進め、政策の徹底と政党の改良を目指すものであった。

これに対して加藤は、一九一四年一月の演説で山本内閣が次官などを自由任用としたことを批判し、イギリスのように試験任用の次官とは別に自由任用の政務次官を設置し、政党員に国務大臣としての経験と訓練を積ませることを主張した[208]。そのために、政務官を政府委員として議会の答弁に当たらせることも提案した。このようにして政党内閣を支える政務官の仕組みを整え、議会に基礎を置く「政」が「官」を統御する体制を作ろうとしたのである。加藤の構想は、イギリスの政務次官制度をほぼ模倣したもので、アメリカ流に自由任用の拡大を図った原とは異なる形で、政党内閣の基盤を強化しようとするものであった。

もっとも、次官以下の試験任用を維持し、政務と事務を区別しようという加藤の主張には、官僚側の主張に通じる面もあった。山本内閣期の官制改革の際に、枢密院は試験任用の次官とは別に自由任用の政務次官を設置することを提案し、次官を頂点とする官僚機構に政党の影響力が及ぶのを阻止しようとした。政務次官と事務次官が並立するイギリスの制度は、政務次官の権限さえ弱ければ、事務次官を頂点とする官僚機構を維持できるという点で、官僚側の意に沿うものだったのである。枢密院の提案を蹴った原が考えていたとおり、元々官僚の力が強い日本で政務次官を設置しても、形骸化する危険性は非常に高かったと言えよう。

また加藤は、次官などの自由任用に反対する理由として、「国家事務の継続を害する」ことに加えて「官吏社会より秀才を排斥」することも挙げていた[209]。既に見たとおり加藤は同志会の行政能力に強い不信を持っており、政務と事務の区別という主張にはこの不信も反映されていた。加藤と官僚の主張は、実質的な内容でも重なる面があったのである。

このことは、加藤側近の主張からも窺われる。例えば江木翼は、一九一三年五月に同志会茶話会で行われた講演で、イギリスの制度を「殆ど完全とは云えないが稍々理想に近い所の組織を為している」と高く評価した上で、結局問題は、政務官の「範囲を何処まで広げたら宜しいかということに帰着する」と述べた[210]。そして政務官の範囲については、「イギリスの実際の状態」と「アメリカの反対の悪い所の例」を考えれば、日本の「今日の官吏組織」はそれほど悪いものではないこと、自由任用の拡大は多少にとどめ、勅任官全部に及ぼすことには反対であることを述べ、次官や局長の自由任用には消極的であった。また若槻礼次郎も同年七月に、警視総監や内務省警保局長の自由任用にさえ議論があったのに、両院書記官長を政務官扱いとしたのは「内閣の政略」であると批判し、自由任用を広範囲に拡大することに消極的姿勢を示した(211)。

江木は、その後も政務官をイギリス並に強化すべきと訴え続け(212)、若槻もイギリスに倣って政府委員の減少を提案しており、彼らの主張が、加藤と同様にイギリスの制度をほぼ模倣するものであったのは間違いない。これに対し大隈・同志会党人派の代弁者である『報知新聞』や尾崎の主張は、山本内閣が次官を自由任用としたことを歓迎する一方で、イギリスに倣って政務と事務の区別を求め、両院書記官長や警視総監の自由任用を批判するなど、あいまいな内容であった(213)。しかし、イギリスをモデルに政務と事務を区別し、自由任用の範囲を一部縮小することを求めるという点では、加藤と漠然とした一致が見られた。このように山本内閣の下で、大隈内閣の与党となる勢力の間で官制改革に関する合意が形成されていった。

大隈内閣の官制改革案作成

大隈内閣が成立して間もない一九一四年四月三〇日、武富逓相は新聞談話で、政務次官は同志会年来の主張であること、政府委員制度は議会毎に事務の停滞を招くので改革が必要であることを述べた(214)。五月一五日には大隈内閣の政綱が発表されたが、そこには官制改革と官紀振粛の必要が唱われており、その内容はさらに大隈首相の演説で具体化された(215)。大隈は、政務と事務の区別を明確にし、国務の継続を保障するため、適当な官制改革を行うことを明言した。この内容を盛り込ませたのは加藤外相であった(216)。以後、官制改革問題は、加藤と山県系官僚閥の拮抗の中で展開していった。

加藤外相は、就任後、直ちに井上勝之助駐英大使に電報を発し、イギリスの政務次官制度の調査を命じた(217)。また、法制局などでもイギリスの政務官制度に関して調査が行われた(218)。いずれの調査も同時代の政務次官制度については、政務次官の職務は法令に規定されたものというよりは慣習によること、政務次官が行政事項に関与する程度は省によって異なるが、議会での答弁が主たる職務であること、政務次官は貴族院または下院に議席を有すること、政務と事務の区別により大陸ヨーロッパの官僚主義とアメリカの猟官制双方の弊害を免れていることなどを報告していた。また事務次官に関しては、政務次官と事務次官の任務は大体自ずから確定し両者が争うことはほぼないこと、各省内の重要事項はことごとくまず事務次官に集中する傾向があることなどが報告されていた。

この調査が内閣、枢密院の主張にどのようにつながったのかは定かではないが、一見して双方にとって都合の良い解釈が可能であったことが分かる。政務次官制度が「官僚主義」を免れるものであるという報告は、政党にとって魅力的であったし、省内の事務は事務次官が管掌しているとの報告は、枢密院側を納得させるものであった。加藤はイギリス流の政党政治強化のために政務次官設置を構想したのであるが、枢密院は内閣と相反する観点から政務次官制度を捉え、その設置を受け容れたのである。後に一木文相は、大隈内閣の官制改革案は「枢密院からも歓迎された」と回顧している[219]。

五月二〇日、大隈首相、加藤外相、芳川顕正枢密院副議長の間で協議が行われ、以後、芳川は山県枢密院議長と相談を行い[220]、内閣では加藤外相、一木文相、江木内閣書記官長、高橋作衛法制局長官が中心となって協議を続けた[221]。当初から政務次官(名称は参政官となる)設置は既定路線となり、争点となったのは自由任用の範囲であった。伊沢多喜男警視総監は、就任に当たって警視総監を試験任用に戻し政党の影響外に置くことを条件とし、大浦農商相はそれを認めたと述べているが[222]、おそらく山県に近い大浦農商相、一木文相が調整して、内閣側の主張通り法制局長官の自由任用を維持し、官僚側の主張通り警視総監、内務省警保局長を試験任用としたものと思われる。なお、陸海軍省への参政官設置は、一貫して反陸軍の姿勢を取ってきた加藤外相の意向によるものと推測される。

最終的に大隈首相が五月二八日に上奏した勅令改正案の主な内容は、第一に各省官制通則を改正し、各省に勅任の参政官、参与官を置くこと(陸海軍省を含む、官制表記の順番では次官の下位、参政官の職務権限は「大臣を佐け帝国議会と交渉ある事項を掌理し且其の他の政務に参与す」、内務省には二人の参与官を置く)、第二に文官任用令に対する特例である大正二年勅令二六二号を改正し、次官、警視総監、内務省警保局長、貴衆両院書記官長は試験任用に戻すことであった(223)。

五月三一日の新聞各紙は、前日に閣議決定した官制改革案として、第一に各省に政務次官と参与官各一名を設置すること(陸海軍省を含む)、第二に各省の次官と貴衆両院書記官長を試験任用に戻すこと、第三に鉄道院理事や各省二三の局長などを自由任用とすることを一斉に報じた(224)。これは全くの誤報なのだが、新聞側はむしろ自由任用を拡大することを期待していたことを示している。

枢密院での審議

枢密院では細川潤次郎を委員長とする審査委員会を設け、六月二日から三〇日までの間に六回の審議を行い、三〇日に一応の結論を出した。この間に改正案の内容は徐々に新聞にも伝わった(225)。新聞が自由任用縮小の見込みに失望を示したため、大隈首相は、文官任用令改正は理想通り進んでおり、「ケチを附たがる」のは「馬鹿者」だと論じた(226)。

審査委員会は、内閣案にさらに種々の修正を加えようとした。まず第一回審査委員会では、某顧問官が隈板内閣時の猟官を強烈に批判するという一幕があり、具体的審議には入れなかったようである(227)。最強硬派の都筑馨六顧問官は、第三回の審議(六月一六日)で、参政官を「賛政官」と皮肉り、参与官を不必要とした上で、さらに法制局長官も試験任用に戻すこと、文官分限令による免官・休職手続を厳格にすること、次官以下の官吏を内閣の交代と共に更迭しないよう「御沙汰」を賜ることを主張した(228)。

六月一八日以降、委員会は具体的な修正案の審議に入ったが、参与官が副参政官と改められるなどの事務的な修正を除けば、大きな問題は四点あった。第一は陸海軍省に正副参政官を設置するかどうかという問題だった。一八日にはいったん設置しないという修正を加えることに決定したが、二〇日には原案通り設置することに戻された。第二は、都筑の指摘した法制局長官の任用の問題で、二〇日の修正案では試験任用とすることがいったん決まったらしい。しかし、七月二日に有松英義枢密院書記官長から各顧問官に送られた修正案では、法制局長官は自由任用に戻されていた。審査委員会で説明を行った一木文相は、法制局長官を試験任用に戻すという注文が出て、苦労したと回顧している[229]。第三は、参政官の職務権限の問題で、二〇日に内閣の原案から「且其の他の政務に参与す」という部分が削除され、職務権限が純粋に議会関係だけに限定された。第四は、内務省に二名参与官を置く問題で、二〇日の修正案で原案から削除され、他の省と同様一名のみの設置となった。

六月二〇日に修正案がいったん決定していながら、三〇日に再び審議が行われ(三〇日の修正案は存在しない)、しかも七月二日に審査委員以外の全顧問官に二〇日の修正案が送付されていることから、以上のいずれかの点が強く問題視されていたのは間違いない。新聞報道によれば、第一、第四の問題で強い反対意見があり、芳川副議長、細川審査委員長が斡旋に動いていたのだという[230]。その後、第一次大戦が勃発し参戦問題などで多忙となったため、審査報告は九月一六日までずれ込んだ[231]。結局、審査報告では、第一、第二の問題については内閣の主張を受け容れ(陸海軍省にも設置し、法制局長官は自由任用のまま)、第三、第四の問題に関しては、枢密院によって修正が加えられた(内務省副参政官も一名、参政官の職務権限は縮小)。

九月二三日、枢密院本会議は審査報告案を原案通り可決した。この際、審査委員長からは、陸海軍省に参政官を設置することには「特に慎重の考慮」が要るが、参政官の権限が議会関係に限定されるがゆえに設置を認めること、内閣が事務を統一し事務官の地位を「安固」にすべきことなどが言明された[232]。改正された勅令は、一〇月六日に公布された。

なお興味深いことに、一九一五年二月二三日に官吏と議員の兼職を原則的に禁止する閣議決定が行われている[233]。これは、内閣側、官僚側双方が主張した政務と事務の区別を具体化したものであった。ここで重要なのは、官吏の議員兼職は原則的に禁止されたものの、「国務大臣、鉄道院総裁、朝鮮総督府政務総監、内閣書記官長、法制局長官、各省参政官同副参政官の任用に至る迄の間各省次官、秘書官、秘書」はその例外とされていたことである。例外とされた官は、ほぼ自由任用の官と重なっている。この措置は、議員が閣僚や政務官になれることを認めている点で、大日本帝国憲法に明文化されていなかった議院内閣制的な方向を認める意味合いを持っていた。ここにも、大隈内閣がイギリス流の政党政治を目指していたことが看て取れる。イギリスのグリーン大使は、参政官の設置に関心を持ち、その職務を正確に本国に報告しているが、これも大隈内閣が構築した官制がイギリス人にとって理解しやすいものだったことを示唆している(234)。

以上の過程から、大隈内閣は加藤外相の主導の下でイギリスをモデルにした官制改革を行ったと評価できる。山県系官僚閥の思惑とも重なる面を含みつつも、現実のイギリスをモデルとした正副参政官の設置に成功したことは、その後の運用如何で「官」統制を進める可能性を生み出した。では参政官制度は、実際にどのように運用されたのであろうか。

第一次参政官人事

参政官運用の過程は、紆余曲折を辿った。参政官の設置には新たな予算を要し、議会の承認が必要であったが、大隈内閣は少数与党であったため第三五通常議会(一九一四年一二月開会)で予算案は否決された。そこで大隈首相は衆議院を解散し、同志会をはじめとする与党三派は、一九一五年三月の第一二回総選挙で過半数を制した(議席数は同志会一四四、中正会三六、大隈伯後援会二九〔選挙後に中立系議員と共に五八名で無所属団を結成。一一月に公友倶楽部と改称〕)。総選挙後の第三六特別議会(五月一七日〜六月九日)では参政官設置費を含む追加予算が通過し、七月に至り参政官はようやく設置の運びとなった。

第一次参政官人事は七月二日の閣議で決定された(表5)。人事の目玉は、浜口大蔵次官、下岡内務次官が、共に参政官に転じたことであった。これは、参政官を強化し、「官」に対する統制を実のあるものにしようという内閣の姿勢の表れで、新聞や雑誌もこぞって歓迎していた(235)。また、加藤が自らの説得によって安達謙蔵を外務省参政官に就任させたことも注目される。安達は中央倶楽部出身で、「大浦内相の一の乾分」と見られる存在であったが、加藤は、政党の内情に詳しい安達の自派取り込みを意図していた(236)。安達も、後に「いろいろと勉強もできたし、加藤高明という傑出した政治家に日夜接近して得るところも多く、何かと快い印象が残っている」と回顧したように、加藤に積極的に接近する姿勢を見せた(237)。党人派に強い影響力を有し、第一二回総選挙の勝利で「選挙の神様」のあだ名をつけられるほど選挙活動に長けた安達を掌握したことは、この先、加藤の政治指導にとって大きな意味を持った[238]。この他、党人で政策に通じていると見られた早速整爾、町田忠治、藤沢幾之輔が参政官に就任したが、閣僚人事と同様、概ね加藤外相の意向に沿って決定されたようである。彼らは憲政会でも党運営の中心となり、憲政会内閣で閣僚となる人材である（第四章第二節および表4、6）。

このように大臣に次ぐクラスの人材を参政官に集めたのも、イギリスをモデルにしていた。江木内閣書記官長はイギリスの政務官制度が成果を挙げている例を引いて、「政府は即ち最初より此目的の貫徹を期し居れる次第なり」と胸を張った[239]。この時の参政官人事は、当選一〜三回程度の若手を箔つけのために登用することが多く「盲腸」と評された戦後の政務次官任用パターンとは明らかに異なっていた。これは一面では、同志会独自の政策立案能力が弱いことの表れであったが（第四章第二節で触れる通り、政調会の力は非常に弱かった）、党首である加藤が与党に対して人事面でかなり強いリーダーシップを発揮していたことの表れでもある。大隈内閣が政務官に党の最高の人材を集中させることにかなりの程度成功し、政府と与党の間に「二重構造」と呼ばれる深刻な問題が存在しなかったことは、注目に値する。

しかしこの人事にも多くの問題があった。第一に、山県系官僚閥の意向が強く反映されたことである。加藤と同郷の親友・八代六郎が大臣を務める海軍省正副参政官には、政党員（早速整爾、田中善立）が就任するという画期的な人事が行われたが、海軍内部には八代への反発の空気が強かったという[240]。また、山県の影響下にある陸軍省参政官には、山県の意向を汲んで長州出身の真鍋斌陸軍中将（貴族院議員）が就任し[241]、政党員の就任は実現しなかった。陸軍省副参政官の三浦得一郎も元軍医（無所属団の代議士）であった。さらに陸海軍省正副参政官は軍機軍令に関与しないことが明確にされた他[242]、身分は共に軍属とされ、政治活動は禁止されていた[243]。イギリスで陸海軍政務次官がかなり力を持っていたのとは異なり、シビリアンコントロールの意図は十分に貫徹しなかったのである。例えば真鍋は、就任後の抱負として「日本をして軍閥国家たらしめよ」と述べており、シビリアンコントロールを進めようという意識を持っていないのは明らかであった[244]。

貴族院議員の人事も、必ずしもうまく進まなかった。詳細は不明であるが、内閣側は貴族院の最大会派である研究会幹部の前田利定、榎本武憲らに参政官就任を交渉し、断られたという(245)。これは、貴族院にも統治の一端を担わせ、政権運営に協力させようという意図に発したもので、事実上「貴族院の政党化」を目論むものであった。実際イギリスでは、貴族院での答弁の必要などから、貴族院議員の政務次官就任は常態となっており、加藤らもそのことは理解していた(246)。最終的に軍人を除いた貴族院議員の正副参政官は二名となったが、いずれも貴族院をまとめる政治力のない小物であり、この試みは失敗に終わった。

第二に、政権基盤の脆弱性から、中正会と無所属団に過度の配慮をせざるを得ず、議席数比以上のポストを両党に与えたことである(同志会、中正会、無所属団の議席比は約四・二：一：一・六だが、正副参政官の数の比は約二・七：一：一・三)。加藤は参政官に「不平組鎮圧」の意味合いがあることを認めており(247)、与党内のポスト争いには苦慮していた。尾崎法相は、各党の按分比例ではなく「適材適所」の人事を行ったものだと論じていたが(248)、これは加藤・同志会の主導権を牽制するものであった。参政官人事は、加藤・大浦による与党掌握が必ずしも盤石ではない状況のもとで行われたのである。

このことは、七月半ばから与党内で加藤・大浦主導に対する非難の声が巻き起こったことからも分かる。当時、加藤外相は二十一ヵ条要求問題で、大浦内相は前の総選挙での選挙干渉問題で世論の非難を浴びており、その声と人事に対する不満が結びつき、公然たる幹部排斥運動が起こった(第四章第一節)。同志会では、加藤に遠ざけられていた党人派中堅が反幹部の集会を行って気勢を上げ、その波紋は中正会と無所属団にも及んだ。よく知られているとおり、大浦内相は尾崎法相の辞任要求によって辞任に追い込まれ、加藤外相や加藤・大浦の側近もそれに殉じたことで内閣改造が行われたが、この背景には党人派の人事に対する不満も働いていたのである。

第二次参政官人事

一九一五年八月、加藤外相と大浦内相の辞任に伴い、加藤・大浦の側近である正副参政官らも大量に辞任した(表5)。

そこで、内閣改造と第二次参政官人事が行われた。加藤は政治的再出発を期して党の掌握に力を注ぎ、党人派の影響力が増した内閣と距離を置いた（第四章第一節）。例えば、加藤は対外硬派で加藤と敵対する望月小太郎の外務省参政官就任を阻止するなど[249]、後任人事に一定の影響力を残したが、加藤政之助、木下謙次郎ら参政官の後任はほとんど党人派によって決められたらしい[250]。その結果、参政官は加藤と敵対するもしくは疎遠な党人派がほとんどを占めるに至った。そのため、もはや加藤は参政官制度の強化には関心を向けなかった。参政官が「老骨」中心で、「人物の低落」が明らかになったことに対しては、ジャーナリズムの多くも失望を隠さなかった[251]。

大隈首相は、七月一五日の正副参政官招待会の演説で、従来主張してきた政務と事務の区別の主張を繰り返した[252]。しかし大隈は、「憲法政治を有効に実現する為めには（中略—筆者）立法と行政の調和を図らざるべからず」「議会の質問に対する答弁の如き直接のものの外に、間接に此任務あるを認められたし」とも述べた。これは、大隈が政務と事務の区別の実体化よりも、「官」打破のために政党員を行政にタッチさせることに関心を持っていたことを示している。大隈は明治十四年の政変以来、政務次官の設置を提唱してきたが、隈板内閣で大量の憲政党員を任官させたことからも分かるとおり、イギリスよりもむしろアメリカ流の政官関係構築を志向していた[253]。

尾崎法相も、大隈首相同様、参政官を政策決定過程に参加させることを構想し、議会答弁の他に法律起草などを担当させる案を持っていた[254]。しかし、七月以降何度か参政官会議が開かれたが[255]、参政官の権限問題についてはっきりした結論は出なかった[256]。翌年には大隈内閣後継問題と与党合同が政治問題となる中で、会議すらほとんど開かれなくなり[257]、内閣総辞職が迫る中で行われた参政官の間の「激論」でも結論は出なかった[258]。加藤政之助大蔵省参政官は、在官中の第一の出来事として即位の大礼を挙げ[259]、藤沢幾之輔内務省参政官の伝記に事績として挙げられているのも、視察旅行や儀礼的なことのみである[260]。木下謙次郎逓信省参政官ははっきりと「別段用がなかった」と回顧している[261]。

もっとも、全く成果がなかったという訳ではなかった。例えば農商務省参政官に就任した町田忠治は、米価問題などに積極的に取り組み、このの ち党内で農政通として重用されることになったという[262]。町田はのちに第一次若槻内閣、浜口内閣、第二次若槻内閣で農相を務めており、ここでの実務経験が活かされたものと思われる。また町田農商務省参政官、加藤大蔵省参政官、藤沢内務省参政官らは、官業整理調査委員会、米穀調節調査会、軌制調査会、経済調査会などの調査会に参加し、各省官制通則上は職務権限が議会関係に限定されたにも関わらず、広く政務に関与した[263]。これは、大隈内閣側が枢密院による修正を無視し、意欲的に参政官の権限拡大を図ったものと評価できよう。

第三七議会では次官を政府委員から外し、正副参政官を政府委員として議会答弁に立たせる試みもなされた[264]。この措置は、イギリスをモデルとして議会答弁における官僚の役割を低下させようというものであり、参政官設置当時から識者の間でも期待されていたものだった[265]。大隈内閣はこの措置により、政党員の政府委員数を、山本内閣時の六から一六に増加させた(表10)。

しかし『報知新聞』が危惧していたとおり[266]、政府委員からの除外は次官のみに留まり、局長クラスは引き続き政府委員として議会の答弁に立つこととなった。また答弁の実状を見ても、内閣の意図が実現したとは言い難かった。本会議の答弁は基本的に大臣が行うので、参政官の活躍の場は委員会での審議ということになる。例えば、衆議院議員選挙法改正法律案の委員会審議を見てみよう。この法案の委員会審議には大臣がほとんど出席しなかったため、参政官の答弁が期待されるところであったが、答弁数は藤沢内務省参政官よりも渡辺勝三郎内務省地方局長の方が圧倒的に多かった[267]。選挙法案は政党が伝統的に重視してきた政策であり、藤沢は年来普選運動に関わってきた政治家であるにも関わらず[268]、この有様であった。

とすれば、より専門性の高い政策に関しては推して知るべしである。例えば、簡易生命保険法律案の委員会審議では、答弁を行ったのはほとんど松本烝治法制局参事官であった[269]。当初、箕浦逓相が都合により欠席していたので、木下逓信省参政官の答弁が期待されるところであったが、木下の発言は、大臣が遅れる旨の報告一回のみであった。こうして政府委員制度改革は予期した成果を挙げることができず、大隈首相も成果が「不十分」だったことを認め、「今後の妙用発揮」を期待したが[270]、次の議会を迎えることなく大隈内閣は倒れた。その後に成立した寺内正毅内閣は、官制を放置したまま参政官の任用を行わなかった。

こうして加藤が意気込んで導入させた参政官制度は、政治状況の変転と就任者の力量不足の中で、十分に所期の目的を達することができないままに終わった。加藤は一九一四年一月の演説の中で、政党が政権を獲得するためには「相当の年月と、奮闘と、勉強」が必要であると述べていたが[(271)]、このことは参政官制度にもそのまま当てはまるだろう。参政官制度が機能するためには内閣の政治力や与党の人材など様々な条件が必要で、それを整えるには大隈内閣・同志会はあまりにも弱体だったし、制度運用のための時間もあまりに短すぎたのである。

(1) 一九〇九年六月二六日付伊集院彦吉宛牧野伸顕書翰(尚友倶楽部、広瀬順晧、櫻井良樹編『伊集院彦吉関係文書』第一巻、芙蓉書房出版、一九九六年)。
(2) F・S・G・ピゴット(長谷川才次訳)『断たれたきずな――日英外交六十年――』(時事通信社、一九五一年)二八二頁。
(3) 一九一一年一〇月二八日付陸奥広吉宛加藤高明書翰(「加藤高明文書」国立国会図書館憲政資料室所蔵)、『原敬日記』同年一〇月一二日、一九一二年四月一二日。
(4) MacDonald to Grey, 18 Apr. 1912, FO371/1389.
(5) 『加藤高明』上巻、六八七～六九一頁。
(6) 一九一二年六月二三日付加藤高明宛桂太郎書翰(岡部綾子氏所蔵)。
(7) 徳富蘇峰『大正政局史論』(民友社、一九一六年)一三一頁。
(8) 加藤が友人の山本達雄を通して三島に岡部家の意向を尋ねたところ、岡部家から良縁と認める返事が来て結婚が決まった(一九一二年(推定)二月二日付山本達雄宛加藤高明書翰、山本家所蔵、『読売』一九一二年三月二八日)。その後二人は非常に仲睦まじい夫婦となり、加藤との仲も極めて良好であった。その一端は、大久保利謙監修、霞会館後援『日本の肖像　旧皇族・華族秘蔵アルバム』第五巻(毎日新聞社、一九八九年)五三～七三頁を参照。岡部長職については、小川原正道『評伝　岡部長職――明治を生きた最後の藩主』(慶応義塾大学出版会、二〇〇六年)を参照。
(9) 一九一二年九月六日岡部悦子宛加藤高明書翰(岡部綾子氏所蔵)。
(10) 一九一三年三月一七日岡部悦子宛加藤高明書翰(岡部綾子氏所蔵)。

(11) 桂の訪欧については、伊藤之雄『政党政治と天皇』(講談社、二〇〇二年)三四〜三七頁、櫻井良樹『大正政治史の出発　立憲同志会の成立とその周辺』(山川出版社、一九九七年)一六〇〜一六三頁、藤井貞文『近代日本内閣史論』(吉川弘文館、一九八八年)一六九〜二四五頁を参照。

(12) 前掲、一九一二年六月二三日付加藤高明宛桂太郎書翰、一九一二年七月一九日付桂太郎宛加藤高明書翰、Grey to Katsura, 9 Aug. 1912(「桂太郎文書」八八、国立国会図書館憲政資料室所蔵), Kato to Grey, 7 Aug. 1912, Grey to Kato, 9 Aug. 1912, FO800/68.

(13) 一九一二年七月二五日付桂太郎宛加藤高明書翰(「桂太郎文書」八八)。

(14) 山本四郎『大正政変の基礎的研究』(御茶の水書房、一九七〇年)九七〜一一七頁、前掲、伊藤之雄『政党政治と天皇』三八〜三九頁、永井和『近代日本の軍部と政治』(思文閣出版、一九九三年)四二頁、前掲、櫻井良樹『大正政治史の出発』一六六〜一六七頁。

(15) 一九一二年九月一四日付陸奥広吉宛加藤高明書翰(「加藤高明文書」)。

(16) 一九一二年九月三日付桂太郎宛加藤高明書翰(「桂太郎文書」八八)。

(17) 一九一二年一二月二一日付桂太郎宛加藤高明書翰(「桂太郎文書」)。

(18) 大正天皇は皇太子時代から病弱であり、そのことは国際的にも周知の事実となっていた(伊藤之雄「山県系官僚閥と天皇・元老・宮中——近代君主制の日英比較——」『法学論叢』一四〇巻一・二号、一九九六年一一月、拙稿「加藤高明とイギリスの立憲君主制」伊藤之雄・川田稔編著『二〇世紀日本の天皇と君主制　国際比較の視点から　一八六七〜一九四七』吉川弘文館、二〇〇四年、六五頁)。

(19) 前掲、伊藤之雄『政党政治と天皇』第一章。

(20) 北岡伸一『日本陸軍と大陸政策』(東京大学出版会、一九七八年)一二六〜一四三頁、小林道彦『日本の大陸政策　一八九五―一九一四　桂太郎と後藤新平』(南窓社、一九九六年)二八六〜二九八頁。

(21) 同右、前掲、櫻井良樹『大正政治史の出発』一八五〜一九八頁、伊藤之雄「大正政変とアメリカ——桂太郎と立憲同志会への道」(川田稔、伊藤之雄編『二〇世紀日米関係と東アジア』風媒社、二〇〇二年)。

(22) 前掲、櫻井良樹『大正政治史の出発』第三章、第七章、第九章、拙稿「政務次官設置の政治過程——加藤高明とイギリスモデルの官制改革構想——」(三)(『議会政治研究』六八号、二〇〇三年一二月)一〜三頁。

(23) 『加藤高明』上巻、六九八〜七〇一頁。

(24) 『松井慶四郎自叙伝』(刊行社、一九八三年)七三〜七四頁。

(25) 前掲、一九一二年一二月二一日付桂太郎宛加藤高明書翰、『大朝』一九一三年一月二五日(加藤高明談)。

(26)『加藤高明』上巻、七〇三～七〇四頁、『東日』一九一三年一月二五日（加藤高明談）。
(27)以下桂内閣末期の政治状況に関しては、特に註記のない限り、前掲、山本四郎『大正政変の基礎的研究』による。
(28)鶴見祐輔編者『後藤新平』第三巻（後藤新平伯伝記編纂会、一九三七年）四四二～四四六頁。
(29)『古風庵回顧録』一八一～一八三頁。
(30)以下、二月八～一〇日の動きについては、前掲、山本四郎『大正政変の基礎的研究』に加え、これまで利用されていない「大正二年二月加藤外相と西園寺侯会見覚書」（「望月小太郎文書」書類の部九九、国立国会図書館憲政資料室寄託。「後藤新平文書」一〇―四（水沢市立後藤新平記念館所蔵）と同文で、一部が前掲、鶴見祐輔編者『後藤新平』第三巻、四五五～四六〇頁に掲載）による。この史料は、望月小太郎（同志会代議士）が加藤の談話を筆記したもののようであり、桂、西園寺、加藤、原の往来経緯と談話内容が詳細に記されている。
(31)「大正二年二月九日西園寺侯に対する勅語草稿」（「江木翼文書」書類の部一、伊藤隆編『大正初期山県有朋談話筆記／政変思出草』（以下『山県談話筆記』と略記）山川出版社、一九八一年、一八五頁所引）。
(32)『原敬日記』一九一三年二月一〇日。
(33)『若槻談話速記』一三五～一三六頁。浜口雄幸逓信次官も解散を支持していた（池井優、波多野勝、黒沢文貴編『浜口雄幸　日記・随感録』みすず書房、一九九一年、四七二頁）。
(34)『加藤高明』上巻、七〇九頁。
(35)Memorandum by Langley, 21 Apr. 1913, FO371/1614.
(36)『東日』『時事』一九一三年二月一一日社説、『時事』『大朝』同年二月一二日社説。
(37)「雙魚堂日載」（市島謙吉の日記）一九一三年二月一三日（「市島春城資料」早稲田大学図書館特別資料室所蔵）。もっとも市島は反加藤の動きには同調せず、この後一貫して大隈、加藤、同志会（憲政会）のパイプ役としての役割を果たしていく。
(38)『原敬日記』一九一三年二月一〇日。
(39)『松井慶四郎自叙伝』七四頁。
(40)『加藤高明』上巻、七〇三頁、『小山完吾日記』（慶応通信、一九五五年）一九三七年五月二九日（山本達雄談）。
(41)『原敬日記』一九一三年二月一一日。桂の辞表を起草したのも江木内閣書記官長であった（「桂太郎辞表案」「江木翼文書」書類の部七、前掲、『山県談話筆記』一八五～一八六頁所引）。江木は、第二次大隈内閣辞任時に加藤を後継に推薦する大隈首相の辞表を起草するが、この時のやりとりをヒントにした可能性が高い。

(42) 山県有朋「大正政変記」(『山県有朋文書』国立国会図書館憲政資料室寄託)。
(43) 『原敬日記』一九一三年二月二二日。
(44) 坂野潤治、広瀬順皓、増田知子、渡辺恭夫編『財部彪日記　海軍次官時代』下(山川出版社、一九八三年)一九一三年一月二八日。
(45) 牧野伸顕『回顧録』下(中公文庫、一九七八年)六七頁。
(46) 小坂順造編『山本達雄』(山本達雄先生伝記編纂会、一九五一年)三四〇頁(小山完吾の談話)。
(47) 『加藤高明』上巻、七一一〜七一八頁。
(48) 『原敬日記』一九一六年六月二六日。山本がこれほど加藤を嫌うようになったのは、第二次大隈内閣時にシーメンス事件の責任を取る形で予備役に編入されたことも影響していた。
(49) Rumbold to Grey, 11 Feb. 1913, 20 Feb. 1913, FO371/1663.
(50) Kato to Grey, 15 Apr. 1913, Grey to Kato, 18 June 1913, FO800/68.
(51) Martin Gilbert, *Sir Horace Rumbold ; Portrait of a Diplomat, 1869-1941*, Heinemann, 1973, P. 96.
(52) マクドナルドはグレイ外相に提出した一九〇六年の年次報告書の中で、桂は「日本の政界で最も影響力のある一人」「非常に友好的で健全」「非常に親英的」などと述べている(Annual Report, 1906 in *BD, Part I, SeriesE, Volume9*, p. 73)。マクドナルドの日本政治観については、拙稿「チャールズ・エリオットと第一次大戦後の日本政治——一九一八〜一九二六年——」(『法学論叢』一五八巻五・六号、二〇〇六年三月)三九七〜四〇〇頁を参照。
(53) MacDonald to Grey, 29 Feb. 1912, FO371/1387.
(54) Rumbold to Grey, 11 Feb. 1913, 20 Feb. 1913, Greene to Grey, 28 Mar. 1913, FO371/1663.
(55) *The Times*, 28 Jan. 1903.
(56) *The Times*, 11 Feb. 1913, 11 Apr. 1913.
(57) Greene to Grey, 10 Oct. 1913, FO371/1669.
(58) 櫻井良樹編『立憲同志会資料集』第四巻、三〇頁。
(59) 『加藤高明』上巻、七二八〜七三二頁。
(60) 『国民』一九一三年四月六日。加藤、桂の伝記は、加藤の入党を四月八日としているが、六日の誤りではないかと思われる(『加藤高明』上巻、七一九頁、徳富蘇峰編著『公爵桂太郎伝』坤巻、原書房復刻版、一九六七年、原著は故桂公爵記念事業会、一九一七年、九九七頁)。

(61) 一九一三年四月七日付陸奥広吉宛加藤高明書翰(「加藤高明文書」)。
(62) 飯森明子「加藤高明の対外認識と外交指導」(『人間科学論究』第四号、一九九六年二月)。
(63) 前掲、鶴見祐輔編著『後藤新平』第三巻、四七二〜四九三頁。後藤は既成政党の「党弊」を嫌悪しており、中央倶楽部を基盤としながら非政友勢力の結集を目指す大浦とも立場を異にしていた(千葉功「政治史のなかの後藤新平」御厨貴編『時代の先覚者・後藤新平　一八五七―一九二九』藤原書店、二〇〇四年)。
(64) 一九一三年五月二六日付後藤新平宛桂太郎書翰(前掲、徳富蘇峰編著『公爵桂太郎伝』坤巻)。
(65) 『原敬日記』一九一三年五月一八日。
(66) 前掲、徳富蘇峰編著『桂太郎伝』坤巻、七〇一〜七〇二頁、徳富猪一郎『政治家としての桂公』(民友社、一九一三年)一〜三二頁、一九九頁以下。
(67) 『若槻談話速記』一四三〜一四四頁。
(68) 前掲、鶴見祐輔編著『後藤新平』第三巻、四八二頁。
(69) 北岡伸一「政党政治確立過程における立憲同志会・憲政会――政権構想と政党指導――」(下)(『立教法学』二五号、一九八五年九月)二〇五頁。
(70) 加藤高明「大浦君の人格」(香川悦次、松井広吉共編『大浦兼武伝』博文館、一九二一年)二六九〜二七〇頁。
(71) 市島謙吉「桂公と加藤伯」(『北越新報』一九三一年六月六日)で紹介されている加藤の直話(「春城漫談」「市島春城資料」六五六八)。
(72) 季武嘉也『大正期の政治構造』(吉川弘文館、一九九八年)一三〇〜一三一頁。
(73) 前掲、北岡伸一「政党政治確立過程における立憲同志会・憲政会」(下)二〇五頁。
(74) 『東日』一九一三年七月二二日、『大朝』同年七月一七日、一八日。
(75) 『東日』一九一三年七月三日、『大朝』同年七月一六日。
(76) 前掲、鶴見祐輔編者『後藤新平』第三巻、五〇〇〜五〇三頁。北岡伸一氏は、後藤の提案が政党のあり方に一石を投じる意味合いを持っていたことを重視しているが(北岡伸一『後藤新平　外交とヴィジョン』中公新書、一九八八年、一四八頁)、このような時にあえて政治資金問題を持ち出したのは、脱党のための口実という意味合いが強いと考えざるを得ない。
(77) 「江木翼日記」一九一三年一一月一四日(「江木翼文書」東京大学社会科学研究所図書室所蔵)、『江木翼伝』(江木翼君伝記編纂会、一九三九年)八八〜八九頁。
(78) 徳富猪一郎『蘇峰自伝』(中央公論社、一九三五年)四六一〜四六二頁。

(79)内藤一成『貴族院と立憲政治』（思文閣出版、二〇〇五年）二五九～二七六頁。
(80)『時事』一九一三年七月一四日、一七日、二二日（寺内正毅談）。
(81)「木下謙次郎氏談話速記」（『政治談話速記録』第三巻、ゆまに書房、一九九九年）一四五～一四六頁。
(82)『古風庵回顧録』二七二頁。
(83)『国民』一九一三年六月七日。
(84)黒沢文貴「解題」（前掲、『浜口雄幸　日記・随感録』）五九二～五九四頁。
(85)浜口雄幸「万事夢の如し」（『憲政公論』六巻三号、一九二六年三月）。
(86)喜多壮一郎「江木翼の一側面を語る」（『伝記』三巻三号、一九三六年三月）九九頁、前掲、『江木翼伝』六八～七〇頁、八四～八七頁。
(87)江木翼「故桂太郎公の思出」（『憲政公論』一巻五号、一九二一年八月）。
(88)「江木翼日記」一九一三年一〇月三一日。
(89)前掲、喜多壮一郎「江木翼の一側面を語る」九九～一〇一頁、『加藤高明』上巻、七四二頁。
(90)「江木翼日記」一九一三年九月～一一月の各記事。
(91)前掲、喜多壮一郎「江木翼の一側面を語る」一〇〇～一〇一頁。
(92)若槻礼次郎「江木君の追憶」（『民政』六巻二号、一九三二年二月）、前掲、『江木翼伝』五五一頁。なお、江木は内田信也らの弁護士を務めたが、その後貴族院議員になったこともあり、一九二一年春に弁護士を廃業した（『東日』同年三月一五日）。
(93)「江木翼日記」一九一三年一一月一日。
(94)『東日』一九一三年一二月一一日。
(95)前掲、若槻礼次郎「江木君の追憶」。
(96)『古風庵回顧録』一〇二～一二七頁。
(97)Tilley to Austin Chamberlain, 8 Mar. 1926, FO371/11705. ただし若槻は、英会話は苦手としていた（同上、『古風庵回顧録』二九九頁）。
(98)黒沢文貴「解題」（前掲、『浜口雄幸　日記・随感録』）五九二頁。
(99)前掲、『江木翼伝』五四頁。
(100)江木の膨大な蔵書は死後に民政党に寄贈されたが、その大半は英書であった（『立憲民政党政務調査館図書件名目録・第一輯』立憲民政党政務調査館、一九三七年）。

(101) 前掲、喜多壮一郎「江木翼の一側面を語る」九九〜一〇〇頁。
(102) 前掲、櫻井良樹『大正政治史の出発』一七五〜一七九頁、同「日露戦後における島田三郎の政治軌跡」(横浜近代史研究会、横浜開港資料館編『横浜の近代――都市の形成と展開――』日本経済評論社、一九九七年)、上山和雄『陣笠代議士の研究　日記にみる日本型政治家の源流』(日本経済評論社、一九八九年)一五九〜一六五頁。
(103) 時任英人『犬養毅　リベラリズムとナショナリズムの相剋』(論創社、一九九一年)一三八頁、前掲、伊藤之雄「大正政変とアメリカ」。
(104) 「雙魚堂日載」(市島謙吉の日記)一九一三年一月二六日、三〇日、三一日。
(105) 一九一三年三月二一日同志会招待会における大隈重信演説(前掲、『立憲同志会資料集』第四巻、三六〜四一頁)、『国民』同年三月一九日、二九日。
(106) 前掲、伊藤之雄『政党政治と天皇』六二頁。
(107) 『報知』一九一三年七月一六日(大隈重信談)。
(108) 一九一三年八月四日付大隈重信宛加藤高明書翰(「大隈文書」)。
(109) 『大朝』一九一三年一一月九日(大隈重信談)。
(110) 『報知』一九一三年一〇月一九日(加藤高明談)。
(111) 『大朝』一九一三年六月四日、五日、七日、『東日』同年六月一一日。
(112) 『国民』一九一三年八月一四日〜二四日、九月一四〜一七日、二二〜三〇日、一一月九〜一六日、二二〜二六日。
(113) 一九一三年一一月八日同志会近畿大会における加藤高明演説(『時事』『大朝』同年一一月九日)。
(114) 臼井勝美『日本と中国――大正時代――』(原書房、一九七二年)第一章一。
(115) 前掲、櫻井良樹『大正政治史の出発』一八八〜一九八頁、同「外交問題から見た立憲同志会の党内抗争――第一次山本内閣期を中心にして――」(『日本歴史』五六四号、一九九五年五月)、同「加藤高明と英米中三国関係」(長谷川雄一編『大正期日本のアメリカ認識』慶応義塾大学出版会、二〇〇一年)九一〜九二頁。
(116) 『国民』一九一三年八月一〇日(加藤高明談)。
(117) 「江木翼日記」一九一三年九月二八日。
(118) 『東日』一九一三年一二月二日。
(119) 同右、一九一三年一二月二三日。

(120) 前掲、『立憲同志会資料集』第四巻、七九頁。
(121) 二月にも総裁の設置などを定めた会則草案が作られていたが、採択には至らなかったようである（前掲、『立憲同志会資料集』第四巻、八頁）。
(122) 前掲、『立憲同志会資料集』第四巻、八一～八三頁。
(123) 『東日』『国民』一九一三年一二月二四日。
(124) 前掲、北岡伸一「政党政治確立過程における立憲同志会・憲政会」（下）二四～二九頁。
(125) 一九一六年一〇月一〇日憲政会結党式における加藤高明演説（『憲政』一巻七号）、同年一二月三日憲政会九州大会における加藤高明演説（『憲政』一巻九号）。これに対して党人派には、改進党以来の民党の系譜を強調する志向が、民政党の時期に至るまで根強く残り（加藤政之助「序」同監修、塚田昌夫編『立憲民政党史』後篇、原書房復刻版、一九七三年、原著は立憲民政党史編纂局、一九三五年）、党の危機に際してしばしば「改進党精神」への回帰が主張された（一九二五年四月二五日付小山松寿宛高木生書翰「小山松寿文書」国立国会図書館憲政資料室寄託）。
(126) 『東日』一九一三年一二月二六日、二七日。
(127) 同右、一九〇五年一二月二六日。
(128) 「憲政本党の地位」（『東日』一九〇五年一二月二七日）。
(129) 「英国の総選挙」（『東日』一九〇六年一月二二日）。
(130) 一九〇九～一二年（推定）日付不明高木信威宛加藤高明書翰（『加藤高明』上巻、六八七頁所引）。
(131) 『加藤高明』上巻、七三九頁には「加藤男の政党観」（『国民』一九一三年七月九日）として、加藤がイギリス流の二大政党制を説いたとあるが、『国民新聞』マイクロフィルム（埼玉県版）にはこの記事は掲載されていない。また管見の限り、一九一三年の『国民』『報知』『東日』『大朝』で加藤がイギリス流の政党政治ないし二大政党制の実現を説いたとする記事は確認できない。加藤は、同志会の状況が混沌としているため、創立大会の前は発言をかなり慎んでいたようであり、伝記掲載の発言が本当になされたのかはかなり疑わしい。もっとも地方支部や党人派の間では創立大会以前から「二大政党対立の理想を完成」すべしという声がしばしば出されていた（同志会新潟支部発会式における宣言書『国民』同年九月二五日、同年一一月九日同志会演説会における島田三郎演説『国民』同年一一月一一日）。
(132) 一九一三年一〇月二一日付陸奥広吉宛加藤高明書翰（「加藤高明文書」）。
(133) 一九一四年一月二〇日同志会招待会における加藤高明演説（『加藤高明』上巻、七六六～七七七頁、『時事』同年一月二一日）。

(134) E・サトウ（長岡祥三・福永郁雄訳）『アーネスト・サトウ公使日記』I（新人物往来社、一九八九年）一八九七年一〇月一四日。
(135) 『時事』一九一三年一月二一日。
(136) 一九一八年一〇月一日憲政会在京代議士会における加藤高明演説（『憲政』一巻三号）。
(137) 江口圭一『都市小ブルジョア運動史の研究』（未来社、一九七六年）第二章。
(138) 『加藤高明』上巻、九六三～九六四頁。
(139) 前掲、一九一四年一月二〇日同志会招待会における加藤高明演説。
(140) 前掲、北岡伸一『日本陸軍と大陸政策』一三六～一三七頁、前掲、小林道彦『日本の大陸政策』一八六～一八七頁。
(141) 前掲、北岡伸一『日本陸軍と大陸政策』一三五～一三六頁、前掲、小林道彦『日本の大陸政策』一八七頁。
(142) 前掲、『立憲同志会資料集』第四巻、七九頁。
(143) 「国防会議議事」（「江木翼文書」）。なお加藤の駐英大使時代、イギリスでは帝国国防委員会（CID）の下で軍制改革が行われており（F. A. Johnson, *Defence by Committee ; The British Committee of Imperial Defence, 1885-1959*, Oxford University Press, 1960）、加藤がこれをモデルとして意識していた可能性もある。
(144) 山本四郎『山本内閣の基礎的研究』（京都女子大学、一九八二年）一八一～二〇七頁、清水唯一朗「第一次山本内閣の文官任用令改正と枢密院——大正政変後の政官関係——」（『法学政治学論究』五一号、二〇〇一年一二月）、拙稿「政務次官設置の政治過程——加藤高明とイギリスモデルの官制改革構想——」（二）（『議会政治研究』六六号、二〇〇三年六月）。
(145) 『国民』一九一三年一月二一日。
(146) 一九一三年一二月二三日同志会創立大会における加藤高明演説（『東日』同年一二月二四日）。
(147) 一九一四年一月二〇日政友会大会における原敬の演説（『国民』同年一月二一日）。
(148) 以下シーメンス事件をめぐる政治過程については、特に註記のない限り、前掲、山本四郎『山本内閣の基礎的研究』第四章第四節を参照。
(149) 加藤は三月になって政府批判に転じてからも、「個人として親交有」る斎藤海相に同情の念を表明していた（『報知』一九一四年三月二日（加藤高明談））。斎藤は豊川良平の五男斎を養子にしており、三菱を通しても加藤と関係があった。
(150) 『報知』一九一四年二月一四日社説。
(151) 同右、一九一四年二月二三日（加藤高明談）。
(152) 一九一四年三月一日同志会招待会における加藤高明演説（『報知』同年三月二日）。

(153)『報知』一九一四年三月九日(加藤高明談)。
(154)牧野伸顕「故山本伯を追懐す」(故伯爵山本海軍大将伝記編纂会編『伯爵山本権兵衛伝』下、原書房復刻版、一九六八年、原著は山本清、一九三八年)一三一五頁。
(155)渋谷作助『武富時敏』(『武富時敏』刊行会、一九三四年)一六八頁。
(156)『東日』一九一四年三月二六日。
(157)一九一四年三月二四日同志会代議士会における加藤高明演説(『東日』同年三月二五日)。
(158)前掲、季武嘉也『大正期の政治構造』一二六~一三三頁。なお、近年発見された書翰により、加藤と大浦が密接に連絡を取っていたことが史料的により明確になった(一九一四年三月三〇日付大浦兼武宛加藤高明書翰、佛教大学近代書簡研究会編『元勲・近代諸家書簡集成　宮津市立前尾記念文庫所蔵』宮津市、二〇〇四年)。
(159)同志会中堅代議士の齋藤隆夫は「大隈内閣の成立を見なかったならば、同志会の前途は実に憂うべく」と回想している(齋藤隆夫『回顧七十年』中公文庫、一九八七年、原著は民生書院、一九四八年、三七頁)。
(160)山本四郎「第二次大隈内閣の成立」(『神戸女子大学紀要』文学部篇、二〇編一号、一九八七年三月)、前掲、北岡伸一「政党政治確立過程における立憲同志会・憲政会」(下)二〇八~二一四頁、前掲、季武嘉也『大正期の政治構造』一二六~一四五頁。
(161)山本四郎編『第二次大隈内閣関係史料』(京都女子大学、一九七九年)九頁、一一頁、前掲、『山県談話筆記』四四~四五頁。
(162)山本四郎「清浦流産内閣の研究」(『史窓』四三号、一九八六年三月)。ちなみに、徳川家達が組閣の大命を拝辞した後、山県は後継を清浦、伊東、大隈、加藤の中から選ばざるを得ないと考え、その旨を井上馨に伝えた。この書翰がなぜか「伊東巳代治文書」の中に残っているが(一九一四年[推定]四月一日付井上馨宛山県有朋書翰「伊東巳代治文書」国立国会図書館憲政資料室所蔵)、これは首相候補に挙げられたのを歓喜した巳代治がわざわざ高額の金を出して購入したものであるらしい(「雙魚堂日載」〔市島謙吉の日記〕一九一六年一〇月一一日)。
(163)前掲、『第二次大隈内閣関係史料』一七頁。
(164)一九一四年四月一八日同志会評議員会における加藤高明報告(『報知』同年四月二〇日)。原もそのように見ていた(『原敬日記』同年四月一六日)。
(165)『加藤高明』下巻、四頁。
(166)前掲、『第二次大隈内閣関係史料』二五頁。
(167)一九一六年一二月三日憲政会九州大会における加藤高明演説(『憲政』一巻九号)。

(168)『国民』一九一三年七月二八日。
(169)『報知』一九一四年二月二一日（大隈重信談）、『東日』同年三月二五日（大隈重信談）。
(170)前掲、時任英人『犬養毅』一三八～一四〇頁。
(171)前掲、『第二次大隈内閣関係史料』一一七頁。
(172)尾崎行雄『咢堂回顧録』（雄鶏社、一九五二年）一〇一頁。
(173)同右、一〇二頁。
(174)Greene to Grey, 28 Apr. 1914, FO371/2014. 大隈はグリーンに対して「日本の憲法は元々ドイツをモデルとして作られたが、イギリスに共感を持つ形で発展してきた」などと、かなり率直に自分の政治信条を語っている。そのためグリーンは大隈の真意をつかみ、「大隈は本当は引退して加藤を首相にしたかったのだろう」と正確な観測を行っている。
(175)「隻魚堂日載」（市島謙吉の日記）一九一五年六月中旬。
(176)『加藤高明』下巻、三～一一頁。
(177)『報知』一九一四年四月一六日、二〇日、『東日』同年四月一六日。
(178)前掲、加藤高明「大浦君の人格」二七二頁。
(179)前掲、尾崎行雄『咢堂回顧録』一〇三頁、横山雄偉『加藤高明論其他』（世界雑誌社、一九一七年）二四～二七頁。なお江木は、研究会の吉川重吉貴族院議員にも内相就任を交渉したが、受諾に至らなかったという（『江木翼伝』九六頁）。
(180)この頃大隈の秘書的に活動していた市島謙吉は、一九一四年七月にかつて改進党で共に活動していた河野広中、大石正巳、島田三郎、箕浦勝人（いずれも同志会総務）と会見したが、日記に「四人は皆老い、こんな連中が領袖にては同志会の振わざるも無理なからず」「四総務の才と力甚だ乏しく」と記している。大隈もこれに近い気持ちだったと思われる（「隻魚堂日載」（市島謙吉の日記）同年七月一七日）。
(181)『報知』一九一四年三月一日、二日、四月二二日、『東日』『大朝』同年四月二一日。
(182)『報知』『東日』一九一四年五月四日。
(183)『報知』一九一四年四月二一日（菊池武徳談）、二三日、二五日、二六日社説、五月四日（大石正巳談）、八日。『東日』同年四月三〇日、五月二日。
(184)『報知』一九一四年五月五日（尾崎行雄談）。
(185)同右、一九一四年五月八日（大隈重信談）。

(186) 同右、一九一四年五月五日（大隈重信談）、六日、九〜一二日。
(187) 関の地元である千葉県では国民党の地方組織が瓦解した（『報知』一九一四年四月二三日、五月七日〈関和知談〉、一一日）。
(188) 「隻魚堂日載」（市島謙吉の日記）一九一四年五月五日、七日。
(189) 立命館大学編『西園寺公望伝』第三巻（岩波書店、一九九三年）一七七〜二〇九頁、玉井清『原敬と立憲政友会』（慶応義塾大学出版会、一九九九年）九〜二三頁。
(190) 一九一四年六月二九日政友会議員総会における原敬演説（『政友』一七〇号、同年七月）。
(191) Greene to Grey, 31 Mar. 1914, FO371/2385. グリーンは日本の事情にあまり明るくなく、情報源を英語の堪能な加藤外相に大きく依存していた。そのため恐らく、加藤の発言をそのまま受け取って、加藤・同志会に対して甘い評価を行ったのだろう。グリーンの日本政治観については、前掲、拙稿「チャールズ・エリオットと第一次大戦後の日本政治」四〇〇〜四〇四頁を参照。
(192) 『東日』一九一四年五月一五日、大隈侯八十五年史編纂会編『大隈侯八十五年史』第三巻（原書房復刻版、一九七〇年、原著は同会、一九二六年）一二九〜一三二頁。
(193) 松下孝昭『近代日本の鉄道政策　一八九〇〜一九二二年』（日本経済評論社、二〇〇四年）第七章。
(194) 斎藤聖二「国防方針第一次改訂の背景——第二次大隈内閣下における陸海両軍関係」（『史学雑誌』九五編六号、一九八六年六月）。
(195) 前掲、『財部彪日記』一九一四年五月二四日。
(196) 『古風庵回顧録』一九四頁。
(197) 第二次大隈内閣の財政政策については、神山恒雄「第二次大隈内閣の財政政策と官業整理調査委員会—鉄道官民合同経営論を中心に—」（『日本歴史』四九九号、一九八九年一二月）、木下恵太「第二次大隈内閣の財政構想——「絶対的非募債」政策を中心に——」（『早稲田大学史記要』三五号、一九九九年七月）を参照。
(198) 前掲、松下孝昭『近代日本の鉄道政策』第七章。
(199) 『報知』一九一四年六月二八日、三〇日。
(200) Greene to Grey, 7 June 1916, FO371/2690.
(201) 外務省政務局編『各国之政党』（清水書店、一九一五年）。
(202) 松尾尊兊『普通選挙制度成立史の研究』（岩波書店、一九八九年）一〇五頁。
(203) 『東日』一九一六年二月一五日〜二五日。
(204) 同右、一九一六年五月二六日〜九月二日。

(205)波多野勝『近代東アジアの政治変動と日本の外交』(慶応通信、一九九五年)第二部第三章、前掲、北岡伸一『日本陸軍と大陸政策』一六三〜一八一頁、小林道彦「世界大戦と大陸政策の変容——一九一四〜一六年——」(『歴史学研究』六五七号、一九九四年四月)、櫻井良樹「第二次大隈内閣期における外交政策の諸相」(日本国際政治学会編『国際政治』一三九号、二〇〇四年一一月)。

(206)二十一ヵ条要求問題全体の評価については、I・ニッシュ(宮本盛太郎監訳)『日本の外交政策 一八六九〜一九四二 霞が関から三宅坂へ』(ミネルヴァ書房、一九九四年)第五章、島田洋一「対華二十一カ条要求問題」(大久保利謙他編『第一次世界大戦と政党内閣』山川出版社、一九九七年)四五〜五八頁が現時点では最もよくまとまっている。

(207)以下、第一次山本内閣の官制改革に関する記述は、前掲、拙稿「政務次官設置の政治過程」(二)に基づく。

(208)前掲、一九一四年一月二〇日同志会招待会における加藤高明演説。

(209)同右。

(210)江木翼「官制及任用令問題」(前掲、『立憲同志会資料集』第二巻)。

(211)『報知』一九一三年八月一一日(若槻礼次郎談)。

(212)江木翼「参政官制度論」(『同志』一巻一号、一九一六年四月)。

(213)『報知』一九一三年八月二日(尾崎行雄談)、三日社説。

(214)同右、一九一四年四月三〇日(武富時敏談)。

(215)一九一四年五月一五日地方長官会議における大隈重信演説(『東日』同年五月一六日)。

(216)『加藤高明』下巻、二八頁。

(217)一九一四年五月二日発井上駐英大使宛加藤外相電報(「各国内政関係雑纂 英国之部」第六巻「外務省記録」1.6.3.2-6、外務省外交史料館所蔵)、「英国政務官制度に関する調査書一」(「枢密院決議」大正三年の添付書類、国立公文書館所蔵)。この調査書は、一九一四年五月八日に井上大使から加藤外相に送られたもので、一木文相との調整を経て、枢密院での審議のための参考資料として、六月二日に有松英義枢密院書記官長に提出されたものである(同封の一九一五年六月二日付有松英義宛江木翼書翰)。

(218)「英国政務官制度に関する調査書二」、「英国政務官制度に関する調査書三」(「枢密院決議」大正三年の添付書類)。前者は枢密院の依頼により法制局が作成したもの(同封の一九一五年六月五日付有松英義宛高橋作衛書翰)、後者は作成者不明で、六月一五日に枢密院内部で配布されたものである。

(219)『一木先生回顧録』(一木先生追悼会、一九五四年)六三頁。

(220)『東日』一九一四年五月二一日、二八日。

(221)『東日』一九一四年五月三一日。
(222)「伊沢多喜男氏談話速記」(伊沢多喜男文書研究会編『伊沢多喜男関係文書』芙蓉書房出版、二〇〇〇年)四八九～四九一頁。
(223)『枢密院会議議事録』第一七巻(東京大学出版会、一九八五年)三〇九～三一〇頁。
(224)『東日』『報知』一九一四年五月三一日。
(225)『報知』一九一四年七月八日。
(226)同右、一九一四年七月九日、一〇日(いずれも大隈重信談)。
(227)同右、一九一四年六月三日。
(228)「各省官制通則中改正ノ件　大正二年勅令二六二号中改正ノ件」(「枢密院決議」大正三年)。以下、審査委員会の動向に関しては、この資料に基づく。
(229)前掲、『一木先生回顧録』六四頁。
(230)『報知』一九一四年七月二三日。
(231)「各省官制通則中改正ノ件外一件」(「枢密院審査報告」大正三年、国立公文書館所蔵)。
(232)前掲、『枢密院会議議事録』一七巻、三〇九～三一八頁。
(233)「勅令　衆議院議員選挙資格ニ関スル件ヲ定ム」「上奏　大正四年勅令第一一號衆議院議員選挙資格ニ関スル件貴衆両院ニ於テ承諾スルコトヲ議決ス」(「公文類聚」大正四年、国立公文書館所蔵)。詳しい経過は、石川寛「近代日本における官吏の衆議院議員兼職制度に関する研究――明治二二年選挙法規定の成立とその実施状況――」(七)(『法政論集』一九四号、二〇〇二年一二月)三九二～三九六頁を参照。
(234)Greene to Grey, 5 Oct. 1914, FO371/2021.
(235)『東日』一九一五年七月三日、「正副参政官の人物」(『中央公論』一九一五年八月号)、「正副参政官評判記」(『太陽』二一巻一〇号、一九一五年八月)。
(236)『東日』一九一五年七月三日(安達謙蔵談)。
(237)『安達謙蔵自叙伝』(新樹社、一九六〇年)一三三～一三四頁、一四四頁。
(238)安達の評伝として、兼近輝雄「安達謙蔵　党人派の実力者」(安藤実他『日本政治の実力者』第二巻、有斐閣新書、一九八〇年)、原田伸一「安達謙蔵研究序説」(『国士舘大学大学院政経論集』五号、二〇〇二年三月)を参照。
(239)『東日』一九一五年七月三日(江木翼談)。

(240) 同右、一九一五年七月五日。
(241) 一九一五年七月九日付寺内正毅宛真鍋斌書翰(「寺内正毅文書」国立国会図書館憲政資料室所蔵)。
(242) 『報知』一九一四年一〇月五日(一木喜徳郎談)。
(243) 『大朝』一九一五年七月一七日。
(244) 真鍋斌「真価を発揮せむ」(『国家及国家学』三巻八号、一九一五年八月)。
(245) 前掲、「正副参政官評判記」一三〇頁。
(246) 「英国政務官制度に関する調査書一」、『報知』一九一三年八月一一日(若槻礼次郎談)。
(247) 『東日』一九一五年八月二七日(加藤高明談)。
(248) 同右、一九一五年七月四日(尾崎行雄談)。
(249) 前掲、『第二次大隈内閣関係史料』二九九〜三〇〇頁、『東日』一九一五年一〇月三一日。加藤は以前から、大言壮語癖のある望月を嫌悪していた(一八九六年四月一六日付陸奥宗光宛加藤高明書翰「陸奥宗光文書」六八―一五、国立国会図書館憲政資料室所蔵)。
(250) 『東日』一九一五年八月二〇日。木下の就任は、大隈首相と箕浦逓相の尽力によるものらしい(前掲、「木下謙次郎氏談話速記」一九九頁、二〇九頁)。
(251) 『東日』一九一五年八月二〇日、「時局の人」(『国家及国家学』三巻九号、同年九月)五一頁。
(252) 一九一五年七月一四日正副参政官招待会における大隈重信演説(『東日』同年七月一五日)。
(253) 拙稿「政務次官設置の政治過程」(一)(『議会政治研究』六五号、二〇〇三年三月)五九〜六〇頁。
(254) 『東日』一九一五年七月四日(尾崎行雄談)。尾崎は、隈板内閣の頃からこのような構想を持っていた(清水唯一朗「政党内閣の成立と政官関係の変容――隈板内閣〜第四次伊藤内閣」『史学雑誌』一一四編二号、二〇〇五年二月、六四〜七一頁)。
(255) 七月中の参政官会議では、とりあえず週一回のペースで次官会議とは別に開催すること、内閣書記官長、法制局長官、副参政官も出席することが定められた(『東日』一九一五年七月一三日、一四日)。
(256) 『東日』一九一五年七〜一二月の各記事。
(257) 同右、一九一六年一〜一〇月の各記事。
(258) 同右、一九一六年八月一七日。
(259) 渡辺茂雄編『加藤政之助回顧録』(加藤憲章、一九五五年)一四三頁。
(260) 阿子島俊治編『藤沢幾之輔』(斗南書院、一九三六年)一三九〜一四六頁。

(261) 前掲、「木下謙次郎氏談話速記」一九九頁。
(262) 町田忠治伝記研究会編著『町田忠治』伝記編（桜田会、一九九六年）一〇八〜一一一頁（季武嘉也執筆部分）。
(263) 同右、一一一〜一一四頁、『東日』一九一五年一〇月七日、小林英夫「第一次大戦中の日本植民地産業政策――経済調査会の活動を中心に――」（『日本植民地研究』三号、一九九〇年八月）一三頁。
(264) 前田英昭「大隈侯と文官任用令」（『法学論集』六〇号、二〇〇〇年一月）一四九〜一五〇頁。
(265) 『東日』一九一五年七月四日（三宅雪嶺談）、一一日（竹越與三郎談）。
(266) 『報知』一九一五年五月二三日社説。
(267) 『衆委』一〇、四三〜五七頁。
(268) 前掲、阿子島俊治『藤沢幾之輔』二四七〜二六九頁。
(269) 『衆委』一〇、三六一〜四五二頁。
(270) 『報知』一九一六年三月一八日（大隈重信談）。
(271) 前掲、一九一四年一月二〇日同志会招待会における加藤高明演説。

第四章　憲政会の創立

第一節　憲政会創立への道

（一）　加藤高明の立憲同志会掌握

二十一ヵ条要求問題と内閣の動揺

大隈重信首相は、一九一四年一二月に衆議院を解散した。与党三派は、第一次大戦中の高揚した世論と「大隈ブーム」に乗じて、翌年三月の第一二回総選挙で衆議院の過半数を制した。同志会は第一党に躍進し、政友会は創立以来初めて第二党の座に転落した（議席数は同志会一四四、政友会一〇六、中正会三六、大隈伯後援会二九、国民党二七）。

衆議院に安定した政治的基盤を確保した大隈内閣であったが、その後も動揺を続けた。まず、選挙前に大浦兼武農商相を内相にしたことから、再び党人派から反対が起き、あくまで反対に固執した大石正巳総務が脱党し政界を引退した（後任の農商相には、同志会党人派の河野広中が就任）(1)。総選挙後には同じく加藤を批判する長島隆二（桂太郎の娘婿）が、同志会を脱党した(2)。また、尾崎行雄や同志会党人派、大隈伯後援会が、大きく議席を伸ばした与党をこの際合同させ、大隈を党首とする新党を結成しようとする運動を開始した(3)。これは、組閣直後と同様、加藤の排斥を意図したものであった。もっとも今回は、大隈が消極的態度を取ったため、第三六特別議会（一九一五年五月～六月）前に合同運動は休止した。

第三六議会が始まると、大隈内閣は一層大きな危機に直面した。内閣の中心である加藤外相が、総選挙中から非難を浴びていた二十一ヵ条要求問題でさらに激しい批判にさらされたのである。加藤外相は、交渉中から発生していた囂々たる非難に対して、来る議会で徹底的に弁明する構えであった。五月一五日、第三六議会前の同志会大会で、加藤は「両国の国交を害する虞ある問題は已に解決したり」と大見得を切ったが、その顔は「熱火」のようであったという(4)。同日の政友会大会で原敬が加藤外交を「失敗」と酷評すると、加藤は翌日に「原君は何れの点が果たして心配なるや之を明示せず」「批評するは易く行うは難し」と反論し、対決姿勢をむき出しにした(5)。二二日の議会冒頭における演説でも、同要求は「帝国当然の要求又は当然の希望」であり、「両国国交の親善を妨げるの虞ありたる問題の重要なるものは此所に解決」され、「極東平和の基礎更に固きを加ふるの結果」になるものと信じると説明した(6)。

しかし、議会は加藤の説明に納得せず、批判が相次いだ。批判は主に三つの方向からなされた。第一は、要求の内容は当然のものであったが、交渉手法に問題があったというものであった。典型的なのが、貴族院における仲小路廉の質問である。仲小路は、第五号要求(希望条項)は他の条項(要求条項)と一緒に提出すべきではなかったか、列国に秘匿して交渉しようとしたために中国側から暴露され、列国の猜疑を招いたのは失計であるとして、交渉手法の拙劣さを批判した。これに対し加藤は、第五号はそもそも「実行を必ずしも強行することは出来ない」ものだったので撤回もやむを得なかった、第三国に交渉内容を通知する義務はないが、途中で「新聞等の誤報に誤まられると云う虞がありましたから、程なく自から進んで開示」したまでであり、「隠秘」したとか「迫られて通知」したということはない、と答弁した。加藤は別の答弁でも、第五号の内容に関し日英間の利益が衝突するとは考えていない、交渉中に英米から特に抗議はなかったと説明しており、第五号をめぐる交渉手法の拙劣さは一切認めなかった(7)。

仲小路は、山東問題(山東権益の還付に関する問題)に関しては、日本の主張する専管居留地設置などの還付条件は当然であるが、日中間の合意ができていない鉄道、鉱山などの帰属が戦後に大問題になるのではないかと質した。これに対して加藤は、山東権益の処分は列国とも相談の上で決定する、鉄道などは現在日本の支配下にあるので、交渉がまとまらなければ中国に渡さなければいいだけの話であると答えた(8)。議会開催中の五月二五日に日中間で「山東省に関する条約」「膠州湾租借地に関する交換公文」が締結されていたが、日本はドイツの山東権益を無条件で継承すると共に、日本指定地域に専管居留地を設置する、山東鉄道は日中合弁とする、沿線軍隊を青島に集中するなどを条件として、戦後に日中直接交渉によって還付することとなっていた[9]。山東権益の一部を戦後に中国に引き渡すニュアンスを微妙に示すため、加藤自らが条文の文言作成に苦心したと述べており[10]、この還付方法と条件は加藤の意向に基づくものであった。加藤は、日本の実効支配を盾に戦後に再び交渉を行い、条約で定められた還付条件を貫徹しようと考えていたのである。

第二の批判は、加藤の外交交渉を「譲歩に次ぐ譲歩」を重ねた軟弱なものであり、第五号を含めより多くの要求を中国側に呑ませるべきだったと主張するものであった。例えば政友会の元田肇は、二十一ヵ条要求は「当然の利権を阻害し、日中関係を悪化させた」「退譲屈譲」の外交交渉であったとし、膠州湾の還付を声明したのは失敗であったと言明した。同じく政友会の小川平吉は、加藤に二十一ヵ条とりわけ「吾々の最も大切なりと信じる」第五号や第三号二項の貫徹の誠意がなかったこと、中国の領土保全を唱えて膠州湾を還付しようとしていること、排日運動を取り締まっていないことなどを痛烈に批判し、加藤を「質問にならぬ」と激怒させた[11]。佐々木安五郎(国民党)、長島隆二(同志会を脱党し無所属)らも同様の強硬論であり、加藤から外交交渉には「妥協交譲の精神」が必要であるなどと反論された[12]。衆議院での質問には、このように強硬なものが多かった。

第三に、逆に政府の強硬姿勢を批判したのが原敬であった。原は、二十一ヵ条要求のうち第一号から第四号までの内容はほぼ妥当だと考えていた。しかし、本来中国と「談笑の間に」解決できる内容であったそれらが、第五号の提出とそれをめぐる拙劣な交渉方法によっていたずらに紛糾してしまったと考え、交渉開始当初から鋭い批判の目を向けていた[13]。原は、対外的影響や党内情勢を考慮してあえてあまり具体的な追及は行わなかったが(そのため元田や小川のような強硬派との差異は問題化しなかった)、演説中の「外交なるものは(中略―筆者)徒に強硬を装ふて出来得るものではない」「日本は将来孤立の位置に立つ」などの激しい言葉から、加藤にもその真意は伝わっていたはずである[14]。しかし加藤は、原に対する答弁でも「別段に原君の深き御憂慮を煩わすことは無い」「列国の猜疑心を起したことがない」という従来の弁明を繰り返し、逆に「談笑の間に」解決できるはずの事柄を放置してきたこれまでの原・政友会の「怠慢」を責めた[15]。

加藤の外相辞任

このように加藤は、予め練っていた答弁を一貫して繰り返すことで議会を乗り切った。「売国奴」という野次が飛び交い、議長が再三静粛を要求するなど議場が騒然としていたにもかかわらず、加藤は議会後に「予の実見したる所にては寧ろ静粛なりき」と述べ、強いて平静を装った(16)。しかし、議会後に原が加藤とたまたま汽車に同車した際、加藤が「イヤに気に持ちたる様子」で、会話でも議会の事に全く言及しなかったことからも窺われるように、加藤の弁明は強引で感情的であり、加藤は原の批判に心穏やかでなかった(17)。

その理由の第一は、交渉を紛糾させた第五号問題であった。加藤はこの問題について真意を語った訳ではなかった。例えば、第五号の中には加藤の意に沿わないものも少なからず含まれていたが、加藤は交渉の過程で逆に第五号の貫徹に最後までかなり固執して妥結を困難にしており、第五号に対する取り扱いは一貫していなかった(18)。また、第五号に関する加藤の釈明は、ロシアのマレフスキー(Nikolai A. Malevski-Malevich)大使によれば「可なり明瞭を欠くもの」であり(19)、イギリスのグリーン(Sir William Conyngham Greene)大使も、第四号までと第五号の間に差異があるという加藤の説明には納得しなかった。加藤は第五号の存在を中国側に暴露された後、それをグリーン大使にではなく『タイムズ(Times)』特派員のフレーザー(Fraser)に最初に明かしているが(20)、グリーンに対して後ろめたい気持ちがあったものと思われる(21)。アメリカから強硬な反対が表明されたことも周知の通りである(22)。議会で説明を避けたこれら明白な失敗については、加藤も認識していたはずである。

第二は、国内世論に対する複雑な思いであった。加藤は基本的に自らが主導権を握って外交を進めたのであり、その結果を引き受ける覚悟であったが、当初は国内にかなりの強硬論が存在し、元老も要求内容に基本的に同意していたにもかかわらず自分が一身に責任を負う破目になったため、恨みに似たやり切れない感情を抱いていた。加藤は要求の提出前から国内の強硬論の扱いに苦慮し、大浦に近い川上親晴(熊本県知事、第三次桂内閣で警視総監)に「是より外交上に関し種々の注文可有之、之れに応じ切れざるは申す迄も無之、萬々心痛罷在候」とまで漏らしていたし(23)、後になってからも時々このような気持ちを吐露した[24]。加藤の信頼が厚い秘書である松本忠雄は、著書の中で国内の強硬論や第五号に対する元老の同意を強調し、後々まで加藤の気持ちを代弁しようとした[25]。

要するに加藤は、第五号をめぐる交渉の拙劣さを悔悟しつつも、少なくとも懸案の満州権益を安定化し、山東権益を確保できた点では失敗ではなかったとして自らを納得させようとしていた。加藤はこの後も二十一ヵ条要求に対する弁明を続けると同時に、満州・山東権益の行方を注視し、戦後の外交交渉に向けて「講和大使の責職頗る重大」と警告を発していく[26]。条約の履行こそが、取りも直さず自らの外交の正当性を証明することになるからである。

加藤批判は、議会終了後も収まる気配がなかった。政友会は激しい批判を継続したし、山県有朋ら元老は、六月に大隈首相に対して、加藤外相の辞任要求を公然と突きつけていた[27]。折悪しく、加藤と並ぶ党内の実力者であった大浦兼武内相も苦境に立つことになった。議会中に前の総選挙中の買収問題を告発され、政友会のみならず与党党人派からも激しい批判を浴びたのである[28]。加藤に遠ざけられていた党人派(加藤政之助、大津淳一郎、小泉又次郎ら関東会、木下謙次郎らが中心)は勢いづき、公然と加藤や大浦を批判し始めた[29]。その波紋は中正会、無所属団(四月に大隈伯後援会員と中立系議員によって結成)にも及び[30]、再び反加藤を意図した新党樹立計画が持ち上がった[31]。閣内では尾崎法相が大浦に辞任を迫り、ついに七月三〇日、大浦は内相辞任に追い込まれ失脚した(既に五月の役員改選により総務も辞職)[32]。

ここに至り加藤は、「連帯責任論」を唱えて大隈首相以下に辞表を提出するよう迫り、若槻礼次郎蔵相・八代六郎海相と共に閣外に去った(なお加藤はここで貴族院勅選議員となった)。この時、加藤は強硬に辞任を主張し、大隈の慰留を振り切っている。加藤は大浦との「連帯責任」以外の理由を表立っては述べていないが、その真意は内閣総辞職によって山県系官僚閥優位の提携を「痛烈に破壊し去」り[33]、自らと同志会の出直しを図ることにあったと見ることができる。大戦参戦以来の元老との対立、元老との折衝役である大浦の失脚、尾崎や同志会党人派との対立の激化を踏まえ、加藤はこれ以上の政権運営は不可能だと判断したのである。

確かにこの辞任から、加藤の粘りの無さを指摘することは可能であろう。元老松方正義が加藤の「不徹底」を批判したように[34]、加藤は山県と妥協しながら粘り強く政権運営を行って成果を挙げることに失敗した。しかし、加藤が積極的に同志会の再出発を図ったという側面もまた重要である。加藤は辞任後の演説で「今や現内閣成立後一年有余に及び当初宣言したる政綱は大部分実行したる」と述べ、大隈内閣ではこれ以上仕事ができないという見方を示唆した[35]。また、新聞の車中談でも「自己の内閣が来」た場合に言及するなど、将来の政権獲得への意欲も持っていた[36]。原敬、望月小太郎や新聞も、加藤の辞任が将来の加藤内閣樹立に向けての布石の意味を持つと観測していた[37]。加藤の外相辞任は単なるポスト投げ出しではなかったのである。

なお加藤にとって、この辞任は外交の失敗を認めるものではなかった。そのことを示すのが、加藤の外相辞任と同月に出版された『日支新交渉に依る帝国の利権』という二十一ヵ条要求を弁護する書物である[38]。著者は前述の松本忠雄で、加藤はこの本に寄せた序文の中で、同要求は「帝国当然の要求又は当然の希望」であるという第三六議会で行った弁明を繰り返し、これをその後の遊説でも続けた[39]。加藤はその後も原を名指しで批判しながら二十一ヵ条要求の弁明を行い、一九一六年一〇月に新しく結成された憲政会の総裁に就任してからもそれを続けた[40]。原もこれに反論を続け、二人の論戦は大隈内閣が総辞職し、寺内正毅内閣の成立後まもなく行われた第一三回総選挙まで続いた[41]。注目すべきは、加藤が「平和克復後青島及山東鉄道等の処分に就ては何れ支那と交渉せざるべからず」と述べ、大戦終結後の交渉の行方を注視していたことである[42]。加藤は、来るべき交渉で中国側に対して譲歩を勝ち取ることによって、自らの名誉が幾分なりとも回復されることを期待していたのであろう。加藤にとって、二十一ヵ条要求問題はまだ終結していなかったのである。

同志会執行部の掌握

一九一五年八月一〇日、大隈内閣は改造して留任し、武富時敏逓相が蔵相、一木喜徳郎文相が内相に転じ、箕浦勝人(同志会党人派)が逓相、高田早苗(大隈の側近で、早稲田大学学長)が文相、加藤友三郎が海相に就任した。ここで注目されるのは、加藤・大浦を支えた有力者が共に辞職し、加藤の行動を支持したことである。前述の閣僚以外では加藤側近の仙石貢鉄道院総裁、浜口雄幸大蔵省参政官、安達謙蔵外務省参政官、鈴置倉次郎外務省副参政官、大浦に近い伊沢多喜男警視総監、下岡忠治内務省参政官が辞任した。一方閣内では、辞任した加藤に代わり尾崎法相の影響力が増した（山県との折衝は大浦に代わって一木新内相が担当）。ここにおいて、加藤の立場は極めて微妙なものとなった。引き続き政権を支える与党党首であると同時に、大隈内閣から距離を取り、政治的出直しを図る立場でもあったからである。加藤と大隈の関係は、強い緊張感をはらんで推移していくことになる。

後継の外相と蔵相は加藤が選定し、新蔵相の武富は若槻の政策を継承し、加藤側近の江木翼内閣書記官長が留任するなど、加藤は改造内閣にも一定の影響力を残した[43]。また大隈首相も引き続き加藤との関係を重視し、政権を揺るがした減債基金還元問題の際にも山県との妥協前に加藤と会談を行っている[44]。しかし、加藤にとって重要だったのは、死に体となった内閣との関係よりも、大浦なき後の同志会を自らの手で完全に掌握することであった。この意図を察する片岡直温は、内閣改造時に加藤から農商相への就任を打診されたにもかかわらず、敢えて辞退したという[45]。

ここでまず問題となったのは党内人事である。大浦事件後の参政官辞任に伴い、加藤・大浦批判の中心であった党人派の加藤政之助、木下謙次郎らが後継参政官に就任した。これに伴い、参政官等を辞任した加藤側近が党執行部に進出した（表3、表5）。総理に次ぐ地位である総務は既に若槻、安達、片岡という加藤側近が過半数を占めていたが（他の二名は党人派の肥塚龍、柴四朗のち坂口仁一郎〔安吾の父〕）、官職辞任で党務に専念できるようになった。新幹事長（参政官就任の藤沢幾之輔の後任）の富田幸次郎は党人派だが、土佐出身で浜口ら幹部とも近かった[46]。政調会では浜口が会長に、鈴置が副会長に就任した。このように、ここで初めて加藤側近が同志会執行部を押さえるという状況が生まれた。

加藤は執行部を押さえたのみならず、同志会の基盤強化を図り、積極的な党運営を行った。加藤は八月から九月にかけて関西、山陰、四国の支部発会式に自ら出席し、意欲的に遊説活動を行った。加藤がこの遊説で盛んに自らと政友会総裁の原とを対比したのは、自らの党首としての地位をアピールするためだったのだろう[47]。また、この遊説には浜口が同行し、若槻も東北遊説を行い、安達も東北各県の地方選挙の指揮を執るなど、加藤を中心とする最高幹部の体制が実質的に動き始めていた(48)。

このことは、党の日常的な運営からも裏付けられる。党の幹部会は基本的には総務、幹事長、政調会長が出席する形で、頻繁に党本部で開催されていた。加藤は従来通り月数回加藤私邸で開催される時のみの出席であったが、浜口、安達(次いで若槻、片岡)は頻繁に加藤私邸を訪問しており、加藤を中心とする最高幹部が連絡を密にしていたことが窺える(49)。一方で、加藤ら同志会役職者と同志会出身閣僚、島田三郎衆議院議長の定期的協議の場として「金曜定例会」が月数回開催されたように、党人派も党運営に一定の影響力を有していた(50)。しかし、党人派総務の動きはあまり目立たず、参政官も党との定期的協議の場を持たないなど、積極的な役割を果たした形跡は窺えない。このように、加藤は閣僚辞任によって大隈内閣から一定の距離を取ると共に、同志会掌握と党勢拡張に積極的に乗り出したのであった。

(二) 非政友合同問題の発生

大隈内閣後継問題と非政友合同問題

大隈内閣の大衆的人気は改造前後から翳りを見せ、各政治勢力からの批判が高まっていった。外交的には尾崎らが推進した反袁政策(袁世凱の打倒を目指した政策)が徐々に行き詰まり、寺内正毅朝鮮総督ら陸軍の最有力者が内閣を批判するようになった。また第三七議会(一九一五年一二月〜一九一六年二月)では、山県系官僚閥が支配する貴族院が財政問題(減債基金還元問題)を名目に事実上の倒閣運動に出た(51)。大隈首相はこれを山県の助力を得て辛うじて乗り切るが、議会後の辞職を暗黙の条件とするという代償を払わなければならなかった(52)。こうして、山県の協力が得られなくなりつつあった大隈内閣は政権運営の見通しを失い、内閣後継問題が政治日程に上った(53)。

内閣後継問題は、議会が終わった三月の大隈・山県会見の席上で、大隈が辞意を表明し加藤を後継首相に推したのに対し、山県がそれに猛反対し、寺内または平田東助(貴族院議員)が後継首相として適当であると述べて以降(54)、大隈と山県の綱引きを主軸として展開した。大隈は加藤以外に後継に推すべき人物を有しておらず(55)、同志会大会に出席して加藤への期待を公然と表明するなど[56]、山県に対して終始一歩も引かずにこの問題に臨んだ。大隈は政党政治実現という年来の主張を貫徹し、政治生活に有終の美を飾るため、超然内閣成立の阻止と加藤内閣の実現に全力を傾けたのである。これは、大隈が寺内内閣成立後に「山県の狭隘と陰険と嫉妬は相変わらずで奇兵隊々長の時の通りで少しも改まらぬ」「山県も流石に平田等の説に聴かざりしを悔へ」と山県を強く非難したことからも窺われる[57]。

一方、政変が予想される中で、与党内では政権転落への危機感と合同の気運が高まった（大隈内閣の与党は、同志会、中正会と前年一一月に無所属団を改称した公友倶楽部の三派となっていた）。この時の非政友合同論は、内閣改造までの反加藤を意図したものとは異なり、与党三派の結束を以後も維持し、大隈の主張する加藤内閣論を支援するという意図に発したものであった。合同を推進した高田早苗（文相。公友倶楽部に強い影響力を持つ）の「吾々としては伯（大隈—筆者註）が三年前聖旨に感激して蹶起し、爾来満二年余奉公の至誠を致した其の老偉人の努力を水泡に帰せしめてはならぬ。老偉人をして此の努力を水泡に帰せしむるような隠退の致し方に対しては極力之を諫止をしなければならない」という演説が、この意図をよく物語っている[58]。合同を最も急進的に推進したのは、大隈に近い同志会党人派と公友倶楽部のうち大隈伯後援会出身のグループであった。同志会党人派は早くも二月から代議士一四名が会合し、代表が加藤を訪問していた。また、議会後も関東会が合同論を推進し、三月一六日段階で連判状に四〇名の代議士が調印していた[59]。

これに対し、加藤ら同志会幹部は合同に慎重な態度を取り、三月一一日に富田幹事長が「三派合同は主義としては賛成だが、二派の動向を見て慎重に進める」との談話を発表した[60]。しかし、加藤らは合同に反対であった訳ではない。加藤の意図は、合同を機とした党の分裂や自らの主導権喪失を回避することにあった。それ故加藤らは党内結束を固め、公友倶楽部と中正会の同調を確認しながら、衆議院の過半数を制する新党を創立するため、あくまで慎重に合同を推進するのである。

ここで注意すべきは、加藤は本気で次期加藤内閣の樹立を目指していたのではなく、加藤内閣論を梃子として非政友合同を実現することを最も重視していたことである。確かに組閣の意欲はあったし、少なくとも周囲は加藤のことをそのように見ていた[61]。しかし、以下に見るように、加藤は自ら公然と後継首相に名乗りを上げた訳でも、加藤内閣実現のために積極的な働きかけを行った訳でもない。この時期の加藤の演説でも大隈内閣のことを積極的に擁護しているものはなく、むしろ自らを首相に推す大隈の行動を冷眼視さえしていた。加藤はイギリスのグリーン大使に、目下の政局は山県と大隈という二人の老人の「気紛れ」に支配されていると慨嘆したほどであった[62]。そもそも元老が後継首相奏薦権を握っている状況下で、大隈個人の交渉力頼みの加藤内閣論が実現する可能性が極めて低いことは、加藤もよく分かっていたはずである。加藤は、山県系官僚閥との提携による政権維持という現状を嫌い、持論の政党内閣論と超然内閣反対の姿勢をはっきり示しながら、非政友合同によって政治的出直しを図ろうとしていたのである。

後継をめぐるせめぎ合いと加藤・同志会

加藤・同志会がまず行ったのは、党機関誌『同志』の創刊と地方組織の強化であった。同志会は四月一五日に初めて機関誌『同志』を創刊し[63]、四月以降、各地に地方支部を創設するなど[64]、党の結束と基盤強化を目指して行動を起こした。また加藤は、五月二七日の東京支部大会における演説等で政党内閣論を強く主張し、超然内閣反対の意思を示した[65]。

五月には衆議院長野選挙区補欠選挙が行われたが、与党三派の推す候補が当選した。安達はこの選挙戦を「小党分裂を纏める考えでやっていて夫は確に成功して居る」と述べたし、信濃倶楽部（長野県の与党三派合同組織）の発会式には若槻が出席するなど、同志会幹部も合同に積極的に乗り出し始めた[66]。加藤はこの際「長野の三派合同といっても事実上は同志会の団結というに過ぎない」と述べ、あくまで同志会主導の合同であることを強調した[67]。

五月二四日から六月六日にかけて三度開かれた三党首会談（三浦梧楼枢密顧問官が次期首相指名での元老排斥のために主催）も、加藤の後継問題への対応の一環として捉えられる[68]。この会談後の声明では政党内閣樹立が主張されたが、これは山県らに護憲運動のプレッシャーをかける意味を持った。大隈はこの観点から三党首会談を歓迎し、「香はして置いた方が面白い」と意味深な談話を残している[69]。片や同声明では外交政策の変更も主張された。これは加藤にとっては、反袁政策の変更と尾崎・党人派からの外交の主導権奪回を意図するものであった[70]。加藤の反袁政策反対の論拠は持論の外交一元化と内政不干渉方針であった。

後継問題が本格化したのは、六月二四日に大隈が辞意を表明してからである（後任に加藤と寺内を内奏）。大隈は七月六日、一〇日に山県が後継に推す寺内（元帥昇進に対する答礼の名目で朝鮮から帰国中）と一回目の直接交渉を行った。大隈はこの会見で加藤内閣の樹立を要求し、寺内と加藤の共同組閣というのが精一杯の譲歩であった。これに対して寺内は挙国一致内閣の樹立を要求し、大隈の要求に強い難色を示した。のちに同志会のことを「毒蛇」に喩えたのが、寺内の心事をよく表している[71]。

他方、山県（および平田、一木ら）は寺内内閣への加藤・同志会からの数名の入閣を望み、昇爵等で大隈と加藤を懐柔して妥協を図った（加藤は七月に子爵となった）。ただし、山県はこれ以上提携条件を緩めることはなく、そもそも同志会を対等の政権パートナーとは見なしていなかった。山県や平田と連絡を取りながら同志会を与党とする寺内内閣樹立を目指していた田中義一（参謀次長）も、同様の考えであった[72]。山県の追求する寺内・同志会提携とは要するに同志会の「御用政党」化であり、それは大隈内閣の政権運営方式を継続することに他ならなかった[73]。反政友会という接点と山県の慎重な性格から妥協を探る交渉が行われたものの、大隈と山県、寺内との思惑はかなりかけ離れており、交渉妥結の見込みはそもそも非常に低かったのである[74]。

このように大隈と山県、寺内は後継内閣をめぐり鋭く対立していたが、他方で大隈と加藤・同志会の間には密接な連携が欠けていた。大隈が寺内と会見することは事前に加藤にも伝わっていたが[75]、大隈は詳細を加藤・同志会に相談しないまま単独で交渉を進めたのである。大隈の意図は、同志会側の騒ぎを封じ込め、山県、寺内に妥協の誠意を示すことだったと推測されるが[76]、大隈の本意を知らない加藤・同志会幹部は交渉開始の報に驚いた。両者に妥協の用意があるのではないかと疑ったのである。そこで七月六日から二六日の間に、加藤・同志会幹部は総出で大隈に抗議を行った[77]。同志会は加藤内閣論と山県、寺内への妥協反対で固まっていたのである。ただし、実際には大隈も加藤内閣実現を図っていたのであり、それ故一回目の大隈と寺内の交渉は行き詰まった。大隈は七月二六日に辞表撤回を内奏し、首相の座に居座った。ここに至り、山県は大隈に若干譲歩の姿勢を示すと共に、政友会等との連携を強化して和戦両様の作戦を取り始めた。一方の大隈は同志会との連携を密にし、非政友合同の圧力を前面に押し出して交渉を行う作戦に転じた。八月一日から三日にかけて、大隈周辺は大隈留任の意向を各新聞に流した(78)。次いで八月五日、大隈は加藤ら与党関係者が勢揃いした日露協約締結および昇爵叙勲の祝賀会（実は政変に備え与党の結束を固めるためにも計画されたもの）に出席して意気を示し、山県の激怒を買った(79)。

八月六日、大隈と寺内の第二回交渉が行われたが、交渉はまたしても平行線を辿った。同日、同志会の安達、仙石、武富は大隈に交渉打ち切りを求めた(80)。またこの日、高田が加藤と尾崎に合同を提議し、一〇日の三派懇親会では基本路線が示されるなど、非政友合同は着々と進展した(81)。その後、八月一一日、一三日には大隈と山県の最終交渉が行われた。大隈は同志会の強硬姿勢を強調し、護憲運動の可能性を示唆することで山県に圧力をかけようと試みたが、却って山県の反発を招き交渉は完全に決裂した(82)。

加藤はこの間（八月下旬〜九月上旬）、山県の意を受けて訪問して来た浜尾新（枢密顧問官）に対し「連立内閣の成立の確保」は不可能と伝えるなど、従来の反寺内内閣の姿勢を崩さなかった(83)。他方で、大隈とはこの局面になってもなお直接接触することはないばかりか、山県との交渉を続ける大隈を訝りさえしていた(84)。加藤は大隈と山県の交渉の行方を「如何落着すべきや関心に堪えざる」としつつも「此際別段施策の法も無之先以傍観の外有之間敷と奉存候」と冷然としていた(85)。またこの交渉後、安達に書翰を出して自らの心事を吐露している(86)。重要な史料なので以下に引用する。

「小生の名頻りに現われ居るに小生が全然沈黙を守りては、小生も慣れ合いの仕事と世上にては見做すべく、左すればとて真相を語らば（小生の毫末も之を関知せざる次第）、侯（大隈—筆者註）は世上より其常識を疑わるるに至るべく、其結果大いに其声価に影響を及ぼすことも可有之と存候。就ては小生は此場合に於て如何の態度を執るべき哉に付昨日来当惑致し居るも、一向名案を得ず。何れ此儀に関しては其内御相談可致候間、篤と御考置被下度候。」。

（三）　非政友合同問題の展開

合同の実現

こうして事態はまたも膠着し、大隈首相は再び居座りを続けた。ここで大隈は辞表をすぐに提出せず、非政友合同実現まで時間稼ぎをする戦術を取った。大隈の思惑通り、同志会主導の合同はこれ以降加速度的に進展していった。九月三日、衆議院島根選挙区補欠選挙が行われ、再び与党三派の推す候補者が当選した。同志会は幹部の若槻、安達が現地で直接指揮を執り、選挙後に当選者を入党させるなど、着実に合同への布石を打っていた(87)。ここで合同にとっての最大の障壁は、与党の一画を占めながら合同反対の元中立系議員を抱えて分裂状態の公友倶楽部の動きであった。

ここから猛烈な合同反対派の切り崩しが行われた。まず八月二六日、二七日にわたり、大隈首相が自ら合同実現を反対派に対して訴えかけた。続いて同志会の浜口総務が代議士総数二〇〇名以上でなければ合同は不可という条件を提示し、反対派切り崩しを督促した。さらに高田文相や大津淳一郎ら同志会党人派は、大隈からの電報や地方利益誘導等まで利用して工作を行った。その結果、九月八日には公友倶楽部から一六名が新党に参加し、新党参加代議士が衆議院の過半数を超える見通しが立った(88)。こうして九月一三日の三派代表（浜口、高田、田川大吉郎）会見、一五日の加藤と高田の会見を経て、一八日に高田から加藤と尾崎に対し合同が正式提議され、同日、三派各二名の交渉委員が決定するに至った（同志会の交渉委員は安達と浜口）(89)。

合同が大勢となったとはいえ、新党組織をめぐる問題がまだ残っていた。特に大きな問題は党首問題であった。大隈は八月末に既に新党への不関与を断言していたが(90)、尾崎、公友倶楽部の一部、大津淳一郎ら同志会党人派の一部が大隈総裁案を主張したのである。これは従来からの反加藤の流れを汲むものである。最終的に大隈への総裁就任要請は断られたが、尾崎らは最後まで大隈総裁に固執し、それが不可能であれば総務制を導入することを主張した(91)。しかし総務制には、同志会幹部のみならず早速整爾（中正会、元海軍省副参政官、衆議院副議長）ら与党党人派からも強い反対が起きた(92)。結局、総裁制導入と加藤総裁案が大勢となり、総裁一名、総務七名の設置が決まった(93)。新党の党名は加藤が憲政会と命名し[94]、綱領等は同志会のものを基礎として浜口が草案を作成するなど(九月二六日以降九回の交渉会で討議)[95]、新党における加藤・同志会のイニシアティブは不動であった。新党の機関誌『憲政』も、体裁・号数共に『同志』の継続となっている。

一方、合同の進捗を確認した大隈は、九月二四日に高田と武富に対して、辞意と加藤の後継首相への奏薦を明らかにした[96]。加藤ら同志会幹部はこれを受けて二五日に箕浦遞相官邸で会談し、三派交渉委員も同時に内定した。そして翌二六日、総務会と評議員会を開いて合同を正式に決議し、交渉兼準備委員として安達、浜口、富田を選定した[97]。このように大隈・同志会は、新政党の圧力を背景に護憲運動の再現と寺内内閣阻止を目論み、密接に連携しながら進んでいった。

最後の大逆転を狙った大隈・同志会は、「練達堪能の士」加藤を後継者として奏薦するとの記載のある異例の辞表を提出し、さらにそれを直ちに内閣から公表するという奇策を仕掛けた。このシナリオを描いたのは内閣書記官長の江木であった[98]。江木は表では新聞で報道された政変説を打ち消す一方で[99]、裏では辞表を起草し、さらに大隈を督励していた。このことを示すのが、九月二八日の江木の大隈宛書翰である。この中で江木は、情勢は楽観できないという見通しを示した上で、寺内は一度組閣の決意がないことを示したとして強引に押し切るべきこと、その上で加藤後継を強く主張すべきであると主張した。そして「或は結局折合いは六ケしきことかと存じ候得共、兎に角五分五分の所迄訳合かと存候。而して結局聖断を仰がるる場合に立ち到らば、元老への御下問とも可相成、左すれば仮し元老寺内説に傾くも、閣下の御立場は立憲的として予ての御理想に合するに至るべきかと存候」と大隈を鼓舞した[100]。

しかし結局、山県が即日元老会議を開き[101]、同日中に寺内に組閣の命が下った。大隈・同志会は敗れたのである。これを聞いた党人派の間では怒りが噴出したが、加藤はもはや事態を達観しており、「アアそうか」と述べ比較的平然としていたという[102]。一方の山県は、後日江木の処置を知って激怒し、江木のことを「奸物と云う者を始めて見たり」と罵っていた[103]。

大命降下の翌日、山県は加藤を訪問した。ここで山県は再度寺内内閣への協力を求め、しぶとく同志会与党化の可能性を探った。しかし、加藤がこれを受け容れるはずはなかった[104]。一方、寺内はあくまで同志会との提携には消極的で、寺内の参謀格の後藤新平は、既に解散による同志会の多数打破を目指し動き始めていた[105]。山県や平田らがまだ提携を視野に入れていたため同志会の一部の動揺が伝えられたが[106]、加藤は平田を通してすぐに寺内内閣との対決姿勢を明確にした[107]。こうして、寺内内閣成立と同日の一〇月一〇日、非政友合同は実現した。分裂を予期する観測も強い中で[108]、加藤は代議士総数二〇〇名の新政党・憲政会を創立させたのであった。

大正天皇と加藤

以上の政変の過程で、大隈首相は加藤内閣実現のために大正天皇を積極的に取り込もうとしていた[109]。しかし加藤は、天皇を政治的に利用しようとはしなかった。のちに加藤は、イギリスの外交官オルストン（Beilby Alston）と会談した際、明治天皇の時代と大正天皇の時代は異なることを指摘した。そして「山県（有朋―筆者註）が死ねば君主と国民を遠ざける存在はなくなるが、もともと大正天皇はこれまで裁可するだけの存在で、これからもそうだろう」と述べ、山県に対する反感と大正天皇の政治的役割に対する冷めた見方を示した。オルストンは「加藤の口からは君主の役割を積極的に求める発言は何一つ聞かれなかった」と記したほどだった[110]。加藤は、心身共に弱い大正天皇が明治天皇のように調停役を果たすのは無理だと感じ、政治に巻き込んで混乱を招くのを嫌っていたのであろう。天皇の恣意的利用がイギリス流の立憲君主制を逸脱しかねないとも考えていたであろうし、大正政変の苦い想い出が心中に残っていたことも想像に難くない。

イギリスのグリーン駐日大使は、このような加藤の姿勢を理解していた。グリーンは、大隈内閣は後継難から留任しているに過ぎないという状況をよく理解していた上に[111]、寺内を旧勢力の代表と捉え批判的に見ていた[112]。グレイ外相に対しては、加藤は「日本で最も有能な人物」であり、大隈首相の後継として自然だが、加藤の不人気のため世論が盛り上がっていないこと、加藤自身は後継になろうと焦っておらず、むしろ将来の組閣を期しているようであることを報告した[113]。

加藤は、大隈首相が辞表を出す直前にグリーンと会見し、大隈が自分を、元老が寺内を後継に推しているため、大正天皇は困難な立場に立たされており、どちらが選ばれるか可能性は半々であろうと語った。加藤は、首相になることには関心はないが、与党の要請によって引き受けざるを得ない場合もあるかも知れないと付け加えたという(114)。そして寺内内閣が成立すると、自らが首相になれなかったことではなく、元老会議によって唐突に自分が除外されたことを憤っていたという(115)。

大隈内閣末期における加藤の政治指導は、自らの政治基盤であるはずの大隈首相や与党の相当部分との立場の違い故に少々分かりにくいものであったが、イギリス流の二大政党制や立憲君主制への強い志向に裏打ちされたものであった。グリーンも、憲政会創立は短期的には衆議院での第一党の立場を強化するためのものであるが、長期的には二大政党制につながる意義があることを認めていた。彼が、創立されたばかりの憲政会をコンスティテューショナル・パーティー（Constitutional Party）と訳しているのは、極めて示唆的であるように思われる(116)。

第二節　憲政会の出発

（一）　第一三回総選挙

憲政会の結束

加藤は、山県が第二次大隈内閣を通して追求した提携路線を断ち切り、憲政会創立を実現した。最後まで同志会与党化を模索していた山県も、寺内首相の挙国一致内閣、新たな御用政党育成の方針に同調し出した。ここに政治的構図は鮮明となった。寺内内閣は憲政会の多数打破を目指して、いよいよ解散総選挙の準備を本格化させた。

象徴的なのが解散直前（一九一七年一月）の衆議院山口選挙区補欠選挙の動向である。当時、山口には同志会の創始者・桂太郎の出身地という縁から六名の憲政会所属代議士がいたが、同じく山口出身の寺内との対決を嫌う雰囲気が強く、動揺していた。そこで寺内内閣は、かつて同志会結党に関わった柴田家門（第三次桂内閣の文相）を派遣し、彼らの切り崩しに動いた。憲政会候補の応援に行った若槻は「生命がけの選挙戦」と回顧しているが(117)、寺内内閣の憲政会に対する態度をよく伝えている。

寺内内閣と憲政会の対立が鮮明になったため、両者の提携を模索してきた人物達は憲政会から離れていった。その代表が前に内相を辞任した大浦であった。大浦は、失脚後も鎌倉に閑居しながら虎視眈々と政界復帰を窺い、同志会幹部や山県周辺と頻繁に接触し続けていた(118)。大浦は大隈内閣後継問題の際には、配下の松本剛吉を使って、提携を模索する平田東助と積極的に接触し、大隈周辺にも大浦の調停に期待する動きがあった(119)。加藤もまだ大浦との接触を保っており、七月六日以降と思われる時期に大浦を三度訪問したが、大浦は加藤が政府に立つ時機ではないと述べたようである(120)。その後、大浦は憲政会には参加せず、寺内内閣成立に際し松本を田健治郎逓相の秘書官に就任させ、事実上山県系官僚閥への復帰を果たした。このように大浦は、寺内内閣成立の過程で政権構想の違いから憲政会と遠ざかっていった(121)。大浦は山県と念願の面会を果たすと、「感極まり落涙」したという(122)。イギリス流の政党政治を理想とする加藤と山県への忠誠心の厚い大浦との協調体制は、所詮同床異夢だったのかもしれない。

この他、平田東助は山県に対する面目を失い、病気を理由に一時引き籠った(123)。以後しばらくの間、憲政会に対する好意は確認できない。また一木喜徳郎は、大隈に近い立場から調停を試みたため、山県の不興を買っていた。一木も面目を失い引き籠ったが、その後、大隈や憲政会と接触を保つ一方で山県に再接近を試みるなど、政治的立場に苦慮していくことになる(124)。彼らの支持を当面期待できなくなったことが、憲政会の政治的選択肢を狭めたのは確かである。彼らが憲政会に対して好意を示すようになるのは、一九二二年に山県が死去した後のことである。

他方で、憲政会内部は加藤の下で結束を固めていた。浜口や江木は寺内内閣からの鉄道院総裁のポスト提示に応じず、逆に寺内内閣批判の先頭に立った(125)。安達は、大浦の意向もあり寺内内閣への内閣不信任案提出には躊躇していたが(126)、指揮を執った選挙戦では寺内内閣批判を強く打ち出し、最終的には加藤の方針に忠実に従った(127)。元山県系官僚で公友倶楽部の党首格だった下岡忠治は、大隈内閣後継問題と非政友合同問題で迷走を続けていたが(前者においては加藤内閣論を唱えながらも山県との提携を模索するという無理な路線を進み、後者においては大隈党首の下での合同を主張し、最終局面で新党不参加に転じた[128]、一二月には山県に絶縁状を送り、憲政会に合流した。山県がこれに激怒したのは言うまでもない[129]。さらに、九月まで尾崎・党人派の間に見られた反加藤の動きは、一〇月以降ほぼ消滅した。加藤が鮮明に打ち出した反寺内内閣の姿勢が、尾崎・党人派との結束を可能にしたのである。

このように憲政会は、結党時から加藤を中心として反寺内内閣の姿勢で結束していた。一〇月一〇日の結党大会の宣言や演説は、対決姿勢が必ずしも明白ではないとして新聞では不評であったが[130]、幹部の寺内内閣否認の談話から、憲政会の反寺内内閣の姿勢は明らかであった[131]。結党大会での姿勢がやや曖昧だったのは、一つには一部の軟論（寺内内閣との対決躊躇や解散忌避論）への配慮があったためと思われる[132]。しかしより重要なのは、寺内内閣を具体的な政策面から批判するための準備期間を要していたことである。憲政会は既に綱領を公表していたが、政策はまだ全く決定していなかった。同志会は結党以来政策の公表を伝統としてきたし、加藤も政友会の「白紙主義」とは異なる憲政会の独自色として、政策を積極的に公表する意欲を持っていた。浜口らが説明していたように、加藤は具体的政策に基づき寺内内閣を合理的に批判しようと考えていたのであろう[133]。

「政策」（党の公約を示す公式文書、本節(二)で後述）の内容がほぼ固まった一一月上旬以降、加藤ら憲政会幹部は各地で遊説を開始した。加藤は一一月九日の山形支部発会式を皮切りに、一〇日の東北大会、二〇日の福井支部発会式に出席し、三〇日から一二月一五日までは尾崎と共に九州・中国地方で大遊説を行った[134]。この間、加藤らは寺内内閣を痛烈に批判した[135]。

衆議院解散

憲政会が年末の第三八議会開会前に直面したのが、不信任案提出という問題であった。既に見たとおり、寺内内閣側は成立当初から解散の準備を着々と行っていたが、憲政会の大多数は解散を望んでいなかった。大隈人気が去りしかも野党の立場で臨む選挙では、議席を伸ばすことは不可能だったからである。高田早苗や急進派の島田三郎でさえ選挙での憲政会不利を認めていた(136)。実際一二月の衆議院石川選挙区再選挙では、憲政会は二議席減の大敗を喫していた。そこで齋藤隆夫らは不信任案不提出による解散回避を主張していた(137)。しかし、そもそも寺内内閣が解散方針を固めていた以上、それは不可能であった。憲政会が採り得る戦術は、世論を喚起し議席減を最小限にとどめることだけであった。憲政会は公式には一月の党大会まで不信任案提出の是非は未定としていたが、幹部は一二月半ばの時点で不信任案提出、解散の覚悟を示唆していた(138)。

従来、第三八議会(一九一六年一二月〜一九一七年一月)における憲政会の不信任案提出は、急進派の突き上げや犬養毅の誘導(犬養は憲政会に働きかけて共同で不信任案を提出し、解散総選挙による党勢不振打開を図ると共に、解散を望む寺内内閣に恩を売った)に強いられたものだという解釈が取られてきた(139)。確かに憲政会には不手際があった。不信任案提出の正式決定まで党内には軟論がくすぶっていたし(前述の山口選挙区等)、島田三郎議長の議事整理のまずさから、自党による不信任案提出の説明の演説をできないまま解散に追い込まれたのは、実に不様であった(140)。しかし、ここまで見てきたとおり、憲政会の不信任案提出は既定路線であり、加藤も犬養が議会を解散に導こうとしているのは承知の上であった(141)。むしろ分裂を予想する声もある中で(142)、憲政会が結束を保った点は積極的に評価すべきであろう。

一九一七年一月、憲政会と国民党は内閣不信任案を提出し、衆議院は解散された。加藤は大隈周辺に「言論戦を為すに当り誠に仕合なり」と語り、「前回のごとく言論戦に早稲田学校の援助を乞いたし」と世論の盛り上がりに期待していた(143)。しかし「言論戦」は成功しなかった。前年一一月以降の加藤らの演説は、超然内閣反対という一点を除き有権者にあまりアピールしなかったようである(144)。特に加藤が反袁政策まで一時擁護したのは、明らかにこれまでの言動と矛盾しており、いかに政策的不統一を糊塗するためだったとはいえ、失策であった(145)。結局、前回総選挙のような盛り上がりは起こらなかった(146)。選挙戦の指揮を執った安達は百六〇名弱の当選を期待していたが、憲政会は一一九名の当選(議席数七六減)、浜口の落選という大敗を喫した。ここに憲政会の長い野党生活、「苦節十年」が始まったのである。

総選挙後、評論家の三宅雪嶺（愛知英語学校、東京大学で加藤の二級後輩）は「（憲政会は—筆者註）近頃余り調子が好過ぎた、そう旨く行くものではない。加藤総裁も今度は分ったかどうだか、兎角己れ一個の力を買被る癖がある」と評した[147]。確かに外相辞任後の加藤の政治指導は山県に正面から挑戦を挑む生硬なものであり、憲政会の第二党転落、寺内内閣下での苦境を招くものであった。しかし他方で、この生硬さがあればこそ非政友三派が加藤を中心にまとまって憲政会創立が実現し、御用政党でも民党でもない政権政党が育つ可能性が生まれたことを忘れてはならない。その意味で、加藤の政治指導は長期的視点に立ったすぐれて未来志向のものであった。

三宅が「加藤総裁は憲政会に必要人物であっても、此の儘に続いては党勢拡張に利益であるかどうか、憲政会にとって痛し痒しの所である」と述べたとおり、この時点では加藤の政党指導者としての力量は未知数であった。まさにこれからの野党生活こそが加藤にとっての正念場となるのである。

（二）　初期憲政会の権力構造と組織

権力構造と組織

ここで、創立当時の憲政会の権力構造を検討しておく。加藤の人材登用の方針は、行政能力の重視と政策の一致であった。加藤が外交官時代から語学力を重視した人事を行ったり[148]、党人派の中で信頼を置いたのが財政通の武富時敏や早速整爾であったり[149]、二日間にわたり「テスト」をした上で浜口を登用したというエピソードは、この姿勢をよく示している。このような観点から加藤に最も信頼されていたのは、同志会最高幹部の若槻、浜口、江木、安達の四人であった。加藤の人事方針は、党人派の間に知識で人間を差別しているという反発も生んでいた[150]。また江木が、安達を「政党の技手」「我等の理想とする政党政治家にあらず」と批判していたように、最高幹部間にも政治志向の相違が存在していた[151]。しかし、総じて彼らは加藤を中心として結束し、創立期以降一貫して党務や政策立案を主導した。本書では、憲政会「最高幹部」の語をこの四名のみに限定して用いることとする。最高幹部に次ぐ影響力を持っていたのは、旧同志会の仙石貢や片岡直温、旧中正会の早速、旧公友倶楽部の下岡であり、以上の八人が加藤を支える実質的な幹部であったと言える。

加藤と対立する傾向にあったのが、改進党以来の民党の系譜を継ぐ尾崎や旧同志会党人派であった。尾崎は憲政会の創立時に、加藤の主導権に対して積極的に挑戦する構えを見せた。しかし、党人派最有力の武富、河野、箕浦、島田は、尾崎の動きを強く支持することはなかった。中でも武富は若槻や安達とも親しく、加藤も彼を幹部とほぼ同等に処遇し[152]、河野は他の大隈内閣閣僚とは反りが合わなかったらしい[153]。非政友合同の立役者である高田早苗は半ば政界を引退し、党人派中堅(加藤政之助、木下謙次郎、大津淳一郎、望月小太郎ら)も、かつて推進した反加藤の動きは見せなかった。このように、尾崎や党人派は一致結束している訳ではなかったし、加藤に対抗するだけの影響力も有していなかった。

以上の加藤側近の最高幹部を中心とする権力構造は、組織や人事に如実に反映されていた。党の役職で総裁に次いで重要なのは、同志会同様、会則で「総裁を補佐す」とされた七名の総務であった[154]。『東京日日新聞』紙上では、尾崎、高田、武富、河野、箕浦、若槻、安達の総務就任が事前に予想されていた[155]。しかし実際は、党人派の河野、箕浦の代わりに加藤に近い浜口、片岡が就任した(表6)。会則上総務は党大会の選挙で選出されることとなっていたが、結党式で総裁指名に切り替えられており、この人事には加藤の意思がかなり反映されていたと見て良い[156]。こののち総務の職は、党人派中堅にも開放されていったが、加藤と折り合いが悪い人物は就任が遅く再任も少なかった(表6)。常に幹部の意向通りに総務会が動くよう人選がなされたのである。

憲政会結党式翌日、同志会にはなかった顧問職が新設され、河野、箕浦、島田、仙石の四名が任命された(表6)。顧問は会則上の権限が不明瞭な役職であったが、党人派の老朽淘汰を主目的とする閑職であったと見て良い。顧問はその後の党運営で大きな役割を果たすことがなく、寺内内閣からも「空位」と見られるようになるからである[157]。同志会総務や参政官経験者である肥塚龍、柴四朗、坂口仁一郎、木下謙次郎らは顧問にもなれず、さらに不遇であった。このように党人派の凋落は明白であった[158]。

幹事長は会則上「会務」の処理が任務とされ、日常的に党務を統括する一方で、党の公式談話を発表する役割も担うなど目立つ役職であった。ただし、就任者を見ると総務就任前の党人派中堅が多く、総務より格下であった[159]。政調会長も党人派中堅が多かったが、登用パターンを見ると幹事長よりさらに格下であった(表7)。初代幹事長には富田幸次郎(前同志会幹事長)、初代政調会長には加藤政之助(大隈内閣で大蔵省参政官)が就いた。

政調会には一〇の部が置かれ、政調会長が各部の責任者である主査を任命した(表7)。主査には幹部以外の者が任命された。第五章で見るように、重要政策に関しては最高幹部を会長とする特別委員会が政調会とは別に設けられた。のちに安達が振り返ったように、政調会は実質的な力をほとんど持っていなかったのである[160]。加藤も政調会を重視しておらず、出席することはほとんどなかった。もっともそのような中でも、司法部主査を務めた齋藤隆夫(弁護士)のように、法制に関する知識を活かして選挙法改正案作成などに力を発揮する者もいた。

憲政会には対外硬論者が多かったことが知られているが[161]、彼らは政調会の外務部や陸海軍部、拓殖部に所属し、しばしば主査にも就任した。例えば、対米強硬志向を持っていた望月小太郎は外務部主査を三度務めた[162]。アジア主義者として名高かった小寺謙吉も、外務部に長く所属した[163]。しかし彼らの議論は、議会での質問演説などには反映されたが、党全体の方針を動かすには至らなかった。望月の号である「鶯渓」は、彼の不遇を象徴しているように思われるし[164]、小寺は党内での処遇に非常に不満を持っていた[165]。

以上がフォーマルな組織であるが、実際に重要だったのは、会則にはないインフォーマルな幹部会であった[166]。通常の幹部会は総務と幹事長を中心に党本部で開催されたが、加藤は党本部での幹部会にはあまり加わらないのが一般的であった。加藤が参加する幹部会は、同志会時代と同じように加藤私邸で別個に開かれ、そこには最高幹部がたとえ無役であっても臨機応変に加わることが多かった。党人派にも開放されていった総務会に対して、加藤直系の幹部がイニシアティブを確保するためにこうした方式が取られたものと推定される。以上の組織のあり方は、第五章以降でも具体的に触れることにする。

「政策」の策定

次いで加藤と最高幹部の主導性を、創立直後の「政策」（党の公約を示す公式文書）策定過程で具体的に確認したい。憲政会が「政策」策定を本格化させたのは、地方長官会議で寺内内閣が政治方針を明らかにした一九一六年一〇月二八日以降であった。草案起草は浜口総務に一任されていた。浜口草案は、一一月四日の幹部会（出席者は加藤総裁、総務、幹事長、顧問、江木会計監督）で初めて議に付された。案は多少の字句修正をしただけで可決されており、事前の幹部会（出席者は加藤、総務、幹事長）で実質的決定がなされていたと推定される(167)。

これより少し前（一〇月二四日）、政調会の人事が決定していた。しかし政調会は当面の経済政策を検討したのみで、より重要な「政策」決定からは排除すら検討されていた(168)。結局政調会でも協議がなされることとなったが、政調会での修正は小さなものであったし、修正案は一一月一四日の総務・政調役員連合会（出席者は総務、幹事長、政調会長、政調会理事）の場で最終確定する手続を踏むこととなった(169)。要するに、「政策」の策定過程で政調会はほとんど役割を果たさず、主導権はあくまで加藤と最高幹部が握っていたのである。

「政策」の基礎となった浜口草案は、全一二項からなっていた(170)。そのうち、①連合国との関係強化、②日英同盟・日仏協商・日露協商の尊重、③八四艦隊計画の遂行、④国民負担を増加しない財政計画、⑤減債基金の現状維持、⑥正貨の利用と経済の調節、⑦特殊銀行の設置、⑫農業経済の改善という八項目は、第三七議会前の同志会大会で決議された「政策」を踏襲していた(171)。残りの四項目が浜口によって新たに付け加えられたもので、⑧鉄道の軌制の現状維持、⑨商工業組織の統一改善、⑩高等教育機関の増設、⑪選挙権の拡張がその内容であった（番号は機関誌に掲載された順番を示す）。元の同志会時代の「政策」には、この他「移民奨励」と「一般国民生活状態の改善」という条項があったが、浜口は前者を削除し、後者を新たに四項目を設けることで具体化しようとしたと言える。

このうち大きな問題となったのは、二点だった。第一点は、浜口が削除した「移民奨励」についてである。浜口は対外硬派抑制を図ってこの条項を削除したものと思われるが、対外硬派の多い政調会は、一一日の協議で浜口が削除したこの条項を復活させ、最終的に「政策」の⑬として加えた。しかし浜口は、新聞談話や機関誌の説明でも移民条項については「説明の要なし」と冷淡であった[172]。これは、同志会以降一貫して続いてきた幹部による対外硬色抑制の表れであった。

第二点は、選挙権拡張をめぐる問題であった。浜口草案では、選挙権拡張案に関する条項は「特に中学卒業程度の者に選挙権を与うる趣旨を以て、選挙権の相当なる拡張を為す可し」となっており、知識階級を対象に選挙権の拡張を図る方向性が示された。これに対し政調会は、選挙権拡張を知識階級に限定するか、納税資格の低下によって行うかは今後の調査に俟つべきとした[173]。一四日の話し合いで様々な意見が出た末に政調会の意見が通り、問題は先送りされることになった。選挙権拡張の方法をめぐる対立は、原内閣の下で再浮上することになる。

なお、財政政策では深刻な対立が見られず、減債基金を現状のままにとどめ、既に大戦後の恐慌への危惧を示すなど[174]、緊縮財政志向を基調としていた。もっとも、従来通り海軍拡張には熱心で（③）、⑨⑩で高等教育機関増設や産業政策を想定するなど[175]、大戦景気を受けて積極的な財政支出を図る政策も同時に提示されていた。大隈内閣末期には安達が北海道・東北振興策を提示したし[176]、憲政会の地方支部発会式でも、一部で「地方商工業の改善振興」や「治水及び交通政策」を求める決議がなされていた[177]。このように、憲政会初期の財政政策は不透明なものであった。

政治資金問題

最後に組織の問題の一環として政治資金について検討する。加藤は一九一三年の同志会総理就任以来、同志会本部の建設費を大幅に負担するなど、党を資金面からも支えていた[178]。この状況は憲政会結成によっても変わらず、加藤は政治資金の最大の負担者であった[179]。武富は「加藤は此上党のため多大の出金六かしく候。其の他の態度は『金を出すこと困るから集を以て相尽くすと云う金の代償的に出勤したり』」と嘆いていた[180]。加藤の資金源は、三菱の創業者である岩崎家との関係によるものが大きかったと推定される。加藤は岩崎家との関係が良好で、イギリスに赴任した時には岩崎家に子供の面倒を見てもらうなど、家族同様のつき合いをしていたからである。

三菱史料館には、一九一一年に建築された加藤邸（加藤の死後ベルギー大使館に売却）に関するコンドル（Josiah Conder, 建築家）の見積書や[181]、東山農事会社（加藤の妻春治の兄である岩崎久弥が開設した農牧事業の会社）と岩崎家庭事務所が加藤伯伝記編纂所に対して支払った加藤の伝記製作費の領収書が残されている[182]。いずれも断片的な史料で全体像は分からないが、岩崎家が個人的に加藤の政治活動をサポートしていたことは窺える。また加藤は、一九〇一年にイギリスの故マックス・ミューラー（Max Müller）博士（枢密顧問官、オックスフォード大学教授）の宗教学などの膨大な蔵書を東大のために購入して欲しいと岩崎久弥に申し出て、了承されたこともある（東大図書館に収められたが、関東大震災で焼失）[183]。久弥（一八九三〜一九一六年三菱合資会社社長）は、加藤が手放した東京日日新聞社の経営を引き受け（第二章第二節）、長女美喜の結婚相手（外交官の沢田廉三）選定を加藤に依頼するなど、五才年長の義兄・加藤のことを深く信頼していた[184]。加藤が岩崎家から受けた経済的支援は、主に久弥を通してなされたのではないかと思われる。

情報源は不明であるが、一九一六年に山県が聞いた説によれば、岩崎家から加藤に分与された財産は二百万円（現代の約二〜三億円に相当）で[185]、株券の騰貴等により三百万円（現代の約四〜五億円に相当）になったという[186]。金額の真偽については分からないものの、山県の談話の通り、加藤は自らの俸給と岩崎家からの経済的支援を自らの利殖によって増やすことで、政治資金を賄っていたのではないかと推測される。実際加藤は理財の才に長けており、一九〇九年に成瀬正肥、田中不二麿に次いで三代目の尾張徳川家相談人長となった時には家政再建に成功しており、当主徳川義親や家令の海部昂蔵は、加藤なしでは尾張徳川家は立ちゆかなかったと回想している[187]。

注意すべきは、加藤が政治資金をただ拠出するのではなく、権力の源泉として意識的に活用していたことである。例えば大隈重信は政治資金面でかなり岩崎家や加藤に依存していたようであるが[188]、加藤は党内で反加藤論が盛り上がると「自分は何時にても引退すべしと雖も自分引退之場合には会員諸氏が尊崇する大隈之台所にまで影響する事なきを保せず」と述べるなど、政治資金を彼らの牽制のための武器として利用していた[189]。また同志会時代には、不仲の木下謙次郎常任幹事を資金面から遠ざけるため会計監督職を新設して側近の若槻を任命し、憲政会の初代会計監督にも側近の江木を就けるなど、信頼できる幹部に党の政治資金を管理させる体制を意識的に築いていったようである(190)。選挙を指揮した安達も資金管理に深く関与していた(191)。

加藤に次いで資金面での役割が大きかったのは仙石貢(元九州鉄道株式会社社長で三菱と関係が深い)、片岡直温(元日本生命保険会社社長)であった。仙石に関しては、加藤以上に政治資金調達に貢献したという証言も多い(192)。鮎川義介が義兄の木村久寿弥太(三菱の幹部で、三菱合資総務理事などを歴任)に聞いた話によれば、総選挙の際は三菱の木村と三井の團琢磨が話し合って同額を拠出し、政友会には野田卯太郎、憲政会には仙石を通して渡していたという(193)。資金の流れの全体像は不明だが、三菱と憲政会の組織的なつながりという面では、仙石が非常に大きな役割を果たしていたのは間違いない。この他第二次護憲運動の際には、加藤の相婿木内重四郎(岩崎弥太郎の次女磯路が妻、大隈内閣の下で加藤の勧めにより京都府知事に就任)も選挙資金を作るために尽力したと言われている(194)。

党費負担の詳しい実態は不明であるが、会則上も「経費は会員の負担」とされていたように、有力党員がある程度一律に負担をしていたものと思われる。例えば同志会本部の建設の際は、加藤が資金を大部分出したほか、建築委員長の岡崎久次郎(日米商会社長)もかなり資金を出し、その他党員から寄付金を集めたという(195)。「河野広中文書」の書類によれば、党創立直後の一九一七年には、半期二五円の党費が徴収されている。また党費以外にも報告書を買い取らせる形などで計四六円が臨時徴収されている。さらに、同年二月には五〇〇円が臨時徴収されているが、これは総選挙対策だと思われる(一円は現代の約一万～一万五千円に相当)(196)。ただし、これでも資金は足りなかったようで、同志会時代の第一三回総選挙では井上馨が資金援助を行ったし、原内閣期の第一四回総選挙では船成金の内田信也が憲政会に多額の政治献金をした。

従来、加藤の政治資金調達能力は政治指導力不足と結び付けられたり、過度に三菱との結びつきが強調される傾向があった(本書「はじめに」)。しかし、一九二〇年代以降有権者数が増大する一方で、本格的な党費制の導入など政党を支える新しい資金システムが未構築の状況では(197)、政党の政治資金が財閥からの寄付や資産家の持ち出しに依存するのは、政党政治を安定させる上で一概には否定できない側面があった。実際、加藤がらみの汚職事件や不正問題は、珍品五個事件というやや性質の異なる問題（第五章第二節）を除いては、起きていない。ここではむしろ、安定的に多額の政治資金を調達する能力は加藤の政治力の一部であり、それが憲政会の発展に貢献したという点に注意を払っておきたい(198)。

(1) 北岡伸一「政党政治確立過程における立憲同志会・憲政会――政権構想と政党指導――」（下）（『立教法学』二五号、一九八五年九月）二一六～二一八頁。
(2) 櫻井良樹「日中提携と『国民的新党』の創設――長島隆二の場合――」（『年報政治学　日本外交におけるアジア主義』岩波書店、一九九八年）九四頁。
(3) 佐藤能丸『近代日本と早稲田大学』（早稲田大学出版部、一九九一年）一六六～一七三頁。
(4) 『東日』一九一五年五月一六日。
(5) 同右、一九一五年五月一七日。
(6) 『衆本』三〇、七～一〇頁、『貴本』三一、五～七頁。
(7) 『貴本』三一、八～一〇頁、一二一～一二六頁、三五頁、『衆本』三〇、一四頁。
(8) 『貴本』三一、八～一一頁、一二一～一二七頁。
(9) 以下山東問題に関する記述は、特に註記のない限り、清水秀子「山東問題」（『季刊国際政治』五六号、一九七六年三月）に基づく。
(10) 『東日』一九一二年九月一八日（加藤高明談）。
(11) 『衆本』三〇、一一～一五頁、一二二～一二七頁、『衆委』七、九三～一〇〇頁。
(12) 『衆本』三〇、一二八～一三四頁、『衆委』七、七六～七九頁。
(13) 川田稔『原敬　転換期の構想　国際社会と日本』（未来社、一九九五年）三七～六五頁。
(14) 一九一五年二月一九日政友会連合会における原敬演説（『政友』一七八号）。
(15) 『衆本』三〇、一七二～一七三頁、一八二～一八三頁。
(16) 『東日』一九一五年五月二三日、二六日、六月一一日。
(17) 『原敬日記』一九一五年六月二三日。
(18) 島田洋一「対華二十一ヵ条要求――加藤高明の外交指導」（『政治経済史学』二五九～二六〇号、一九八七年一一～一二月）。

(19)吉村道男『増補　日本とロシア』(日本経済評論社、一九九一年)一八八頁。

(20)Peter Lowe, *Great Britain and Japan, 1911-1915*, Macmillan, 1969, pp. 231-233.

(21)この点については、拙稿「チャールズ・エリオットと第一次大戦後の日本政治――一九一八～一九二六年――」(『法学論叢』一五八巻五・六号、二〇〇六年三月)四〇〇～四〇三頁も参照。

(22)北岡伸一「二十一ヵ条再考――日米外交の相互作用――」(『年報近代日本研究』七、山川出版社、一九八五年)、高原秀介『ウィルソン外交と日本　理想と現実の間　一九一三―一九二一』(創文社、二〇〇六年)第一章。

(23)一九一四年(推定)一一月一三日付川上親晴宛加藤高明書翰(小原騮馬編『西南秘史　川上親晴翁伝』鹿児島県加治木町史談会、一九四二年、二七四頁)。

(24)三浦梧楼『明治反骨中将一代記』(芙蓉書房、一九八一年)三一三頁。

(25)松本忠雄『日支新交渉に依る帝国の利権』(清水書店、一九一五年、一九二一年に増補)、同『近世日本外交史研究』(博報堂出版部、一九四二年)二七三～二八五頁。松本は一八八七年長野県生まれで、上海東亜同文書院を卒業後、やまと新聞社を経て加藤の秘書。のち憲政会代議士、加藤首相秘書官(『東日』一九二四年五月一一日、『信濃毎日新聞』一九二八年二月一三日、「松本記録について」『外交史料館報』五号、一九九二年三月)。

(26)一九一六年四月二三日同志会埼玉支部大会における加藤高明演説(『東日』同年四月二四日)。

(27)山本四郎「大隈内閣の危機と留任事情の研究」(『日本歴史』三一七号、一九七四年一〇月)六六～七七頁、斎藤聖二「第二次大隈内閣と元老――成立から改造への経緯――」(『紀尾井史学』一号、一九八一年一二月)二一～二二頁。

(28)大浦事件については、山本四郎「大浦事件の一考察」(『奈良大学紀要』三号、一九七四年一二月)、季武嘉也『大正期の政治構造』(吉川弘文館、一九九八年)一四六～一五二頁、前田英昭「大浦事件――政治家の法的責任と政治的責任――」(『駒沢法学』一巻一号、二〇〇二年三月)を参照。

(29)『東日』一九一五年七月一四日、一五日、一八日、一九日、二三日。木下が加藤から排斥されていたことについては、「木下謙次郎氏談話速記」(『政治談話速記録』第三巻、ゆまに書房、一九九九年)一五八頁、一九四～一九八頁を参照。

(30)『東日』一九一五年七月一〇日、一一日、二七日、『大朝』同年七月二〇日。

(31)『東日』一九一五年七月一四日、二三日、『大朝』同年八月二日。

(32)前掲、季武嘉也『大正期の政治構造』第二部第一章三。

(33)これは、組閣時の大浦問題の際に、加藤が組閣の放棄を提案して言い放った言葉であるが、この時の心事にも通じていると思わ

れる(加藤高明「大浦君の人格」香川悦次、松井広吉編『大浦兼武伝』博文館、一九二一年、二七二頁)。

(34) 一九一五年八月一〇日付井上馨宛望月小太郎書翰(山本四郎編『第二次大隈内閣関係史料』京都女子大学、一九七九年、二九四頁)。

(35) 一九一五年八月二六日同志会兵庫支部発会式における加藤高明演説(櫻井良樹編『立憲同志会資料集』第四巻、柏書房、一九九一年一二一〜一三七頁)、同年九月二〇日同志会愛知支部大会における加藤高明演説(『大朝』同年九月二一日)。

(36) 『東日』一九一五年八月二七日(加藤高明談)。

(37) 前掲、『第二次大隈内閣関係史料』二八六頁、『原敬日記』一九一五年一一月六日、『大朝』同年一〇月一一日社説。

(38) 前掲、松本忠雄『日支新交渉に依る帝国の利権』。

(39) 前掲、一九一五年八月二六日同志会兵庫支部発会式、同年九月二〇日同志会愛知支部大会における加藤高明演説。特に交渉過程の細部にわたって弁明を展開しているのが目を引く(『大朝』同年九月二二日(加藤高明談))。

(40) 前掲、一九一五年九月二〇日同志会愛知支部大会における加藤高明演説、一九一六年一一月九日憲政会山形支部発会式における加藤高明演説(『憲政』一巻八号)。

(41) 一九一五年八月三〇日政友会関東大会における原敬演説(『政友』一八六号)、一九一六年一一月一七日政友会東海大会における原敬演説(『政友』二〇〇号)。

(42) 前掲、一九一五年九月二〇日同志会愛知支部大会における加藤高明演説。

(43) 一九一五年八月七日井上馨宛江木翼書翰(「井上馨文書」国立国会図書館憲政資料室所蔵)、渋谷作助『武富時敏』(『武富時敏』刊行会、一九三四年)一七〇頁。

(44) 『報知』一九一六年二月五日。

(45) 片岡直温『大正昭和政治史の一断面』(一九三四年、西川百子居文庫)二一〇〜二一一頁。

(46) もっとも富田は、憲政会時代には人事に不満を持ち、幹部と疎遠になっていった(木村武雄『政界独言』土屋書店、一九六八年、二〇七頁)。

(47) 前掲、一九一五年八月二六日同志会兵庫支部発会式、同年九月二〇日同志会愛知支部大会における加藤高明演説。

(48) 『東日』一九一五年九月五日、一一〜二三日。

(49) 同右、一九一五年八月〜一九一六年一〇月の各記事。

(50) 『東日』および「河野広中日記」(「河野広中文書」国立国会図書館憲政資料室所蔵)一九一五年八月〜一九一六年一〇月の各記事。

(51) 内藤一成『貴族院と立憲政治』(思文閣出版、二〇〇五年)第三部第三章。

(52) 伊藤隆編『大正初期山県有朋談話筆記／政変思出草』(以下『山県談話筆記』と略記)山川出版社、一九八一年)九六頁。

(53) 北岡伸一氏は、加藤の政治指導を中心にこの問題を論じたが、加藤・同志会周辺の一次史料が十分に利用されず、後述するように各政治勢力の位置づけが不明確であるため、結論に疑問が残る(前掲、北岡伸一「政党政治確立過程における立憲同志会・憲政会」(下))。伊藤之雄氏は、大隈と山県のせめぎ合いを軸に大隈内閣後継問題を論じ、この時期の各政治勢力の政治的配置を的確に位置づけたが、加藤・同志会の動きについては十分に検討が加えられていない(伊藤之雄「山県系官僚閥と天皇・元老・宮中――近代君主制の日英比較――」『法学論叢』一四〇巻一・二号、一九九六年一一月)。本章は、以上を踏まえ、従来明らかにされていない加藤および同志会最高幹部の動きを軸にこの問題を再検討するものである。この他大隈内閣後継問題については、元老や同志会党人派の動きを明らかにした前掲、季武嘉也『大正期の政治構造』第二部第二章、貴族院の動向を明らかにした前掲、内藤一成『貴族院と立憲政治』第三部第四章、高田早苗を軸に憲政会創立過程を描いた勝田政治「第二次大隈内閣と憲政会の成立」(早稲田大学大学史編集所編『大隈重信とその時代――議会・文明を中心として――』早稲田大学出版部、一九八九年)などがある。

(54) 「隻魚堂日載」(「市島謙吉の日記」)一九一六年一〇月二八日、一九一七年三月一四日(「市島春城資料」早稲田大学図書館特別資料室所蔵)。

(55) 一九一六年五月二七日同志会東京支部大会における大隈重信演説(『東日』同年五月二八日)。

(56) なお大隈は、寺内内閣後継問題の際も加藤を推そうとした(『原敬日記』一九一八年八月二〇日、二三日)。

(57) 前掲、『山県談話筆記』一〇八～一一一頁。

(58) 『大朝』一九一六年七月七日。

(59) 『報知』一九一六年二月二五日、三月二日。

(60) 『東日』一九一六年三月一二日。

(61) 伊沢多喜男は加藤が「大隈の後を受けんとした焦慮」を持っていたと見ていた(伊沢多喜男文書研究会編『伊沢多喜男関係文書』芙蓉書房出版、二〇〇〇年、五一五頁)。また、原も加藤が後継首相を狙っていると見ていた(一九一六年五月三一日西園寺公望宛原敬書翰、佛教大学近代書簡研究会編『元勲・近代諸家書簡集成　宮津市立前尾記念文庫所蔵』宮津市、二〇〇四年)。

(62) Greene to Grey, 8 June 1916, FO800/68.

(63) これ以前の同志会は、議会毎の報告書等を不定期に発行するのみで、正式な機関誌を持っていなかった。

(64) 当時同志会には支部発会式未開催の県が二二存在したが(『東日』一九一六年三月八日(安達謙蔵談))、四月一二日に高知支部、二〇日に静岡支部、二三日に埼玉支部、五月七日に京都支部の発会式を開いた(『同志』一巻一～三号、一九一六年四～六月)。

(65) 加藤高明「政党に対する国民感想の変化」(『同志』一巻四号、一九一六年七月)。

(66) 『東日』一九一六年四月二五日(安達謙蔵談)、五月二二日(若槻礼次郎談)。

(67) 同右、一九一六年五月八日(加藤高明談)。

(68) 会談の概要は、山本四郎「三浦梧楼小論――政党政治を中心として――」(『ヒストリア』二六号、一九六〇年)を参照。

(69) 『東日』一九一六年六月一八日(大隈重信談)。

(70) 高橋秀直「寺内内閣成立期の政治状況」(『日本歴史』四三四号、一九八四年七月)六五～六六頁。加藤は、八月一五日のモリソン(George Morrison, 元『タイムズ』特派員、中華民国政治顧問)との会見でも、反袁政策に賛成ではない旨を伝えている(『日本外交文書』大正五年、第三冊、四四五文書)。

(71) 前掲、『山県談話筆記』一四〇頁。

(72) 一九一六年八月二七日、九月一二日付平田東助宛有松英義書翰(「平田東助文書」国立国会図書館憲政資料室所蔵)。田中は一九一六年の夏頃に書いたと思われる覚書に「大隈伯及同志会の為めに常に内閣の運命を掌握せらるるが如き不利の境遇に立つことを避けたると共に、更に必要の場合には、同志会を牽制するの用意なかる可らず」と記している(「覚書」「田中義一文書」書類の部一二六、国立国会図書館憲政資料室寄託)。

(73) これとは対照的に、山県は絶えず政友会を警戒していた(『原敬日記』一九一六年八月四日)。

(74) 北岡伸一氏は寺内と同志会の提携可能性に注目し、この間の加藤の政党指導を意味もなく山県との提携を放棄した「受動的」なものだったと評価している(前掲、北岡伸一「政党政治確立過程における立憲同志会・憲政会」(下)二二三～二二七頁)。しかし北岡氏自らも別稿で触れているとおり、寺内と同志会の提携可能性はそもそも極めて低かったのであり(北岡伸一『日本陸軍と大陸政策』東京大学出版会、一九七八年、二九九～三一三頁)、この評価は疑問である。

(75) 『原敬日記』一九一六年七月一日。

(76) 事実、田中義一は一回目の大隈と寺内の交渉直後、大隈が同志会と「全然没交渉」であることに注目し、「隈伯は閣下(山県―筆者註)に相談して自分の意思を決定すると云う御考えの様に被存候」と、妥協の可能性が十分にあると観測していた(一九一六年七月一二日付山県有朋宛田中義一書翰「山県有朋文書」国立国会図書館憲政資料室寄託)。

(77) 浜口、安達、片岡、下岡が揃って大隈に抗議したという事実は、全てこの時期のことと見て間違いない(前掲、片岡直温『大正昭和政治史の一断面』一三七～一三九頁、『安達謙蔵自叙伝』新樹社、一九六〇年、一四七～一四八頁、『三峰下岡忠治伝』三峰会、一九三〇年、一二〇～一三〇頁)。また、加藤と仙石が伊東巳代治から大隈・寺内交渉のことを聞き込み、加藤が大浦に相談したり、仙石が大隈に詰問したという日時不明の情報(『原敬日記』一九一六年九月一〇日、一〇月三日)も、この時期の話であろう。

(78) 『原敬日記』一九一六年八月三日、『松本剛吉日誌』同年八月一日、『東日』同年八月二日、『時事』同年八月三日。

(79) 『東日』一九一六年八月二日(降旗元太郎談)、『同志』(一巻六号、一九一六年九月)四〇八頁、『松本剛吉日誌』一九一六年八月五日。

(80) 『松本剛吉日誌』一九一六年八月六日。安達はこの頃新聞記者を通して寺内側にも揺さぶりをかけており、妥協の意思がなかったのは明らかである(同年八月六日付寺内正毅宛臼井哲夫書翰「寺内正毅文書」国立国会図書館憲政資料室所蔵)。

(81) なお高田はこれ以前に加藤・尾崎を個別に訪問し、既に合同問題の内諾を得ていた(『東日』一九一六年八月二〇日、「与党合同問題」『同志』一巻六号、同年九月)。

(82) 八月一一日の山県との会見の席上で、大隈は仙石、浜口、武富、安達との接触に触れ、加藤ら同志会幹部を抑えきれないとして、山県に圧力をかけた(『原敬日記』一九一六年八月二四日、前掲、『山県談話筆記』一二四頁)。

(83) 「田健治郎日記」一九一六年九月一二日(「田健治郎文書」国立国会図書館憲政資料室所蔵)。

(84) 前掲、『山県談話筆記』一二四頁、「田健治郎日記」一九一六年九月一二日。

(85) 一九一六年八(目録に一とあるのは誤り)月一〇日付安達謙蔵宛加藤高明書翰(「安達謙蔵文書」国立国会図書館憲政資料室所蔵)。

(86) 一九一六年八月一九日付安達謙蔵宛加藤高明書翰(「安達謙蔵文書」)。

(87) 『東日』一九一六年八月一八日、二一日、二五日、九月一五日。

(88) 同右、一九一六年八月二六日、二七日、二八日、三一日、九月一日、三日、四日、七日、一二日、一六日。

(89) 同右、一九一六年九月一四日、一五日。『憲政』(一巻七号、一九一六年一〇月)一〇〜一一頁。なお、加藤の伝記はこの九月一八日に加藤が「処女が脱兎に変って」合同に積極的になったとしているが(『加藤高明』下巻、二二九頁)、根拠が示されておらず、疑問である。

(90) 『東日』一九一六年九月三日(高田早苗談)、一一日。

(91) 同右、一九一六年九月二三日(大津淳一郎談)、二八日(尾崎行雄談)。

(92) 同右、一九一六年九月一八日(早速整爾談)、二一日(高田早苗談)。

(93) 同右、一九一六年八月二六日、九月一八日、二一日、二三日、二五〜二八日。

(94) 『加藤高明』下巻、二三三頁。なお党名には「立憲党」「立憲協同党」等の案もあった(『憲政』一巻七号、一九一六年一〇月、五二〜五三頁)。

(95) 『東日』一九一六年九月二三日、二六日、三〇日。

(96)『松本剛吉日誌』一九一六年九月二四日。
(97)『憲政』一巻七号、一九一六年一〇月、五二頁。
(98)『江木翼伝』(江木翼君伝記編纂会、一九三九年)一一八頁。江木は第三次桂内閣総辞職の際のやりとりをヒントにしたものと思われる(第三章第一節)。
(99)『東日』一九一六年九月三〇日(江木翼談)。
(100)一九一六年九月二八日付大隈重信宛江木翼書翰(前掲、『江木翼伝』四九九〜五〇一頁)。
(101)『原敬日記』一九一六年一〇月四日。
(102)『東日』一九一六年一〇月五日。
(103)『原敬日記』一九一六年一一月五日。
(104)『東日』一九一六年一〇月六日、八日。
(105)『原敬日記』一九一六年一〇月六日。
(106)同右、一九一六年一〇月五日、六日。
(107)加藤房蔵編『伯爵平田東助伝』(平田伯伝記編纂事務所、一九二七年)一五一頁。
(108)『東日』一九一六年一〇月二日(大石正巳談)、六日(犬養毅談)。
(109)前掲、伊藤之雄「山県系官僚閥と天皇・元老・宮中」。
(110)Alston to Curzon, 20 June 1919 in *BD, Part II, SeriesE, Volume2.*
(111)Greene to Grey, 13 Feb 1916, FO371/2693.
(112)Greene to Grey, 10 Oct.1916, FO371/2694.
(113)Greene to Grey, 16 Aug.1916, FO371/2694.
(114)Greene to Grey, 2 Oct.1916, FO371/2694.
(115)Greene to Grey, 11 Oct.1916, FO800/68.
(116)Greene to Grey, 11 Oct.1916, FO371/2694.
(117)『大朝』一九一六年一二月三日、二九日。『古風庵回顧録』二二四〜二二七頁。ただし、若槻が「結局瀧口(吉良、憲政会の候補者―筆者註)は落選した」と述べているのは記憶違いで、実際は当選している。
(118)「河野広中日記」一九一六年四月九日、『松本剛吉日誌』同年七月八日、一四日、一六日、二〇日、二二日。

(119) 同右、前掲、『山県談話筆記』一二二頁。
(120) 『原敬日記』一九一六年一〇月三日。
(121) 『松本剛吉日誌』一九一六年一〇月九日、一三日、一九一七年二月二六日、二七日。
(122) 同右、一九一七年二月二六日。
(123) 同右、一九一六年一〇月六日。
(124) 同右、一九一六年八月八日、一〇日、一九一八年一二月一〇日、『憲政』(一巻九号、一九一六年一二月)四四頁、一九一七年八月三日付大隈重信宛一木喜徳郎書翰(「大隈文書」早稲田大学図書館特別資料室所蔵)。
(125) 鶴見祐輔編著『後藤新平』第三巻(後藤新平伯伝記編纂会、一九三七年)六三四頁、浜口雄幸「寺内首相の訓示を評す」(『憲政』一巻八号、一九一六年一一月)、前掲、『江木翼伝』一二九頁、江木翼「大隈侯の出処進退」(『憲政』一巻七号、一九一六年一〇月)。
(126) 前掲、『安達謙蔵自叙伝』一五〇～一五一頁、『東日』一九一六年一二月二日(某政客談)。
(127) 『大朝』一九一七年四月一八日、二一日(安達謙蔵談)。
(128) 前掲、季武嘉也『大正期の政治構造』一八一頁、『東日』一九一六年八～九月の各記事。
(129) 前掲、『三峰下岡忠治伝』一二〇～一三四頁、『松本剛吉日誌』一九一八年九月八日、『原敬日記』同年九月一一日。
(130) 『東日』一九一六年一〇月一二日社説。
(131) 同右、一九一六年一〇月一〇日(若槻礼次郎談)、一九日(富田幸次郎談)、一一日(安達謙蔵談)。
(132) 同右、一九一六年一〇月一七日、一九日。
(133) 浜口雄幸「我党の政策」(『憲政』一巻九号、一九一六年一二月)、『東日』同年一一月七日(早速整爾談)。
(134) 「会報」(『憲政』一巻八～九号、一九一六年一一～一二月)。
(135) 加藤高明「現下の政局に就いて」(『憲政』一巻八号、一九一六年一一月)など。
(136) 『大朝』一九一六年一二月七日(高田早苗談、島田三郎談)。
(137) 齋藤隆夫『回顧七十年』(中公文庫、一九八七年、原著は民生書院、一九四八年)二五～二六頁。
(138) 『大朝』一九一六年一二月一六日(尾崎行雄演説、若槻礼次郎演説)。
(139) 北岡伸一氏は「憲政会幹部は硬論の台頭に押されて対決論に傾いた」とし(前掲、同「政党政治確立過程における立憲同志会・憲政会」(下)一二三頁)、季武嘉也氏は「憲政会の寺内内閣に対する対応は非常に曖昧で二面的であった」としている(前掲、同『大正期の政治構造』二一六頁)。

(140) 原は「憲政会は自党より議長を出し置きながら何んたる失策か」と評した（『原敬日記』一九一七年一月二五日）。

(141) 国民党からの不信任案提出交渉に接した片岡が、犬養は「我党を解散まで引きずって行くつもりですな」と述べたところ、加藤は腕組みをしたまま黙っていたという（前掲、片岡直温『大正昭和政治史の一断面』一五三～一五六頁）。

(142) 『東日』一九一六年一二月八日（大石正巳談）。

(143) 「隻魚堂日載」（市島謙吉の日記）一九一七年二月三日。

(144) 加藤らの演説は超然内閣批判と大隈内閣の政策擁護を主な内容としていたが、新聞には後者に対する積極的支持は窺えない（『東日』『大朝』一九一六年一一～一九一七年一月の各記事）。政友会も盛んに大隈内閣の失政を攻撃していた（『東日』同年一一月一一日〈小川平吉談〉、一八日〈原敬演説〉）。

(145) 一九一六年一二月三日憲政会九州大会における加藤高明の演説（『憲政』一巻九号）。

(146) 前掲、季武嘉也『大正期の政治構造』二一七頁。

(147) 『大朝』一九一七年四月二四日（三宅雪嶺談）。

(148) 『松井慶四郎自叙伝』（刊行社、一九八三年）七四頁、『若槻談話速記』二四四頁。

(149) 武富は、『予算詳解』（三省堂、一九〇八年）、『財政便覧』（三省堂、一九〇九年）という著書もある財政通であった。早速も、江木に「官僚出身が及ばぬ」と評されたほど、財政に精通していた（湊邦三『早速整爾』早速千代野、一九三二年、附録七頁）。

(150) 前掲、「木下謙次郎氏談話速記」二八一頁。

(151) 「寺内内閣政局秘密情報」（江木翼談、一九一七年春推定）（「後藤新平文書」一二―三―四、水沢市立後藤新平記念館所蔵）。

(152) 『東日』一九二四年六月二四日、「安達謙蔵氏談話速記」（『政治談話速記録』第一巻、ゆまに書房、一九九八年）一二二頁。

(153) 『原敬日記』一九一六年一月一一日、六月一二日。

(154) 「立憲同志会会則」（『同志』一巻一号、一九一六年四月）、「会則」（『憲政』一巻七号、一九一六年一二月）。

(155) 『東日』一九一六年九月二六日。

(156) 川人貞史『日本の政党政治 一八九〇―一九三七年　議会分析と選挙の数量分析』（東京大学出版会、一九九二年）一四六～一四七頁。

(157) 「遁相密報」（山本四郎編『寺内正毅内閣関係史料』下巻、京都女子大学、一九八五年）六八五頁。のちに政友会で総裁派と非総裁派が争い、敗れた総裁派の横田千之助幹事長、岡崎邦輔総務が辞任した際にも、同じように顧問が新設され、横田、岡崎らが就任している（伊藤之雄『大正デモクラシーと政党政治』山川出版社、一九八七年、一〇六頁、『政友』二六五号、四一～四四頁）。

(158)木下はこの人事への不満から、一九一七年六月脱党した（前掲、「木下謙次郎氏談話速記」二九頁）。

(159)政友会でも、幹事長は総務より格下であった（伊藤之雄「日本政党政治研究の課題――三谷太一郎氏、テツオ・ナジタ氏の研究をめぐって――」『日本史研究』三四五号、一九九一年）。

(160)『東日』一九二四年六月一八日（安達謙蔵談）。憲政会における政調会の重要性を指摘する先行研究もあるが（里上龍平「憲政会論」『国史論集　小葉田淳教授退官記念』小葉田淳教授退官記念卒業会、一九七〇年、小路田泰直『日本近代都市史研究序説』柏書房、一九九一年、二三二頁）、加藤側近の最高幹部や総務に比べ政調会の役割が格段に低いことが捉えられていない。

(161)櫻井良樹「外交問題から見た立憲同志会の党内抗争――第一次山本内閣期を中心にして――」（『日本歴史』五六四号、一九九五年）、宮地正人『日露戦後政治史の研究』（東京大学出版会、一九七三年）三二三～三二四頁、三三八～三四三頁、波多野勝「憲政会の外交から幣原外交へ――憲政会の外交方針と第二次奉直戦争――」（『法学研究』七三巻一号、二〇〇〇年一月）四五〇～四五六頁。

(162)望月の対米強硬論の表れとして、ホーマー・リー（望月小太郎訳）『日米必戦論』（英文通信社、一九一一年）を参照。同書については、猪瀬直樹『黒船の世紀　ガイアツと日米未来戦記』（文春文庫、一九九八年）第四章も参照。

(163)小寺謙吉『大亜細亜主義論』（東京宝文館、一九一六年）、小寺謙吉述『寺内内閣の対支外交の失敗』（宮崎八百吉、一九一八年）。

(164)望月清矣編『鶯渓遺稿』（春光社、一九四三年）。鶯渓とは、世に出ず不遇の地位にいることのたとえである。

(165)『松本剛吉日誌』一九二五年三月三一日。小寺の不遇については、中西裕「小寺謙吉と小寺文庫寄贈の経緯」（『早稲田大学図書館紀要』三五号、一九九二年一月）を参照。

(166)憲政会の機関誌、党史や新聞報道では、「幹部」「幹部会」「最高幹部会」という言葉は特に定義されずに曖昧に使われているが、本書では、加藤と前に述べた八人の幹部が中心になって開いた会合を「幹部会」として一括して考える。

(167)浜口雄幸「我党の政策」（『憲政』一巻九号、一九一六年一二月）、『東日』同年一〇月二一日、一一月五日。

(168)『東日』一九一六年一〇月三〇日。

(169)前掲、浜口雄幸「我党の政策」、『東日』一九一六年一一月一〇～一六日。

(170)以下、『東日』一九一六年一一月一四日、「政策」（『憲政』一巻八号、同年一一月）、「第三七議会報告書」（前掲、『立憲同志会資料集』第三巻）参照。

(171)前掲、「第三七議会報告書」。

(172)前掲、浜口雄幸「我党の政策」、『東日』一九一六年一一月一六日。

(173)『東日』一九一六年一一月一四日。

(174) 同右、一九一六年一二月一六日（若槻礼次郎談）。

(175) 前掲、浜口雄幸「我党の政策」。

(176) 「対支問題、東北振興問題――安達総務と語る」（『同志』一巻四号、一九一六年七月）二九～三一頁、四五～四六頁。原はこれを「地方民を欺き居るものの如し」と見て、不快感を示した（『原敬日記』同年七月六日）。

(177) 例えば、一一月二〇日の同志会福井支部発会式や一二月五日の同志会長崎支部大会（『憲政』一巻九号、一九一六年一二月）。

(178) 前掲、「木下謙次郎氏談話速記」九七頁。

(179) 『古風庵回顧録』二五一頁、前掲、『安達謙蔵自叙伝』二一〇頁、前掲、片岡直温『大正昭和政治史の一断面』三三五～三三九頁。

(180) 一九一六年一二月二八日付寺内正毅宛臼井哲夫書翰（「寺内正毅文書」）。

(181) Construction, Decoration and Furniture, Residents of H.E. Baron Kato（三菱史料館所蔵史料 IWS-226）。

(182) 「加藤伯（加藤高明）伝記編纂所ニ係ル立替金領収書」（三菱史料館所蔵史料 IWS-00686）。東山農事会社については、岩崎久弥伝編纂委員会編『岩崎久弥伝』（同会、一九六一年）四八三～四九五頁を参照。

(183) 前掲、『岩崎久弥伝』二八〇～二八五頁。久弥は、一九一七年にタイムズ特派員のモリソンの蔵書を購入して東洋文庫を設立するなど、文化支援活動に強い関心を寄せていた（同上、二七〇～二八〇頁）。

(184) 同右、五七六～五七八頁、沢田美喜『新版　黒い肌と白い心　サンダース・ホームへの道』（創樹社、一九九一年）五八～七四頁。

(185) 第一章の註(3)に揃えて大工職の日給を基に貨幣価値を換算し、一九一六年の大工職の平均日給八五銭が現代の約八千～一万二千円に相当するものと考えると、当時の一円は現代の約一万～一万五千円に相当する（総務庁統計局監修『日本長期統計総覧』第四巻、日本統計協会、一九八八年、二二九頁）。

(186) 『原敬日記』一九一六年一一月一三日。新聞でも、加藤の財産が三百万円あると報じられていた（『東日』同年九月二九日）。なお、これも情報源は不明であるが、後藤新平は、加藤が政党に七百万円を投じたという噂を聞いていた（「後藤新平文書」二五―八三）。伊沢多喜男は、「加藤サンは彼自身相当大きな財産を所有して居られ是から其政治資金を支出した」と証言している（前掲、『伊沢多喜男関係文書』五五三頁）。

(187) 小田部雄次『徳川義親の一五年戦争』（青木書店、一九八八年）四一～四三頁。加藤は、政界と財界の非公式な調整組織である「八日会」をよく利用した他、河上謹一（住友）、藤山雷太（日本製糖）らと交流を保ち、愛知銀行の経営にも関与するなど、三菱以外の実業界ともパイプを持っていた（松浦正孝『財界の政治経済史　井上準之助・郷誠之助・池田成彬の時代』東京大学出版会、二〇〇二年、一〇一頁、『原敬日記』一九一六年七月一日、『加藤高明伝』四四九頁、五九八頁、藤山雷太宛加藤高明書翰八通、筆者所蔵複写版)。

(188) 大隈は多額の借金があったようで(『東日』一九一六年九月二三日〈同志会某総務談〉)、総選挙費用でも加藤をあてにしていた(前掲、『第二次大隈内閣関係史料』五六頁)。大隈側近の市島謙吉は、第一二回総選挙で大隈が各候補に支給した金は約五万円(現代の約五千万~八千万円に相当)に上ると見ていたが(「雙魚堂日載」〈市島謙吉の日記〉一九一五年四月二六日)、加藤は大隈が岩崎家の補助を受けていると洩らしており(『原敬日記』一九一四年八月一六日)、この金も岩崎家からの支援によるものかも知れない。大隈の政治資金調達に関しては、第二章第一節も参照。

(189) 一九一四年七月二五日付寺内正毅宛都筑馨六書翰(「寺内正毅文書」)。

(190) 前掲、「木下謙次郎氏談話速記」九八頁。

(191) 一九一六年八月一一日付安達謙蔵宛加藤高明書翰(「安達謙蔵文書」)。

(192) 前掲、『伊沢多喜男関係文書』五五三頁、前掲、片岡直温『大正昭和政治史の一断面』三三五~三三九頁、前掲、『安達謙蔵自叙伝』二二〇頁。そのため、党の最高機密である加藤の健康状態を知っていたのは、党内では若槻、浜口、仙石だけであった(『若槻談話速記』二三一~二三三頁)。仙石は、のちに浜口首相の政治資金も相当支えた(中島弥団次〈浜口内閣の首相秘書官〉述「浜口雄幸内閣時代のこと」『社会科学討究』四一巻二号、一九九五年一二月、二四八~二四九頁)。

(193) 鮎川義介著、愛蔵本刊行会編『百味箪笥 鮎川義介随筆集』(愛蔵本刊行会、一九六四年)二一九~二二一頁。

(194) 馬場恒吾『木内重四郎伝』(ヘラルド社、一九三七年)二四九~二五三頁、三六七頁。

(195) 日米商会編『裸一貫より光之村へ』(一九三四年、日米商会)三六頁。

(196) 「河野広中文書」書類の部一〇一六。

(197) 一九二〇年代における政治資金の増加とその実態に関しては、升味準之輔『日本政党史論』第五巻、二五八~二七五頁、第六章第一節を参照。

(198) この点で興味深いのが尾崎行雄である。尾崎は政友会入党時に伊藤博文から一万円(現代の約一億五千万円に相当)を受け取っていたが(伊藤之雄「立憲政友会創立期の議会」内田健三、金原左門、古屋哲夫編集『日本議会史録』第一巻、第一法規、一九九一年、二八〇頁)、これは借金処理に利用されたらしい(『原敬日記』一九一八年六月二一日)。尾崎は、憲政会創立前も借金踏み倒しで訴訟を起こされていた(『東日』一九一六年五月九日)。尾崎が政党内で影響力を拡大できなかったのは、このように政治資金調達の能力に欠けていたことも影響したものと思われる。ちなみに尾崎は、のちに加藤の政治資金に対する態度を「清廉潔白」として高く評価している(『尾崎咢堂全集』第八巻、公論社、一九五五年、二七一頁、六六四頁、同九巻、公論社、一九五五年、八七頁)。

第五章　憲政会の「苦節十年」

第一節　第一次大戦の終結と憲政会

（一）寺内正毅内閣と憲政会

寺内内閣への対抗

第一三回総選挙での大敗後、憲政会は「気の抜けた風船玉」と評され[1]、機関誌『憲政』も休刊となるなど[2]、脱力感に襲われた。しかし、最高幹部は第三九議会（一九一七年六月〜七月）に向けて直ちに寺内正毅内閣との対決姿勢を強調し、政務調査に専念して再び政権獲得を目指す方針を打ち出した[3]。とりわけ浜口雄幸総務が、落選したにもかかわらず党務に熱心であったのが注目される[4]。加藤高明や最高幹部は、寺内内閣との対決姿勢を強調しつつ、それを政策的に具体化していくことによって政権獲得への展望を切り開こうとしたのであった。

加藤はまず、寺内内閣との対決姿勢を臨時外交調査会（以下、外調）委員への就任拒絶という形で示した（一九一七年六月）。隠棲中の大浦兼武は外調参加を梃子に政府との関係修復を図るべきだという考えを持っていたし[5]、原敬は外調に入り、政府に接近しつつ掣肘するというそれに近い戦略を取ったが、加藤がそのような路線を取ることが可能かつ適当だったかは疑わしい。外調設置は加藤の外交一元化の主張に反していたし、尾崎行雄ら党人派も外調不参加で一致していたからである[6]。加藤の方針は新聞や知識人から支持され[7]、イギリスのグリーン（Sir William Conyngham Greene）大使は、立ち入った評価は行わなかったものの、加藤の意図が「責任内閣制の原則」を貫くことにあると見た[8]。このように加藤の行動は概して好評で、犬養毅（憲政会と共に不信任決議案を出しながら外調に参加）が強い非難を浴びたのとは対照的であった(9)。

次いで加藤は、一九一七年から一八年にかけて、寺内内閣の外交政策を積極的に批判していった。論点となったのは、援段政策批判とシベリア出兵批判であった。加藤は援段政策(中国北方の段祺瑞政権を西原借款などによって支援した政策)を内政干渉と見なし、「支那の事は、暫く支那人の自由に放任」することを主張した(10)。シベリア出兵に関しても徹底した批判を加え、外調内で政府の対応を批判する原敬、牧野伸顕を間接的に支援した(11)。党内には望月小太郎(対外硬派と結びつく)や下岡忠治(寺内内閣との関係修復を目指す)ら、シベリア出兵に積極的な者もいたが(12)、加藤は彼らを抑えて穏健論で党内をまとめ(13)、憲政会は大隈内閣期の強硬外交方針から転換の兆しを見せ始めた。これらの主張は、従来の排袁政策批判の延長であると同時に、持論の内政不干渉、外交一元化、正規の外交ルートを通さない軍事的冒険への反対の表れとしても見ることができる。また加藤は、『タイムズ(Times)』に寄稿し日英親善を訴えるなど、依然日英同盟を外交の基軸と考えていた(14)。その一方で「日本は将来も永く日英同盟を基礎とし、之に米国を加えて対外策を確立すべき」とも主張していたように、日英協調と日米協調を両立させる必要性も感じていた(15)。この時期の加藤の一貫した外交批判には、自らが二十一ヵ条要求問題で損なった日英米関係を修復しようという意図も含まれていたであろう。

ただし、加藤が新しく打ち出した穏健な外交政策と、二十一ヵ条要求問題がどのように関わるのかは不明であった。確かに二十一ヵ条要求は高圧的なものであったが、中国に内政干渉をせずに、国際的承認を得ている袁世凱政権との交渉によって権益を拡大したという点では、反袁政策や援段政策、シベリア出兵とは異質なものだった(16)。それ故、これらに対する批判は、二十一ヵ条要求に端を発する山東問題(日本が大戦中に獲得した山東半島の帰属をめぐる問題)における穏健化を意味するものではなかった。管見の限り第一三回総選挙以降原敬内閣の成立までの間で、加藤の二十一ヵ条要求問題に対する発言を示す史料は存在しないが、加藤は内心同要求に対する弁明の姿勢を維持していたものと思われる。憲政会の外交政策は、いまだ先行き不透明な状況にあったと見て良い。憲政会創立時には、イギリスの外交官の間にも加藤が再び中国に対する攻撃的政策を取るのではないかという懸念が存在した(17)。

一方、加藤は内政面でも寺内内閣との対決姿勢を強調した。しかし憲政会の打ち出した財政政策は、好景気を受けた積極志向と大戦終結後をにらんだ緊縮志向が入り混じり、整合性に疑問の残るものであった[18]。また、加藤は政府や政友会の選挙権拡張に対する消極的姿勢を批判していたが[19]、憲政会とてそれほど積極的な姿勢を打ち出していた訳ではなかった。要するに憲政会は、内政面でも政策的対立軸の提示には成功しなかったのである。

一九一八年四月、憲政会幹部会は休刊中の機関誌の再刊と党務委員会（選挙対策機関）の新設を決定し、党勢不振の打開を図った[20]。しかし、五月以降の五回の衆議院議員補欠選挙で議席を二つ微増させたのみで、党勢拡張には成功しなかった。逆にこの前後の憲政会は、従来にもまして動揺していた。尾崎行雄は、第四〇議会（一九一七年一二月〜一九一八年三月）前の政調会や幹部会にもほとんど出席しないなど党務から遠ざかり、脱党の噂が出ていた[21]。河野広中も脱党を画策していると伝えられていたし[22]、片岡直温は選挙違反の弱みから寺内に接近していると観測されていた。加藤から信任された安達謙蔵は一部党員から反発を買っていた。動揺を見透かした寺内内閣は、若槻礼次郎らを公職に就けることによって憲政会を切り崩そうとしていた[23]。原敬のもとには、「加藤も憲政会を去って、在外大使か何かになることを希望」していているという情報さえ届いていた[24]。憲政会は、脱党者こそ木下謙次郎ら二名に留めたものの、辛うじて結束を維持していているという状態であった。

寺内内閣後継問題

加藤はこうした党内情勢に鑑み、憲政会の力不足と次期憲政会内閣があり得ないことを冷静に認めていた。そこで一九一八年夏頃に寺内内閣後継問題が本格化すると、原内閣樹立を支持する方針を固め、内田康哉を通してそのことを原に伝えた[25]。加藤は、政党内閣の樹立と「政権授受が純理に基いて決せらるる」ことを主張し、政友会を基礎とした西園寺公望内閣や原内閣の樹立を求め、そのためには解散も覚悟していた。その一方で、清浦奎吾内閣等の挙国一致内閣樹立や憲政会の次期政権参加は否定していた[26]。加藤はイギリス流の二大政党制下の政権交代を念頭に置いて、ポスト原内閣を狙う方針を取ったのである(27)。このように原と加藤が連絡を取り合っていたことは、新聞にも伝わっていた(28)。

この時、憲政会は次期政権をめぐって分裂する可能性もあった。これより少し前、尾崎は西園寺または平田東助挙国一致内閣を構想していた(29)。また、下岡忠治は西園寺または清浦挙国一致内閣の実現を山県有朋に働きかけ(30)、安達謙蔵も下岡と共に清浦(安達と同じ熊本出身)に対して大命降下の際の援助を申し入れたようである(31)。しかしこのような次期政権をめぐる党内の盲動は、加藤の冷静な態度とそれを支持する幹部によって封じ込められた(32)。原内閣成立の決定的要因となったのは、革命を想起させるほど盛り上がった米騒動であったが(33)、政憲提携の動きが元老山県有朋に伝わり、山県が護憲運動の脅威を感じたことは、原内閣成立に有利な条件となった(34)。このように加藤は、原内閣成立を支援する行動を取ったのであった。

ただし、加藤の行動を政党内閣への情熱のみから説明するのは誤りである(35)。ここまで見てきたとおり憲政会はじり貧状態にあり、ここで何らかの形で挙国一致内閣ができていれば分裂した可能性もあった。加藤が原に本格的政党内閣樹立を期待したのは確かであるが、原内閣成立を期待せざるを得ず、むしろ原内閣成立に救われた面もあったのである(36)。

なお山県はこの時期、政友会を基礎とする内閣の樹立を不可避と考えつつ、大浦を指導者とする第三党を立ち上げて政友会に対抗させようとしており、もはや憲政会「御用政党」化の期待は抱いていなかった(37)。大浦は政変前に寺内、山県に急接近しており(38)、八月には山県に対して、寺内内閣の改造と軍拡・増税案の提出を行い、各政党が「利己主義」を以て反発した時には、「一刀両断解散の決心を以て勇進」することを進言していた(39)。大浦に依然期待していた下岡も、このような大浦の動きをはっきりつかんでおらず、今や大浦を媒介とした憲政会と山県系官僚閥の提携は完全に可能性を失っていた(40)。その意味で、奇しくも原内閣成立と同日に大浦が死去したことは、非常に象徴的な出来事であった。

（二）　原敬内閣の成立と憲政会

原内閣の成立

一九一八年九月二九日、初の本格的政党内閣である原敬内閣が成立した。首相に就任した原敬は加藤と会見し、「世間に反対党あるは憲政上必要のことなり」と述べ、加藤に健全な政治指導を期待した(41)。原は日記に加藤のことを「党派を異にするも個人としては友人関係にあり」とも記した(42)。一方、加藤も原との会見で山県の挙国一致内閣論を批判し、憲政会代議士会で「憲政が常軌に復せるもの」と原内閣成立に歓迎の意を表明した。その上で、政友会に「白紙主義」を改めるよう求め、イギリスの野党の姿を念頭に置いて、原内閣と政策面で競い合う姿勢を示した(43)。加藤のこのような態度は党内の支持を得、新聞でも「加藤総裁にして斯かる態度を改むることなくんば、輿望の憲政会に帰するの日あるは、数年を出でざるべし」と好評であった(44)。こうして加藤と原は、与野党の党首としてまさに正面から向かい合うことになったのである。

ただし、原内閣成立直後の第四一議会（一九一八年一二月〜一九一九年三月）では、原・政友会と加藤・憲政会の間に決定的な政策の相違はなかった。加藤は外交政策については、外調にいた原にも援段政策、シベリア出兵の責任の一端があると指摘しつつも、むしろ原にその刷新を期待していた(45)。また財政政策に関しては、政友会の党勢拡張と結びついた動きを強く批判したが、積極政策を取ること自体は否定していなかった(46)。浜口は、戦後経済に対する見方には楽観説と悲観説があるとしながら、そのいずれを取るべきか勇気と自信を持たないとしており(47)、第四一議会前の憲政会の「政策」（党の公約を示す公式文書、議会毎に改訂）には鉄道、治水等の積極政策が並んでいた(48)。

選挙権拡張問題に関しても同様であった。加藤や憲政会幹部は、原や政友会幹部と同様、普選尚早論で一致していた(49)。江木は政調会で「イギリスでも普選実現に六〇余年かかっており、現在の日本では普選は余りに突飛な説である」と主張した(50)。これは、イギリスでも都市の中産階級に参政権を拡大した第一次選挙法改正（一八三二年、グレイ〔2nd Earl Grey〕内閣が実現）から男子普通選挙を実現した第四次選挙法改正（一九一八年、ロイド・ジョージ〔David Lloyd=George〕

内閣が実現)が行われるまでに、長い期間(実際は八六年)を要したという趣旨であろう。このため憲政会は一部の普選論者の動きを押さえ、政友会と大差ない衆議院議員選挙法改正案(選挙権の納税資格要件を一〇円から二円に引き下げるもの)を第四一議会に提出した[51]。議会での議論も、納税額よりもむしろ小選挙区制導入への反対に向けられていた。ただし普選論者一名(黒須龍太郎)が脱党し、尾崎行雄も議会前の議員総会を退場して党の方針に強く不満を示した[52]。そこで加藤は、尾崎が幹部会にほとんど欠席しているにも関わらず、党大会演説で名指しで慰労したり、普選論者である大竹貫一を自ら説得し脱党を思い止まらせるなど、積極的に党内宥和に尽力した[53]。このように、党を割るような激しい対立はまだ見られなかったものの、水面下では選挙権拡張問題への対応に温度差が生じつつあった。

周知の通り、第四一議会で改正された衆議院議員選挙法では、小選挙区制が導入された(もっとも、二九五の一人区の他に、一六九議席分の二・三人区も設けられており、純粋な小選挙区制ではない)。優勢な第一党に有利な小選挙区制の導入によって衆議院の圧倒的多数を確保し、政権基盤を安定化することが原の基本的な狙いであった[54]。それと同時に、原には山県が期待する第三党構想を潰す底意もあった[55]。第三党を潰すということは、取りも直さず二大政党制に向かうことを意味する。確かに原は、憲政会の政権担当能力を評価しておらず、近い将来に政権を渡すことは想定していなかったものの、究極的には二大政党制を志向していたのである[56]。原は、かつてジャーナリスト時代に、イギリスの二大政党制を「其争や君子にして更に私心挟むなく」「政権授受斯くの如く平穏」と好意的に論評したことがあり[57]、その実現を長期的目標としては視野に入れていたものと思われる。日記に加藤の党首としての指導力不足を頻繁に書き留めたり、しばしば加藤が将来組閣する可能性を想定したのも[58]、原が政党間での政権交代の可能性をかなり意識していたが故であろう。なお、それまで原・政友会の小選挙区制論は、美濃部達吉や『時事新報』などのジャーナリズムによって支持されてきた[59]。また、吉野作造が一九一六年執筆の論文「憲政の本義を説いて其有終の美を済すの途を論ず」の中で、イギリス流の小選挙区制に支えられた二大政党制の確立を主張し、原内閣が導入した小選挙区制を支持したことも、よく知られている[60]。小選挙区制導入には、このような知的潮流も影響を与えていたのである。

これに対して少数党である憲政会は、次期総選挙での大敗を恐れ、第四一議会では政友会の小選挙区制案に強く反対し、国民党と共に大選挙区制を主張した[61]。もっとも、従来看過されてきたことだが、憲政会内部の動きは少々複雑であった。憲政会の選挙対策の中心であった安達謙蔵は、小選挙区制度は「比例代表、少数代表の意味を減殺するものなりとは云え、比較的公平なもの」であると見倣し[62]、第二次西園寺内閣で原内相が構想した小選挙区制についても、「小選挙区制としては理想的成案」であると一定の評価をしていた。安達は、原内閣が作った小選挙区制案には反対であったが、それを批判するに際しては、小選挙区制の導入よりもむしろ、二・三人区の区割り案が「党本位」で政友会の拡張を目指すものであることを強調していた。ここで注目すべきは、安達が小選挙区制に反対である一方で大選挙区制にも消極的であり、両者を折衷した「一種の中小区制折衷案」を提唱し、政府との妥協ができないかと考えていたことである[63]。浜口、江木も、「元来小選挙区制論者」で安達に近い考えだと報じられていた[64]。加藤の意向ははっきり確認できないが、安達の考えを支持していたものと推測される。すなわち憲政会の最高幹部は、一般に二大政党制と親和性があると考えられていた小選挙区制を必ずしも拒否しておらず、他方で小党分立を生みやすいとされた大選挙区制も積極的に主張していた訳ではなかった。彼らは、二大政党制の確立という政治目標と自党の劣勢という現実を総合的に考慮して、いわゆる中選挙区制を構想しつつあったのだと考えられる。党内には党人脈を中心に少数党としての立場を懸念する声の方が強かったようで、一九一九年一月の議員総会では安達の主張は容れられず、大選挙区制が党の主張となったものの[65]、憲政会は翌年に安達の主導によって中選挙区制を主張することに決する(本章第二節)。このように加藤と原は、共に究極的には二大政党制を目指しつつも、現実に置かれていた政治的立場から、選挙区制に対しては相反する態度を取ったのであった。

加藤高明と第一次大戦後の新状況

原内閣成立時に見られた水面下の変化は、第四一議会以降表面化していった。これより前に第一次大戦は既に終結しており、一九一九年一月にはパリ講和会議が開催され、大戦後の新たな国際秩序作りが本格的にスタートしていた。国内でも大戦終結前後から労働運動が本格化するなど、新たな社会状況が生まれつつあった。このように内外共に大戦後の新状況が明らかになってくるにつれ、それに対する対応をめぐって、政友会と憲政会との、そして憲政会内部での政策的差異が徐々に生じてくることになる。以下、憲政会における大戦後の新状況への対応を見ていこう。

この時期加藤は、大戦後の欧米における新状況を実見するため、外遊を希望していた(66)。この希望は果たされなかったものの(67)、加藤は国内においてこの新状況に極めて大きな関心を払っていた。加藤はこれより以前、一九一八年一月のロイド・ジョージ英国首相とウィルソン(Woodrow Wilson)米国大統領による戦争目的の再定義に「嘆賞敬服」の意を示していた(68)。これは、加藤が大戦終結以前から戦後の国際秩序に関心を抱き、交渉による平和や新外交の動きに共感していたことを意味しており、興味深い。

加藤の大戦後の国際秩序に対する捉え方の特徴は、第一にアメリカの台頭を注視していたことである。加藤は、短期間のうちに大軍をヨーロッパに派兵して戦争を終結させたアメリカを「力の偉大なる事」と評した(69)。また、アメリカの「私心」を疑う態度をしばしば戒め(70)、アメリカの主導のもとで戦後の国際秩序が形成されることを冷静に受け容れていた。特徴の第二は、新外交の動きに強い関心を示したことである。加藤は国際連盟を「理想家の空想として、一概に葬り去るべきものにあらず」とし、我が国でも研究が必要であると述べ、ウィルソン主義に対する共感を具体的に示した(71)。これには加藤と親交の深かったイギリスのグレイ(Sir Edward Grey)元外相の影響もあった(72)。また、加藤は三・一独立運動発生後、イギリスをモデルとしながら朝鮮の自治を徐々に拡大していくことを主張した(73)。他方で加藤は、国際連盟はあくまで日英同盟と両立した形でなければならないと考え(74)、軍縮論にも与さなかった(75)。このように加藤は、新外交の潮流を漸進的に受容しようとしていた。

連合国の勝利を「民本的政治の勝利」であると述べたことからも分かるとおり(76)、加藤は国際秩序の動向と国内政治の変化をパラレルに捉えていた。加藤は、デモクラシーを危険視すること自体が危険思想であるとし、大戦後のデモクラシーの風潮を歓迎した。他方で、君民同治を強調し、普選は時期尚早とするなど、デモクラシーへの適応はあくまで漸進的に行わなければならないという立場を取った(77)。高等教育のみならず中等教育の充実も主張し(78)、ヨーロッパを模範とした労働条件の向上に関心を払ったのも(79)、デモクラシーへの強い関心と結びついたものであった。大戦後の経済競争の激化と輸出振興に関心を払っていたことも注目される(80)。

憲政会の新状況への対応

最高幹部の立場も加藤に近いものであった。江木は大戦中から、ドイツ「軍国主義」の敗北と「デモクラシイ」の連合国の勝利を確信し、戦後の世界大勢は、平和主義、民政主義になるであろうと論じていた(81)。江木は大戦後も「政治組織の良否、国民訓練(教育のこと―筆者註)の善否」が大戦の勝敗の因をなしていた、と従来の主張を強調した。そして「国民訓練」の点で我が国には不安な点が存在するとし、日本の教育の中心を「独逸式」の義務服従の「消極道徳」から、個人の自由や権利を基礎とした「積極道徳」に改め、立憲政治の担い手たり得る国民の養成の必要性を説いていた(82)。ここで注意しなければならないのは、江木が「民政主義」と「無政府主義」を区別し、国民の「権利」「生存権」と共に、国家社会を維持するための「義務」「道義的観念」の必要性も強調したことである(83)。要するに、この両者のバランスを取りながらイギリスを模範とした「政治的改造」を進めていく、というのが江木の主張であった。

安達は、外遊を果たせなかった加藤に頻りに勧められて外遊を行った(84)。安達は一九一九年二月から八月にかけて、パリ講和会議開催中のアメリカ、イギリス、フランス等を訪れた。主要目的は、議会制度や選挙制度の視察であった(85)。アメリカでは四日間にわたって市長選挙の運動や投票の模様を巨細に視察し、選挙結果まで見届けた。ハーバード大学では「米国自治制度の真髄を問」い、婦人参政権運動本部や議会も訪れた。イギリスでは議会を視察、傍聴し、政府要人やアスキス(Herbert Asquith)元首相に会うと共に、自由党や労働党の本部や比例代表会本部等も訪問し、社会政策にも関心を向けた(86)。江木の依頼で、選挙制度研究のための書籍も購入したらしい(87)。安達は滞英中「是は加藤の話していた以上じゃないか、えらいものだ」と言って感心していたという(88)。また、帰国時の談話でも「将来世界に於て注目すべき事柄は英米両大国の平和的競争なるべし」と、世界的な軍事的競争から経済的競争への変化を指摘していた[89]。以上より、安達がこの洋行を通して、イギリスをモデルとした政治改革を進めながら世界的な経済競争に伍していくという加藤の目指す方向に確信を抱いたことが分かる。

ここで注目されるのは、外遊中の安達の周囲に、大戦後の新状況により敏感な若い世代が集っていたことである。憲政会中堅代議士の齋藤隆夫は、一九一九年三月に外遊している。この外遊の目的はベルギーの万国商事会議への出席であったが、齋藤はイギリスも訪れ、安達とも行動を共にし[90]、この外遊後に普選論に転換している。また、第一三回総選挙で憲政会系として立候補し落選していた永井柳太郎は、一九一八年六月から外遊の旅に出た。イギリス訪問時には安達のために翻訳や通訳をし、選挙制度の調査研究を手伝った[91]。安達は、通訳の永井を伴って選挙学の権威であるカーペンター(Carpenter)博士を訪問し、持論の中選挙区制論に対してお墨付きをもらうという場面もあったらしい[92]。さらに、安達の洋行には若手内務官僚の堀切善次郎、大塚惟精らが同行していたが[93]、彼らは内務省内で普選や社会政策を主張する急先鋒であった[94]。堀切(加藤内閣で神奈川県知事、浜口内閣で拓務次官)、大塚(加藤内閣で栃木県知事、浜口内閣で内務省警保局長)は、この後、憲政会(民政党)内閣で登用されていく。

一方、党人派の間には加藤や最高幹部とは異なる潮流が現れ始めていた。その代表格が尾崎であった。加藤が英米の戦争目的の再定義に共鳴を表明した一九一九年初頭、尾崎も既に大戦後の世界の行方を探り始めていた。尾崎は「戦前の空想は戦後の良策」として、ウィルソン一四ヵ条に示された国際連盟や軍備縮小に強い賛意を表明した。そして世界平和とデモクラシーの実現を図らなければ日本は「世界の落伍者」になると訴え[95]、党員にも研究を促した[96]。その後第四一議会中の一九一九年三月、尾崎は田川大吉郎らと共に外遊したが、この頃には既に普選論で党内の大勢から浮いており、送別会に際しては「帰朝の暁は或は諸君より除名せらるる時ならん」と予言していた[97]。尾崎はイギリスで安達とも接触したが[98]、その立場は異なっていた。尾崎は外遊で自分の考えに確信を深め、帰国(一九一九年一二月)後、普選や軍縮の実現を急進的に求めていくことになる[99]。帰国後の尾崎は、歓迎会の演説で「今の軍隊組織の政党はモウ到底望みはないと思います」と述べるなど、憲政会に対してもはや期待を抱いていなかったようである(100)。

尾崎の外遊には望月小太郎も同行していた(101)。元来二人は極めて懇意の間柄であったが(102)、この外遊時の意識は全く違っていた。望月は、尾崎の南洋諸島領有反対論や徴兵制度撤廃論を「講和の上に大害あって一利ない」と評し、徹底的に批判していた(103)。尾崎と対照的な望月の強硬外交論は、大戦後における一部の対外硬派の思潮変化を代表するものであった。望月の主張はこの後、パリ講和会議批判、ワシントン会議批判につながっていく(104)。

このように、加藤・最高幹部がデモクラシーや新外交という新状況に漸進的に適応を図る強い意欲を持っていたのに対し、党人派の間ではそれらを急進的に進めようという動きや、新外交に反発する動きが顕在化しつつあったというのが、一九一九年の憲政会の状況であった。両者の考え方の相違は翌一九二〇年にかけて、徐々に党内対立へと昂じていくことになる。最も大きな対立の焦点となったのは、周知の通り普選問題であった。

結論を先取りして述べれば、この対立を主導していくのは加藤である。加藤は、急進論者の意見を厳しく退けながら、急進論に共感を覚える改革へのエネルギーを漸次政策に吸収し、巧みに党内をまとめていく。安達の洋行を齋藤や永井という中堅・若手がサポートしていたのは、まさにその予兆であったと言える。

第二節　憲政会の政権政党化

（一）　原敬内閣との対決

対決姿勢への転換

一九一九年の春から秋にかけて、憲政会は各地の選挙で苦戦を続けた。衆議院議員補欠選挙では、三月の高知選挙区で浜口を擁し勝利を収めたものの、その後の六選挙区のうち憲政会が勝ったのは僅かに一つであった。唯一勝利した熊本選挙区でさえ、元来国権党（安達が指導していた）の地盤であったにも関わらず、相当苦戦した[105]。憲政会は九月以降の府県会議員選挙でも敗北を続け、内務省警保局の調べによると、政友会が改選前を一六五名上回る九一五名を当選させたのに対し、憲政会は一三四名減の四九六名当選に留まった。政友会が積極政策を掲げ、憲政会が独自性を発揮できない中で、有権者は原・政友会に期待したのである[106]。このような中で、加藤は「党勢拡張の必要」を感じ[107]、第四二議会（一九一九年一二月～一九二〇年二月）に向けて原内閣との対決姿勢に転換した。

それはまず、外交政策に表れた[108]。一九一九年一月にパリ講和会議が開催されたが、日本がドイツから山東権益を無条件で獲得し、日中直接交渉によって還付するという、加藤外相の下で一九一五年に決定した方針は承認された。しかし中国ではこれに反発して五・四運動が発生し、二十一ヵ条条約の無効と山東権益の直接回収を主張した中国全権は、講和条約調印を拒否した。山東権益の日本引渡しは六月に調印されたヴェルサイユ条約に明記されたものの、原内閣は日中交渉をひとまず延期して還付条件の再検討を開始した[109]。こうして、パリ講和会議を契機に二十一ヵ条要求問題が再燃した。

六月にイギリスの駐日代理大使オルストン（Beilby Alston）との会談で、「二十一ヵ条要求」という呼称には問題がある、要求は「当時としてはまったく正当である」と語っていたように[110]、この問題に対する加藤の不満はまだくすぶっていた。中国が条約を尊重しないことに対する不満はもっともであったが、政府内外では山東権益の還付条件に関して一定の譲歩が必要であるという考えが徐々に一般化しつつあり、一切の譲歩不要という加藤の考えには現実味がなくなりつつあった。しかし加藤は、講和会議中から政府の軟弱な対応が山東問題の紛糾を招いたと批判し[111]、講和条約締結後も、中国やそれに同情を示すアメリカ、軟弱な日本政府を責め、日本の専管居留地の確保など「威厳ある態度」を求めた。山東権益を守るため、新四国借款団の除外地域に満蒙のみならず山東半島も加えることも主張した[112]。松本忠雄も、再び二十一ヵ条要求を弁護する新しい著書を出版した[113]。加藤の新外交への共感は、この問題には明らかに適用されなかったのである。

もっとも大隈内閣時に比べれば、加藤の態度は抑制的であった。加藤は、望月小太郎ら党人派が南洋諸島の権益にまで強く執着したのに比べれば、明らかに柔軟であった[114]。また、「日本にすれば青島を領有した処で大した利益はないのだから、何時迄も処分が決定しないのは迷惑だ」と述べるなど、膠着状態を打開する必要性は認識していたし(115)、かつてのように原を名指しで何度も攻撃することもしなかった。これは、加藤が原の外交構想を大筋では認めていたからであろう。一方、原の側では加藤の外交批判を気に懸けておらず、一九一九年から翌年にかけての原の日記にはそれに関する記述はほとんどない。近年再評価が進んでいるように(116)、この時期の憲政会の外交批判は、山東問題を除けばむしろ原内閣の外交方針を後押しするものであった。

それが顕著に表れているのが、シベリア撤兵論である。加藤はシベリア出兵を「確たる目的なき」ものとして批判を続け、撤兵を求めた。一九一九年夏にオムスク政権が危機に瀕した際も増兵を主張せず(117)、出兵を鉄道の守備程度に制限することを提案した(118)。これらは撤兵に積極的な原首相を支援する意味を持っていた。憲政会は以後も一貫してシベリアからの撤兵を主張し、これが加藤高明内閣における日ソ国交樹立につながることになる(119)。

加藤は財政政策でも政府を批判した。一九一九年三月には、戦時中の輸入途絶で騰貴した商品が休戦により暴落し、戦後不況の兆しが見えてきた。こうした経済情勢の変化を受けて、加藤は積極政策に対する一定の評価を止め、むしろ通貨の収縮を求めるようになった(120)。代議士に復活した浜口も、通貨収縮や物価下落によって中産階級の生活問題を解決することを主張し、高橋是清蔵相を批判した(121)。若槻礼次郎、片岡直温、早速整爾らもこれに同調した(122)。第四二議会前には、「政策」(党の公約を示す公式文書)から積極政策的内容(海軍軍拡や地方利益誘導)が削られ、新たに行政および税制の整理、財政の緊縮、通貨収縮による物価調節などが盛り込まれた(123)。もっとも、一九二〇年三月の恐慌発生までは経済は小康状態が続いており、財政政策は大きな争点とならなかった。

なお一九一九年一一月に、憲政会系の貴族院議員を糾合した同成会が組織されている。中心となったのは伊沢多喜男であった。伊沢は同志会の副総理格だった大浦の側近で、大浦の死後その人脈を継承していた(124)。伊沢は政友会の積極政策に批判的で、原内相の下で知事を休職になった経験があった(125)。第二次大隈内閣の下では警視総監を務め、内閣総辞職と共に貴族院議員に勅選された。伊沢は加藤を国家指導者として高く評価しており(126)、政友会政権の下での政治的台頭が望めない以上、憲政会系の旗幟を鮮明にし、加藤内閣樹立に向けて尽力しようと決断したのであった。同成会には、大浦系の川上親晴（第三次桂内閣で警視総監）、西久保弘道（大隈内閣で警視総監）、湯浅倉平（大隈内閣で内務省警保局長）や菅原通敬（大隈内閣で大蔵次官）、憲政会員の江木翼、高田早苗ら大隈内閣で勅選された議員を中心に約三〇名が参加し、以後議会の度に原内閣批判を行った(127)。

加藤も貴族院議員であったが、同成会には所属せず、無所属を通した。加藤が貴族院に憲政会系会派を育成することに熱意を示さなかったのは、貴族院では最大会派研究会の支配が確立しており(128)、それを覆すだけの新会派を作ることはほとんど不可能という現実を直視したためであろう。加藤は、伊沢がいわば憲政会の別働隊として動くのを容認し、それを利用しつつも、貴族院対策はあくまで研究会を主対象としなければいけないと考えていた。実際、イギリスの自由党や労働党も、貴族院には親保守党勢力が圧倒的に多かったため、自党の系列を育成しつつも、下院の勢力をバックに貴族院を懐柔、屈服させる手法を取ったのであり、加藤の戦略はこれと同じ方向性を持っていた。

伊沢の反政友会的行動は、元山県系官僚や現役内務官僚の間でもかなりの支持を得ており、湯浅、太田政弘（大隈内閣で石川県知事）、安広伴一郎（大隈内閣で枢密顧問官）、丸山鶴吉（大隈内閣で警視庁保安部長）らは伊沢と頻繁に連絡を取っていた(129)。伊沢は加藤と密接に連絡を取って名古屋市長に佐藤孝三郎（一九一七年就任、大隈内閣で福井県知事）、川崎卓吉（一九二二年就任、大隈内閣で福島県知事）を推すなど(130)、山県系官僚の最末端に位置していた若手官僚の一部を、憲政会系にまとめていった。このように憲政会は、野党ながらも政友会に対抗する「官僚の系列化」を進めており(131)、加藤は後に首相として彼らを登用し、その一部は憲政会や後身の民政党に入党することになる。

条件付き普選論への転換

第四一議会後、党内で最も議論となったのは普選問題であった(132)。一九一九年五月に改正衆議院議員選挙法が公布されたが、普選を求める声は逆に高まっていった。加藤は第四一議会終了後普選に関して沈黙を保ったが、憲政会内の普選論者の活動は徐々に活発化し[133]、府県会議員選挙での敗北に対する危機感も加わって、一〇月頃には相当の盛り上がりを見せた。大竹貫一ら普選論者が加藤総裁を直接訪問し、第四二議会での普選法案提出を強く要求したことから、加藤は江木総務、浜口総務らと相談の上で、結党以来初めてとなる臨時党大会の開催を決定した[134]。

臨時党大会は一一月一二日に開催された。しかし普選に関する党内調整はつかず、浜口起草の宣言や決議でも加藤総裁の演説でも普選への言及が全くなされないという奇妙なこととなった[135]。このため、小川平吉政友会総務は「不可思議」と評し、『東京日日新聞』社説も遺憾の意を表明した[136]。普選急進論者の島田三郎は、加藤総裁に次期議会では自由行動を取ると通告した[137]。この頃既に幹部に近い武富時敏総務は普選に同意し、比較的保守的と見られていた安達でさえも、外遊後には普選論を主張して党員を驚かせていたらしい[138]。このように普選論が予想以上に盛り上がるのを見て、加藤は普選論への転換止むなしと感じるようになった。加藤の意を受けた江木は、一二五日に第四二議会で普選法案を提出することを言明し、『東京日日新聞』も一二月二日には憲政会が普選論へ転換したと判断した[139]。

しかし加藤は、依然として普選には懐疑的であった。一二月一三、一五日に加藤邸で開催された幹部会(出席者は加藤総裁、各総務、各顧問、会計監督、幹事長、政調会長の他、無役の安達、早速)で決定した普選案は、実施時期を一九二五年以降の総選挙とし、「独立の生計を営む者」という条件を付すものであった(浜口、江木、武富が起草)[140]。かつてイギリスで第二次選挙法改正が行われた際(一八六七年)、もっとも争点となったのはこの独立生計条項であり、この条項は一九一八年に男子普通選挙制が確立するまで存在していた[141]。さらに、独立生計は日本の公民権資格の一つでもあった。加藤はこれらを参考にし、独立生計条項を選挙権の要件に付加することによって、普選をひとまずは名目的なものにとどめようとしたのである。しかし、この幹部会の決定案を二〇～二三日の政調会で示された普選論者は猛反発し、議事停止となった[142]。そこで二五日の党大会では、具体的内容を棚上げにしたまま、「政策」(党の公式文書)に「速に普通選挙の制を確立すべし」という一項が加えられることとなった[143]。

最終決着は、本会議が本格的に始まる翌年一月末まで持ち越された。一九二〇年一月一五、一八日、加藤私邸で異例に参加者を拡大した幹部会が開かれ(出席者は加藤総裁、各総務、各顧問、各院内総務、無役の安達、江木、町田忠治ら)、交譲妥協の誠意の下、幹部案を基礎として法案を作成することが決定された(144)。一月一九日にかけて安達、下岡忠治、齋藤隆夫らによって妥協案が作られ、二〇日に開かれた特別委員会(幹部を中心に三〇名で構成)で、独立の生計を営む二五歳以上の男子に選挙権を与え、実施時期を次期総選挙とする法案が決定された(以下、独立生計条項のあるものを条件付き普選、ないものを無条件普選と記す)。急進論者の尾崎行雄や島田三郎は最後まで独立生計条項に抵抗したが、次回はさらに譲歩することを条件として妥協を余儀なくされた。この案は同日の議員総会で承認された(145)。

加藤は一二月一七日以降、病気を理由に自邸に引き籠もり、一二月の党大会、一月の議員総会共に欠席した(146)。しかし、一月の二度の幹部会は加藤邸で開かれており、加藤は混乱を避けるために仮病を装った可能性が高い。加藤は議会解散後に「迫られて之に応ぜんよりは寧ろ進んで自ら与ふるの止むなきを感じ」普選論に転換したと演説したが、自己弁明の感が拭えない(147)。加藤は、普選には依然として懐疑的であり、党内のコンセンサスも不十分な中で、条件付き普選論という玉虫色の決着によって問題を先送りにし、党の分裂を防ごうとしたのであろう(148)。

二〇日の議員総会では選挙区制について、一選挙区から二〜四人を選出する中選挙区制を主張することが決定された。これは前年来検討を行ってきた安達の案をもとに、下岡、齋藤の意見も参照して作成されたものであった(149)。安達は、これによって大小両選挙区制の弊害が除去でき、将来的に導入を検討すべき比例代表制に近い効果を持たせることもできると語った(150)。この頃、比例代表制は、民意を正確に反映する制度として徐々に関心が高まり、イギリスでも検討されるようになっていた(151)。日本でも、美濃部達吉が従来の小選挙区制論から一転して比例代表制の導入を提唱し始めていた(152)。安達は前年の訪英でこの問題に関心を示しており、イギリスの最新の議論を踏まえ、中選挙区制に新しい意味づけを加えようとしたのである。

憲政会は、普選論への転換を保守層から警戒されるのを嫌ったためか、江木が前年から着々と進めていた社会政策を推進することも同時に強調した(153)。一月には労働組合法案と疾病組合法案が公表された。憲政会はこれを契機に社会政策法案の立案を本格的に開始し、原内閣末期までに労働組合法案、疾病保険法案、失業保険法案、治安警察法中改正法律案などを次々に作成した(154)。原内閣の下では社会政策は大きな争点とはならなかったが、憲政会は政友会に先んじてこれに取り組み、加藤、若槻内閣でその一部を実現していくことになる。

第一四回総選挙

第四二議会冒頭では、外交問題と財政問題に関し論戦が行われた(155)。前者については片岡直温、望月小太郎が、山東問題の紛糾や排日運動激化の責任を追及したが、かえって政府から大隈内閣期の外交を批判された。後者については浜口、早速整爾が高橋蔵相と論戦を行ったが、憲政会の予算案には政府案とそれほど根本的な差異はなく(156)、浜口は党人派の一部が主張した予算返付も退けた(157)。議会の争点となったのは、これらの問題よりも普選問題であった。

憲政会の普選法案は条件付き普選案であったが、国民党と院内普選実行会が準備していた普選法案は無条件普選案であった。そこで二月末まで三派案の統一の試みがなされたが、憲政会はあくまで条件付き普選を譲らず、交渉は決裂した(158)。この間、加藤は党員に「自重」「我党の主張の貫徹」を促し(159)、二四日の幹部会(出席者は、加藤総裁、各総務、各顧問、各院内総務、無役の江木ら)でも「党議尊重」が確認された(160)。この日、若槻、片岡ら幹部までが加藤に妥協を進言したが、加藤は聞き入れなかったという(161)。加藤はあくまで無条件の普選に反対だったのである。

もっとも、党員側も無条件普選案で固まっていた訳ではなかった。二四日の議員総会の採決では、憲政会案を基礎とした妥協案への賛成者が四一名、国民党案を基礎とした妥協案への賛成者が二九名(尾崎、島田を含む)だったが、脱党を賭してまで無条件普選案を訴える者はいなかった。議員総会への不参加者もかなり多かったが(憲政会の代議士総数は一一七名)、普選反対がその理由であったとも推測される。要するに、憲政会内では普選に対する賛否が拮抗状態にあったのである。こうして各派案が別々に上程される中で、普選を時期尚早と考える原首相は、普選問題に決着をつけるため衆議院解散を断行した。

第一四回総選挙の投票は五月に行われた。憲政会は、党内に普選への忌避感がまだかなりあったため、党を挙げて普選を掲げて戦った訳ではなかった(162)。加藤も普選を「最重要事」としつつも(163)、選挙期間中遊説に赴いたのは近畿大会、西遠同志倶楽部大会(浜松)、東海大会のわずか三カ所のみであった。東京一三区から立候補した石川安次郎(『万朝報』記者、普選論者)をはじめ東京府下の候補者の応援さえ、ほとんど行わなかったようである(164)。加藤は、尾崎、島田ら急進派を援助しないことを条件に内田信也から政治献金を受け取り(翌年これが内田に暴露され、加藤が受け取った五万円〔現代の約二億円強に相当〕を礼状で「珍品五個」と記したことから、珍品五個事件と称された)、江木は島田に引退勧告まで行った(165)。

もっとも加藤も、普選反対論者とは一線を画していた。三菱社長の岩崎小弥太は普選論を「以ての外」であると考え、加藤に忠告したが効果がなく、久しく面会もしていないと語っていたという(166)。また加藤は、普選の採用にあたって山県に了解を求めるようなこともしなかった(167)。この限りにおいては、加藤の行動は普選論者の側に軸足を置いていた。

他方で普選論者の活動は活発であった。既によく知られている通り、大都市部では普選論者への支持が活況を呈し、野党が政友会に圧勝した(168)。この動きは地方都市にも波及しており、青森二区(弘前市)では普選論者である憲政会の菊池良一が、実業青年団の支援を受けて当選していた(169)。兵庫一二区(但馬)から立候補した憲政会の齋藤隆夫は、普選を積極的に掲げ、落選こそしたものの青年団体の支持を集め善戦した(170)。小選挙区制の不利もあって憲政会は議席を減らしたものの、結果的には予想以上に善戦したのであった(議席数は政友二七八、憲政一一〇、国民二九)。

この事態を受けて、加藤の姿勢も変化した。憲政会は、選挙後二回の幹部会(五月一九日の出席者は加藤総裁、総務の箕浦勝人、浜口、武富顧問、無役の安達、江木ら。五月二七日の出席者は加藤総裁、各総務、各顧問、幹事長、政調会長、会計監督、無役の安達ら多数)で選挙結果を分析し、次の第四三特別議会(一九二〇年六〜七月)でも普選を掲げて邁進することを決定した(171)。五月一八日には、これまで普選に関して沈黙していた浜口が「普選は国論なり」という談話を発し(172)、加藤も、選挙後初の党大会演説で都市の普選派勝利に言及し、「普選急施の要」を訴えた(173)。ここに憲政会は、普選を積極的に推進する立場に転換したのである。

確かに憲政会はいまだ条件付き普選案を維持しており、第四三議会で提出した普選法案も無条件普選案ではなかった(174)。しかし、加藤が各地の演説で普選を積極的に訴えるようになったのは大きな変化であった。演説で独立生計条項の意義を積極的に述べたものが皆無であることから(175)、加藤も条件付き普選案を過渡的なものであると認識していたのは確実である。加藤は、しばらくは選挙権拡張が行われないことが明らかである以上、当面は条件付き普選案を訴えながら世論の盛り上がりを待ち、いずれ無条件普選案に転換する時機を見極めようとしたのである。

(二)　攻勢に出る憲政会

原内閣の動揺

一九二〇年一二月、第四四議会が開会された(一九二一年三月閉会)。この年三月の恐慌発生により、積極政策の継続は困難視されるようになっていた。また議会開会の頃に、政友会員が関わる疑獄事件や宮中某重大事件が発生し、盤石を誇った原内閣にも動揺が見られるようになった。このような中で憲政会は、基本的には従来の政策を踏襲しつつも、原内閣との政策的差異を打ち出す努力を続けていった。以下、外交政策に関する記述は(三)に譲り、原内閣末期における憲政会の内政政策の転換を検討していく。

憲政会は前議会同様、条件付き普選案を法案として提出した。尾崎、田川大吉郎は無条件普選案への転換を迫ったが、党内の大勢はまだその時期ではないと見ていた。第四四議会前には普選即行を求める地方支部決議が第四二議会前よりも多く出され、普選に対する忌避感は確実に減少していたと思われるが(176)、党人派の多い政調会でも無条件普選案を求める決議は出されていなかった(177)。あくまで条件付き普選案に反対した尾崎、田川はとうとう二月に除名され(178)、三月には珍品五個事件に怒った島田三郎が自ら脱党したが、彼らに同調者は出なかった。これによって加藤の党内基盤は、むしろ安定化したと言える。

原内閣は普選法案を否決する一方で、地方での選挙権拡張や陪審制度の導入、郡制廃止によって漸進的に国民の政治参加を拡大しようとし、第四四議会に関連法案を提出した(179)。憲政会は陪審制度を「人気取り、政略的」だとして反対し、一九二三年に政友会を与党とする加藤友三郎内閣の下で陪審法が成立するまで、反対を続けた(180)。また、第四四議会で成立した郡制廃止法案にも、「直ちに賛同する能わず」と曖昧な理由を掲げて反対した(181)。これらは恐らく、貴族院や枢密院の官僚政治家からの支持を期待したからではないかと思われる(182)。他方で、第四四議会で改正された市制・町村制は、納税要件を大幅に拡張し(従来の直接国税二円以上から直接市町村税を二年間わずかでも納付すれば可とした)、町村の等級選挙制を廃止するものであったが(市では三級制を二級制に変更)、憲政会は地方でも納税資格や等級制の撤廃(すなわち普選)を主張して反対した(183)。

この他、原内閣は治安立法の準備にも着手した。これは翌年高橋内閣から過激社会運動取締法案として提出されたが、憲政会は反対した(184)。加藤は一九二二年三月に「過激法案は如何にも怪しからぬものだ。お互が何時括られるかも分からぬ随分危険千万なものである」と演説し、同法案に反対を明言した。もっとも、その前段では「冷静に考ふれば根本から悪い案ではない」とも述べており、何らかの形で治安立法の強化が必要なことは認めていた(185)。このように、国民の政治参加をどのように進めるかに関して、加藤と原の考え方はそれほど離れていなかったが、具体的な政策選択に関して相違を見せていた。原が普選以外の面で広範囲かつ漸進的に政治参加を拡大しようとしたのに対し、加藤は普選を旗印に掲げる一方で、その他の政治参加拡大には消極的であった。治安立法に関しては、両者共に大枠ではその必要性を認めていたが、野党の座にあった加藤は消極的な姿勢を示していた。

財政政策に関しても、憲政会は差異を明確化しつつあった。第四四議会前に採択された「政策」(党の公式文書)には「交通通信機関の整備」「治水事業の速成」など積極政策も含まれていたが、軸足は明らかに緊縮の方向に移り、これまでの「行政及び税制の整理」に加え「経済界の整理」が初めて盛り込まれた(186)。浜口は衆議院本会議および予算委員会で高橋蔵相と再び論戦を行い、四大政綱の実現が不可能であること、財界の整理が必要で、政府の公債募集がその妨げとなることなどを主張した[187]。また、浜口、若槻は無責任であるとして消極的だったものの、憲政会は政府予算案に対する反対を示すため、ついに予算返付という強硬策に出た[188]。もっとも、政友会内でも高橋蔵相や横田千之助ら総裁派が財政緊縮と軍縮に積極的な姿勢を取り始めていたことを考えると[189]、単純に憲政会が政友会以上に緊縮姿勢を示したと評価することはできない。むしろ、憲政会が緊縮財政志向を明確にし始めたことは、原内閣の財政政策転換を後押しする意味合いを、客観的には持っていたと言えよう。

倒閣の策動の抑制

第四四議会中、満鉄事件、アヘン事件、東京市疑獄事件など、政友会員が関与した疑獄事件が続けざまに明らかになった。原自身は政治資金に対して潔白で、公共事業に関しても公平であったが[190]、積極政策、政党員の就官機会の拡大、有権者の増大による選挙費用の増大は、情実人事や汚職の問題を呼び起こしたのである。憲政会は第四四議会以降、これらの問題を激しく批判した[191]。加藤も議会終了後の各地の演説で「綱紀粛正」を唱え、政府を批判したものの[192]、この問題を利用した倒閣の策動は好まなかった。加藤は第四四議会で初めて党首として議会で質問演説に立ったが、疑獄事件については「政府に於ても之に御答弁なさることは必定御不便であろうと推察致すのであります、それでありますから精しき点に付て質問致すことは洵にやり悪いから差控えます」と述べ、それ以上言及しなかった。加藤が質問の題材に選んだのは、シベリア出兵問題であった[193]。加藤は、ライバル原とあくまで正々堂々と政策で勝負したかったのである。

このことは加藤の宮中問題に対する対応によく表れている。大正天皇は、一九二〇年までには儀礼的な役割すら果たせないほど心身の調子を悪化させていた。そこで、一九二一年に皇太子の結婚、洋行、摂政就任をめぐる政治過程が進行した。原首相は内閣主導で問題を解決し、立憲君主制のさらなる発展と定着を推し進めた[194]。周知の通り、一九二〇年代後半には宮中問題が国粋主義運動と連動し、野党による政府攻撃の手段として公然と利用されることになった。原内閣期の宮中問題はその端緒となったが、加藤は野党党首としてこの問題を政府批判に利用するのを慎み、むしろ原内閣の方針を支援する行動を取った。

皇太子の結婚に際しては、皇太子妃に内定した久邇宮良子女王に色覚異常の疑いがあるということが発覚したため、宮中某重大事件が起こった。杉浦重剛ら国粋主義者が、久邇宮家に婚約破棄を求める山県らを攻撃したのである。政党内では主に国民党が攻撃に関与し、島田三郎ら憲政会の一部からも山県と原の責任を問う声が上がった。しかし加藤は、宮中の問題を議会で取り上げるべきではないとし、政友、憲政、国民三党間でそのことが確認された(195)。

これと類似した事件として、一九二〇年の外事彙報事件がある。これは、パリ講和会議全権の西園寺公望と牧野伸顕がイギリス国王ジョージ五世(George V)と会見した際の談話内容とされる記事が、雑誌『外事彙報』一九一九年一一月号に掲載され、国王が実際の談話内容と異なると明言したため、国際的な問題となった事件である。内田康哉外相は、憲政会が議会でこの問題を取り上げないよう加藤に談判しようとしたが、その前に憲政会中堅の齋藤隆夫が議会で質問してしまった。原は加藤の許諾を得たものだと観測したが(196)、党人派が幹部を政府批判で突き上げようとしていたことを考えると、加藤はむしろ政府批判を抑制しようとしていたと見るのが妥当である(197)。イギリスの外交官は、加藤が問題の鎮静化を図って党員を抑えていると見、加藤の政治指導に信頼を置いていた(198)。いずれにせよ、この問題は拡大することはなく、政府が噂を取り消す新聞記事を出すことによって鎮静化した。

皇太子洋行に際しても、宮中の保守派や国粋主義者による反対運動が存在したが、原首相は、英米との協調を増進し、皇室をより開かれたものにするという方針の下、牧野宮相と協力しながら洋行を実現に導いた。イギリスをはじめとするヨーロッパ諸国も皇太子を歓待した。もっとも、原や幣原喜重郎駐米大使が強く主張した渡米は、皇后らの意向で実現できなかった(199)。

加藤は、皇太子が洋行から帰国すると、その成功を強く歓迎した(200)。とりわけ、皇太子が直接海外の事情を視察、研究した点、日本皇室が神秘的であるという観念を改め、皇室と国民との距離を近いものとした点、各国の元首達との交際によって「日本外交官の数年かかっても又数十年かかっても能き得なかった」効果を生んだ点などを高く評価した。加藤は、洋行の経験を有する皇太子の摂政就任にも期待感を表明した[201]。このような評価や期待感は、原と共通するものであった。

このように疑獄問題や宮中問題を利用した倒閣の策動が抑制されたことは、加藤および憲政会の成熟を示すものであった。また、加藤と原の下で政党間の実質的な政策論争が進んだことは、政党政治にとって大きな前進であった。かつて加藤が掲げた「陛下の在野党」としての憲政会のあり方は、かなり実現されたと見ることができる。

財政政策の転換

経済状況の悪化、疑獄問題や宮中問題などにより原内閣が動揺する中で、憲政会は攻勢に出た。強調されたのは、政友会以上に緊縮財政を重視する姿勢であった。

加藤は、第四四議会終了後の四月七日の関東大会で、行政・財政・税制の三整理の方針を示し、新たな経済政策を打ち出す意欲を示した[202]。これを受けて五月に政調会が開催され、行政・財政・税制の三整理に「三大整理」の名称が付された。また、整理内容を検討するため、五月二〇日には若槻を会長とする三大整理特別委員会が設置され、浜口、江木、早速、下岡、町田忠治の五人が委員に選定された。原内閣の「四大政策」への対抗を意識した名称、初めてほぼ幹部に限定された特別委員会が設置された点に、憲政会の政権獲得への意欲が表れている。特別委員会は一一月末に報告をまとめ、「行財政整理・軍縮→減税→貿易の振興」という方向性を提示した。憲政会は第四五議会（一九二一年一二月～一九二二年三月）で再び予算返付を行い、強い緊縮財政の姿勢を示したが[203]、憲政会が加藤高明内閣で実行する緊縮財政方針の骨格は、第四五議会までに示されたと言って良い[204]。

ただし、海軍軍縮に関しては依然として不透明な状況にあった。確かに第四四議会前の「政策」（党の公式文書）で海軍軍拡の主張が削除され[205]、浜口は議会でも軍備制限を強く主張したが[206]、憲政会は第四四議会で尾崎行雄（既に憲政会を除名）らによって提出された軍備制限決議案には賛成しなかった[207]。三大整理特別委員会の報告でも海軍軍縮への言及はなく[208]、浜口は一二月に発表した論説で、軍縮会議の帰趨が定かではないとして軍縮に関する詳論を避けた[209]。これに対して新聞は、軍縮への消極的態度と緊縮財政方針の矛盾を批判した[210]。第四五議会前の「政策」も、海軍軍縮によって生じた財源は国民負担の軽減に使うべしと唱ったが、海軍軍縮自体を積極的に求めるものではなかった[211]。

このように海軍軍縮に関して曖昧な態度が取られたのは、加藤が消極的だったからである。加藤は四月七日の関東大会の演説では、陸海軍いずれの軍縮にも消極的な姿勢を取ったが[212]、三大整理特別委員会が設置された後の五月二五日の近畿大会演説で、陸軍に軍縮の余地があることを指摘し[213]、第四五議会前には陸軍軍縮に対してより積極的な姿勢に転じた[214]。そのため憲政会は、第四五議会で陸軍軍備の制限に対して賛成に転じた[215]。しかし、加藤は五月の演説で、海軍に関しても整理の余地があると述べつつも、米英に先立って兵力の劣る日本が率先して進める問題ではないと主張した[216]。加藤のこの考えは、イギリス側にも伝わっていた[217]。(三)で述べるように、憲政会の財政政策が完全に固まるには、ワシントン会議後の外交政策の転換を待たねばならなかった。

憲政会の雪崩的勝利

憲政会は第四四議会終了後に、新しい党機関誌『憲政公論』を発刊した。発行元の憲政公論社社長・三木武吉は、創刊の辞の中で、前年の総選挙の結果を踏まえ、都市部から地方へ支持を拡大する必要性、普選や社会政策の実行を訴えた[218]。八月号では「我党内閣」という企画が行われ、読者投票により加藤内閣成立時に大臣に就任して欲しい者が発表された[219]。内相には若槻、蔵相には浜口が選出され、以下、下岡農商相、江木法相、安達鉄相、早速逓相、関和知文相、八代六郎海相、山梨半造陸相、幣原喜重郎外相と続いた(加藤の就任が当然視されたため、首相については投票が行われず)。党外から幣原が外相に選ばれているのが興味深い(なお次点は党人派の望月小太郎で、石井菊次郎がそれに続いた)。一〇月号では参政官の発表が行われた。内務省参政官に頼母木桂吉、黒金泰義、外務省参政官に永井柳太郎、望月小太郎、司法省参政官に三木武吉、齋藤隆夫ら、中堅以下の代議士の名が挙がった[220]。『憲政公論』は『憲政』に比べ党人派色の強い雑誌であったが、加藤や幹部も以後しばしば登場して党の政策をアピールした。

第四四議会が終了した三月二八日、以後の党の方針を話し合う幹部会が開かれ、加藤総裁をはじめとする各幹部が進んで遊説を行うことが申し合わされた(221)。加藤は恒例となっていた議会後の関東大会で「人心一新」を訴え、以後、近畿大会（五月二五日）、東海大会（七月八日）、北陸大会（九月一八日）に出席して演説を行った(222)。そればかりでなく、深川公民会総会（四月九日）、憲政会香取同志会（四月二五日）など、従来余り出席しなかったような小さな集会にまで顔を出した(223)。加藤は、九月に「我々憲政会は種々なる方面に於て苦心をして政府の反省を促し、我党の政策の採用を促して居るのである。之れ以上何をしますか」と述べ、遊説活動に全力で取り組んでいるという自信を示した(224)。

第四四議会開会以後、広島選出の憲政会代議士、三重選出の国民党代議士が相次いで死去したため、五月四日に両県で衆議院議員補欠選挙が開かれることになった(225)。憲政会はこれを党勢拡張の好機と捉え、四月一三日に加藤、若槻、安達らが対策を話し合った(226)。憲政会は一九一八年に選挙対策機関として党務委員会を設置していたが(227)、選挙対策の中心となったのは降旗元太郎党務委員長ではなく、「選挙の神様」安達総務であった。三重では当初、非政友二派の選挙協力が模索されたが、政友会が候補者を立てずに国民党候補を支援することにしたため、憲政会対国民党の対決になった(228)。憲政会からは元代議士の川崎克が立候補した。憲政会は降旗党務委員長、小泉又次郎幹事長や片岡直温顧問らが次々に応援に駆けつけ、個人的に親密な尾崎行雄も川崎を応援した結果(229)、川崎は千票差以上の大差で圧勝を収めた(230)。一方の広島は、政友、憲政、国民の三党による混戦となったが、憲政会の新人候補が議席を守った(231)。

両選挙の勝利後、安達は「欧米では補選は一種の政府不信任を問うものである」として原内閣を批判した(232)。憲政会は五月九日に幹部会を開き、引き続き全国遊説を展開することを発表した(233)。加藤は六月一〇日に珍しく元老山県有朋を訪問したが(234)、宮中某重大事件で攻撃された山県に同情を示した他、綱紀粛正問題で政友会を批判したようである(235)。補選での勝利をバックに、政権獲得への意欲を示す狙いがあったものと思われる。

五月に政友会代議士が二名死去したため、六月末に再び北海道と静岡で補欠選挙が行われた。北海道では政友、憲政の二候補の対決となった。当初は政友会の優勢が伝えられていたが、憲政会が早速前総務や雄弁家の永井柳太郎らを送り込んで大々的に応援活動を展開した結果、憲政会候補が当選した(236)。一方静岡では、政友会の強固な地盤で、同志会・憲政会がかつて一度も候補者を立てられなかった四区で選挙が行われた。憲政会は、無所属の非政友系の統一候補を擁立した。この選挙では、地元の青年団が活発な選挙活動を行ったらしく、非政友系候補は落選こそしたものの、政友会候補に僅差に肉薄する健闘を見せた(237)。

憲政会は、地方選でも追い風を受けていた。この年、主要都市では名古屋、広島、金沢、徳島、熊本などで市議選が行われ、憲政会が圧勝した(238)。このうち加藤の出身地・名古屋では、地方選ながら安達、下岡ら幹部が積極的に選挙活動を指揮し、加藤も名古屋市議選対策の幹部会へ出席した。選挙後には慰労会を開催し、自ら名古屋入りするなど、熱心に関わった(239)。加藤は相談人長を務めている旧尾張徳川家当主の徳川義親と会見したが、徳川は市議選で憲政会を応援したという(240)。この他、徳島や八王子などでも非政友派は勝利を収めた。

さらに憲政会は、地方選が終わった一一月に行われた二つの補欠選挙のうち、政友会の強い和歌山では不戦敗を喫したものの、福島では再び勝利した。政友会が地元出身の堀田貢内務省土木局長を現職のまま擁立したのに対し、憲政会は、地元出身で『普通選挙論』などの著書がある粟山博を擁立した(241)。当時福島では阿武隈川の改良工事が問題化しており、工事の権限を握る土木局長の立候補は政友会に有利と目された。しかし、憲政会はこれを「官権金権で有権者を釣るもの」として逆に非難し、普選団体である磐州青年会(河野広中の支持組織)が活発な言論戦を展開した結果、粟山が僅差で勝利を収めた(242)。

こうして憲政会は、春以来の各選挙でまさに地滑り的勝利を収めた。自信を深めた加藤は、いよいよ政権獲得のための切り札、無条件普選論への転換を考慮し始める。

原の死と加藤の決断

江木の証言によると、加藤はこの年七月頃に普選の条件撤廃を江木に打診したという(243)。これは、春以来の衆議院議員補欠選挙での大勝を受けてのことであろう。加藤は七月八日の演説で春以来の補欠選挙の結果に言及し、「政府は速やかに辞職すべきなり」「喜んで衆議院の解散に応ずべく、而して正々堂々の戦いを用い勝利を博するの確信あり」と解散総選挙を求めるまでに自信を深めていた(244)。

加藤の党員との接し方も変わり始めていた。原は組閣後間もなく、「加藤は伊藤博文流にやっているようだが、わが輩や加藤が伊藤をまねてはダメだ。党員の一人一人とピッタリ結びつかねば、力強い活動はできない」と語ったという(245)。これまで見てきたとおり、加藤の党員との接触はそれほど密ではなく、新聞記者からもしばしば無愛想を揶揄された。この時期党人派の間には、加藤に爵位を辞して衆議院出馬を求める声も強かった(246)。加藤は出馬する気はなかったものの、七月二三日に憲政会役員晩餐会を開き、今後この種の会合を月一、二回行って意見交換することを提案するなど(247)、政権獲得に向けて幹部以外からも意見を吸い上げる姿勢を示した。ある憲政会の代議士は、加藤が一九二一年以来、一介の県会議員である自分の手紙に必ず返信してきたので驚いたと回顧している(248)。加藤は、原内閣末期から新聞談話にも快く応じることが多くなり、この後、憲政会担当記者の親睦組織である桜田会の会員や各紙の幹部ジャーナリストとも、定期的な交流を持つようになった(第六章第一節)。外交官の武者小路公共は、加藤に「政治家になってから、とても人づきがよくなられましたね」と話しかけたところ、「やっぱり政治家にはなり切れないね」と応じたと書き残しているが(249)、加藤が意識的に官僚色からの脱皮を図ろうとしていたことが分かる。こうして加藤は、苦しい野党生活の中で圭角が取れ、政治家として成長、成熟していったのである。

一〇月の熊本市議選の後、安達は「二級は殆ど普通選挙に等しいもので、其二級に於て憲政会の推薦候補一四名全部の当選を見るに至ったのは、民心の帰趨如何を察知することが出来ると共に、選挙権の拡張が選挙界を腐敗せしむると云う世上の誤謬を打破するに余りありと信ずる」と述べ、憲政会の普選状況への対応に自信を示した(250)。加藤は一〇月二五日の幹部会で、翌月中旬で地方遊説を打ち切り、中央で「大々的に活動を開始」する方針を決定した(251)。以上の状況から、加藤は一〇月末の時点で、次の第四五議会で無条件普選案に転じ、政友会に勝負を挑むことをかなり考慮しつつあったと思われる。

このような情勢の下で、一一月四日に原首相が突然暗殺された。加藤は直ちに新聞に談話を寄せ、原を追悼した[252]。加藤が、かつての盟友であり最大のライバルであった原の死を悼み、深い感慨を覚えたのは間違いない。しかし、次期政権を狙う憲政会総裁の立場からすれば、これは絶好のチャンスであった。少々意地の悪い言い方をすれば、加藤は頭上の雲が晴れるような心地さえしたのではないだろうか。加藤が原の死の直後に行った演説で、「好き相手を失った事を悲しむ、少しく心抜がした感がある」としつつも、「同君（原―筆者註）は個人としては善人であるけれども政党の首領としては決して善人でない。従って自分は其死に対しても気の毒だとは思うが、国家の損失だとも世界の損失だとも思っていない」と述べたのは、その表れであろう[253]。春以来の憲政会幹部の大遊説、選挙での雪崩的勝利、そして原の死。春以来の大きな流れの上に最終的に原の死が後押しとなって、加藤はいよいよ無条件普選案への転換を決断した[254]。もちろん、これまできわめて慎重だった加藤が、無条件普選案の採用にあたって不安を覚えなかったはずはない。加藤の伝記は、加藤が条件付き普選案採用の際に「暗闇への跳躍（leap into the darkness）」という言葉を引いたと記しているが、この言葉は、まさにこの時にこそより切実に胸に迫っていたのではないだろうか[255]。加藤はこの不安を振り払い、政権獲得に向けた絶好のチャンスに賭けたのである。

加藤は、原の死の直後に出版された伝記の巻頭に題字を贈っている[256]。韓非子の「恃人不如自恃」（人を恃むは自らを恃むに如かず）という言葉がそれであった[257]。加藤は、他人に頼らず自らの力で道を切り開いた原の政治生活を讃えると共に、原死後の政界に処する自らの覚悟を、この言葉の中に込めたのであろう。まさに原のことを知り尽くし、原と全力で競い合ってきた加藤ならではの言葉であった。

この言葉通り、加藤・憲政会は首相暗殺による政権交代を好まず、官僚系内閣樹立にも反対の姿勢を示した。高橋是清内閣成立の過程で、憲政会の政権工作がなされた形跡はない[258]。憲政会は高橋内閣成立を直ちに支持すると共に、政策論争により次期内閣を自力で奪取する方針を明らかにした。加藤は「憲政の逆転を見ざりしは兎に角喜ばしい」とし、「吾々は従来原内閣に対したる態度を以て、争うべきものは争い正々堂々戦うばかりである」と述べた[259]。若槻、浜口、安達も「高橋内閣には期待せず」「相撲にならぬ」とする一方で、こぞって「正々堂々とした政策論争」を表明した[260]。憲政会本部からは、堂々と政策論争を挑むという通知書が各方面に発せられた[261]。この態度は、新聞からも好感をもって受け止められた[262]。

首相が任期半ばで退任した際に同一政党の後継党首が組閣することは、イギリスの政党政治の慣行に沿っていた[263]。知日派で加藤と親しいイギリスのエリオット(Sir Charles Eliot)駐日大使も、加藤の政権獲得は全く念頭になく、むしろ憲政会の抑制的態度に注目していた[264]。しかし日本においては、新聞では高橋政友会新総裁の組閣を求める声が大勢だったとはいえ、それが必ずしも当然視されていた訳ではなかった。例えば元老山県や松方正義らは、元老西園寺を後継首相に推そうとしたし[265]、牧野宮相は自分か斎藤実朝鮮総督が組閣すべきだと考えていた[266]。こうした状況の中でイギリス流の政権交代を念頭に置き、あくまで政策論争による政権交代を目指した加藤の態度は、高く評価されるべきであろう。

無条件普選論への転換

無条件普選案への転換を決意した加藤は、正式な党議決定に向けて動き出した。一一月一四日に院外団懇親会で挨拶した安達は、第四五議会では普選を益々強調すると述べた[267]。従来から無条件普選を唱えていた党人派の動きも活発化した[268]。加藤首班への期待感もかなり高まっていたと思われる。加藤の生地である愛知県海部郡(一九一三年に海東郡と海西郡が合併)では前年一〇月に加藤子爵後援会が結成されていたが、一一月に第二回総会を開いて加藤を激励した[269]。この時愛知県選出代議士を引き連れて帰省した加藤は、会う人毎に普選論を語っていたという[270]。こうした中で加藤は幹部と最終的な話し合いを行い、幹部の間では一一月末に決着がついたのだと思われる[271]。

一二月四日に幹部会が開かれ、無条件普選案への転換は最終確認された[272]。出席者は、加藤総裁以下役職者、無役者多数で、幹部の江木、下岡が欠席していることから、幹部間の実質的決定はそれ以前になされていたのは確実である。翌五日、小泉又次郎幹事長からこの方針が各紙に発表された(273)。この時、おそらく元老や普選反対論者の反発を緩めるという狙いもあって、比例代表制の導入を考慮することも同時に発表された。具体的な検討は江木や齋藤隆夫が進めたが(274)、前年に既に安達が前向きな姿勢を示しており、幹部の間で調整済みだったと思われる。一二月一三日に安達を会長とする普選特別委員会が設置され(275)、二四日には独立生計条項の削除が決定された。この決定は二五日の政調会でも承認され、同日の議員総会(党大会に代わるもの)で全会一致で可決された(276)。ここに無条件普選案はようやく正式党議となったのである。

加藤は一二月以降、普選を第四五議会の「最大の問題」と位置づける一方で、条件撤廃などには特に言及しなかった。これは翌年一月一九日の党大会演説でも同様であった(277)。また、犬養毅、尾崎行雄らと共に普選各派大会に同席するのではないかという観測もなされたが、加藤は出席しなかった(278)。無条件普選案への転換に際しても、加藤はあくまで慎重であった。

加藤の転換には、党内分裂を回避するために促されて重い腰を上げたという側面があるのは否めない。しかし同時に、春以来の選挙活動などを通して主体的になされた側面も無視できない。新聞紙上にも「近年の加藤の傑作」などと加藤のリーダーシップを評価する論評が、加藤の決断の遅さを指摘する批評と同程度に掲載されている(279)。また、山県の健康不安が周知の事実となる中で(280)、その死をにらみつつも生前に決断した点も評価できよう(山県は翌年二月に死去)。有権者の支持獲得の見込みを確認した上で、党内結束を保ちながらほとんど何の混乱もなく無条件普選論に移行することを成功させた加藤の政治手腕は、高く評価されなければならない。

さらに加藤は、以後この決断を変更、撤回しようという動きを全く見せなかった。加藤は一二月四日の幹部会で「朝令暮改は面白くない。今度こそ極った仕舞ったらモウ変えてはいけないネー」と語ったという(281)。荒川五郎ら党内にごく少数存在した反対論者に対しては、安達や浜口、早速ら幹部が結束して説得した(282)。第四五議会で憲政会などが提出した無条件普選案は否決されたが、政友会は三八名もの本会議欠席者を出すなど、動揺し始めた(283)。以後普選問題では、結束の強固な憲政会が政局をリードしていくことになる。

翌年一月、憲政会を支援してきた大隈重信が永眠した。準元老的な立場にある大隈の死は、加藤にとって一つの政治的資源の喪失であったが、大隈が従来しばしば党人派の反加藤派から期待されてきたことを考えれば、むしろ加藤の政治基盤が安定化するという意味合いの方が大きかったように思われる。加藤は、市島謙吉が中心になっていた大隈の伝記編纂会の顧問を務め、故人の顕彰に協力すると共に(284)、雑誌に寄稿して、長年自分を引き立ててきた「偉大なる政治家」大隈への感謝の意を述べた(285)。

興味深いのは、大隈の葬儀に関するエピソードである。市島ら大隈の周辺は、大隈の国葬を実現しようと政府に働きかけたが不首尾に終わったため、有名な日比谷公園での「国民葬」を行うことに決めた。実はこれは、加藤の発案によるものであった。葬儀の方式について市島から相談を受けた加藤は、イギリスのグラッドストン（William Gladstone）の葬儀が、ウェストミンスター寺院に安置されて大衆の参拝を許す形で行われたことを教え、二人でこれに倣うことに決したという(286)。大隈の持っていた大衆性は、加藤の政治スタイルとはかけ離れているし、両者は加藤の同志会入党後には微妙に対立することも多かった。しかし加藤は、大隈の大衆性を自らと全く異なる個性として評価し(287)、大隈の根底にあった剛直さや急進性についても非常によく理解しかつ共感していた。加藤は、このような天才政治家を送るには、異例の「国民葬」というスタイルが最もふさわしいと思ったのであろう。

このエピソードがいみじくも示すように、大隈はよく「日本のグラッドストン」と称されたが、加藤もしばしば党員からグラッドストンに擬された(288)。しかしこれは、加藤に大衆性を期待する党人派の願望によるものであって、加藤の実像を反映した見方ではない。加藤は、グラッドストンの流れを汲む自由党左派よりもアスキス、グレイら右派に共感していたのであり（第二章第二節）、グラッドストンへの共感を語ることはなかった。加藤が普選を憲政会の政策として採用する際に「暗闇への跳躍」という言葉を引いたことは前述したが、加藤の伝記は、加藤がこれをグラッドストンの言葉として紹介したとしている。これも伝記の筆者の誤解（または願望）で、この言葉はグラッドストンではなく、第二次選挙法改正の際に首相ダービー(14th Earl of Derby)が残したものとしてよく知られている(289)。加藤もこれを知っていたはずである。加藤は普選への転換を機に大衆との接し方が巧みになっていったものの、この後もグラッドストンや大隈のような大衆政治家とは一線を画した政治指導を貫いていくことになる。

(三) 憲政会の政策体系の確立

ワシントン会議批判

パリ講和会議以降、列国の間では財政逼迫と国際協調の気運を受けて軍縮問題が浮上し、東アジアの国際秩序をめぐる動向も転機を迎えていた。一九二一年七月、アメリカのハーディング(Warren Harding)大統領は、海軍軍縮問題とパリ講和会議で未解決の太平洋・極東問題を併せて討議するため、ワシントンでの国際会議開催を提議した。原内閣はこれに積極的に応じる姿勢を示した。憲政会も「協調の精神」で臨む方針を確認し、加藤は九月一八日の憲政会北陸大会演説で、会議で「互譲妥協の精神」を守ることを訴えた(290)。加藤・憲政会は、基本的にはワシントン会議開催を冷静に受け止め、列国との協調を促進する道を選択したのである。

加藤は、日英同盟廃棄の見込みに対しても比較的冷静であった。確かに加藤は日英同盟廃棄を「名残惜しい」「愛惜の情禁ずる能わざるものあり」と評し、できれば同盟を存続させたいと考えていた(291)。しかし同時に、既に同盟の目的は滅失した、無理に条件を付けて存続させる位なら破棄もやむなしとも述べており、同盟存続にそれ程固執していたわけではない(292)。加藤は駐英大使として日英同盟改訂交渉を行った経験から、イギリスでは同盟存続の熱意が低下していること、同盟存続の最大のネックがアメリカであることを認識していた(第二章第二節)(293)。また、自らが行った二十一ヵ条要求がイギリスとの協調を損なったことも自覚していたはずである。イギリスのエリオット大使は、今から新たに日英同盟を締結するほどの必要はないが、今まで役に立ってきた以上は存続させたいという加藤の意見に賛成である旨を、カーズン(George Curzon)外相に伝えていた(294)。このような日英同盟観は、若槻や江木にも共有されていたし(295)、第四四議会前の憲政会の「政策」（党の公式文書）に掲げられていた「日英同盟の存続」という主張は、第四五議会前に削除された[296]。従来しばしば言われてきた「加藤＝日英同盟骨髄論者」という評価に対しては、修正が必要であろう。

しかし加藤・憲政会は、以下の二点で原内閣（一一月以降は高橋内閣）のワシントン会議への対応に批判的であった。第一は、海軍軍縮の問題であった。憲政会は、一九二一年春に緊縮財政路線を打ち出した後も、海軍軍縮には慎重な姿勢を崩していなかったが、イギリスが大戦後に海軍費をほぼ半減したことに注目するなど研究を重ね[297]、九月には加藤が「主義に於いては賛成」と明言するまでになった[298]。

一一月一二日のワシントン会議開会の劈頭、アメリカの首席全権ヒューズ（Charles Hughes）は、一〇年間の建艦休止、米英日の主力艦総トン数比率を五対五対三とすることなどを柱とする提案を行った。これに対し加藤は、軍縮成功の見通しを示し、国民負担が軽減することを歓迎した[299]。最高幹部の若槻や江木も同様の意見であり[300]、浜口は軍縮が財政に与える影響を具体的に検討し始めていた[301]。もっとも加藤は、日本の英米に対する海軍力が劣勢のまま固定されることに対しては「議論もして見たくなる」と若干不満を示した[302]。加藤は九月のエリオット駐日大使との会見で、軍縮会議が成功するにはアメリカ海軍の攻撃的な計画の放棄が必要であると語っており[303]、軍縮がアメリカ優位に進められることを警戒し、この点で政府を批判しようと考えていたのである。

第二の、そして加藤にとってより重大な問題は、山東問題であった。原内閣は、幣原喜重郎駐米大使の意見具申を取り入れつつ、九月に「山東善後措置案大綱」を決定した。これは、専管・共同居留地の設置は撤回する、山東鉄道（鉱山）は日中合弁組織とする、山東鉄道巡警隊の組織完了次第日本は直ちに撤兵するなど、山東半島の還付条件に関して大幅な譲歩を含むものであった。憲政会でも、九月の政調会で二十一ヵ条要求の一部改廃や山東権益問題について調査が始まり、条件次第では専管居留地撤廃もやむなしという意見が出されるようになった[304]。政友会の小川平吉は、山東問題に対する加藤の態度が変化してきたと観測し、「加藤はよほど穏健になったようで……政党の首領として誠に立派な態度である」と評した[305]。

しかし実際には、加藤は二十一ヵ条要求への弁明姿勢を依然として維持していた。加藤は九月の車中談で「政友会に何が判る」と述べ、蕩々と二十一ヵ条要求締結時の苦労を語り、専管居留地の設定、山東省の鉄道・鉱山の合弁化を主張した(306)。以後の談話でも、中国の山東権益無条件還付の要求は「一々相手にするな」、中国は「いろんなことを言い出す前に自分の国でも治めた方が可い」と述べ、政府の譲歩策を批判した(307)。加藤は知り合いのイギリス人と中国問題を話し合った際に、ワシントン会議が失敗する可能性があるとも語っていた(308)。加藤は、望月小太郎ら党人派の最強硬派に比べれば穏健、柔軟であったが(309)、こと二十一ヵ条要求への弁明に関しては非常に感情的であった。加藤の秘書の松本忠雄は、一〇月に『日支新交渉に依る帝国の利権』の増補版を上梓し、かつて二十一ヵ条要求問題で加藤を難詰した小川平吉が山東問題での強硬論を引っ込めた事を「青天に霹靂を聞くの感」と皮肉った(310)。

こうして加藤・憲政会は、第四五議会(一九二一年一二月〜一九二二年三月)においてこの両問題で高橋内閣を攻撃した。加藤は、一九二二年一月の演説で、海軍主力艦の対英米比率が六割にとどまったことを「自ら英米の下風に立つを甘んじたもの」「国の存立は常に脅威を受くる」として批判し、遺憾の意を表明した。山東問題での譲歩についても「全く無用のことを為したり」と評し、「帝国の利益と面目との為め黙視出来ない」と切り捨てた(311)。衆議院では憲政会からワシントン会議に特派されていた望月小太郎が「国辱的外交」を批判し(312)、若槻や江木も貴族院で政府の外交を批判した(313)。会期中の二月六日にワシントン会議は終了したが、加藤は二月一六日の懇親会で「江木君の外交質問の如きは洵に立派な出来栄えであった」と述べるなど、批判を止める気配は見せなかった(314)。三月、憲政会は国民党と共に内閣不信任決議案を提出した。幹部は不信任理由に外交問題を含めないことを主張したが、国民党と党人派に押し切られた(315)。このように、憲政会のワシントン会議批判は強硬かつ感情的であり、時に幹部がより強硬な党人派の主張に引きずられることもあった。

加藤の苦悩

第四五議会は三月二五日に終了した。しかし加藤は、翌日の議員総会における演説で外交問題に一言も触れず(316)、四月一〇日の憲政会演説会には出席さえしなかった。議会後には各党党首が議会の総括を行うのが通例であったため、憲政会系の『報知新聞』からは加藤に対して遺憾の意が表明された(317)。この時加藤に何があったのだろうか。

実は加藤は、外交政策について深く思い悩んでいた。加藤は、演説会を欠席した一〇日の夜に憲政会系のジャーナリスト石川安次郎と会見し、「二一カ条の談」を行っていたという(318)。また、四月二二日には大隈重信の追悼会が開かれたが、加藤はそこで大隈の思い出話として条約改正の苦労話を語っていた(319)。少々想像を逞しくすれば、加藤は外交政策の転換を考慮する中で、自分の半生を捧げた外交官生活を感慨をもって振り返っていたのではないだろうか。

ここまで見て来たとおり、加藤は大戦後の新たな国際協調の風潮を歓迎し、パリ講和会議やワシントン会議の趣旨に賛同する一方で、自らが行った外交交渉を正当化するため、二十一ヵ条要求に関わる問題については強硬な主張を行ってきた。しかし、今やワシントン会議は終了した。中国側の主張した二十一ヵ条条約廃棄は退けられたものの、その一部は改廃され、日本が確保した権益は二十一ヵ条中実質的には十ヵ条ほどであった。山東問題については、民間の権益がかなり残されたとはいえ、専管居留地は撤廃、鉄道や鉱山の日中合弁も不成立、鉄道警備兵も撤退となるなど加藤の主張はことごとく通らなかった。条約を覆さない限り、これ以上の外交批判は無意味であり、政権を獲得した際には政権運営に支障を来すものと思われた。また、国内のワシントン会議批判も、憲政会の意図したほどには盛り上がっていなかった(320)。ここに至り、加藤は会議の結果に不満を覚えつつも、もはや外交政策を転換すべきではないかと考えたのである。

四月二五日、加藤は憲政会関東大会に出席し、外交政策の転換を宣言する演説を初めて行った。重要な演説なので、以下に引用する(321)。

「該会議(ワシントン会議―筆者註)に於て協定せられたる各種の条約は既に調印を了し、帝国政府に於てもまた批准の手続中に属するが故に、余は大局に鑑みこの際敢て反対を表明するものにあらず。要は将来各種条約の運用其宜きを得て世界の平和に貢献すると共に、帝国の面目と利益とを全うするに努めざるべからず。これと同時にこれ等の条約は其形式に於て単に今後十年または十五年の間、造艦競争を休止し戦争の危険を停止するの効果を有するに過ぎざるが故に、将来機会ある毎に条約の精神を拡充し、終には世界永遠の平和を確立するを努力せざるべからず」

石川が勤めていた『万朝報』社説は、この演説を高く評価した(322)。もっとも、同大会で望月小太郎が相変わらずワシントン会議を批判するなど、党人派の間には外交批判を継続しようという気運が残っていた。そこで加藤は翌日に政調会を開き、自ら出席した。政調会には加藤が出席しないのが慣例であったが、それにあえて出席したのは、外交政策の転換に対する党人派の批判を封じ込める狙いがあったものと思われる。政調会では大きな異論は出されず、『報知新聞』も四月二七日の社説で「ワシントン会議の精神」を強調するなど、外交批判の矛を収め始めた(323)。このように加藤は外交政策の転換を行おうと努力し、その方針は党人派の間でも理解を得つつあった。

外交批判の蒸し返し

一九二二年六月、高橋内閣は改造に失敗し総辞職を余儀なくされた(324)。憲政会では政権獲得への期待が高まった。憲政会は、長い野党生活からの脱出を期待しただけではなく、政友会の政策が最早行き詰まっていると見、前年以来の補選で自党の支持が拡大していることに自信を持っていたのである。これ以前、三月に党人派の間では国民党と合同して政友会に対抗しようという動きが出たが、加藤ら幹部の反対によって頓挫し、反発した大竹貫一、菊池良一ら七名が脱党していた。彼らは三月に国民党との合流と革新倶楽部の結成を決定し、引き続き非政友合同による政権獲得を目指したが(正式結党は一一月)、加藤にその考えはなかった(325)。加藤が構想したのは、貴族院や旧山県系官僚との提携であった。五月から六月にかけて、加藤の意を受けた浜口は、貴族院の最大会派研究会の水野直、松平頼寿、青木信光と会談し、政策の摺り合わせが可能かどうかを協議した(326)。一方、旧山県系官僚の平田東助には下岡忠治が(327)、清浦奎吾には安達(同じ熊本出身)が運動を行った(328)。後継首相の最有力候補と目される加藤友三郎(海軍大将)の許へは早速整爾(同じ広島出身)らが赴き、大命降下の拝辞を働きかけた(329)。元老松方や牧野宮相には小泉又次郎らが連名で建白書を送っている(330)。

この時の後継首相選定の中心となったのは、元老松方である。松方は、ワシントン条約の批准が控えていることを考慮し、ワシントン会議の全権だった加藤友三郎を第一候補、第二党党首の加藤高明を第二候補と考えて交渉を進めた[331]。松方は、第一候補が拝辞した場合に備え、若槻の仲介で加藤高明と会見した。加藤は、官僚や貴族院からの入閣や、海相に松方の推す財部彪を就けることを約し、組閣に強い意欲を示した[332]。しかし、加藤・憲政会の政権獲得の思惑は外れた。憲政会系内閣が成立することを恐れた政友会の支持を受け、加藤友三郎が大命を拝受したからである。

加藤高明は、「憲政逆転」「超然内閣」として新内閣や政友会を厳しく非難し、「憲政の常道」確立を求めた[333]。そして、原は「政治は力なり」という信念を持っていたらしいが、その力とは「正義の力」でなければならないと述べ、憲政会への支持を訴えた[334]。憲政会は引き続き政策論争を続けることとし、六月末から遊説会を開始した。加藤は、以前から自分は嘘や駆け引きができないと公言し、「政友会のような陰謀のできる加藤なら、もう少し偉くなっていよう」などと述べていたが[335]、この時期には頻繁に原の名に言及して政友会を批判し、「正義の力」の語を繰り返した[336]。ポスト原を目指して野党生活に耐えてきた苦労が報われなかった悔しさがよく表れている。なお加藤は内閣成立後に、摂政に「民衆の声」を聞くよう働きかけるべきだったのではないかと党員に詰め寄られたが、「そう云うことは嫌だ」と否定している[337]。それまでと同様、君主を政権獲得のために利用することは拒んだのである。

加藤は、ワシントン会議には若干の問題もあるが、結果を受け容れるべきだという趣旨の演説を続け、陸海軍の軍縮によって生じた財源を廃減税や社会政策に振り向ける方針を示した[338]。若槻、浜口、江木ら幹部も、積極的に減税や社会政策を行い、「国際政局の倫理化」を推進することを訴えた[339]。減税の方針は、第四六議会(一九二二年一二月〜一九二三年三月)前の「政策」(党の公式文書)にも加えられた[340]。こうして加藤がワシントン会議批判を断念したため、外交政策の穏健化が進み、海軍軍縮の受容も決定的になった。これによって緊縮財政志向、社会政策への積極的な姿勢が鮮明となり、対外貿易を重視する経済政策ともバランスの取れたものとなって、憲政会の政策はより体系立ったものとなった[341]。

しかし加藤友三郎内閣の政策は、国際協調外交、緊縮財政や普選、社会問題への柔軟姿勢など多くが憲政会と共通するものであった[342]。加藤高明は、政友会の政策は「憲政会の模倣」だとして自党の政策に自信を示し、党内に「自重」を求めたが(343)、政策面での差異が小さくなった憲政会は苦境に立たされた。前年に大勝を収めた衆議院議員補欠選挙でも、憲政会は政友会に惨敗を喫し、議席獲得数は政友会の七に対して憲政会(系)二に留まった。

この頃中国では、ワシントン会議の結果への不満と、翌一九二三年がポーツマス条約による旅順と大連の返還期限だったことから、二十一ヵ条条約の廃棄運動(旅順・大連回収運動)が盛り上がっていた(344)。加藤は年末まで自重してこの問題を静観していたが、一九二三年元旦の新聞での論説で、「我が国が当然主張すべき権利を主張しなかったら国家のため重大事……近年の外交関係を見て吾人は特にこの感を深くせざるを得ない」と述べ、対中政策に懸念を表明した(345)。加藤は山東問題を蒸し返さなかったし、中国に何らかの制裁措置を取ることまでは考えていなかったが、中国が法的に確定したはずの満州権益まで脅かすことに対して苛立っていた。

そこで加藤は第四六議会で質問演説に立ち、条約で認められた正当な権益を政府が強く主張するよう求めた(346)。松本忠雄も、再び内田外相の「譲歩」を批判するパンフレットを作成した(347)。この頃貴族院でも外交批判が噴出し、異例の「外交刷新」決議が出されており(348)、加藤・憲政会はそれと連携して倒閣を目指したのであろう。加藤は議会後も、二十一ヵ条要求は自分の「罪悪」のように言われているが、少なくとも条約で認められた満州権益だけは維持すべきだと主張した(349)。加藤は、山東半島に専管居留地が設けられなかったことは不満だが、この問題を露骨に主張する訳にもいかないので放置すると述べていたが、党人派のみならず江木まで山東問題を蒸し返すなど、第四六議会で憲政会が展開した外交批判は矮小化され戦術的な方向に流れた(350)。『東京日日新聞』は、加藤の議会での論戦にあまり迫力が感じられないと評したが(351)、加藤自身も自らの感情的な演説内容に満足し切れないものがあったのではないだろうか。結局、加藤・憲政会の外交批判はほとんど成果を生み出さなかった。

加藤はかつて、日露戦争中に東京日日新聞社社長として対露強硬論の論陣を張り、ポーツマス会議時には賠償金獲得と樺太の完全割譲を貫徹するよう主張した(第二章第一節)。戦後にポーツマス条約が締結されると、加藤は条約への不満を表明しつつ、桂内閣批判の矛を一応収めたが、条約締結を受けて強硬外交論を引っ込めるというパターンはワシントン会議後と同じである。日露戦後の場合、加藤は第一次西園寺公望内閣の外相に就任したものの、戦後経営方針をめぐって陸軍と衝突し、間もなく閣外に去ることとなった。ワシントン会議後の加藤も、再び同じように外交方針をめぐって迷走しつつあった。

再度の政権素通りと外交政策の転換

一九二三年八月、加藤友三郎首相が在任中に病死した。憲政会は前年と同様、官僚勢力や貴族院と提携して加藤高明内閣を実現するべく運動した。安達が平田内大臣に(352)、若槻が青木信光ら貴族院研究会に働きかけ(353)、研究会では近衛文麿が憲政会内閣に賛意を示した(354)。江木や下岡も、貴族院などからも入閣させた憲政会内閣樹立を主張した(355)。しかし、元老西園寺は山本権兵衛を後継首相に指名し、九月に第二次山本内閣が成立した。これは、西園寺が間近に迫っていた総選挙の公平な実施を考慮すると共に、加藤の外交方針を懸念していたためであった(356)。パリ講和会議全権だった西園寺は、加藤・憲政会の外交批判を深く憂慮しており、高橋内閣後継問題の時から加藤を後継候補に挙げることに反対していた。加藤がワシントン会議の結果を引き受けるとしつつ外交批判を蒸し返しているのを見て、西園寺の頭には日露戦後の加藤の迷走が浮かんでいたことであろう。

加藤は、再度の政権素通りに並々ならぬ衝撃を受けた。加藤は山本からの入閣要請を断ったが、その経緯の説明が若槻によって行われ(357)、加藤が九月中には公式の場に姿を現さなかった事実が、これをよく物語っている。加藤はこの頃、元老制度が改まらない限り「憲政の常道」の確立、憲政会の政権獲得は実現しないかもしれないという諦めに近い感情さえ抱いていた(358)。コペンハーゲンの万国議員会議に出席した憲政会代議士の三木武吉は、新聞で誤って加藤高明の死が報じられていて驚いたと語ったが（実際死去したのは加藤友三郎）(359)、加藤の悲境を象徴している。

加藤の外交手腕に対する西園寺の懸念が憲政会の政権獲得を阻んでいるということは、西園寺との接触や新聞の観測によって加藤にも十分理解できたはずである(360)。自身の外交手腕に対する懸念が生んだ二度の政権素通り。加藤はこの屈辱を味わうことによって、ようやく二十一ヵ条要求の弁明に固執することの虚しさを悟り、外交批判による政権奪取を断念した。山本内閣の成立当時、旅順・大連回収運動が鎮静化し、日中関係が比較的小康状態になっていたことも、加藤の決断を後押しした[361]。一九二三年秋以降、加藤がこれまでのような二十一ヵ条要求の弁明を行うことはなくなった。ここに憲政会の外交政策は、内政不干渉と国際協調の原則を守りながら条約上正当に認められた権益擁護を主張する穏健なものにまとまった。加藤・憲政会は、一九二三年末に同志会以来の強硬な外交路線から幣原外交を支える路線に転換し、体系的な政策を確立したのである。

この間の加藤の政治指導は、功罪相半ばすると評価すべきであろう。二十一ヵ条要求が失敗であったのと同様に、それを糊塗しようとした弁明もまた失敗であり、そのために憲政会は長期にわたって野党の座に甘んじた。しかし、加藤がほぼ一貫して党内の強硬派を抑制して、最終的に憲政会の外交政策の穏健化に成功したことは、正当に評価されなければならないし、加藤のこのような政治指導こそが幣原外交を生み出すことになるのである。

原内閣以降三期にわたって外相を務めた内田康哉は、後に加藤が野党党首として内田の外交に好意的でなかったことを遺憾に思うと振り返った[362]。また若槻は、大戦後の憲政会の外交は、内田外交を受容し幣原外交として引き継がれたものであると回顧している[363]。共に妥当な総括であろう。加藤をしばしば取材していた名古屋新聞記者の小林橘川は、後に「アノ剛ふくな性格の所有者だった加藤さんも、苦節十年の野党時代に終りをつげる一二年前には、かなりままならぬ人生をじっと忍んで時期を待っているという心持ちが十分私にも理解された」「その時の加藤さんのコトバほど悲痛な、そして人間らしい謙虚なすがたを感じたことがない」と、加藤の成長を振り返った[364]。憲政会が外交政策を転換する過程は、加藤が外交構想を転換すると共に、一人の政治家として葛藤の中で成長する軌跡でもあったのである。

(1)『東日』一九一七年四月二二日、二三日。

(2) 山本四郎氏は、『憲政』二巻二号(一九一七年二月)から一号(一九一八年四月)の間の発行状況は不明としているが(同「解題」『憲政』復刻版、柏書房、一九八六年)、『立憲民政党政務調査館図書件名目録・第一輯』(立憲民政党政務調査館、一九三七年)にもこの間の党機関誌の記録は存在しないこと、一九一八年四月に機関誌の号数を改めて一号としたという新聞報道があることから(『大朝』一九一八年四月一日)、この間の『憲政』が休刊していたのはほぼ間違いない。

(3) 『大朝』一九一七年四月二一日(安達謙蔵談)、二三日(若槻礼次郎談)、『東日』同年四月二四日(江木翼談)、二九日。

(4) 北岡伸一「政党政治確立過程における立憲同志会・憲政会——政権構想と政党指導——」(下)(『立教法学』二五号、一九八五年九月)二五四頁。

(5) 『松本剛吉日誌』一九一八年九月一一日。

(6) 尾崎行雄『咢堂自伝』(改訂第一版、大阪時事新報社出版局、一九四七年)三三〇頁、「加藤子の報告」(『大朝』一九一七年六月八日)。

(7) 『大朝』一九一六年六月五日社説、無名隠士「臨時外交調査会の内幕」(『太陽』二三巻八号、一九一七年六月)、佐々木惣一「臨時外交調査委員会と憲法の一重大原則」(佐々木惣一著、大石眞編『憲政時論集Ⅰ』信山社、一九九八年)。

(8) Greene to Grey, 5 June 1917, FO371/2951.

(9) 犬養の側近である古島一雄は、この時ほど新聞の犬養に対する批評が厳しかったことはない、と回顧している(古島一雄『一老政治家の回想』中公文庫、一九七五年、原著は中央公論社、一九五一年、一六一頁)。

(10) 一九一八年三月二七日憲政会議員総会における加藤高明演説(『憲政』一号、同年四月)。

(11) 一九一八年五月一二日憲政会東海大会における加藤高明演説(『大朝』同年五月一二日夕刊)、「出兵問題に対する我党の態度」(『憲政』一巻二号、同年九月)。寺内内閣期の外交政策に対する原の態度については、細谷千博『ロシア革命と日本』(原書房、一九七二年)、川田稔『原敬　転換期の構想　国際社会と日本』(未来社、一九九五年)第一章第二節を参照。

(12) 前掲、北岡伸一「政党政治確立過程における立憲同志会・憲政会」(下)二四一頁、宮地正人『日露戦後政治史の研究』(東京大学出版会、一九七三年)三一三頁。

(13) 前掲、尾崎行雄『咢堂自伝』三三〇頁、一九一八年一月二五日、二六日衆議院予算総会における尾崎行雄、島田三郎質問演説(『東日』同年一月二六日、二七日)。

(14) *The Times*, 3 June 1916.

(15) 前掲、一九一八年五月一二日憲政会東海大会における加藤高明演説。

(16) F・ディキンソン氏や櫻井良樹氏も、このことを強調している(Frederick Dickinson, *War and National Reinvention : Japan in the Great War*, 1914～1919, Cambridge: Harvard University Press, 1999, Chapter2, 3, F・ディキンソン〔拙訳〕「加藤外交と日米関係」

(17) 前掲、川田稔・伊藤之雄編『二〇世紀日米関係と東アジア』、櫻井良樹「加藤高明と英米中三国関係」長谷川雄一編『大正期日本のアメリカ認識』慶応義塾大学出版会、二〇〇一年、同「第二次大隈内閣期における外交政策の諸相」日本国際政治学会編『国際政治』一三九号、二〇〇四年一一月）。
(18) 前掲、一九一八年三月二七日憲政会議員総会における加藤高明演説。
(19) 第四〇議会前の「政策」（『憲政会史』上巻〔原書房復刻版、一九八五年、原著は憲政会史編纂所、一九二六年〕八七頁）。
(20) Greene to Grey, 16 Aug. 1916, FO371/2694 欄外の書き込み。
(21) 『東日』一九一八年四月一日。なお、機関誌は当初『憲政会報』という名称を予定していたが、結局『憲政』となり、号数は改めて一号とされた。
(22) 『太陽』（二四巻二号、一九一八年一月）二二〜二七頁、『東日』一九一七年一二月〜一九一八年一月の各記事。ただし加藤は尾崎を党内に引き留める意思を持っていたようで、一月の役員改選時に尾崎を総務に再任した。
(23) 前掲、北岡伸一「政党政治確立過程における立憲同志会・憲政会」（下）二四七頁。
片岡以下の動きについては、『原敬日記』一九一七年一二月五日、「通相密報」（山本四郎編『寺内正毅内閣関係史料』下巻、京都女子大学、一九八五年）六五九頁、六六二〜六六三頁、六七七頁、六八五頁を参照。
(24) 『原敬日記』一九一八年五月八日。
(25) 同右、一九一八年七月一六日、二二日、二九日、八月四日。
(26) 一九一八年九月七日憲政会北海道支部大会における加藤高明演説（『憲政』一巻二号）、『東日』同年九月一八日（加藤高明談）、同年九月一六日憲政会青森支部大会における加藤高明演説（『東奥日報』同年九月一七日）。
(27) 『原敬日記』一九一八年八月三日。
(28) 『東日』一九一八年七月一九日。
(29) 季武嘉也『大正期の政治構造』（吉川弘文館、一九九八年）二六一頁。
(30) 『三峰下岡忠治伝』（三峰会、一九三〇年）一五〇〜一五四頁、『東日』一九一八年九月八日（下岡忠治談）。
(31) 『原敬日記』一九一八年九月一一日。
(32) 同右、一九一八年八月二四日。『大朝』同年九月六日（武富時敏談）、二〇日（早速整爾談）、二二日（片岡直温談）。なお江木翼や党人派少壮は挙国一致内閣にも政友会内閣にも反対していたが、大隈重信が語ったように、実際は原内閣成立を容認していたと見て良い（『東日』同年九月八〜二六日の各記事、二〇日〔大隈重信談〕、『大朝』同年九月一六日〔江木翼談〕）。

(33)『原敬日記』一九一八年八月二〇日。
(34)同右、一九一八年八月四日、九月二五日、二七日。
(35)加藤の伝記はこのような解釈を取っている(『加藤高明』下巻、二九三〜二九七頁)。
(36)季武嘉也氏は、加藤の行動を原内閣成立の決定的要因と見なす解釈を取っているが(前掲、季武嘉也『大正期の政治構造』二六六〜二六八頁)、加藤・憲政会にそのような影響力があったとは思われない。
(37)『松本剛吉日誌』一九一八年八月一四日、二一日、九月八日。
(38)一九一七年六月一〇日、一九一八年八月三日付山県有朋宛大浦兼武書翰(「山県有朋文書」国立国会図書館憲政資料室寄託)、一九一八年六月一五日付寺内正毅宛大浦兼武書翰(「寺内正毅文書」国立国会図書館憲政資料室所蔵)。
(39)一九一八年八月二七日付山県有朋宛大浦兼武書翰(「山県有朋文書」)。
(40)『松本剛吉日誌』一九一八年九月三〇日、一〇月八日。
(41)『原敬日記』一九一八年一〇月六日。
(42)同右、一九一八年一〇月四日。
(43)一九一八年一〇月一日憲政会代議士会における加藤高明演説(『憲政』一巻三号)。
(44)『東日』一九一八年九月三〇日(江木翼談)、一〇月六日(浜口雄幸談)、一九一九年一月二一日社説。
(45)一九一九年一月一〇日憲政会大会における加藤高明演説(『憲政』二巻二号)。
(46)一九一九年四月一二日憲政会東北大会における加藤高明演説(『憲政』二巻四号)。
(47)浜口雄幸「戦後の経済問題」(『憲政』二巻一号、一九一九年一月)。
(48)第四一議会前の「政策」(『憲政』二巻一号、一九一九年一月)。
(49)前掲、一九一九年一月一〇日憲政会大会における加藤高明演説、安達謙蔵「選挙法改正問題」(『憲政』二巻一号、一九一九年一月)。
(50)『憲政』(二巻二号、一九一九年二月)三五頁。
(51)松尾尊兊『普通選挙制度成立史の研究』(岩波書店、一九八九年)一三一〜一三八頁。
(52)『東日』一九一九年一月二七日。
(53)『憲政』(二巻二号、一九一九年二月)五四頁、『東日』同年二月二五日。
(54)前掲、松尾尊兊『普通選挙制度成立史の研究』一三三〜一三四頁、今井清一「小選挙区制の歴史的検討——原内閣の小選挙区制を中心に——」(『歴史学研究』三二五号、一九六七年六月)。この他、地方名望家秩序の動揺に対応して、候補者と選挙区の結びつきを強めるという長期的な狙いもあった(三谷太一郎『増補　日本政党政治の形成　原敬の政治指導の展開』東京大学出版会、一九九五年、二三〇〜二五六頁)。明治〜大正期の選挙制度をめぐる動きの概観として、季武嘉也「政党政治を支えたもの」(同編『大正社会と改造の潮流』吉川弘文館、二〇〇四年)一五八〜一七三頁を参照。

(55)前掲、川田稔『原敬』一九六〜二〇二頁。原内閣下における山県の第三党構想については、伊藤之雄『大正デモクラシーと政党政治』(山川出版社、一九八七年)一五〜二六頁を参照。

(56)前掲、三谷太一郎『増補　日本政党政治の形成』九八〜九九頁、山室建徳「普通選挙法案は、衆議院でどのように論じられたのか」(有馬学、三谷博編『近代日本の政治構造』吉川弘文館、一九九三年)六八〜七一頁。

(57)原敬「官民相対するの道を論ず」(一八八〇年八月三日)(『原敬全集』上巻、原敬全集刊行会、一九二九年)。

(58)『原敬日記』一九一九年九月二五日、一九二〇年六月三〇日、八月五日。

(59)前掲、三谷太一郎『増補　日本政党政治の形成』二四六〜二五〇頁。

(60)吉野作造「憲政の本義を説いて其有終の美を済すの途を論ず」(『中央公論』一九一六年一月号)、同「小選挙区制の利害」「小題小言十則」(『中央公論』一九二〇年五月号)。吉野の小選挙区制支持の背景には、人格主義という観点もあった(三谷太一郎『新版　大正デモクラシー論　吉野作造の時代』東京大学出版会、一九九五年、一五〇頁)。

(61)前掲、松尾尊兊『普通選挙制度成立史の研究』一三六頁。

(62)前掲、安達謙蔵「選挙法改正問題」。

(63)『東日』一九一九年二月二〇日(安達謙蔵談)。『安達謙蔵自叙伝』(新樹社、一九六〇年)では、このことに触れていない。

(64)『東日』一九一九年一月二六日。

(65)「選挙法改正案の経緯」(『憲政』二巻二号、一九一九年二月)、『東日』同年一月二四日、二七日。なお党人派の中にも、大竹貫一ら小選挙区制論者がいた。

(66)加藤高明「国際連盟について」(『大観』二巻一号、一九一九年一月)。

(67)『東日』一九一九年五月二五日(江木翼談)。

(68)一九一八年一月二〇日憲政会代議士会における加藤高明演説(前掲、『憲政会史』上巻、八八頁)。

(69)一九一八年一一月二〇日憲政会本部戦捷祝賀会における加藤高明演説(『憲政』二巻一号)。

(70)一九一八年一一月一〇日憲政会結党記念祝賀会における加藤高明演説(『憲政』一巻五号)。

(71)前掲、加藤高明「国際連盟について」、前掲、一九一九年一月一〇日憲政会大会における加藤高明演説。

(72) 同右。Edward Grey, *The League of Nations*, Oxford University Press, 1919.
(73) 前掲、一九一九年四月一二日憲政会東北大会における加藤高明演説。
(74) Alston to Curzon, 20 June 1919, *BD, Part II, SeriesE, Volume2.*
(75) 前掲、一九一九年一月一〇日憲政会大会における加藤高明演説。
(76) 前掲、一九一八年一一月二〇日憲政会本部戦捷祝賀会における加藤高明演説。
(77) 前掲、一九一八年一一月一〇日憲政会結党記念祝賀会における加藤高明演説。
(78) 前掲、一九一九年一月一〇日憲政会大会における加藤高明演説。
(79) 「加藤総裁の労働観」(『憲政』二巻四号、一九一九年六月)。
(80) 前掲、一九一八年一一月一〇日憲政会結党記念祝賀会における加藤高明演説。
(81) 江木翼「独逸軍国主義の前途」(『太陽』二四巻八号、一九一八年六月)。
(82) 江木翼「世界の改造に省みて教育内容の改善を要求す」(『太陽』二五巻二号、一九一九年一月)。
(83) 江木翼「改造の根本観念」(『大観』二巻一二号、一九一九年一二月)。
(84) 「田川大吉郎氏談話速記」(『政治談話速記録』第六巻、ゆまに書房、一九九九年)二四六頁。
(85) 『永井柳太郎』編纂会編『永井柳太郎』(勁草書房、一九五九年)一七一頁。
(86) 安達謙蔵「欧米旅行日誌抄」(前掲、『安達謙蔵自叙伝』)一九一九年三〜七月の各記事。
(87) 『大朝』一九二一年一一月二五日。
(88) 前掲、「田川大吉郎氏談話速記」二四六頁。
(89) 『東日』一九一九年八月二九日。
(90) 齋藤隆夫『回顧七十年』(中公文庫、一九八七年)五三頁、前掲、安達謙蔵「欧米旅行日誌抄」一九一九年七月七日、九日。
(91) 前掲、『永井柳太郎』一七一頁。前掲、安達謙蔵「欧米旅行日誌抄」一九一九年四月三〇日〜五月一五日。
(92) 『東日』一九二五年五月三一日、前掲、安達謙蔵「欧米旅行日誌抄」一九一九年五月一二日。
(93) 『時事』一九一九年二月二七日夕刊、前掲、安達謙蔵「欧米旅行日誌抄」同年二月二七日。
(94) 前掲、松尾尊兊『普通選挙制度成立史の研究』二三三〜二三四頁。
(95) 尾崎行雄「世界の大勢に関する疑問」(『東日』一九一八年四月一一〜二六日)。
(96) 一九一八年三月二七日憲政会議員総会における尾崎行雄演説(『東日』同年三月二八日)。

(97) 一九一九年三月一三日送別会における尾崎行雄謝辞(『東日』同年三月一四日)。
(98) 前掲、安達謙蔵「欧米旅行日誌抄」一九一九年四月一七～一八日、五月一一日。
(99) 青木一能「尾崎行雄の平和思想と世界連邦論」(相馬雪香他編『咢堂 尾崎行雄』慶応義塾大学出版会、二〇〇〇年)一二六～一二八頁。
(100) 尾崎行雄「戦後の列国と孤立せる日本」(『憲政』三巻二号、一九二〇年二月)。
(101) ただし望月は病気のため途中帰国した(『東日』一九一九年六月一七日)。
(102) 『原敬日記』一九一六年一一月一一日。
(103) 『東日』一九一九年三月一七日(望月小太郎談)。
(104) 望月小太郎『華府会議の眞相』(慶文堂、一九二二年)、同「英米連合日本圧迫論」(『憲政』八巻二号、一九二五年二月)。望月の主張の背景にある思潮を広い視野から検討した論考として、中西寛「近衛文麿『英米本位の平和主義を排す』論文の背景──普遍主義への対応──」(『法学論叢』一三二巻四・五・六号、一九九三年三月)を参照。
(105) 『東日』一九一九年八月一三日。
(106) 一九一九年の府県会議員選挙については、金原左門『大正期の政党と国民』(塙書房、一九七三年)二六〇～二六七頁を参照。もっとも、政友会の勝利を利権と選挙干渉の所産とする金原氏の評価は疑問である。
(107) 一九一九年一一月一一日憲政会招待会における加藤高明演説(『憲政』二巻九号)。
(108) 原内閣の外交については、前掲、三谷太一郎『増補 日本政党政治の形成』第二部第二章、前掲、川田稔『原敬』第二章第二節、伊藤之雄「第一次大戦と戦後日本の形成──立憲政友会の動向──」(『法学論叢』一四〇巻三・四号、一九九七年一月)一五五～一七二頁、服部龍二『東アジア国際環境の変動と日本外交 一九一八～一九三一』(有斐閣、二〇〇一年)第一～二章、西田敏宏「ワシントン体制と幣原外交」(川田稔、伊藤之雄編『二〇世紀日米関係と東アジア』風媒社、二〇〇二年)六六～七一頁などを参照。
(109) 第一次大戦後の山東問題の展開に関しては、清水秀子「山東問題」(『季刊国際政治』五六号、一九七六年三月)、中谷直司「ウィルソンと日本──パリ講和会議における山東問題」(『同志社法学』五六巻二号、二〇〇四年七月)を参照。
(110) Alston to Curzon, 20 June 1919, *BD, PartII, SeriesE, Volume2.*
(111) 一九一九年四月一二日憲政会東北大会における加藤高明演説(『憲政』二巻四号)。
(112) 一九一九年九月一四日憲政会東海大会における加藤高明演説(『憲政』二巻八号)、同年一一月一二日憲政会大会における加藤高明演説(『憲政』二巻九号)。

(113) 松本忠雄述『対支国論の回顧』(松本忠雄、一九二〇年)。
(114) 望月小太郎「帝国の屈辱外交」(『憲政』二巻五号、一九一九年七月)。
(115) 『東日』一九一九年七月一四日(加藤高明談)。
(116) 高橋秀直「原敬内閣下の議会」(『日本議会史録』第二巻、第一法規出版、一九九一年)二〇八~二一二頁、二三一~二三七頁、前掲、櫻井良樹「加藤高明と英米中三国関係」一〇六~一〇七頁、村井良太『政党内閣制の成立　一九一八~二七年』(有斐閣、二〇〇五年)六四~六八頁。
(117) 前掲、一九一九年九月一四日憲政会東海大会における加藤高明演説。
(118) 前掲、一九一九年一一月一二日憲政会大会における加藤高明演説(『憲政』二巻九号)。
(119) 前掲、伊藤之雄『大正デモクラシーと政党政治』一三〇~一三二頁。
(120) 前掲、一九一九年九月一四日憲政会東海大会における加藤高明演説。
(121) 一九一九年七月一四日憲政会関西大会における浜口雄幸演説(『憲政』二巻七号)、浜口雄幸「通貨収縮に就て高橋蔵相に答ふ」(『憲政』二巻八号、同年一〇月)。
(122) 一九一九年一一月一二日憲政会臨時大会における若槻礼次郎、片岡直温演説(『憲政』二巻九号)、早速整爾「自縄自縛の豫算」(『憲政』三巻一号、一九二〇年一月)、加藤政之助「物価調節」(『東日』一九一九年九月二~七日)。
(123) 「憲政会記事」(『憲政』三巻一号、一九二〇年一月)八〇頁。一九一九年夏以降の地方大会決議においても、積極政策を求めるものは消えていった。
(124) 季武嘉也氏は、伊沢が「第二の大浦」を目指していたと指摘している(同「大浦兼武と伊沢多喜男――内務官僚として――」大西比呂志編『伊沢多喜男と近代日本』芙蓉書房出版、二〇〇三年、六四頁)。
(125) 吉良芳恵「県知事時代の伊沢多喜男――和歌山・愛媛・新潟――」(前掲、大西比呂志編『伊沢多喜男と近代日本』)。
(126) 「人物回想(加藤高明)」(伊沢多喜男文書研究会編『伊沢多喜男関係文書』芙蓉書房出版、二〇〇〇年)五五二頁。
(127) 伊沢多喜男伝記編纂委員会編『伊沢多喜男』(羽田書店、一九五一年)一二三~一三九頁。
(128) 高橋秀直「山県閥貴族院支配の展開と崩壊――一九一一~一九一九――」(『日本史研究』二六九号、一九八五年一月)、同「山県閥貴族院支配の構造」(『史学雑誌』九四編二号、一九八五年二月)。原内閣の貴族院対策については、前掲、伊藤之雄『大正デモクラシーと政党政治』二六~二九頁、西尾林太郎『大正デモクラシーの時代と貴族院』(成文堂、二〇〇五年)第五章を参照。
(129) 前掲、『伊沢多喜男関係文書』所収の伊沢多喜男宛湯浅倉平、太田政弘、安広伴一郎、丸山鶴吉の各書翰。

(130) 佐藤孝三郎『高岳自叙伝』(佐藤達夫、一九六三年)一七五〜一八六頁、一九一七年六月七日付小山松寿宛下岡忠治書翰(「小山松寿文書」国立国会図書館憲政資料室寄託)、『川崎卓吉』(川崎卓吉伝記編纂会、一九六一年)二一六〜二二二頁。

(131) 政友会も、原内閣の下で引き続き「官僚の政党化」を進めていた(拙稿「政務次官設置の政治過程——加藤高明とイギリスモデルの官制改革構想——」(四)『議会政治研究』六九号、二〇〇四年三月、清水唯一朗「大正期における政党と官僚——官僚の政党参加とその意識を中心に——」寺崎修、玉井清編『戦前日本の政治と市民意識』慶応義塾大学出版会、二〇〇五年、一七〇〜一八四頁)。

(132) 第四一議会以降第四二議会までの普選問題については、前掲、松尾尊兊『普通選挙制度成立史の研究』Ⅱ二〜三、兼近輝雄「第四二議会への普選案の上程と各党の態度」(『早稲田政治経済学雑誌』一五六号、一九五九年四月)を参照。本書は上記の研究を踏まえ、これまで十分に検討されていない加藤・憲政会最高幹部の動向、憲政会の党組織の問題を中心に、この問題を再考する。

(133) 小泉又次郎『普選運動秘史』(批評社、一九二七年)一〇頁、『加藤高明』下巻、三三〇〜三三一頁。

(134) 『東日』一九一九年一〇月二〇〜二五日。

(135) 同右、一九一九年一〇月三〇日、一一月六日、同年一一月一二日憲政会大会における加藤高明演説(『憲政』二巻九号)。

(136) 『東日』一九一九年一一月一三日(小川平吉談)、一四日社説。

(137) 同右、一九一九年一一月一七日、二一日。

(138) 同右、一九一九年一一月一日。

(139) 同右、一九一九年一一月二五日(江木翼談)、一二月二日。

(140) 同右、一九一九年一二月一四日、一六日。

(141) ロバート・ブレイク卿(灘尾弘吉監修、谷福丸訳)『ディズレイリ』(大蔵省印刷局、一九九三年)第二一章。

(142) 「憲政会記事」「日誌」(『憲政』三巻一号、一九二〇年一月)八七〜八八頁。『東日』一九一九年一二月二三日、二四日。

(143) 「憲政会記事」(『憲政』三巻一号、一九二〇年一月)八〇頁。

(144) 『東日』一九二〇年一月一六日、一九日。

(145) 「議会記事」「憲政会記事」(『憲政』三巻二号、一九二〇年二月)二五〜三二頁、六一〜六二頁、『東日』同年一月一五日〜二一日。

(146) 『東日』一九一九年一二月二二日。

(147) 一九二〇年二月二七日憲政会招待会における加藤高明演説(『東日』同年二月二八日、『加藤高明』下巻、三三五頁)。加藤の伝記は、一九一九年九月頃には加藤は普選論者になっていたと評価しているが、ここまでの経緯から疑問である。

(148) 憲政会は、「独立の生計を営む者」とは、一戸を構えていなくても自己の収入によって生計を維持する者が含まれる一方、貧困のため救助を受ける者、寄食者、浮浪者などは含まれないという解釈を党員に示したが、学生の選挙権の扱いなど不透明な部分を残していた(「『独立の生計』の意義」『河野広中文書』書類の部六四〇、国立国会図書館憲政資料室所蔵)。

(149) 『東日』『大朝』一九二〇年一月二〇～二一日。

(150) 『東日』一九二〇年一月二二日(安達謙蔵談)。

(151) 小松浩『イギリスの選挙制度　歴史・理論・問題状況』(現代人文社、二〇〇三年)第三章。

(152) 前掲、三谷太一郎『増補　日本政党政治の形成』二四九頁、空井護「美濃部達吉と議会の正統性危機」(『法学』六二巻四号、一九九八年一〇月)六〇～六三頁。

(153) 江木翼「労働問題」(『憲政』二巻八号、一九一九年一〇月)、同「国際連盟と国際労働」(『大観』二巻一〇号、一九一九年一〇月)、同「疾病保険制度」(『憲政』三巻一号、一九二〇年一月)、同「労働組合公認の意義」(『大観』三巻二号、一九二〇年二月)、「憲政会記事」(『憲政』三巻一号、一九二〇年一月)八二～八三頁、『東日』一九一九年一一月一八日(江木翼談)、二五日(江木翼談)、二六日。

(154) 小路田泰直『日本近代都市史研究序説』(柏書房、一九九一年)第六章、安田浩『大正デモクラシー史論　大衆民主主義体制への転形と限界』(校倉書房、一九九四年)一編一章。もっとも、憲政会における社会政策の位置付けは、両氏が主張するほど高くはない。

(155) 「議会記事」(『憲政』三巻二号、一九二〇年二月)四六～五七頁。

(156) 前掲、高橋秀直「原敬内閣下の議会」二一六～二一七頁、「議会記事」(『憲政』三巻二号、一九二〇年二月)四二～四五頁。

(157) 『東日』一九二〇年二月八日。

(158) 同右、一九二〇年二月二二日、二四日。

(159) 同右、一九二〇年二月七日、一二日。

(160) 同右、一九二〇年二月二五日。

(161) 前掲、松尾尊兊『普通選挙制度成立史の研究』一八一頁。

(162) 同右、一八四～一八五頁、二〇〇～二〇一頁。

(163) 一九二〇年四月二〇日憲政会近畿大会における加藤高明演説(『憲政』三巻四号)。

(164) 『東日』一九二〇年四月二一日、五月一日、二日。石川の日記を見ると、安達や江木と相談を行い、尾崎や島田が来援したものの、加藤との接触は全く見られない(「石川安次郎日記」同年三～五月「石川安次郎文書」国立国会図書館憲政資料室寄託)。

(165) 第四章の註(185)と同様の試算に基づいて現代の貨幣価値に換算すると、一円が現代の約四千～五千円に相当する。

(166)『原敬日記』一九二〇年三月五日。
(167)同右、一九一九年一一月六日、一九二〇年九月一三日。
(168)前掲、松尾尊兊『普通選挙制度成立史の研究』一八五～一八七頁、前掲、金原左門『大正期の政党と国民』二六七～二八二頁。
(169)『東奥日報』一九二〇年三月二九日、四月一三日、二四日（菊池良一演説）。
(170)前掲、伊藤之雄『大正デモクラシーと政党政治』二九〇～二九五頁。
(171)『東日』一九二〇年五月二〇日、二八日。
(172)同右、一九二〇年五月一八日（浜口雄幸談）。
(173)一九二〇年六月二七日憲政会大会における加藤高明演説（『憲政』三巻五号）。
(174)前掲、松尾尊兊『普通選挙制度成立史の研究』一九七頁。
(175)『憲政』（三巻四号～四巻七号、一九二〇年五月～一九二一年一一月）。
(176)「憲政会記事」（『憲政』三巻一号、一九二〇年一月）八八～九二頁、同（『憲政』七号、一九二〇年一一月）一九～二七頁。文言も普選の「達成」よりも「速行」を求めるものが増えていた。
(177)「憲政会記事」（『憲政』四巻一号、一九二一年一月）五二頁。
(178)「憲政会記事」（『憲政』四巻二号、一九二一年二月）八六～八九頁。
(179)前掲、松尾尊兊『普通選挙制度成立史の研究』二〇三～二〇六頁、山中永之佑『日本近代地方自治制と国家』（弘文堂、一九九九年）三三五～三三九頁。
(180)三谷太一郎『政治制度としての陪審制　近代日本の司法権と政治』（東京大学出版会、二〇〇一年）一〇一頁、二四〇～二四四頁。
(181)「第四四議会報告書」（『憲政』四巻三号、一九二一年四月）三二頁。
(182)例えば憲政会に近い一木喜徳郎枢密顧問官は、郡制廃止に反対で、陪審制度の導入にも消極的であった（一木先生追悼会編『一木先生を偲ぶ』一九五五年、八頁）。また後に加藤内閣に協力する浜尾新枢密顧問官、井上匡四郎貴族院議員らも同様であった（一木喜徳郎「教育の特権」『学士会月報』四五一号、一九二五年一〇月、『古風庵回顧録』二四四～二四五頁）。
(183)「第四四議会報告書」（『憲政』四巻三号、一九二一年四月）三一～三二頁。
(184)松尾尊兊「過激社会運動取締法案について——一九二二年第四五議会における——」（『人文学報』二〇号、一九六四年一〇月）、同「第一次大戦後の治安立法構想」（藤原彰・松尾尊兊編『論集現代史』筑摩書房、一九七六年）。
(185)一九二二年三月二六日憲政会議員総会における加藤高明演説（『東日』同年三月二七日）。

(186)「政策」(『憲政』四巻一号、一九二一年一月)二頁。
(187)『東日』一九二一年一月二三日、二七日。
(188)「帝国議会」(『憲政』四巻二号、一九二一年二月)八五頁、『東日』同年二月六～一三日。
(189)前掲、伊藤之雄『大正デモクラシーと政党政治』五一～五二頁。
(190)宮崎隆次「政党領袖と地方名望家――原敬・盛岡市・岩手県の場合――」(『年報政治学　近代日本政治における中央と地方』岩波書店、一九八五年)。
(191)「第四四議会報告書」(『憲政』四巻三号、一九二一年四月)一八～二六頁。『東日』同年一月～一一月の各記事。
(192)一九二一年四月七日憲政会関東大会における加藤高明演説(『憲政』四巻四号)、同年九月一八日憲政会北陸大会における加藤高明演説(『憲政』四巻六号)。
(193)一九二一年一月二四日貴族院本会議における加藤高明の質問演説(『憲政』四巻二号)、一九二一年一月二六日付都筑馨六宛加藤高明書翰(「都筑馨六文書」国立国会図書館憲政資料室所蔵)。
(194)伊藤之雄「原敬内閣と立憲君主制――近代君主制の日英比較――」(『法学論叢』一四三巻四～六号、一四四巻一号、一九九八年七～一〇月)。
(195)『原敬日記』一九二一年二月一日、三日、前掲、古島一雄『一老政治家の回想』一七四～一七七頁。宮中某重大事件については、前掲、伊藤之雄「原敬内閣と立憲君主制」を参照。
(196)『原敬日記』一九二〇年二月一五日。
(197)櫻井良樹「日中提携と『国民的新党』の創設――長島隆二の場合――」(『年報政治学　日本外交におけるアジア主義』岩波書店、一九九八年)九七頁。
(198)Alston to Curzon, 23 Feb. 1921, Alston to Harding 25 Feb. 1921, FO371/5350.
(199)波多野勝『裕仁皇太子ヨーロッパ外遊記』(草思社、一九九八年)。
(200)『東日』一九二一年九月三日(加藤高明談)、前掲、同年九月一八日憲政会北陸大会における加藤高明演説。
(201)一九二二年一月一九日憲政会大会における加藤高明演説(『憲政』五巻一号)。
(202)前掲、一九二一年四月七日憲政会関東大会における加藤高明演説。
(203)「憲政会記事」(『憲政』五巻二号、一九二二年一月)二六頁。
(204)前掲、伊藤之雄『大正デモクラシーと政党政治』九六～九八頁。

(205)「政策」(『憲政』四巻一号、一九二一年一月)二頁。
(206)『東日』一九二一年一月二三日。
(207)曽村保信「ワシントン会議の一考察――尾崎行雄の軍備制限論を中心にして――」(『季刊国際政治』六号、一九五八年)一一九頁。
(208)「憲政会記事」(『憲政』五巻一号、一九二二年一月)。
(209)浜口雄幸「財政の余裕と其処分問題」(『太陽』二八巻一号、一九二二年一二月)。
(210)『大朝』一九二二年一二月一日社説。
(211)「政策」(『憲政』五巻二号、一九二二年三月)一八頁。
(212)前掲、一九二一年四月七日憲政会関東大会における加藤高明演説。
(213)一九二一年五月二五日憲政会近畿大会における加藤高明演説(『憲政』四巻五号)。
(214)一九二二年一月一九日憲政会大会における加藤高明演説(『憲政』五巻一号)。
(215)「憲政会記事」(『憲政』五巻二号、一九二二年三月)二〇頁。
(216)前掲、一九二一年五月二五日憲政会近畿大会における加藤高明演説。
(217)Eliot to Curzon, 16 Apr. 1921, FO371/6678.
(218)三木武吉「吾が徒の使命」(『憲政公論』一巻一号、一九二一年四月)。
(219)「我党内閣大臣投票　当選者発表」(『憲政公論』一巻五号、一九二一年八月)。
(220)「各省参政官予想投票　当選者発表」(『憲政公論』一巻七号、一九二一年一〇月)。
(221)『東日』一九二一年三月二九日。
(222)『憲政』(四巻四号~六号、一九二一年五~九月)。
(223)『東日』一九二一年四月一〇日、二六日。
(224)前掲、一九二一年九月一八日憲政会北陸大会における加藤高明演説。
(225)安達は、共に政友会の地盤が弱い地域なので、政府が憲政会の力を割くために同日選挙にしたと観測した(『東日』一九二一年五月八日〔安達謙蔵談〕)。
(226)同右、一九一八年四月一日。
(227)『東日』一九二一年四月一四日。
(228)同右、一九二一年五月八日、江戸川乱歩編『川崎克』(川崎克伝刊行会、一九五六年)八五頁。

(229) 川崎はかつて尾崎に書生として仕え、結婚の媒酌人を依頼するなど非常に近い仲だったが、尾崎除名後も憲政会に残っていた（前掲、『川崎克』二四頁、八五頁）。
(230) 『東日』一九二一年五月七日。
(231) 同右、一九二一年三月二八日、四月二二日、三〇日、五月八日。
(232) 同右、一九二一年五月八日（安達謙蔵談）。
(233) 同右、一九二一年五月一〇日。
(234) 『東日』一九二一年六月一二日、『憲政』（四巻五号、一九二一年七月）四四頁。
(235) 『原敬日記』一九二一年六月二四日。
(236) 『東日』一九二一年五月二四日、六月一二日～一九日。
(237) 同右、一九二一年六月一八日～二八日。
(238) 前掲、松尾尊兊『普通選挙制度成立史の研究』二一四頁、『東日』一九二一年一〇月二五日、二六日、一一月四日、『時事』同年一二月六日。
(239) 『東日』一九二一年一〇月二六日、同年一一月一四日憲政会党員慰労会における加藤高明演説（『憲政』四巻七号）。
(240) 同右、一九二一年一〇月八日、二六～三〇日。
(241) 同右、一九二一年九月二七日、二八日、一〇月一六日、二一日、二二日、二六日、「河野広中日記」同年九月二九日、一〇月四日、一〇日、一一月一三日（「河野広中文書」国立国会図書館憲政資料室所蔵）。
(242) 同右、一九二一年一〇月二二日、二五日、二六日、一一月四日、一二日。
(243) 『加藤高明』下巻、三八四頁。
(244) 一九二一年七月八日憲政会東海大会における加藤高明演説（『憲政』四巻五号）。
(245) 前田蓮山『原敬』（時事通信社、一九五八年）一九七頁。
(246) 「憲政会に対して注文す」（『憲政公論』一巻一号、一九二一年四月）、小瀧辰雄「憲政会刷新論」（『憲政公論』一巻七号、同年一〇月）。
(247) 若槻は、自分自身も貴族院議員であったが、第四四議会の加藤と原の党首対決を見て、「この論戦が衆議院で行われたら、なおよかった」と思ったという（『古風庵回顧録』二三三頁）。
(248) 『東日』一九二一年七月二四日。
加藤十四郎「予の加藤高明観」（『憲政公論』六巻三号、一九二六年三月）。

(249)武者小路公共『外交裏小路』二六～二七頁。

(250)『東日』一九二一年一〇月八日、一七日(安達謙蔵談)。

(251)同右、一九二一年一〇月二六日。

(252)一九二一年一一月五日(加藤高明談)。

(253)一九二一年一一月一九日第二回加藤子爵後援会総会(愛知県海部郡津島町)における加藤高明演説(『名古屋新聞』『新愛知』同年一一月二〇日)。

(254)憲政会の普選案の転換が、原の死後に行われたことは、松尾尊兊氏が先駆的に指摘した(前掲、松尾尊兊『普通選挙制度成立史の研究』二二二頁)。松尾氏も触れているように、『加藤高明』下巻も、このことを示唆している(三八三頁)。江木翼君伝記編纂会編『江木翼伝』(同会、一九三九年、一四三頁)、前掲、『安達謙蔵自叙伝』(一六六～一六七頁)も、原死後説に立った記述を行っている。なお若槻は、無条件普選案への転換によって解散が行われたと回顧しているが、条件付き普選案と記憶が混同している(『古風庵回顧録』二三四～二三六頁)。

(255)『加藤高明』下巻、三四三～三四四頁。

(256)菊池悟郎、溝口白羊共編『原敬全伝(地篇)』(日本評論社、一九二二年)巻頭の写真。

(257)金谷治訳注『韓非子』第三巻(岩波文庫、一九九四年)二一六頁。

(258)『松本剛吉日誌』『東日』『大朝』一九二一年一一月の各記事。

(259)『大朝』一九二一年一一月一三日(加藤高明談)。

(260)『東日』一九二一年一一月一三日(安達謙蔵談)、一四日(浜口雄幸談)、『大朝』同年一一月一四日(若槻礼次郎談)。

(261)『東日』一九二一年一一月一一日。

(262)『大朝』一九二一年一一月一三日。

(263)キャンベル・バナマン(Campbell-Bannerman)内閣後のアスキス(Asquith)内閣成立(一九〇八年)、ボナ・ロー(Bonar Law)内閣後のボールドウィン(Baldwin)内閣成立(一九二三年)が、これに該当する。

(264)Eliot to Curzon, 18 Nov. 1921, FO371/6709. エリオットの日本政治観の詳細については、拙稿「チャールズ・エリオットと第一次大戦後の日本政治――一九一八～一九二六年――」(『法学論叢』一五八巻五・六号、二〇〇六年三月)を参照。

(265)永井和『青年君主昭和天皇と元老西園寺』(京都大学学術出版会、二〇〇三年)七二～七六頁。

(266)Eliot to Curzon, 9 Nov. 1921, 18 Nov. 1921, FO371/6709.『牧野伸顕日記』には、牧野の首相への野心をにおわせる記述はないが、

エリオットの報告は極めて正確であり、この記述は信頼できると思われる。牧野は、第一次護憲運動の際にランボルド（Horace Rumbold）代理大使に近い将来の政党内閣実現に否定的な見解を示すなど、イギリスの外交官に対して日本の内政に関する意見をしばしば率直に述べていた（Martin Gilbert, *Sir Horace Rumbold : Portrait of a Diplomat, 1869-1941*, Heinemann, 1973, P. 97）。

エリオットは、牧野の英語は流暢だと記録しており、おそらく英語で会話をしていたものと思われる（Eliot to Chamberlain, 6 Apr. 1925, FO371/10961）。ちなみに加藤友三郎内閣が倒れた際、白根松介（宮内書記官兼宮相秘書官）は牧野が後継を「多少希望は有し居る様なり」と観測していた。小原駩吉（内匠頭）からこれを聞いた倉富勇三郎（枢密顧問官）は、薩派系の内閣ならば「矢張牧野ならん」と応じ、小原も牧野にはその気があると見た（「倉富勇三郎日記」一九二三年八月二七日〔倉富と小原の会談〕「倉富勇三郎文書」国立国会図書館憲政資料室所蔵）。もっともこの観測には、倉富、小原の牧野に対する反感も投影されている。

(267) 『大朝』一九二一年一一月一五日。

(268) 『東日』一九二一年一一月一五日、二三日。

(269) 片岡毛織創業九十年史編纂委員会編『片岡毛織創業九十年史』（二）（片岡毛織株式会社、一九九〇年）四七～四九頁、『憲政』（五巻一号、一九二二年一月）四一頁、『大朝』一九二一年一一月一八日。加藤子爵後援会とは、第二次大隈内閣の時の大隈伯後援会に倣った命名であろう。加藤は後援会に参加していた有力者と自ら連絡を保ち、後援会を積極的に育成しようとしていた（一九二三年元旦付後藤道政宛加藤高明賀状、後藤昌之氏所蔵）。

(270) 『東日』一九二一年一二月二日（憲政会某幹部談）。

(271) 前掲、松尾尊兊『普通選挙制度成立史の研究』二一一頁。若槻は、その話し合いで自分と下岡忠治の役割が大きかったと証言している（『若槻談話速記』二〇四～二〇五頁、『古風庵顧録』二三五～二三六頁、前掲、『三峰下岡忠治伝』五九一頁）。

(272) 「憲政会記事」（『憲政』五巻一号、一九二二年一月）五五～五六頁、『東日』『大朝』一九二一年一二月五日。

(273) 前掲、松尾尊兊『普通選挙制度成立史の研究』二一二～二一五頁。

(274) 江木翼「比例代表のはなし」（『東日』一九二一年一二月一一～一四日）、『大朝』同年一二月一三日夕刊（同談）、齋藤隆夫「全国一選挙区比例代表論」（『憲政』六巻一号、一九二三年一月）。

(275) 『東日』一九二一年一二月一四日。

(276) 「憲政会記事」（『憲政』五巻一号、一九二二年一月）六二～七〇頁。

(277) 一九二二年一月一九日憲政会大会における加藤高明演説（『憲政』五巻一号）、『東日』一九二一年一二月六日、『大朝』同年一二月七日夕刊（加藤高明談）。

(278)『大朝』一九二一年一二月二一日、二七日。

(279)『東日』一九二一年一二月六日、『大朝』同年一二月六日、九日。

(280)一一月には、山県が家人に「私の役目も済んだ。もう目を瞑ってもよい」と語ったとさえ報じられていた(『大朝』一九二一年一一月二六日夕刊)。

(281)『大朝』一九二一年一二月二五日。

(282)一九二一年一二月一四日付荒川五郎宛安達謙蔵書翰、一九二二[推定]年三月一四日付荒川五郎宛浜口雄幸書翰(「荒川五郎関係文書」国立国会図書館憲政資料室所蔵)。荒川は中央倶楽部出身で、有名な普選反対論者であった。

(283)前掲、松尾尊兊『普通選挙制度成立史の研究』二一七頁。

(284)「隻魚堂日載」(市島謙吉の日記)一九二二年四月五日(「市島春城資料」)、「大隈侯伝記編纂要領」(「市島春城資料」七六三、共に早稲田大学図書館特別資料室所蔵)。

(285)加藤高明「偉大なる政治家」(『大観』五巻二号、一九二二年二月)。

(286)『加藤高明伝』五七〇頁、市島謙吉『回顧録』(中央公論社、一九四一年)一二九～一三〇頁。グラッドストンの葬儀については、永井柳太郎『グラッドストーン』(実業之日本社、一九二二年)二九三～二九五頁を参照。

(287)加藤高明「侯と言論」(『大観』創刊号、一九一八年五月)。

(288)例えば、「グラッドストンと故伯」(『憲政公論』六巻三号、一九二六年三月)一〇一頁。

(289)前掲、ロバート・ブレイク卿『ディズレイリ』五五三頁。

(290)前掲、一九二一年九月一八日憲政会北陸大会における加藤高明演説。

(291)前掲、一九二一年七月八日憲政会東海大会における加藤高明演説、前掲、一九二一年九月一八日憲政会北陸大会における加藤高明演説、前掲、一九二二年一月一九日憲政会大会における加藤高明演説、『大朝』一九二一年一一月一九日(加藤高明談)。

(292)前掲、一九二一年七月八日憲政会東海大会における加藤高明演説、『東日』同年七月一三日(加藤高明談)。

(293)前掲、一九二一年七月八日憲政会東海大会における加藤高明演説では、この問題に直接言及している。

(294)Eliot to Curzon, 17 June 1921 in Print for the Cabinet, June 1921, FO371/6673.

(295)『東日』一九二一年七月一三日(江木翼談)、『大朝』同年一一月一八日(若槻礼次郎談)。

(296)『憲政』(五巻二号、一九二二年三月)一八頁。

(297)江木翼「海軍費節約は尚ほ姑息である…整理すべき二三項目」(『東日』一九二一年五月二五～二七日)。

(298) 前掲、一九二一年九月一八日憲政会北陸大会における加藤高明演説。

(299) 『大朝』一九二一年一一月一九日（加藤高明談）。

(300) 同右、一九二一年一一月一五日（江木翼談）、一八日（若槻礼次郎談）。

(301) 前掲、浜口雄幸「財政の余裕と其処分問題」。

(302) 『大朝』一九二一年一一月一九日（加藤高明談）。

(303) Eliot to Curzon, 6 Sep. 1921, FO371/6705.

(304) 『東日』一九二一年九月一五～一七日、「憲政会記事」（『憲政』四巻六号、一九二一年九月）。村井良太氏は、この政調会の議論から憲政会がワシントン会議支持に変化したと評価しているが（前掲、村井良太『政党内閣制の成立』六八～七一頁）、これは以下に述べるように過大評価である。村井氏は、憲政会が原内閣下で外交政策を転換したと主張する一方で、西園寺が加藤を首相候補として奏薦するまでその外交政策を懸念していたことを強調しているが（同右、一八一頁）、これでは西園寺が加藤・憲政会の政策転換を把握し切れず、必要以上に長い間不信感を抱いていたことになってしまう。これも事実に反する。この後述べるとおり、加藤・憲政会が外交政策を転換したのは第二次山本内閣の成立後で、その政策転換も護憲運動のさなかではあまり外に表れることはなかった。それゆえに西園寺は、幣原外交の展開を見届けるまで加藤・憲政会の外交政策を懸念し続けたのであり、その判断は概ね正しい観察に基づいたものだったのである。

(305) 『東日』一九二一年九月二一日（小川平吉談）。

(306) 同右、一九二一年九月一八日（加藤高明談）。

(307) 同右、一九二一年一〇月九日（加藤高明談）、『大朝』同年一一月一九日（同談）。

(308) Eliot to Curzon, 25. Aug. 1921, FO371/6705.

(309) 望月小太郎「日米海軍制限案」（『東日』一九二一年六月二八日～七月二三日）、同「華府会議に於ける日本外交の失態」（『太陽』二八巻二号、一九二二年一月）。

(310) 前掲、松本忠雄『日支新交渉に依る帝国の利権』増補部分の六五頁。

(311) 前掲、一九二二年一月一九日憲政会大会における加藤高明演説。

(312) 『東日』一九二二年一月一〇日、『衆本』四〇、三五～四四頁。

(313) 『貴本』四〇、一八八～二〇三頁、『貴委』一六、一五～三五頁。若槻は「私はこの軍縮には賛成であった。賛成論もしなかったが、反対論もしなかった」「江木のやること（外交批判のこと――筆者註）は、黙ってみていた」と回顧しているが、実際には自分自身も外交批判を行っていた(『古風庵回顧録』二三八頁)。

(314)「憲政会記事」(『憲政』五巻二号、一九二二年二月)二八頁。

(315)『報知』一九二二年三月二～七日。

(316)前掲、一九二二年三月二六日憲政会議員総会における加藤高明演説。

(317)『報知』一九二二年四月一一日。

(318)「石川安次郎日記」一九二二年四月一一日。

(319)同右、一九二二年四月二二日、加藤高明「故大隈重信侯の一面観」(『文明協会講演集』大正一一年度第四、同年五月)。加藤は、「外交上障りになる事も絶対ないとは申されませぬから」として二十一ヵ条要求については話さず、自分が長生きをしたら「御話をする機会があるかも知れませぬ」とした。もっともその後、その機会が訪れることはなかった。

(320)イギリスのエリオット大使は、総じて日本国内のワシントン会議批判はそれほど強くないと観測したし(Eliot to Curzon, 25 Jan., 15 Feb., 3 Mar., 28 Mar., 1922, FO371/8047)、フランスのクローデル(Paul Claudel)大使も、ワシントン会議は日本に深い失望を与えたが、世論はポーツマス会議の時ほどには盛り上がらず、愛国心を表に出したがらない傾向があると見ていた(ポール・クローデル〔奈良道子訳〕『孤独な帝国　日本の一九二〇年代　ポール・クローデル外交書簡一九二一―二七』草思社、一九九九年、七三頁)。

(321)一九二二年四月二五日憲政会関東大会における加藤高明演説(『報知』同年四月二六日)。この演説は『憲政』『憲政公論』には収められておらず、これまで全く注目されてこなかった。

(322)『万朝報』一九二二年四月二七日夕刊。

(323)『東日』『報知』一九二二年四月二七日。

(324)前掲、伊藤之雄『大正デモクラシーと政党政治』第二章第三節。

(325)『報知』一九二二年四月二六日。革新倶楽部結成については、木坂順一郎「革新倶楽部論」(井上清編『大正期の政治と社会』岩波書店、一九六九年)を参照。

(326)伊藤隆、西尾林太郎「水野直日記――大正一一・一二年――」(『社会科学研究』三四巻六号、一九八三年)一九二二年五月八日、一五日、一六日、一九日、二〇日、『東日』同年六月一〇日。

(327)『松本剛吉日誌』一九二二年六月一一日。

(328)前掲、『安達謙蔵自叙伝』一六七頁。

(329)『東日』一九二二年六月一〇日。

(330)「高橋内閣の後継問題に関する建白書」(一九二二年六月八日)(「牧野伸顕文書」国立国会図書館憲政資料室所蔵、松方峰雄他編『松方正義関係文書』第一七巻、大東文化大学東洋研究所、一九九五年)。

(331)伊藤之雄『昭和天皇と立憲君主制の崩壊　睦仁・嘉仁から裕仁へ』(名古屋大学出版会、二〇〇五年)四一～四三頁。

(332)『松本剛吉日誌』一九二三年六月一〇日。

(333)一九二二年六月一二日憲政会招待会における加藤高明演説(『憲政』五巻四号)。

(334)一九二二年六月二七日憲政会神田演説会における加藤高明演説(『憲政』五巻五号)。

(335)『大朝』一九二〇年四月二〇日(加藤高明談)。

(336)一九二二年七月五日憲政会横浜演説会における加藤高明演説(『東日』同年七月六日)、同年七月八日憲政会名古屋演説会における加藤高明演説(『東日』同年七月九日)。

(337)「高原の涼気を追ふて——総裁加藤子と語る——」(『憲政公論』二巻九号、一九二二年九月)二五頁。

(338)一九二二年五月四日憲政会九州大会における加藤高明演説(『東日』同年五月五日)、同年九月一七日憲政会東北大会における加藤高明演説(『憲政』五巻六号)、同年一〇月二〇日憲政会静岡支部大会における加藤高明演説(『東日』同年一〇月二一日)。

(339)『万朝報』一九二二年四月二三日(若槻礼次郎談)、浜口雄幸「施政方針を一瞥して」(『憲政公論』二巻七号、同年七月)、江木翼「国際政局の倫理化」(『憲政公論』二巻八号、同年九月)。

(340)「内外時事」(『憲政』六巻二号、一九二三年二月)五二頁。

(341)坂野潤治氏は、憲政会における外交政策の転換と経済政策の親和性を先駆的に指摘した(同『近代日本の外交と政治』研文出版、一九八五年、第二部四)。

(342)前掲、伊藤之雄『大正デモクラシーと政党政治』第三章第一節。

(343)一九二二年七月九日憲政会名古屋演説会における加藤高明の演説(『東日』同年七月一〇日)。

(344)菊池貴晴『中国民族運動の基本構造　対外ボイコットの研究』(大安、一九六六年)第五章。

(345)加藤高明「新年に際して」(『東日』一九二三年一月一日)。

(346)『貴本』四二、七～一二頁。

(347)松本忠雄『内田伯の外交　各案件に対する譲歩の経過』『内田伯の外交(第二)』(松本忠雄、一九二三年)。

(348)前掲、西尾林太郎『大正デモクラシーの時代と貴族院』第七章。

(349) 一九二三年三月二七日憲政会議員総会における加藤高明演説(『東日』同年三月二八日)、同年五月九日憲政会近畿大会における加藤高明演説(『憲政』六巻六号、『東日』同年五月一〇日)。

(350) 『貴本』四二、一四～二三頁、『貴委』一九、四七～六二頁、『衆本』四二、四三～六二頁。前掲、伊藤之雄『大正デモクラシーと政党政治』一二四～一二九頁。

(351) 『東日』一九二二年一月二四日。

(352) 一九二三年八月二五日付平田東助宛安達謙蔵書翰(「平田東助文書」国立国会図書館憲政資料室所蔵)。

(353) 『東日』一九二三年八月二八日。

(354) 同右、一九二三年八月二二日(近衛文麿談)。

(355) 同右、一九二三年八月二〇日(下岡忠治談)、二五日(江木翼談)。

(356) 前掲、伊藤之雄『大正デモクラシーと政党政治』一三五頁、前掲、村井良太『政党内閣制の成立』一八一頁。なお本章の註(304)も参照。

(357) 『東日』一九二三年九月一日。

(358) 『加藤高明』下巻、四三三～四三六頁。

(359) 『大朝』一九二三年一〇月六日(三木武吉談)。

(360) 第一次西園寺内閣の外相辞任以来、加藤は西園寺と疎遠になっていたが、若槻の仲介によってしばしば会談するようになっていたらしい(『古風庵回顧録』二七五～二七七頁)。

(361) 川島真『中国近代外交の形成』名古屋大学出版会、二〇〇四年)第Ⅳ部第五章。

(362) 内田康哉「外交家としての加藤伯を偲ぶ」(『太陽』三二巻三号、一九二六年三月)。

(363) 「若槻談話速記」三九四～三九五頁。

(364) 小林橘川「加藤さんと新聞記者としての私」(『名古屋新聞』一九二六年一月三〇日)。

第三部　首相時代

第六章　第一次加藤高明内閣の政権運営

第一節　第一次加藤高明内閣の成立

（一）　加藤高明の政権構想

非政友合同運動

一九二三年九月、第二次山本権兵衛内閣が成立した。これは、それまで加藤内閣樹立を目指してきた加藤高明のリーダーシップを著しく損なうものであった。山本内閣は、犬養毅や後藤新平を入閣させて普選の実施を検討し始めたが、彼らはそのために、加藤を憲政会から追い落とし、非政友合同（革新倶楽部と憲政会の合同）を実現することによって、山本内閣支持の新党を樹立しようとした[(1)]。犬養、後藤は、元同志会幹部で政界復帰の機会を窺う大石正巳を介して憲政会に対して工作を進めた。憲政会からは、加藤の政治指導や野党生活に不満を持つ箕浦勝人や加藤政之助、望月小太郎らの党人派がこれに呼応し、幹部の中からは下岡忠治が同調し、仙石貢も理解を示したようである。政界での普選に対する忌避感が確実に弱まる中で、犬養や憲政会党人派は、普選実施の推進力となることで長い党勢不振を打開しようと目論んだのであった。一〇月以降、新党運動は盛り上がり、合同推進の集会には最大時で三八名の憲政会代議士（前職を含む）が参加するなど[(2)]、対応を誤れば加藤が失脚する事態も予想された。

しかし加藤は、これまでイギリス流の政党内閣実現を主張してきた意地から、政党を基礎としない山本内閣への接近に断固として反対姿勢を貫いた。そこには、山本内閣は無条件即行という憲政会の唱える普選には踏み切れないだろうという冷静な判断も働いていた。政権獲得への焦慮から山本内閣へ接近しようとした党人派に対して、加藤は従来唱えてきた普選の確実な実行に、より強くこだわったのである。最高幹部も加藤の方針を支持し、浜口雄幸、江木翼や安達謙蔵は、普選の無条件即行を要求し、普選への態度が不透明な政府への接近に慎重な態度を示すことで、合同を牽制した[3]。加藤は一一月下旬以降、若槻礼次郎、浜口、安達、仙石、片岡直温と幹部会を連続して開き、合同に対する慎重姿勢を確認した[4]。他方で合同論者は党人派の糾合を図ったが、彼らが期待した長老の武富時敏、河野広中は合同慎重論であったし[5]、加藤が信頼する早速整爾は敢然と反対論を唱え、党人派を説得していった[6]。永井柳太郎ら若手の党人派も、加藤の方針を支持していた[7]。

加藤は一二月二日、四日に自邸で総務会と異例の多数を集めた幹部会を開催し、自らの引退や政治資金を拠出しない可能性まで示唆して、合同論者を説得した[8]。そもそも最も熱心な合同論者の一人である望月小太郎でさえも、犬養らに対して新党の条件として加藤の総裁就任は譲っていなかったし[9]、加藤の引退や政治資金の不拠出は、党人派にとっても大きなダメージであった。加藤のかたくなな態度を前に党人派も軟化を余儀なくされ、憲政会は一二月五日に正式に合同打ち切りを決定した。こうして新党構想が挫折し、普選尚早論の台頭で閣内でも孤立していた犬養は、「加藤は馬鹿とは昔から云っている」「先ず百年たっても御鉢は廻るまいよ」と悪態をつくしかなかった[10]。大石に至っては、その後、護憲運動や加藤内閣の政策に一貫して反対し、政界で孤立状態に陥った[11]。一方の加藤は、一二月二三日の貴族院本会議で出席者中ただ一人震災復興予算案に賛成しないなど、山本内閣の政権運営を批判する姿勢を徹底的に貫いた[12]。

第二次護憲運動

実は加藤は、非政友合同運動が盛り上がっているまさにその裏面で、山本内閣との対決に転じる準備を着実に進めていた。加藤は一一月末以降、憲政会の元代議士岡崎久次郎の仲介で政友会との接触に着手し、一二月五日（憲政会が非政友合同を正式に拒絶したのと同日）には加藤の意を受けた安達と政友会幹部の岡崎邦輔が一回目の提携交渉を行っていた[13]。以後一月上旬にかけて、加藤、安達と岡崎の間で会談が続けられた[14]。そして虎の門事件をきっかけに山本内閣が倒れ、翌年一月に清浦奎吾内閣が成立するや否や、加藤は、「官僚主義、階級専制の主義を排し、国民自治の主義を確立」する必要を唱え、他党に先駆けて党を挙げて護憲運動の狼煙を上げた[15]。市島謙吉が日記に「憲政会の不遇察するに余りあり」と記したように、この頃の憲政会は、長い野党生活で不遇の頂点にあった[16]。この不満に由来する党内危機を、護憲運動に転化させることに成功した加藤の手腕は、実に鮮やかであった。

清浦は当初憲政会との提携も模索したが、憲政会内に積極的に応じる動きがなかったため、貴族院を基礎とした組閣を行った[17]。一枚岩を保った憲政会に対して、衆議院第一党である政友会では、清浦内閣を否認する総裁派（高橋是清総裁や横田千之助ら）と内閣を支持する非総裁派（床次竹二郎、山本達雄ら）が対立し、後者は脱党して政友本党を結成した。原敬が築き上げた大政友会は、ここに分裂した。こうして憲政会、政友会、革新倶楽部は護憲三派を結成し、政党内閣樹立という共通の目標を掲げて第二次護憲運動を起こした[18]。これを見た清浦内閣は、一月三一日に衆議院を解散し、第一五回総選挙に向けた選挙戦が開始された。

護憲運動開始に際して、かつて第二次大隈重信内閣末期に三党首会談を主催した三浦梧楼が枢密顧問官を辞し、再び三党首会談を演出しようとした[19]。三浦は、護憲運動の立役者となって、自らの政治生活に最後の一花を咲かせようとしていたと推測される。これに対して加藤は、三党首会談の開催に応じ、護憲三派の協調を演出したものの、三浦個人に対しては冷淡な態度に終始した[20]。政党外の者に貸しを作らず、あくまで衆議院の力を背景として政党内閣を実現しようというのが、加藤の揺るがぬ方針であった。「国民の意志はかくて初めて元老の牆壁を割いてその実現を期し得られるものと思います」という言葉に、長年の加藤の思いがよくにじんでいる[21]。

もっとも、護憲三派は基本的には結束していたものの、その内部では次期政権のあり方をめぐってせめぎ合いが行われていた。政友会には、政革合同（政友会と革新倶楽部の合同）や政本合同（政友会と政友本党の合同）によって、政友会首班内閣を目指す動きが存在した。これに対して憲政会も、愛媛など一部の地域で政友本党と選挙協力を行った[22]。安達は、三派の協調と選挙協力を別問題として区別していたし[23]、犬養も憲政会と政友本党の接近を観測、警戒していた[24]。加藤も政友本党からの「秋波」は承知しており[25]、のちの言動からみて一部の選挙協力は黙認していた可能性が高い。加藤は、新聞記者への車中談で「協調も何もあったものではない、此方が破らなくても何処からか破れて来る」と語っていたように[26]、政友本党との提携可能性を確保することによって、政友会の離反を牽制すると共に、護憲三派決裂に備えて布石を打っていたのである。この動きは翌年の憲本提携(憲政会と政友本党の提携)の模索へとつながっていく。このように、加藤は老いてなお持ち前の剛直さを保つのみならず、野党時代の苦節を経て生硬さが取れ、老獪で円熟した政治家に成長していた。

以上のように各派が非常に複雑な利害と思惑を抱え、選挙情勢が流動化したため、総選挙の立候補者は過去最高となり、非常に厳しい選挙戦となった[27]。各派の幹部は、まさに総出で全国を行脚して回り[28]、激戦の中で選挙費用も格段に跳ね上がった。既に原内閣期に、選挙費用は著しく高騰していた。内務省警保局の調査によれば、総選挙時の候補者一人当たりの平均選挙運動費は、第一二回総選挙(一九一五年)の郡部で七四一〇円、市部で七〇五九円、第一三回総選挙(一九一七年)の郡部で八〇七三円、市部で七三一九円なのに対し(この間の物価上昇率は一・五倍)、第一四回総選挙(一九二〇年)の郡部では二万六四七三円(前回の三・二倍)、市部では二万一一八三円(同二・九倍)と急上昇している。これは、この間の物価上昇率(一・七倍)を大きく上回っている[29]。また同調査の統計は、第一四回総選挙では最低一万円の運動費を使わなければ当選が困難であり、運動費を多く使うほど当選確率が上がっていたことも示している(一円は第一二回〜第一三回総選挙時には現代の約一万〜一万五千円に、第一四回総選挙時には約四千〜五千円に相当)[30]。

第一五回総選挙で使われた正確な選挙費用額は不明であるが、政友会の小泉策太郎が高橋是清から聞いたところによれば、政友会は原敬が残した八四万円(公債三四万円、現金五〇万円)と党内外からの寄付一六〇万円を、第一五回総選挙で全て使い果たしたという[31]。これに対して憲政会の使った費用は、政友会より五〇万円位多かったらしい[32]。また政友本党は、政府与党の強みを活かして機密費や寄付を集め、護憲三派よりも豊富な選挙資金を使ったらしい。例えば、川村竹治満鉄社長(政友本党系)は満鉄の機密費をこの年に限って三〇万円から八〇万円に増額した上、それを選挙費用として流用していた[33]。候補者一人当たりの平均選挙運動費は、内務省警保局の調査によれば二万九四二円であったが[34]、平均すれば候補者一人当たり三万円は必要というのが相場だったようで、小泉策太郎によれば、政友本党は資金が豊富だったため三万円を陣笠クラスでも調達できたという[35]。憲政会長老の大津淳一郎は内藤久寛(憲政会に近い実業家)から五万円[36]、政友会の新人候補者中村巍は同郷の知人などから六万円を得て、選挙費用に充てていた(一円は現代の約四千~五千円に相当)[37]。政府による選挙干渉や買収(政友本党への支援)も盛んに行われた。清浦首相の出身地である熊本県では干渉が最も激しかったようで、政友本党は定員一〇名中実に七名を当選させている[38]。これに対抗するため、伊沢多喜男ら憲政会系の貴族院議員は結束し、選挙干渉の監視や護憲運動の支援を行った[39]。これは、野党時代に憲政会が行ってきた「官僚の系列化」が成果を挙げていたことを示している。

加藤は、既に六四歳を迎え健康は万全ではなかったが、自らの肉体を顧みずに選挙戦の先頭に立った。加藤は、東京(石川安次郎、ジャーナリスト)[40]、島根(志立鉄次郎、日本勧業銀行参与)[41]などの新人候補者選定や応援演説の日程決定に直接関与した。また、親友の陸奥広吉に「来月は東奔西走の筈に有之。老境に入りたる今日、此の如き苦難の行を為すこと前世悪業の罰かとも思われ、自ら苦笑致し候」と自嘲しながら[42]、北は仙台から南は下関まで、総選挙前の約一ヶ月半毎週全国各地で遊説活動を行った[43]。

選挙戦での加藤の態度は、各地の護憲大会で意欲的に三派協調を演出し、憲政会の誠意をアピールしつつも[44]、可能な限り単独政権を目指す強気なものだった。例えば加藤は、選挙戦での苦戦が伝えられる政友会の高橋総裁への選挙協力を自ら指示する一方で[45]、自党大会の演説では「この新米の共鳴者(政友会―筆者註)に対してはいま暫らくその態度を監視せねばならぬ。来たるべき議会において明らかなる態度をとらぬならばまた大いに戦わねばならぬのである」と、「憲政会本位」の態度を示していた[46]。加藤はあくまで単独政権を最善、護憲三派による連立内閣を次善の策と考えていたのである。加藤が選挙運動での「法律的な行動」を再三党員に訴えたり、爵位を辞して代議士に立候補した高橋にならうよう求める声に応えなかったのも、自党の穏健性をアピールして政権獲得を目指すためであった[47]。このような加藤の態度は各方面で概ね好評であり、石川安次郎は、加藤の演説には一言の野次もなく、自らの当選は主として加藤の来援のためであったと振り返っている[48]。こうして四月には、憲政会が第一党に躍り出るのではないかという観測が、清浦内閣に同情的な官僚政治家の間でも行われるようになっていた[49]。

投票は、五月一〇日に行われた。議席数は、憲政会一五三、政友会一〇一、革新倶楽部三〇、政友本党一一四であり、憲政会は、結党以来約八年ぶりに衆議院第一党に返り咲いた。憲政会が躍進した主因は、真っ先に清浦内閣を否認すると共に、後述する三大政策（綱紀粛正、行財政整理、普選）という重点政策を掲げることによって、他党に比べて明確で一貫した姿勢をアピールすることができたためであろう。

これに加えて、憲政会がジャーナリズム対策を周到に行っていた点も見逃せない。憲政会は、憲政会担当記者の親睦組織である桜田会を組織し、本部で彼らと党員が常時接触するようにしていた。原内閣末期の会員数は四七名で、早稲田大学出身者が多く、主要新聞を全て網羅していたのが特徴であった[50]。加藤・憲政会幹部は、松山忠二郎（読売新聞）、大谷誠夫（都新聞）、石川安次郎（万朝報）、斯波貞吉（万朝報）、神田正雄（東京朝日新聞）、山川瑞三（国民新聞）ら、憲政会に好意的な各社の幹部クラスのジャーナリストとも定期的に会合を行っていた[51]。地方新聞対策にも意を用いており、坂口仁一郎（憲政会代議士）が経営する『新潟新報』とは長い関係を有していたし[52]、『愛媛新報』とも強い結びつきがあったことが確認できる[53]。『二六新報』編集局長の野沢枕城の証言によれば、政友会がジャーナリズムに対して全く無策なのに対して、憲政会は原内閣の頃から極めて巧妙な「記者操縦策」を取っており、安達、江木、町田忠治（元報知新聞社長）らが頻繁に記者と接触していた他、加藤自身も春秋には記者達を必ず自邸に招待していたという[54]。第二次護憲運動期の新聞各紙は、概して政友会よりも憲政会に好意的であったが、その背景には以上のような働きかけが効いていたように思われる。なお憲政会系のジャーナリストのうち、石川、神田は第一五回総選挙に自ら立候補し、当選した（斯波も翌年の補欠選挙で当選）。憲政会はこの総選挙において政党間で最多の候補者を擁立し（新人候補者数でも最多）[55]、これが勝利の大きな要因となったが、彼らはこの点でも大きな役割を果たしたのであった[56]。

議席の内訳を見れば、憲政会が政友会分裂の間隙を突き、政友会の旧議席を奪取して勢力を伸ばす形となった[57]。その際に憲政会にとって重要なのは、従来基盤の弱い地方でどれだけ議席数を伸ばせるかであったが、これには一定の成功を収めたと言って良い。憲政会は、前回総選挙でも善戦した大都市部(東京、大阪などの六大都市)で引き続き最多議席を獲得したのに加え、六大都市以外の市部ならびに郡部でも最多議席を獲得している[58]。

憲政会の地方での勢力伸張を、いくつか具体的に見ておこう。農村部の多い青森県(定数七)は、隣県の岩手県出身である原敬の努力もあって、政友会の極めて強い地盤であり[59]、解散総選挙前の憲政会の議席数は皆無であった(政友会は五)。しかし、政友会が分裂し、普選や行財政整理を求める声が拡大すると、青森県でも憲政会系への期待が高まった。青森県の憲政会系候補(工藤鉄男)は、青年団を組織して演説会を積極的に行うという憲政会が全国的に行った選挙戦術を採って支持を伸ばし、一議席を獲得した(総選挙後直ちに憲政会に入党。政友本党、政友会の議席数は五、一)[60]。総選挙後に青森を訪問した安達は、「形勢一変」して憲政会の党勢が伸張したことを喜んでいる[61]。さらに翌年には、政友本党候補一名が選挙違反で当選無効とされたため、憲政会の候補(平山為之助)が繰り上げ当選を果たした。以後、憲政会(のち民政党)は、この議席数を維持していく(以後三回の総選挙での獲得議席数は二、三、二)[62]。また島根県(定数七)では、同県出身の若槻礼次郎らの尽力の結果、俵孫一(加藤内閣で内務政務次官)、木村小左衛門(第一次若槻内閣で首相秘書官)という有望新人が初当選を果たし、議席数を一から三に伸ばした(政友本党、政友会の議席数は三、一)。彼らは、総選挙後に雑誌『島根評論』を創刊して地盤の維持、拡大に努め[63]、その後島根県は憲政会(民政党)の地盤となっていく(以後三回の総選挙での獲得議席数は四、五、四)。このように憲政会は、前回総選挙で善戦した都市部だけでなく地方でも議席を伸ばし、第一党に躍り出たのであった。

組閣の大命降下

もっとも憲政会は、単独過半数までは獲得できなかった。結果を知った加藤は「正直に言えば今少し増加するだろうと思って居た」と本音を洩らしつつも[64]、直ちに連立を組む覚悟を固めた。加藤は党大会の場で、「『英国の政治家が政治は協調である』と云うが如く協調で進み度い」とする一方で、「乍併協調ばかりではいかぬ、自分の主義主張は飽く迄も枉げず、感泣宜しきを得て進まねばならぬ」と述べ[65]、従来通り三派協調への誠意と同時に「憲政会本位」の姿勢を示した。加藤は「憲政会本位」の組閣ができないようであれば単独内閣を組織して再解散を行う腹づもりであり[66]、あくまで強気であった。

後継首相の選定は、元老松方正義が病に臥していたため、事実上、元老西園寺公望一人に委ねられていた。西園寺は、清浦首相の後継に加藤を指名した。西園寺は、加藤の政治的手腕や外交政策、憲政会の統治能力に対して疑念を抱いていたのみならず、第一党の党首を首相に選定するというイギリス流の政党政治を支える論理をこの時に適用することに対して、抵抗感があった。しかし、西園寺はこの疑念を持ちつつも、熟慮の末、衆議院第一党党首である加藤を後継首相に指名した。平田東助内大臣は西園寺に先んじて加藤支持に傾いていたし、牧野伸顕宮相もこの決定を支持していた。これは、日本において総選挙に勝利した政党の党首を首相に選ぶという初めての（しかし結果的に、戦前期唯一の）例となった。この後西園寺は、加藤の手腕を危ぶみながらも内閣と疎通を保ち、その政権運営を支援していく。西園寺の加藤・憲政会に対する疑念が払拭されるのは、加藤の政権運営、とりわけ普選問題の解決と幣原外交の展開を確認してからのことになる[67]。

こうして六月九日、加藤高明に組閣の大命が下り、一一日に第一次加藤高明内閣（いわゆる護憲三派内閣）が誕生した。ここに三代続いた非政党内閣の時代は終わり、再び政党が政権の中枢を占めることとなった。この間、政友本党の床次は党を挙げて政友会に復帰しようとし、政友会にもこれに呼応して政本合同による政権奪取を試みる動きがあったが[68]、高橋や横田は憲政会との連立を選択した。憲政会が政策面で一枚岩を保ち、選挙結果のみならず元老やジャーナリズムからの評価でも優位に立つ中で（主要新聞は護憲三派内閣よりもむしろ憲政会単独内閣を支持）、政友会は三派協調を決裂させるだけの大義名分を見出せなかったのである。ただし、憲政会の優位は決定的なものではなく、護憲三派は水面下で次期政権獲得をにらみながら、以後も激しい鍔迫り合いを続ける。第一次加藤内閣は、いわば普選と行財政整理の実現を使命とする「特命政権」であり、加藤の前途には、いかに各派の対立を抑えて特命を実現するか、「特命」実現後の政党間競争にいかに対処するかという問題が待ち受けていたのである。

加藤は組閣の命を受けに参内した際、「非常に感激して引き下り」「マッチを摺る際手も振える程」だったという[69]。これは、「苦節十年」を経てようやく首相の座にたどり着いた感慨と共に、困難な政権運営に対する使命感、緊張感が表れたものと見ることができよう。

ようやく首相の座に就いた加藤の最大の弱点は、健康問題であった。加藤は、一九二二、三年頃から心臓の調子が悪く、若槻や浜口はひそかにそのことを知らされていた[70]。一九二三年の四月には肺炎で丸一ヶ月静養を余儀なくされ[71]、同年八月には軽井沢の別荘で階段から落ちて怪我をしたこともあった[72]。同年末からは風邪で体調不良が続き[73]、総選挙の過酷な日程でさらにダメージを受け、加藤は「もう此ような苦しい仕事は堪らぬ」と語ったという[74]。高橋農商相はのちに、加藤の健康が組閣当初からあまり優れないような気がしてならなかったと回顧している[75]。健康に不安を抱える中で身を削って政治に邁進する姿は、加藤が師事した陸奥宗光の晩年に重なる。加藤は、まさに命を懸けて首相時代を駆け抜けるのである。

三大政策

それでは、加藤が抱いていた政策構想はいかなるものだったのであろうか。加藤・憲政会は、「真に新たなる日本の基礎を確立」するための政策として、綱紀粛正、普通選挙の無条件即行、行財政整理を「三大政綱」として位置づけ、選挙中から公約として掲げていた[76]。選挙後もその内容は変わらず、加藤は第五〇通常議会(一九二四年一二月～一九二五年三月)に至るまで同趣旨の演説を繰り返した[77]。以下、加藤が政権前半期に実行しようとした政策の概要を見ていこう。

第一の綱紀粛正とは、もともと原内閣の「党弊」批判のために強調されたもので[78]、護憲運動では貴族院や官僚勢力を批判し、政党内閣樹立を求めるための標語となっていた。加藤は、これらの批判の上に立って、「政治の基礎を道義の上に築かねばならぬ」と主張した(79)。そして組閣後は、政党政治とは「一部少数の同志者の私利私益を謀らんとする為では無く、依て以て国運民命を拓き、斯国をして益々発展せしめ、斯民をして益々光輝あらしめんとする」ものであると宣言し、現内閣がこの信念に基づいて行動することを約した(80)。綱紀粛正とは、このような加藤・憲政会の基本的姿勢を示すものであった。

関東大震災による人心荒廃や経済の停滞を踏まえ、第二次山本内閣や清浦内閣においても「綱紀粛正」は唱われていた(81)。しかし、加藤の唱えた「綱紀粛正」は、政党内閣の主張と結びついた形で提示され、「忠君愛国」と結びつけられないという点で、山本内閣や清浦内閣とは発想の根本が異なっていた(82)。例えば、山本内閣の下では国民精神作興の詔勅が出され、「風紀の振粛」と「忠君愛国」が共に強調されたが(83)、翌年に詔勅一周年を記念する全国教化団体代表者大会が開かれた際、加藤首相は「忠君愛国」には一言も触れず、明治維新以来の「開国進取」の動きと結びつけた形で詔勅の趣旨徹底を説いている(第七章第二節)。また加藤が、「綱紀粛正」を政党よりもむしろ官僚に対して強調し、行財政整理の断行や政官関係を安定化させるためのスローガンとして位置づけた点も重要である(本章第二節)。これは、同じく行財政整理に取り組んだ清浦内閣では強調されなかったことであった。

第二の普通選挙の無条件即行は、第四五議会(高橋内閣期)以来の憲政会の公約であった(第五章第二節)。第二次山本内閣で普選の実行が本格的に検討されて以来、普選に対する忌避感は確実に薄れつつあった。しかし、清浦内閣が準備していた普選法案が「独立の生計」という条件を付し、実施時期を次々回の総選挙としていたこと、政友会が普選を選挙公約に公然と掲げるに至っていなかったことを考えると、普選実行の条件如何が大きな政治争点となる可能性があった(84)。そのような中、加藤・憲政会は普選を最重要政策と見なし、普選は「無条件、納税資格撤廃、即時断行の外に行うべき途はない」という姿勢を鮮明にしていた(85)。

他方で加藤・憲政会は、政友会がにわかに積極的に主張し始めた貴族院改革については、穏便な範囲にとどめる方針で一貫していた(86)。加藤はもともと貴族院改革に強い意欲を持っており、イギリス流に衆議院の優越を明確にすべきだと考えていたが(第二章第一節、第二節)、普選法案通過のためには貴族院の支持を調達しなければならないという政治的事情を優先し、妥協したのである。第五〇議会後の「之(貴族院改革―筆者註)も私は若し出来るならば相当な改革をやりたいと思った。之に就ては詳しくは云えないが、非常な苦心を払った」という加藤の演説や(87)、西園寺に貴族院改革のことを問われ、頭を掻いたというエピソードは(88)、加藤の潜在的な貴族院改革への意欲を示している。加藤は、貴族院は当面政務官人事によって政権運営に取り込み、コントロールしようとしていたものと思われる(本章本節(四))。

しかし貴族院には、護憲運動で批判の標的とされた恨みから加藤内閣に対する反感が少なからず存在したし、与党政友会にも、貴族院改革を戦術的に利用して加藤内閣を倒し、政本合同などによって次期政権獲得を目指す動きがあった(89)。第五〇議会までのもっとも大きな政策的争点は、憲政会の主張した普選と微温的な貴族院改革を目指す路線と、憲政会牽制のために政友会が掲げた普選と貴族院改革を同等に重視する路線のせめぎ合いであった。

第三の行財政整理は、第一次大戦後の不況が本格化した原内閣末期以降、憲政会が唱導してきた政策である(第五章第二節)。関東大震災によってますます財政が悪化していたこともあり、さらなる行財政整理の必要は、政財界の共通了解となっていた。政友会の高橋や横田も、原内閣末期に行財政整理への取り組みを開始し、加藤友三郎内閣でそれを一定程度実行した経緯から、さらなる行財政整理に意欲を持っていた。もっとも、総選挙時の政策には地方利益誘導も掲げられており、政友会の伝統的な積極政策志向には依然根強いものがあった。これに対し加藤は、四月のドーズ案の成立によるヨーロッパ情勢の安定化、英米の活発な世界市場への進出によって、国際的な経済競争が激化しているという危機感を持っており、このような中で日本の地位を維持・強化するためには、さらなる行財政整理の断行が必要だと考え、将来的発展のための「一時的苦痛」として、徹底した緊縮財政を行う決意であった(90)。加藤内閣下の行財政整理問題は、与党三党が財政緊縮の必要を共通認識としつつも、政友会が積極政策の実行を主張し、憲政会の唱える緊縮に歯止めをかけようとする形で展開していくことになる。

ここで注意しなければならないのは、加藤内閣の財政政策が緊縮を基調としながらも、それがあまり極端なものとはならなかったことである。憲政会は農村振興や交通および通信の整備、社会政策なども選挙公約として掲げ[91]、加藤も都市部の大会でわざわざ農村振興策の重要性を訴え農政にも目を配るなど、緊縮下にあっても一定の予算を積極的施策に振り向け、バランスの取れた財政運営を目指す姿勢を示した[92]。また、物価下落が不十分な中では金解禁は時期尚早であると考え、内閣末期に至るまで金解禁には踏み込もうとしなかった[93]。憲政会の後身である民政党が与党となった浜口内閣は、金解禁を一枚看板に掲げ、他の経済政策をそれに極端に付随させる政策を採ったが[94]、加藤内閣の財政政策は浜口内閣のそれと区別することが必要であろう。

この他、三大政策には含まれていなかったが、欧米との協調外交もそれと並ぶ最重要政策であった。第二次護憲運動以降、加藤は、二十一ヵ条要求に対する弁明や政友会に対する外交批判を蒸し返すことはなかった。また、従来のシベリア出兵反対論の延長で、進展しつつあった日ソ国交樹立には前向きな姿勢を取った[95]。さらに、内閣発足直前にアメリカで成立した排日移民法の問題では、望月小太郎ら党人派の一部と対照的に、冷静な姿勢を保った[96]。それ故、イギリスのエリオット(Sir Charles Eliot)駐日大使は、加藤は普通の日本人と異なり、対米政策に関して「名誉よりも現実的な損失の方を重んじている」と評価した[97]。また、二十一ヵ条要求に由来する不人気を認めつつも、加藤が中国問題で再び紛糾を起こすとは見なさなかった[98]。このように加藤は、二十一ヵ条要求への弁明に代表される強硬外交姿勢を改め、幣原喜重郎外相の主導する協調外交を積極的に支援していくことになる。これまで加藤が外交政策を最重要視し、憲政会の「政策」(党の公式文書)にも外交政策が最初に掲げられていたことを考えると、外交政策が「三大政綱」から外されたこと自体が、加藤・憲政会の外交政策の穏健化を象徴していると言えるかも知れない。

（二）組閣と政務次官構想の再浮上

組閣

憲政会は、「苦節十年」を経て第二次大隈内閣（前身の同志会が与党）以来約八年ぶりの政権担当であったが、当時に比べて格段に政権政党としての力を増していた。ここまで見てきたように、加藤は憲政会を掌握し、党内では若槻、浜口、江木、安達という加藤側近の最高幹部による指導体制が確立していた。加藤は組閣前の交渉で「憲政会内は猟官の希望ある如き輩の難色は読み居るも、之に関し一言も余に言い出し得るものあらず。党内はデスポチック（despotic ―筆者註）なり」(99)、「三派でやるが、老人には遠慮させて若い者でやりたい」(100)などと語っている。これらの発言は、加藤が党内指導に対して強い自信を持ち、自らの思い通りの政権運営を行う強い意欲を持っていたことを、よく示している。

加藤は、六月九日に組閣の命が下ってからわずか三〇数時間で組閣を行った。組閣の特徴は第一に、憲政会主導の人事だったことである。加藤は、首相を除く政党員の閣僚ポストを三派比三対二対一で分配したが、内相（若槻）、蔵相（浜口）という最重要ポストを憲政会で独占した。内相または蔵相を含む三ポストを要求していた政友会はこの組閣案に反発したが(101)、加藤は「加藤の内閣として当然である」として一蹴し、一時は政友本党との提携可能性までも示唆した。この強気の姿勢に政友会も折れざるを得ず、政友会からは高橋が農商相、横田が法相に就任した(102)。横田は後に「加藤高明と云ふ人は、従来非常に憎々しく感じていたが、一所になってみると、如何にも『正直』一途の好々爺だったには驚いたねぇ」「思うことをズバズバ正直に云ったのには全く驚いたよ」と語っているが、この後「正直」「誠意」を正面に押し出しながら政友会に攻勢をかけていく加藤の老獪さによって、徐々に圧倒されていくことになる(103)。なお、政友会には閣僚ポストの代償として、第一党から出すことが慣例となっていた衆議院議長のポストが譲られた(104)。

特徴の第二は、加藤が行政手腕を重視して実務に強い人材を多く登用したことである。憲政会員から江木（最高幹部、元内務・法制官僚）が内閣書記官長、仙石貢（最高幹部に次ぐ幹部、元鉄道官僚、鉄道院総裁）が鉄相に登用される一方で、安達（最高幹部だが、行政経験に乏しい）が入閣から漏れたことは、この姿勢をよく示している(105)。また、行政整理で役割の大きい法制局長官には、元内務次官の塚本清治が抜擢された。塚本は加藤の駐英大使時代に知遇を得た人物であり、手堅い事務能力と行財政整理の経緯を知っている点が評価されたものと推定される(106)。

特徴の第三は、政権基盤の安定化のため、宮中・貴族院対策や護憲三派の協調決裂に対する布石を打っていたことである。岡田良平(憲政会系の貴族院議員、元文部次官)の文相登用は、平田東助内大臣の直系で一木喜徳郎枢密院副議長の実兄という点が考慮されたものと思われる(107)。また、加藤は当初、革新倶楽部から犬養毅(逓相)ではなく、関直彦(政革合同反対の中心人物)を入閣させようと考えていたらしい(108)。これには、個人的怨恨のみならず(加藤と犬養は犬猿の仲)、政革合同運動を分断し、革新倶楽部の一部を憲政会に引きつける意図も働いていたものと推定される。実際、関は翌年の政革合同の際に政友会に合流せず、憲政会に近い立場を取っていくことになる。

宇垣一成陸相の留任、財部彪(軍事参議官、第二次山本内閣で海相)の海相起用にも、政権基盤の安定化という意図が強く働いていた。陸軍の人事は、山県有朋(一九二二年一月死去)の存命中はそのコントロール下にあったが、山県の死後、山県系の田中義一と薩派の上原勇作が対立するようになっていた。両者は清浦内閣の陸相選任問題で激しく対立したが、この問題で勝利し、陸軍内で主流的な位置を占めたのは前者であった(田中の推した宇垣が陸相に就任)(109)。従来陸軍とほとんどパイプを持たない加藤は、主流派である前者との提携を重視し、総選挙後に宇垣に「無条件」での妥協を申し出たという(110)。加藤は、組閣の大命が下ると宇垣に留任を要請したが、宇垣は、加藤に「陸軍の諸老に相談の上回答すべし」と答えた(111)。この相談がいかなる手続きでなされたのかは不明であるが、田中は留任に賛成であった。他方で、上原は事前に加藤・憲政会に働きかけて留任を阻止しようとしていたが(112)、賛否は保留し、上原に近い町田経宇(軍事参議官)は消極的ながら賛成した(113)。こうして宇垣陸相の留任は決定した。

他方で海軍には陸軍のような派閥はなく、山本権兵衛や東郷平八郎ら薩派の長老をトップとする比較的安定した指導体制が取られていた。前海相の村上格一は病気のため、既に四月に辞任を申し出ており、清浦前首相は財部(前海相)、鈴木貫太郎(連合艦隊司令長官)、岡田啓介(海軍次官)を後継候補として考慮していた(114)。加藤はこのうち、旧知の財部を後任候補とし、組閣の命が下るとすぐに就任の交渉を行った。財部は山本権兵衛の娘婿で、軍政部門での勤務経験が長く、海軍の主流的な位置にいた上、海軍次官やイギリス勤務時代から加藤と交遊があり、気心が知れている点が考慮されたのであろう。加藤は就任交渉の際、政策は「御互に相談し落付くところに決着する如くするべし」と述べ、宥和的な姿勢を強調した。第二次山本内閣での在任期間が短く、軍事参議官の職に物足りなさを感じていた財部は、再登板に非常に前向きであったが、慣例通り海軍の長老に相談した上で正式回答をする旨を加藤に伝え、了承された。

海軍では直ちに海相の名で、東郷、井上良馨両元帥、山下源太郎軍令部長、岡田次官を召集し、財部を交えて会議を開催した。両元帥は財部の海相受諾に賛成であったが、山下軍令部長は、加藤は従来他との調和を欠く人物で、今回も果してうまく行くかどうか疑わしいので、この際海軍および財部個人のためには辞退した方がよいと主張した。しかし東郷がこれに強く反論し、財部自身も積極的に受諾の意欲を示したため、財部の海相受諾は了承された。財部は、翌日に岳父の山本を訪問したが、山本も賛同した。山本は少し後に「加藤は真面目なるを以て宜らん」と述べている。かつて加藤による外相就任の違約を怒っていた山本だったが、この頃にはその恨みも消えていたようである。こうして財部の就任も決定した。以上のように、陸海軍大臣の人選には陸海軍の長老達が潜在的な拒否権を持っており、組閣の大命が下った加藤が完全に自由な人事をできた訳ではなかった。しかし加藤は、陸海軍双方の主流派との提携という方針の下で、無難に陸海軍大臣の人事をまとめた。以後、加藤は宇垣陸相、財部海相との個人的接点を深めながら、陸海軍へのコントロールを強めようと努力していく(115)。

外相には、元駐米大使の幣原喜重郎が起用された。加藤は、組閣直前に幣原と二度会談を行ったが、ぎりぎりまで石井菊次郎駐仏大使(第二次大隈内閣の外相)も候補に考えており、どちらを外相に就けるか悩んでいた(116)。加藤は、義弟である幣原を外相にすることで三菱との関係云々を攻撃されるのを懸念しており(両者は岩崎弥太郎の相婿)、後に「幣原外相は私の姻戚だから考慮はしたが、組閣当時の外交を処理し得る人は他にないと認めたから敢えて入閣を進めた」と、率直に語っている(117)。加藤は、ワシントン会議以降、東アジアに対するアメリカの影響力が増大する中で、排日移民法が成立するなど、ぎくしゃくしていた日米関係の建て直しを、駐米経験の豊かな幣原に期待したのであろう(118)。イギリスのエリオット駐日大使も、アメリカ駐在の経験が豊富な幣原の外相就任を適任と見た(119)。

以上の組閣の過程について、加藤の旧友である山本達雄(政友本党幹部)は、「天晴れ」と絶賛し(120)、官僚政治家の田健治郎も「その決定の迅速、近年見られざる所、嘉ぶべき也」と見た(121)。新聞の加藤内閣に対する期待も、概して非常に高かった。もっともイギリスの『タイムズ(Times)』は、日本でデモクラシーが確実に成長していることを認めつつも、元老や貴族院との関係が薄い加藤内閣は弱体だと見ていた(122)。

興味深いのは、イギリスのエリオット大使の観察である。エリオットは、日本とイギリスの国制(Constitution)の違いに強い関心を持ち、護憲運動に際しても、本国に向けて詳細な報告を送っていた。エリオットは、加藤の不人気を指摘しつつも、高橋政友会総裁の方がより不人気であるとし、投票前から「加藤以外に適任者はいない」「ヨーロッパの経験や知識が必要」と報告していた(123)。また、イギリスと異なり総選挙の結果によって新内閣ができるとは限らないにも関わらず、野党の勝利によって政党内閣が誕生したことを、日本における「憲政史上の画期」と捉えた(124)。そして、加藤内閣を経験者が揃い、比較的強力であると好意的に評価した(125)。エリオットは、加藤のことを「在任中出会った日本人で最も有能かつ印象深い日本人」と高く評価していたが、彼の才気は近年衰えを見せ、そのため党員も違うリーダーを求めもしたと指摘していた。しかし、今回の総選挙に勝利し首相の座に就くという成功を収めたことによって、この欠点を拭い去った、と報告した。エリオットは、加藤の心事を非常に良く理解していたと言えよう。エリオットは、以後も加藤内閣期の政治を観察し続けていく(126)。

政党主導の政権運営

加藤は、首相就任後間もなく秘書官の一人に原田熊雄(宮内省嘱託。父親の代から西園寺とのつながりがあり、のち西園寺の私設秘書役)を任命した。これは、原田の同窓である岡部長景(加藤の娘婿)と近衛文麿(研究会の筆頭常務)が仲介して実現したものであった。元老西園寺もこの人事に積極的に賛同していた(127)。西園寺は加藤内閣を支援する考えだったし、加藤内閣側も西園寺の後援は確保しておきたいものであった。この後も両者は疎通のルートを拡大し、一九二五年一二月には中川小十郎(前台湾銀行頭取、西園寺の秘書役)も貴族院勅選議員に任命されている(128)。また、西園寺と協調していた宮中も、加藤内閣に好意的であった。平田内大臣は、加藤内閣の存続を希望し、内閣の貴族院対策を支援した(129)。牧野宮相は、加藤内閣の成立直後、「三年位は継続せしめたし」と語っている(130)。

興味深いのは、西園寺に嘱望されていた近衛が加藤に傾倒し、積極的に内閣を支援し出したことである。近衛は少なくとも前年から加藤・憲政会に好意を持っており(第五章第二節)、加藤が組閣翌日に近衛を招いて研究会の援助を依頼すると、協力姿勢を示した(131)。そして加藤内閣期を通じて、内閣と研究会、西園寺の仲介役を果たしていく。近衛は後に「私が一番親しめたのは加藤高明さんであった。加藤さんの言われることには駆引や嘘が全然なかった」「正義を愛し、不正を憎み、原さんとは違った強さを持った人であった」と回顧している(132)。このように西園寺およびその周辺は、加藤の政権運営を支援していく。

ただし加藤は、政党内閣こそが政権運営の中心とならなければならないという信念から、元来、元老の存在に否定的であった。それ故加藤は西園寺の支持を獲得しその後援を得つつも、なるべくそれに依存しない政権運営を行おうと努力した。例えば、加藤は組閣後一ヶ月半たってようやく西園寺を訪問したが、この訪問は実に前年一〇月以来であった(133)。加藤をはじめとする憲政会系の政治家は、概して西園寺に対して淡泊な態度を取っており、これは、熱心に西園寺を訪問して、その発言に一喜一憂した床次竹二郎や田中義一ら政友会系の政治家とは対照的であった(134)。加藤が普通選挙法の成立困難に直面した際に述べた「種々なることに対して西園寺老公の御高配を蒙り度き考あるも、実は御迷惑を察し此際は断じてお願いせざる事に極め居る」という言葉は、加藤の西園寺に対する態度をよく示している(135)。西園寺はのちに「加藤は、併し、ほんとの紳士だ」と振り返っているが(136)、加藤のこうした態度が念頭にあったのであろう。

政党主導の政権運営を行う上で重要なのが、自由任用が可能な勅任官の人事であった。加藤は、組閣後直ちにその人事に着手し、憲政会員である下岡忠治(最高幹部に次ぐ幹部、元内務官僚)を朝鮮総督府政務総監[137]、早速整爾(最高幹部に次ぐ幹部、財政通の党人)を鉄道次官[138]、黒金泰義(中堅の元代議士、元内務官僚)を内閣拓殖局長に登用し、「政党員の就官」に努めた(ただし黒金の任命は一九二五年九月。政友会からも三土忠造を農商務次官に登用)。また、伊沢多喜男(台湾総督)[139]、湯浅倉平(内務次官)、太田政弘(警視総監)、川崎卓吉(内務省警保局長)、田昌(大蔵次官)ら憲政会系官僚を重要ポストに登用し、政策の徹底を期した。人事は満鉄社長(安広伴一郎)、副社長(大平駒槌)や東洋拓殖会社社長(久保田政周)など政府関係組織にも及んだ。さらに、六月中には大規模な地方官の更迭も行っている[140]。憲政会系官僚の多くは、加藤や若槻、浜口が長年の努力で直接引き立ててきた者か、加藤に極めて近い伊沢多喜男系であり[141]、彼らの多くは、後に憲政会・民政党に入り民政党内閣で要職に就いている(表8)。この時の加藤の人事は「官僚の系列化」の結果であると同時に、それをさらに「官僚の政党化」に推し進める契機ともなったのである。

このように、加藤がいくつかの重要ポストに官僚を登用したことや、枢密院の意向で下岡が朝鮮政務総監就任のために党籍離脱を余儀なくされたことに対しては[142]、党人派や政友会から批判の声が上がった。その要点は、人事が「官僚的」だということであった[143]。しかし、行政能力重視の人事は加藤の予ての持論であった。加藤は、官界への政党勢力の扶植を、政党の現状や官僚の行政能力の活用、政局との兼ね合いなどをトータルに考えながら実現しようとしていたのであって、政党勢力の拡大に否定的であった訳ではない。田健治郎や倉富勇三郎ら官僚政治家が加藤内閣の植民地に対する政党人事に極めて批判的であったこと[144]、湯浅内務次官が政党と官僚の狭間で神経をすり減らし、自らの希望で辞職したことは[145]、加藤内閣の政権運営がいかに政党主導であったかを示している。従来、加藤首相や加藤内閣には「官僚的」「官僚主導」という評価がよくなされてきたが(本書「はじめに」)、この時の官僚との提携は、第二次大隈内閣時の山県系官僚閥との提携とは異なり、憲政会主導のものであった。憲政会は大隈内閣時と比べ格段に政権政党としての力をつけており、政党政治に対する自信を深めた加藤は、あくまで政党主導の政権運営を行ったと評価すべきである。

このことは、人事の裏面からもはっきりと窺える。加藤が組閣前に、入閣希望を申し出ている者だけでも三〇人もいると漏らしたように(146)、この時期加藤内閣に接近し、猟官活動を試みる者は非常に多かった。しかし加藤は、非政党内閣論者は厳しく政権運営から遠ざけた。例えば、護憲運動開始に際して枢密顧問官を辞し、護憲三派の生みの親を自認していた三浦梧楼は、見返りとして内閣から何らかの処遇を受けることを期待していたが、加藤は、首相就任後も三浦をほとんど無視した。三浦は、加藤が「内閣組織に付ては別に三浦の世話になりたることもなし」と話していたという噂を耳にして、逆に加藤に強い反感を抱くようになり、その後、事ある毎に加藤を罵倒した(147)。また財部海相は、薩派の友人である山之内一次(第二次山本内閣の鉄道大臣、貴族院議員)を「頗る堅実なる働振の人」として、満鉄社長への候補者として推薦した。加藤は「同君は予も好く存知たるが、極て真面目なる能き人なりと信ず。能く記憶しおくべし」と表面上は好意的に応じたが、実際には政党との接点がほとんどない山之内を登用することはなかった(148)。このように、加藤は激しい猟官運動の中で、政党の立場に立ちながら人事で主導権を発揮していた(この点については、本章第二節(三)、第七章第二節(二)も参照)。

政務次官構想の再浮上

もっとも、党人派の就官チャンスが、期待されていたほど多くなかったのも事実であった。加藤も組閣後に「わが党は多士済々であって、わが党だけでも内閣を組織すれば一時に二つも出来る程多くの人物があります」と述べたように、政策能力を持つ政党員の処遇の必要性を痛感していた(149)。そこで、組閣後間もなく自ら政務次官ポストを新設することを提案した(150)。加藤内閣は、六月一三日に自由任用の政務次官を設置し、次官を試験任用とすることを閣議決定した(151)。

加藤は、第二次大隈内閣末期から、参政官制度は「原(敬—筆者註)君が潰しても自分の内閣が来ればやる」という考えを示し(152)、政務と事務の区別のために、しばしば演説で「官紀紊乱」に言及してきた(153)。原内閣では参政官が廃止され、次官を自由任用に戻すと共に、次官の下に自由任用の勅任参事官を設置するという官制改革が行われていたが(154)、江木はこれを批判し、従来通りイギリスにならって政務次官を設置し、政務と事務の区別をつけること、官吏の議員兼職を禁止することを主張していた(155)。面白いのは安達の見方で、原内閣の下で各種の疑獄事件が発生した原因が「政友会では政務官などという名誉欲を満たす方法も取らなかった」ことにあったと後に回顧し、政務次官を設置すべきだったと考えていた(156)。

これに対して政友会では、政務次官設置に対する強い反対こそなかったものの、原内閣が実現した次官の自由任用を廃止することに反対する声が強かった(157)。政友会には、自由任用の廃止が官僚を利するのではないかという懸念があったのと共に、自党の改革姿勢をアピールし、憲政会側を揺さぶろうという意図も働いていたようである(158)。政友会幹部(横田法相、小川平吉総務、岩崎勲幹事長ら)は七月七日の協議で、次官の自由任用廃止は「官僚思想」の表れとして反対する意向を確認し、高橋総裁に報告した(159)。しかし同日夜の高橋と若槻の会見と、翌日の若槻と小川の会見、加藤と若槻の会見、与党三派の交渉会を経て、直ちに妥協が成立した。政友会は、加藤首相がさらなる人材登用の拡大を来るべき行政整理の中で再検討することを条件に、内閣の方針を承認したのであった(160)。

かつて第二次大隈内閣では、参政官設置の代償として、次官ばかりか警視総監、内務省警保局長、貴衆両院書記官長の自由任用まで廃止された。これは官僚側の意に通じる面があり、政党の統治能力に対する加藤の自信のなさの表れでもあった。それに対して加藤内閣では、次官以外の自由任用は維持する方針であった。既に加藤のライバルである原敬は政党内閣を組織して大きな統治実績を残していたし、憲政会もまた政権政党として成長していた。加藤は政党政治に対する自信を深め、官僚への過大な譲歩を不要としていたのである。

ところで、第三章で触れたように、次官の自由任用撤廃はむしろ官僚側が要望するものであった。いくら実際のイギリスをモデルとし、官僚側と発想の根本が異なるとはいっても、これまでの経緯を見れば、次官の自由任用撤廃は強固な官僚機構を温存し、政党による「官」掌握の妨げとなる可能性が高く、この問題点は当時から指摘されていた(161)。加藤はこれを認識していなかったのだろうか。

実は後述するように、加藤・憲政会最高幹部も、理念的には次官の自由任用を望ましいと考えるに至っていた。その意味で加藤の政務次官構想は、既にイギリスの制度を模倣するものではなく、議会の権限に対し行政権が強い形で展開した近代日本の歴史的背景に照らして、イギリスモデルを修正したものになっていた。結論を先取りして述べれば、加藤は自由任用の政務次官の下に試験任用の次官を置き、その下の局長クラスを銓衡任用にしようと考えていた。これは、イギリスの政務次官制度をベースとしながら、イギリス以上に政党員の就官可能なポストを拡大するものであり、運用の実態も考えるならば、かつて原が構想した政官関係にかなり近いものだったと考えられる。

加藤がいつこの構想を固めたのかは明らかではない。しかし、政友会にさらなる人材登用を約束した時点で試験任用の緩和を考えていたのは確実であるし、政友会が連立を離脱した後も局長の銓衡任用を推進していることから、迫られて妥協した考えでなかったのは明らかである。ただし、加藤はとりあえず速やかに政務次官を設置し、次官の自由任用を廃止することで、それ以上の官制改革はひとまず先送りにした。それはなぜか。以下の三つの理由が考えられる。

第一に、枢密院の強い抵抗が予想されたことである。新聞の報道によれば、加藤と若槻は「現行制度を文官任用令に拠る従前の制度に引き戻すに非ざれば枢密院を通過する事困難なる事情を、枢密院側より注意してきた」ことを与党に説明し、内閣の方針に理解を求めたようである(162)。これは原内閣の際、文官任用令の改正に約一年という異例の時間を要したことを考えても、十分にあり得る話である。もし官制改革で揉めて政務次官設置が大幅に遅れるということになれば、連立内閣でポスト不足に悩む与党三派にさらに不満が高まることが十分に予想された。内閣も与党も、枢密院の強い抵抗を避けて早期に政務次官を設置することを選択したのである。

また、内閣が最重要政策と位置づける普選の問題を抱えていたことも重要である。普選の通過のためには枢密院の同意が必要で、優先順位の低い官制改革問題で枢密院との対決を招くことは、何としても避けねばならなかった。実際、枢密院は内閣の普選案にかなりの修正を加えたことが知られており(163)、この見通しは正しかったと言えよう。さらに、加藤はこのように内閣の重要政策の前に枢密院が立ちはだかることを非常に問題視しており、人事を通した枢密院の非政治化に取り組んでいく。官制改革での枢密院への妥協は、このような政治状況全体の中で評価しなければならないだろう。

第二に、官僚側への妥協が必要であったことである。政党員の次官就任は、原内閣で三名、加藤内閣では二名に留まっており(表8)(164)、次官の自由任用は、「政党員の就官」に資しているとは必ずしも言えない現実があった。これは、政党員の人材不足に加えて、官僚側が強く抵抗していたことが大きな要因だったと考えられる。例えば第一次加藤内閣では、政党員が大臣に就任した鉄道省や逓信省で、次官や局長クラスの人事をめぐってかなりの軋轢が生じていたし(165)、第二次加藤内閣では、江木翼法相が山岡万之助局長を更迭したことに対する大規模な反対運動が起こっていた(166)。政党内閣の発達と共に「官僚の政党化」「官僚の系列化」が進み、政党の意に沿う官僚人事が多く行われるようになった反面、それに対する官僚側の反発や「政」と「官」の軋轢もまた激しくなっていたのである。

第三に「党弊」の問題が存在した。加藤内閣は護憲運動によって誕生した政権であり、久々の政党内閣であるとして歓迎されていた(167)。しかしその一方で、原内閣以降本格化した「党弊」に対する警戒も根強く存在していた。主要新聞の社説はこぞってそのことを指摘し、加藤内閣に「党弊」矯正を求めていた(168)。加藤内閣が「綱紀粛正」を掲げ、その一環として政務と事務の区別を行おうとしたことは、政官の境界線を明確化し、政党の腐敗を抑制することによって「党弊」批判に応えるためでもあった。実際そのような観点から政務次官の設置を歓迎する声も存在したのである(169)。

前に見たとおり、加藤は護憲運動中から「綱紀粛正」を「政党政治」と結びつけた形で盛んに強調した。加藤は、六月二五日の内閣訓令号外「綱紀粛正に関する訓示」以降、各種の演説や訓令を通じて、官僚に対し官紀振粛、すなわち服務規律に従う事、厳正公平の立場に立って官務を行う事などを求め続けた(本章第二節)。これは、イギリスをモデルとした政官関係、官僚像を提示したものに他ならない。政務と事務の区別や「綱紀粛正」は官僚側も強調したものであり、加藤の主張と重なる面もあったが(第三章第二節)、発想の根本は全く異なっていたのである。

なお、政務次官がイギリス的な政党内閣を支える制度として構想されたことを明確に示すのは、翌一九二五年に改正された衆議院議員選挙法(いわゆる普通選挙法)の内容である。加藤内閣では、加藤・憲政会の従来の主張に基づき、法制局を中心に組閣後直ちに官吏と議員の兼職禁止を立法化する準備を始めた(170)。改正後の衆議院議員選挙法第一〇条では、官吏が議員を兼職することが原則として禁じられる一方で、「一．国務大臣　二．内閣書記官長　三．法制局長官　四．各省政務次官　五．各省参与官　六．内閣総理大臣秘書官　七．各省秘書官」がその例外とされた。これは、既に見た第二次大隈内閣時の閣議決定を引き継ぎ、原内閣時の閣議決定を覆す措置であった(原内閣は一九二〇年三月に第二次大隈内閣の閣議決定を覆し、官吏と議員の兼職を可能とする閣議決定を行っていた)[171]。以上を要するに加藤内閣は、イギリス流の政官関係を構築すると共に、それに従来原・政友会が推進してきたアメリカ的な要素も取り込んで、さらなる官制改革を企図していたと言える[172]。

(三) 政務次官の設置

貴族院での審議

政務次官の設置には予算措置を必要とするため、組閣直後の第四九特別議会(一九二四年六~七月)で予算を確保する必要があった。与党が過半数を占めていた衆議院の通過は容易であったが、問題は貴族院の動向であった。貴族院は、一般に官僚寄りの姿勢を取っていたのみならず、護憲運動で批判の対象とされた反感と、来るべき貴族院改革に対する警戒感から、示威行動に出ることが予想されたからである[173]。

第四九議会は六月二五日に開会したが、前述のとおり内閣は七月八日に与党との調整を終えており、政友本党の政務次官設置反対論は大勢とならないまま[174]、予算案は衆議院を通過した。貴族院の最大会派である研究会は従来憲政会とあまり関係を持っておらず、実力者の青木信光は加藤内閣に「是々非々」で臨むとしていたが[175]、会内には貴族院の力を誇示しようという雰囲気が生まれていた[176]。貴族院が開会した七月一四日、憲政会に近い同成会、公正会などが政府案支持の方針を打ち出したが、研究会の幹部会は、予算案からの政務次官費削除の方針を決定した[177]。その根拠は、第一に政務と事務の区別は実際上困難である、第二に行財政整理と矛盾する、第三に通常議会で設置すべきで時期尚早である、という三点であった[178]。

しかし、内閣側はこの問題で譲歩する気はなく、硬軟織りまぜた対応によって研究会の説得に乗り出した。加藤首相は七月一五日に相次いで貴族院各派の幹部と会見を行い、「事務上の都合ではなく主義の問題として出したので、撤回は不可能である」旨を伝え、貴族院の本会議でも同趣旨の答弁を行った[179]。また若槻内相らが、渡辺千冬ら親憲政会の研究会幹部と連日会見を行う一方で、ある憲政会幹部は、貴族院の「不当の削除」がなされた場合には、「一大決心」の上、「貴族院改革」に乗り出すという示威的な談話を新聞に流していた[180]。新聞各紙は内閣を支持し、研究会を批判していた[181]。

さらに、元老西園寺公望も政務次官設置に賛成であった。西園寺の賛意は内閣側の意向を十分に汲んでのものと思われるが[182]、それは近衛を通して研究会幹部に伝えられた[183]。こうして研究会は加藤内閣の強い姿勢を前に屈服し、一六日の本会議で予算案は貴族院を通過した。予算案通過後、研究会幹部の林博太郎が「古い池で一〇年間飢えていた金魚や鮒（憲政会のこと—筆者註）に英国製のビスケット（政務次官のこと—筆者註）を投げ与えるとその結果はどうなるか明らかである」と「猟官」を揶揄した有名な演説を行う一幕があったが、かえって院内の反発を招き、研究会幹部は陳謝を余儀なくされた[184]。研究会幹部の八条隆正は、「政府の態度が強硬であることが明らかになったので妥協した」と振り返った[185]。加藤内閣が政務次官設置問題で貴族院に強い姿勢を取り、ジャーナリズムの貴族院批判を呼び込むのに成功したことは、来るべき普選や貴族院改革問題に向けて、内閣側の意気を示す効果もあったものと思われる。

枢密院での審議

七月一七日、政務次官に関する官制原案はまとまり、二一日の閣議で最終決定がなされた[186]。原案は法制局が起草し、最終的に江木内閣書記官長、塚本法制局長官が中心となってまとめたものであった[187]。その要点は第一に、各省官制通則を改正して勅任参事官を廃止し、政務次官（「大臣を佐け政務に参画し、帝国議会との交渉事項を掌理す」ることが任務、陸海軍省にも設置）、参与官（「大臣の命を承け帝国議会との交渉事項其の他の政務に参与す」ることが任務、陸海軍省にも設置）を設置すること、第二に、文官任用令の特例である大正二年勅令二六二号を改正し、政務次官と参与官を自由任用の官に加え、次官を試験任用にもどすことであった[188]。

注目されるのは、政務次官と参与官の役割が、議会内だけに限定されずに政務にも参画できるとされていたこと、官制表記の順番において政務次官が次官の上位に置かれていたことである。これは、大隈内閣の正副参政官や原内閣の勅任参事官があまり力を発揮できなかった反省に立ち、政務次官が形骸化しないよう考慮が払われたためである(189)。

七月二二日、内閣が関係勅令案を上奏すると、摂政である皇太子は翌日に同案を枢密院に諮詢し、浜尾新枢密院議長は即日で穂積陳重顧問官を委員長とする審査委員会のメンバーを決定した(190)。新聞が枢密院を牽制する意見を発表する中(191)、八月一日に審査委員会、六日に本会議が開催された(192)。

予想通り、枢密院は内閣側に対決姿勢を示した。審査委員会の冒頭で加藤首相、塚本法制局長官が原案を説明すると、富井政章顧問官は「政務と事務の別明瞭ならざる」ことを質した。これに対し加藤首相は、イギリスの外務省で両者の分担がうまくいっている例を具体的に説明すると共に、内閣が更迭されても事務官が動かされないことのメリットを訴えた。しかし平沼騏一郎顧問官は、各省官制通則によって省務は次官が取ることになっており、政務次官の権限との関係がどうなるのかと質した。確かに、官制改革には次官の職務権限の変更は何ら含まれておらず、政務次官と次官の関係には不明確な面があり、平沼は鋭くこの点を突いたのである。この問題に関し加藤首相は、八月六日の本会議で「運用上には自ら判明する所あるべし」と述べたが、いったん設置してしまえばあとは運用上で権限を拡大するチャンスがあると考えていたのであろう。

またこれと関連して、陸海軍省に政務次官を設置することも問題とされた。審査委員会で平沼顧問官は、陸海軍の政務次官が陸海軍省内の軍機軍令に触れる懸念があることを論じた。これは、安保清種海軍次官の意向も踏まえた意見だったらしい。これに対して、塚本法制局長官は軍機軍令には触れないと答弁した。また、加藤首相も本会議で、軍機軍令以外の予算などの政務のみに関わる見込みだと述べた。ただ、平沼らは政務次官設置が軍部大臣文官制への布石となることを恐れていたようで、本会議に提出された審査報告では「政務次官又は参与官の職務は軍機軍令に関する事項に及ばざること」が改めて確認された。

自由任用の問題や、政務次官制度そのものに対する疑義も出された。平山成信顧問官は、審査委員会で、法制局長官を試験任用に戻すべきとの意見を述べた。また、警視総監、内務省警保局長なども次官と同様に試験任用にすべきとの意見が根強く存在し、この点は審査委員会でも本会議でも問題とされた。加藤は、これは政務次官とは「別個の問題」であると退け、「将来如何にすべきかは今日に於て言明し難し」と説明した。なお、二上兵治枢密院書記官長は、審査委員会の場で政務次官設置への反対を明言していたが、浜尾新枢密院議長は、次官を自由任用とすることには枢密院は反対だが、政府が政策上必要というのであれば政務次官の設置には同意する旨の発言をしており、これが枢密院の大勢であったと思われる。枢密院は次官を試験任用に戻し、政務と事務の区別をつけることは歓迎していたが、いざ次官の試験任用を確保すると、さらなる自由任用の縮小や政務次官の不設置という攻勢に転じる構えさえ見せたのである。こうして見ると、政務次官の設置、政務と事務の区別の捉え方が、内閣と枢密院側の間でいかに異なっていたかがよく分かる。

しかし、審査委員会は原内閣時とは対照的に一回のみで終了し[193]、恐れられていたほど大きな問題とはならなかった。政務次官設置と引換に次官を試験任用とする、ただし警視総監などの自由任用は維持する、政務次官の権限は参政官の時よりも強化する。これまでの経緯を見れば、加藤内閣が実現したこの官制改革は、政党内閣と枢密院の双方が即座に妥協できる案としてはぎりぎりのラインだったのではないだろうか。新聞では「政務次官は副大臣格で参政官とは異なる」などと好意的に評価し、期待する報道が多かった[194]。

（四）政務次官の運用

政務次官人事

一九二四年八月一四日、加藤首相は第一回目の政務官会議で挨拶を行い、「この制度が果して政府の称する如く必要かくべからざるものであるか、若しくは無用の長物であるかは、諸君の今後において示されるべき成績の如何によって決せされるべきものと信じます。冀わくは、諸君においても政府の希期する十分の効果を示して、見事なる成績を挙げられんことを切望します」と述べた[195]。加藤は、参政官の経験からも政務次官制度の成否が運用過程にかかっていることをよく知っており、政務官に自覚を促したのである。

加藤は、大臣に次ぐ政党の有力者を網羅することによって、政務次官制度を強化しようとした。それ故、憲政会の最高幹部で入閣漏れした安達謙蔵に、内務政務次官への就任を依頼した。しかし、「今更自分に政務次官を勧誘するとは怪しからんと不快の感湧然たる」安達は、就任を拒絶した(196)。安達より格下の町田忠治(元農商務省参政官)も政務次官への就任交渉を断り、かなり加藤の機嫌を損ねたらしい(197)。そのためか、加藤の生存中町田への就官交渉はなく、内閣改造時も町田の得意分野である農相には早速整爾が就任している。当選九回のベテラン代議士・降旗元太郎は陸軍政務次官、鉄道政務次官を歴任したが、息子の徳弥は回想録の中で、元太郎は官位に就くのを嫌っていたこと、浜口内閣で入閣が期待されたが選に漏れ残念だったことを述べており、政務次官就任に関しては何も触れていない(198)。語るに値しないポストと考えられていたのだろうか。

政友会の対応は、さらに冷淡であった。高橋蔵相、横田法相に次ぐ幹部である野田卯太郎、小川平吉、岡崎邦輔らは政務次官候補に名前すら挙がっていなかったし(199)、それに次ぐクラスである望月圭介、山本悌次郎も就任を拒絶したという(200)。おそらく過去の参政官、勅任参事官がことごとく成果を挙げなかった経緯から、党人の間には政務次官制度に対して冷めた見方が多かったのだろう。こうして、イギリスのように準大臣クラスを網羅するという構想は実現されなかった。

とはいえ、加藤内閣ではそれなりに有力者が就任し、大臣就任前の重要ポストとして一定程度活用されたのも事実である。表9を見ると、憲政会では片岡直温、早速整爾という準大臣クラスの就任が実現している。片岡は「今更政務次官でもあるまい」と周囲に反対されたが内務政務次官となり、その後商相に就任している(201)。早速は鉄道次官からの転進で大蔵政務次官となり、浜口蔵相の信頼を得てその後任の蔵相となっている(202)。

また、清新な人事として歓迎された俵孫一(鉄道政務次官)、永井柳太郎(外務参与官)も(203)、その後民政党内閣でポストを伸ばしているのが確認される(それぞれ商相、外務政務次官に就任)。加藤は永井外務参与官に親しく外交のアドバイスを送り、永井は以後この訓戒をしばしば思い出して自らを激励したという(204)。加藤は、政務次官や参与官を活用して有望な若手議員を育成しようとしていたのである。実際、若手議員の間では、参与官人事への期待感があった模様である[205]。加藤の若手育成の意図は、党人派の長老議員である加藤政之助、大津淳一郎らの処遇を心配する声があったにもかかわらず、彼らに就任交渉がなされなかったことからも裏付けられる[206]。

この他、人事で注目されるのは、「貴族院の政党化」の意図である。加藤は当初から貴族院議員も政務次官に任用する意向を持ち[207]、政務次官の設置が決まると、貴族院の最大会派・研究会などと交渉を行った。研究会は、前に設置に反対した経緯から交渉に応じなかったが[208]、加藤内閣の歩み寄りに好意を感じたようである。その後、翌年成立の第二次加藤内閣では、合計四名の政務官就任が実現する(このうち政務次官は三名。第七章第二節、表9)[209]。加藤内閣の研究会への歩み寄りに対しては少なからぬ批判が存在したが[210]、これは憲政会および後身の民政党と研究会の提携の端緒となり、貴族院議員の政務官就任は以後も続くことになる。この時の貴族院議員の政務官就任は、大隈内閣時と異なり、「貴族院の政党化」という長期的な意味を持っていたのである。

また、陸海軍の政務次官に政党員の任用が実現したことも注目される。確かに、政務次官制度は軍部大臣文官制に直接つながるような改革ではなかった。政務官の言論の自由を明確に保障するための「陸海軍の政務次官又は参与官に軍刑法の一部を適用せざる法律案」も成立しなかったため、陸海軍の政務官の自由な政治活動が制約される懸念が残った[211]。しかし、軍機軍令の定義は非常に曖昧で、宇垣陸相は枢密院において、実際には政務次官が軍機軍令に携わることもあり得ることを認めていた[212]。また、人事は参政官の時と異なり、ほぼ加藤首相の意向通りに進められたようである。例えば、関和知陸軍政務次官の死去により降旗元太郎が後任に就いた際、加藤は、宇垣陸相、憲政会双方と調整しながら就任交渉を進めた模様である[213]。海軍についても同様であった。政務次官が設置された際、財部海相は樋口秀雄(憲政会、島津公爵家教育掛)の就任を提案したが、加藤は憲政会からの採用を好まず、同人の地位が低いことからも難色を示した。そこで財部は、古島一雄(革新倶楽部)を提案したが、その後の加藤、江木との交渉を経て、秦豊助(政友会)の就任が決定した[214]。この人選は、加藤が与党と調整して決定したもののようである。また翌年の井上匡四郎(研究会)の就任も、加藤の提案に財部が同意して決定したものであった(215)。もっとも、陸軍政務次官に就任した関和知、降旗元太郎、水野直には、就任前から陸軍から機密費が送られていたことが分かっており(216)、あらかじめ軍と接点のある人物を選ぶという了解があったのかもしれない。

陸海軍の政務次官が部内の諸会議に参加し、政党(議会)と軍との情報の共有が進んだことは、シビリアンコントロール確立の第一歩となるものであり(217)、当時の政治状況を考えれば、これは当面精一杯の改革であったと考えられる。かつて原敬は、田中義一陸相、加藤友三郎海相との個人的な信頼関係を通して軍をコントロールすると共に(218)、ワシントン会議中に海相事務管理を兼摂し、その制度化を図った(219)。加藤は、原と同じように宇垣、財部との関係を重視しつつ、政務次官制度という原とは異なる視点から、シビリアンコントロールの確立を目指したのである。

政府委員制度改革

ここで時間が飛ぶが、第四九議会後の政策展開については第二節以下で述べることとし、政務次官の実際の運用過程について見ておくことにする。加藤は政務次官の設置が決まると、第五〇議会では原則として政務官を政府委員とするつもりであること、ただし、次官以下の官吏を必要に応じて補助委員として答弁に立たせる可能性はあることを述べ、政務官を政府委員の中心とするという考えを示した(220)。実際に第五〇議会の政府委員の数を見ると、政務官を政府委員とし次官を政府委員から外した他、各省の局長クラスの政府委員まで減らしたため、官僚の政府委員が激減するという画期的措置が実現した(表10)。この点でも、加藤内閣は大隈内閣以上の改革を目指したのである。

政党員の政府委員の比重が増したために、これまで官僚のみが答弁してきたことも政党員が答弁する機会が増え(例えば表11を参照)、この点では一定の成果があったと言えよう。しかし、やはり多くの場合政党員の答弁能力は官僚に劣っていた。

例えば、第五〇議会最大の懸案であった衆議院議員選挙法改正法律案の審議を見てよう。当時、主務大臣の若槻内相は盲腸を患っており[221]、委員会審議にしばしば欠席を余儀なくされていた。にもかかわらず、答弁回数が多いのは、潮恵之輔内務省地方局長、川崎卓吉内務省警保局長、塚本清治法制局長官、鈴木富士弥内務参与官の順番であり、片岡内務政務次官の答弁の機会は、ほとんどなかった[222]。片岡は準大臣クラスの大物であったが、実業界出身で内務行政には明るいとは言えなかった。恐らくポストの重みから内務政務次官に任命されたものと思われるが[223]、行政知識という観点からはミスマッチといわざるを得なかった。

片岡内務政務次官は同議会の婦人参政に関する建議案、公娼制度制限に関する法律案の審議の際は、中心となって答弁を行った[224]。片岡の答弁は、このように重要度が低かったり、専門知識を余り要しない法案や建議案に対するものに留まったのであった。なお、その後の内閣改造により、片岡は元来の専門に近い商相に抜擢され、その後任には元内務官僚の俵孫一が就任した。俵は第五一議会(一九二五年一二月〜一九二六年三月)の府県制中改正法律案、健康保険法中改正法律案等の審議において、政府委員の中心として活躍した[225]。このように、政党出身者と官僚出身者の間には大きな答弁能力の差があり、政府委員制度改革は当初から難しい問題をはらんでいたのである。

憲政会系の大蔵官僚であった青木得三はのちに、「政務次官に答弁しろといわれましてもね、実際はそれは無理なんですわ。無理だから自然局長が時々複雑な問題だと答弁に立つと言うことですね」と回顧しているが[226]、これは官僚側の率直な感想だったであろう。政府委員に関するまとまった資料は残されておらず、その実態は不明な点が多いが、部分的に残されている政府委員用の議会答弁資料は、数百頁に及ぶ非常に大部なものが多く、一朝一夕で答弁可能な程度まで通暁するのは非常に困難だったように思われる[227]。例えば、「大塚常三郎文書」に残されている内務省関係の議会答弁資料を見ると、内務省各局の主要問題点や最重要資料を記載しただけで一九六頁の大部の冊子となっており[228]、この他、個別の法案や建議案に関する知識を得ようと思えば、相当大変だったのは間違いない。国政調査権や情報公開法の整備されていない戦前期には、官僚出身者でなければ行政に関する高度な情報入手は難しかったであろう。政党員の乏しい答弁能力の背景には、このような構造的な問題もあったのである。

第五〇議会では、議会当初の政府委員は政務官を中心としてできるだけ少なくする努力がなされた。しかし、議会開催中に各省の局長クラスの官僚を政府委員に追加していくようになり、政務官を政府委員の中心とする理念は以後徐々に形骸化していく。加藤内閣期の第五一議会で既にその兆候は見られ、政府委員の総数も第五〇議会に比べ増加している(表10、表11)。

一方、加藤が意欲を示していた政策決定過程への参加の度合いはどうだったであろうか。政務次官は、個別の省の利害を離れて大局から行財政整理を進める一助となることが期待されていたが[229]、行財政整理の各局面において政務次官独自の役割を見出すのは難しい。また、定期的に開かれていた次官会議とは別に政務次官会議を開催する予定であったらしいが[230]、あまり開かれていなかった模様である。また、枢密院で平沼騏一郎が指摘したように、政務次官が設置されても各省の次官、局長、官房などの職務権限に関する規定は、全く変化することがなかった[231]。こうしてみると、政務次官が省内の政策決定のラインに加わることはかなり難しかったようである[232]。

成果としてはっきりと確認できるのは、大隈内閣期と同様に各種の調査会に政務次官を参加させ、党と政府の連絡役とさせたことである。例えば、一九二五年四月、大蔵省内に税制調査会が設置された際、早速大蔵政務次官はそのメンバーとなり、多忙な浜口蔵相に代わって憲政会政務調査会との連絡を行った[233]。実際にできた税制調査会と憲政会政務調査会の税制整理案はほとんど同一のものであったが[234]、政務次官は案のすり合わせの上で相応の役割を果たしたものと推測される。この他政務次官は、一九二五年五月設置の行政調査会でも一定の役割を果たした。この点については、第七章第二節で後述する。

第二節　行財政整理の展開と普通選挙法の成立

(一)　行財政整理の展開

加藤内閣と行財政整理問題

一九二〇年代中葉、長引く戦後不況打開のため、行財政整理は大きな政治課題となっていた。既に加藤友三郎内閣期に海軍軍縮や経費節減が行われていたが[235]、その後の関東大震災で日本経済は一層苦境に追い込まれた。多額の震災復興費が負担となり、さらなる行政整理と財政緊縮が求められる状況となったのである。他方で、第一次大戦後の急激な社会変化は行政への需要を増し、行政機構の拡充と再編も大きな課題であった。原敬内閣で国勢院や内務省社会局が設置され、鉄道院が鉄道省に昇格したこと、加藤友三郎内閣で社会省や拓殖省、交通省の設置が検討されたことはその一例である[236]。しかし行政機構の拡充に応じながら行政整理を行うことは、非常に困難な問題であった。第二次山本権兵衛内閣は行政整理を行う予定であったが[237]、震災復興対策に追われ、着手できないまま総辞職した。続く清浦奎吾内閣は、勝田主計蔵相の下で緊縮基調の予算を組み、帝国経済会議、行政整理準備委員会を設置して各種政策の調査と統一を図った[238]。しかし、衆議院での多数派形成への見通しと熱意を欠いていた清浦内閣は、間もなく退陣を余儀なくされた。

第一次加藤高明内閣が成立したのはこのような困難な時期であった。加藤内閣は従来の内閣をはるかに上回る積極さでこの問題に対処した。まず加藤首相は、六月二五日に内閣訓令号外として「綱紀粛正に関する訓示」を各省庁に発し[239]、官紀振粛、すなわち服務規律に従う事、厳正公平の立場に立って官務を行う事、処務の改善に努める事などを求めた。これは来るべき行財政整理への決意を示し、民間の倹約のために官の側が範となるよう求めると共に、政党内閣の指導に従うことを各省庁に求めるものでもあった。加藤はこれを八月五日の地方長官会議で再度強調し、その後の声明や訓諭でも徹底を図った[240]。また浜口蔵相は、就任直後に既定の公債発行計画の縮小を発表し、第四九特別議会(一九二四年六～七月)

では一九二四年度追加予算で五七〇余万円の緊縮を実現した。議会後も実行予算の削減を推進し、「克己節約の美風」奨励による世論の喚起にも務めた(241)。

加藤は第四九議会で政務次官の設置と財政整理を実現し、一息ついた。エリオットはこの議会を「加藤の一人勝ち」と見たが(242)、加藤はこの議会でかなりの体力を消耗したようで、以後、週末は休養する旨を党員に伝えた(243)。しかし実際には十分な休暇は得られず、加藤は八月に、政友会の小川平吉に「公務稍や小閑の姿になりたるも尚ほ暫くは休養の閑を得ず、苦熱の中に呻吟致居候」と書き送っている(244)。

加藤内閣は、休む間もなく年末に開会する第五〇通常議会に向けて動き出した。加藤内閣は、七月二九日に閣内に行政財政整理委員会を設置し、いよいよ本腰を入れて整理問題に取り組む体制を整えた。この委員会は、浜口蔵相、江木内閣書記官長、塚本法制局長官の三人を委員(浜口が主任)、早速大蔵政務次官、大蔵省の局長と課長、内閣書記官、法制局参事官若干名を補助委員としており、浜口が財政整理案、江木と塚本が行政整理案の作成を担当し、三委員会議で調整を行った(245)。このようなインナーキャビネット(少数内閣)方式が取られたのは、立案過程を憲政会出身閣僚らで独占することで、政友会や各省の発言権を抑え込み、主導権を確保するためであったと推定される。江木はかつて、インナーキャビネットなどによるイギリスの内閣強化策を研究したことがあり(246)、このような政権運営方式にはイギリスのあり方がモデルとして意識されていた可能性が高い。

なお加藤内閣は、行政整理の真最中であったため、内閣所属部局のスタッフは増員していない。専任の内閣書記官(奏任官)は、四名から三名へとむしろ減員されている。しかし、一二月に地味ながら注目すべき改革を行っている。「内閣所属職員官制」を全面的に改正して「内閣所属部局及職員官制」(勅令三〇七)とし、従来の内閣書記官室という名称を内閣官房に改めると共に、内閣に四局(恩給局、拓殖局、統計局、印刷局)が附属することを明確化することによって、内閣の補佐機構を強化しようとしたのである(247)。これも江木内閣書記官長の考えに基づくようだが(248)、加藤の意向も反映されていたであろう。注目されるのは、内閣官房の職務の拡充である。新官制では、内閣官房の職務を列挙する新たな規定(第二条)を設け、「官吏の進退身分に関する事項」(四項)「各庁高等官の履歴に関する事項」(五項)をその職務に加えた。これは、内閣官房が行政整理で積極的な役割を果たし、内閣の各省に対する指導力を増すことを目的として盛り込まれたのであろう。また、法令の「原本の保存に関する事項」(二項)「公文書類の編纂及保存に関する事項」(七項)も加えられた。これは、内閣制度の初期に存在した記録局(一八九三年に記録課に縮小)の規定を受け継いだものであった(249)。加藤や江木は、公文書の整理・保存体制を整えることによって、内閣が過去の行政の実態を容易に把握できるようにし、以後政権交代が繰り返されても円滑に政治運営が行えるような体制作りを目指したのではないだろうか。

この推測は、現在残されている公文書によっても裏づけられる。加藤友三郎内閣、加藤高明内閣が行った行政整理の最も中核的な記録は、共に「公文別録」に残されているが、前者(「行政整理に関する書類」マイクロフィルム七八コマ)に比べて後者(「行政整理関係書類」同七四九コマ)はかなり量が多い。加藤高明内閣期の方が規模が大きかったということもあるが、内容的にも細部にわたる議論の経過を残すように編纂されており、記録を残すことへの意識の高さが窺える(250)。このことは、これ以外にも「公文雑纂」に行政整理に関連して出された訓令、通牒類を丁寧に残していること(251)、翌年設置の行政調査会(第七章第二節)の膨大な議事録全八六巻などを残していることからも確認される。議会における首相の演説草案を「公文雑纂」に残すことが慣例として定着したのも、加藤内閣以降である。既に見たとおり、加藤はこのような公的記録を残すことに対する高い意識を外交官時代から持っており(第二章第二節)、このような改革に前向きだったものと推定される。

行政整理

行政財政整理委員会の案(以下、委員会案)は九月一四日までに完成し、二四日に閣議報告がなされた。委員会案は一一回の閣議折衝を経て一〇月一一日の閣議で正式な行財政整理案(以下、閣議案)となり、一三日に摂政へ上奏がなされた上で、与党に内示された。これを基にして予算案の作成が本格化し、一〇月以降に各省庁および与党間で折衝が行われた。

一一月一四日から予算閣議が始まり、一一月一九日に予算大綱が決定、もっとも難航した鉄道費問題が最終的に決着したのが一一月二九日であった(252)。

行政整理は、第一に各部局の能率増進と人員整理、第二に行政系統の統廃合を中心に進められた。前者については、八月一一日の加藤首相の訓諭に基づき執務能率増進の徹底が図られ、処務機械化主義、速断即行主義、質実剛健主義などが掲げられた(253)。他方で大規模な人員整理が進められ、最終的な整理人員は約二万人(文官官吏総数の約六パーセント)にものぼった(254)。初年度の人員整理は、抵抗を避けるため翌年四月までの間に一気呵成に進められた(255)。各部局では自主退職の勧奨と定員過剰などを理由とした馘首を行う一方で、退職前の昇進や退職金の増額などできめ細やかな対応を行った(256)。なお閣議では、一時、官吏の減俸も行うべきだという議論も出たが、各行政機関に及ぼす軋轢を考えて、一切行わないことにした(257)。こうして人員整理は、浜口内閣期の減俸問題をめぐる混乱(官吏の俸給を抜き打ち的に引き下げた浜口内閣は、官僚の抵抗に遭い撤回を余儀なくされた)を生むことなく(258)、無事終了した。

これに対し、加藤が「局課の廃合と人員整理」はなし得たが、「行政の系統を正す事は出来なかった」と総括したように(259)、後者は比較的小規模に終わった(260)。委員会では当初、軍事参議院の廃止、台湾総督府の廃止、文官任用令の改正などの大きな問題も検討課題に挙げていたが(261)、案としてまとめられるには至らず、文官任用令の改正についてのみ次年度に先送りするに止まった。また、従来の行政整理で検討課題とされてきた拓殖省、交通省、社会省の設置も見送られた。実現したのは、帝国経済会議など一八の各種委員会の廃止、港湾行政の一元化、各省の参事官や監察官の廃止などで、統廃合は基本的に各省内の課レベルでのものが中心であった。

このうち、拓殖省設置に関しては与党内で意見対立があった。植民地機関の中央監督庁としては、寺内正毅内閣期に拓殖局が設置され、加藤友三郎内閣期の行政整理によってそれが拓殖事務局(内閣の内局)に縮小されていたが、政友会では小川平吉らが、植民地政策の統一、積極的な植民の奨励などのため、省への昇格を目指していた。これに対し憲政会は緊縮財政方針を優先し、昇格には否定的であった。結局加藤内閣は拓殖事務局を内閣拓殖局に改組したのみで、大きな制度変更は行わなかった(262)。加藤首相は、緊縮財政と政権基盤の安定化を優先し、軍や植民地機関との間に軋轢を生みかねないこの問題には着手しなかったのであろう。加藤は、議会でも植民地政策には大きな変更はないと言明したし(263)、第一次大戦後に唱えた朝鮮への自治拡大や(264)、江木が主張していた植民地総督文官制の実現にも本格的に取り組んだ形跡はない(265)。要するに、加藤内閣の植民地政策は比較的現状維持的なものであった。

もっとも、加藤内閣の消極的な植民地政策が、幣原外交の方針と合致する面も持っていたことは注目に値する。幣原外相は、外交一元化を揺るがしかねない拓殖省の設置には反対で(266)、加藤・憲政会の方針を支持していた。またこの後、人口問題の解決を満州など海外への積極的植民に求め、産業立国策を唱えていく政友会とは対照的に(267)、憲政会では、江木をはじめとして、海外への植民よりも北海道や樺太などへの内地植民を重視する傾向があった(268)。この主張は、満州での国際的軋轢を避け、大陸への権益拡張を抑制する方向性を持っていたと評価することができよう。

拓殖省以上に大きな問題が、農商務省の分離問題であった。この問題は農務官僚が求める農政自立を認めるか否かという問題であったが(269)、原内閣期からこれを積極的に推進してきた高橋農商相と、財政整理を優先する浜口蔵相が対立した。当時、既に農林省独立の必要性は認められつつあり、清浦内閣は独立の方針を閣議決定し、その実現寸前まで漕ぎ着けていた(270)。しかし浜口は蔵相就任前から消極的で(271)、九月二四日に出された委員会案でも省新設は一切認めないとしていた(272)。これには高橋らが激しく反発した(273)。最終的に、高橋の求める農政部門の大規模な拡充は実現しなかったものの、数度の交渉を経て、九月三〇日に農商務省の分離は認められた(274)。加藤首相は浜口蔵相よりは分離に理解があり、農林省独立を「内閣が農村問題を最も重視しつつある実証」と胸を張った(275)。もっとも加藤内閣の下では、緊縮財政方針を貫くため、多額の財政支出を伴う農村振興策は行われなかった(276)。

この他、地方財政の整理と自治権の拡張という観点から、郡役所の廃止も大きな問題であった。既に原内閣の下で郡制は廃止されていたが、郡役所は引き続き存置されていた(277)。しかしその後、清浦内閣でも廃合が検討され(278)、護憲三派も全廃を目指した。憲政会はかつて原内閣の郡制廃止案に反対したが(第五章第二節)、既にこの頃には賛成に転じており、問題は権限縮小を嫌う内務省の抵抗をいかに抑え込むかに移っていた。加藤内閣は一一月の閣議で郡役所の廃合方針を決めたが、内務省は、郡役所五四〇のうち一二八のみを廃合する案を作って抵抗した(279)。政党と内務省の間に立たされた若槻内相は、一九二六年度からの全廃を決め、当面は調査を継続するという形で決着させた(280)。若槻は、内務省所管のより重要な問題として普選を抱えていたため、ひとまず問題を先送りしつつ政党側の意向を通そうとしたのである。

財政整理

財政整理に関しては、浜口蔵相の下で、震災復興事業など急を要するもの以外は新規要求を認めず、事業費は平均四割、俸給費と事務費は平均二割削減するという方針が取られ、一九二五年度予算は前年度実行予算より実質的に約三六〇〇万円の整理となった。また募債額は予定額から約一億六〇〇〇万円減少された。財政難のため減税は行われなかったものの、まずは財政の基礎を鞏固にし、民間経済に対する圧迫を除くために、徹底した緊縮方針が取られたのであった(281)。また政府は、若槻内相や一木枢密顧問官の肝煎りで「節約勤倹デー」を定めたり(282)、若槻を会頭とする勤倹奨励中央委員会を設立して、節約手段を広く国民一般に宣伝したりして(283)、緊縮ムードの国民への浸透を図った。

加藤内閣は、限られた予算を各部門で効率的な投資に振り向ける財政運営を行った。一九二五年度予算策定の際、もっとも難航したのは鉄道建設費問題であったが(284)、その争点は、憲政会の主張する都市部への効率的な投資を行うか、政友会の主張する農村部への総花的投資を行うかにあった。この対立は関係閣僚間で解決不能に陥り、最終的に加藤首相が解決の一任を求める事態になった。加藤は一一月末に浜口、仙石、横田と相次いで会見し、改修費を主として建設費を抑制する「改主建従」を原則とした折衷案で、この問題を妥結させた(285)。加藤の意を受けて調整に奔走した江木内閣書記官長は、「此以上の名案はない」と胸を張った(286)。

海軍費に関しては、補助艦建艦費をめぐって浜口蔵相が財部海相と激しく対立した(287)。ワシントン会議で主力艦の軍縮が実現した後、補助艦をめぐる建艦競争が発生し、海軍費はむしろ増大傾向にあった。浜口は明年度建艦費の二割繰り延べと艦営費、人件費などの二割削減を主張したが、財部は前者に強く抵抗し、話し合いは平行線を辿った。この過程で加藤首相は積極的に仲介を図り、財部との直接会談や海軍将官の招待会によって、海軍側との相互理解に努めた(288)。その結果、一一月一四日に、明年以降その都度見直しを行うことなどを条件に、建艦費の繰り延べについては回避することが正式決定された。ただし、削減により浮いた費用は他に流用されず国庫に返還されることとされ、海軍の補助艦計画にとっては厳しい結果となった。なお海軍は、軍縮に伴う造船会社に対する損害補償を希望したが、浜口蔵相が「資本家保護の色」を帯びる案を政権初頭で出すことに難色を示したため、第五一議会に延期されることとなった(289)。補助艦建艦費をめぐる対立は、翌年再び繰り返されることになる。

他方で陸軍費に関しては、四個師団減がなされる一方で、海軍と異なり、その費用を積極的に装備近代化に転用されることが認められた(いわゆる宇垣軍縮)(290)。加藤は、これを「師団の減少に伴う兵員の減少は兵器によって補われたといい得るのである」と積極的に評価した(291)。加藤・憲政会は、普選などのより大きな政治課題を優先して、従来関係が極めて希薄だった陸軍に対して宥和的であった(292)。これは財政の緊縮を進める上でマイナスであったが、今後の政権運営にとってはプラスであった。こうして宇垣軍縮進行の過程で、久納誠一陸相秘書官が「両方惚れ合うて居」ると観測するほどの信頼関係が生まれ、宇垣が加藤を「伴侶として安心出来る好政友」と評するまでになった(293)。第五〇議会後に加藤と会見したジャーナリストの伊藤正徳は、加藤が「宇垣は立派な男である、陸軍に彼れの如き人物が居れば大丈夫だ」と語り、若槻、浜口がそれに賛成するのを聞いたという(294)。宇垣は以後憲政会・民政党の政権運営に協力していくことになる。

この他、特別会計や対中国債権の整理、大蔵省預金部の改革がなされた。とりわけ重要なのが、従来不透明な内外事業貸し付けの温床となり「伏魔殿」と呼ばれていた大蔵省預金部の改革で、加藤内閣は、「預金部預金法」の制定によって預け入れの根拠を明確化すると共に、預金部資金運用委員会の設置によって、従来蔵相の専決に委ねられてきた運用の透明化を図った(295)。これらは、行財政整理の実を挙げると同時に「財政の民主化」を促す改革であった。また、第一次大戦中の西原借款など軍事的謀略と結びついた対外進出の抑制にもつながり、幣原外交の国際協調、内政不干渉方針とも合致していた。このように行財政整理は、政友会の主張を部分的に取り入れ、陸海軍との協調に意を用いつつ、加藤首相の強力なリーダーシップの下、憲政会主導で進められたのであった。

(二)　普通選挙法の成立

臨時法制審議会の審議

次いで、加藤内閣にとって最重要の「特命」であった普通選挙法の成立(衆議院議員選挙法の改正)について見ていく。この問題については既に詳細な研究が存在するが(296)、以下ではその後の史料状況の改善を踏まえて、これまであまり触れられていない選挙区制の問題に考察を加え、後の枢密院改革との関連も視野に収めながら、加藤・憲政会の動向を中心に分析していきたい。

普選法が成立に向けて大きく動き出したのは、一九二三年九月成立の第二次山本権兵衛内閣の下においてであった。山本内閣は、閣内の普選論者(後藤新平、犬養毅)の影響と、関東大震災によって明年の総選挙に際して大量の失権者が出ることによる混乱を避けるため、普選の正式検討を開始し、まず臨時法制審議会(一九一九年に設置された首相直属の諮問機関)で普選問題の審議を担当する主査委員会(既に七月に設置)に審議開始を促した(297)。審議会の穂積陳重総裁(東京帝国大学名誉教授、法律学者、枢密顧問官)は、明治期から民法の起草など多くの立法事業に参画し(298)、一九一九年七月に同審議会が設置されると、原敬首相によって総裁に選任された(299)。原は、穂積を総裁として信頼していたようである(300)。主査委員会の委員長には、倉富勇三郎(元司法官僚、枢密顧問官)が選ばれた。倉富は、政友会系内閣の下で順調に出世してきたが、一般に法制や漢学に通じた、政治色のない地味な実務派官僚と見られており(301)、穂積総裁の信頼を得て、穂積と協調しながら普選法の審議を進めた。

穂積、倉富は、内閣の意向に沿うことを重視し、山本内閣や平沼騏一郎副総裁(元司法官僚、枢密顧問官)と密接に連絡を取りながら審議を進めた(302)。最も大きな争点となったのはやはり選挙権拡張の問題であったが、倉富は当初、「独立の生計を営む者位の処にて折合ふ」、すなわち条件付き普選で妥協するのが落とし所だと考えていた[303]。しかし、一〇月二〇日、二三日の主査委員会では、激しい議論の結果、納税要件の無条件撤廃が決定し、一一月二日の本会議でも僅か一票差でこれが支持された。ただし、華族の戸主には現行法通り被選挙権は与えられないこととされ、「浮浪人、乞丐及公費の救助を受くる者を欠格者とすること」という条件もつけられた。後者のいわゆる欠格条項をどう扱うかは、普選法成立に際して最後まで大きな争いとなる。この際、憲政会出身委員(下岡忠治、関和知)が無条件撤廃で一致したのに対し、政友会出身委員は無条件撤廃(鵜沢総明)、条件付撤廃(小川平吉、松田源治)、納税資格維持(鳩山一郎)に分裂していた。

選挙の方法や選挙運動の取り締まりについても審議が行われ、前者については衆議院議員への立候補制や供託金制度、不在者投票制度の導入、後者については、選挙事務所の数の制限と届け出、選挙運動員の数と資格の制限、戸別訪問の禁止などが可決された。これらはいずれも、現行法に何らの規定もなかった新しい制度で、概して普選の実施をにらんで選挙活動に対する規制を強化する意図が込められていた[304]。しかし、立候補制や供託金制度の導入には、自由な競争を阻害する懸念もある反面、泡沫候補の乱立を防ぎ、選挙を合理化するという側面があったことは注目すべきであろう。この導入にあたっては、イギリスの「投票法」(一八七二年)「国民代表法」(一九一八年)、候補者の指名(nomination)制度が参照された[305]。また不在者投票制度の導入は、選挙権行使の保護という意義があったことを評価すべきであろう。この制度は、原内閣期から船舶の乗組員らが導入を求めてきたものであり、イギリスなど欧米の選挙制度が参照されていた[306]。なお、深刻な問題となっていた選挙費用高騰についても欧米の制度を参照しながら議論がなされ、主査委員会では選挙費用の決算報告制度や郵便の無料発送制度の導入が提案され[307]、総会では江木翼と小野塚喜平次(東京帝国大学教授、政治学)がイギリスに倣った選挙費用の制限を主張したが[308]、いずれも否決された。

選挙区制をめぐる議論

選挙権と並んで大きな争点となったのは、選挙区制の問題であった。一一月六日、主査委員会では選挙区制に関する審議を開始し、委員から動議が提出された。政友会の鵜沢総明、松田源治、鳩山一郎は、基本的に従来の小選挙区制の維持を主張した。ただし、鵜澤と松田が現行法どおりの小選挙区制を主張したのに対し、鳩山は三大（または六大）都市に限っては一区三〜五名選出の中選挙区制を採用すべきとした。これに対し少数党の側では、関和知（憲政会）、関直彦（革新倶楽部）が大選挙区制の採用を主張し、比例代表制については「採用すると否とを問わず」とした(309)。また一〇日の委員会では、江木翼（憲政会）が、定員五人前後の中選挙区制を基本とし、従来から持論としてきた比例代表制を部分的に導入すべきだと主張し(310)、一三日の委員会では下岡忠治（憲政会）が小選挙区制の弊害を列挙し、それに反対を表明した(311)。このように、政友会、憲政会とも内部に意見の差異を抱えていたものの、基本的には原内閣の時と同様、政友会の小選挙区制論と憲政会の中または大選挙区制論が対立していた。

一方で政党以外の委員の意見は、一様に小選挙区制を修正すべきだという方向に傾いていた。六日、一〇日の主査委員会では、従来から比例代表制を提唱してきた美濃部達吉（東京帝国大学教授、憲法学）が、比例代表制と一選挙区五人程度の中選挙区制の導入を主張した。また、同じく小選挙区制は弊害が大きいと見ていた小野塚喜平次（東京帝国大学教授、政治学）は、六大都市に限って比例代表制（単記移譲投票式）を採用し、それ以外の大都市では小選挙区制、郡部では一区三〜四名選出の中選挙区制とすることを主張した(312)。また一三日の主査委員会では、江木千之（貴族院議員）が大選挙区制、副島義一（早稲田大学教授）が中選挙区制の採用を主張した(313)。いずれも、現行の小選挙区制を比例代表制または大選挙区制の方向に修正しようとしているのが特徴的であった。

彼らの意見は、当時の知的潮流を反映していた。学会では、美濃部、小野塚の他、森口繁治（京都帝国大学教授、憲法学）らが熱心に比例代表制を提唱していた(314)。原内閣期に小選挙区制を主張し、比例代表制を誤りだとして明確に排していた吉野作造もこの頃になると、比例代表主義を加味するための大選挙区制について「少くとも純粋な選挙理論としては此の説を採らぬ」と、やや主張のトーンを変えていた(315)。ジャーナリズムでも比例代表制支持の声が非常に強かった(316)。加藤内閣で普選法の立案に当たった坂千秋（内務省書記官）が、普選法の通過後に著書『比選と婦選』を記し、比例代表制（比選）と婦人参政権（婦選）が普選後の大きな政治課題だとしたように、比例代表制が望ましいという認識は非常に強く広まっていた[317]。論者によって主張の力点は異なるが、民意の正確な反映、今後出現が予想される無産政党を含めた少数党の尊重、世界的な多党化の傾向に合致、選挙費用の抑制などが、その論拠として考えられていた。学界の権威やジャーナリズムがこぞって小選挙区制の修正や比例代表制の導入を求めたことは、政党にとっても大きな圧力となったはずである。

主査委員会は、一一月六日、一〇日、一三日にわたって選挙区制の議論を行ったが、採決の結果、いずれの案に決定することもできず、なるべく速やかに比例代表制を採用するよう政府に希望する条項（江木千之の提案）を採択するにとどまった[318]。選挙区制の議論を注視していた安達謙蔵（臨時法制審議会の委員ではない）の談話によれば、一三日の審議では大選挙区制論者と小選挙区制論者の数が同数であったため、双方が否決に至ったのだという。安達は、大選挙区制はある程度比例代表の効果を表すと述べ、小選挙区制よりも大選挙区制の採用を希望した[319]。しかし総会でも、比例代表制や大中選挙区制がいずれも否決される一方で、小選挙区制については採決がなされず、結局主査委員会の決議を踏襲して、比例代表制の採用を希望するにとどまった。すなわち、選挙区制の問題は、先送りとされたのであった[320]。

一二月五日、臨時法制審議会は政府に最終答申を提出した。山本内閣、清浦内閣はこれを実行に移せず、実現は加藤内閣に持ち越しとなった。この間、山本内閣では平沼法相のイニシアティブによって治安維持法を普選法と抱き合わせで成立させる方向性が打ち出され、震災時の非常立法ではあるが、治安維持令も制定された。憲政会は治安維持令に賛意を示した。こうして政界は、普選と治安維持法を一緒に成立させる方向に大きく動き出すことになった。

普通選挙法の成立

加藤内閣は、与党三派と連絡を取りながら普選法案の作成を進め、一九二四年一二月一二日に法案の閣議決定を行った。臨時法制審議会の最終答申に沿った納税要件の無条件撤廃、選挙方法の改正に加えて、華族の戸主への被選挙権付与、中選挙区制の採用を新たに決定したのが特徴的であった。この間、加藤首相や若槻内相は、普選は無条件即行とすることを繰り返し議会や新聞談話で明言していた(321)。加藤は、下から世論を盛り上げて貴族院や枢密院と対決する気はなかったが、無条件普選に対するかたくなな姿勢を明言することで、政府の覚悟を各方面に示したのである。

政府案はさっそく枢密院に諮詢され、一二月一八日に金子堅太郎を委員長とする審査委員会が組織された。当時の枢密院は、浜尾新議長(元東京帝国大学総長、教育家)、一木喜徳郎副議長(東京帝国大学名誉教授、憲法学者)という布陣であった。浜尾は、調整能力に長けた独特の人格者で、大学事情に詳しい三宅雪嶺は「長者の風を備え、何人とも衝突せず事を穏やかに運ぶことが出来る」と評している(322)。浜尾は、加藤が東京開成学校在学中に寄宿舎監、東京大学在学中には同大副総理として加藤を指導しており、一八九三年以来毎年行われた浜尾を囲む卒業生の会合「五二会」に加藤はよく出席していた。浜尾は教え子である加藤の首相就任を喜んでいたようで、加藤内閣の政権運営に非常に協力的であった(323)。また一木は元山県系官僚で、政見が必ずしも憲政会と一致する訳ではなかったが、第二次大隈内閣で文相、内相を歴任するなど憲政会に近く、その後も山県有朋から「大隈側」と見られていた(324)。松本剛吉は加藤が最も信用する五人のうちに一木を挙げていた(325)。一木は、実弟の岡田良平文相とも連絡を取りながら、加藤内閣に積極的に協力した。

枢密院の審査委員会は、一二月二七日に開始した。政府は、全力で審査委員の説得に努めた。例えば、倉富勇三郎顧問官(審査委員)の許には若槻内相と塚本法制局長官が訪れ、政府案への了解を求めた(326)。ただし政府は示威的な姿勢を取ることはなく、本会議に至るまで努めて穏健な態度に終始した(327)。これに対して金子審査委員長は、二院制の趣旨、伊藤博文の制憲意図に反するとして、政府案に盛り込まれていた華族の戸主への被選挙権付与の条項を削除する中心に立ったが(328)、基本的には普選法案を通過させる方向で審査委員会の議事を進めた。九人の審査委員の中では、倉富、富井政章、平沼騏一郎、江木千之が比較的政府に宥和的な姿勢を取ることが多かった(329)。また一木副議長は、審査委員ではなかったにも関わらず、委員会中にしばしば政府と連絡を取り、遅れがちな議事が早くまとまるように努力していた(330)。審査中に最も大きな問題となったのは選挙権の欠格条項であったが、加藤、若槻、浜尾、一木の相談によって、公的な扶助を受けるもののみを欠格者とする「公私の救恤を受くる者」という文言に落ち着いた。二月一六日に審査報告が出され、二〇日の本会議ではそれは可決されたが、本会議では穂積顧問官が政府を積極的に支援する発言を行った。こうしてようやく政府案が完成した時、既に第五〇議会は会期の半ばを過ぎていた。

枢密院の修正を受けた政府案は、さっそく翌二一日に衆議院に提出された。加藤にとって痛手だったのは、二月二日に政友会との連携の要である横田法相が死去していたことである。横田死後の政友会は、普選法案の不成立による倒閣を策したため、法案が三月二日に衆議院を通過するまでの間に、与党間で大きな紛糾が起こった。この間加藤は進んで調停に努め、政友会の野田副総裁を自ら訪問するなどして妥協案をまとめた(331)。貴族院では、欠格条項を拡大する修正案を可決したため、議論は両院協議会にまでもつれこみ、会期は実に二度にわたって延長される事態となった。最終的に欠格条項は、政友会の岡崎邦輔が独断で提案した「貧困に依り生活の為公私の救助を受け又は扶助を受くる者」という文言に決定し、言葉の上で貴族院の面子を立てつつ、欠格者をできるだけ限定しようという政府案の趣旨(例えば学生は欠格者に含まれない)が活かされた形で落着した。倒閣を狙っていた政友会の小泉策太郎は、普選法成立の当日の日記に「大機去る、浩嘆」と記した(332)。

こうして加藤内閣は、憲政会の主張であった無条件即行を柱とする普選法の成立に辛うじて成功した。加藤・憲政会は、既に原内閣時に党を割るほどの議論を行っており、若槻内相が法案通過後に親友に「特に反対の論者は(中略—筆者註)二男三男の如く家族選挙権を与ふるを以て国家に有害なるが如く誇張したるは其真意誠に解し難く、此の如き理由なき反対の前に屈することは良心の許さざるものに有之候」と語った通り(333)、この大原則を譲るつもりはなかった。このようなかたくなな姿勢が、普選法案を成立に導いたのである。もっとも、二度の会期延長を余儀なくされるなど、加藤内閣の議会運営に不手際が多かったのは事実である。とりわけ加藤・憲政会は、従来あまりつながりを有していない貴族院対策の点では、比較的無策であった。そのため西園寺は、第五〇議会が開催されると、しきりに亡き原のことを追憶して加藤の無策を嘆いた(334)。そして、研究会の近衛や松本剛吉を使って、内閣の貴族院対策を支援した(335)。徳川家達貴族院議長は、三一年間の貴族院生活の中でこのような経験は初めてだとさえ語った(336)。こうしてみると、普選法は加藤・憲政会の姿勢によるだけではなく、政界最上層部が普選実現で一致する中で辛うじて成立に漕ぎ着けたというべきであろう。

この間、新聞紙上ではしばしば解散近しという報道がなされた。加藤も、組閣時や第五一議会前に解散を考慮していたことを考えると、普選法案否決の際の衆議院解散を覚悟していたと思われるが(337)、体力的な問題もあってできるだけ解散は避けたかったし、実際に解散の覚悟を貴族院に対して示すこともなかった。加藤は、腹心の若槻にさえ解散の意思は洩らさなかったという(338)。安達や江木も、党人派の院外運動をなるべく鎮静化しようとしていた(339)。ただし加藤は、しばしば議会答弁で持ち前の剛直さを示して貴族院の不評を買ってしまうことがあり、徳富蘇峰は新聞紙上で、「自己の態度、若しくは常癖にて、他の反対の気焔を煽揚するが如きは、如何にも政治家として、不覚悟の至りではない乎」、普選実現と貴族院改革のために「貴族院に於ける悪感情の挑発」を止めよ、と忠告した(340)。この記事を見た加藤の娘の岡部悦子は、いたたまれずに父に書翰を送った。そして、蘇峰の所論は元来必ずしも当を得ている訳ではないが、この意見は実に公平で意を尽くした「同情ある味方の苦言」なので熟考して欲しい、そうすれば「御事績、御徳望の上に更に光輝を加え」ることになるでしょうと訴えた(341)。悦子は、加藤が普選の根本方針をかたくなに守り、その実現のために表面上低姿勢に徹しようとしながらも、時に敵対勢力の妨害に遭うと感情を抑えきれなくなり、強い態度に出てしまうのを、痛いほど分かっていたのであろう。加藤もこの忠告には耳を傾けたものと思われる。

なお、普選法案の審議の際、院の内外では各種の騒ぎが起こっていた。院内では何度か負傷者を出すほどの暴力沙汰が起きていたし、院外では普選反対の国粋主義者による加藤首相の暗殺未遂事件が起きていた(第七章第二節)。一木枢密院副議長邸に抜刀した暴漢が侵入するという事件も起きたし(342)、倉富枢密顧問官邸にも頻繁に国粋主義団体や普選反対論者が訪れたため、枢密院本会議の前後には倉富邸は特別に警察から警護されていた(343)。これは、来るべき普選の実施を考えれば、決して明るいニュースではなかった。このような騒然とした情勢を考えてみても、加藤は普選の実施を必ずしも楽観していた訳ではないのではないだろうか。加藤はこの後もあらゆる機会に、普選実施の機は熟している、社会不安をもたらす心配はないということを繰り返し述べるし、普選法の成立を目指す気持ちにはいささかも揺るぎはなかったのであるが、実際の状況を想像してみれば、依然「暗闇への跳躍」という気持ちが続いていたのではないだろうか。

中選挙区制の導入

普選と同時に、臨時法制審議会時代に決定していた立候補制、供託金制度、不在者投票制度の導入や選挙運動の取り締まりも導入された[344]。かつて加藤が本人不承諾のまま代議士に当選し、紛糾に巻き込まれたことは既述したが（第二章第一節）、立候補制と供託金制度の導入は、このような奇妙な事態を予防する効果を持っていた（もっとも、加藤内閣が立候補には本人の承諾が必ず必要という原案を作成したのに対し、枢密院が本人の承諾なしに候補者を推薦することも可能にする修正を行ったため、形の上では純粋な立候補制になった訳ではなかった）[345]。また、臨時法制審議会では可決に至らなかった選挙費用の上限の法定についても、法案に盛り込まれることとなり、この時同時に実現された。加藤首相、若槻内相共に議会で選挙費用の高騰に対する強い危機感を表明しており[346]、法定は内閣の意向によるものらしい。選挙費用の上限は、選挙区内の議員定数と有権者数に比例して法定されることとなり、全国の選挙区の平均は約一万二〇〇〇円となった（最高は東京六区の約一万七〇〇〇円、最少は佐賀一区の約八〇〇〇円）[347]。第一五回総選挙で当選に要した費用の相場が三万円だったことを考えると（本章第一節）、かなり低めの設定だったと言える。

選挙区制については、長年の主唱者であった安達謙蔵（三派普選委員会の会長格）の主導により、中選挙区制の導入が決定された。政府の議会での説明では、大小選挙区制の長所を取り短所を除き、比例代表に近い効果があることが強調されたが、選挙費用の増大傾向を小選挙区制が助長させたという認識の下で、綱紀粛正のために腐敗選挙を矯正するという狙いが込められていたことも重要である[348]。中選挙区制導入は、前に触れた選挙費用や運動方法の制限と結びついたものだったのである。また政府は、選挙区制と政党制（二大政党制か多党制か）との関係について意図を明かすことはなかったが、これについては与党三派の地盤維持という意図があったことが既に指摘されている[349]。もっとも、三派のというより憲政会の党勢維持という意図も重要である。憲政会は、政本合同が実現することを終始非常に恐れており[350]、小選挙区制を維持する考えはなかった。二大政党の一翼を目指すためには、「弱者」である自党が大負けしない選挙制度というのが理想だったのである。

ところで、イギリスの政党政治に詳しい緒方竹虎(大阪朝日新聞社政治部長)は、中選挙区制は多党化を招いて政局を不安定にするとして、小選挙区制を主張していた[351]。また政友本党は、第五〇議会で小選挙区制維持によって二大政党制を樹立することを主張し[352]、この後も田中内閣や民政党脱党後の床次竹二郎は、二大政党制樹立のためと称して小選挙区制を主張した[353]。政友会や政友本党の小選挙区制論は、政本合同(および政友会と床次の率いた新政倶楽部の合同)によって「大政友会」の復活を目論んだ主張であった。これは、中選挙区制導入時に憲政会が恐れていた事態であり、憲政会がそれを阻むために中選挙区制を主張したのは当然であった。しかし長期的に見た場合、緒方の主張はもっともであって、以前に吉野作造も同じ主張をしていたことは既に見たとおりである(第五章第二節)。加藤も陸奥宗光の下で、イギリスでは小選挙区制が最善と考えられていることを学んでいたはずであるし(第一章第一節)、小選挙区制下で行われた第一五回総選挙では、憲政会はむしろその受益者であった[354]。加藤は、憲政会が政友会に対抗するだけの実力を有していれば、小選挙区制を導入しようとは考えなかったのだろうか。

この答えは、詳しい史料が残されていないため何とも言えないが、おそらく答えは否である。以後の憲政会・民政党で、小選挙区制を導入しようという議論はほとんど見られなかった。むしろ表向きの発言には、多党化を「世界の趨勢」と見なし、それに合わせた選挙制度を作るべきだというものが多い。安達は、比例代表制は世界的にもまだ試験中だとし、即時の導入は否定したが、中選挙区制には比例代表的な意味があるとし、将来的な移行には含みを持たせていた[355]。江木は、安達より積極的に比例代表制導入を提唱し、イギリスにおいては二大政党制と小選挙区制が結びついているという議論を否定すると共に[356]、今後、イギリスでは多党化時代が続くという観測を示していた[357]。これらは、臨時法制審議会で示された美濃部、小野塚の主張にも通じる。吉野作造も、この頃には小選挙区制論を唱えず、むしろ中選挙区制を「実際上の便否」という観点から「機宜を得たるもの」と評価するようになっていた[358]。ただし、二大政党の一翼となることを目指している憲政会幹部が、多党化を本当に歓迎していたかは疑問である。実際に多党化傾向を進めようとしたのであれば、大選挙区制にし、比例代表制の実現にもっと熱心に取り組んだはずであり、憲政会幹部は、比例代表や少数党（これにはやがて生まれるはずの無産政党も含まれる）の尊重を求める声にあくまで部分的に応じていただけだと考えられる。すなわち、加藤・憲政会は、中選挙区制という折衷的な選挙制度を導入することによって、比例代表制の導入や多党化の趨勢に従うことを求める圧力に部分的に応えつつも、基本的には二大政党が議会の主力を占めていくという体制を維持、発展しようとしていたと見るべきである。かつて前身の同志会時代には、大隈内閣時に大選挙区制の下で与野党逆転を実現した実績もあり、「中選挙区制下での二大政党制」は可能だと考えていたのであろう。実際これ以降、中選挙区制の下で二大政党制が継続していくことになる。

衆議院議長の党籍離脱

普通選挙法審議の過程では、思わぬ副産物も生まれた。衆議院議長が党籍離脱する慣行が成立したのである。第五〇議会では、護憲三派と政友本党が対立感情をむき出しにし、院内で暴行事件が頻発した。一月三〇日、政友本党所属代議士数名が、加藤首相の答弁を強く要求して議長席に駆け上り、守衛などと乱闘騒ぎを起こした(359)。二月三日には、猪野毛利栄議員（無所属だが政友本党に近い）の発言が不穏当だとして、粕谷義三議長が数度の注意の後で退場を命じたところ、これを阻止しようとした政友本党の議員と憲政会、政友会の議員、守衛の間で大乱闘が起き、猪野毛が全治八日間、守衛三名が全治数週間の負傷をした(360)。暴行に加わった議員のうち、政友本党所属議員は登院停止二週間の処分を受けたが、政友会、憲政会所属議員の処分は行われなかったため、政友本党はこれらの処分が不公平だとして議場整理に不満を募らせた(361)。その後、三月二日（普通選挙法が衆議院を通過した日）にも、政友本党所属議員の演説中に乱闘騒ぎが起きた(362)。

このように議事が荒れる中で、議場における議長との交渉は、各会派の代表三名が衆議院書記官長を通じて行うという取り決めがなされた(363)。また与党三派は、議院規則を改正して議事取り締まりを強化すると共に、公平な議事運営を保障するため、議長と副議長を所属政党から離脱させる必要について話し合いを進めた(364)。実はこれらの問題は、原内閣の下で議会における政策論争が活性化し、それに伴い議場での紛糾事件が増加する中で、既に実現の必要性が認識され始めていた。議場の秩序回復については、尾崎行雄が盛んにその必要性を論じ(365)、第五〇議会中には議長に対して前例のない質問書まで提出した(366)。議長の党籍離脱については、既に前年から革新倶楽部も主張しており、第四六議会に「議長及副議長の党籍に関する決議案」を提出して趣旨説明を行った小橋藻三衛議員（革新倶楽部）は、イギリスに倣って議長は党籍を離脱すべきであると論じていた(367)。

三派間の話し合いは、憲政会の安達謙蔵と政友会の岡崎邦輔が中心になってまとめた(368)。安達、岡崎は三月七日に政友本党の元田肇と会見して、議事運営の改善のため議長、副議長の党籍離脱という新例を開くことを提案した(369)。これに対して政友本党では、議長、副議長の不信任決議提出で応じるべしという主戦論が一部で唱えられたが(370)、最終的には与党三派の提案を受け容れ、三月一四日に与野党四派が一致して、議長、副議長の党籍離脱と議院規則改正を申し合わせた(371)。粕谷議長、小泉又次郎副議長は、三月二四日にそれぞれの党籍離脱の届け出を行った。また同日、衆議院規則の全面改正案が全会一致で可決され、仮議長の選出手続き、議案及び動議撤回に関する規定、質疑の終局に関する規定などを新たに設けると共に、懲罰の範囲を拡げ（本会議、委員会、部会の他、議院構内で発生した事犯にも適用可能とした）、懲罰動議の提出期限を延ばし（散会後でも可能とした）、議長の許可によって、傍聴人の身体検査を可能とした。全体として、議事運営の蓄積を踏まえ、新たに必要な条項を新設したのが特徴であった。この改正は、一八九〇年の制定以来最も大きな改正であった(372)。もっとも尾崎はこの解決に不満で、粕谷議長を弾劾する大演説を行い、与党の憤激を買った(373)。

この過程で加藤が果たした役割については不明であるが、安達に対して基本的な了解は与えていたものと推測される。加藤はイギリス在勤時代に議会を見聞し、イギリスの下院議長（Speaker）の役割についてよく知っていた。加藤は一九一二年執筆の論説「滞英偶感」の中で、イギリスの下院議長は通常多数党から選ばれるが、いったん議長に選挙された以上は所属会派の盛衰消長に関係なく在任し続けること、議長は党派外に超然として公平無私の態度を取ること、総選挙の際には議長に対する敬意を表すためその選挙区には候補者を立てず、無投票で再選させるのが通例であることなどを指摘し、ローズベリー(5th Earl of Rosebery)内閣時に選出されて以来一〇年間在任し続けた自由党出身のガーレー(William Gully)議長の実例を紹介している[374]。加藤は末尾で「此点は我が国に於ても大に注意すべきことならんと信ず」と述べており、イギリスに倣った党籍離脱の慣行成立を歓迎したものと思われる。この慣行は、犬養内閣期の第六一議会(一九三二年三月)で破られるまで、ほぼ二大政党制の時期を通じて存続することになる[375]。

貴族院改革と治安維持法

加藤内閣は、普選の実現と政権基盤の安定化を優先したため、貴族院改革については、有爵議員の数的優位性の打破、学士院議員の新設など、比較的微温的な内容に留めた[376]。加藤は第五〇議会後も、護憲三派の決裂を見越して、さらなる貴族院改革には当面着手しない方針であった[377]。他方で第五〇議会まで貴族院改革を高唱していた政友会も、以後それをあまり主張しなくなったため、政党内閣期にはこれ以上の貴族院改革が行われることはなかった。

治安維持法は、普選通過のために内閣が払った代償の最たるものだった。憲政会は過去に過激社会運動取締法案に反対していたが、加藤や若槻も何らかの治安立法の必要性は認めており[378]、憲政会は第二次山本内閣の下で出された治安維持令には賛成した。普選と同時に治安維持法を制定することが既定路線となる中で、加藤・憲政会は看板政策である普選通過を優先して、枢密院や官僚側に妥協したのである。治安維持法には貴衆両院に少数ながら強い反対論があったことが知られているが、その動きはそれほど大きなものとはならなかった[379]。もっとも院外では大きな騒ぎも起きており、暴漢が首相邸、内相邸などに悪法反対の決議を突きつけるため押しかけていた[380]。

ちなみに、衆議院本会議では一八名、貴族院本会議では一名が治安維持法に反対した。衆議院の反対派の中心の一人が、尾崎行雄であった。尾崎は憲政会を脱党して以来、革新俱楽部に所属してきたが、犬養らと連携して動くことはなく、院内ではほとんど孤立していた。加藤内閣の存続は一応支持していたが、「今の政治は猿芝居」「加藤に何が出来ます、浜口に何が出来ます、それを的〔あて―筆者註〕にする国民も国民です」などと絶望を口にすることも多かった(381)。この後も尾崎は、新正倶楽部（一九二五年六月結成）、第一控室会（一九二八年七月結成）、第一控室（一九三〇年四月結成）などの小会派を渡り歩いていくことになる。貴族院では、野党時代から加藤・憲政会をしばしば後援し、内閣成立後も加藤や近衛と連絡を取って政権運営に協力していた徳川義親（旧尾張藩主家当主）が反対にまわった(382)。徳川はこの後既成政党に批判的になっていき、後には三月事件の後援者として政党政治を破壊する側にまわることになる(383)。

治安維持法に込められた反共という意図は、加藤・憲政会も積極的に肯定した。加藤は共産主義や社会主義を嫌悪していたし、若槻や安達も無産政党の動向に好意を持っていなかった(384)。それ故、加藤内閣は一九二五年一二月に、農民労働党に結党禁止命令を出しているし(385)、治安維持法が内地において初適用された学連事件（一九二六年一月）に際して、加藤首相や若槻内相が強く反対した形跡はない(386)。もっとも、加藤は第五〇議会後の司法官招待会の場で、治安維持法の運用を念頭に置きながら、「徒に峻厳威烈にして民衆をして司直の府を唯懼れ唯憚からしめ之に親しみ之に近づくを難ぜしめる」のは司法の役割に非ず、「司法の威信」を保持するだけではなく一般民衆に「司法に対する親愛」を抱かせるように努力すべしと演説している(387)。加藤は、駐英大使時代に大逆事件の国際的波紋を目の当たりにし、イギリスの社会主義への対処を見習うべきだと論じたことがあり（第二章第二節）、結果として治安維持法が生み出すことになる諸種の運動に対する過度な取り締まりは想定していなかった。第二次加藤内閣で法相に転じた江木が、治安維持法案策定の中心人物だった山岡万之助司法省刑事局長を休職に追い込むこと(388)、民政党が後に田中内閣の治安維持法改正に反対し、治安立法をさらに強化する動きを見せなかったことも、加藤のこの考えに通じていると評価できよう。

(1)　松尾尊兊『普通選挙制度成立史の研究』（岩波書店、一九八九年）二七八～二八五頁。松尾氏は、この新党運動への同調者が憲政会内で大勢であったかのような評価をしているが（二八二頁）、以下本文で述べるように、加藤・最高幹部の一貫した反対、参加代議士数、新党創立の条件を考慮すると、党内の大勢とは言えない。

(2)　『東朝』一九二三年一二月八日。

(3)『東日』一九二三年一〇月四日夕刊(浜口雄幸談)、一八日、二〇日(江木翼談)、二二日(安達謙蔵談)。

(4)同右、一九二三年一一月二二日、二三日、二五日、一二月一日、二日。この幹部会は、合同に理解を示した仙石に対する説得のためであったのかも知れない。

(5)同右、一九二三年九月一日、一二月五日。

(6)湊邦三編『早速整爾』(早速千代野、一九三二年)付録二～三頁(安達謙蔵談)、一六～二一頁(三木武吉談)。

(7)一九二三年(推定)九月七日付山田謙次宛永井柳太郎書翰(「諸家文書」早稲田大学図書館特別資料室所蔵)、『大朝』同年一一月二六日(永井柳太郎談)。

(8)『東日』一九二三年一二月三日、五日、『古風庵回顧録』二四九頁、『加藤高明』下巻、四四七～四四八頁。

(9)『大朝』一九二三年一二月三日(大石正巳談)、「望月小太郎手帳」の大正一二年一二月二〇日総裁邸私見(「望月小太郎文書」国立国会図書館憲政資料室所蔵)。

(10)『大朝』一九二三年一二月三日(犬養毅談)。

(11)無用居士「政界夜話」(『太陽』三〇巻一〇号、一九二四年八月)、『東日』一九二四年八月一日(大石正巳談)、四日、一九二五年四月二日(同談)。

(12)『東日』一九二三年一二月二四日。

(13)「第二護憲運動秘史」(横山勝太郎編『憲政会史』憲政会史編纂所、一九二六年)。この資料は、運動を仲介した岡崎久次郎(憲政会元代議士、日米商会社長)の記憶に基づき樋口秀雄(憲政会代議士)が執筆したもので、交渉を担当した安達謙蔵、岡崎邦輔が共に記述内容を認めていることから、信頼できる(日米商会編『裸一貫より光之村へ』一九三四年、日米商会、一～三頁、五三～五五頁、附録)。

(14)この他、一月からは下岡忠治や党人派の降旗元太郎(小泉策太郎と旧友)らも政友会の横田千之助や小泉策太郎らと接触を行ったが(『東日』一九二四年一月九日、小泉策太郎『懐往時談』中央公論社、一九三五年、七二～一一五頁、『降旗徳弥回想録――井戸塀二代』「井戸塀二代」刊行会、一九九一年、一〇六～一一五頁)、加藤、安達と岡崎による交渉の方が先行し、主軸であった。

(15)一九二四年一月二一日憲政会大会における加藤高明演説(『憲政』七巻二号、同年二月)。

(16)「小精盧日誌」(市島謙吉の日記)一九二四年一月一日(「市島春城資料」早稲田大学図書館特別資料室所蔵)。

(17)清浦内閣の成立については、西尾林太郎『大正デモクラシーの時代と貴族院』(成文堂、二〇〇五年)第九章、清水唯一朗「清浦内閣の一考察――貴族院の政治対立」(『政治学研究』二九号、一九九九年三月)を参照。

(18) 伊藤之雄『大正デモクラシーと政党政治』(山川出版社、一九八七年)一五九～一六三頁。以下、政友会の動きに関して特に註記のないものは、同書ならびに同「第一次大戦と戦後日本の形成――立憲政友会の動向――」(『法学論叢』一四〇巻三・四号、一九九七年一月)に基づく。

(19) 三浦梧楼『明治反骨中将一代記』(芙蓉書房、一九八一年)三九一～四〇一頁。

(20) 同右、古島一雄『一老政治家の回想』(中公文庫、一九七五年、原著は中央公論社、一九五一年)一九六～一九八頁、『東日』一九二四年四月一三日(安達謙蔵談)。

(21) 一九二四年一月三〇日憲政擁護関西大会における加藤高明演説(『東日』同年一月三一日)。

(22) 『大朝』一九二四年三月一六日(中橋徳五郎談)。

(23) 安達謙蔵「総選挙と三大要点」(『憲政』七巻二号、一九二四年二月)。

(24) 一九二四年二月二九日付木下賢太郎宛犬養毅書翰(鷲尾義直編『犬養木堂書簡集』人文閣、一九四〇年)。

(25) 『東日』一九二四年二月四日(加藤高明談)。

(26) 『大毎』一九二四年四月五日(加藤高明談)。

(27) 川人貞史『日本の政党政治　一八九〇―一九三七年　議会分析と選挙の数量分析』(東京大学出版会、一九九二年)二二〇～二二六頁。

(28) 『憲政』七巻三号(一九二四年三月)五八～六〇頁、同七巻四号(同年四月)五七～五九頁、『政友』二八〇号(一九二四年六月)七～九頁、「粕谷義三日記」一九二四年三～五月(入間市博物館所蔵)。

(29) 「選挙の方法に関する調査資料　衆議院議員選挙法調査会」(「穂積陳重文庫」筑波大学図書館所蔵)八〇～八四頁。この資料は、一九二三年の臨時法制審議会で利用されたものと推定される。同様に内務省警保局の調査に基づいた久慈学(内務事務官)述『選挙運動の費用と其制限』(警察講習所学友会、一九二七年)も、第一一～一四回総選挙の候補者一人当たりの平均選挙運動費として、それぞれ八一五八円、八四九四円、二万四二四八円というほぼ同額を挙げている(三頁)。

(30) この一万円という額は雑誌でも指摘されており、信頼に足ると思われる(城西逸人「当世選挙費物語」『太陽』三〇巻五号、一九二四年五月)。現代の貨幣価値への換算は、第四章の註(185)と同様の試算に基づく。

(31) 「小泉策太郎日記」一九二四年一二月二八日(推定)(「小泉策太郎文書」R一、国立国会図書館憲政資料室寄託)。小泉の一九二四年の日記はノートに乱雑に書かれたメモ的なもので、日付がないか、あってもその日に書かれたとは限らないと思われるので、推定日付はおおよその目安である。原が政友会に残した金は、原の遺書によれば八二万五千円(公債三二万五千円、現金五〇万円)

であるが（『原敬日記』第六巻、一九二頁）、高橋は、この金の利子によって党費を支弁していたと語っていることから、利子によって八四万円に増額したものと考えられ、この額は信頼できる。

(32)「小泉策太郎日記」一九二四年五月（推定）。

(33)総選挙後にこのことが明るみに出たが、安広伴一郎満鉄社長や川村の伝記が認めていることから、確実な事実であろう（『東日』一九二四年九月二二日、二五日（いずれも安広伴一郎談）、新山虎二『肚の人・川村竹治』萬里閣書房、一九二九年）。加藤内閣はこれを問題視したが、機密費の性格上使途に制限はないことと政治的な影響を考えて、司法上の問題とはしなかった。なおこの後も機密費は与党の政治資金として国内に環流していたようで、飯沢匡は父伊沢多喜男（台湾総督）の機密費が給料の何十倍という巨額に上り、伊沢がこれを「せっせと中央に送っていたのだろう」と推測している（飯沢匡「総理大臣の月給」週刊朝日編『値段の明治大正昭和風俗史』朝日新聞社、一九八一年）。これこそが、政党が政権につくたびに、植民地高官や満鉄など政府関連組織の幹部を異動した一つの大きな理由であった。

(34)前掲、久慈学述『選挙運動の費用と其制限』三〜四頁。

(35)「小泉策太郎日記」一九二四年五月（推定）、前掲、城西逸人「当世選挙費物語」。

(36)「小精廬日記」（市島謙吉の日記）一九二四年三月二一日、四月二九〜三〇日。

(37)『上田貞次郎日記　大正八年―昭和十五年』（慶応通信、一九六三年）九一〜九二頁（一九二四年六月八日記）。現代の貨幣価値への換算は、第四章の註(185)と同様の試算に基づく。

(38)「小泉策太郎日記」一九二四年五月（推定）。

(39)伊沢多喜男「総選挙の実地を視察して」（『地方行政』三二巻六号、一九二四年六月）、上山満之進「護憲運動の正しき意義」（『東日』一九二四年二月二八日〜三月六日）、『東朝』一九二四年二月一日（菅原通敬談）。この動きは、一九二七年の第一六回総選挙時に結成された民政党系の「選挙監視委員会」の源流となる運動として位置づけられる（伊藤隆『昭和初期政治史研究――ロンドン海軍軍縮問題をめぐる諸政治集団の対抗と提携――』東京大学出版会、一九六九年、七〇〜七八頁）。

(40)「石川安次郎日記」（「石川安次郎文書」国立国会図書館憲政資料室寄託）一九二四年四月三日。

(41)加藤は、雨潤会（陸奥広吉が実弟古河潤吉を記念して設立した社会事業団体）での活動を通して知っている志立に対し、陸奥を通して立候補を働きかけたが、実現はしなかった（一九二四年二月一四日付陸奥広吉宛加藤高明書翰「加藤高明文書」国立国会図書館憲政資料室所蔵、「陸奥広吉日記」一九二四年二月六〜一四日、「自大正六年至大正十一年　雨潤会要録」いずれも陸奥陽之助氏旧蔵）。

(42) 一九二四年三月二八日付陸奥広吉宛加藤高明書翰(「加藤高明文書」)。
(43) 『東日』『大毎』『時事』一九二四年三月〜五月の各記事。
(44) 一九二四年一月二三日三派護憲大懇親会、二五日貴衆両院議員記者連合大懇親会、三〇日憲政擁護関西大会における加藤高明演説(『東日』同年一月二三日、二六日、三一日)。
(45) 永井柳太郎編纂会編『永井柳太郎』(勁草書房、一九五九年)二一九頁。
(46) 一九二四年三月三〇日憲政会栃木支部大会における加藤高明演説(『東日』同年三月三一日)。
(47) 前掲、一九二四年一月二一日憲政会大会における加藤高明演説、『大朝』同年一月三〇日社説。同年二月一日憲政会前代議士会における加藤高明演説(『憲政』二月臨時号)。
(48) 石川安次郎「総選挙所感」(『憲政』七巻六号、一九二四年六月)三六頁。
(49) 一九二四年二月一二日、四月五日付平田東助宛武井守正書翰(「平田東助文書」国立国会図書館憲政資料室所蔵)。
(50) 「桜田会の人々」(『憲政公論』一巻九号〜二巻二号、一九二一年一二月〜一九二二年一月)。
(51) 「石川安次郎日記」一九二二年四月一〇日、二七日、六月九日、一〇月二七日、一九二三年六月一三日、八月二〇日、一二月一八日。『東日』一九二二年六月二六日。
(52) 一九一六年五月一日付坂口仁一郎宛加藤高明書翰(「坂口五峰文書」新潟県立文書館所蔵)、阪口献吉編『五峰餘影』(新潟新聞社、一九二九年)。
(53) 一九二五年(推定)五月一五日付安達謙蔵宛伊沢多喜男書翰(「安達謙蔵文書」国立国会図書館憲政資料室所蔵)。
(54) 一九二五年一〇月一五日付田中義一宛野沢枕城書翰(「田中義一文書」国立国会図書館憲政資料室寄託)。
(55) 前掲、川人貞史『日本の政党政治』二一七頁。政友本党はこれに対抗して、官僚出身候補を大量に擁立した(清水唯一朗「護憲三派内閣における政党と官僚――政党・内閣・官僚関係の『確立』――」(『日本政治研究』三巻一号、二〇〇六年一月)。
(56) もっとも憲政会は、新人候補発掘の争いで政友会に負けることもあった。例えば福岡選挙区では、公認候補として擁立可能だった有馬頼寧を、対応のまずさから取り逃がしている。有馬は野田卯太郎の働きかけにより無所属で出馬し、憲政会系の佐藤孝三郎を破って当選した後、政友会に入党している(有馬頼寧『無雷庵雑記』改造社、一九四〇年、一一六〜一一七頁、坂口二郎『野田大塊伝』野田大塊伝刊行会、一九二九年、七六五〜七六九頁、佐藤孝三郎『高岳自叙伝』佐藤達夫、一九六三年、二二〇〜二二五頁、「倉富勇三郎日記」一九二四年八月二二日「倉富勇三郎文書」国立国会図書館憲政資料室所蔵)。
(57) 前掲、伊藤之雄『大正デモクラシーと政党政治』二〇八頁、前掲、川人貞史『日本の政党政治』二二〇〜二二六頁、小栗勝也「大正

一三年総選挙に見る集団的投票行動」(『選挙研究』一二号、一九九七年)。
(58)前掲、川人貞史『日本の政党政治』一六九～一七五頁。
(59)青森県史編さん近現代部会編『青森県史』資料編・近現代三(青森県、二〇〇四年)一一～一四頁、八〇～八二頁、「新編弘前市史」編纂委員会『新編弘前市史』資料編五(弘前市、二〇〇二年)二～三頁。
(60)『東日』一九二四年三月一〇日夕刊、『東奥日報』同年三月三日、五日、一六日、四月九日、一七～二七日。
(61)『東日』一九二四年八月二九日(安達謙蔵談)。
(62)前掲、『青森県史』資料編・近現代三の解説は、青森県の総選挙の結果は「全国とは対照的な結果であった」と評価しているが(八一頁)、政友会分裂の間隙を縫って憲政会が勢力を伸ばしたという点では、むしろ一つの典型的な事例だと見るべきである。
(63)俵孫一「県民の一致団結を望む」(『島根評論』一巻一号、一九二四年九月)、若槻礼次郎「国力振興の為めに」(『島根評論』一巻二号、一九二四年一〇月)など。
(64)加藤高明「偉大なる世論の力」(『憲政公論』四巻六号、一九二四年六月)。
(65)一九二四年五月二九日憲政会大会における加藤高明演説(『憲政』七巻六号)。
(66)『古風庵回顧録』二五二頁、「若槻談話速記」二三二～二三四頁。
(67)前掲、伊藤之雄『大正デモクラシーと政党政治』一五九～一六〇頁、一六九～一七〇頁、二一二～二一三頁、同『昭和天皇と立憲君主制の崩壊　睦仁・嘉仁から裕仁へ』(名古屋大学出版会、二〇〇五年)四二～五六頁、村井良太『政党内閣制の成立　一九一八～二七年』(有斐閣、二〇〇四年)第三章。
(68)加藤内閣成立直前の政本合同運動については、前掲、伊藤之雄『大正デモクラシーと政党政治』、山本四郎「あやめ会とさつき会」(『日本歴史』二九〇号、一九七二年七月)を参照。
(69)『牧野伸顕日記』一九二四年六月九日。
(70)『古風庵回顧録』二七一～二七二頁。
(71)『加藤高明』下巻、四三一頁、一九二三年四月二五日付河野広中宛加藤高明書翰(筆者所蔵)、一九二三年〔推定〕四月二一日付植村尚清宛加藤高明書翰(植村朋子氏所蔵)。
(72)『東日』一九二三年八月二二日(加藤高明談)。
(73)一九二四年一月三日憲政会前代議士会における加藤高明演説(『東日』同年一月四日)。
(74)『加藤高明』下巻、四六五頁。

(75) 前掲、一九二四年五月二九日憲政会大会における加藤高明演説、安達謙蔵「総選挙に臨む我党の旗幟」(『憲政』七巻三号、一九二四年三月)。
(76) 高橋是清「政治家としての加藤君」(『太陽』三二巻三号、一九二六年三月)六〇頁。
(77) 前掲、一九二四年五月二九日憲政会大会における加藤高明演説、一九二四年七月一日第四九議会における加藤高明施政方針演説(『衆本』四四、八頁)、同年一二月一日憲政会関東大会における加藤高明演説(『憲政』八巻一号)、一九二五年一月二二日第五〇議会における加藤高明施政方針演説(『憲政』八巻二号)。
(78) 加藤高明「綱紀振粛の急務」(『憲政』四巻五号、一九二一年七月)。
(79) 一九二四年四月五日憲政会大阪支部大会における加藤高明演説(『憲政』七巻四号)。
(80) 『東日』一九二四年六月一二日(加藤高明談)、前掲、同年一二月一日憲政会関東大会における加藤高明演説。
(81) 同右、一九二三年一〇月一六日社説、二四日、一九二四年一月一五日。
(82) 松本洋幸氏は、清浦内閣の行財政整理や「国民精神作興」の動きは護憲三派とほとんど変わらず、護憲三派は清浦内閣との「些少な政策的差異を増幅」したに過ぎないと評価しているが、政党側の基本姿勢が正確に捉えられていない(松本洋幸「清浦内閣と第二次護憲運動」『比較社会文化研究』二号、一九九七年一〇月)。
(83) 『東日』一九二三年一一月一二日(山本首相の告諭)。
(84) 前掲、松尾尊兊『普通選挙制度成立史の研究』二三一～三〇五頁。
(85) 前掲、一九二四年四月五日憲政会大阪支部大会における加藤高明演説、「第二護憲運動秘史」(前掲、『憲政会史』二八～二九頁)。
(86) 同右。
(87) 一九二五年三月三一日憲政会議員総会における加藤高明演説(前掲、『憲政会史』七四六頁)。
(88) 『松本剛吉日誌』一九二五年一月二日。
(89) 貴族院改革をめぐる政治過程については、前掲、伊藤之雄『大正デモクラシーと政党政治』一六八～一七七頁、一九五～一九九頁を参照。
(90) 一九二四年一一月二一日全国手形交換所連絡会における加藤高明演説(『憲政』七巻一二号、『東日』同年一一月二二日)、加藤高明「地方行政整理に就いて」(『地方行政』三二巻一〇号、一九二四年一〇月)。
(91) 前掲、安達謙蔵「総選挙に臨む我党の旗幟」、『東日』一九二四年二月二八日。
(92) 前掲、一九二四年四月五日憲政会大阪支部大会における加藤高明演説、同年一二月一七日憲政会幹部招待会における加藤高明報告（『東日』同年一二月一八日）。

(93) 前掲、一九二四年四月五日憲政会大阪支部大会における加藤高明演説。

(94) 前掲、伊藤之雄『大正デモクラシーと政党政治』二四七～二五三頁。

(95) 前掲、一九二四年四月五日憲政会大阪支部大会における加藤高明演説。

(96) 簑原俊洋『排日移民法と日米関係――「埴原書簡」の真相とその「重大なる結果」――』（岩波書店、二〇〇二年）二一八～二二五頁、望月小太郎「挙国一致して国民的世論を作れ」（岡本四郎編『重大なる結果　対米問題研究』民友社、一九二四年五月）。

(97) Eliot to MacDonald, 19 June 1924, FO371/10303.

(98) ibid., Eliot to MacDonald, 10 Apr. 1924, FO371/10303.

(99) 「財部彪日記」一九二四年六月九日（「財部彪文書」国立国会図書館憲政資料室所蔵）。

(100) 「小泉策太郎日記」一九二四年五月二七日。

(101) 同右、一九二四年六月初旬（推定）。小泉は、六月二日の幹部会で、憲政会との交渉の全権を委ねられていた（同右、六月二日）。

(102) 『加藤高明』下巻、四七九頁、『松本剛吉日誌』一九二四年六月九日。なお、加藤が政友会に重要閣僚ポストを渡す約束を反故にしたという「食言」問題があったとも言われるが（『松本剛吉日誌』同前、「財部彪日記」一九二四年六月一八日〔山本権兵衛談〕、『東日』一九二四年六月一一日）、高橋の聞き間違いが原因という情報もあり（『松本剛吉日誌』同前、前掲、古島一雄『一老政治家の回想』二〇二頁）、真相は不明である。

(103) 「横田千之助氏追憶録」一七七頁（「田中義一文書」書類の部四二一）。

(104) 『安達謙蔵自叙伝』（新樹社、一九六〇年）一九五頁、関柢二編『竹堂粕谷義三伝』（竹堂粕谷義三頌徳記念会、一九三四年）二六一～二六二頁。

(105) もっとも加藤は、安達の人事に大いに悩んだ（「安達謙蔵氏談話速記」『政治談話速記録』ゆまに書房、一九九八年、一二二頁）。安達は、内務政務次官ポストを提示されたが就任を断り、党務に専念した後、翌年に犬養毅逓相の後任として入閣した。

(106) 「塚本清治氏の想出譚」（『民政』二巻一一号、一九二八年一一月）、『東日』一九二四年六月一三日。塚本は一九二三年九月～一九二四年一月に内務次官。また帝国経済会議で社会部会の特別委員長を務め、住宅政策の立案に当たった（『東日』一九二四年五月七日）。のち民政党に入党し、浜口内閣で関東長官。

(107) 岡田は加藤友三郎内閣末期から憲政会と連携して動いていた（馬場恒吾『木内重四郎伝』ヘラルド社、一九三七年、三五九頁、『松本剛吉日誌』一九二三年七月一七日、『東日』一九二四年五月一〇日〔岡田良平談〕）。

(108) 前掲、古島一雄『一老政治家の回想』二〇〇、二一五頁。

(109) 田中と上原の対立、清浦内閣の陸相選任問題をはじめとする第一次大戦以降の陸軍をめぐる政治状況については、小林道彦「政党内閣期の政軍関係と中国政策――一九一八～一九二九年――」(九州大学大学院経済学研究院政策評価研究会編著『政策分析二〇〇四』九州大学出版会、二〇〇四年)を参照。

(110) 「小泉策太郎日記」一九二四年五月二七日(推定)。

(111) 「財部彪日記」一九二四年六月九日。

(112) 前掲、小林道彦「政党内閣期の政軍関係と中国政策」一〇〇頁。

(113) 「財部彪日記」一九二四年六月二四日。

(114) 以下財部の海相就任については、小池聖一「大正後期の海軍についての一考察」(『軍事史学』二五巻一号、一九八九年九月)三八～三九頁を参照。引用部は、「財部彪日記」一九二四年六月九日、一三日による。

(115) 一九二〇年代の陸軍が政党政治の発展に順応し、陸相を中心とした軍政部門優位の体制になっていたことについては、森靖夫「近代日本の陸軍統制と満州事変――一九二二～一九三三年――」(一)～(三)(『法学論叢』一五九巻四号、二〇〇六年七月、以下掲載号未定)を参照。もっとも、首相が直接コントロールできたのは陸相と海相までで、陸海軍の次官以下や参謀本部、海軍軍令部のスタッフとは通常ほとんど接点がなかった。倉富勇三郎枢密顧問官は、一九二四年八月の日記に、東京駅で同席した浜口蔵相と岡田文相が、河合操参謀総長の顔を知らず、倉富に名前を尋ねたというエピソードを記している(「倉富勇三郎日記」一九二四年八月三日、三一日)。これは、この時期の内閣と軍令機関がいかに没交渉だったかをよく示している。

(116) 『東日』一九二四年六月九日、『時事』同年六月一〇日、高橋勝浩「出淵勝次日記」(二)一九二四年六月一一日(『国学院大学日本文化研究所紀要』八五輯、二〇〇〇年三月)。なお、憲政会内でも従来からこの両者が有力な外相候補として考えられており、一九二一年八月に行われた党員の投票では、幣原が一位(一四四票)、望月小太郎が二位(一三二票)、石井が三位(一二〇票)となっている(『憲政公論』一巻五号、一九二一年八月)。

(117) 『東日』同年一二月一八日(加藤高明談)。加藤は、同じく岩崎弥太郎の相婿である木内重四郎(貴族院議員)の処遇でも同じ懸念を持っており、護憲運動に際して協力を得たにもかかわらず、朝鮮総督府政務総監などへの就任を望む木内を何の役職にも就けなかった(前掲、馬場恒吾『木内重四郎伝』三五五～三六八頁、「倉富勇三郎日記」一九二四年六月二九日)。実際、加藤内閣には三菱と関係を持つ者が多かったことから、しばしば「三菱内閣」と揶揄された(前掲、無用居士「政界夜話」、樹下石上人「近代政治の背後に隠れた三菱の政治運動」『太陽』三〇巻一二号、一九二四年一〇月)。

(118) 前掲、西田敏宏「東アジアの国際秩序と幣原外交――一九二四～一九二七年――」(一)(『法学論叢』一四七巻二号、二〇〇〇年五月)五六頁。

(119) Eliot to MacDonald, 11 June 1924, FO371/10303.

(120) 『東日』一九二四年六月一一日(山本達雄談)。

(121) 「田健治郎日記」一九二四年六月一二日(「田健治郎文書」国立国会図書館憲政資料室所蔵)。

(122) *The Times*, 15 May, 1924.

(123) Eliot to MacDonald, 21 Mar. 1924, 10 Apr. 1924, FO371/10303.

(124) Eliot to MacDonald, 16 May 1924, 19 June 1924, FO371/10303.

(125) Eliot to MacDonald, 11 June 1924, FO371/10303.

(126) Eliot to MacDonald, 19 June 1924, FO371/10303. エリオットは生前の原のことも高く評価しており、決して加藤一辺倒の評価をしていた訳ではない(Eliot to Curzon, 17 Nov.1921, FO371/6709)。エリオットの加藤内閣期の日本政治に対する観察については、拙稿「チャールズ・エリオットと第一次大戦後の日本政治――一九一八～一九二六年――」(『法学論叢』一五八巻五・六号、二〇〇六年三月)第三章を参照。

(127) 原田熊雄『陶庵公清話』(岩波書店、一九四三年)一六三～一六四頁。

(128) 西園寺は、牧野宮相(のち内大臣)との連絡や西園寺家の家政に関わる事柄には専ら中川を用い、護憲三派の決裂の際には、中川にいち早く伝えた加藤首相の会見内容を松本には伝えないなど、松本より中川の方を信用していた(『牧野伸顕日記』一九二五年七月二二日、『松本剛吉日誌』同年七月二五日、勝田節子『暖流――先考中川小十郎書簡より――』勝田節子、一九九〇年、三四頁)。加藤もそれを理解していたものと思われ、加藤内閣の下で貴族院議員に勅選されたのは、それを熱望していた松本ではなく中川であった(第七章第二節)。もっとも、中川の活動の実態は、詳しい史料が残されていないため不明である。中川の経歴は、「中川小十郎先生の経歴」(『立命館・中川小十郎研究会会報』一〇号、一九八三年九月、一一号、一九八五年九月)に詳しい。

(129) 『松本剛吉日誌』一九二四年一一月二五日、二六日、一二月九日。

(130) 「財部彪日記」一九二四年六月二〇日。

(131) 近衛文麿伝記編纂刊行会『近衛文麿』上巻(弘文堂、一九五二年)一二七～一三一頁、『時事』一九二四年六月一四日(近衛文麿談)。

(132) 近衛文麿『清談録』(千倉書房、一九三六年)二〇頁。近衛は、加藤の伝記が出版され新聞にその広告が掲載された際には、読者に対する推薦人となり、コメントを寄せている(『東朝』一九二九年六月二七日広告)。

(133)『東日』一九二四年七月三〇日夕刊(加藤高明談)。

(134)『松本剛吉日誌』一九二五年六月二一日、一一月一六日、『牧野伸顕日記』同年五月七日、一九二五(目録の一九二九は誤り)年四月五日付田中義一宛松本剛吉書翰(「田中義一文書」)。政友会の野田卯太郎や小泉策太郎も、西園寺を頻繁に訪問して政友会に有利な状況を作り出そうとしていた(「小泉策太郎日記」一九二四年二月六日、六月四日、一九二五年一月二五日、二月一二日、三月九日、五月二三日、七月一四日、七月三一日、一〇月一二日、「野田卯太郎日記」一九二四年六月二六日、八月二日、一〇月七日、一七日、二七日、一一月七日、一八日、一九二五年一月二日、三月八日、五月一九日、二四日など「野田卯太郎文書」国立国会図書館憲政資料室寄託)。興津への西園寺邸の訪問者リスト(警備詰所が保管していたもので、興津への主要訪問者を網羅していると思われるもの)を見ても、憲政会系の政治家があまり西園寺を訪問していないことが明らかである。例えば、一九二四〜二五年の各党の最高幹部を比べてみると、加藤四回、若槻四回、安達・浜口・江木〇回、高橋〇回、田中九回、横田二回、野田九回、小泉九回、床次六回、山本達雄五回、中橋徳五郎六回である(小泉は最高幹部ではないが、高橋、横田の代理と理解する)。

(135)『松本剛吉日誌』一九二五年三月一四日。

(136)前掲、原田熊雄『陶庵公清話』三三頁。

(137)斎藤実朝鮮総督は、政務総監に同郷の菅原通敬貴族院議員を望んだが、加藤はこれを退けて下岡を就けたらしい。下岡の選任は、政党勢力の扶植という意図と共に、しばしば加藤と対立してきた下岡を体よく国外に追い出すという意図もあったように思われる。下岡は、内相就任さえ噂されたこともあって、この人事に強い不満を持ち(「倉富勇三郎日記」一九二四年七月八日)、以後松本剛吉ら党外との接触を積極的に進め(『松本剛吉日誌』一九二五年一一月二二日)、加藤内閣の倒閣の機会さえ窺っていたという(一九二四年八月三日付斎藤実宛枛内曽次郎書翰「斎藤実文書」国立国会図書館憲政資料室所蔵)。一九二五年に下岡が急逝していなければ、憲政会に内紛が起きていた可能性もある。

(138)早稲田大学の校友一同は、市島謙吉や高田早苗の了解の下で、早速の入閣を加藤に請願していた(「小精盧日誌」(市島謙吉の日記)一九二四年六月六日、八日)。

(139)加藤は当初、平田内大臣に台湾総督更迭の意志がないと語っていたが、内田嘉吉総督本人に辞表提出を要望し、九月に伊沢の就任となった(「田健治郎日記」一九二四年六月一二日、七月二三日、九月一日、三日)。伊沢は就任早々大規模な人事を行い、台湾総督府を掌握していった(加藤聖文「植民地統治における官僚人事——伊沢多喜男と植民地——」大西比呂志編『伊沢多喜男と近代日本』芙蓉書房出版、二〇〇三年)。

(140)『東日』一九二四年六月一四日、二五日。

(141)前掲、「塚本清治氏の想出譚」、『東日』一九二四年六月一三日、八月三日、『川崎卓吉』(川崎卓吉伝記編纂会、一九六一年)二二一頁、伊沢多喜男文書研究会編『伊沢多喜男文書』(芙蓉書房出版、二〇〇〇年)の伊沢多喜男宛湯浅倉平、太田政弘、川崎卓吉、安広伴一郎、大平駒槌、久保田政周の各書翰。

(142)下岡の党籍離脱は、植民地高官への政党員任用に否定的な枢密院の意向に妥協したものであった(『東日』一九二四年七月一四日〈安達謙蔵談〉)。

(143)『東日』一九二四年六月三〇日、七月四日、『時事』同年七月二一日社説。

(144)「田健治郎日記」一九二四年九月一日、一二月五日。宋秉畯(元韓国農商工部大臣)が聞いた所によると、野田卯太郎ら多くの者は、伊沢を「探偵家」と呼んでいた(「倉富勇三郎日記」一九二四年六月二九日)。

(145)林茂『湯浅倉平』(湯浅倉平伝記刊行会、一九六九年)一九五〜一九六頁。湯浅は、一九二五年一一月に死去した下岡忠治の後任の朝鮮総督府政務総監に就任した。憲政会からは俵孫一内務政務次官の名が上がっていたが、党籍離脱の必要があることが嫌われたため、党外の湯浅の起用となったようである(『東日』一九二五年一一月二五日)。

(146)『松本剛吉日誌』一九二四年六月九日。

(147)『東日』一九二四年八月一七日(三浦梧楼談)、一一月二九日(同)、『松本剛吉日誌』一九二四年九月九日、一九二五年一月六日、「倉富勇三郎日記」一九二四年七月二七日、「田健治郎日記」同年五月二六日。これに対して原敬は、自分に接近する三浦を内心あまり相手にしていなかったが、表面上は三浦を尊重して概ね良好な関係を保ち、情報源としてうまく活用した(『原敬日記』一九一八年九月二九日、一〇月三日、三一日、一九二一年七月八日)。ここに加藤と原の個性の相違が、よく表れている。これを耳にした倉富勇三郎は、「加藤よりも原の方遣り口が巧なり」と評した。ちなみに三浦は、奇しくも加藤と同日に死去したが、エリオット駐日大使は、三浦を「着実で落ち着き、まっすぐに進んだ加藤と対照的」で「一貫性が無く、ひねくれ、でしゃばりであった」と評した(Eliot to Chamberlain, 4 Feb. 1926, FO371/11702).

(148)「財部彪日記」一九二四年六月一〇日、二二〜二五日。

(149)一九二四年六月一一日憲政会議員総会における加藤高明演説(『東日』同年六月一二日)。翌年に安達謙蔵(逓相)、片岡直温(商相)、早速整爾(農相)と党人を相次いで起用したことからも、加藤が党人派処遇の意思を相当持っていたことが窺える。

(150)一九二四年八月一四日政務官会議における加藤高明挨拶(『東日』同年八月一五日)。

(151)内閣官房編『内閣制度九十年資料集』(一九七六年、大蔵省印刷局)二五八頁。

(152)『東日』一九一五年八月二七日(加藤高明談)。

(153)加藤高明「原内閣の失政」(『憲政』三巻四号、一九二〇年五月)。
(154)拙稿「政務次官設置の政治過程――加藤高明とイギリスモデルの官制改革構想――」(四)(『議会政治研究』六九号、二〇〇四年三月)。
(155)『東日』一九二〇年四月三日(江木翼談)。
(156)前掲、『安達謙蔵自叙伝』一六三頁。
(157)第一五回総選挙中から、憲政会には表立って文官任用令改正を求める声がないのに対して(『憲政』『憲政公論』『東日』一九二四年一月～六月の各記事)、政友会にはその声がかなりあり、正式な「政綱政策」にも掲げていた(『東日』一九二四年一月二〇日、「我党の政綱政策」『政友』二七九号、一九二四年四月一五日、二頁)。憲政会は、政権獲得後のことを考慮して、官僚側との対決姿勢を強調しなかったものと推定される。
(158)政友会の小泉策太郎は、六月初旬の憲政会との交渉で、普選、貴族院改革と共に文官任用令の改正を要求している(「小泉策太郎日記」一九二四年六月初旬〔推定〕)。
(159)『東日』一九二四年七月八日。
(160)同右、一九二四年七月九日、一一日、二二日。同年七月八日衆議院予算委員会における加藤高明答弁(『衆委』三九、一一六頁)。
(161)これを主に政友本党が主張しているのが面白い(『東日』一九二四年七月一〇日〔吉植庄一郎談〕、八月二〇日夕刊〔中橋徳五郎談〕)。
(162)『東日』『東朝』一九二四年七月九日。この詳細は不明であるが、おそらく江木内閣書記官長と二上兵治枢密院書記官長の間で話し合いがなされたもののようである(『東日』一九二四年七月一六日)。
(163)前掲、松尾尊兊『普通選挙制度成立史の研究』三一〇～三一三頁。
(164)原内閣における「政党員の就官」や政党と官僚の軋轢については、拙稿「政務次官設置の政治過程」(四)を参照。
(165)『東日』一九二四年六月一四日、一七日、二三日(犬養遞相訓示)。
(166)前山亮吉「解題」『山岡万之助関係文書目録』(学習院大学法学部、一九八八年)一四頁。
(167)『東日』一九二四年六月一一日社説。
(168)『大朝』一九二四年六月一六日社説。
(169)『東日』一九二四年八月六日社説。
(170)一九二四年六月二三日憲政会大会における若槻礼次郎演説(『東日』同年六月二四日夕刊)、同年八月五日地方長官会議における加藤高明演説(『東日』同年八月六日)。

(171) 前掲、拙稿「政務次官設置の政治過程」(四)六三頁、石川寛「近代日本における官吏の衆議院議員兼職制度に関する研究――明治二二年選挙法規定の成立とその実施状況――」(八)(『法政論集』一九五号、二〇〇三年三月)三〇五~三一七頁。

(172) なおエリオットは、加藤の政務次官構想の詳細までは把握していなかったが、「イギリスと同じ名称の政務次官が復活された」ことには注目していた(Eliot to MacDonald, 19 June 1924, FO371/10303)。

(173) 貴族院の政務次官設置に対する対応については、霞会館編『貴族院と華族』(霞会館、一九八八年)三一六~三二一頁(西尾林太郎執筆部分)、四一一~四一六頁(前田英昭執筆部分)も参照。

(174) 政友本党は、冗官であること、行財政整理と矛盾すること、却って官僚の跋扈を招くこと、政務と事務を徒に混乱させることなどを、反対の論拠として挙げていた(『東日』一九二四年七月二日〔松田源治演説〕、一〇日〔吉植庄一郎演説〕)。

(175) 『東日』一九二四年六月一二日(青木信光談)。

(176) 同右、一九二四年七月一五~一七日。

(177) 同右、一九二四年七月一五日。

(178) 一九二四年七月一七日貴族院本会議における林博太郎予算委員長の報告(『貴本』四四、一五〇頁)、『東日』同年七月一八~一九日。

(179) 『東日』一九二四年七月一五~一七日。

(180) 同右、一九二四年七月一五日、一六日(憲政会最高幹部談)、一七日。

(181) 政務次官設置を強く支持するもの(『報知』一九二四年六月二〇日、七月一五日社説)、好意的に見るもの(『東日』同年七月一六日社説)、それほど重要な問題とは見ないもの(『時事』同年七月一六日社説、『大朝』同年七月一七日社説)という差違は存在したが、いずれも政府支持、研究会批判という論調では一致していた。

(182) 七月一四日には江木内閣書記官長と中川小十郎(西園寺の秘書役)、一六日には加藤と近衛文麿が二度の会見を行っている(『東日』一九二四年七月一五日、一七日)。

(183) 一九二四年七月一六日付近衛文麿宛西園寺公望書翰(「近衛文麿公文書」国立国会図書館憲政資料室寄託)。

(184) 『東日』一九二四年七月一八日。

(185) 同右、一九二四年七月一七日(八条隆正談)。

(186) 同右、一九二四年七月一八日、二二日。

(187) 同右、一九二四年七月一一日、一七日。

(188) 『枢密院会議議事録』第三四巻(東京大学出版会、一九八六年)一四四~一四五頁。なお、新聞報道のみならず、枢密院の審議などでも「事務次官」という言葉はよく使われていた。しかし「次官」を「事務次官」に名称変更するという議論は見あたらず、実際に名称変更が行われるのは戦後になってからである（拙稿「政務次官設置の政治過程――加藤高明とイギリスモデルの官制改革構想――」(六)『議会政治研究』七一号、二〇〇四年九月）。

(189) 一九二四年七月二二日憲政会会合における若槻内相、浜口蔵相、江木内閣書記官長の談話（『東日』同年七月二三日）。

(190) 『東日』一九二四年二三日、二四日、「各省官制通則中改正ノ件外一一件」（「枢密院決議」大正一三年、国立公文書館所蔵）。

(191) 『大朝』一九二四年七月二三日社説、『東日』同年七月二七日社説。

(192) 以下、枢密院審査委員会における議論は、「倉富勇三郎日記」一九二四年八月一日、本会議の議論は、前掲、『枢密院会議議事録』第三四巻、一四五～一四九頁による。

(193) 原内閣では、枢密院の反対により、官制改革が実現するまで枢密院への原案諮詢後一年という異例の長期間を要した（前掲、拙稿「政務次官設置の政治過程」(四)）。

(194) 『東日』一九二四年八月二日、六日社説、『報知』同年八月三日社説。『大毎』同年八月一三日、『東朝』同年八月一〇日社説も、貴族院への交渉を批判しつつも、制度自体には期待を持っていた。『国民』同年八月八日社説も、消極的ながら支持を表明した。他方で、『大朝』同年八月一三日社説は加藤の官僚的人事を批判し、『時事』は特に明確な意見を掲げなかった。

(195) 前掲、一九二四年八月一四日政務官会議における加藤高明挨拶。

(196) 前掲、『安達謙蔵自叙伝』一九八頁。

(197) 町田忠治伝記研究会編著『町田忠治』伝記編（桜田会、一九九六年）一一五頁（季武嘉也執筆部分）。

(198) 前掲、『降旗徳弥回想録――井戸塀二代』一八九～一九二頁。

(199) 『東日』一九二四年八月六～一三日。

(200) 同右、一九二四年八月一二日。

(201) 片岡直温『大正昭和政治史の一断面』（西川百子居文庫、一九三四年）三六二～三六四頁。憲政会京都支部では、就任への反対運動まで起こっていたらしい（『東日』一九二四年八月一〇日（片岡直温談））。

(202) 湊邦三編『早速整爾』（早速千代野、一九三二年）三〇六～三〇九頁。

(203) 『東日』一九二四年八月一二日。

(204) 永井柳太郎編纂会編『永井柳太郎』（勁草書房、一九五九年）二二三～二二五頁。

(205) 江戸川乱歩編『川崎克伝』（川崎克伝刊行会、一九五六年）一一五頁。

(206)『東日』一九二四年八月一二日(吉植庄一郎談)。憲政会はこの後、彼らを貴族院勅選議員として処遇していく(ただし任命は第一次若槻内閣期)。

(207)『東日』一九二四年八月一七日(加藤高明談)。

(208)前掲、『枢密院会議議事録』第三四巻、一四七頁、『東日』一九二四年八月七〜一二日。

(209)この過程については、川邊眞蔵『大乗之政治家水野直』(水野勝邦、一九四一年)、結城温故会編著『水野直子を語る』(良書刊行会、一九三〇年)に詳しい。

(210)『東日』一九二四年八月八日(政府某大官の言明)、『東朝』同年八月一〇日社説。

(211)前掲、小池聖一「大正後期の海軍についての一考察」四一〜四四頁、伊藤孝夫『大正デモクラシー期の法と社会』(京都大学学術出版会、二〇〇〇年)二七八〜二八〇頁。

(212)『倉富勇三郎日記』一九二四年八月六日。

(213)『降旗元太郎日記』一九二五年三月四日、八日、九日、一五日、四月九日、一八日(「降旗元太郎文書」国立国会図書館憲政資料室寄託)。

(214)『財部彪日記』一九二四年七月一八日、八月一一〜一五日。

(215)同右、一九二五年八月八日。

(216)伊藤隆『昭和期の政治〔続〕』(山川出版社、一九九三年)四五三〜四六三頁。

(217)「陸軍省大日記甲輯　大正一五年第一類」訓令訓示一(防衛庁防衛研究所図書館所蔵)、「井上匡四郎文書」文書の部〇〇〇八一—一〜一三の各書類(国学院大学図書館所蔵)。

(218)前掲、小林道彦「政党内閣期の政軍関係と中国政策」八八〜九三頁、雨宮昭一『近代日本の戦争指導』(吉川弘文館、一九九七年)第二章第三節。

(219)浅野和生『大正デモクラシーと陸軍』(慶応通信、一九九四年)後編第三章。

(220)『東日』一九二四年八月一七日(加藤高明談)。

(221)『古風庵回顧録』二六二頁。

(222)『衆委』四四、一四一〜三四五頁。

(223)『東日』一九二四年八月一二日(内務省某高官談)。

(224)『衆委』四四、三六七〜三八二頁、六〇九〜六二四頁。

(225)『衆委』四九、四一七～四三三頁、五七一頁以下。
(226)『青木得三氏談話速記録』(内政史研究会、一九六四年)七四頁。
(227)「議会調書集　第二巻」「第五一議会用調書」(外務省外交史料館所蔵)、「第五〇回帝国議会説明資料(逓信省所管)」「第五〇回帝国議会大蔵省所管事務想定質問応答」(大蔵省財政史室編「昭和財政史資料」三―〇五〇)、「第五〇議会海軍省説明材料　政務官用」(「井上匡四郎文書」文書の部〇〇八一―一)など。
(228)「大塚常三郎文書」(国立国会図書館憲政資料室所蔵)書類の部一〇三。
(229)一九二四年七月一四日貴族院予算委員会における加藤高明答弁(『貴委』二一、二五三頁)、『東日』同年八月一三日(某閣僚談)。
(230)『東日』一九二四年八月一三日。
(231)「大蔵省官制」「大蔵省分課規定」「大臣官房に関する規定」(いずれも大正一三年)(大蔵省財政史室編「昭和財政史資料」一―一一六)。
(232)もっとも、田中義一内閣における森恪外務政務次官のように、かなり力をふるう政務次官がこの後登場することもあった(佐藤元英『昭和初期対中国政策の研究』原書房、一九九二年)。
(233)「会報」『憲政公論』(五巻五～八号、一九二五年五～八月)。
(234)池田順「政党内閣下の二つの地方税制改革と官僚」(日本現代史研究会編『一九二〇年代の日本の政治』大月書店、一九八四年)。
(235)前掲、伊藤之雄『大正デモクラシーと政党政治』一〇三～一〇五頁。
(236)「行政整理に関する書類」(「公文別録」大正一一年、国立公文書館所蔵)。
(237)『大朝』一九二三年一一月九日。
(238)前掲、松本洋幸「清浦内閣と第二次護憲運動」四～五頁。
(239)『東日』一九二四年六月二五日、「公文雑纂」(大正一三年・第一巻・一二、国立公文書館所蔵)。
(240)前掲、一九二四年八月五日地方長官会議における加藤高明演説、官庁執務能率増進に関する加藤首相訓諭(『東日』同年八月一二日)、「内閣総理大臣加藤高明声明書」(『官報』同年九月一日)。
(241)今井清一「護憲三派内閣と行財政整理」(『横浜市立大学論叢(人文科学系列)』一六巻一号、一九六四年一二月)。
(242)Eliot to MacDonald, 19 July 1924, FO371/10303.
(243)一九二四年七月一九日憲政会議員総会における加藤高明演説(『東日』同年七月二〇日)。
(244)一九二四年八月八日付小川平吉宛加藤高明書翰(小川平吉文書研究会編『小川平吉関係文書』第二巻、みすず書房、一九七三年)。
(245)『東日』一九二四年七月三〇日、八月一八日(浜口雄幸談)。

(246) 江木翼「英国の内閣改造案と所謂後藤案」(『外交時報』三八三号、一九二〇年一〇月)。
(247) 内閣制度百年史編纂委員会編『内閣制度百年史』上巻(内閣官房、一九八五年)八八頁、六〇二頁、七九四頁。
(248) 『国民』一九二四年八月一三日夕刊。
(249) 前掲、内閣制度百年史編纂委員会編『内閣制度百年史』上巻、四一~四七頁。
(250) 「行政整理に関する書類」大正一一年(「公文別録」)、「行政整理関係書類」大正一三~一五年(「公文別録」)。
(251) 「公文雑纂」索引、大正一三年・巻之一内閣。
(252) 『東日』一九二四年七月~一一月の各記事。
(253) 「加藤内閣総理大臣訓諭官庁執務能率増進に関する印刷物各官署に配布方通牒の件」(「公文雑纂」大正一三年・巻之一内閣・三八)。
(254) 『大正一五年朝日年鑑』(大阪朝日新聞社、一九二五年)二一九頁、『第四三回日本帝国統計年鑑』(内閣統計局、一九二四年一二月)五九九頁。
(255) 『東日』一九二四年七月三〇日(浜口雄幸談)、「行政整理実施要録」(「公文別録」大正一三年~大正一五年・第一巻一)。
(256) 「行政整理に因る退官者等の陞等昇格昇級又は増給に関する件」「行政整理実施に関する閣議決定為念通牒」「行政整理に因り職を退きたる者再就職に関する件」「行政整理実施事務打合会に於ける説明及質問に応答の概要」(「公文別録」大正一三年~大正一五年・第一巻七、一二、一八、一九)。
(257) 「財部彪日記」一九二四年一〇月六日、前掲、同年一二月一七日憲政会幹部招待会における加藤高明報告。
(258) 稲継裕昭『公務員給与序説　給与体系の歴史的変遷』(有斐閣、二〇〇五年)二〇~二二頁。後に浜口内閣が減俸問題で混乱するのを見た岡部長景・悦子夫妻は、「まづいことをやったものだ」と評し合っている(尚友倶楽部編『岡部長景日記』(柏書房、一九九三年)一九二九年一〇月一六日)。
(259) 前掲、一九二四年一二月一七日憲政会幹部招待会における加藤高明報告。
(260) 「各庁部局の改廃等を要すものの要項」(「公文別録」大正一三年~大正一五年・第二巻一、二)。
(261) 『東日』一九二四年七月三〇日。
(262) 加藤聖文「政党内閣確立期における植民地支配体制の模索」(『東アジア近代史』一号、一九九八年三月)四〇~四六頁。
(263) 『衆本』四四、三八頁。
(264) 小林道彦「大陸政策と人口問題」(伊藤之雄、川田稔編著『環太平洋の国際秩序の模索と日本』山川出版社、一九九九年)二〇七~二〇八頁。

(265) 江木翼「植民地統治の原則と朝鮮問題」(『大観』一九一九年五月号)、同「植民地総督制度改革論」(『中央公論』一九一九年七月号)。
(266) 『東日』一九二四年一二月二九日(幣原喜重郎談)。
(267) 前掲、加藤聖文「政党内閣確立期における植民地支配体制の模索」四六~四九頁、前掲、小林道彦「大陸政策と人口問題」二〇八~二一五頁。一九二〇年代の人口問題については、佐古丞『未完の経済外交　幣原国際協調路線の挫折』(PHP新書、二〇〇二年)第三章も参照。
(268) 江木翼「人口政策と移民政策」(『憲政』六巻一号、一九二三年一月)、前掲、小林道彦「大陸政策と人口問題」二一〇頁。
(269) 大豆生田稔『近代日本の食糧政策』(ミネルヴァ書房、一九九三年)第四章第三節、根岸秀行「商工省と商工官僚の形成」(波形昭一、堀越芳昭編著『近代日本の経済官僚』日本評論社、二〇〇〇年)。
(270) 『東日』一九二四年五月九日、六月七日(前田利定農商相談)。
(271) 浜口雄幸「農村振興に対する私見」(川田稔編『浜口雄幸集　論述・講演篇』未来社、二〇〇〇年)。
(272) 『東日』一九二四年九月二五日夕刊。
(273) 同右、一九二四年九月二七日夕刊。
(274) 同右、一九二四年九月二七日~一〇月一日。「行政財政整理要綱」(「公文別録」大正一三年~大正一五年・第二巻四)。
(275) 一九二四年一二月一日憲政会大会における加藤高明演説(『憲政』八巻一号)、同年一二月一七日憲政会幹部招待会における加藤高明報告(『東日』同年一二月一八日)。他方で、浜口蔵相はこのような発言をしていない。
(276) 宮崎隆次「大正デモクラシー期の農村と政党――農村諸利益の噴出と政党の対応――」(『国家学会雑誌』九三巻一一・一二号、一九八〇年一二月)八九六~八九八頁。
(277) 郡制廃止の意義について、三谷太一郎『増補　日本政党政治の形成』(東京大学出版会、一九九五年)第一部第一章、その立法過程や郡の実態について、山中永之佑『近代日本の地方制度と名望家』(弘文堂、一九九〇年)第四章、同『日本近代地方自治制と国家』(弘文堂、一九九九年)第四章を参照。
(278) 「行政整理要目」(「勝田主計文書」第八三冊一三(六)国立国会図書館憲政資料室所蔵)。
(279) 前掲、「行政財政整理要綱」(「公文別録」)、『東日』一九二四年一一月六日、七日。
(280) 『東日』一九二四年一一月四日、一五日(若槻礼次郎談)、「郡役所整理に因り退職する郡長等の退職特別賜金に関する件」(「公文別録」大正一三年~大正一五年・第一巻三六)。
(281) 加藤内閣期の経済政策の推移については、金澤史男「行財政整理・普選・治安維持法」(『日本議会史録』二巻、第一法規、一九九一年)を参照。
(282)『東日』一九二四年一一月一一日。
(283)一九二五年八月二九日付木村小左衛門宛若槻礼次郎書翰(「木村小左衛門文書」国立国会図書館憲政資料室所蔵)。
(284)前掲、伊藤之雄『大正デモクラシーと政党政治』一七八～一八二頁、土川信男「護憲三派内閣期の政治過程」(『年報近代日本研究』六、山川出版社、一九八四年)二五九～二六三頁。
(285)『東日』一九二四年一一月二〇日～三一日。
(286)同右、一九二四年一一月一四日(江木翼談)。
(287)前掲、小池聖一「大正後期の海軍についての一考察」三八～四一頁。
(288)「財部彪日記」一九二四年九月三〇日、一〇月一日、九日、二九日、『東日』同年一〇月一日、二日、五日、三〇日。
(289)前掲、小池聖一「大正後期の海軍についての一考察」三九～四〇頁、四七～四八頁。
(290)高橋秀直「陸軍軍縮の財政と政治」(『年報近代日本研究』八、山川出版社、一九八六年)。
(291)前掲、一九二四年一二月一七日憲政会幹部招待会における加藤高明報告。
(292)前掲、伊藤之雄『大正デモクラシーと政党政治』一九一頁。
(293)一九二四年一二月三日付上原勇作星野庄三郎書翰(上原勇作関係文書研究会編『上原勇作関係文書』東京大学出版会、一九七六年)、角田順校訂『宇垣一成日記Ⅰ』(みすず書房、一九六八年)五〇三頁。
(294)伊藤正徳『軍閥興亡史』(二巻、文芸春秋新社、一九五八年)一〇九頁。
(295)大蔵省財政金融研究所財政史室編『大蔵省史』第一巻(大蔵財務協会、一九九八年)六三二～六六一頁、宮本憲一「大蔵省預金部改革前後――大正デモクラシーと国家資本再編成――」(『経済論叢』一一三巻一号、一九七四年一月)。
(296)前掲、松尾尊兊『普通選挙制度成立史の研究』二九六～三三二頁。以下特に註記がない限り、普選法の成立に関する記述は同書による。
(297)臨時法制審議会の設置経緯や組織については、前掲、松尾尊兊『普通選挙制度成立史の研究』二五六～二五八頁を参照。
(298)福島正夫編『穂積陳重立法関係文書の研究』(信山社、一九八九年)解説。
(299)『原敬日記』一九一九年六月二八日。
(300)原は、一九二一年に辞意を表明した穂積を慰留している(『原敬日記』同年九月二八日、一〇月一一日)。
(301)倉富は、第一次山本内閣で山本首相によって法制局長官に選任されたが、原敬は倉富を特に敬遠せず、新聞も倉富を政治的に無色な存在と見た（『原敬日記』一九二三年九月一八日、二〇日、一〇月六日、『報知』同年九月二五日、二九日、一〇月一日）。倉富はその後、原内閣時代に清浦奎吾枢密院議長から顧問官に推されたが、原はこれにすんなりと同意した（『原敬日記』一九二〇年一〇月一六日）。
(302) 同右、一九二三年九月六日、一二日、一〇月二〇日、二三日、二四日、一一月二日、五日。
(303) 「倉富勇三郎日記」一九二三年八月二三日（倉富から馬場鍈一への談話）。
(304) 松尾尊兊『普通選挙制度成立史の研究』三〇八頁。ここで打ち出された取り締まりの方向性は、一九二〇年代後半の選挙革正運動、一九三〇年代の選挙粛正運動によって強化されていくことになる。
(305) 前掲、「選挙の方法に関する調査資料」三七〜五三頁、三宅正太郎、石原雅二郎、坂千秋『普通選挙法釈義』（松華堂書店、一九二六年）二五二〜二五四頁。
(306) 前掲、「選挙の方法に関する調査資料」九五〜一三九頁、前掲、三宅正太郎、石原雅二郎、坂千秋『普通選挙法釈義』一九六〜二〇三頁。
(307) 一九二三年一一月二〇日付穂積総裁に対する倉富委員長の報告書（「平沼騏一郎文書」二六七―二、国立国会図書館憲政資料室所蔵）、前掲、「選挙の方法に関する調査資料」五四〜九四頁。
(308) 『東日』『大朝』一九二三年一一月二八日。
(309) 「選挙区に関する件、比例代表に関する件の動議」（「平沼騏一郎文書」二六七―四）。
(310) 『大朝』一九二三年一一月一一日、一五日（江木翼談）、「比例代表法採用諸国」「単名移譲式比例代表法手続」（「平沼騏一郎文書」二六七―四）。
(311) 『大朝』一九二三年一一月一四日。
(312) 同右、一九二三年一二月一一日、「選挙区比例代表に関する提案（小野塚委員）」「美濃部委員 第一案 第二案」「選挙区に関する件・比例代表に関する件の動議（一一月六日主査委員会）」（「平沼騏一郎文書」二六七―四）。小野塚の主張については、小野塚喜平次「選挙法改正管見」（『国家学会雑誌』三八巻一号、一九二四年一月、のち同『現代政治の諸研究』岩波書店、一九二六年所収）を参照。
(313) 『大朝』一九二三年一一月一四日。
(314) 森口繁治『比例代表法の研究』（有斐閣、一九二五年）。
(315) 吉野作造「選挙理論の二三」（『国家学会雑誌』三七巻五号、一九二三年五月）。
(316) 「比例代表選挙に就て」（『大朝』一九二三年一一月一一〜一五日）、大日本文明協会編『比例代表制度論』（大日本文明協会事務所、

(317) 一九二五年)。
(318) 山室建徳氏がこのことを指摘している(同「普通選挙法案は、衆議院でどのように論じられたのか」有馬学、三谷博編『近代日本の政治構造』吉川弘文館、一九九三年)。
(319) 一九二三年一一月一五日付穂積総裁に対する倉富委員長の報告書(「平沼騏一郎文書」二六七―二)、『大朝』一九二三年一一月一四日。
(320) 『東日』一九二三年一一月一八日(安達謙蔵談)。
(321) 一九二三年一二月五日付山本首相に対する穂積総裁の答申書(「平沼騏一郎文書」二六七―一)。
(322) 一九二四年一〇月二七日憲政会東海大会における加藤高明演説(『憲政』七巻一一号)、前掲、同年一二月一日憲政会大会における加藤高明演説、『東日』同年七月二日、一四日、八月七日。
(323) 三宅雪嶺『大学今昔譚』(我観社、一九四六年)六二頁、七九頁。浜尾の伝記として、宿南保『浜尾新』(吉田学院、一九九二年)を参照。
(324) 『加藤高明』上巻、一一七～一三四頁、下巻、五七九～五八〇頁、牧野伸顕「浜尾子爵を追悼す」、末延道成「大器晩成と浜尾先生」(『学士会月報』四五一号、一九二五年一〇月)。なお浜尾は、大隈内閣後継問題の際に加藤と山県有明の間の連絡を取り持ったことがある(第四章第一節)。
(325) 『松本剛吉日誌』一九二一年六月一八日。実際一木は、大隈の国葬実現に奔走するなど、しばしば野党時代の憲政会と連携した(同右一九二二年一月八日、「隻魚堂日載」(市島謙吉の日記)同年一月九日、一〇日「市島春城資料」)。
(326) 『松本剛吉日誌』一九二四年五月三一日。なお他の四人は、若槻、浜口、安達と木内重四郎。
(327) 「倉富勇三郎日記」一九二五年一月四日、六日。
(328) 同右、一九二五年一月六～八日、二〇日。
(329) 同右、一九二五年一月八日、一五日。
(330) 同右、一九二五年一月八日、一二日、一五日、一七日、二月一二日。
(331) 同右、一九二五年二月六日、一四日。
(332) 「野田卯太郎日記」一九二五年三月一日。
(333) 「小泉策太郎日記」一九二五年三月二八日。
一九二五年四月二五日付安達峰一郎宛若槻礼次郎書翰(「安達峰一郎文書」国立国会図書館憲政資料室所蔵)。

(334)『松本剛吉日誌』一九二五年一月二日、三〇日。

(335)同右、一九二四年一一月二五日、一九二五年三月の各記事、松本忠雄「貴革と普選を中心にして」(前掲、結城温故会編『水野直子を語る』)。

(336)「財部彪日記」一九二五年三月二八日。

(337)加藤の伝記も、そのように推測している(『加藤高明』下巻、五九六~五九七頁)。

(338)『古風庵回顧録』二六五頁。

(339)「降旗元太郎日記」一九二五年三月一日、二日。

(340)徳富蘇峰「加藤首相と貴族院」(『国民』一九二五年一月二七日)。

(341)一九二五年一月二七日付加藤高明宛岡部悦子書翰(岡部綾子氏所蔵)。

(342)『一木先生回顧録』(河井弥八、一九五四年)九七~九九頁。

(343)「倉富勇三郎日記」一九二五年一月三一日~三月八日。

(344)二井関成『選挙制度の沿革』(ぎょうせい、一九七八年)一一九~一四〇頁。

(345)藤沢利喜太郎『総選挙読本　普通総選挙の第一回』(岩波書店、一九二八年)五三~五五頁。

(346)『衆本』四五、三五五~三五八頁。

(347)坂千秋、三宅正太郎『普通選挙法要綱　増補』(改造社、一九二六年)八九~九〇頁、前掲、久慈学述『選挙運動の費用と其制限』五九~八〇頁。

(348)田中宗孝「大正十四年中選挙区制導入議論」(『政経研究』三八巻四号、二〇〇二年三月)。

(349)前掲、松尾尊兊『普通選挙制度成立史の研究』三〇八~三〇九頁。

(350)『松本剛吉日誌』一九二四年一一月一〇日。

(351)緒方竹虎「第五十一議会の経験――二大政党かグループ・システムか――」(『中央公論』四一年四号、一九二六年四号)。

(352)前掲、山室建徳「普通選挙法案は、衆議院でどのように論じられたのか」九八~九九頁。

(353)永井和『青年君主昭和天皇と元老西園寺』(京都大学学術出版会、二〇〇三年)二九八~三〇三頁、村瀬信一「第五六議会における小選挙区制案の周辺」(『選挙研究』一八号、二〇〇三年二月)。

(354)前掲、川人貞史『日本の政党政治』二二〇~二二六頁。

(355)『東日』一九二四年九月二一日(安達謙蔵談)。

(356)江木翼『比例代表の話』(報知新聞社出版部、一九二四年、『江木翼論叢』江木翼君伝記編纂会、一九三八年所収)。
(357)『東日』一九二三年一二月一九日(江木翼談)。
(358)吉野作造「昨今の世相」(『中央公論』一九二四年一〇月号、同『現代政治講話』文化生活研究会、一九二六年所収)。
(359)『東日』一九二五年一月三〇日。
(360)渡邊行男『守衛長の見た帝国議会』(文春新書、二〇〇一年)一〇九～一一〇頁。
(361)『東日』一九二五年二月四日、六日、一一日。
(362)前掲、渡邊行男『守衛長の見た帝国議会』一一一頁、『東日』一九二五年三月三日、四日。
(363)『東日』一九二五年二月八日。
(364)同右、一九二五年二月六日。
(365)三塚博監修、政党政治研究会『議会政治一〇〇年　生命をかけた政治家達』(徳間書店、一九八八年)二七一～二七四頁、尾崎行雄「衆議院の自殺」(『東日』一九二五年二月二三日、二四日)、同「衆議院と政党　斯くして墓穴を掘る」(『東日』同年三月七～一〇日)。
(366)『東日』一九二五年三月一三日夕刊。
(367)前掲、三塚博監修、政党政治研究会『議会政治一〇〇年』二七八～二八二頁。イギリスの下院議長の役割については、前田英昭『イギリス議会政治の研究』(渓林出版社、一九九〇年)第一章を参照。
(368)一九二七年三月三〇日付安達謙蔵宛岡崎邦輔書翰(「安達謙蔵文書」)。
(369)『東日』一九二五年三月八日。
(370)同右、一九二五年三月一〇日、一三日。
(371)同右、一九二五年三月一五日。
(372)『議会制度百年史』(衆議院・参議院、一九九〇年)三四三～三五五頁、『東日』一九二五年三月二五日。衆議院規則の成立については、大石眞『議院自律権の構造』(成文堂、一九八八年)二四一～二五七頁を参照。
(373)『東日』一九二五年三月一五日。
(374)加藤高明「英国の議院政治」(下)(『時事』一九一二年二月二一日)。
(375)粕谷議長、小泉副議長以降、歴代の正副議長は党籍離脱を行ったが、第六二議会(一九三二年五月開会)で就任した秋田清議長、植原悦次郎副議長は、政友会を離脱せず、その後第六七議会(一九三四年一二月開会)で就任した浜田国松議長、留任した植原副議長も同様であった(前掲、『議会制度百年史』資料編、六四～六八頁、院内会派編衆議院の部、三七一頁、三七三頁以下)。

(376)貴族院改革の内容については、前掲、霞会館編『貴族院と華族』三〇六～三三三頁(西尾林太郎執筆部分)、今津敏晃「一九二五年の貴族院改革に関する一考察――貴族院の政党化の視点から」(『日本歴史』六七九号、二〇〇四年一二月)を参照。
(377)「田健治郎日記」一九二五年四月一日、「倉富勇三郎日記」同年四月一五日。
(378)『古風庵回顧録』二六七頁。
(379)前掲、松尾尊兊『普通選挙制度成立史の研究』三二七～三三二頁、小栗勝也「治安維持法反対論の諸相」(『法学研究』六八巻一号、一九九五年一月)。
(380)『東日』一九二五年三月四日。
(381)同右、一九二五年二月一八日(尾崎行雄談)。
(382)小田部雄次『徳川義親の十五年戦争』(青木書店、一九八八年)四九～五二頁、大石勇「大正十三年、徳川義親の貴族院改造運動――徳川義親「貴族院改造私見」を中心に――」(『金鯱叢書』史学美術史論文集、二一輯、一九九四年六月)。加藤は、義親の奔放な行動に手を焼いていた節があるが(徳川義親『最後の殿様』講談社、一九七三年、一〇五頁、一一七頁、一二二～一二三頁)、義親は加藤・憲政会に一定の好意を有していた(第五章第二節、「倉富勇三郎日記」一九二四年九月一二日、『報知』一九二四年七月二一日)。
(383)前掲、小田部雄次『徳川義親の十五年戦争』六二～八八頁。義親やこの後政党政治への批判を深めていくことになるが、ここまで見てきた通り、彼らは加藤・憲政会に一定の期待を寄せ、その政権運営にもしばしば協力した。これは、加藤内閣期の政党政治がかなり広汎な支持基盤を持ち、さらなる発展の可能性を持っていたことを示していると考える。
(384)前掲、一九二四年一〇月二七日憲政会東海大会における加藤高明演説、『東日』一九二五年一一月二七日(若槻礼次郎談)、一九二六年一月七日(安達謙蔵談)。
(385)『東日』一九二五年一二月二日、「無産政党結社禁止の件」(『公文別録』二A・一・別二三九)。
(386)学連事件については、前掲、伊藤孝夫『大正デモクラシー期の法と社会』第四章を参照。
(387)一九二五年五月八日司法官招待会における加藤高明演説(『東日』同年五月九日)。
(388)前掲、前山亮吉「解題」(『山岡万之助関係文書目録』)一四頁。

第七章　第二次加藤高明内閣の政権運営

第一節　第二次加藤高明内閣の成立

「特命」の実現と「玉手箱」の開封

第五〇議会（一九二四年一二月〜一九二五年三月）で普選と行財政整理が実現し、護憲三派の「特命」は果たされた。法案成立後、加藤高明は妻と二人で普段ほとんど飲まない葡萄酒を飲みながら、しんみりと天下の抱負経綸を語り合っていたという(1)。また加藤は、四月五日に元老西園寺公望を訪問して、「迚も身体は続きませぬ、夏になれば病気が起る故とてむじゃむじゃ言」ったという(2)。健康に限界を感じた加藤は、内心普選を花道に引退したいとも思っていたのではないだろうか。しかし政情はそれを許さなかったし、加藤も実際は以後も積極的に政局に対処していった。

加藤は第五〇議会後、憲政会議員総会で「大抵荷物は運び尽くした」と述べ、議会での成果に強い自信を示した(3)。そして「社会政策、人口政策、生活問題など政府の為すべき事項は多々ある。（中略―筆者）政府は今漸やく此等幾多の政策を実行すべき基礎を得たに過ぎない」「飽く迄協調関係を持続しなければならぬ」と、連立を維持しながら新たな政治課題に取り組むことを明言した(4)。このことは、若槻礼次郎や安達謙蔵ら憲政会最高幹部も盛んに強調していた(5)。しかし、加藤らは実際に連立維持を可能だと考えていたわけではない。護憲三派が「特命」を実現した以上いずれ協調の決裂は必至であり、既に触れたとおり、第五〇議会中からその動きは活発化していた。そのような中で、加藤はあえて「三派協調」という大義名分を掲げることによって、「協調に熱心な憲政会対それを破壊しようとする政友会」という図式を作り出し、協調決裂の責任を政友会に押しつけようとしていたのである。以後の政局は、国民の期待がいまだ高い護憲三派という枠組みを破壊する責任をどちらが負うかをめぐって、憲政会と政友会が激しい鍔迫り合いをしながら進むこととなる。

加藤が目指したのは、「三派協調」を高唱しつつ憲政会独自の政策を打ち出すことによって、政策的優位と元老、世論の支持を手に入れ、憲政会単独内閣を樹立するという道であった。加藤は、組閣前に「将来の政策に就ては(中略─筆者)暫く玉手箱に納めておいた方がよいかと思う」と演説し、護憲三派間の小さな政策対立はしばらく封印する意向を示していたが[6]、今や「玉手箱」の開封に躊躇はなかった。加藤が新政策として打ち出したのは、行政整理、税制整理、社会政策であったが、よく知られているように、このうち「玉手箱」開封の直接の原因となったのは税制整理問題であった。

当時税制整理に関しては、原内閣期に本格的に税体系に組み込まれた所得税をさらに税体系の中心に据えること、社会政策的配慮を税体系に加えていくこと、重化学工業の国際競争力をつけるため関税を引き上げることなど、さまざまな課題が浮上していたが[7]、政党間で大きな政策的争点となっていたのは地租の問題であった。憲政会も政友会も、農民の地租負担を軽減すべきという点では一致していたが、そのための手法では激しく対立していた。政友会は、伝統的な地方重視の発想から地租委譲論(地租徴収権の地方政府への委譲)を唱えていた。それに対して憲政会は、現状維持的な改革を志向し、地租軽減論(地租委譲を否定し、負担軽減には地租率の低下で対応)を唱えていた。支持基盤である農業団体の要求を汲んだ政友会に対して、憲政会は大蔵省に近い考え方を持ち、徴税権の移譲は地方政府による放漫な財政運営を生み、行財政整理の進行の阻害要因となりかねないという懸念を持っていた。すなわち、税制整理問題が協調決裂の原因となったのは、根本的にはそれが両党の財政政策と支持基盤の相違を反映した問題だったからである[8]。

加藤首相は、第五〇議会中から近いうちに税制整理に取り組むことを明言していたが[9]、四月七日に大蔵省内に税制調査会を設置し、いよいよそれに積極的に取り組む姿勢を明らかにした[10]。浜口雄幸蔵相も、第五〇議会後直ちに税制整理に着手することを言明した[11]。憲政会から浜口蔵相(会長)、早速整爾大蔵政務次官、三木武吉大蔵参与官が加わり、憲政会の政務調査会とも密接に連絡を取っていたことから(第六章第一節)、憲政会が税制調査会を主導していたのは明らかである。松本剛吉(西園寺の秘書役)は、加藤が三派協調維持に対する誠意を持っているものと信じ込んでいたため、この件に関して加藤が「指図した形跡なし」と観測したが[12]、実際には加藤と浜口、憲政会が密接に連絡を取っていたのは間違いない。

税制調査会では地租軽減を中心とする浜口蔵相の構想に沿って案の作成を進め、六月末には成案を得た。この過程で、政友会の意向は顧慮されなかった。その背景には、憲政会側の冷静な政情判断が働いていた。安達謙蔵は総選挙に備え、四月以降各地で普選祝賀会や集会を開き、議会での成果を宣伝していた[13]。安達は、地租委譲論には貴族院や枢密院に根強い反対があるばかりでなく、地方でも強い支持はないと観測し、憲政会の税制整理案に自信を示していた[14]。加藤も、「真に正しき政治よき政治を行わんとする内閣には相当の年月を藉して、落ち着いてその政策を実現せしむべきであると思う」「内閣を投出さねばならぬ何物をも感じては居らぬ」と語り、政権維持に強い自信を覗かせた[15]。この自信は、若槻や浜口にも共通のものであった。経済界でも、憲政会の税制整理案支持の声が強かった[16]。

このように加藤・憲政会は、第五〇議会での成果と新たな政策的取り組みをアピールし、政友会に対する攻勢を強めていった。

政友会の変質

これに対して、政友会の動きはどうだったのであろうか[17]。加藤内閣成立後の高橋是清農商相、横田千之助法相の方針は、貴族院改革や行財政整理の問題で憲政会を牽制し、政友会の独自性をアピールしつつも、普選問題という最重要の「特命」実行を優先し、第五〇議会までは護憲三派の枠組みを維持するというものであった。しかし党内には、憲政会主導の政権運営、高橋の政治指導に対する不満が充満しており、副総裁として高橋を支えてきた野田卯太郎でさえも「高橋は政権に淡泊である」という不満を抱いていた[18]。高橋自身もこれに気づいていたが、それを覆すだけの自信と情熱はなく、総選挙となった場合の政治資金調達も不安視していた[19]。こうして高橋は第五〇議会を前に辞意を固めた。そこで横田は、「特命」実現と並行して、憲政会に対抗する戦略を練っていくこととなった。

横田が取った戦略は、党首に田中義一を迎えると共に政策的な独自色を強めていき、元老、世論の支持を手に入れながら、連立離脱を図るというものだった。政友会周辺でも、既に清浦内閣期から田中の擁立と政本合同を目指す動きが連動して活発に進められていた[20]。しかし、横田は田中入党の道筋をつけたものの、第五〇議会中の一九二五年二月に病死した。後任の法相には、政友会が希望した小川平吉が就任した[21]。一方高橋は、後に「当時私は横田(千之助)を本統に信用し切ることは出来なかった」と語ったとおり[22]、横田が進めた田中擁立などに内心不満を持っていた可能性もあるが、後継選びについては横田に一任し、その死後も恬淡とした態度に終始した。この後護憲三派の決裂時にも特に動きを見せず[23]、徐々に政治的影響力を失っていった。

前述の通り、第五〇議会が終了すると憲政会は直ちに攻勢に出た。これに対して政友会も、直ちに政権離脱の準備を開始した。その第一弾は、一九二五年四月三日から一〇日にかけて、高橋総裁の引退、田中の新総裁就任を相次いで決定したことであった。高橋から引退の意を聞いた加藤首相は、「協調維持」のために高橋の慰留、田中の入閣要請に努めた。しかし、政友会側がこれを「入閣強要」と捉えて反発したため[24]、一七日に自らの希望で高橋に近い野田卯太郎(商相)、岡崎邦輔(農相)を入閣させた上[25]、協調維持を唱う共同声明を発表した。共同声明は江木翼内閣書記官長が草案し、首相秘書官から発表という形が取られた[26]。連立離脱の大義名分がないのが政友会の苦しいところであり、加藤はしたたかにその点を突いて、政友会が身動きを取れないように仕向けたのである。なお、田中が政友会総裁就任に際して、陸軍機密費などから多額の政治資金を持ち込んだことはよく知られている[27]。憲政会系の『報知新聞』は、四月の記事で政友会の政治資金問題を書き立てたが[28]、これは田中・政友会のイメージを傷つけようという憲政会側の戦術だったと思われる。

第二弾は、五月に革新倶楽部を解散して、その所属代議士一八名を政友会に合流させたことであった[29]。革新倶楽部の犬養毅逓相は、内閣発足当初から政友会への合流(改革合同)の機会を窺っており、護憲三派の決裂を前にしたこの時期を合流の好機と判断した。犬養は、第五〇議会中から政友会の小泉策太郎と「局面展開」について協議を続け、四月二三日に最終的に合流に合意した[30]。政友会の合流に際して犬養は政界引退を表明したが、加藤はこれに冷然と対処し、後任として憲政会の安達を入閣させた。加藤は依然「協調維持」を言明していたが[31]、この頃いよいよ連立決裂への覚悟を固めたものと思われる。憲政会内でも単独政権樹立に向けて戦意が高まっており、五月四日に安達、早速、小泉又次郎らと会談した降旗元太郎は、「当方の有する力の拡充」を一同に促した。また二二日には小泉策太郎と会談し、「時局に対する覚悟」を語っている[32]。なお、憲政会は関直彦ら革新倶楽部内の合同反対派に働きかけを行ったが、合同阻止や憲政会への入党には至らず、八名の新正倶楽部(六月一日に革新倶楽部の残留組と無所属議員などが結成した小会派)参加を見るに留まった。ただし、関らはその後しばしば憲政会内閣に協力し(そのため関は、第一次若槻礼次郎内閣の下で貴族院勅選議員となる)、革新倶楽部の地方組織の一部(山形、新潟など)は憲政会に合流した[33]。

第三弾は、政友会の独自色を示す新政策の提示であった。田中は、連立離脱の大義名分とするための新政策提示に意欲的であり[34]、総裁就任直後から内政、外交双方の刷新を唱え始めた。新政策の第一の柱は、積極財政と地方利益を重視する伝統的政友会路線への回帰であった。高橋、横田の指導下で、政友会は従来の積極政策への執着を捨て、行財政整理などにも積極的に取り組んできたが、田中総裁の下で、その路線を再び転換しようとしたのである。地租委譲論はこの主張と結びついていたし、農村振興にも積極的に取り組むものとされていた。第二は、憲政会以上に内政改革に取り組む姿勢であった。政友会にはこの時期、加藤内閣が実行に踏み切れない軍部大臣文官制を主張しようという動きがあった(本章第二節)。また、憲政会が消極的だった知事公選論も唱えられた[35]。第三は、満蒙特殊権益と中国問題での日本独自の対応を重視する外交路線の提示であった。政友会では、既に前年の第二次奉直戦争に際して幣原外交に対する不満が強まっており、田中は総裁就任前から、政友会や陸軍軍人などから外交政策の転換を期待されていた。これらの政策は、一九二五年一〇月に「新政策」として正式に発表されることとなる。

こうして一九二五年の春に、政友会は慌ただしく連立離脱の準備を進めた。横田が死に、高橋は引退し、副総裁の野田も五月に病気で倒れ、高橋総裁を支えてきた総裁派は実質的な指導力を失った。原政友会の正統的後継者である総裁派が権力を喪失し、政策面でも転換の動きが顕著になる中で、政友会は徐々に変質していった。一九二五年三月、横田の議席を埋める栃木選挙区の衆議院議員補欠選挙で当選したのが、この後田中外交推進の中心となる森恪であったことは、政友会の変質を象徴しているのだと言えるかもしれない(36)。

政本合同運動

一方、野党である政友本党も活発な動きを見せていた(37)。政友本党は、結党時には五総務(床次竹二郎、山本達雄、中橋徳五郎、元田肇、杉田定一)による集団指導体制を取っていたが、党の結束を固め、加藤内閣への対決姿勢をアピールするため、第四九議会(一九二四年六〜七月)を前に床次を総裁に選出した(残る四総務は顧問へ)。床次は、平生釟三郎(元東京海上火災専務、甲南学園理事長)らから政治資金を得ていたが、政治資金調達能力が弱く、政友本党の政治資金は主に山本達雄、中橋徳五郎の二人が担っていた(38)。この三人が、党の実質的な最高幹部であった。

政友本党は、第五〇議会で与党に対抗する新政策を打ち出して、論戦を挑んだ。まず普選問題については、選挙権の納税要件を撤廃し、戸主に選挙権を与えることを主張した。これは以前、憲政会が主張した条件付普選論であったが、一つ大きな違いがあった。女性の戸主にも選挙権を与えるべきだとしていたのである。政府・与党が婦人参政権については時期尚早論で一致している中で、これは院内政党の主張として画期的な意味を持つものであった(39)。もっとも政友本党は、「婦人参政に関する建議案」を提出した松本君平(革新倶楽部)とは連携せず、むしろ彼に白眼視されていたし(40)、そもそも婦人参政権実現への熱意をあまり持っておらず、第五一議会(一九二五年一二月開会)にはこの主張は消えてしまった。

財政政策では、政友会の伝統的な積極政策を唱え、第五〇議会前の党大会の決議には農村振興、交通機関の整備、治水の完成や義務教育費国庫負担の増額などが列挙されていた。しかし奇妙なのは、金解禁が並んで挙げられていたことである。物価高と輸入超過が続く中で、加藤内閣は金解禁については時期尚早論であり、近い将来の金解禁に備えるためにもまずは財政の緊縮を進めるべきだという考えで一貫していた。この慎重姿勢はイギリスの金解禁実施(一九二五年四月)後も変わらなかった(41)。これに対して政友本党の経済政策は、積極政策と金解禁を同時に唱えるという矛盾した形になっていた（入超が続く中で金解禁を実施すれば、正貨の急激な流出を招いて危険）。

この矛盾は、党内に生まれていた新しい政策潮流との妥協の産物であった。山本達雄顧問は、政友会の伝統的な積極政策よりも緊縮財政を重視していた。また、行財政整理の必要を認め、地租委譲にも反対するなど、財政政策ではかなり憲政会に近い考えを持っていた[42]。山本は党の財政政策を刷新するため、緊縮財政の継続を前提とした金解禁論を第五〇議会前に主張し出した[43]。山本は、農商相時代の秘書課長である小坂順造や同郷の一宮房治郎ら、一定数の代議士を麾下に従える実力者であり[44]、床次、中橋も彼の主張を無視することはできず、結果として矛盾した政策が並列されることになったのであろう。

第五〇議会を前にして床次総裁は、「唯一の在野党」としての真価を発揮し、「二大政党対立の形勢を馴致」することを主張した[45]。これは、かつての加藤・憲政会の主張と重なる。しかし床次は、裏面では加藤内閣成立直前に政友会への合流を策していたし、この後も政本合同、憲本提携路線の間で動揺を続け、野党として政友本党を鍛えるという路線を徹底できなかった。政策面でも、かつての憲政会とは異なり、場当たり的に矛盾した対応を繰り返すのみであった。要するに床次には、党の路線や政策をまとめていくだけのリーダーシップや構想力が欠けていたのである。

このような状況の中で、第五〇議会後に田中義一が政友会総裁に就任すると、小川平吉、小泉策太郎ら政友会幹部が、大木遠吉、水野錬太郎、鈴木喜三郎ら政友会系の貴族院議員と連携しながら、大政友会復活を目指して政本合同運動を推進した。すなわち、政策的差異を理由に連立を破壊した上で、政本合同によって衆議院第一党の座を確保し、政友会単独内閣を実現するというのが彼らの構想であった。

しかし、政本合同をめぐる動向は甚だ錯綜していた。特に、党首の田中と床次が互いをライバル視し、牽制し合っているのが合同の障害となっていた。田中は床次を「あんな馬鹿」と評して、無視する態度を取ったが[46]、合同自体は楽観視していた[47]。しかし床次は、田中の政友会総裁就任を批判し、政本合同にも否定的であった[48]。床次は、田中政友会の下では自分が主導権を発揮できないことを嫌い、西園寺の支持を背景にした床次内閣樹立にも期待をつないでいた[49]。五月には、政策が一致すれば憲政会との合同も可であると発言し、政友会側から「見苦しい」と批判される事態も引き起こしていた(50)。

元老西園寺は、このような田中・政友会、床次・政友本党の動きにあまり好意を持っていなかった。田中が新総裁に就任し、護憲三派が決裂を始めた四月、西園寺はたまたま電車で同乗した財部彪海相に対して「政界の小異動が他に波及せざるを切望す。内閣等変動するに於ては意外の変動を来さんことを恐る」「今回の変動計画者〔政友会―筆者註〕が何れも馨らざる人々なるを遺憾とす」と語り、現内閣の存続を希望する意向を示唆した(51)。また西園寺は、政友会が唱え始めた知事公選論についても、強く反対していた(52)。西園寺は、四月に牧野伸顕内大臣と会見し、同一歩調を取ることを確認したが(53)、牧野も床次に同情を抱いていなかった(54)。もっとも西園寺は、他方で田中・政友会との接触を維持して、彼らの話を聞いたり、時に自らの意向を彼らにやんわりと伝えたりもしており(55)、自らの影響力の維持と彼らの一定の操縦に成功していた。それ故、この後二度の内閣変動に際しても、西園寺の威信と後継首相選定の正統性は揺るぐことはなかった。

内閣総辞職

六月末に税制整理案が具体化するにつれて、協調決裂の様相は深まった。政友会は七月五日頃に床次に提携を申し入れ、次期政権獲得工作を本格化させた。七月一四日には小泉策太郎が西園寺を訪問して「政友会の決定」を知らせているが、これは連立離脱と政本合同の覚悟を示したものと思われる(56)。これに対して床次は、政友会の申し入れを拒否する一方で、腹心の榊田清兵衛(総務)に交渉を行わせるという曖昧な態度を取った(57)。党内では中橋(顧問)、元田(顧問)、鳩山一郎(総務)らが政本合同に動き出した(58)。他方で床次に忠実な松田源治(総務)、小橋一太(総務)や憲本提携を目指す山本達雄(顧問)らは政本提携に慎重で、研究会の近衛文麿、渡辺千冬らがそれに呼応していた(59)。要するに政友本党は、政本派(中橋ら)と憲本派(山本ら)に分裂し始めていたと言える。

税制整理の蔵相案は七月七日に完成したが、二二日までは憲政会出身閣僚だけで協議が行われた。その間加藤首相は協調決裂を否定する一方で、「現内閣は依然として世の信望をつなぎ決して国民からうとんぜられてはいない」と政権運営に自信をのぞかせ、「目下の不景気は永い間行われた放漫政策の反動に過ぎない」とやんわり従来の政友会の積極政策を批判した(60)。安達逓相も、新聞紙上で「わが党では和戦両様の準備が既に出来ておる」と言明していた(61)。実際、衆議院議員補欠選挙の動向を見てみると、三月に行われた栃木選挙区(死去した横田法相の選挙区)では、話し合いによって両党の争いは避けられていたが(政友会の森恪が当選)(62)、五月の大阪、六月の愛媛選挙区では憲政会と政友会は激しく争っていた(63)。また、七月二二日の東京選挙区で候補者を立てなかった憲政会は、ひそかに政友会対立候補の新正倶楽部候補(関直彦派)を推していたようである(64)。

七月二二日の税制整理案の内示で、浜口蔵相は書類を渡さず口頭のみの説明を行ったため、政友会出身閣僚の反発を招いた(65)。浜口の強気な対決姿勢は、第二次大隈重信内閣で外交文書の送付を拒否して口頭のみの説明を行い、元老の反発を買った加藤外相の姿と重なる。しかし加藤首相は当時よりはるかに老獪になっており、既に前日に江木内閣書記官長を通じて、非政党出身の四閣僚に整理案内示の方針を内報していた。また、降旗陸軍政務次官を通して、宇垣一成陸相とも意思の疎通に努めていた(66)。それ故、一部新聞の予測に反し、二二日の閣議では政友会出身閣僚は孤立した(67)。同日、中川小十郎(西園寺の秘書役)は「加藤が単独内閣を決心し、西園寺の了解を得た」と牧野内大臣に伝え、牧野は「大いに気を強くした」(68)。また加藤は、翌日に松本剛吉に妥協模索の意思を示す一方で、「単独内閣となるも何等支なく、自分は健康も此頃は大に良く、又実業家の内、銀行家抔は此内閣を信任し居る様子」と自信を示した(69)。加藤は二六日にも松本と会見して妥協のための尽力を乞い、江木や安達も同様の態度であったが(70)、これらも従来通り協調決裂の責任を政友会に押しつけるための戦術であろう。

二八日、加藤は西園寺と会談を行った。会談時の加藤は「実は加藤は何のために来りたるか分らず(中略—筆者)表面了解を得て置かねばならぬと思い来りたるならん。単独内閣とか政本合同とか云うことは更に話さず、政友会のことも別段悪くは言わなかったが、政友会のやり方は実に分らぬと云い居れり」という様子だったという。加藤は西園寺の支持を確認しつつも、元老を露骨に利用するのを避けて、このような態度を取ったのであろう。これに対して西園寺は「愈々単独内閣でもやる積りであるか、加藤の思う通りやるが可いではないか、之は決して指図する次第にあらず」と語り、憲政会単独内閣の支持を示唆したという(71)。

結局、連日続けられた閣議は決裂し、七月三一日に加藤内閣は総辞職した。ここで政友会の小泉策太郎は、直ちに西園寺を訪問し、二時間半にわたって会談を行った。小泉が残した当日の会見に関するメモには、次のような言葉が並んでいる。重要な資料なので、以下に引用する。

「単独内閣と党内の不平、党の危機」「共倒は卑怯にあらず。総辞職が当然なり」「政本との関係」「奪取は先日の公の片言にヒントを得」「今夜の二派有志会合」「時局収拾は衆議院の多数を糾合する力に委す外無し。園公の上京、御下問の新例を開くべき機会なり」「加藤の秘密主義。廿一ヶ条。摂政行啓前にこの難局を招きしは愚也、議会三度の延長」「総て公の一顰一笑にありて動くこと」(72)

断片的な内容であるが、小泉が政友会の窮状を訴え、加藤を批判しながら、政本合同によって実現する数の力をバックに、政権獲得を狙っていたことがよく分かる。しかし加藤が自信を示した通り、元老西園寺、牧野内大臣は一致して加藤への大命再降下を支持し、八月二日に第二次加藤内閣が成立した(73)。『東京日日新聞』が加藤の「誠実」な態度を賞揚したように(74)、新聞各紙は加藤内閣の継続を支持した(75)。

不様だったのは政友会と政友本党であった。両党は次期政権獲得を狙って、内閣総辞職後に「一夜漬け」で政本提携を決定したが(76)、その目論見は外れた。しかし一度決めた方針を直ちに撤回する訳にも行かず、内閣成立後の八月四日に提携の申し合わせを公表するという奇妙なこととなった(77)。政友本党は八月四日の幹部会で、鳩山一郎ら「妄動派（政本派のこと—筆者註）」を非難する声に対して元田肇が「赤面に堪えない」と釈明するなど、内部分裂の様相を呈していた(78)。これに対して西園寺は、「実に驚いた者共」「馬鹿」などと極めて批判的であった(79)。こうして加藤・憲政会は思惑通りに護憲三派決裂を演出し、単独内閣樹立に成功したのである。

第二節　二大政党制の出発

（一）　政党主導の政官関係の構築

第二次加藤内閣の発足

八月二日、第二次加藤内閣が成立した[80]。加藤は第一次内閣の憲政会出身閣僚を留任させた上で、江木（前内閣書記官長）を法相、塚本清治（前法制局長官）を内閣書記官長に移し、片岡直温（前内務政務次官）を商相、早速整爾（前大蔵政務次官）を農相に起用した。片岡、早速は、憲政会の最高幹部に次ぐクラスの幹部で、野党時代からの党務への貢献と政務次官を無難にこなした点が評価されたものと思われる。また法制局長官には、幣原外相の熱心な勧めにより、前外務省条約局長の山川端夫が起用された[81]。幣原や出淵勝次外務次官と親しく[82]、国際連盟協会の副会長を務める国際法学者でもあった山川の登用は、加藤の国際協調を堅持する姿勢をよく示している。このように、引き続き行政能力に長けた人物を重用する一方で、片岡、早速という党人出身者を新たに登用したのが特徴的であった。

加藤は同時に政務官人事にも着手し、党人出身者を政務次官、参与官に登用したが、前年に引き続きこの人事を貴族院の研究会との提携にも利用しようと考え、既に七月末から近衛文麿と話を進めていた[83]。加藤は、政務官人事によって貴族院のコントロールを図ると共に、これを研究会に近い政友本党との提携の梃子にしようとしたのである。八月三日、加藤は研究会幹部に政務官を採用したい意向を伝え、翌日に了解を得た[84]。その後、加藤の意を受けた若槻、江木、安達による下交渉、加藤と研究会幹部、研究会内部の話し合いを経て[85]、水野直（旧結城藩主家の当主）が陸軍政務次官、井上匡四郎（元東京帝国大学工科大学教授、元鞍山製鉄所長）が海軍政務次官、矢吹省三（富士生命保険取締役、東京貿易社長などを歴任）が外務政務次官に就いた（ただし矢吹は公正会所属）。軍と外交という、政党との一定の距離が求められるポストが選ばれていることが特徴的である。水野は研究会随一の実力者で、同会を代表する形での就任であったが、井上と矢吹の選任は、大学や民間企業での経験に基づく行政手腕、従来憲政会に一定の好意を示してきた点が考慮された結果だと思われる(86)。

なお、九月の貴族院多額納税者議員選挙の後、二〇名前後が加藤や安達の努力によって研究会に入会しており、研究会の勢力拡張への協力が提携条件であったことが窺われる(87)。この後、第一次若槻内閣で井上匡四郎が鉄相、浜口内閣で渡辺千冬が法相となり、憲政会(民政党)と研究会との提携はより密接になっていくが、この時の人事はその出発点となるものであった。かつて原敬は、研究会との提携による「貴族院縦断」政策によって政友会内閣の政治基盤を強化したが、加藤も似た戦略を取ったと言える。

当時の新聞では、加藤内閣の研究会への接近に批判的な意見が多かった(88)。しかし、吉野作造が指摘したように、次期議会を乗り切るためには、少数与党となった加藤内閣が貴族院や政友本党に接近したのはむしろ当然のことであった(89)。問われるべきは、加藤内閣が貴族院や政友本党との提携によって何を実現しようとしたかであるが、憲政会はこの提携のために年来の政策を放棄するつもりはなく、むしろ新たな政治課題に積極的に取り組んでいくつもりであった。加藤はそのためには「少数党の場合政策を行うことができねば解散をするのが道じゃと思う」と解散も考えていた(90)。加藤は、解散を視野に入れつつ政友本党との提携を探るつもりであった。そのために、政権与党の立場を活かして政策の実行で政局を引っ張ることを図り、各種の政策に積極的に取り組んでいった。以下では、第一次若槻内閣期に実行に移される政策をも視野に入れながら、政党主導の政官関係の構築、立憲君主制の発展という観点を中心として、第二次加藤内閣期の政策展開を見ていきたい。

「特命」の継続

第一次加藤内閣の「特命」は、普選と行財政整理であったが、いずれに関してもまだ十分には解決されていない問題が残されていたため、第二次内閣は引き続き「特命」に取り組んでいった。普選に関して問題となったのは、地方選挙における普選の実現であった[91]。加藤内閣は、第五〇議会では普選法の成立(衆議院議員選挙法の改正)に全力を挙げたため、地方選挙までは手が回らなかった。しかし、加藤は既に、第五〇議会での答弁や議会後のジャーナリストとの会見でも普選の実施に自信を示していたし[92]、そもそも加藤が普選の無条件即行に賛同したのは、地方における事実上の普選の実状を踏まえてのことであり、地方での普選実施は当然視していた(第五章第二節)。そこで加藤内閣は、普選の精神を徹底させるため、府県、市・町村会議員選挙における普選の採用、市や一部の町村で行われていた等級選挙制の廃止を、若槻内相の下で第五〇議会から第五一議会にかけて本格的に検討していった[93]。

行財政整理に関しては、第五〇議会前にひとまず延期されていた郡役所の廃止問題があったが、加藤内閣はこれにも着手した。郡役所の廃止には、権限縮小を嫌う内務官僚の強い抵抗があった。元あるいは現職の内務官僚、貴族院議員は活発に反対意見を公表していたし[94]、郡役所の廃止を懸念する地方では、地元出身の大物官僚政治家に対して陳情が行われ、彼らが若槻内相に直接考慮を求めることもあった[95]。一九二五年五月に開かれた地方長官会議では、約四〇の知事が廃止に反対であったという。しかし若槻内相は同会議で、「そんな話は聞くつもりはない」と述べて強硬に反対論を封じ込め、秋にかけて川崎卓吉内務次官と協力して断固廃止の方針で省内をまとめていった[96]。こうして郡役所の廃止は、地方の普選と共に翌年に第一次若槻内閣の下で実施されることとなる。

行政調査会の設置

郡役所の廃止以上に大きな問題が、官制改革であった。加藤内閣は、前年に比較的微温的なものに止まっていた行政整理を、さらに積極的に進めるため、既に五月に首相監督の下に行政調査会を設置していた[97]。行政調査会の提示審議内容(閣議決定の上で上奏したもの)は、行政整理への強い意欲を持っていた江木の原案に基づき、「文官任用令の改正による人材登用、各省局課の統合整理、軍部大臣任用制の改正、官業整理、地方制度の改善、各種の新施設」など多岐にわたっていた[98]。発足時の調査会は、若槻内相(座長)、小川法相、江木内閣書記官長、塚本法制局長官、政務次官三名、次官一一名からなる委員、塚本法制局長官（幹事長）、各省の局長クラス一五名からなる幹事で構成され、原案を幹事会で作成した後、委員会でそれを修正し最終案を作るという体制が整えられた。加藤は、五月一四日の第一回総会の演説で、官僚に対する政党の主導権を強化し、各省のセクショナリズムを克服して、「官場の空気を一洗」することの重要性を訴えた(99)。その後、政局が混迷する中でも準備は幹事会によって着々と進められた(100)。

江木委員（内閣書記官長）の監督の下で内閣の行政整理案を作成した内閣側幹事は、金森徳次郎、下条康麿、長谷川赳夫の三人であった（他に幹事長の塚本）。このうち金森は、浜口の勧めで大蔵省から法制局に転じた法制通で、下条は江木との仲が良好で、のち日本大学教授なども務める社会政策通であった。彼ら人脈的、政策的に憲政会に近い官僚が重用された一方で（前年一二月に、金森は法制局参事官兼書記官から同第一部長へ、下条は内閣恩給局長から内閣統計局長兼任へ昇進していた）、政友本党系と見られた船田中内閣書記官（政友本党顧問・元田肇の娘婿）は前年に江木内閣書記官長によって辞任に追い込まれていた(101)。このように加藤内閣は、政策の徹底のために内閣直属の人事も積極的に行っていた。

内閣側幹事は、前年の政務次官設置の際に一層の人材登用の検討が約束されていたのを受けて、五月二三日の第二回幹事会で文官任用制度の改善、すなわち自由任用による官の範囲の精査、銓衡任用制度の改善などを提案した(102)。これは、加藤が第一回総会で適材適所によって「官場の空気を一洗」することの重要性を訴えていたこと、第一回内閣側幹事会に江木委員がわざわざ出席していたことを考えると、加藤、江木の意向によるのは間違いない。加藤、江木は、前年に引き続き一層の政党勢力の拡大を目指したのである。

もっとも焦点となった勅任官の銓衡任用の拡大については、六月二七日の小幹事会で、原内閣時と同様に銓衡任用の官名を列挙することとなった(103)。問題は、銓衡任用を及ぼす範囲であった。官僚である幹事達は、銓衡任用範囲の拡張に原則的に同意しつつも、「事実上政務官と同様、内閣更迭と共に更迭するの虞なきや」「官吏出身の後身の道を阻止する虞なきや」と危惧し、あくまで「漸進主義に其の途を開くこと」を明文化した(104)。山岡万之助幹事（司法省刑事局長）、粟屋謙幹事（文部省専門学務局長）らは自省への銓衡任用ポスト設置に公然と反対していた。七月一七日の幹事会最終案では、鉄道次官、外務省条約局長や大蔵省銀行局長などが銓衡任用ポストとして解放される一方で、警視総監、内務省警保局長、貴衆両院書記官長の自由任用を廃止する案が作成された。官僚側は選挙干渉などの「党弊」を嫌悪し、警視総監、内務省警保局長については、銓衡任用について議論するべき所であるにも関わらず、試験任用とすることを主張していた(105)。官僚側も巻き返しを図ったのである。

幹事会最終案は九月二五日に委員会に付託され、以後三回の委員会が内閣と官僚の衝突の場となった。まず口火を切ったのは「文官任用令廃止論者」を自任する党人派代議士の頼母木桂吉委員(逓信政務次官)だった。頼母木は思い切って勅任文官全部を銓衡任用とする案を提案したが、官僚側は難色を示した。ここで両者の間に立ち議論を主導していったのは、若槻委員(内相)と江木委員(法相)であった。若槻、江木は、頼母木の提案をあまりにも「破壊的にして通過困難ならん」と退けたが、その一方で官僚側の消極姿勢も批判し、銓衡任用の基準から「漸進主義」の文言を削除した(106)。また、官僚側が執拗にこだわる警視総監などの試験任用を、従来通りの自由任用に戻した。江木は、原理的には次官を自由任用としても構わないとまで明言した。さらに若槻は「民間から採ったのではあぶない、文官試験を通った者はあぶなくないから弊害がない、そんなことはないと思う」と官僚側を牽制し、江木と協力して、内務省土木局長や大蔵省主計局長などを次々と銓衡任用ポストに追加していった。

若槻や江木の動きが加藤の意向によるものではあったのは間違いない。加藤らの政党政治に対する自信は、彼らをしてここまで官僚側と対立的な立場を貫かせるに至っていたのである。また、党人派の政務次官も官僚側に政党の意向をはっきり示す役割を果たし、内閣の意向を通す一助となったと言えるであろう。こうして各省の局長クラスの約半数を銓衡任用とした委員会案は、一一月一一日に加藤首相に報告された(107)。加藤がどのようなタイミングでこの案の実現を考えていたのか、反対が予想される枢密院との間でどの程度まで妥協を考えていたのかは、不明である。しかし綿密に検討を重ねた上で摂政に上奏したこの案を、加藤が容易に放棄したとは考え難い(108)。加藤の構想したこの官制改革案が実現すれば、議会を背景とした「政」の基盤がより確固たるものとなる可能性があったが、手許に委員会の報告が届いたわずか二ヶ月後に加藤は病没した。

以上と関連して興味深いのは、法令形式の改善と文官高等試験の試験科目の改正である。前者については、九月一一日の委員会で、法令の用字、用語、文体などが難解であるのを改めるため、今後の法令は平明化を目指すべき事が決定された(109)。これを受けて、第一次若槻内閣は翌年六月に内閣訓令号外「法令形式の改善に関する件」を出し、従来法令には用いられなかった(半)濁音符、句読点や括弧を必要に応じて使用すること、大法典には目次を附し、章節を分かつべきことなどを定める(110)。また後者については、文官高等試験の「法科偏重」を改め、官界により多様な人材を供給するため、試験科目の増加が決定された(111)。もっとも文官高等試験の改正案は、第一次若槻内閣では枢密院に握りつぶされ実現せず、田中内閣の下で実現されることとなる(112)。これらは、文官任用制度の改善と相俟って、より開かれた官界を目指す改革であった。

官制改革のその後

加藤内閣を継いだ第一次若槻内閣は、翌一九二六年七月一七日、文官任用令改正案を枢密院に諮詢するよう閣議決定し、九月七日に摂政に上奏されるに至ったが(113)、枢密院はこの案を審査せず放置していたらしい。そして、大正天皇の死去や政局の混迷の中で、この案を実現できないまま若槻内閣は倒れ、田中義一内閣の下で上奏は撤回されるという結末を迎えた。その後、田中内閣は改めて文官任用令改正に取り組み、再び改正案の上奏まで漕ぎ着けたが、またしても枢密院に諮詢がなされないまま上奏撤回のやむなきに至る(114)。

若槻内閣の下では行政調査会もだんだん開かれなくなり、内閣末期の一九二七年四月に開かれた行政調査会では、頼母木委員(逓信政務次官)が、官僚が中心で「各省割據の弊」に陥っている調査会の審議に憤懣を露わにした(115)。若槻は、官制改革に対する情熱やそれを実現する政治力の点で、明らかに加藤に比べ劣っていた。こうして、加藤の構想した官制改革は完遂せず、政務次官制度も徐々に運用面で活気を失っていった。

加藤内閣以降の二大政党制の時期は、戦前期の政党勢力の全盛期であったが、その負の側面として政党による情実的人事の横行や疑獄事件の多発が顕著になり、「党弊」批判が高まった時期でもあった。「党弊」批判の中で、政党は政務と事務の区別を破り、私的利益追求のために官界に触手を伸ばしていると見られるようになった。そして若手の官僚側の間に、選挙革正運動など政党批判が組織的広がりを見せ始め、政党政治の正当性が大きく動揺していく。政務次官設置の際に強調された政務と事務の区別が守られなかったことは、政党内閣崩壊の一つの大きな要因となったのである(116)。

もっとも、強大な「官」の牙城を切り崩す中で発達してきた戦前期日本の政党にとって、「官僚の系列化」「官僚の政党化」は政党発達の一つの大きな要件であり、政務と事務の区別を守れないのはそもそも宿命とも言えた。原敬は政務と事務の区別という言葉を好まなかったが、統治能力の不足をさしおいて、むやみに政党が官界に進出していくことには否定的で、「党弊」抑制の意識を強く持っていた。しかし卓越した政治力を持った原でさえも、内閣末期には「党弊」の問題に相当手を焼いた。

政務と事務の区別を強調した加藤高明とて、「党弊」の問題を解決できたとは言い難い。加藤首相の公平なイメージのためもあり(117)、加藤内閣期には「党弊」や政務と事務との区別が大きな問題となることはなかった。しかし加藤にとっても「官僚の系列化」「官僚の政党化」ならびに政務と事務の区別の両立は相当困難だったはずで、仮に加藤内閣があと数年続き、地方官人事や選挙、疑獄事件などを経験していれば、相当苦慮したことであろう。昭和天皇が、加藤が引き立て憲政会に入党した川崎卓吉の「染色(政党色のこと―筆者註)」を非常に憂慮していたのは、まさにその象徴と言えよう(118)。「官」打破のための方法を鋭く見抜き、それを実現してきた加藤であったが、戦前期日本の政党ひいてはデモクラシー体制が普遍的に抱える難問を解決することは難しかったのである。

加藤内閣によって始まった二大政党制の時代は、約八年で幕を閉じた。そして、挙国一致内閣として誕生した斎藤実内閣の下で再び官制改革が実施され(文官任用令の特例である大正二年勅令二六二号を改正)、警視総監、内務省警保局長、貴衆両院書記官長が試験任用と改められ、官吏の身分保障が強化された(119)。勅任官のうち内閣書記官長、法制局長官、政務次官、参与官、秘書官の自由任用はそのままであり、従来の官制改革の成果はある程度残ったものの、政党の統治参加への制度的足掛かりは減った。そして この官制改革は、一九三〇年代における官僚政治家台頭の一つの制度的背景となった[120]。

加藤首相の秘書官を努めた松本忠雄は、第一次近衛文麿内閣の外務政務次官在任中に、大正期以降の膨大な外交文書を筆写した「松本記録」を残した[121]。これは皮肉なことに、政務次官制度が形骸化し、政治的な役割がほとんどない中で、資料調査に沈潜することから生まれたものであった。若槻が一九四〇年のインタビューで述べた「今日のようなああいう参与官とか政務次官を作る積りではなかった」という言葉は、加藤の官制改革構想とその後の官制運用の落差を大いに物語っている[122]。

軍部大臣文官制への意欲

行政調査会では、官制改革と並んで軍制改革の実現も目指していた。すなわち、「軍部大臣任用制の改正」(実質的には軍部大臣文官制の導入のこと)という大きな問題が審議内容に含まれていたのである。これは結局審議に至らなかったものの、裏面では政党と軍がせめぎ合いを続けていた。以下、第一次加藤内閣期にさかのぼって、この問題の展開を見ていく。

加藤首相は元来、軍部大臣文官制実現への強い意欲を持っていた(第三章第一節)。また憲政会最高幹部の中では、江木がこの問題に熱心に取り組んでいた。江木は原内閣期から一貫して一般国務と統帥の分裂を克服する必要性を提唱してきたし[123]、一九二二年の加藤友三郎首相による軍部大臣文官制を認める画期的議会答弁を引き出したのも江木であった[124]。加藤内閣成立直後の一九二四年六月二九日、江木内閣書記官長は宇垣陸相を訪問して「陸海軍大臣資格撤廃」に賛同を求めた[125]。宇垣は海相と相談の上で返答すると約したが、同日夜に陸海軍間でこの提案を拒絶することが打ち合わせられた。

翌日、江木は財部海相へ同様の申し出を行い、「本件は何も現状に於て文官大臣を置かんとする具体的腹案ある訳に非ず。主義に於て賛成せらるれば可なり」と迫ったが、財部はこれを一蹴した。財部海相は、軍部大臣文官制を認める気が全くないことを新聞で公言していたし、宇垣陸相も同様の考えであった[126]。両大臣に文官大臣制を認める意思が全くなかった以上、その実現はほとんど不可能だったと言ってよい。結局、江木、宇垣、財部による同日中の協議で「文官大臣論は主義としては認むるも実行には幾多の研究を要する事、到底実行の見込なしとの言明は避る事」との申し合わせがなされた[127]。加藤首相もこれに沿い、新聞談話で「陸海軍の文官大臣もいつから実現しようか――この内閣で断行するかどうかまだ未知数だ」と話していた[128]。

第五〇議会前後には軍部大臣文官制実現を求める声がかなり存在していた。新聞は文官大臣制に賛成だったし[129]、吉野作造は一九二二年に著書『二重政府と帷幄上奏』を発表し、文官大臣制実現を理論的に支援していた[130]。海軍の現役軍人の中にも、鈴木貫太郎連合艦隊司令長官のように、文官大臣制に好意を示す者もいた[131]。第五〇議会では、花井卓蔵らこの問題に熱心な議員から質問がなされた。しかし財部海相は、陸軍と協議し、東郷平八郎、井上良馨両元帥の了解も得た上で、文官大臣制の導入は否定した[132]。第五〇議会における海軍政務官用の答弁資料にも、答弁要旨は「海陸軍大臣任用資格の制限を撤廃するは主義に於て異存なし。但し(中略―筆者)慎重なる研究を要するものありと認む」とされていた[133]。また財部は、吉野のことを「多くの所謂反軍閥論者の通弊に陥りたる」者と見ていた[134]。こうした中、加藤首相も「何とか相当の結果を得たいと云う積りを以て折角研究致して居りますが、未だ結了に至りませぬ」「今日如何なることに相成るかと云うことを明言することが出来ぬのは、誠に遺憾とする所であります」と悔しさをほのめかしながらも淡々と答弁を行うに留まった[135]。加藤は議会後にも、文官大臣制は「非常に容易な問題のようにも見えるが、まだ軍部内にも反対があって早急に解決がつく問題ではない」と語っている[136]。

第五〇議会後、田中義一が政友会総裁に就任すると、政友会の内外では、田中が軍部大臣文官制を新政策の目玉として打ち出すのではないかという期待が高まった。しかし田中は、すぐに「理屈は別として実行することは難しい」と述べ、それを否定した[137]。一九二五年秋に政友会が新政策を発表した際にも、軍部大臣文官制については「なお調査を要するものとして議了に至らなかった」とされた[138]。そのため新聞各紙は、軍部大臣文官制が田中入党の「手みやげとはならなかった」ことに対する失望を表明したり、「田中総裁のねうち」に疑問符を呈して奮起を促したりしたが、結局この問題はこれ以上進展しなかった(139)。他方で加藤内閣側では、第五〇議会前に陸海軍省とも協議の上で、この問題を設置予定の行政調査会に付議させることに成功していた。そのため、塩沢幸一海軍省軍務局一課長は「事実上に於て文官制に数歩を進むものと見るを安全とすべく」と危惧したが(140)、実際に審議されるには至らなかった。加藤の後を継いだ若槻首相は、就任早々宇垣陸相に対して、軍部大臣資格については「触れぬ考え」であり、他より迫られても「然るべくあしらいて始末する考え」であると語るほど弱気であった(141)。こうして、加藤首相が軍部大臣文官制実現への強い潜在的意欲を持っていたにもかかわらず、この問題では結果的に大きな動きはなかった。政党にとっては、文官大臣の出現を否定しないということが精一杯だったのである。

なお、第二次大隈重信内閣では国防会議の設置によって軍に対するコントロールを図る構想があったが、防務会議という形に矮小化され、事実上失敗に終わった経験があった(第三章第二節)。江木はその後も国防会議構想を検討し(142)、加藤内閣期にも国防会議設置を求める声が存在したが(143)、加藤は議会答弁でそれを実行に移す気がないことを明言し(144)、行政調査会でも検討された形跡はない。加藤は、国務と統帥の分裂を克服し、シビリアンコントロールを確立する必要性を強く認識していたが、その制度化という点では、政務次官の設置によって軍との情報共有などを進めるのが精一杯であったのである(第六章第一節)。

枢密院改革――議長・副議長人事

加藤内閣は、行政調査会での議論と並行して、政党政治の基盤を強化するために枢密院改革にも取り組んでいた。枢密院は政務次官の設置に反対し、普通選挙法案の内容を修正するなど、加藤内閣に対しても掣肘機関としての力を発揮していた。加藤は、枢密院に普選法案を修正されたことを慨し、枢密院改革の必要性を感じていた(145)。しかし、枢密院の組織変更には枢密院自身の同意が必要で、根本的な改革は極めて困難であった。かつて第一次山本権兵衛内閣は、枢密院の力を削ぐために定員を削減したことがある(枢密院本会議は内閣員と枢密顧問官によって構成されるため、顧問官の減員は枢密院の権限削減につながる)[146]。当時、加藤は枢密院の廃止を不可とし、顧問官の員数の変更を可とするのみで詳しい論評を避けたが、興味深いことに「英国にも日本の枢密院に似た制度はある」が、「現在では大分権限も縮小され、昔程の権威は無くなって居る」ことに言及している[147]。恐らく加藤は、イギリスの枢密院(Privy Council)をモデルとしながら、まずは人事的に枢密院をコントロールすることを構想していたのだと思われる。

大正期の枢密院は、一九〇九年以来議長の座にあった山県有朋が長らく支配し、副議長も山県系官僚の芳川顕正、清浦奎吾が歴任してきた。一九二二年二月に山県が死去すると、後継には清浦奎吾副議長が昇任し、副議長には浜尾新枢密顧問官(元帝国大学総長、一九一一年顧問官就任)が昇任した。また一九二四年一月に清浦が組閣のために辞職すると、浜尾副議長が議長に昇任し、副議長には一木喜徳郎枢密顧問官(元東京帝国大学教授、一九一七年顧問官就任)が昇任した。いずれも、学者が昇任していることが注目される。浜尾や一木、穂積陳重(東京帝国大学名誉教授、一九一六年顧問官就任)は、山県議長時代に顧問官に就任しているが、彼らの登用には、専門知識への期待のみならず、山県が枢密院内の非山県系(元伊藤博文系)である伊東巳代治や金子堅太郎に対抗するという意図も込められていた[148]。しかし、山県の死去によって山県系官僚閥は事実上解体し、浜尾や一木はあまり政治的な動きを見せなかった。すなわち、山県の死去以降、枢密院議長、副議長には学者の顧問官が昇任するのが慣行化しつつあり、枢密院は非政治化の兆しを見せていたのである。実際、浜尾と一木は普選問題で政府に非常に協力的であった(第六章第二節)。

一九二五年三月、牧野伸顕宮相が病床にある平田東助内大臣の後任に転じた際、後任の宮相には、一木枢密院副議長が転じた。この人事は、元老西園寺と牧野によって決められたものであったが[149]、加藤は一木が宮相に転任するよう岡田良平文相(一木の実兄)と共に説得を行っており[150]、基本的に西園寺らの決定を支持していたようである。もっとも、一木の宮中入りが憲政会にとって好ましい人事だったかどうかは、微妙である。確かに一木の宮相就任によって、それまでほとんど接点のなかった憲政会と宮中の間に疎通のルートができ、宮中との関係では政権基盤は強化された。しかし他方で、枢密院との連携の要を失うことになったのは、大きな痛手であった。西園寺八郎（式部次長）は、このまま副議長に留まって議長昇任を待つ方が、一木にとっては利益になるはずだと予想していた[151]。また、小原駩吉（貴族院議員、前内匠頭、倉富勇三郎枢密顧問官に近い）の談によれば、一木に近い武井守正枢密顧問官は、一木は宮中に入った以上は相当の技倆を発揮するだろうが、もともと「政治家で立つ人」と思っていたので、宮中入りの話があった時に反対したという[152]。実際、一木は枢密院の地位に満足と自信を覚えており、宮中入りの話を「実に意外」「全く予期し無いこと」と受け止めた。また浜尾議長も一木に期待しており、留任を希望したという[153]。結局、一木は転任を承諾したが、牧野の観測によれば「周囲の事情止むを得ざるを感得したるものなるべく」という様子であった[154]。こうして、加藤・憲政会は枢密院との有力な疎通ルートを失うことになった。

一木はもともと宮中には基盤がなかったため、牧野内大臣や関屋貞三郎宮内次官と密接に連絡しながら仕事を進めた。そのため倉富顧問官は、牧野と関屋が依然宮内省を掌握していると見たし[155]、小原駩吉は、一木は枢密院議長への転任を希望するのではないかと予想した[156]。他方で一木の後任の枢密院副議長には、穂積陳重枢密顧問官が就いた。穂積は東京大学時代の浜尾の教え子で、浜尾を囲む同窓会「五二会」にもよく出席しており[157]、その副議長就任は、浜尾の強い勧告によるものであった[158]。穂積は、それまで加藤に慰留されて臨時法制審議会総裁の地位に留まり[159]、第五〇議会中に江木から貴族院改革案に関する相談を受け[160]、政務次官設置や普選問題でも政府に積極的に協力するなど、加藤内閣から信頼されており、加藤は穂積選任に賛成したものと思われる。なお穂積は就任にあたって臨時法制審議会総裁を辞職したが、後任には加藤内閣側の意向によって、副総裁の平沼騏一郎ではなく岡野敬次郎貴族院議員（元東京帝国大学教授、加藤友三郎内閣で法相、第二次山本内閣で文相。穂積の教え子）が就いた[161]。

一九二五年九月、浜尾枢密院議長が死去し、後継者問題が発生した。有力候補は、元首相の山本権兵衛、清浦奎吾と枢密院副議長の穂積であった。このうち穂積は、強力な政治的後ろ盾を持たないものの、部内から選ぶとすれば慣行上最有力候補とされていた[162]。加藤首相は浜尾が死去すると即座に西園寺と会見し、穂積昇格案を伝えたようである[163]。二八日、加藤は穂積と会見を行ったが、穂積は政治的経験の欠如を理由に固辞した。しかし加藤はあきらめなかった。その後、西園寺と穂積の会見（穂積は再度固辞）、加藤と西園寺の会見を経て、二九日に西園寺が岡野敬次郎と会見し、穂積の議長就任を条件に副議長就任の内諾を取りつけた。岡野は豊富な政治経験があり、加藤と西園寺は岡野を補佐役として起用することで、穂積の就任同意を取り付けようとしたのである。穂積は、岡野のことを学生時代から「抜群の異材」と評価していたが、加藤と西園寺もこのことに気づいていたのであろう(164)。結局、二度目の加藤と穂積の会見で穂積は議長就任を受諾し、三〇日、穂積が枢密院議長、岡野が同副議長に就任した（岡野は臨時法制審議会総裁を兼任）(165)。岡野は従来政友会に近かったが(166)、貴族院改革問題では加藤内閣に協力的で(167)、臨時法制審議会総裁にも内閣側から望まれて就任していたことから、加藤は政友会との関係をあまり問題視していなかったものと思われる。

加藤の意図は、慣行化しつつあった学者の登用を継続することで枢密院の非政治化を図ることにあった(168)。このことは、枢密顧問官ではない岡野がわざわざ副議長に推されたという異例さからも裏付けられる(169)。また、加藤内閣がこの時期に貴衆両院議長の宮中席次を枢密院副議長の上に置くよう求めていたことも、この意図と合致する(170)。さらに、政府の枢密院への外交報告が加藤内閣以降形式的になり、新聞報道以上の意味を持たないものとなったという金子堅太郎枢密顧問官の後の回顧も、これを裏付けるものであろう(171)。西園寺の意向をはっきり示す史料は存在しないが、説得の経緯などから、西園寺の加藤支持は間違いない。

しかし、この体制は長くは続かなかった。同年一二月二二日に、岡野副議長が死去したのである。穂積は当初、岡野と同様に「政治上の経歴」がある者を希望し、内々に水野錬太郎貴族院議員（元内相）に就任を打診していた（水野は政本合同運動への参加を理由に謝絶）(172)。また新聞紙上では、倉富、平沼両顧問官の名前が後継候補に挙がっていた。実際の後継人事は、加藤首相、穂積枢相、一木宮相によって話し合われ、翌二三日までに三人が意見交換を行った上で、一二二、二四日に一木と穂積が相次いで倉富と会見し、二五日の加藤と倉富との会見で、倉富は正式に就任を受諾した(173)。この話し合いの経緯は定かではないが、二上兵治枢密院書記官長の証言によれば、倉富の選任は、穂積議長の意向によるものであった(174)。穂積は、一八九八年に司法省の法典調査で倉富と初めて知り合ったが、臨時法制審議会時代から倉富を信頼し、議長就任後には懸案の宮中席次問題での調整を依頼しており、その実務能力に期待したのであろう(175)。一方、加藤は倉富が比較的政治色を持たないと見て、普選法成立の際に比較的好意的だったことからも、穂積の提案に同意したものと思われる。既に見たとおり、倉富は従来政党との関係がなく、原・政友会からも特に警戒感を持たれていなかった(第六章第二節)。しかし実際には倉富は、加藤が協調する牧野内大臣、関屋宮内次官とは対立的であった(176)。また、出身の司法省を通じて国粋主義者に連なる人脈を持ち、一九二五年八月に山岡万之助刑事局長(治安維持法策定の中心人物)が江木法相によって休職に追い込まれた時には、平沼、大木遠吉、小川平吉らと共に慰安会を開き、江木法相を批判している(177)。さらに倉富は、原内閣以来二回目となる一九二五年の国勢調査の際、「職業天皇」となることの不可を訴え、天皇を調査の対象から外すよう求める保守的な面も持っていた(178)。もっとも、性格が極めて慎重でそのような面を外に表し、政治的行動に結びつけることがほとんどなかったため(179)、新聞からも「法律技師」「純官僚」と見られ(180)、加藤もあまり警戒していなかった。

翌一九二六年四月、今度は穂積議長が死去して、再び議長人事が問題となった。この時加藤首相は既に死去しており、若槻が後継首相に就任していた。若槻首相は、当初一木宮相を第一候補と考え、元老西園寺にその希望を伝えた。しかし西園寺が「今一木を宮内省から引去られては困る」と述べたため、倉富の昇任を提案し、了承された(181)。『東京日日新聞』は、この人事を枢密院の「高等法制局」化と見て歓迎した(182)。副議長に関しては、西園寺は若槻に「一任する」と告げ、それでも「何れ選定の上は一応の相談はあるべし」と考えていたところ、若槻は何ら相談することなく、平沼を選任したという(183)。

平沼の選任は、恐らく倉富議長の希望によるものである。倉富は、平沼の組織した国本社には関わらず、平沼に「忠君愛国」という主張と言行不一致な点もあると見なす批判的な目は持っていたが(184)、臨時法制審議会時代から協調して仕事を行ってきた(185)。一方で平沼は、第二次大隈内閣の時に同志会副総理格である大浦兼武を政界引退に追い込んだ立役者であり、憲政会にとっては敵的な存在であった。前年一二月から一月にかけて、死去した岡野臨時法制審議会総裁の後任が問題となった際、加藤首相は倉富の総裁就任、平沼の副総裁留任を希望した。これに対して倉富は、岡野の総裁就任時に続いて平沼が今回も昇任を見送られるのは「異例」だとし、平沼総裁、横田秀雄副総裁または富井政章総裁、平沼副総裁という案を提示した。しかし加藤は、穂積議長や司法省側の意向を盾にして強硬に倉富の案に反対し、倉富に総裁就任を承諾させた。このように、加藤は明らかに平沼を敬遠していた。これは、後に西園寺が平沼を徹底的に敬遠し、倉富議長の後任に一木元宮相を就けてまでその議長昇任を阻止した態度と共通しており、非常に興味深い。これに対して倉富は、就任を承諾した後で平沼に「何か都合あることに見へ、予に命ぜらるる様なり。予は少しも事情を知らざる」と弁解的な挨拶を行うなど、平沼に対して遠慮がちであった。若槻、倉富の間で、枢密院副議長として一木以外の候補者が検討されたのかどうかは不明であるが、倉富は、臨時法制審議会の総裁候補に名前を挙げた富井についても「敏腕とは言い難かるべき」と見ており、平沼以外に頼りになりそうな者は見あたらなかったのであろう(186)。一方若槻には、倉富の意向をはねかえすだけの政治力や人事構想が欠けていた。こうして枢密院の人事は、憲政会にとって好ましくない方向に進んでいった。

加藤首相は、主に人事を通して枢密院の権力を削いで、将来的に枢密院を内閣の意向に従わせる道筋をつけようとしていた。枢密院の権限削減や定員削減は行われず、いかにも微温的な改革ではあったが、普選などの重要政策で枢密院との妥協が不可欠で、しかも政権運営期間が一年半余と決して長くなかったことを考えれば、一つの方向性は示したと言える。しかし、議長や副議長となった学者の相次ぐ死去により、内閣と協調できる人材を確保するのは困難になっていた。その後、若槻内閣は金融恐慌への対応をめぐって、自らが正副議長を選んだはずの枢密院の不支持によって、総辞職を余儀なくされた。また、浜口内閣もロンドン条約批准をめぐる枢密院との協調に失敗した(187)。この間、倉富議長は、内閣との協調に積極的な役割を果たすことがなく、むしろしばしば枢密院の発言力維持に努めた。そのため牧野内大臣は、倉富議長、平沼副議長という人事は「失敗」だったと見るようになった(188)。こうして、加藤が取り組んだ枢密院非政治化の試みは、挫折していくことになる。

枢密院改革――枢密顧問官人事

加藤は、首相と枢密院議長の話し合いによって決まる枢密顧問官の選任でも、自らの意向を押し出した。加藤内閣の成立当時、枢密顧問官の定員二四名は埋まっていた。しかし加藤は組閣後間もなく、安広伴一郎顧問官（第二次桂内閣で法制局長官）を満鉄社長に転出させた。安広は、ケンブリッジ大学卒業で、浜口、幣原、伊沢多喜男の三高在学時代の恩師であり、旧山県系官僚だが憲政会にもやや近かった（第五章第二節）。安広の転出は、このような経歴を判断したものであろうが[189]、実はこれによって空いた枢密顧問官のポストに政党員を入れようという目的も込められていたようである。加藤は、信頼する憲政会の長老武富時敏（元蔵相、第一五回総選挙で代議士を引退）に白羽の矢を立てて、その枢密院入りの交渉を行ったのである。しかし、武富が政党員であることに難色を示され（政党員の枢密院入りは、大正期になってからは前例がなかった）、結局枢密院側の意向で、憲政会に近い旧山県系官僚である江木千之（前文相、貴族院議員、江木翼の養父）の就任が決まった[190]。選に漏れた武富は、貴族院議員に勅選された。

一九二五年三月三〇日、穂積顧問官の副議長昇任に伴い定員が一つ空くと、内田康哉元外相が顧問官に就任した。内田はまず浜尾議長、一木副議長から就任交渉を受けた。彼は以前から貴族院入りを試みていた関係で、加藤首相、幣原外相の意中を聞くことを望んだが、そういう訳にも行かず、就任を承諾したようである[191]。かつて原内閣の下でワシントン体制を出発させ、加藤・憲政会が激しく攻撃していた内田の顧問官就任は、加藤の外交姿勢の転換をよく示している。

この頃、海軍出身の枢密顧問官がいない関係で（陸軍からは中村雄次郎元宮相が就任）、海軍からの顧問官採用が問題になっていたようで、一九二五年一月に加藤首相と財部海相は、八代六郎、村上格一前海相のうち一人を顧問官に推薦する件について話し合っている[192]。三月には、財部海相が穂積顧問官と「顧問官推薦の事」で連絡していることから、三月の内田就任の際にも、彼らが候補に挙がっていたのかも知れない[193]。財部は九月には、山下源太郎軍事参議官に顧問官就任を打診したが、拒絶された[194]。一二月に入って岡部長職顧問官（元法相）の健康が悪化すると、にわかに動きが慌ただしくなり、財部海相は一四日に竹下勇軍事参議官から枢密院入りに「大体得心」だと聞く一方で、一九日には鈴木貫太郎軍令部長から山下の枢密院入りへの賛成論を聞いた。この間財部は、穂積議長とも二回会談している(195)。このように、海軍の顧問官候補が多数挙がる中で、加藤首相は二三日に財部と会見し「八代〔六郎―筆者註〕大将を推したし」と切り出した。加藤は、枢密院に対する影響力を増すため、第二次大隈内閣で海相を務めるなど憲政会に近い同郷の親友を推したのである(196)。財部は、八代が同意すれば異議なしと応じたが、即日で加藤から「八代快諾の報」を聞いた。八代は穂積と財部の話し合いでは候補とされていなかった模様で、翌日に財部は穂積を訪問し、八代推薦に「変更」の承諾を得た(197)。こうして、三〇日に死去した岡部の後任には、八代六郎元海相が就任した。このように海軍出身の顧問官選任には、通常の場合と異なり首相、議長に加えて海相が影響力を持っていたが、加藤首相の意向が最も強く働いていたことが確認される。

この一二月、倉富顧問官が副議長に昇任したため、加藤首相、穂積議長はその後任もすぐに埋めようとした。加藤首相と穂積議長との話し合いで「財政通」を採用する方向にまとまり、まずは一木宮相を通して、井上準之助貴族院議員(元蔵相)に交渉が行われた(198)。井上は「野に在りて経済界の為に力を尽くしたし」として断ったが、実はその本意は、政治的意欲にあったようである。井上はこれより以前、一九二四年二月から八月にかけて欧米の視察を行っていたが(199)、イギリスのサンソム(George Sansom)領事は、この旅を「政治生活への準備」と見(200)、松本剛吉は、井上本人から旅の目的を「国家に奉仕するには如何にしたら良いかと考へ」たためと聞いている(201)。井上は帰国後、活発に金解禁論(この頃はまだ慎重論)などを積極的に発表し(202)、一時東京市長の候補に推されている(203)。加藤・憲政会も、欧米事情や財政に通じた井上には注目しており、駐米大使への就任交渉を行ったが、断わられている(本節(三))。このように加藤・憲政会が井上のことを評価し、駐米大使や枢密顧問官の候補に挙げていたことは、後に彼が民政党に入る素地が少しできていたことを意味しており、非常に興味深い。もっとも、この頃の井上はむしろ政友会に近く(204)、民政党に近づくのは田中外交への批判を経てからである(205)。

こうして、井上から承諾が得られなかったため、次の就任交渉は、穂積議長が推した桜井錠二貴族院議員(元東京帝国大学教授、化学者)に対して行われることとなった。桜井は大学南校入学以来の穂積の同級生で、五年間のイギリス留学も共にした親友であった(206)。桜井と面識のなかった加藤は少し躊躇の様子だったが、穂積の説得に応じたという。こうして一月に、桜井の顧問官就任が決定した。加藤内閣はここまでの交渉の過程で、枢密顧問官の推薦に関して、首相を枢密院議長と対等の地位に引き上げ、その後、政党内閣期を通じて続く慣行を作り上げることにも成功した(207)。加藤は、顧問官人事を通しても枢密院の政治力を削ごうと努力し、一定の成果を挙げていたのである。

以上の通り、枢密顧問官の人事と貴族院勅選議員の人事は、定員などの関係で微妙に連動していた。そこで勅選議員についても、簡単に触れておく。貴族院勅選議員の人事は首相が握っており、大半は内閣総辞職の時にまとめて行うのが一般的であった。従来、原・政友会は、政党員の扶植、「系列化」した官僚や経済人の扶植、老朽官僚の引退や淘汰のためにこの人事を活用し(208)、同志会も第二次大隈内閣において同じ方針で人事を行った。加藤・憲政会も同じ方針であり、加藤内閣では総辞職までに一三名が選任されている。経歴によって分けてみると、憲政会員(武富時敏、仙石貢)、政友会員(田中義一)、憲政会系官僚(幣原喜重郎、太田政弘、塚本清治、川崎卓吉)、憲政会に近い経済人(添田寿一、内藤久寛、中川小十郎、永田仁助、稲畑勝太郎、末延道成)となる。経済人がやや多いのが、特徴的である。経済人のうち、添田(第二次大隈内閣の鉄道院総裁、元報知新聞社長)、内藤(日本石油社長)は明らかに憲政会系である。内藤は海軍との関係も深く、当時、北樺太との関係などで浮上していたエネルギー問題に対する配慮を示すという意味もあっただろう(209)。中川(前台湾銀行頭取)は西園寺の秘書、末延(元東京海上保険会長)は加藤の旧友であることが考慮されたのだろう(210)。

特筆すべきは、田中の選任である。田中は一九二五年四月に政友会総裁に就任していたが、議会に議席を有していなかった。加藤はこの状態が続くのを政党政治にとって望ましくないことだと考え、敢えて反対党への互譲の精神を示した(211)。これは、反対党党首の選挙区には候補者を立てないイギリスの政党政治の慣習と類似している。加藤内閣は、イギリスにならって公平な政党間競争を支える環境を作り出そうとしていたのである。

（二）　立憲君主制の発展

加藤高明内閣と天皇、摂政

これまでしばしば触れてきたように、加藤は政党政治のみならず君主制に関してもイギリスのあり方を理想とし、日本においてそれを実現させるべく努力してきた。加藤は、首相時代にもその努力を継続し、原敬内閣の下で定着した立憲君主制の枠組みを継承、強化した。以下、加藤内閣が宮中問題にどのように対処したのかを見ていこう。

大正天皇の体調は、一九二〇年までにはほとんど公務を執れないほど悪化していたが、加藤内閣期にも一向に回復しなかった。一九二四年七月に天皇に拝謁して御読を拝した財部海相は、「理解することを得ざるを悲しむ」と日記に記している[212]。また、一九二五年六月には、一年三ヶ月ぶりに宮内省から天皇の病状が公表されたが、「御歩行は従前に比し幾分御難儀」「御記憶御注意力の如きは概して御快方に向かわせられず」という状態だった[213]。倉富枢密顧問官は入沢達吉（侍医頭）から、大正天皇は脳の病気が良くないこと、心臓などの故障もあること、「今日は如何」というような簡単な会話はできるが、連続的に言葉を発することはできないことなどを聞いている[214]。

それ故、大正天皇の公務は、摂政である皇太子裕仁親王が代行していた。皇太子は、基本的に政治への直接的な影響力は持っていなかったが、政党政治の進展にかなりの関心を抱いており、牧野宮相（のち内大臣）にしばしば加藤内閣の動向について御下問した[215]。また皇太子は、軍部大臣文官制の可否を気に懸けていた。前述の通り、第五〇議会ではこの問題がかなり議論になっていたが、皇太子は議会後に謁見した財部海相に対して「議会中の統帥権問題は八釜かりしこと」などを述べたため、財部はそれに対して自らの所信を言上した[216]。一九二五年九月に財部が御進講を行った際にも、皇太子は「文官大臣論」について質問し、財部は首肯できない旨を奉答した[217]。なお、加藤内閣期に行われた皇太子に対する政治関係の御進講としては、穂積重遠「婦人論」（一九二四年一二月八日）、新渡戸稲造（演題不明、一九二五年一月一九日）、井上準之助「欧米における経済問題」（同年二月一九日）、立作太郎「外交史」（一九二六年一月二八日）[218]、政務に関して行われた懇談的な御下問としては、幣原外相への外交一般（一九二五年四月一六日）、野村吉三郎海軍軍令部参謀への中国情勢

（同年六月二七日）、若槻内相への内務省行政や関東大震災の被害（同年七月七日、九月一日）、小野塚喜平次東京帝大教授、清水澄東宮職御用掛への普選問題（同年七月九日）、皇太子自身の発案による小野塚の講演「世論の力」の聴講（一九二四年一〇月六日）などが確認される(219)。

このように皇太子は、即位に備えた準備を積極的に行っていたが、まだ十分な威信は確立していなかった。真偽は不明であるが、一九二四年五月に開かれた皇太子御成婚披露の大饗宴の際に、皇太子が総選挙で当選した高橋に当選のお祝いを述べたことが一部新聞で報じられ、平田東助内大臣には「甚だ穏やかならざるもの」という怒りの声が届けられていた(220)。また、イギリスのエリオット（Sir Charles Eliot）大使は、儀式的な行事で皇室と接する機会が多かったが、皇太子に対してかなり厳しい観察を行っていた。一九二一年の渡英前には、「まだ二〇歳になっていないことを考慮すべき」「礼儀正しい」としつつも、「少々神経質」とカーズン（George Curzon）外相に報告した(221)。一九二四年には、虎ノ門事件は皇太子の西洋的な生活に対する反発ではないかと観測し(222)、外交団を招いたパーティーでの様子を見て、「皇太子は内気である」と報告した(223)。一九二五年に送付された年次報告書では、皇太子夫妻はあまり表に出てこず、「皇后の威厳とは対照的」とまで評価されている(224)。このような評価は、以後もイギリス側に受け継がれていくことになる。なおジャーナリズムの間でも、弟の秩父宮が「スポーツの宮」として人気を集めていたのに対し、皇太子のイメージはやや茫漠としたものであった(225)。

加藤首相が皇太子のことをどう見ていたかは不明であるが、政権運営に際して宮中からの支持獲得には細心の意を用い、しばしば政治的資源として活用した。例えば、第一次加藤内閣が行財政整理を進めるに際して、若槻内相や江木内閣書記官長は、摂政から節約を宣伝するための御言葉を頂けないかと徳川達孝侍従長や関屋宮内次官に働きかけていた。もっともこれは、牧野宮相がやや難色を示したこともあって取りやめとなった(226)。また、一九二五年八月に摂政の樺太行啓が行われている。これは、日露戦争による南樺太獲得二〇周年を記念するものであったが、この年二月に日ソ基本条約が締結され、日本が北樺太の経済利権を獲得するという情勢の中で、日本の樺太に対する影響力を国内外にアピールするという狙いを持っていたであろう。摂政は、南樺太の豊原や真岡で役所や学校、南樺太の基幹産業である製紙業を見学し(227)、樺太開発の一層の進展を希望する令旨を発した(228)。さらに加藤は、一九二五年四月に、摂政から首相に対する「政情について御下問等あるべき事」という牧野内大臣の打診に対して、「政変等の場合にも或は何等かの便宜に為る事もあらんかと、平生考えたる事もあり」と肯定的に応じている(229)。当時、与党の護憲三派は決裂に向けて動き出しており、加藤は憲政会単独内閣樹立に向けて、宮中の支持獲得に配慮したのであろう。

しかし加藤は、普通選挙法の制定、第一次加藤内閣の総辞職など重大な政治局面で、宮中を政治的に利用することはなかった。例えば、普通選挙法を公布する際に、閣内から「特種詔勅」をつけるべしという意見が出たが、すぐに沙汰止みとなり(230)、加藤内閣の下では政治性のある詔勅や勅語は出されていない。また加藤は、宮中問題が政争に利用されないよう配慮しており、一九二五年三月の内大臣および宮相人事の発表を、普選法成立後まで延期するよう牧野宮相に働きかけている(231)。加藤は、宮中との疎通ならびに支持獲得に意を用いつつも、それに依存することなく、政党内閣主導の政権運営を行ったと評価できる。この姿勢は、加藤の元老西園寺に対する接し方とよく似ている(第六章第一節)。

加藤の考えは、一九二四年一一月の全国教化団体代表者大会における演説からも確認できる。この大会は、前年一一月に関東大震災後の人心の動揺に対処して出された「国民精神作興の詔勅」一周年を記念して開かれたものであったが、教化団体連合会会長の一木(枢密院副議長)は、教育勅語や戊申詔書の趣旨徹底を説く演説を行った。これに対して、加藤は両者に一言も触れず、明治維新以来の「開国進取」の動きや、第一次大戦後の欧米人による新文明建設の「不撓不屈の努力」に即した形で、国民教化の必要性を説いた(232)。また、一九二五年五月の大正天皇の銀婚式に際して発表された両者の謹話の対照も興味深い。一木宮相が長い謹話の中で、日本を世界五大国の一つにし震災から復興させた天皇と皇后の役割の大きさを強調したのに対し、加藤首相の謹話は簡潔で、内外が一大変革を来している中「常に両陛下が身を以て衆を率いられ能く国民の趨ふ処を示され」などと述べた。加藤はこれらの中で、日本の固有性と結びつけられがちな天皇の詔勅を西洋化の文脈で捉え直し、国民の「模範」としての天皇という理解を示したと言える(233)。

このような加藤の姿勢は、国粋主義者から敵視されていた。加藤は一九二五年三月に、政府提出の普選案を「家族制度の良風美俗を破壊」するものと見る内田良平配下の国粋主義者に、暗殺を図られている[234]。彼らは、明治神宮や靖国神社への祈願式を挙行した上で、普選法案通過阻止のために加藤の暗殺を計画したが、自分たちと加藤の天皇観の相違についても鋭敏に感じ取っていたように思われる[235]。事件は未遂に終わったものの、宮中問題の処理を進める中で国粋主義者の反発を受け、遂に暗殺された原と同様、加藤も国粋主義者から敵視されていた訳である。ちなみに加藤は、第五〇議会前には逆に普選即行を主張する青年にも暗殺を図られていた(未遂)[236]。加藤は、左右双方から命を狙われていたことになる。

秩父宮留学問題

既に見たように、原内閣の下で皇太子裕仁親王の洋行が行われ、加藤もその成果を歓迎した。そして今度は加藤内閣の下で、皇太子の弟である秩父宮のイギリス留学問題が持ち上がった。当時秩父宮は皇太子に次いで皇位継承順位第二位で、「スポーツの宮様」として国民にも親しまれるなど非常に存在感があり、その留学は宮中で大きな問題であった。

秩父宮のイギリス留学は、一九二三年夏頃から宮内省と陸軍で内々に準備が進められ、一九二四年春から本格的に検討された[237]。牧野宮相は、皇后、皇太子、元老西園寺の意見を聞いて調整を行ったが、三者とも留学に賛同した[238]。留学地がイギリスとなったのは、自分自身イギリスに遊学した皇太子の意向も働いていたらしい[239]。皇太子の洋行が成功したこともあり、今回は国粋主義者らによる目立った反対運動は起こらなかった。

留学は一九二四年七月には確実な情勢となり、一〇月八日、牧野宮相は幣原外相に留学の見込みを正式に内示した。幣原は大いに賛同し、早くも一六日には摂政と皇后の許可が降り、正式に留学の見込みとなったことがイギリス側へ伝えられた[240]。幣原外相は、留学を英米との協調外交の一環として位置づけ、積極的に利用した。まず幣原は、一〇月八日の会談で牧野宮相に対し、秩父宮がアメリカも訪問することを強く求めた。幣原は、皇太子の洋行時と同様、秩父宮の訪米によって日米協調を増進しようとしたのである。訪米決定の詳しい経緯は不明だが、翌年一月には宮内省より秩父宮訪米の可能性が発表されていることから[241]、かなり早い段階で訪米の方向に話がまとまったようである。

次いで、留学が正式に決定すると、林権助駐英大使の要望を受けて留学に関する交渉の窓口は外務省に一元化された[242]。さらに、秩父宮が持参した摂政からジョージ五世(George V)宛の親書には、「支那の現状好順に展開したるのとき、ジョージ(George)親王殿下来航のこと今より愉快に其の時機の来るを待つ」と記された。これを受けてジョージ五世からの答電にも「目下中国情勢が好順な時、末息子のジョージが日本で殿下を訪問できることを希望す」と記され、中国での日英協調とジョージ親王の日本訪問の予定が確認された(九月に訪日)。儀礼的な親書と電報の中であえて中国情勢への言及がなされたのは、幣原外相および「日本の好意」として秩父宮留学を歓迎していたチェンバレン(Austin Chamberlain)外相の意向によるものと推定される[243]。このように、幣原・外務省は留学にかなりの影響力を及ぼしたのであった。

もっとも、秩父宮の補導役は宮内省が中心となって決定した。一九二五年三月九日、牧野宮相は幣原外相と会談し、林駐英大使を補導役候補として打診した[244]。林は既に帰国願いを出しており、幣原も高齢のために林の活動が低調であることに不満を持っていたが、林の「皇室に対する忠誠」が強く、それほど多忙な仕事ではないと思われることから賛意を示した。四月に幣原から林への交渉が行われたが、林は「感激の至りに堪えず」として直ちに受諾した[245]。林が補導役となったのは、皇太子洋行時の供奉長であった珍田捨巳(前駐英大使)と同様、駐英経験が長いベテランの外交官であるためであったが[246]、留学問題と並行して進行していた秩父宮妃選びが微妙に関わっていた可能性がある。

秩父宮の結婚は、一九二四年四月から宮中で本格的な問題となり、八月までには洋行前に婚約を内定するのが望ましいという合意が、牧野宮相と皇后の間で形成されつつあった[247]。候補として挙げられてきたのは、閑院宮華子女王、伏見宮敦子女王、同知子女王(両者は双子)、有馬澄子(頼寧の娘、母親が北白川宮能久王の娘)、松平節子(のち勢津子と改名、松平恒雄外務次官〔旧会津藩主松平容保の四男〕の娘)らであったが、華子女王は遺伝的な問題に対する皇后の懸念によって(最終的には一九二五年三月の婚約によって)、知子女王は一九二五年一月の自身の結婚によって、澄子は父親の政治活動によって候補から外れていった[248]。一九二五年一月一九日に牧野宮相と皇后は会見し、秩父宮妃の最有力候補は松平節子以外にはいないという結論で一致した[249]。西園寺も、節子に異存はなかった[250]。そして駐米大使に転任した松平恒雄の一家がアメリカに出発する日(二月一七日)までに、松平は節子を伴って二度宮中に参内し、一度目の拝謁の際に秩父宮と節子の初めての対面が行われた。皇后は非常に機嫌が良く、二度目の拝謁の際に松平夫人に対して、節子を秩父宮妃として所望していることを伝えたという(251)。

ところで、秩父宮の補導役に決定した林は、実は松平と同じ旧会津藩出身であり、自らの選任が秩父宮妃候補に松平節子が挙がっていることと関連していると理解していた。林の回顧によれば、牧野宮相や山川健次郎枢密顧問官(旧会津藩出身)がイギリスに電報を発して、林に補導役を受諾するよう説得したという(252)。また、幣原が林に送った電報には、林が補導役に決まったことに「皇后も満足の趣」であることが記されていたが、これは秩父宮妃問題との関連を示唆していると見ることもできる(253)。実際には松平恒雄の生母の血筋が問題となり、伏見宮家が敦子女王との結婚を強く望んだため、その後も結婚問題は動揺する(254)。最終的に決着するのは秩父宮の帰国後(一九二八年)のことであるが(255)、洋行を前にその準備は着々と進められていたのである。

秩父宮留学は、幣原外相のみならず内閣全体が支援するところであった。秩父宮は、一九二四年七月から英語学習など留学に備えた勉強を本格化したが、秩父宮に英語を教えた一人は、加藤の親友陸奥広吉の妻エセル(イギリス人)であった(256)。また秩父宮は、七月二〇日には首相官邸を訪問し、江木内閣書記官長の案内で官邸内を見学し、加藤が相談人長を務めている徳川義親もこれに同席した。江木の談によれば、皇族が首相官邸に来て国務の実際を視察したのは初めてのことであり、秩父宮は「行政の事、議会の事などについて熱心におたずねになった」ようである(257)。

また秩父宮は、一九二五年三月には初期議会以来皇族では前例のない議会見学を行った。これは、渡英を前にして秩父宮が強く希望し、内閣側の同意によって実現したものであった。加藤はイギリスでは国王がしばしば議会を傍聴することを知っており(258)、見学を歓迎したものと思われる。秩父宮は、三月一八日に貴族院委員会および衆議院本会議で貴族院改革、普通選挙法、予算案などの審議を見学し、三月二五日には貴族院令中改正法成立を目の当たりにした(259)。各審議が難航する中で、異例の皇族の議会見学は、法案や予算の通過にプラスに働いたのではないだろうか。また、イギリス留学直前の秩父宮の議会見学は、よく知られている加藤首相のイギリス贔屓と併せ、政府とイギリスとの強い結びつきを国民に印象づけたはずである。

秩父宮の送別宴でのスピーチを聞いた加藤は、幣原らに「宮さんの御態度や御話振りを見たり聞いたりして私は涙の出るほど嬉しかった。あのスッキリした御挙動、あの簡明な御話振り、非の打ちどころがない」と語ったという[260]。加藤は、留学決定後に自邸での晩餐会や送別宴でも何度か秩父宮と直接会っていたし、秩父宮と入れ替わりに訪日したイギリスのジョージ親王の歓迎宴にも自ら出席していた[261]。また、林の後任の駐英大使・松井慶四郎への就任交渉は加藤の手で行われ、渡英後の秩父宮の主な動向報告も加藤の下に回覧されていた[262]。これらは、加藤が留学を歓迎し、一連の事態を掌握していたことを示している。こうして秩父宮は、五月二四日にイギリスに向け出発した。

翌年一二月に大正天皇が死去したため、イギリス滞在は予定より短い約一年半で終わったものの、秩父宮は幣原外交の下で日英の交流を深める役割を果たした。例えば秩父宮は、一九二五年七月にロイター通信の記者に対して、最近の中国問題は日英「両国の諒解が如何に有効なものであるかを明白に示していると思われる」と語っている[263]。また、帰途には幣原外相の希望により、皇太子の洋行時には実現しなかったアメリカ訪問も行われた。秩父宮のアメリカ訪問が実現したのは、加藤内閣が一九二五年一〇～一一月にフランスから帰国する朝香宮鳩彦王のアメリカ訪問という前例を積極的に作っていたからでもあった[264]。以上の政治過程は、原内閣期に発展した立憲君主制の枠組みが加藤内閣期に受け継がれ、発展したことを示している。

(三)　二大政党制の出発

幣原外交の出発——日米・日ソ関係

次いで、政権末期に大きな政治的争点となった外交、海軍軍拡の問題を検討した上で、加藤が死去する第五一議会(一九二五年一二月～一九二六年三月)をめぐる動きを見ていくことにしたい。

憲政会を長期間政権の座から遠ざけた一つの大きな原因は、二十一ヵ条要求やその後の弁明で示された強硬な外交政策にあった。加藤内閣成立当初も、各方面から外交政策に対する懸念が表明されていた。しかし周知の通り、加藤・憲政会は穏健な外交政策に転換し、幣原喜重郎外相の下で国際協調、内政不干渉を柱とする外交を展開した。このいわゆる(第一次)幣原外交については既に多くの研究があるが、加藤首相が果たした役割についてはあまり触れられていないように思われる。以下では、加藤首相の役割に注目しながら、幣原外交について見ていきたい[265]。

加藤首相は幣原外相を信頼し、加藤内閣の外交指導の主導権は幣原に委ねられていた。二人の良好な関係を示す端的な例として、内閣成立直後に行われた外交文書の公開が挙げられる。幣原外相は、加藤首相、江木内閣書記官長とも協議を行った上で、英仏にならって外交文書を「白書」として公表して歓迎された。これは、かつて第二次大隈内閣で加藤外相が行った施策を継承し、「外交の民主化」を促す改革であった[266]。幣原は、日本国民の国際知識が不十分であり、それを養成していく必要があると考えており、外務省員を全国に派遣して国際知識の普及に努め、一九二五年度の予算にはそのための外交宣伝費を計上している[267]。

加藤内閣成立当時に外交的な懸案となっていたのは、日米関係と日ソ関係であった。日米関係においては、五月にいわゆる排日移民法が成立し、日本では対米不信感が急速に増大していた。しかし加藤や幣原は、この問題で冷静な姿勢を保って日米関係を悪化させないよう努め(第六章第一節)、その後も日米関係の再建に努力した。例えば、排日移民法成立の責任者と目された埴原正直駐米大使の後任が問題となった際、幣原が加藤と相談の上で最初に白羽の矢を立てたのは、加藤の親友の陸奥広吉(元ベルギー大使)であった[268]。陸奥は優れた英語力を持ち(イギリス留学でバリスター資格を取得)、かつて加藤駐英大使の下では日英博覧会の実質的責任者を務め、日本事情をイギリスに広めるのに力を発揮したことがあった(第二章第二節)。また加藤は、野党時代に日米間の移民問題の事情を尋ねるなど、陸奥のアメリカ在勤時の経験や対米観を信頼していた[269]。加藤と幣原は、陸奥が確かな対米観や英語力、英米の人脈を活かして、日米親善を再建するのを期待していたのであろう。しかし陸奥は健康状態が思わしくなく、この申し出を断った[270]。この後、同じく英語が堪能で、英米での在勤経験が長い松井慶四郎前外相、井上準之助元蔵相にも交渉が行われたが断られ(271)、結局、ワシントン会議で全権委員随員として幣原を支えた松平恒雄外務次官が転任することとなった。

その後も加藤は、朝香宮、秩父宮の訪米を通じて日米親善を増進しようと努力した(本節(二))。また加藤は、一九二五年春にアメリカのジャーナリスト、エドワード・ベル(Edward Bell)のインタビューに応じ、日本人は平和を愛好する国民であり、国際連盟の目的に対しても共感していること、移民問題で日米協調を損なってはいけないこと、日米の通商関係を密にしていかなければならないことなどを語った(272)。加藤は駐英大使時代に、宮廷外交やイギリス人ジャーナリストの交遊、イギリスのメディアへの登場を通して、日英親善を増進し、日本の政治方針が対外的に理解されるよう努力した(第二章第二節)。加藤は首相時代に、同様のことをアメリカに対しても行った訳である。

他方で日ソ関係においては、一九二一年以降、交渉が長引いていた国交樹立問題が最大の懸案となっていた。日本は、一九二〇年の尼港事件に抗議して北樺太を保障占領していたが、撤退の代償として利権の供与を求めており、この問題が交渉の大きな阻害要因となっていた。幣原外相は、清浦内閣下で提議されていた強硬な要求(東支鉄道の利用権、黒竜江・松花江の通航権など)を撤回し、最重要視されていた北樺太の石油利権に利権獲得要求を絞って交渉を行った。その結果、一九二五年一月に日ソ基本条約の調印に成功した(273)。加藤は、原内閣期以来北樺太占領を保障占領に局限し、早期撤退を主張してきており、要求事項を整理する方針に賛成だったのは間違いない。これには、かつて過大な要求を盛り込んで失敗した二十一ヵ条要求の反省も活かされていたのではないだろうか。

同年一二月には、日ソ間で利権契約も締結されたが、加藤はこの直前に、幣原外相、財部海相、浜口蔵相を官邸に呼んで協議を行うなど、一連の事態を掌握していた(274)。また加藤は、それに先だって実業家一〇〇人を招待した懇談会を開催し、石油開発のための新会社設立の了解を得るなど、実業界に対しても配慮を示した(一九二六年に北樺太石油会社を設立)(275)。なおこの時期、従来対ソ交渉に熱心に関わってきた後藤新平は、シベリア開発のための極東拓殖会社設立を加藤に働きかけていたが、加藤は冷淡な態度を取った(276)。加藤は、政府の方針を無視して行動しがちな後藤を警戒していたものと思われる。こうして加藤内閣は、懸案の日ソ国交樹立を実現した。

幣原外交の展開――日中関係

日米関係、日ソ関係以上に深刻で、幣原外交の真価が問われたのは、日中関係であった。一九二四年九月一五日、第二次奉直戦争(直隷軍閥の呉佩孚と奉天軍閥の張作霖の抗争)が勃発し、日本国内では、満州権益や日本人居留民への影響を恐れ、干渉を求める声が強まった。しかし、よく知られているとおり、加藤内閣は第二次奉直戦争に際して内政不干渉方針を取った(277)。幣原が絶対的な不干渉を主張したのに対し、加藤は和平勧告などの対応はあり得るとも考えていたようであるが(278)、幣原の方針を一貫して支持した。結局、一〇月二三日に馮玉祥が呉を裏切ったため、張作霖の勝利という形で奉直戦争は終結し、加藤内閣の不干渉方針は貫かれた。加藤はこの直後の憲政会東海大会で、奉直戦争が日本の満州権益に及んだ場合には「相当に考量」する必要があるとしつつも、日本はこれまで干渉の「苦き経験」をなめつくしてきたとし、「一党一派の援助は断じて為すべきことではない」と演説した(279)。また新聞談話でも、「幣原外相の不干渉主義は大当りじゃないか」「今後も不干渉主義さ」などと話し(280)、その後も同趣旨の演説や談話を繰り返した(281)。第五〇議会でも、外交の失敗を責める政友本党議員に対して、「世界の外交の歴史を御承知ない結果だと思うのであります」などと自信に満ちた答弁を行った(282)。なお、馮玉祥の寝返りに際しては陸軍が秘密工作を行っていたことがよく知られているが、近年、幣原外相は陸軍の謀略の少なくとも一部を把握し、それを事実上黙認していた可能性が高いことが指摘されている(283)。これが事実だとすれば、加藤首相もこの事情を承知していたものと思われる。

奉直戦争の後も中国は不安定な状態が続き、翌一九二五年一一月二二日には郭松齢事件(奉天軍閥の部将郭松齢の張作霖に対する反乱)が起きた。前年と異なり、日本の満州権益に間近な場所で発生し、新聞で張作霖軍の崩壊が報じられただけに、国内では干渉を求める声が強まった。とりわけ、田中総裁の下で強硬外交路線を打ち出していた政友会は、加藤内閣を激しく攻撃した。これに対して加藤内閣は、従来からの内政不干渉方針を堅持しつつも、白川義則関東軍司令官の名で警告を発すると共に(一二月一〇日、一五日)、関東軍の欠員補充を前倒しして実施し、増兵(約二五〇〇人)を行うことを決定した(一二月一五日)[284]。奉直戦争の際の加藤と幣原の考えの微妙な差異、加藤が一二月一〇日の政友会総務との会見で自ら限定出兵方針を示唆したこと、絶対的不干渉を主張していた出淵外務次官に事前の相談がなされず、その日記に「一寸具合悪かりしも、政治は旦夕を謀り難きものなり」という不満が記されていることを考え合わせると[285]、この増兵は、幣原というよりはむしろ加藤が主導したものと推測される[286]。もっとも加藤は、本格的な出兵は実際に日本の権益が侵された場合に限定し、不干渉の原則を貫いた方が日本の国益に適うと考えており[287]、内政不干渉方針と正当な手段による権益擁護を両立するという基本方針において、幣原外相の考えと大きな相違はなかった。近年、幣原外相がこの後張作霖に積極的に財政整理を促すなど、新たな満蒙政策を打ち出していったことが指摘されているが[288]、加藤が生きていてもこの方針を支持したものと思われる。

加藤が以上の対中政策を遂行する上で、日米、日英協調を重視していたことも注目される。奉直戦争の後、加藤は「英米両国の態度は極めて公明正大であった」と語り、イギリスのマクドナルド(James Ramsay MacDonald)前首相兼外相やチェンバレン新外相が「支那に対する行動については必ず日本と協力する」などと公言したことを明らかにした[289]。また一九二四年秋にイギリスでボールドウィン(Stanley Baldwin)保守党内閣が成立すると、マクドナルド労働党内閣の下で凍結されていたシンガポール要塞建設計画が復活することへの懸念が高まったが、加藤はこれを外交問題としないことを明言した。幣原外相も同様の考えであった[290]。

一方、憲政会は加藤内閣期を通じて外交政策でも結束を保ち、内閣の外交方針を支持した。党運営から疎外されていることに不満を持つ望月小太郎、小寺謙吉ら対外硬色の強い党人派は、しばしば対米・対中強硬論で幹部の突き上げを図った[291]。例えば望月は、排日移民法に激しく反発を示した他(第六章第一節)、奉直戦争の際には利権擁護のため「機宜の措置」を取るよう幣原外相に申し入れ、一九二六年一月には「今後共〔欧米の――筆者註〕北京外交団の権威なき協調」を継続することについて疑問を表明していた[292]。しかし、それが大きな動きに広がることはなく、総務会、政調会共に奉直戦争、郭松齢事件に際して政府の方針を支持している[293]。

このように、加藤首相は外交面でもかなり大きな役割を果たしていた。二十一ヵ条要求への弁明に固執した加藤のかつての姿は、もはや見られなかった。そして元老西園寺は、奉直戦争の頃には「内閣も今日の模様に依れば先ず当分は安神ならん」、加藤内閣の郭松齢事件に対する対応については「現政府の執り居る処置を以て可なりと認め居れり」と語るなど、加藤内閣の外交方針を積極的に支持した[294]。幣原外相を「先ず近頃になき出来の良い外務大臣なり」と信任していたのは、よく知られている[295]。加藤も、西園寺が幣原を信頼していることは感じ取っていた[296]。こうしてかつて憲政会を長期間政権から遠ざけてきた外交政策は、逆に元老の支持を獲得し、政権を維持する上で大きな武器となっていった。この外交路線は基本的に民政党に受け継がれていくことになる[297]。

海軍の予算問題

一九二六年度予算案立案は、税制整理案と共に、浜口蔵相の下で着々と進められた。加藤首相は就任以来の行財政整理の成果を認めながらも、依然物価の下落は不十分で、貿易や財界の改善も不十分と見ており、近い将来の金解禁に備えるためにも、当面は緊縮財政路線を堅持する必要があると考えていた[298]。そのため六月五日の閣議で、次年度の予算案は緊縮方針を取るという閣議決定を行い、第二次内閣成立後も、浜口蔵相が財政政策には変更がないことを直ちに言明していた[299]。また大蔵省内では、八月頃から翌年度中の金解禁も視野に入れた準備作業が開始された[300]。こうして加藤内閣は、第五一議会に向けて、募債額を前年度同様に約一億五〇〇〇万円にとどめ、緊縮を基調とする一九二六年度予算案を作成していった。

予算案の作成は前年に比べて順調に進んだが、再び海軍の補助艦建艦費が問題となった[301]。補助艦の実質的な軍拡を目指す財部蔵相は、既定計画以外の補充に同意しない浜口蔵相と対立し、一〇月末にかけて両者の交渉は暗礁に乗り上げた。ここで加藤は再び、自ら積極的に調停を行った[302]。加藤は海軍将官の招待会の場で「財政国防共に大事」と述べて、円満解決を求めた(303)。財部はこの演説を聴いて「頗る内容あるもの」と感じ、新聞に「加藤首相の言明もあり自分としても結局まとまるものと信じて居る」という談話を発表した(304)。対中不干渉政策で財部から支援を受けていた幣原外相も、積極的に仲介を行った(305)。その後、加藤、浜口、財部の三者会談を経て、予算閣議開始から一〇日を経た一一月二〇日にようやく閣議決定がなされた(306)。

当時、海軍軍令部長だった鈴木貫太郎は、補助艦建艦問題で蔵相と激しく対立したことを回顧し、「国防に対してはどちらかというと冷淡な感じがしたのです」「陸海軍ともに政党政治に対して不満を懐いておったということは誠に遺憾千万なことで、これが将来軍閥政治を引き起こす原因の一つとなったであろうと思う」と述べている(307)。鈴木がこの対立を加藤首相とではなく蔵相との対立と見なしているのが注目される。この背景には加藤と浜口の国家構想の違いがあった。加藤は、イギリスをモデルとした国家像を抱く中で海軍の存在を重視し、外交官時代から海軍の増強を唱え、第一次大戦後も容易に軍縮論に与さなかった。これに対し浜口は、健全財政を優先する立場から、海軍の増強に対する理解が乏しかった。後に浜口が首相となり、補助艦に関するロンドン軍縮会議で国論の二分を招くことを思えば、加藤と浜口の対応の相違は非常に興味深い。

浜口はロンドン軍縮会議の際、海軍軍人の意見を直接聞くことがほとんどなかったため、強い不信感を持たれた。ロンドン条約成立後に海軍次官に就いた小林躋造は、後に「浜口氏が努めて海軍の巨頭に会はれ、虚心坦懐に我国の当面せる内地外交上の困難を説明されたなら、海軍巨頭も大いに了解されたでもあろふ」と振り返った(308)。これは、前述の加藤の態度と対照的である。また、ロンドン条約に反対した艦隊派の中心人物だった加藤寛治軍令部長は、一九三〇年五月に岡部長景内大臣秘書官長(加藤の娘婿)と会談した際、ロンドン在勤時代に加藤高明と昵懇にしたと述べて打ち解けた態度を示し、軍令部の立場に理解を求めた(309)。浜口は、加藤が残した海軍とのつながりという遺産を明らかに活かし切れなかったのであり、ロンドン条約をめぐる国論の二分は、加藤が首相であれば起こらなかった可能性も高いのではないだろうか。

なお海軍費が厳しく圧縮されつつも、新規事業として航空兵力の充実計画が認められたことは注目に値する。前年九月に財部海相は、毎年飛行隊二隊半の増設を加藤首相に提議していたが、一九二四年度は他項目からの組み替えによる予算六〇万円(飛行隊一隊の増設分)が認められただけであった。しかし、一九二五年度には四年間の継続費として航空隊設備費約六五〇万円が認められた(310)。これには、前年の宇垣軍縮によって飛行二個連隊の増強、航空兵科の独立、航空本部の設立が認められていた陸軍とのバランスも配慮されていたものと思われる(311)。

加藤首相は、航空兵力充実の必要性を認識していた。日本の航空機産業は第一次大戦後に本格的に発展したが、そのうち海軍の航空兵力拡充にあたっては、イギリスから招聘されたセンピル(Sir William Forbes-Sempill)大佐を団長とする航空使節団(一九二一〜一九二二年)の役割が大きかったことがよく知られている(312)。センピルは、日本の海軍航空兵力を飛躍的に伸ばしたが、この過程でイギリス海軍の機密情報を日本側に漏洩し、一九二二年に帰国した後は、その行動をイギリスのMI5(内務省情報局保安部)から監視されていた。MI5がつかんだ情報によれば、加藤首相は就任後間もなくセンピルに日本の海軍武官への「支援」を求め、センピルはこれに応じてロンドンの豊田貞次郎駐在武官に情報を提供し、加藤首相から「帝国海軍に画期的」な情報をもたらしたことに対する感謝の書翰と謝礼百ポンドを受け取っていた(313)。加藤と海軍がどのように連携していたのかは不明であるが、加藤は海軍の航空兵力拡充を側面から支援していたのである。この他加藤は、一九二五年四月に陸軍造兵廠で国産の水上飛行機を見学し(314)、一九二五年六月に北京訪問往復飛行を成功させた海軍軍人を首相官邸に招いて面会するなど(315)、陸海軍の航空兵力拡充策に積極的に興味と理解を示している。

ちなみに加藤は、第五一議会で「飛行機将軍」の異名を持つ長岡外史代議士(元陸軍中将、帝国飛行機協会副会長。航空事業拡充を求める急先鋒)の質問に対して、財政上の都合により十分に航空事業に予算を割けないことは遺憾であり、将来的には航空事業の発展を期すと答えている。この時、加藤が低声でうつむきがちに答弁を行ったため、野党議員は加藤に対して盛んに野次を飛ばした(316)。しかし実はこの時、加藤は重病をおして議会に出席しており、ほとんど朦朧とした状態であった。結局、加藤はまもなく議場からの退席を余儀なくされ、この答弁が加藤の公の場での最後の発言となった。文字通り死を賭して答弁を行った姿は、加藤の航空事業に対する理解をよく示しているが、それが十分に理解されず、この時の無理が死の直接の原因になったのは、まことに皮肉なことであった。

社会政策立法

海軍の予算と並んで、第五一議会前に大きな問題となったのが社会政策関連の法案であった(317)。加藤内閣は、社会政策を重点政策として掲げた訳ではなかったが、原内閣期から関連法案を作成して第四四議会以降に提出しており(第五章第二節)、この問題に前向きに取り組んだ。まず組閣直後の第四九議会では、小作争議調停法を成立させた。加藤首相は、一九二四年一二月の同法施行前に司法官を集めて挨拶を行い、小作争議の根本はしばらく別として、現在の争議は早期に解決しなければならないと訴え、当事者の互譲協力と調停者の公平を求めた(318)。その後政府では、第五〇議会に向けて、内務省社会局を中心に労働組合法案、労働争議調停法案、治安警察法改正案(一七条、三〇条の撤廃)の立案を進めたが、農商務省などとの調整がうまく進まず、加藤首相は一二月に第五〇議会への労働組合法案提出の断念を明らかにした(319)。残る二法案については、議会開会後も調整が進められたものの、閣内からも反対意見が出された結果、提出は見送られた(320)。

しかし、法案成立への熱意が失われた訳ではなかった。加藤首相は、第五〇議会後に、労働立法の整備は「等閑に附することを許さぬと認むる」と明言し(321)、これらの法案を行政調査会に附議した。加藤首相は、調査会を活用して法案実現に熱心な内務省と反対ないし消極的な農林省、司法省の調整を行い、第五一議会で一挙に成立させることを目指したのである。その後の調整は難航し、内務省原案に多くの修正が加えられた他、財界や貴族院からはとりわけ労働組合法に対して強い反対の声が上がったが、加藤首相、若槻内相共に第五一議会に提出する姿勢を崩さなかった(322)。こうして加藤内閣は、一二月に行政調査会の決定を承認し、労働三法案の第五一議会への提出を決定した。このうち労働組合法については、政友会、政友本党が反対し、憲政会も衆議院を解散してまで法案を通過させる熱意を持たなかったため成立しないが、他の二法案については、政友本党の協力を得て無事成立することになる(323)。なお、行政調査会の決定を受けて、加藤内閣が懸案の改正工場法（一九二三年成立。適用範囲の拡大、就業時間の短縮などが主な改正点）の一九二六年からの施行を決定すると共に[324]、健康保険法（一九二二年成立）を一九二七年から施行することを決め、第五一議会に健康保険特別会計法案を提出したことも（予算一六〇万円を計上）[325]、社会政策への取り組みとして注目される。

しばしば指摘されるように、加藤・若槻内閣が実行した社会政策は、緊縮財政路線の貫徹、国際競争力低下を恐れる財界の意向、既成の農村秩序を優先したため、いかにも不徹底な内容であった。内務省社会局が目指した労働組合法、農林省が目指した小作法が実現しなかったこと、治安警察法改正案一七条撤廃の代償として暴力行為等処罰法が成立したことなど、その例には枚挙のいとまがない。しかし、それが社会政策上の一つの大きな画期をもたらしたのは事実であり、憲政会の社会政策に対する前向きな態度は、以後の政友会の消極的な態度とは対照的であった。憲政会の社会政策は以後民政党に受け継がれ、一方でより徹底した施策を求める労働運動家や無産政党からの失望を生みながらも、政友会とは異なる政策的アピールポイントとして、民政党の支持拡大に資していくことになる。

解散か憲本提携か

加藤首相は、外交や海軍軍拡、社会政策立法という難題を処理しながら、来る第五一議会に向かっていった。加藤首相は、三党鼎立という困難な状況を打開するため、衆議院の解散を視野に入れながら、政友本党との提携を模索した。その背景には世論の現内閣支持があった。新聞各紙は、加藤内閣の継続を依然支持していた。また衆議院の議席数は、一九二五年四月から一二月にかけて、補欠選挙によって憲政六、政友七、政本四、その他四から憲政八、政友七、政本二、その他四に変化しており、憲政会の議席はわずかながら増加していた[326]。憲政会が政友本党の漸減分を増やす形であった。さらに、九月の貴族院多額納税者議員選挙の議席数は、憲政二六、政友一六、政本一〇、中立一一であり、憲政会が圧倒的勝利を収めていた[327]。

加藤は、床次竹二郎を「全で一党を統括すべきでない人」と見、政友本党は分裂するものと観測していた。そこで、焦って憲政会から接近するのではなく、本党側からの接近をじっくり待つ方針であった(328)。新聞談話でも、解散は「要するに政府の政策を遂行する上に必要と認めれば起る問題である」とする一方で、憲本提携について「それはあるかも知れない、しかしまたないかも知れない」と謎を掛けた(329)。また、解散に備えて秋に地方官の異動を行い、江木鉄相が解散はあり得るという観測を示す一方で(330)、浜口蔵相や安達逓相が床次、山本達雄と会見した(331)。要するに加藤は、政友本党に対して「提携さもなくば解散」という脅しをかけていたのである。憲政会所属代議士の多数も解散を支持していた(332)。このように加藤内閣は、解散を武器にして政局の主導権を握っていた。

一方、政友本党は、八月以来政本提携を方針として掲げていたが、中橋徳五郎、鳩山一郎ら政本合同派と山本達雄ら憲本提携派が水面下で抗争を続けていた。貴族院研究会でも近衛文麿や渡辺千冬らが、相変わらず憲本提携に尽力していた(333)。床次は、自党が次期議会の解散をめぐってキャスティング・ボートを握る立場にあることは自覚していたが(334)、党勢が退潮傾向にあり、総選挙となれば大打撃が予想されたため、解散を非常に恐れていた。これには、床次が党の政治資金調達の面で山本に依存しているという事情も働いていた(335)。一二月五日、床次は政本提携を確認する一方で、政本合同論も斥けるという曖昧な決着を図った(336)。しかしその後、第五一議会の衆議院常任委員長の人選が問題となると、憲本提携派が巻き返した。政本合同派は政本両党の協力による委員長ポストの独占を狙ったが、床次は研究会の仲介で若槻内相と会見し、政本間の交渉を打ち切った(337)。その結果、最重要の予算委員長に憲政会の藤沢幾之輔が当選し、その他のポストを各党で按分する結果となり、政友本党は憲本提携への傾斜を明確にした。これに反発した中橋、鳩山らは脱党して同交会を結成し、間もなく政友会に合流した(338)。政友本党の地方組織には動揺が広がり、党の「二分」の兆候がますます顕著になっており(339)、摂政裕仁親王も政友本党は「分離」する可能性があると見ていた(340)。

このように流動的な事態が続く中で、財部海相は一九二六年一月五日に仙石鉄相を訪問して、政友本党との連立内閣を組むことを提案し、大体の同意を得た。翌日、財部はさっそく床次を訪問して入閣如何を問うたが、床次は、今後脱党者は出ない見込みであること、憲政会と「交互責任の位置に立ち得るの自負心」を持っていることを理由に、同意しなかった。

ただし、憲政会に「好意を伝えること」は希望している様子であり、財部は仙石にこれを伝えた(341)。この情報は、すぐに加藤の耳にも入ったはずである。

ここに至り加藤は、政友本党に若干妥協し、その主張する義務教育費国庫負担増額などへの配慮を示すことによって、来る第五一議会は乗り切れると判断した。そこで一月二〇日の党大会では、議会で障害に直面した際には「非常なる勇猛心」を要する十分な覚悟を持っていると述べ、解散を視野に入れていることを示唆しつつも、党員に「自重」を求めた(342)。イギリスのエリオット大使はこの翌日に加藤と会見し、加藤が「全ての点で政友本党の支持を得られるかは分からぬが、ベストは尽くす」と語り、議会での妥協を目指す意向であることを聞いた。同日に会見した幣原外相も、憲本提携に自信を示していたという(343)。ただし党大会で横山勝太郎幹事長は、加藤は「不必要な解散」を主張していないだけで、必要な時には「雄断果決」するであろうと檄を飛ばしていた(344)。浜口を筆頭として憲政会は解散論で固まっていると伝えられ(345)、安達は地方支部長会議で「反対党が故に挑戦してくるようであれば断固として譲るものではない」と述べていた(346)。実際、安達の地元の熊本支部では、解散総選挙の準備を進めつつあった(347)。憲政会系の『報知新聞』『名古屋新聞』も解散を強く支持していた(348)。もし議会中に政本両党が結束して政府と対決してくるようであれば、加藤も断固議会を解散したであろう。

興味深いのは、浜口が政友本党の主張する義務教育費国庫負担増額に頑強に反対していたことである。義務教育費国庫負担制度は一九一八年に創設され、一九二三年に年一〇〇〇万円から四〇〇〇万円に増額されていた。政友本党はこれを八〇〇〇万円に増額することを主張していたが、加藤は予定していた地租軽減の中止によって財源を確保し、七〇〇〇万円への増額で折り合おうとしていたのである(349)。最終的に浜口は譲歩し、加藤内閣を継いだ第一次若槻内閣の下で、七〇〇〇万円への増額が決定することになるが(350)、浜口は最後まで反対していたようで、加藤は死の直前まで「浜口は譲ったか」「モウ好い加減に妥協して欲しい」と語っていたという。加藤は、憲本提携によって議会を乗り切り、政友本党の分裂を待つというシナリオが、浜口の非妥協的な態度によって崩れるのを懸念していたのであろう。ここに、円熟した政治指導に到達していた加藤といまだ財政家の域を脱し切れていなかった浜口の差がよく表れている。加藤は浜口の将来性を非常に高く評価していたが、後継者に浜口ではなく若槻を据えることにしていたのは、このような生硬さと幅の狭さを懸念していたからではないだろうか。

加藤の死後、床次は加藤が次期政権禅譲を約したと吹聴したが[351]、これは見通しの甘さと党の分裂を防ぐための意図的宣伝がない交ぜになったものにすぎない。加藤が具体的な提携条件を示していたとすれば、一九二六年五月に若槻首相が床次に提示した山本達雄蔵相（憲政会と財政政策が近い）、床次鉄相という条件[352]が、最大限の譲歩だったのではないだろうか。加藤・若槻は、財政政策の面で近い山本に政友本党を割ってもらい、憲政会に合流させることを期待していたように思われる。首相奏薦権を持つ唯一の元老西園寺公望も、憲本両党が提携して政友会と対峙することによって、二大政党の状況が生まれることを期待していた[353]。すなわち加藤内閣末期には、既に民政党成立と二大政党制に至る道筋が着々とできつつあったのである。

加藤高明の最期

こうして第五一議会に向けたレールは敷かれた。加藤は施政方針演説で、欧米との協調外交と内政不干渉方針の堅持、自治体に対する監督の整理（＝郡役所の廃止）と地方自治に参与する権利の拡張（＝地方選挙での普選の実施）、社会政策と税制整理の実行、緊縮財政方針の維持という、第一次内閣期から着々と取り組んできた問題を課題として掲げた[354]。しかし、加藤にはこれらの政策を実行に移す時間は残されていなかった。一月二二日、加藤は妻の諫止を振り切り体調不良をおして議会に赴き[355]、議場で答弁中に倒れた。そしてそれから一週間後、にわかに逝去し不帰の客となったのである。享年六六。議会開催中に死去した首相は、加藤が日本史上初めてである。「剛堂」と号した加藤らしい最期であった。

実は加藤は自らの肉体が既に限界に達しつつあることを自覚し、死も覚悟していた。加藤は、かつてロンドンで乃木希典の死を聞いた際、その国家への忠誠心に感じ入り、「大君はひとりさみしくいますらん　われおともしてみやつかひせん」という歌を詠んでいたが（第二章第二節）、第五一議会に臨む直前に、この歌を書いた紙片に「大正一五年一月一九日　内閣総理大臣加藤高明」と自署し、花押を記していた[356]。体調が万全でない中、死を覚悟して議会に臨む思いをこの歌に託したのであろう。加藤は前年一一月二〇日の西園寺との会見でも、「この議会を無事通れば罷める意味の様なこと」を述べていた[357]。加藤の伝記には、後継者は「若槻氏と決めて居た」とあり、加藤は第五一議会後に勇退するつもりだったのだと思われる[358]。恐らく加藤は、若槻内閣成立の道筋をつけた上で総辞職し、若槻内閣による衆議院解散と憲政会による過半数議席の確保（政友本党の分裂とその一部吸収も視野に入れる）を考えていたのではないだろうか。もっとも重病の加藤が、議会の乗り切りを楽観視していたとは思えない。加藤はまずは来る第五一議会を全力で乗り切ることに集中し、無理を重ねているところで、急死したのである。

加藤の伝記には、西園寺が加藤を元老に所望していたとあるが[359]、西園寺自身は後に元老ではなく内大臣などの候補に考えていたと述べており[360]、真相は定かではない。後に西園寺は、原田熊雄に対して「今にして思えば、木戸、大久保、伊藤、或いは加藤高明、やや落ちるが、原敬など、いずれもひとかどの人物だった」と回顧している[361]。この言葉は、書き残しているのが加藤に好意を持っていた原田であることから、割り引く必要があるが[362]、西園寺が約一年半の政権運営を見て加藤の政治指導を高く評価するようになっていたことを示している。西園寺は、加藤の伝記に『孟子』から取った「配義與道」（義と道とに配す）の四字を題辞に贈ったが、これも西園寺の加藤に対する高い評価をよく表している[363]。しばしば「正義」を高唱した加藤にふさわしい題辞であった。

評論家の三宅雪嶺（愛知英語学校、東京大学で加藤の二級後輩）は、加藤の死後「故加藤高明伯」と題する文章で加藤の生涯を論評している[364]。三宅は、外交官としての成功とそれ以降の政治的不振を軸に加藤の前半生を振り返り、「加藤の気紛れ」「自分勝手で当にならぬ」と評された精神的弱さにも目を向ける。しかし、その後逃げ出すと噂された同志会に踏みとどまり、大隈内閣での失敗がありながらも政治家として円熟を遂げ、首相となってからは「少しの危な気がないように思われた」と振り返る。そして、「首相として夫程までに堅実味を示すとは、前に予期されず、寧ろ天晴れの腕前と称し得る」と評価している。政治家加藤高明は苦境と失敗をバネとして成長を続け、最後にその手腕を一挙に発揮するや否や死去したのであった。

　加藤死去の際、エリオット大使は加藤が「日本の偉大な政治家の一人」であることを認め、「彼が二十一ヵ条要求で果たした役割は忘れ難いが、我が国の諸制度の称賛者であったのは疑いない」と評した(365)。一方『タイムズ（Times）』は、加藤が首相として野党時代に受けた批判以上の大きな成功を収め、普選問題を解決した他、日本を大戦後の不況から立ち直らせることにも成功しつつあったと指摘した。そして、エリオット同様、「加藤のイギリスへの愛情は本物であった」と評した(366)。いずれも加藤のことをよく理解した評言だと言えよう。既に退任が決まっていたエリオットは、「日本の政局を語ると同じ様にヨーロッパの政局に就いて語り合ったことを思出として、余は貴国を去るものである」という弔詞を残して、間もなく日本を去った(367)。

　ところで加藤は死去の一ヵ月前、第五一議会直前の多忙な中で帝国議会仮議事堂の建築現場を訪れ、検分を行っていた(368)。議会の議事堂は、初期議会以来仮議事堂が使われていたが（その一方で、原内閣期にようやく新議事堂建設が開始されていた）、一九二五年九月に火災により焼失してしまった(369)。加藤内閣が直ちに仮議事堂再建を決定し(370)、不眠不休の作業が続けられた結果、第五一議会直前に新仮議事堂が竣工した。そして竣工直前に、加藤首相が自ら議事堂を見学する次第となった訳である。加藤が直ちに再建を決定し、再建した建物を自ら検分しているところに、加藤の政党政治に対する強い思いが表れているように思われる。加藤は、第四九議会開催中のスピーチで「日本の議会はイギリスよりも優良になると信ずる」と述べていたが(371)、果たしてその目には、日本の政党政治の将来はどのように映じていたのだろうか。

　加藤内閣期を通して憲政会は政権政党としての地位を固め、ここに二大政党制の時代がスタートした。加藤内閣から始まった二大政党制は、結果的にはその後約八年間の命脈を保ったに過ぎなかった。しかし、ここまで詳細に検討してきたように、二大政党制はその出発点である加藤内閣においてはまだ十分な発展の可能性を持っていた。加藤高明は、円熟した政治指導によって宿願の二大政党制の扉を開いたのであった。

(1) 『東日』一九二五年三月三一日夕刊。
(2) 『松本剛吉日誌』一九二五年四月八日。
(3) 一九二五年三月三一日憲政会議員総会における加藤高明演説(『東日』同年四月一日)。
(4) 『東日』一九二五年四月六日(加藤高明談)、同年四月二七日憲政会関西大会における加藤高明演説(『憲政公論』五巻五号)。
(5) 『東日』一九二五年四月五日(安達謙蔵談)、八日(若槻礼次郎談)。
(6) 一九二四年五月二九日憲政会大会における加藤高明演説(『憲政』七巻六号)。
(7) 大蔵省財政金融研究所財政史室編『大蔵省史』第二巻(大蔵財務協会、一九九八年)六六二〜六八一頁。所得税に関しては、高橋誠「日本所得税制の史的構造」(『社会科学研究』一三巻六号、一九六二年三月)、関税に関しては、土川信男「政党内閣と産業政策一九二五〜一九三二年」(一)(『国家学会雑誌』一〇七巻一一・一二号、一九九四年一二月)も参照。以下、経済政策の推移について、金澤史男「行財政整理・普選・治安維持法」(『日本議会史録』第二巻、第一法規、一九九一年)を参照。
(8) 税制整理案をめぐる両党の対立についての詳細は、金澤史男「両税委譲論展開過程の研究」(『社会科学研究』三六巻一号、一九八四年七月)、池田順「政党内閣下の二つの地方税制改革と官僚」(日本現代史研究会編『一九二〇年代の日本の政治』大月書店、一九八四年)、迎由理男「大蔵官僚と税制改革」(波形昭一、堀越芳昭編著『近代日本の経済官僚』日本経済評論社、二〇〇〇年)二二六〜二二九頁を参照。
(9) 一九二五年一月二二日第五〇議会における加藤高明施政方針演説(『憲政』八巻二号)。
(10) 『東日』一九二五年四月七日(加藤高明談)、八日、二八日(同演説)。
(11) 同右、一九二五年三月三一日(浜口雄幸談)。
(12) 『松本剛吉日誌』一九二五年七月二九日。
(13) 『東日』一九二五年三月三一日夕刊(安達謙蔵談)、同年五月五日、『憲政公論』(五巻五号、同年五月)六九〜七〇頁、同(五巻六号、同年六月)九四〜九五頁。
(14) 『東日』一九二五年七月三日(安達謙蔵談)。
(15) 同右、一九二五年六月一一日(加藤高明談)、二二日(同談)。
(16) 同右、一九二五年八月一日。地租委譲論の問題点については、前掲、金澤史男「両税委譲論展開過程の研究」一三〇〜一三九頁を参照。
(17) 以下、政友会の動きについては、特に註記のない限り、伊藤之雄『大正デモクラシーと政党政治』(山川出版社、一九八七年)第四

〜五章、同「第一次大戦と戦後日本の形成——立憲政友会の動向——」（『法学論叢』一四〇巻三・四号、一九九七年一月）を参照。

(18)「倉富勇三郎日記」一九二五年四月一九日（野田から倉富への談話、「倉富勇三郎文書」国立国会図書館憲政資料室所蔵）。

(19)「小泉策太郎日記」一九二四年一二月二八日（高橋から小泉への談話、「小泉策太郎文書」R一、国立国会図書館憲政資料室寄託）。

(20) 季武嘉也『大正期の政治構造』（吉川弘文館、一九九八年）三八七〜四〇八頁、清水唯一朗「清浦内閣の一考察——貴族院の政治対立」（『政治学研究』二九号、一九九九年三月）九〜一一頁。これと並行して、大木遠吉（原内閣で法相、一九二六年二月死去）の入党工作も進められた（西尾林太郎『大正デモクラシーの時代と貴族院』成文堂、二〇〇五年、四一六〜四一八頁）。

(21)「小泉策太郎日記」一九二五年二月五日、六日、「降旗元太郎日記」同年同日（「降旗元太郎文書」国立国会図書館憲政資料室寄託）。

(22) 岡千里、東谷暁「昭和恐慌　高橋是清かく語りき」（『文藝春秋』二〇〇二年四月号）一九三五年八月二五日（高橋から岡千里〔娘婿〕への談話）。

(23) 高橋は、第二次加藤内閣の成立後、田中義一に対して「過去を謂うも詮なく」「ただ国家民生本位の御勇進を希望」という淡々と書翰を送っている（一九二五年八月一五日付田中義一宛高橋是清書翰「田中義一文書」国立国会図書館憲政資料室寄託）。

(24)「降旗元太郎日記」一九二五年四月一二日。

(25)「小泉策太郎日記」一九二五年四月一五日。

(26) 江木翼君伝記編纂会編『江木翼伝』（同会、一九三九年）二二一〜二二七頁、「小泉策太郎日記」一九二五年四月一六日、『東日』『大毎』一九二五年四月一八日朝夕刊。

(27) 伊藤隆『昭和期の政治〔続〕』（山川出版社、一九九三年）四五三〜四六六頁。

(28) 石上良平『原敬歿後』（中央公論社、一九六〇年）二四八頁。

(29) 同右、二一五〜二二一頁、時任英人『犬養毅　リベラリズムとナショナリズムの相剋』（論創社、一九九一年）一九九〜二〇一頁。

(30)「小泉策太郎日記」一九二五年三月五日、一〇日、一三日、四月八日、一三日。

(31)『東日』一九二五年五月三一日。

(32)「降旗元太郎日記」一九二五年五月四日、二二日。

(33)『東日』一九二五年七月六、一九日。

(34)『松本剛吉日誌』一九二五年五月三一日。

(35) 古川隆久『昭和戦中期の議会と行政』（吉川弘文館、二〇〇五年）二〇三〜二一〇頁、安達謙蔵「両政整理は一度に行へ」（『憲政公論』四巻九号、一九二四年九月）。

(36) この後の田中による政友会掌握については、註(17)の研究に加え、奥健太郎『昭和戦前期立憲政友会の研究　党内派閥の分析を中心に』(慶応義塾大学出版会、二〇〇四年)第一章を参照。

(37) 以下政友本党に関する記述で特に註記のないものは、『政友本党誌』(政友本党誌編纂所、一九二七年)に基づく。

(38) 小坂順造編『山本達雄』(山本達雄先生伝記編纂会、一九五一年)四四八頁、小坂順造先生伝記編纂委員会編『小坂順造』(同会、一九六一年)九八頁、城西逸人「当世選挙費物語」(『太陽』三〇巻五号、一九二四年五月)、『東日』一九二五年七月三一日夕刊。

(39) 菅原和子『市川房枝と婦人参政権獲得運動――模索と葛藤の政治史』(世織書房、二〇〇二年)一一八～一一九頁。

(40) 『衆本』四六、六一三～六一六頁。

(41) 『東日』一九二四年一一月五日、二六日(浜口雄幸談)、二二日(高橋是清談)、一九二五年四月三〇日(浜口雄幸談)。

(42) 一九二四年六月一二日政友本党政調会における山本達雄挨拶(前掲、『政友本党誌』五四頁)、坂口二郎『野田大塊伝』(野田大塊伝刊行会、一九二九年)七四三頁。

(43) 前掲、伊藤之雄『大正デモクラシーと政党政治』一八四～一八七頁。

(44) 前掲、『小坂順造』八三～一〇九頁。

(45) 一九二五年一月二〇日政友本党大会における床次竹二郎演説(前掲、『政友本党誌』九九～一〇一頁)。

(46) 『松本剛吉日誌』一九二五年四月一五日。

(47) 小川平吉「政本合同問題備忘」(小川平吉文書研究会編『小川平吉関係文書』第一巻、みすず書房、一九七三年)六〇〇～六〇一頁。

(48) 滝口剛「床次竹二郎と平生釟三郎」(二・完)(『阪大法学』五二巻六号、二〇〇三年三月)二～八頁。

(49) 『牧野伸顕日記』一九二五年五月七日、『東日』同年四月一一日夕刊(床次竹二郎談)。薩派の上原勇作も、政本合同への反対を床次周辺に伝えていた(牧野良三編『中橋徳五郎』中橋徳五郎翁伝記編纂会、一九四四年、五五六～五五七頁)。

(50) 『東日』一九二五年五月二三日(床次竹二郎談)、二五日(野田卯太郎談)。

(51) 「財部彪日記」一九二五年四月八日(「財部彪文書」国立国会図書館憲政資料室所蔵)。

(52) 「田健治郎日記」一九二五年一〇月一九日(「田健治郎文書」国立国会図書館憲政資料室所蔵)。

(53) 『牧野伸顕日記』一九二五年四月二三日。

(54) 同右、五月七日、七月一九日。

(55) 一九二五年(推定)八月五日付田中義一宛西園寺公望書簡(立命館大学編『西園寺公望伝』別巻一、岩波書店、一九九六年)。

(56) 「小泉策太郎日記」一九二五年七月一四日。

(57)『牧野伸顕日記』一九二五年七月一九日、坂口二郎編『榊田清兵衛翁伝』(榊田記念会、一九三三年)四七一~四七五頁。
(58)「小泉策太郎日記」一九二五年七月八日、一二日、『東日』同年七月二〇日(中橋徳五郎談)、二八日(元田肇談、鳩山一郎談)。
(59)『松本剛吉日誌』一九二五年四月六日、七月二八日、三一日、『牧野伸顕日記』同年七月一九日、『東日』同年四月一一日(松田源治談)、一四日(小橋一太談)、七月一日。
(60)一九二五年七月三日憲政会評議員及び議員総会連合会における加藤高明演説(『東日』同年七月四日)。
(61)『東日』一九二五年七月一一日夕刊(安達謙蔵談)。
(62)「降旗元太郎日記」一九二五年三月六日。
(63)『東日』一九二五年四月二四日、二九日、五月二四日、六月一八日。
(64)『松本剛吉日誌』一九二五年六月二一日、『東日』同年七月三日、二四日夕刊。
(65)同右、一九二五年七月二四日。
(66)「降旗元太郎日記」一九二五年五月四日、六月三〇日、七月二九日、三一日、八月一日。
(67)「財部彪日記」一九二五年七月二一日、二二日、二七日。
(68)『牧野伸顕日記』一九二五年七月二二日。
(69)『松本剛吉日誌』一九二五年七月二三日。
(70)同右、一九二五年七月二四日、二六日。
(71)同右、一九二五年七月二八日。
(72)「小泉策太郎日記」一九二五年七月三一日(推定)。これらは「大正一四.七.三一.午後一時西園寺公を御殿場に訪ず」という記述の後に続く断片的な文章の一部であり、小泉が当日の会見で西園寺に実際に話したか、会見前に話そうとしていた内容と推定される。
(73)前掲、伊藤之雄『大正デモクラシーと政党政治』二〇五~二〇六頁、村井良太『政党内閣制の成立 一九一八~二七年』(有斐閣、二〇〇四年)二二七~二三〇頁。
(74)『東日』一九二五年七月二五日夕刊。
(75)前掲、伊藤之雄『大正デモクラシーと政党政治』二〇六頁。
(76)『桜内幸雄自伝』(一九五二年、蒼天会)一五二頁。
(77)『東日』一九二五年八月五日夕刊。

(78) 「大正一四年八月四日政友本党動静」(『川崎卓吉文書』国立国会図書館憲政資料室所蔵)。

(79) 『松本剛吉日誌』一九二五年七月二八日、八月三日。

(80) 加藤首相が提出していた辞表が却下され、政友会出身の三大臣以外の全閣僚が留任とされたため、この時の憲政会単独内閣の誕生は一般的には内閣改造と見なされることが多い。もっとも、加藤首相が二度目の大命降下を受けているため一度内閣は総辞職しているものと見なして、この日以後を第二次内閣とする見解もある。本書では、与党の構成が大きく変わっていること、加藤首相自身が「留任」という見方もできるが基本的には「別な内閣」であると認識していたことから、一九二五年八月二日以降を「第二次内閣」と見なすことにする。なお、この点に関して第五一議会で加藤首相が行った答弁は以下の通り。「是迄に余り例のない事のやうに承ります。之を大命再降下であるや否やと云う質問がありますが、其点に付ては御答する必要はなからうと思ひます。斯う御沙汰があったのであります。更に内閣組織を命ずる、斯う云ふのですから別な内閣と私は思うて居るのであります。但し(中略—筆者)辞令は別に新しく出ませぬでありました。其点から言へば、留任と云ふ形になります(『衆本』四七、二五頁)。

(81) 山川端夫自伝草稿「私の足趾」(『山川端夫文書』国立国会図書館憲政資料室寄託)七九～八〇頁。山川は海軍省参事官、パリ講和会議全権委員随員等を経て前職。のち民政党に入り、貴族院議員、ロンドン海軍会議全権委員随員を歴任。山川については、英修道「故山川端夫博士を憶う」(『国際法外交雑誌』六一巻一・二号、一九六二年六月)も参照。

(82) 高橋勝浩「出淵勝次日記」(二)(『国学院大学日本文化研究所紀要』八五輯、二〇〇〇年三月)四四〇～四四一頁、四七五頁。

(83) 『松本剛吉日誌』一九二五年七月三〇日。

(84) 『東日』一九二五年八月四日、五日。

(85) 同右、一九二五年八月五日～九日。

(86) 井上は、憲政会本部で講演を行ったり(井上匡四郎「西伯利の金鉱業に就て」『憲政』一巻二号、一九一八年九月)、陪審法案に反対する憲政会に資料を提供したりしたことがある(『古風庵回顧録』二四四～二四五頁)。矢吹は、第五〇議会で普選法案を通過に導いた両院協議会小委員会のメンバーであった。また、憲政会に極めて近い市島謙吉の娘と結婚しており(「家慶記(大正九年)」『市島春城資料』六四五、早稲田大学図書館特別資料室所蔵)、政務次官就任前には市島に諾否を相談している(「小精廬日誌」(市島謙吉の日記)一九二五年八月四日「市島春城資料」)。

(87) 『松本剛吉日誌』一九二五年一〇月四日、川邊眞蔵『大乗之政治家水野直』(水野勝邦、一九四一年)二四三～二四四頁。

(88) 『東日』一九二五年八月八日社説、『東朝』同年八月九日社説。

(89) 吉野作造「第二次加藤内閣の出現」(『中央公論』一九二五年九月号)。

(90)『松本剛吉日誌』一九二五年一〇月二七日。加藤は連立決裂前に松本剛吉には解散を否定していたが(同上、同年七月二三日、二六日)、協調維持の誠意を示すためのポーズであろう。
(91)地方選挙における普選実施の意義については、山中永之佑『日本近代地方自治制と国家』(弘文堂、一九九九年)第四章を参照。
(92)『衆本』四五、二二頁、Edward Price Bell, *World Chancelleries*, The Chicago Daily News, 1926, p. 129.
(93)内務省地方局編『衆議院議員選挙法改正理由書』(内務省、一九二五年六月)、『挾間茂氏談話速記録』(内政史研究会、一九六六年)五二〜五三頁。
(94)池田宏編『大森鐘一』(池田宏、一九三〇年)一八三〜一九二頁、坂本釤之助「郡役所の存廃に就て」(『地方行政』三三巻一号、一九二五年一月)、某地方事務官「郡役所廃止善後策私見」(同七号、同年七月)、平賀周「郡役所存置すべし」(同八号、同年八月)。
(95)「田健治郎日記」一九二四年一〇月二九日〜一一月三日。
(96)一九二五年五月六日地方長官会議における若槻礼次郎演説(『東日』同年五月七日)、前掲、『挾間茂氏談話速記録』四六〜五二頁、大霞会編『続内務省外史』(地方財務協会、一九八七年)三九〜四〇頁、『川崎卓吉』(川崎卓吉伝記編纂会、一九六一年)三三二頁。
(97)行政調査会の活動を初めて紹介した先駆的研究として、矢野達雄「労働法案をめぐる行政調査会議事録」(一)(二)(『阪大法学』一〇五・一〇六号、一九七八年一・三月、のち一部は同『近代日本の労働法と国家』愛媛大学法学会、一九九三年所収)がある。加藤が普選通過後の新しい政治課題として行政整理を選択していたことについては、御厨貴『政策の総合と権力　日本政治の戦前と戦後』(東京大学出版会、一九九六年)一一四〜一一五頁も参照。
(98)「行政調査会に関する件　上奏原義」(「行政調査会書類」国立公文書館所蔵)、江木翼「善意の苛政を呪ふ」(『太陽』三一巻一二号、一九二五年一〇月)、『東日』一九二五年五月二日。
(99)「行政調査会議事録(総会)第一号」(「行政調査会書類」)。
(100)「行政調査会幹事会議事録(第一号)」(「行政調査会書類」)。
(101)『私の履歴書』第八集(日本経済新聞社、一九五九年)六一〜六二頁、下条康麿『理想社会を求めて』(大日本雄弁会講談社、一九五〇年)、船田中『青山閑話』(一新会、一九七〇年)二八〜三二頁。
(102)「第二回幹事会議事録」(「行政調査会幹事会議事録(第一号)」「行政調査会書類」)。この問題については、黒澤良「政党内閣期における内務省」(『東京都立大学法学会雑誌』三九巻二号、一九九九年一月)でも触れられている。
(103)「第一回文官任用制度改善に関する小幹事会議事録」(「行政調査会幹事会議事録(第一号)」「行政調査会書類」)。
(104)「第二回文官任用制度改善に関する小幹事会議事録」(「行政調査会幹事会議事録(第一号)」「行政調査会書類」)。

（105）「第一二回幹事会議事録」（「行政調査会幹事会議事録（第一号）」『行政調査会書類』）。

（106）「第四回委員会議事録」、「第八回委員会議事録」（「行政調査会書類」）。

（107）「行政調査会議決報告書原議」「第九回委員会議事録」（「行政調査会書類」）。最終的な委員会案で銓衡任用にするとされた主な勅任官は、以下の通り。鉄道次官、社会局長官、特許局長官、内閣統計局長、同恩給局長、同拓殖局長、外務省通商局長、同条約局長、同亜細亜局長、同欧米局長、内務省衛生局長、同神社局長、同土木局長、大蔵省主計局長、同銀行局長、司法省行刑局長、文部省専門学務局長、同普通学務局長、同実業学務局長、同図書局長、同宗教局長、農林省水産局長、同畜産局長、商工省鉱山局長、逓信省工務局長、同郵務局長、同電務局長、同管船局長、同航空局長、鉄道省監督局長、同運輸局長、同建設局長、同工務局長、同工作局長、同電気局長。

（108）審議内容はかなり慎重に検討されており、例えば拓殖政策や社会政策は審議内容に加えるかどうかがぎりぎりまで検討されていたことが、上奏案に附された付箋などから窺える（「行政調査会に関する件　上奏原義」『行政調査会書類』）。

（109）「第二回委員会議事録」（「行政調査会書類」）。

（110）内閣官房編『内閣制度九十年資料集』（大蔵省印刷局、一九七六年）六八九～六九〇頁。

（111）「第二～四回委員会議事録」（「行政調査会書類」）。

（112）Robert M. Spaulding Jr., *Imperial Japan's higher civil service examinations*, Princeton university press, 1967, pp. 167-170, 日本公務員制度史研究会『官吏・公務員制度の変遷』（第一法規、一九八九年）二一〇～二一四頁、若月剛史「『法科偏重』批判の展開と政党内閣――一九二〇年代における官僚制の変容をめぐって――」（『史学雑誌』一一四編三号、二〇〇五年三月）。

（113）「枢密院上奏撤回書類」七（「枢密院文書」国立公文書館所蔵）。

（114）「枢密院上奏撤回（御諮詢前に撤回したるもの）書類」（「枢密院文書」）。

（115）「行政調査会議事録（総会）」（「行政調査会書類」）。

（116）前掲、古川隆久『昭和戦中期の議会と行政』第二部第二章、黒澤良「政党政治転換過程における内務省」（『東京都立大学法学会雑誌』三五巻一号、一九九四年七月）、前掲、同「政党内閣期における内務省」、池田順「第一次大戦後の支配構想」（内務省史研究会編『内務省と国民』文献出版、一九九八年）。清水唯一朗氏も、護憲三派内閣期に政官関係の制度化がなされたが、それは不完全なものであり、以後も政党による恣意的な官僚更迭の弊害を残すことになったと論じている（同「護憲三派内閣における政党と官僚――政党・内閣・官僚関係の『確立』――」『日本政治研究』三巻一号、二〇〇六年一月）。

（117）加藤が公平なイメージを維持できたのは、その人柄による所が大きいが、江木内閣書記官長が加藤に代わって人事の言い渡しや貴族院対策などで汚れ役を一手に引き受けていたことも大きい。例えば松本剛吉は、第二次加藤内閣成立の際、憲政会の単独樹立への動きは「首相の意より出てたること少く、江木翰長の仕事なりし故、万事に付、頗る陰険の点多し」と見た（『松本剛吉日誌』一九二五年七月二九日）。また、加藤内閣の下で満鉄社長から更迭された川村竹治は、加藤ではなく江木に馘首されたことを強く恨み、その伝記（生前に編纂されたもの）は、江木を首斬り朝右衛門になぞらえて「江木朝右衛門」と名付けている（新山虎二『肚の人・川村竹治』萬里閣書房、一九二九年、二一一頁）。

(118) 『牧野伸顕日記』一九二七年六月一五日。

(119) 由井正臣「文官任用令改正問題と枢密院」（同編『枢密院の研究』吉川弘文館、二〇〇三年）七九～八六頁。

(120) 一九三〇年代の政務次官をめぐる動きについては、拙稿「政務次官設置の政治過程——加藤高明とイギリスモデルの官制改革構想——」（五）（『議会政治研究』七〇号、二〇〇四年六月）八五頁を参照。

(121) 「松本記録について」（『外交史料館報』五号、一九九二年三月）。

(122) 『若槻談話速記』五二～五三頁。

(123) 江木翼「軍務と政務の調節」（『中央公論』一九一八年九月号）、同「植民地総督制度改革論」（『中央公論』一九一九年七月号）。

(124) 伊藤孝夫『大正デモクラシー期の法と社会』（京都大学学術出版会、二〇〇〇年）二七一～二七四頁、小池聖一「ワシントン海軍軍縮会議前後の海軍部内状況」（『日本歴史』四八〇号、一九八八年五月）七六～七九頁。

(125) 「陸海軍大臣任用資格問題ニ関スル件　岩村副官」（海軍①全般六七、防衛庁防衛研究所図書館所蔵）。

(126) 角田順校訂『宇垣一成日記Ⅰ』（みすず書房、一九六八年）四五六頁、『大朝』一九二四年八月九日夕刊（財部彪談）。なお海軍では、万が一軍部大臣文官制が実現された場合には軍令部の権限を強化することを考えており、一九二四年に海軍省軍制調査会の下でそのための試案を作成していた（「武官大臣制撤廃ニ関連シ制度改正ノ要領　軍令部」海軍①全般三五、防衛庁防衛研究所図書館所蔵）。

(127) 「財部彪日記」一九二四年六月三〇日。

(128) 『東日』一九二四年一〇月二七日（加藤高明談）。

(129) 同右、一九二五年四月一八日社説。

(130) 吉野作造『二重政府と帷幄上奏』（文化生活研究会出版部、一九二二年）。

(131) 『東日』一九二四年八月一八日（鈴木貫太郎談）。

(132) 小池聖一「大正後期の海軍についての一考察」（『軍事史学』二五巻一号、一九八九年九月）、『貴本』四五、一一三～一一五頁。

(133)「第五〇議会海軍省説明材料　政務官用」(「井上匡四郎文書」文書の部〇〇〇八一―一、国学院大学図書館所蔵)。
(134)「財部彪日記」一九二五年二月九日。
(135)『衆本』四五、二一頁、『貴本』四五、一一八頁。
(136)『東日』一九二五年四月二六日(加藤高明談)。
(137)同右、一九二五年五月三日夕刊(田中義一談)。
(138)同右、一九二五年一〇月五日、六日。
(139)『万朝報』一九二五年一〇月六日社説、「軍相文官制と政友会」(『東朝』同年同日社説)。なお政友本党は、八月に軍部大臣文官制を求めることを決定したが、その後実現のために真剣に取り組んだ形跡はない(『東日』同年八月一五日)。
(140)前掲、「陸海軍大臣任用資格問題ニ関スル件　岩村副官」。
(141)前掲、『宇垣一成日記I』五〇三頁。
(142)江木翼「国防会議の提唱」(『憲政公論』一巻八号、一九二一年一一月)。
(143)「軍制の根本改革を望む」(『東日』一九二四年九月九日社説)、「国防会議の組織」(同右、同年一一月九日)。
(144)『衆本』四五、六三～六四頁。
(145)『松本剛吉日誌』一九二五年三月五日。
(146)山本四郎『山本内閣の基礎的研究』(京都女子大学、一九八二年)二三六～二三七頁。
(147)加藤高明「枢密院廃止は不可」(『太陽』一九巻一一号、一九一三年八月)。
(148)望月雅士「枢密院と政治」(前掲、由井正臣編『枢密院の研究』)三四～三五頁、『原敬日記』一九一八年七月二八日。
(149)伊藤之雄『昭和天皇と立憲君主制の崩壊　睦仁・嘉仁から裕仁へ』(名古屋大学出版会、二〇〇五年)五一～五四頁。
(150)『牧野伸顕日記』一九二五年二月九日、一〇日、『一木先生回顧録』(河井弥八、一九五四年)九六頁。
(151)「倉富勇三郎日記」一九二五年一月二七日。
(152)同右、一九二五年七月三一日。
(153)前掲、『一木先生回顧録』九六頁。
(154)『牧野伸顕日記』一九二五年二月一二日。
(155)「倉富勇三郎日記」一九二五年五月五日、六月二五日、七月三一日。
(156)これを聞いた倉富は、一木が今さら議長に転任する訳にはいくまいと否定的に応じた(同右、一九二五年九月二九日)。

(157) 末延道成「大器晩成と浜尾先生」(『学士会月報』四五一号、一九二五年一〇月)。
(158) 一九二五年(推定)四月二〇日付水野錬太郎宛穂積陳重書翰(尚友倶楽部、西尾林太郎編『水野錬太郎回想録・関係文書』山川出版社、一九九九年)、「倉富勇三郎日記」一九二五年四月八日(穂積陳重の倉富への談話)。
(159) 同右。
(160) 一九二五年(推定)一月一一日付江木翼宛穂積陳重書翰(「江木翼文書」東京大学社会科学研究所所蔵)。
(161) 「倉富勇三郎日記」一九二六年一月一一日(穂積から倉富への談話)。
(162) 『東日』一九二五年九月二六日、二八日。
(163) 『松本剛吉日誌』一九二五年九月二六日。
(164) 穂積陳重「岡野男爵を悼む」(『学士会月報』四五五号、一九二六年二月)。
(165) 『牧野伸顕日記』一九二五年九月二九日、『東日』同年九月二九日～一〇月一日。
(166) 清水唯一朗「大正期における政党と官僚——官僚の政党参加とその意識を中心に」(寺崎修、玉井清編『戦前日本の政治と市民意識』慶応義塾大学出版会、二〇〇五年)一五二頁。
(167) 江木翼「岡野男最後の発病」(六樹会編『岡野敬次郎伝』同会、一九二六年)。
(168) 『加藤高明』下巻、六五五～六六〇頁、増田知子『天皇制と国家』(青木書店、一九九九年)一一二頁、前掲、伊藤之雄『昭和天皇と立憲君主制の崩壊』九一頁。なお、のちに加藤の伝記にこの事実が記され、それを読んだ枢密院関係者から憤慨が起こることになる(前掲、伊藤之雄『昭和天皇と立憲君主制の崩壊』二〇七頁)。
(169) 小原駩吉は、これを不穏当だと見ていた(「倉富勇三郎日記」一九二五年九月二九日)。
(170) 百瀬孝「議員の宮中席次問題」(『日本歴史』四八八号、一九八九年一月)、西川誠「大正期の宮中席次」(『日本歴史』六四八号、二〇〇二年五月)。
(171) 加藤聖文「枢密院と外交——「大政諮詢の府」の限界——」(前掲、由井正臣編『枢密院の研究』)一九二頁。
(172) 水野錬太郎「枢密顧問官就任辞退の経緯」(前掲、『水野錬太郎回想録・関係文書』)。
(173) 『東日』一九二五年一二月二三日～二九日。
(174) 「倉富勇三郎日記」一九二六年一月四日。
(175) 同右、一九二三年一〇月二三～二四日、一九二五年一月五日、一〇月七日、一一月四日、一八日、倉富勇三郎「穂積先生を悼む」(『学士会月報』四五八号、一九二六年五月)。

(176) 西川誠「大正後期皇室制度整備と宮内省」(『年報近代日本研究』二〇、山川出版社、一九九八年)九七～一〇〇頁、永井和『青年君主昭和天皇と元老西園寺』(京都大学学術出版会、二〇〇三年)四〇～四八頁。
(177) 「倉富勇三郎日記」一九二五年八月二一日。
(178) 同右、一九二五年九月一五日。
(179) 倉富の日記の几帳面な記述は、彼の慎重な性格をよく表している。倉富日記は、身辺に重要な事件があった時に限って欠落していることが多いが(宮中某重大事件で辞表を提出した直後の一九二一年一月、枢密院副議長に就任した一九二五年一二月、枢密院議長に就任した一九二六年四月)、これは慎重な彼があえて記録を残さなかったか、破棄したためではないかと推測される。ちなみに倉富が詳しい日記をつけていたことは宮中でよく知られていたようで、牧野宮相は一九二四年七月に、摂政設置の経緯を調べるために倉富の日記による調査を依頼している。倉富はこれに対して「日記にも憚るべきことは記し居らず」と断った上で、秘書に一部を転記させたものを提出している(「倉富勇三郎日記」一九二四年七月二八日、三一日、八月二日、四～六日)。
(180) 『東日』一九二五年一二月二五日。
(181) 尚友倶楽部編『岡部長景日記』(柏書房、一九九三年)一九三〇年一月二一日(牧野伸顕から岡部への談話)。
(182) 『東日』一九二六年四月一一日、一二日。
(183) 前掲、『岡部長景日記』一九三〇年一月二一日。
(184) 「倉富勇三郎日記」一九二五年一月二七日。
(185) 同右、一九二三年九月六日、一九二五年一月一二日、一〇月七日。
(186) 同右、一九二六年一月六日、七日、一一日、一三日。
(187) 前掲、伊藤之雄『昭和天皇と立憲君主制の崩壊』I部四章、前掲、増田知子『天皇制と国家』一一五～一一七頁、望月雅士「金融恐慌をめぐる枢密院と政党」(『社会科学討究』四二巻三号、一九九七年三月)、川上寿代「台湾銀行救済緊急勅令問題と枢密院」(『日本歴史』六四一号、二〇〇一年一〇月)。
(188) 前掲、『岡部長景日記』一九三〇年一月二一日。
(189) 『東日』一九二四年六月二三日(伊沢多喜男談)。
(190) 前掲、伊藤之雄『昭和天皇と立憲君主制の崩壊』九〇～九一頁、「江木千之日記」一九二四年六月二六～二八日(「江木千之文書」国立国会図書館憲政資料室所蔵)。
(191) 前掲、「出淵勝次日記」(二)一九二五年三月一四日。

(192)「財部彪日記」一九二五年一月四日。
(193)同右、一九二五年三月一九日、二〇日。
(194)同右、一九二五年九月二八日。
(195)同右、一九二五年一二月一四日、一七日、一九日。
(196)八代と憲政会の近さについては、一九二五年（推定）七月一九日付伊沢多喜男宛八代六郎書翰（伊沢多喜男文書研究会編『伊沢多喜男文書』芙蓉書房出版、二〇〇〇年）、「八代大将逸事」（「伊沢多喜男文書」国立国会図書館憲政資料室所蔵）も参照。
(197)「財部彪日記」一九二五年一二月二三日、二四日。なお、八代が就任すると、陸軍は穂積議長に大島健一貴族院議員（元陸相）を顧問官候補として薦めてきた（「倉富勇三郎日記」一九二六年一月一一日）。
(198)前掲、伊藤之雄『昭和天皇と立憲君主制の崩壊』九一頁、「倉富勇三郎日記」一九二六年一月一一日。
(199)井上準之助論叢編纂会『井上準之助伝』（同会、一九三五年）二六三～二八三頁。
(200)Sansom to Gwatkin, 31 Jan. 1924, FO371/10317.
(201)『松本剛吉日誌』一九二四年一一月三日。
(202)『東日』一九二四年一一月二五日、井上準之助「多難なる祖国を顧みて」（『太陽』三〇巻一二号、一九二四年一〇月）など。
(203)前掲、『井上準之助伝』二八四～二九一頁。
(204)『松本剛吉日誌』一九二五年三月二六日、七月二七日、一一月二四日。駐米大使への就任交渉を行ったのも、中村巍外務政務次官（政友会）であった。
(205)小林道彦「高橋是清『東亜経済力樹立ニ関スル意見』と井上準之助」（『北九州市立大学法政論集』二九巻一・二号、二〇〇一年一〇月）一一六～一一八頁。
(206)桜井錠二「故穂積男爵の思出」（『学士会月報』四五八号、一九二六年五月）。
(207)前掲、伊藤之雄『昭和天皇と立憲君主制の崩壊』九一～九二頁、「倉富勇三郎日記」一九二六年一月一九日。
(208)小林和幸『明治立憲政治と貴族院』（吉川弘文館、二〇〇二年）一二四～一二五頁。
(209)内藤は、市島謙吉（同郷の旧友、早稲田大学図書館長）、大津淳一郎（憲政会代議士）に政治資金を寄付し、市島に近い早速大蔵政務次官らを通じて、石油政策について政府に働きかけを行っていた（早稲田大学図書館編『春城八十年の覚書』同、一九六〇年、八頁、三一～三二頁、「小精廬日記」（市島の日記）一九二四年三月二一日、四月二九～三〇日、八月二七～二九日、一九二六年五月一日）。加藤内閣にも好意的な態度を示していた（内藤久寛「第一目標は産業の振興」『太陽』三〇巻九号、一九二四年七月、『東日』同年一二月二一日（同談）。

(210) 加藤の三菱入社は、末延（東京大学の一級先輩）の仲介によるものらしい（第一章第一節）。

(211) 田中の勅選に際しては、事前に加藤から宇垣に相談がなされ（前掲、『宇垣一成日記』Ⅰ、五〇一頁）、貴族院の水野直、青木信光らとも調整がなされた（一九二六年一月二六日付東武宛小林幸多郎書翰、田中義一宛東武書翰「田中義一文書」）。

(212) 「財部彪日記」一九二五年七月二六日。

(213) 『東日』一九二五年六月一九日。

(214) 「倉富勇三郎日記」一九二五年六月二三日。

(215) 前掲、伊藤之雄『昭和天皇と立憲君主制の崩壊』六二頁。

(216) 「財部彪日記」一九二五年四月一三日。

(217) 同右、一九二五年九月二四日。

(218) 『東日』一九二四年一二月九日、一九二五年一月一六日、二月二〇日、六月一九日、一九二六年一月二九日。

(219) 同右、一九二四年一〇月三日、一九二五年四月一七日、六月一八日、七月八日、九月二日。

(220) 一九二四年六月一日付有松英義宛「忠良なる日本の国民」書翰（同二日付平田東助宛有松英義書翰に同封、「平田東助文書」国立国会図書館憲政資料室所蔵）。『牧野伸顕日記』にはこの事件は記されておらず、饗宴は無事に終わったとされている。なお、皇太子が高橋に好感を持っていたのは事実である（『牧野伸顕日記』一九二四年六月一四日）。

(221) Eliot to Curzon, 18 Feb. 1921, FO371/6688.

(222) Annual Report 1923（Eliot to MacDonald, 19 Apr. 1924, in *BD, Part II, SeriesE, Volume6*）.

(223) Eliot to MacDonald, 6 June 1924, FO371/10304.

(224) Annual Report 1924（Eliot to Chamberlain, 21 Apr. 1925, in *BD, Part II, SeriesE, Volume7*）.

(225) 前掲、伊藤之雄『昭和天皇と立憲君主制の崩壊』第二部第一章。秩父宮については、保坂正康『秩父宮』（中公文庫、二〇〇〇年）も参照。

(226) 一九二四年一〇月一六日付関屋貞三郎宛江木翼書翰（「関屋貞三郎文書」国立国会図書館憲政資料室所蔵）、『牧野伸顕日記』同年一一月一一日。

(227) 原武史『可視化された帝国』（みすず書房、二〇〇一年）三一六〜三一七頁。

(228) 『東日』一九二五年八月一五日。

(229) 『牧野伸顕日記』一九二五年四月一八日。
(230) 「財部彪日記」一九二五年五月一日。
(231) 『牧野伸顕日記』一九二五年三月二六日。
(232) 『東日』一九二四年一一月一一日、『時弊と教化』（教化団体連合会、一九二四年）。
(233) 『東日』一九二五年五月一〇日（加藤首相の謹話、一木宮相の謹話）。もっとも加藤は、一九二四年一二月の文政審議会開会の際には、国民精神作興の詔勅や教育勅語の趣旨を徹底する必要があると演説しているが、教育関係者の重鎮の前で、これらに全く言及しないという訳にはいかなかったのだろう（『東日』同年一二月一一日夕刊）。
(234) 初瀬龍平『伝統的右翼内田良平の研究』（北九州大学出版会、一九八〇年）二六四～二六五頁。
(235) 内田良平文書研究会編『内田良平関係文書』第八巻（芙蓉書房出版、一九九四年）五～二七一頁。
(236) 『東日』一九二四年一二月一三日夕刊。
(237) 『牧野伸顕日記』一九二三年一一月一五日、二二日、Eliot to Chamberlain, 27 Nov. 1924, FO371/10319.
(238) 『牧野伸顕日記』一九二三年一一月一五日、一九二四年四月一八日、一九日、六月三〇日、七月一一日、八月一五日、一八日、三一日、九月一一日。
(239) 秩父宮記念会編『雍仁親王御事蹟資料』二（同会、一九六〇年）二頁（沢田節蔵談）。
(240) 『牧野伸顕日記』一九二四年一〇月八日、一四日、一五日、Eliot to Macdonald, 15 July 1924, 16 Oct. 1924, Eliot to Chamberlain, 27 Nov. 1924, FO371/10319.
(241) 『東日』一九二五年一月二八日（関屋貞三郎宮内次官談）。
(242) 一九二四年一二月五日着幣原宛林電報（「秩父宮殿下御渡欧一件」（一）「外務省記録」L.1.3.0.12 外務省外交史料館所蔵）、「倉富勇三郎日記」一九二四年一二月九日。そのため、イギリスで留学準備を進めていた松平慶民宮内事務官（オックスフォード大学出身）は不満がたまり、林と対立した（Eliot to Chamberlain, 27 Nov. 1924, FO371/10319, 一九二六年〔推定〕五月一日、九月二八日付関屋貞三郎宛松平慶民書翰「関屋貞三郎文書」）。
(243) 一九二五年七月二七日発林宛幣原電報、同年七月一五日〔推定〕発堀田宛山野電報（共に「皇族外国留学関係雑件　秩父宮雍仁親王殿下留学ノ件」「外務省記録」6.4.1.5-2）、Chamberlain to Eliot, 12 Jan. 1925, FO371/10319.
(244) 『牧野伸顕日記』一九二五年三月九日。
(245) 一九二五年一月二九日発幣原宛林電報、同年四月一日発林宛幣原電報、同年四月三日発幣原宛林電報（共に前掲、「皇族外国留学

関係雑件　秩父宮雍仁親王殿下留学ノ件」）。

(246) Eliot to Chamberlain, 24 Apr. 1925, FO371/10960.

(247) 前掲、伊藤之雄『昭和天皇と立憲君主制の崩壊』四四八～四五〇頁。

(248) 同右、四五〇～四五三頁、前掲、永井和『青年君主昭和天皇と元老西園寺』五～七頁、一〇一～一〇二頁、尚友倶楽部、伊藤隆編『有馬頼寧日記』二（山川出版社、一九九九年）一九二八年一月九日、「倉富勇三郎日記」一九二五年三月二八日（松平慶民から倉富への談話）。なお、当時宮中では双子が忌避されていたようであり（河原敏明『昭和天皇の妹君　謎につつまれた悲劇の皇女』文春文庫、二〇〇二年）、敦子女王と知子女王が候補から外れるのに微妙に影響した可能性がある。実際、徳川頼倫宗秩寮総裁は二人が双子であることを気に懸けていた（「倉富勇三郎日記」一九二四年九月五日、徳川から倉富への談話）。

(249) 「倉富勇三郎日記」一九二五年一月二七日（西園寺八郎から倉富への談話）。

(250) 「倉富勇三郎日記」一九二五年一月二〇日（松平慶民から倉富への談話）。この会談は、『牧野伸顕日記』には記されていない。

(251) 「高橋たか日記」（上野壽郎『会津の秘録――秩父宮節子妃殿下とたか女――』上野壽郎、一九八七年、四六～四八頁所収）。高橋たかは、松平恒雄家に長年仕えていた下女。秩父宮と節子の対面の日ははっきりとは分からないが、松平慶民の談話によれば、一月二〇日である（「倉富勇三郎日記」一九二五年一月二一日）。

(252) 林権助『わが七十年を語る』（第一書房、一九三五年）三八七～三九〇頁。

(253) 一九二五年四月三日発幣原宛林電報（前掲、「皇族外国留学関係雑件　秩父宮雍仁親王殿下留学ノ件」）。

(254) 「倉富勇三郎日記」一九二五年三月二七日、二八日、三一日。

(255) 前掲、伊藤之雄『昭和天皇と立憲君主制の崩壊』四九五～五一一頁。

(256) 「陸奥広吉日記」（陸奥陽之助氏旧蔵）一九二四年七月一四日、『東日』同年一二月一七日。エセルは、息子陽之助の留学に付き添ってイギリスへ赴き、秩父宮の案内も行ったらしい（『東日』一九二五年三月一三日）。

(257) 『雍仁親王実紀』（吉川弘文館、一九七二年）二九六頁、『東日』『報知』一九二四年七月二一日。

(258) 一九一〇年五月一七日発小村外相宛加藤大使電報（「『エドワード』第七世崩御之件」『外務省記録』6.4.7.1-13-2）。

(259) 前掲、『雍仁親王実紀』三一三、三一四頁、『牧野伸顕日記』一九二五年三月一三日、『東日』一九二五年三月一七日、一八日、一九日、二六日。

(260) 前掲、『雍仁親王実紀』三二〇頁（武者小路公共談）。

(261) 一九二五年四月一七日発林駐英大使宛幣原外相電報（前掲、「皇族外国留学関係雑件　秩父宮雍仁親王殿下留学ノ件」）、前掲、

『雍仁親王実紀』三〇四頁、三〇八頁、三一九頁、『東日』一九二五年九月一八日。

(262) 一九二五年七月一二日発幣原宛林電報、一九二六年一月一三日発幣原外相宛松井駐英大使電報(前掲、「皇族外国留学関係雑件秩父宮雍仁親王殿下留学ノ件」)、『松井慶四郎自叙伝』(刊行社、一九八三年)巻頭の写真、一三九頁。

(263) 『東日』一九二五年七月九日夕刊(秩父宮談)。

(264) 同右、一九二五年一〇月二八日、一一月七日、一二月一二日、広岡裕児『皇族』(読売新聞社、一九九八年)二四四頁。朝香宮のアメリカ訪問は、朝香宮の希望に外務省が積極的に応じて実現したものであり、アメリカ側から好意的に迎えられた(一九二五年七月一〇発関屋宛出淵公信、同年一一月一一日発幣原宛斎藤総領事電報、同年一一月一九日発幣原宛松平大使電報「皇族外国留学関係雑件　朝香宮留学ノ件」『外務省記録』6.4.1.5-1)。なお、東久邇宮稔彦王も一九二七年一月の帰国時にアメリカを訪問するが、加藤首相はあらかじめこのことを牧野内大臣と相談していた(『牧野伸顕日記』一九二五年一〇月二〇日)。

(265) 第一次幣原外交については、西田敏宏「東アジアの国際秩序と幣原外交――一九二四～一九二七年――」(一)(二・完)(『法学論叢』一四七巻二号、二〇〇〇年五月、一四九巻一号、二〇〇一年四月)が、政党政治の動向と関連づけながら包括的に分析し、小林道彦「政党内閣期の政軍関係と中国政策――一九一八～一九二九年――」(九州大学大学院経済学研究院政策評価研究会編著『政策分析二〇〇四』九州大学出版会、二〇〇四年)は、陸軍の動向と関連づけながら、中国政策を詳細に論じている。以下本項の記述は、主に両論文に拠る。第一次幣原外交の全体を扱った主な研究としては、入江昭『極東新秩序の模索』(原書房、一九六八年)、坂野潤治『近代日本の外交と政治』(研文出版、一九八五年)第二部三、四、服部龍二『東アジア国際環境の変動と日本外交一九一八―一九三一』(有斐閣、二〇〇一年)第三章、同「幣原喜重郎の政策と人脈」(『中央大学論集』二七号、二〇〇六年三月)、関静雄『大正外交』(ミネルヴァ書房、二〇〇一年)第七～八章などが挙げられる。

(266) 前掲、服部龍二「幣原喜重郎の政策と人脈」二九頁、『東日』『報知』一九二四年七月一三日、『時事』同年六月二二日社説、前掲、「出淵勝次日記」(二)同年六月一九日。臼井勝美氏はこの事実に着目し、ウィルソンの提唱した新しい外交方式が幣原によって実践されるに至ったものであると評価している(同『中国をめぐる近代日本の外交』筑摩書房、一九八三年、四五頁)。

(267) 『東日』一九二四年一二月二九日(幣原喜重郎談)。

(268) 「陸奥広吉日記」一九二四年八月二四日、三〇日、九月五日。

(269) 一九二〇年一〇月一二日陸奥広吉宛加藤高明書翰(「加藤高明文書」国立国会図書館憲政資料室所蔵)。

(270) 一九二四年八月二九日陸奥広吉宛加藤高明書翰(「加藤高明文書」)。加藤は、特別使節として陸奥をカリフォルニアに派遣することも提案したが、陸奥はこれも健康上の理由で断った(同右、「陸奥広吉日記」同年九月五日、一一月二四日)。

(271) 前掲、「出淵勝次日記」(二)一九二四年一一月一一日、一二月一〇日、一九二五年三月一三日。なお日置益、内田康哉という案も出ていたが、幣原の反対により潰された。また財部海相は、樺山愛輔貴族院議員(日本製鋼所会長、アマースト大学卒)を駐米大使に就けようと画策していた(「財部彪日記」一九二四年七月一八日、一〇月三〇日)。

(272) Edward Price Bell, *op. cit.*

(273) 小澤治子「日ソ国交樹立交渉における幣原外交の再評価」(『政治経済史学』二五〇号、一九八七年二月)。

(274) 「財部彪日記」一九二五年一一月二八日、前掲、「出淵勝次日記」(二)同年一一月二八日、三〇日。

(275) 村上隆『北樺太石油コンセッション　一九二五—一九四四』(北海道大学図書刊行会、二〇〇四年)一〇四〜一〇五頁。

(276) 一九二五年七月一六日付後藤新平宛加藤高明書翰(「後藤新平文書」水沢市立後藤新平記念館所蔵)、「田健治郎日記」同年七月二一日。日ソ国交交渉における後藤の役割については、北岡伸一『後藤新平　外交とヴィジョン』(中公新書、一九八八年)二〇〇〜二〇七頁、富田武「後藤新平訪ソと漁業協約交渉——日ロ史料の比較検討から」(『成蹊法学』六一号、二〇〇五年五月)を参照。

(277) 池井優「第二次奉直戦争と日本」(栗原健編著『対満蒙政策史の一面』原書房、一九六六年)、波多野勝「憲政会の外交から幣原外交へ——憲政会の外交方針と第二次奉直戦争——」(『法学研究』七三巻一号、二〇〇〇年一月)、前掲、西田敏宏「東アジアの国際秩序と幣原外交」(一)五八〜六一頁。

(278) 「財部彪日記」一九二四年一〇月二一日、幣原喜重郎『外交五十年』(中公文庫、一九八六年、原著は読売新聞社、一九五一年)一〇九頁。

(279) 一九二四年一〇月二七日憲政会東海大会における加藤高明演説(『憲政』七巻一一号)。

(280) 『東日』一九二四年一〇月二七日(加藤高明談)。

(281) 同右、一九二四年一一月五日(加藤高明談)、同年一一月一三日日本工業倶楽部における加藤高明挨拶(同右、同年一一月一四日)、前掲、一九二五年一月二二日第五〇議会における加藤高明施政方針演説。

(282) 『衆本』四五、九八頁。

(283) 前掲、小林道彦「政党内閣期の政軍関係と中国政策」一二〇〜一二一頁。

(284) 臼井勝美『日本と中国——大正時代——』(原書房、一九七二年)三章三、江口圭一『日本帝国主義史論』(青木書店、一九七五年)第三章、前掲、西田敏宏「東アジアの国際秩序と幣原外交」(二・完)一〇四〜一〇五頁。

(285) 前掲、「出淵勝次日記」(二)、一九二五年一二月一五日。

(286) このことは、小林道彦氏の指摘から示唆を受けた(前掲、同「政党内閣期の政軍関係と中国政策」一二二〜一二四頁)。

(287)『東日』『東朝』一九二五年一二月一〇日(加藤高明談)、『東日』一九二六年一月一日、加藤高明「新年言志」(『神戸又新日報』同年同日)、同年一月二一日第五一議会における加藤高明施政方針演説(『憲政公論』六巻二号)。

(288)西田敏宏「第一次幣原外交における満蒙政策の展開――一九二六~一九二七年を中心として――」(『日本史研究』五一四号、二〇〇五年六月)。

(289)一九二四年一二月一日憲政会関東大会における加藤高明演説(『憲政』八巻一号)、前掲、同年一二月一七日憲政会幹部招待会における加藤高明報告。

(290)『東日』一九二四年一一月五日(加藤高明談)、一二月一九日(同談)、一二月二九日(幣原喜重郎談)。イギリスのシンガポール要塞建設問題については、山口悟「シンガポール海軍基地建設計画の停止問題(一九二四年)とイギリス海軍」(『国際学論集』一一巻一号、二〇〇〇年六月)を参照。

(291)望月は、加藤内閣成立直前(一九二四年六月二日)に行われた『読売』(憲政会に好意的)の読者アンケートで外相に選出されたが、何ら官職を得られず、党運営に不満だったようである。田中義一と接触していたのも、そのためだと思われる(一九二四年九月二四日付田中義一宛望月小太郎書翰「田中義一文書」)。小寺も、望月と共に外務政務次官候補と目されたが(『東日』一九二五年八月二月)、何ら役職がなく、党運営に強い不満を持っていた(『松本剛吉日誌』一九二五年三月三一日)。

(292)「会報」(『憲政』七巻一二号、一九二四年一二月)五五頁、『東日』一九二六年一月四日(望月小太郎談)。

(293)「会報」(『憲政』七巻一一・一二号、一九二四年一一・一二月)、「憲政会党報」(『憲政公論』六巻二号、一九二六年二月)。なお望月は一九二七年五月に死去するが、小寺は、一九二八年九月に政友会と連携して強硬外交論を唱え、田中善立らと共に民政党から除名される(『東日』同年九月八日、九日、一九二六年一〇月二三日付田中義一宛志賀和多利書翰「田中義一文書」)。

(294)『松本剛吉日誌』一九二四年一一月二日、一九二五年一二月二五日。

(295)同右、一九二五年一〇月一四日。

(296)同右、一九二五年七月二三日。

(297)もっとも既に触れたとおり、内政不干渉の程度をめぐっては加藤と幣原の間で微妙な差異があり、一九二六年に加藤が死去していなければ、この後幣原と対立した可能性もあるように思われる。一九二七年一月にイギリスから共同出兵の提案がなされ、同年三月の南京事件、四月の漢口事件に際して干渉論が盛り上がった際、若槻首相は幣原外相の方針に従って不干渉方針を取ったが(前掲、臼井勝美『中国をめぐる近代日本の外交』八四~九〇頁)、加藤が首相であれば、あるいは限定的な出兵によって事態を収拾しようとしたかも知れない。

(298) 加藤高明「財界改善と朝野の努力」(『憲政公論』五巻七号、一九二五年七月)、『東日』一九二五年六月二一日(加藤高明談)。
(299) 『東日』一九二五年六月六日(浜口雄幸談)、八月三日(浜口雄幸談)。
(300) 三和良一「第一次大戦後の経済構造と金解禁政策」(安藤良雄編『日本経済政策史論』上巻、東京大学出版会、一九七三年)。
(301) 前掲、小池聖一「大正後期の海軍についての一考察」四五~四七頁。
(302) 「財部彪日記」一九二五年一〇月二七日、三〇日、一一月六日、七日。
(303) 一九二五年一一月二日海軍将官招待午餐会における加藤高明挨拶(「竹下勇日記」同年同日「竹下勇文書」国立国会図書館憲政資料室所蔵、『東日』同年一一月三日)。
(304) 「財部彪日記」一九二五年一一月二日、『東日』同年一一月四日(財部彪談)。
(305) 「財部彪日記」一九二五年一〇月三一日、一一月六日、七日。
(306) 同右、一九二五年一一月二〇日、『東日』同年一一月四日~二一日。
(307) 鈴木一編『鈴木貫太郎自伝』(時事通信社、一九六八年)二四一~二四三頁。
(308) 伊藤隆、野村実編『海軍大将小林躋造覚書』(山川出版社、一九八一年)五三頁。
(309) 前掲、『岡部長景日記』一九三〇年五月一〇日。
(310) 防衛庁防衛研修所戦史室『戦史叢書　海軍軍戦備〈一〉』(朝雲出版社、一九六九年)三三一~三四〇頁、七五〇~七五二頁、「財部彪日記」一九二四年一一月一八日、一九日。
(311) 財部が陸軍の台湾航空隊新設に反対するなど、陸海軍は航空兵力拡充を競い合って微妙な対立関係にあった(「財部彪日記」一九二五年八月二六日、二七日)。陸軍の航空兵力拡充については、高橋秀直「陸軍軍縮の財政と政治」(『年報近代日本研究』八、山川出版社、一九八六年)一六三頁、防衛庁防衛研修所戦史室『戦史叢書　陸軍航空兵器の開発・生産・補給』(朝雲出版社、一九七五年)五九~六一頁を参照。
(312) 横井勝彦「戦間期イギリス航空機産業と武器移転――センピル航空使節団の日本招聘を中心に――」(奈倉文二、横井勝彦編著『日英兵器産業史　武器移転の経済史的研究』日本経済評論社、二〇〇五年)。センピルの評伝として、Antony Best, Lord Sempill and Japan, 1921-41, Hugh Cortazzi (ed.), *Britain & Japan : Biographical Portraits Vol. IV*, Japan Library, 2002 を参照。
(313) 同右、三九五~三九九頁、*Daily Telegraph*, 3 Jan. 2002.
(314) 『東日』一九二五年四月二三日。
(315) 「財部彪日記」一九二五年六月五日、高橋重治『日本航空史』坤巻(航空協会、一九三六年)二〇八~二一〇頁。

(316) 『加藤高明』下巻、六九七〜六九八頁、『東日』一九二六年一月二三日。
(317) 以下、社会政策立法の推移については、前掲、伊藤孝夫『大正デモクラシー期の法と社会』第三章を参照。
(318) 一九二四年一〇月二一日司法官招待会における加藤高明挨拶（『東日』同年一〇月二二日）。
(319) 同右、一九二四年一二月七日（加藤高明談）。新聞はこれに批判的であった（同右、同年一二月九日社説）。
(320) 前掲、矢野達雄「労働法案をめぐる行政調査会議事録」（一）一四三〜一四四頁。
(321) 一九二五年五月五日地方長官会議における加藤高明演説（『東日』同年五月六日）。
(322) 同右、一九二五年一〇月二一日（加藤高明談）、同年一一月二〇日貴族院公正会所属議員招待会における若槻礼次郎挨拶（同右、同年一一月二一日）。
(323) 労働組合法については、三和良一「労働組合法制定問題の歴史的位置」（安藤良雄編『両大戦間の日本資本主義』東京大学出版会、一九七九年）、西成田豊『近代日本労使関係史の研究』（東京大学出版会、一九八八年）第四章、安田浩『大正デモクラシー史論』（校倉書房、一九九四年）二二四〜二三一頁、労働争議調停法については、前掲、矢野達雄『近代日本の労働法と国家』第二章、治安警察法改正については、前掲、伊藤孝夫『大正デモクラシー期の法と社会』第三章を参照。
(324) 田村譲『日本労働法史論——大正デモクラシー下における労働法の展開——』（御茶の水書房、一九八四年）第三章。
(325) 土井乙平「健康保険制度の創設過程」（小川喜一編著『健康保険法』成立史』（大阪市立大学経済学会、一九七四年）。
(326) 『議会制度七〇年史』政党会派編（大蔵省印刷局、一九六一年）四九二〜四九六頁。
(327) 『東日』一九二五年九月一二日夕刊。
(328) 『松本剛吉日誌』一九二五年一〇月二七日。
(329) 『東日』一九二五年一〇月二一日（加藤高明談）。
(330) 同右、一九二五年九月二九日（江木翼談）、『大毎』同年一〇月二日、一九日。
(331) 『松本剛吉日誌』一九二五年一〇月二七日、『加藤高明』下巻、六七六〜六七九頁。
(332) 「第五一議会の観測」（『憲政公論』五巻一一〜一二号、一九二五年一一月〜一二月）。
(333) 『大毎』一九二五年一〇月二四日。
(334) 『東日』一九二五年一〇月一一日（床次竹二郎談）。
(335) 前掲、滝口剛「床次竹二郎と平生釟三郎」（二・完）七〜九頁。
(336) 『東日』一九二五年一二月六日。

(337)同右、一九二五年一二月九日、一〇日。
(338)中橋らの脱党の背後には、西原亀三による政本合同の働きかけがあった(山本四郎編『西原亀三日記』京都女子大学、一九八三年、一九二五年六月四日～一二月三一日)。
(339)一九二六年二月六日付田中義一宛大木遠吉書翰(「田中義一文書」)。
(340)『牧野伸顕日記』一九二五年一二月二二日。
(341)「財部彪日記」一九二六年一月五日、六日。
(342)一九二六年一月二〇日憲政会大会における加藤高明演説(『東日』同年一月二一日)。
(343)Eliot to Chamberlain, 30 Nov. 1925, 23 Jan. 1926, FO371/11703.
(344)一九二六年一月二〇日憲政会大会における横山勝太郎演説(『東日』同年一月二一日夕刊)。
(345)同右、一九二六年一月一二日。
(346)一九二六年一月一九日憲政会地方支部長会議における安達謙蔵演説(同右、同年一月二〇日)。安達は、解散すれば憲政会の絶対多数獲得は確実だと公言していた(同右、一九二四年一一月二四日夕刊〔安達謙蔵談〕)。
(347)一九二六年一月一四日付井手三郎宛憲政会熊本支部書翰(「井手三郎文書」東京大学法学部附属法政史料センター所蔵)。
(348)『報知』一九二六年一月三〇日、『名古屋新聞』同年一月一四日社説。
(349)『加藤高明』下巻、六七八～六八一頁、七〇一～七〇二頁。
(350)井深雄二『近代日本教育政策史　義務教育費国庫負担政策の展開』(勁草書房、二〇〇四年)一五二～一五三頁。
(351)前掲、滝口剛「床次竹二郎と平生釟三郎」(二・完)九～一二頁。
(352)同右、一三頁。
(353)『松本剛吉日誌』一九二五年一二月二五日。このような期待はかなり多くの政治家に共有されていた。例えば政友会の小泉策太郎は、田中義一に対して第五一議会で倒閣の策動をしないよう進言する書翰の中で、内閣が「持ち回り」であると述べ、両党による政権交代を想定していた(一九二六年一月二三日付田中義一宛小泉策太郎書翰「田中義一文書」)。また尾崎行雄は、憲政会の伸張による二大政党制の実現を希望していた(『東日』一九二四年一二月一五日〔尾崎行雄談〕、一九二五年四月一〇日〔同談〕)。
(354)前掲、一九二六年一月二一日第五一議会における加藤高明施政方針演説。
(355)前掲、『伊沢多喜男関係文書』五五〇頁。
(356)『加藤高明伝』巻頭の写真。

(357)『松本剛吉日誌』一九二五年一二月五日。

(358)『加藤高明』下巻、七三四頁。

(359)同右、七三〇～七三七頁。伊沢多喜男も同様の証言を残している（「伊沢多喜男氏訪問手記」「近衛文麿公文書」R一〇、国立国会図書館憲政資料室寄託）。

(360)一九二九年九月の西園寺公望談話（原田熊雄述『西園寺公と政局』別冊、岩波書店、一九五六年、八四頁）。

(361)原田熊雄『陶庵公清話』（岩波書店、一九四三年）九八頁。

(362)西園寺は小泉策太郎には、「歴代の総理大臣中、またわたしが友人として、共にことを謀った人の中で、あてになる人物というのは、桂と原であった」と語っており、少なくとも加藤と同等以上に原のことも評価していたはずである（小泉策太郎『随筆西園寺公』岩波書店、一九三九年、二七九頁）。原田は、秘書官として仕えた加藤に対して明らかに好意を持っており、彼の回顧録『陶庵公清話』に登場する加藤のエピソードは、いずれも加藤の良い面に関するものである。また原田は、加藤の死後名古屋に建てられた銅像除幕式にも出席しているし（「盛大を極めた加藤伯銅像除幕式」『民政』二巻七号、一九二八年七月）、加藤の伝記の編纂委員にはなっていないが、公刊された伝記を知人に配っていたようで、筆者所蔵の『加藤高明』上巻の裏表紙には「呈　原田熊雄　瀬古様」という自筆の書き込みがある。

(363)『加藤高明』上巻、巻頭の写真。小林勝人訳注『孟子』上（岩波文庫、一九六八年）一二二頁。

(364)三宅雪嶺「故加藤高明伯」（『太陽』三二巻三号、一九二六年三月）。三宅は、組閣時にはこの論評ほどには加藤のことを評価しておらず（三宅雪嶺「新首相加藤高明子」『太陽』三〇巻九号、一九二四年七月）、この評価が純粋に加藤の政権運営を見て行われたものであることが分かる。

(365)Eliot to Chamberlain, 29 Jan. 1926 in *BD, Part II, SeriesE, Volume8*.

(366)*The Times*, 29 Jan. 1926.

(367)『憲政公論』（六巻三号、一九二六年三月）一二九頁。

(368)『東日』一九二五年一二月二〇日夕刊。

(369)議事堂建設の概要は、衆議院参議院編『目で見る議会政治百年史』（大蔵省印刷局、一九九〇年）二三八～二四一頁を参照。

(370)「財部彪日記」一九二五年九月一九日。

(371)一九二四年七月九日衆議院正副議長招待会における加藤高明挨拶（『東日』同年七月一〇日）。

おわりに

まとめ

本書は、これまで十分に分析・評価されてこなかった加藤高明の政治指導を、一次史料に基づいて検討することによって、戦前期における二大政党制の形成過程を明らかにしてきた。

本書が明らかにした点は、第一に、加藤がイギリスをモデルとした政党政治の実現に強い情熱を持ち、自らが党首を務めた立憲同志会・憲政会の政権政党化を図ると共に、政権の座において政策実行能力を示すことによって、二大政党制の成立を促したことである。

加藤は、学生時代、留学時代、駐英公大使時代を通じて、イギリスの政党政治の動向や国内の政党政治の進展について強い関心を持ち、通常の官僚の行動を逸脱して政党と関わっていった。この間、加藤に強い影響を与えたのは、藩閥政府の中で外交指導者として影響力を持ちながら将来的にイギリス流の政党政治を実現しようとした陸奥宗光、イギリス流の政党政治実現を掲げ時に性急なまでに藩閥政府と対決した大隈重信、立憲政友会創立によって政党から民党色を払拭し、日本の政党政治を新たな段階に導いた伊藤博文であった。加藤は彼らと行動を共にすると共に、藩閥政府内の保守派である山県有朋や山県系官僚閥とは、生硬に距離を取った。また加藤は、駐英公大使時代にイギリスの政党政治を間近で目撃し、その実態を把握した。とりわけ、大使時代に目撃したアスキス内閣下の「人民予算」問題は、衆議院を統治の中心に据えるイギリスの政党政治の本質を加藤に強く認識させるものであった。従来、外交官時代の加藤については、日英同盟や条約改正など外交面での活動のみに焦点が当てられてきたが、本書では、加藤がイギリスの議院内閣制、二大政党制、立憲君主制の実態をかなり正確につかみ、その日本での実現に強い意欲を持っていたことを明らかにした。そして当初関係の良かった原敬・政友会と訣別し、その政策や政治手法に批判を強めていく中で、二大政党制の実現を現実に考慮し始めたことを指摘した(以上第一部)。

加藤は、一九一三年に立憲同志会の創立に参加し、以後党首として同志会およびその後進の憲政会の政権政党化に尽力した。加藤は、結党後間もない同志会を第二次大隈内閣に与党として参画させ、政権内で元老や山県系官僚閥と対抗・提携することで同志会の成長を図ろうとしたが、加藤・同志会にはその前提となる政治力が欠けていた。そこで加藤は、大隈内閣の外相を辞任し、いわば与党内野党と言うべき立場から山県系官僚閥との提携断絶を図り、非政友諸派の合同による憲政会創立を実現した。加藤は、従来原・政友会が取ってきた藩閥政府との妥協の路線を放棄し、まずは野党として力を蓄える道を主体的に選択したのである。以後、加藤は野党党首として政友会に対抗する新政策提示の試みを続け、原・政友会との拮抗の中で、国際協調、デモクラシー、経済不況を基調とする第一次大戦後の新状況に対応する体系的な新政策を打ち出すことに成功した。この間加藤の念頭にあったのは、政権交代の存在するイギリス流の二大政党制であり、政権担当能力のあるイギリスの野党の姿であった。憲政会の民党色を完全に払拭し、政友会に対抗する現実的な政策体系を確立したこと、すなわち第二党の政権政党化こそが、加藤が「苦節十年」と称される野党生活の中で成し遂げたことであり、これによって加藤が追求したイギリス流の二大政党制実現の前提条件ができた。また、加藤が党内対立や度重なる政権素通りの衝撃によって従来の生硬な政治姿勢や感情的な外交政策を改め、老獪で円熟した政治技術を身につけたことも、来るべき政権運営での成功を準備することとなった(以上第二部)。

加藤は、第二次護憲運動の勝利によって、総選挙後に野党党首が組閣するという初めての例を日本に開いた。政権の座についた加藤は、野党時代に確立した強力な政治指導力と磨かれた政治技術によって、連立政権でありながら憲政会独自の政策を次々と実行に移した。組閣から第五〇議会にかけて、普通選挙法の制定、行財政整理、政務次官の設置などが実行された。また、連立の決裂を巧みに演出して憲政会単独内閣を樹立させた後も、文官任用令の改正や枢密院改革、国際協調外交などを意欲的に進めていった。加藤は、野党時代に掲げた政策体系を実行に移し、有権者にアピールする政策的成果を挙げることによって、憲政会を政権政党として認知させることに成功したのである。

加藤が示した政治指導力は、政策の実行のみにとどまらなかった。加藤は、元老や宮中、陸海軍との疎通に努め、貴族院改革や枢密院改革を漸進的に進めることによって、党外の政治勢力を憲政会に引きつけ、政権基盤の安定化を図った。加藤はイギリス流の政党政治実現を究極の目標に掲げながらも当面はそれに過度に固執せず、政策の確実な実行と政権の維持安定との兼ね合いを慎重に考慮し、着実な政権運営を行ったのである。また加藤は、政権発足時に対立する立場にあった政友本党を、与党としての立場と強力な政策実行を武器に憲政会に引きつけ、近い将来にそれを憲政会が吸収することによって、憲政会と政友会との対立による二大政党制を樹立する見通しを立てた。首相奏薦権を持つ唯一の元老西園寺公望も、事態がそのように進むのを期待していた。加藤はその道筋をつけたところで急逝したが、この後展開した二大政党が交互に政権交代を行う政治体制は、まさに加藤が構想し、先鞭をつけたものであった。その意味で、戦前期の二大政党制は加藤内閣から出発したと言える(以上第三部)。

本書が明らかにした第二の点は、憲政会が加藤とその側近の最高幹部中心の党運営を行い、第一次大戦後の社会変化に適応して党内の急進論を巧みに取り込みながら政策を確立し、加藤内閣でそれを実行に移したということである。加藤は憲政会で若槻礼次郎、浜口雄幸、江木翼、安達謙蔵を最高幹部として重用し、彼らは、元老との接触、財政政策立案、法制の知識、党人派の掌握や選挙活動などで加藤を補佐し、党運営の中心となって活躍した。インフォーマルな幹部会での重要事項決定、総裁に次いで重要な総務への再任、政治資金への関与などがそれを裏付ける。彼らが加藤を中心に強固に結束したことが、憲政会が野党時代に分裂を免れ、政策を統一し、加藤内閣で政友会、政友本党との対抗を有利に進めた大きな要因であった。

政策面においても、加藤と彼ら最高幹部が最終的な決定権を握った。加藤は、原敬内閣以降、最大の政治問題である選挙権拡張問題において、急進論者の主張を取り込みながらもその手綱を引き締め、納税要件の緩和、条件付きの普選案の採用、無条件普選案への移行という形で、漸進的にこの問題に対処した。また第二次山本権兵衛内閣期の非政友合同運動への対処に見られるように、一度普選を党議とした後は決して動揺を見せなかった。加藤高明内閣の下では、優先順位の低い貴族院改革などで妥協する一方で、普選の無条件即行という点ではかたくなな態度を貫き、第五〇議会で普通選挙法を成立させた。加藤は、政党優位の政官関係構築のため、官僚の系列化や政党化を熱心に進めると共に、政務次官の設置を行い、文官任用令の改正にも取り組んだ。政務次官制度は加藤の期待した成果を必ずしも挙げることはなかったが、加藤の強調した政務と事務の区別および前者の後者に対する優位は、政党政治運営のモデルを示すものであった。実際、系列化された官僚は積極的に政権運営に協力し、その一部はのちに憲政会・民政党へ入党していった。

財政政策の面では、加藤に加えて若槻、浜口が中心となって緊縮財政を柱とする政策の体系化を進めたが、憲政会は第一次大戦後の好況に伴って積極政策も一定程度は受容しており、加藤内閣の下でも極端な緊縮には走らなかった。外交政策では、加藤と最高幹部の下で外交政策の穏健化を進め、シベリア出兵批判、海軍軍縮の受容などを進めた。他方で、第二次大隈内閣で加藤外相が提出した二十一ヵ条要求に端を発する山東問題や満州権益問題については、加藤が長期間自らの外交指導に対する弁明を続けたため、原内閣期以降の国際協調の流れに対する適応が遅れ、政権獲得のチャンスを逃す要因となった。しかし第二次山本内閣成立以降、加藤は二十一ヵ条要求への弁明と強硬な外交政策を放棄し、首相時代は穏健な外交政策を貫いて幣原喜重郎外相の外交指導を支えた。

本書が明らかにした第三の点は、加藤とライバル原敬の目指す究極的な政党政治像が近いところにあり、両者が反対党の党首として競い合った結果、二大政党制が形成されたということである。原は、政友会の強化によって藩閥政府を凌駕することを課題とし、藩閥政府と妥協、提携しながら対抗していく政治手法を用いて、創立以来第一党の座にあった政友会の政権政党化を図った。これに対し、加藤も当初は政友会創立に共鳴し、原と共に藩閥政府凌駕の過程に参画しようとしたが、山県系官僚閥や軍との妥協の仕方、財政政策などの点で政友会と徐々に肌合いが合わなくなり、やがて政友会と袂を分かった。加藤が政友会と訣別したのは、微妙な政策的志向や政治手法の違いと、原に対する感情的な対抗心からであったが、加藤はこれを理想とするイギリスの二大政党制論に結びつけ、立憲同志会参加以降、反対党の立場から藩閥政府の凌駕と政党政治の実現に向かったのである。二大政党制は、基本的な問題に対するコンセンサスが政治社会に行きわたっている時に円滑に作動すると言われるが(1)、多くの共通点を持つ加藤と原が二党の指導者でなければ、二大政党制は成立しなかったように思われる。

自由党以来の政友会の基盤を継承し、伊藤博文や西園寺公望の力を借りることができた原に対し、創立者である桂太郎を結党早々に失い、政党として未熟な非政友勢力を結集してできた同志会・憲政会を政権政党とすることは、極めて困難な作業であった。加藤は、第二次大隈内閣への政権参加と離脱をめぐる軋轢、二十一ヵ条要求の提出やそれに対する弁明への固執などでいくつか大きな政治的ミスを犯したが、巨視的に見れば、寺内正毅内閣期以降、党内に存在する政権獲得の策動を封じ込め、原・政友会と政策面で正々堂々と競い合う姿勢を示すことによって、憲政会を政権政党に育て上げることに成功した。原も、加藤の党内指導力や外交政策に批判の目を向けてはいたが、加藤の基本的な立場は理解していた。その意味で、加藤が原と政治観の根底や一定の政策を共有しつつも、なおかつ反対党の立場から新しい政策課題に挑み切磋琢磨し続けたところに、二大政党制形成の端緒があったと言える。

一九二四年の加藤内閣誕生によって、野党の総選挙勝利による新政権樹立の新例が開かれたのは、それまで粘り強い政治指導を行ってきた加藤の努力の賜であった。加藤は首相として、原の敷いた政策やその実行方法を継承し、それを徹底する一方で、原がうまく対処しきれなかった普選問題を見事に解決し、政務次官の設置や枢密院改革など原が行わなかった独自の改革も進めた。加藤は、元老西園寺に依存しない政治運営のあり方も模索した。これは貫徹できたとは言い難いし、危うさを含むものでもあったが、元老死後の政党政治の可能性を探るという意味では、意義ある挑戦であった。こうして加藤は、原の敷いた政党政治の路線を継承すると共に、原とは異なった独自性を示すことによって、その後の二大政党制の形成を促したのである。

本書は、イギリスの史料を用いて、このような加藤の政治指導がイギリスの外交官や新聞から非常に高い評価を受けていたことも明らかにした。イギリスの外交官は加藤の能力を非常に信頼し、加藤が第三次桂内閣の総辞職後に外相に留任せずに同志会に入党したこと、第二次大隈内閣の後継を目指さず憲政会を創立させたこと、原内閣の下で政府攻撃を自重したことなどを評価し、いずれもイギリスの政党政治のルールに沿った行動であると理解した。総選挙によって加藤内閣が誕生したことも日本憲政史上の画期と捉えられ、加藤の死に際しては、加藤がイギリス流の政党政治の実現を図ったことが高く評価され、その死が深く惜しまれた。彼らは、加藤が首相時代にはイギリスモデルへの過度の固執を改めたことまでは十分に理解していなかったが、その評価は、加藤のイギリス流の政党政治実現に対する情熱や加藤が目指していた政党政治のあり方が、イギリスの政党政治の実態に非常に近かったことをよく示していると言えよう。

二大政党制の展開と崩壊——加藤死後の政党政治

加藤高明内閣の下で、二大政党制の時代が幕を開けた。加藤内閣末期には、枢密院改革や官制改革など政党政治の基盤を強化する試みが成果を挙げつつあった他、政党間の争いを再び衆議院の解散によって解決しようという気運が生まれており、日本の二大政党制はさらにイギリスに近いものに発展する可能性を十分に秘めていた。しかし、結果として二大政党制は約八年という短い期間で幕を閉じることとなった。その大きな原因は、加藤が残した政治的遺産がその後の政党政治に十分に継承されなかったことに求められる。最後にこの問題に触れて、本書を締めくくることにしたい。

加藤が死去して間もなく、イギリスのエリオット(Sir Charles Eliot)駐日大使は離任して日本を去った。エリオットは離日に当たって自らの在任期間を振り返り、ヨーロッパといくつかの違いがあるものの、日本の政党政治は着実に進展したと振り返った(2)。加藤の後継者である若槻礼次郎首相は、就任後間もなく、エリオットの後任のティリー(Sir John Tilley)大使に大蔵省時代の駐英経験やグレイ(Sir Edward Grey)元外相との面識を語り、自らが加藤と同様にイギリスに親近感を持っていることをアピールした(3)。しかし若槻は、加藤のリーダーシップとその遺産である政権基盤を継承できず、枢密院改革や金融恐慌問題などで失策を重ねた(4)。特に加藤との力量の差が表れたのは、加藤内閣末期から続いていた衆議院の解散問題であった。

ティリーは、「日本の政府はイギリスほどではないにしても議会に基礎を置いている」とし、日本の政党政治に対して信頼感を寄せていた(5)。そして、日本ではこれまで総選挙後に内閣ができるというよりも、内閣ができてから総選挙が行われるのが一般的であったことに日英間の相違を見つつも、若槻首相が衆議院の解散に踏み切れるかどうかを注視していた(6)。一方若槻内閣や与党憲政会の内部では、少数与党という状況を打開するため衆議院を解散すべきであるという声が高まっていた。もし若槻首相が解散に踏み切っていれば、内閣が衆議院に存立の基礎を置くことがより明確になり、日本の政党政治がよりイギリスに近いものになったと思われる(7)。

しかし若槻は解散に踏み切る勇気がなく、大正天皇の諒闇中であることを理由として、話し合いによる政争中止を野党に提案するという安易な道を選んだ。野党はこれを受け容れ、一時的に議会審議がスムーズに進んだものの、間もなく若槻の発言内容と次期政権獲得をめぐって与野党間で激しい抗争が始まり、それは金融恐慌の引き金となった。そして若槻内閣は、加藤内閣を引き継いでわずか一年余で総辞職を余儀なくされたのであった。

かつて加藤は、大正政変の際に衆議院の解散によってではなく天皇の勅語を利用して桂内閣の延命を図ったことがあった(第三章第一節)。若槻はこのことを回顧録の中で詳しく書き残している(8)。勅語の有無という違いはあるにせよ、天皇の諒闇中であることを利用して内閣の延命を図った点で、若槻と加藤の取った策は一見共通している。しかし若槻内閣の置かれた状況は、大正政変時とは著しく異なっていた。この時は閥僚、元老、世論の強い支持が存在し、若槻さえその気であれば解散は容易であり、総選挙での勝利の可能性もかなり高かった。もしこの時加藤が首相であれば、断固解散に踏み切ったものと思われる。加藤には大正政変の苦い経験があり、この時は当時よりはるかに有利な状況にあった上、加藤自身、加藤内閣末期にはっきりと解散を視野に入れていたからである。恐らく若槻は、この時の解散をめぐる自らの失敗を弁明するために、過去の類例を回顧録の中で引き合いに出したのではないだろうか。ティリーが「まれなほど印象に薄い人」「決して一流ではない」と評したように(9)、若槻は首相や党首として明らかにリーダーシップに欠けており、加藤が営々と築いてきた政党政治や憲政会の基盤を掘り崩してしまったのであった。

若槻の後を継いだ浜口雄幸は、加藤のリーダーシップに倣って党を再生し、民政党総裁として強力な政治指導を行った。

浜口は、民政党を創立し首相の座に就いた後も加藤のことを追慕し、その剛毅な政治指導のあり方を手本とした(10)。しかし浜口は、加藤の目指したイギリス流の政党政治をより徹底させたものの、加藤が首相時代に示した老獪で円熟した政治技術までは受け継ぐことができなかった。浜口首相は、金解禁を中心とする極端な緊縮財政を敷き、不況の深刻化を招いた。また、硬直した政治指導によって海軍や枢密院と対立し、ロンドン条約問題による国論の二分も招いた。浜口が国粋主義者によって狙撃され辞任すると、後継首相には再び若槻が就任したが、間もなく起こった満州事変の拡大を阻止することができず、閣内の分裂によって退陣に追い込まれた。他方で政友会の田中義一や犬養毅もまた、陸軍の大陸進出を掣肘することに失敗した他、いたずらに民政党を攻撃して政争をあおり、政党政治の基盤を弱体化させた(11)。こうして二大政党制の展開期には、加藤と原の時代のように倒閣の策動を抑制し、二党間の実質的な政策競合を中心とする形の政党間対立が作り出されることはなかった。

仮に加藤がもう少し生きていれば、全く異なる形での二大政党制の展開も十分にあり得たであろう。第一次若槻内閣期の政治的混乱や金融恐慌は、加藤が内閣や憲政会の手綱を引き締めていれば発生しなかった可能性が高いし、浜口内閣の組んだ極端な緊縮財政も、もう少しバランスの取れたものに修正されていたかもしれない。ロンドン海軍軍縮会議の全権には若槻ではなく加藤が任命されたであろうが、加藤が全権であれば国論の分裂や海軍艦隊派、枢密院との全面対決は回避でき、イギリスとの交渉も違った展開を見せた可能性がある。満州事変に際して第二次若槻内閣が取った弱腰の対応も、加藤が健在であればあり得なかったのではないだろうか。満州事変が拡大し、井上準之助蔵相が暗殺されるなど時局が急速に悪化していた一九三二年二月、病のため死の床についていた江木翼前鉄相は、「去年の秋より懸け続けたる故加藤伯の贈物を壁間に見入りつつよめる」として「贈られし秋の紅葉に見入りつつ　此一葉亦今ぞ散りなむ」という歌を詠んでいる(12)。江木は、政党政治の命脈がまさに絶たれようとしている絶望的な状況の中で、亡き加藤に思いを致し、深く嘆息せざるを得なかったのである。江木の慨嘆は、二大政党制が展開を始める上で加藤の存在がいかに大きかったかということ、加藤が生きていればその後の政治的展開が大きく変わっていた可能性があるということを示唆しているように思われる。

結果的に、二大政党制の時代はわずか約八年で幕を閉じることとなった。しかしながら、加藤が二大政党制の時代を切り開き、戦前期におけるデモクラシーを最大限推し進めたことの意義は決して閑却されるべきではない。二大政党制の時代が終わった一九三〇年代、同時代の政治に慨嘆し、批判的な眼差しを向ける西園寺公望、高橋是清、岡崎邦輔、尾崎行雄らは、しばしば加藤のことを原と共に追想し、良き時代を懐かしんだ(13)。一九四五年のポツダム宣言に「民主的傾向の復活」が唱われたのは、アメリカが大正期の政党政治を一定程度評価していたからであるが、同宣言の穏健化に努力したグルー(Joseph Grew)は、加藤の後継者である「幣原、若槻、浜口」のことを高く評価していた(14)。戦後に首相となり、民主化を推進した幣原喜重郎は、労働組合法、農地解放、婦人参政権など戦前期に加藤内閣や浜口内閣が取り組んだ政策課題を実行に移すに当たって、自身が外相として内閣に列した時のことを追憶して語った(15)。幣原は、戦後改革を進めるに際して、加藤や浜口の政治的後継者であるという意識を強く持っていたのではないだろうか。加藤内閣期に始まった二大政党制は、軍国主義台頭の前夜に咲いた一時的な徒花などではない。それは、明治以来の民主化に根ざした確かな基盤とさらなる発展の可能性を持ち、長期的に見れば戦後の民主化につながるものであったのである。

一九九〇年代以降、自民党の一党優位体制の崩壊により日本の政党政治はにわかに活況を呈し、今日は戦後改革以来の大きな変革の時期にあると考えられる。自民党に対抗して政権を担える第二党の成長、政権交代可能な政党システムの樹立が望まれているが、事態はまだ流動的である。今日二大政党制の形成や運営の条件を考えるに当たって、加藤高明の野党党首としての確かな政治指導や首相としての堅実な政権運営には、多くの参照すべき点があるように思われる。加藤を今日において振り返る一つの意味は、そこにあるだろう。

(1) G・サルトーリ(岡沢憲芙、川野秀之訳)『現代政党学　政党システム論の分析枠組み』II(早稲田大学出版部、一九八〇年)三二一〜三二三頁。
(2) Eliot to Chamberlain, 26 Jan. 1926, FO371/11707.
(3) Tilley to Chamberlain, 8 Mar. 1926, FO371/11705.

(4) 松尾尊兊「政友会と民政党」（『岩波講座日本歴史』近代六、岩波書店、一九七六年）、伊藤之雄『昭和天皇と立憲君主制の崩壊　睦仁・嘉仁から裕仁へ』（名古屋大学出版会、二〇〇五年）。

(5) Tilley to Chamberlain, 17 Dec. 1926, 7 Jan. 1927, FO371/12520.

(6) Tilley to Chamberlain, 24 Sep. 1926, 7 Oct. 1926, FO371/11703.

(7) この解釈は、松尾尊兊氏が初めて体系的な形で指摘した（前掲、松尾尊兊「政友会と民政党」）。近年の研究でも、この解釈が受け継がれている（村井良太『政党内閣制の成立　一九一八〜二七年』有斐閣、二〇〇五年、二五〇〜二七二頁）。

(8) 『古風庵回顧録』一八一〜一八三頁。

(9) Tilley to Chamberlain, 24 Sep. 1926, FO371/11703, Tilley to Chamberlain, 13 Oct. 1927, FO371/12525.

(10) 池井優、波多野勝、黒沢文貴編『浜口雄幸　日記・随感録』（みすず書房、一九九一年）一六二頁、二〇三頁、二一一頁、四七八頁。

(11) 伊藤之雄『大正デモクラシーと政党政治』（山川出版社、一九八七年）、前掲、同『昭和天皇と立憲君主制の崩壊』。

(12) 江木翼君伝記編纂会編『江木翼伝』（同会、一九三九年）三九九頁。

(13) 『尾崎咢堂全集』第八巻（公論社、一九五五年）二七一頁、六六四頁、同第九巻（公論社、一九五五年）八七頁、原田熊雄『陶庵公清話』（岩波書店、一九四三年）九八頁、高橋是清『随想録』（千倉書房、一九三六年）五五頁、岡崎邦輔『憲政回顧録』（福岡日日新聞社東京連絡部、一九三五年）一六〇頁。

(14) 五百旗頭真『米国の日本占領政策　戦後日本の設計図』下（中央公論社、一九八五年）一七一頁。イギリスにもこれに近い潮流があった。第二次大戦後に明治憲法体制の評価を行ったイギリス政府は、内閣が議会に責任を負わず、大臣の資格が規定されていないなど、明治憲法の根本的な欠陥を指摘しながらも、立憲君主制を目指しているように見える点などを評価し、日本の政治体制の変革は明治憲法体制の修正で対応可能であると考えた（中西寛「日本国憲法制定過程における法と政治――イギリス憲法論の視点から――」（一）（二・完）『法学論叢』一四九巻二号、二〇〇一年五月、一四九巻四号、二〇〇一年七月）。またイギリスの外交官で傑出した日本通・ジャパノロジストであったジョージ・サンソム（Sir George Sansom）は、原敬内閣以降の「自由主義的議会政治」を評価する考えから、日本に対する懲罰的な占領政策に批判的で、日本自身による自発的な民主化の動きに期待した（拙稿「アーネスト・サトウの日本政治観――一八九五〜一九〇〇年――」『法学論叢』一五六巻三・四号、二〇〇五年一月、三五七〜三五九頁）。

(15) 五百旗頭真『占領期　首相たちの新日本』（読売新聞社、一九九七年）一五三頁。

あとがき

本書は、修士論文「加藤高明の政治指導と憲政会――一九一六〜一九二六――」を原型としている（二〇〇一年一月、京都大学大学院法学研究科に提出）。私は、同論文をもとにして下記①〜③を発表した後、本書と同名の博士論文をまとめた（二〇〇三年一〇月、京都大学大学院法学研究科に提出）。その後、下記④〜⑥を発表しながら、博士論文では十分に組み込むことができなかったイギリスの史料などの検討を進め、ようやく完成したのが本書である。本研究を本格的に開始してから早くも七年の歳月が経過したことになるが、このように一書にまとめることができて深い感慨を覚えている。

参考までに既発表論文の初出と本書との関連を示すと、以下の通りである。いずれも論旨に変化はないが、大幅な加筆を行っている。

①「加藤高明の政治指導と憲政会の創立――一九一五〜一九一九――」（一）（二）（『法学論叢』一五一巻二号、二〇〇二年五月、一五二巻一号、二〇〇二年一〇月）……第四章、第五章第一節

②「加藤高明内閣の政治過程――加藤高明の政治指導と二大政党制の成立――」（一）（二）（『法学論叢』一五二巻三号、二〇〇二年一二月、一五三巻一号、二〇〇三年四月）……第六章、第七章

③「政務次官設置の政治過程――加藤高明とイギリスモデルの官制改革構想――」（三）（五）（『議会政治研究』六八号、二〇〇三年一二月、七〇号、二〇〇四年六月）……第三章第二節（二）、第六章第一節（三）（四）、第七章第二節（一）

④「加藤高明とイギリスの立憲君主制」（伊藤之雄、川田稔編著『二〇世紀日本の天皇と君主制』吉川弘文館、二〇〇四年）……第三章第一節（一）、第四章第一節（二）、第五章第二節（二）、第七章第二節（二）

⑤「加藤高明の外交構想と憲政会――一九一五〜一九二四――」（日本国際政治学会編『国際政治』一三九号、二〇〇四年一一月）……第四章第一節（一）、第五章第二節（三）

⑥「アーネスト・サトウの日本政治観――一八九五～一九〇〇年――」(『法学論叢』一五六巻三・四号、二〇〇五年一月)
……第一章第二節(二)
なお、本書の初稿脱稿後に「チャールズ・エリオットと第一次大戦後の日本政治――一九一八～一九二六年――」(『法学論叢』一五八巻五・六号、二〇〇六年三月)を発表したが、その内容は本書と密接に関連している。本書と併せてご参照頂ければ、幸いである。

本研究を開始した第一の動機は、加藤高明という一人の政治家の生涯を通して、近代日本の政党政治を大きく捉え直すことができるのではないかと思ったからである。近代日本の政党政治は一九二〇年代までは概ね順調に発展し、第一次大戦後には政党を基盤とする内閣が他の政治機関をかなりコントロールし、政友会、憲政会(のち民政党)という二大政党が政権獲得を対等に競い合うまでに成熟した。一九二〇年代に形成された二大政党制は、日本が開国以来追求してきた民主化という政治目標の一つの到達点であったが、加藤は、この流れを意識的かつ主体的に推進し、実現させた主人公の一人であった。この間に加藤は何を考え、どのように行動したのか。この問題を明らかにすることによって、戦前期の政党政治がどれだけ成熟したレベルに到達したのかが見えてくるのではないだろうか。

第二の動機は、戦前期の政党政治を検討することによって、今後の政党政治の行く末を見定める何らかの手がかりが得られるのではないかと考えたからである。一九九〇年代の日本は、自民党の一党優位体制が揺らぎ、非自民政権の誕生やほぼ全ての政党を巻き込んだ連立の組み替えというまさに大激動を経験した。この間、英米の二大政党制や大陸ヨーロッパの連立政権について多くの報道、研究がなされ、時にそれらが将来の政党政治のモデルとして語られた。他方で、今後の政党政治を展望する上で、日本の政党政治の経験を歴史的視野から見直す議論は、比較的低調であったように思う。戦前と戦後の断絶の大きさを考えれば、戦前期の政党政治への言及が稀だったのは当然なのかもしれない。しかし、自国の歴史的経験に対する洞察を欠いたまま、その時々の状況に応じて都合良く欧米のモデルが提示されていく様には、違和感を覚えざるを得なかった。今日政権交代可能な政党システムの創出が望まれているが、それを曲がりなりにも実現させた戦前期日本の経験は、今後の政党政治の行く末を見定める上で貴重な示唆を与えてくれるのではないだろうか。

果たして本研究が、加藤高明の政治指導、一九二〇年代の二大政党制の形成過程に関する実証的研究という意義を越えて、以上のような問題意識に対する答えを提示し得ているかどうかは、いささか心許ない。読者諸賢の忌憚ないご批判を賜れば幸いである。本書が一つのきっかけとなって、近代日本の政党政治史研究が今後活性化していくことを期待したい。

本研究を進めるに当たって、指導教授であった伊藤之雄先生からは言葉に言い尽くせないほどお世話になってきた。そもそも私が研究テーマを選択したのも、学部時代に参加した伊藤ゼミで『原敬日記』を輪読して、加藤高明という人物に興味を抱いたことが直接のきっかけとなっている。その後私は大学院に進んで本格的に研究を開始したが、文字通り「厳しくも温かい」ご指導を賜ってきた。些事に拘泥しがちな筆者に対し、先生は常に大きなフレームワークを提示することの重要性を強調し、大きな問題に真正面から取り組む勇気を与えて下さった。また、くずし字の読解や一次史料の厳密な読み方を叩き込んで頂いたのみならず、「史料に書かれていないこと」をいかに読み込むかを教えて頂いた。先生の構築された壮大な歴史像や真摯に学問と向き合うお姿は、今日に至るまで励みとも手本ともなってきた。今後共、先生から多くを学びながら精進を続けていきたい。

修士論文の審査に加わって頂いた木村雅昭先生、中西寛先生からは、論文審査のみならず授業、研究会の場でも比較政治学、国際政治学の観点から秀逸なコメントを賜り、政治学的視点からの歴史研究の面白さを学ばせて頂いた。博士論文の審査に加わって頂いた大嶽秀夫先生、的場敏博先生からは、歴史分析にも現代政治や政党論の視点を組み込むことの重要性を教えて頂いた。学部時代からお世話になってきた大石眞先生からは、政治現象がいかに制度として昇華していくかを分析する視点を学ばせて頂き、憲法史研究会で貴重な報告の機会を頂いた。筆者は二〇〇四年四月に京都大学大学院法学研究科の助教授として採用されたが、各先生方からは折に触れて貴重なご指導を賜った。筆者が本研究をまとめることができたのは、ひとえに母校の先生方のご指導とその自由でアカデミックな恵まれた環境のおかげである。今後共さらなる研究や教育を通して、先生方の学恩に報いていきたいと念じている。

筆者が日常的に参加している「二〇世紀と日本」研究会の先生方からも、常日頃大きな知的刺激を賜っている。とりわけ、研究領域が近い川田稔先生(名古屋大学環境学研究科)、故高橋秀直先生(京都大学文学研究科)、小林道彦先生(北九州市立大学法学部)、瀧井一博先生(兵庫県立大学経営学部)からは多くのご教示を頂いてきた。学部時代に参加させて頂いた中西輝政先生(京都大学人間環境学研究科)の演習で、国際政治やヨーロッパ古典外交に関する洋書を輪読したことは、筆者が近代日本とイギリスの関わりに目を向ける大きなきっかけとなった。先生からはその後も国際史研究会で行った報告に対して示唆に富んだコメントを頂戴した。君塚直隆先生(神奈川県立外語短期大学英語科)からは、イギリス史に関して多大なご教示を賜った。私が曲がりなりにも一次史料に基づいたイギリスの分析ができるようになったのは、イギリス公文書館の使い方をはじめ初歩的な知識から親切に教えて下さった先生のおかげである。松尾尊兊先生(元京都大学文学部)からは、お手紙で懇切丁寧なご教示を賜った。本書の完成間近には、いくつかの学会、研究会で報告の機会を得、多くの先生方から貴重なご教示を頂いた。各先生方のご指導に対し、厚くお礼を申し上げたい。

同門の先輩である西田敏宏氏(現人間環境大学人間環境学部)からは、大学院進学以来数え切れないほどのご教示を頂いてきた。また、京都大学大学院で共に学んだ諸先輩方、友人達から得た多大の刺激は、今日に至るまで何物にも代え難い財産となっている。特に、小柳昌司氏、森田吉彦氏、梶原克彦氏、中馬憲朗氏、赤坂幸一氏(現金沢大学法学部)、小倉宗氏、城下賢一氏、上田知亮氏、森靖夫氏には様々な場面でお世話になり、多くを学ばせて頂いた。これまでのご厚情に対して深く感謝申し上げると共に、今後も切磋琢磨し合う仲でありたいと願っている。

史料収集に当たって、多くの方々のご協力を得ることができたのは実に幸運であった。直接史料の閲覧をご許可して下さった方々はもちろんのこと、ご紹介の労を執って下さった方、電話での問い合わせに親切に応じて下さった方など多くの方々に厚くお礼を申し上げたい。また、国立国会図書館憲政資料室、京都大学附属図書館、三菱史料館、愛知県蟹江町歴史民俗資料館をはじめ多くの図書館や文書館、史料館の方々にもお礼を申し上げたい。

本研究に対しては、(財)旭硝子奨学会、京都大学大学院法学研究科二一世紀COEプログラム、(財)学術振興野村基金からの支援を得ることができた。本書の一部となった論文③を発表するに当たっては、大久保昭三氏(議会政治研究会常務理事)から格別のご配慮を頂戴した。また、本書の出版に当たっては、京都大学法学部百周年記念基金から助成を得るという幸運に恵まれた。本研究の意義をお認め下さり、ご厚意を賜った関係各位に対して、深くお礼を申し上げたい。

最後に私事を記すのをお許し頂きたい。父英次、母裕子は、幼少の頃から私の歴史好きを温かく見守り、やさしく育んでくれた。父母が祖父母と共にしばしば我が家の歴史を聞かせてくれたこと、妹とも一緒に各地の史跡を巡ってくれたこと、私が読んだ本について話すのを面白がって聞いてくれたこと、その一つ一つが、私が歴史家という道を選び、今の研究を行っていることにつながっている。故郷を離れて京都に出てからも、父母は私が好きな道を歩むのを認めてくれた。わがままを許し、常に支援を惜しまなかった父母に対しては、感謝の言葉が見つからない。

私が本研究を進める間、妻がいつも間近にいて励ましてくれたことも大きな支えとなった。妻は、史料収集や執筆を優先しがちな私に寛容で、研究に集中する環境を与えてくれた他、しばしば執筆したばかりの論文を読んで、最初の読者となってくれた。生まれたばかりの息子も、その笑顔で本書をまとめる力を与え続けてくれた。本当にありがとう。

父母、妻子をはじめとする私の家族に本書を捧げたいと思う。

二〇〇六年六月

初夏の洛西にて　故郷の青空を思いながら　　奈良岡聰智

主要参考史料

〔公刊史料〕

略(本文の註に譲る)

〔雑誌・新聞—日本語・英語〕

◆新聞

『大阪朝日新聞』『大阪毎日新聞』『官報』『神戸又新新報』『国民新聞』『時事新報』『信濃毎日新聞』『新愛知』『東奥日報』『東京朝日新聞』『東京日日新聞』『名古屋新聞』『報知新聞』『毎日新聞』『郵便報知新聞』『横浜毎日新聞』『読売新聞』『万朝報』*Daily Telegraph*, *New York Times*, *The Times*

◆雑誌

『一徳』『大阪銀行通信録』『外交時報』『改造』『学士会月報』『憲政』『憲政公論』『国家及国家学』『国家学会雑誌』『島根評論』『新日本』『政友』『大観』『太陽』『地方行政』『中央公論』『鉄道時報』『伝記』『東京経済雑誌』『同志』『東邦協会会報』『文明協会講演集』『民政』『無名通信』『早稲田講演』

〔未公刊史料—日本語〕

◆国立国会図書館憲政資料室所蔵(一部は寄託)

「安達謙蔵文書」「安達峰一郎文書」「荒川五郎文書」「伊沢多喜男文書」「石川安次郎文書」(寄託、東京大学所蔵)「伊藤博文文書」その二「伊東巳代治文書」「井上馨文書」「江木千之文書」「大塚常三郎文書」「加藤高明文書」「桂太郎文書」「川崎卓吉文書」「木村小左衛門文書」「倉富勇三郎文書」「憲政資料室収集文書」「小泉策太郎文書」(寄託、個人蔵)「河野広中文書」「近衛文麿公文書」(寄託、陽明文庫所蔵)「小山松寿文書」(寄託、東京大学所蔵)

「斎藤実文書」「勝田主計文書」「関谷貞三郎文書」「財部彪文書」「竹下勇文書」「田中稲城文書」「田中義一文書」（寄託、山口県文書館所蔵）「都筑馨六文書」「寺内正毅文書」「田健治郎文書」「豊川良平文書」「西徳二郎文書」「野田卯太郎文書」（寄託、福岡県地域史研究所所蔵）「平田東助文書」「平沼騏一郎文書」「降旗元太郎文書」（寄託、東京大学所蔵）「牧野伸顕文書」「陸奥宗光文書」「望月小太郎文書」「山川端夫文書」（寄託、個人蔵）「山県有朋文書」（寄託、個人蔵）「渡辺国武文書」

◆国立公文書館所蔵

「行政調査会書類」「公文雑纂」「公文別録」「公文類聚」「枢密院決議」「枢密院審査報告」

◆外務省外交史料館所蔵

「外務省記録」「議会調書」「榎本武揚宛諸家書簡」「陸奥宗光書翰」

◆防衛庁防衛研究所図書館所蔵

「武官大臣制撤廃ニ関連シ制度改正ノ要領」「陸海軍大臣任用資格問題ニ関スル件」「陸軍省大日記甲輯」

◆東京大学所蔵

「江木翼文書」「加藤家文書」（以上、社会科学研究所図書室所蔵）「明治十三年六月試業答書」（総合図書館所蔵）「井手三郎文書」「伊藤徳三文書」「龍居頼三文書」「穂積陳重文書」（以上、法学部附属近代日本法政史料センター所蔵）

◆早稲田大学所蔵

「大隈信幸氏寄贈　大隈重信関係文書」（大学史資料センター所蔵）「市島春城資料」「大隈文書」「諸家文書」「対英外交文書教材」「徳大寺実則日記」（以上、図書館特別資料室所蔵）

◆その他の機関所蔵

「粕谷義三日記」（入間市博物館）「井上匡四郎文書」（国学院大学図書館所蔵）「渡辺国武文書」（尚友倶楽部寄託）「穂

積陳重文庫」（筑波大学図書館所蔵）「渡辺刀水旧蔵諸家書簡」（東京都立中央図書館所蔵）「徳富蘇峰文書」（徳富蘇峰記念館所蔵）「冨吉建速神社・八剣神社改築寄附芳名録」（冨吉建速神社・八剣社所蔵）「坂口五峰文書」（新潟県立文書館所蔵）「和鳴集」「懐古十年帖」（広瀬神社所蔵）「後藤新平文書」（水沢市立後藤新平記念館所蔵）「加藤伯（加藤高明）伝記編纂所ニ係ル立替金領収書」、Construction, Decoration and Furniture, Residents of H.E. Baron Kato（三菱史料館所蔵）

◆個人所蔵

「植村家家系」「植村尚清宛植村俊二書翰」「植村尚清宛加藤高明書翰」（植村朋子氏所蔵）「加藤高明宛加藤（岡部）悦子書翰」「岡部悦子宛加藤高明書翰」「加藤高明宛桂太郎書翰」（岡部綾子氏所蔵）「冨吉建速神社縁起」「冨吉建速神社・八剣社改築費寄付調書」「後藤道政宛加藤高明賀状」（後藤昌之氏所蔵）「加藤高明宛豊川良平書翰」（櫻井良樹氏所蔵）「陸奥広吉日記」「雨潤会要録」（陸奥陽之助氏旧蔵）「山本達雄宛加藤高明書翰」（山本家所蔵）「加藤高明書幅」「河野広中宛加藤高明書翰」「藤山雷太宛加藤高明書翰（複写版）」（筆者所蔵）

〔未公刊史料―英語〕

◆National Archives（Public Record Office）所蔵

Foreign Office Papers（FO46, FO371）, Grey Papers（FO800/68）

◆British Library 所蔵

Dilke Papers, Stopes Papers

【付表】加藤高明関連系図(1)

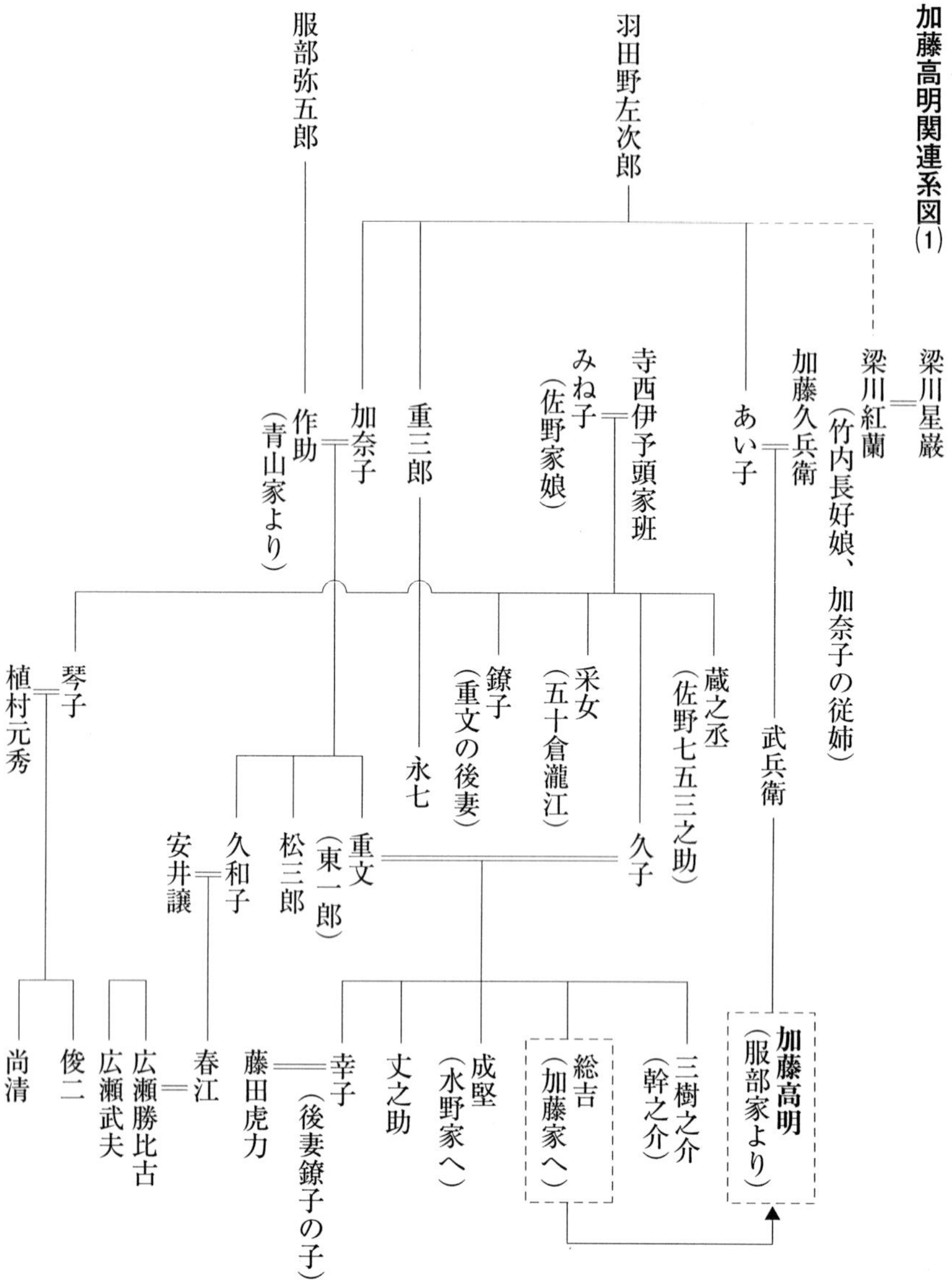

注：『加藤高明』上巻，『加藤高明伝』，「植村家家系」（植村朋子氏所蔵）および寺西家墓地（愛知県海部郡蟹江町）の調査に基づく。伊藤和孝氏作成の「須成寺西・五十倉家，加藤家，蟹江本町鈴木家関係系図」（『年報』第 26 冊，蟹江町歴史民俗資料館，2006 年 3 月）も参照。

加藤高明関連系図(2)

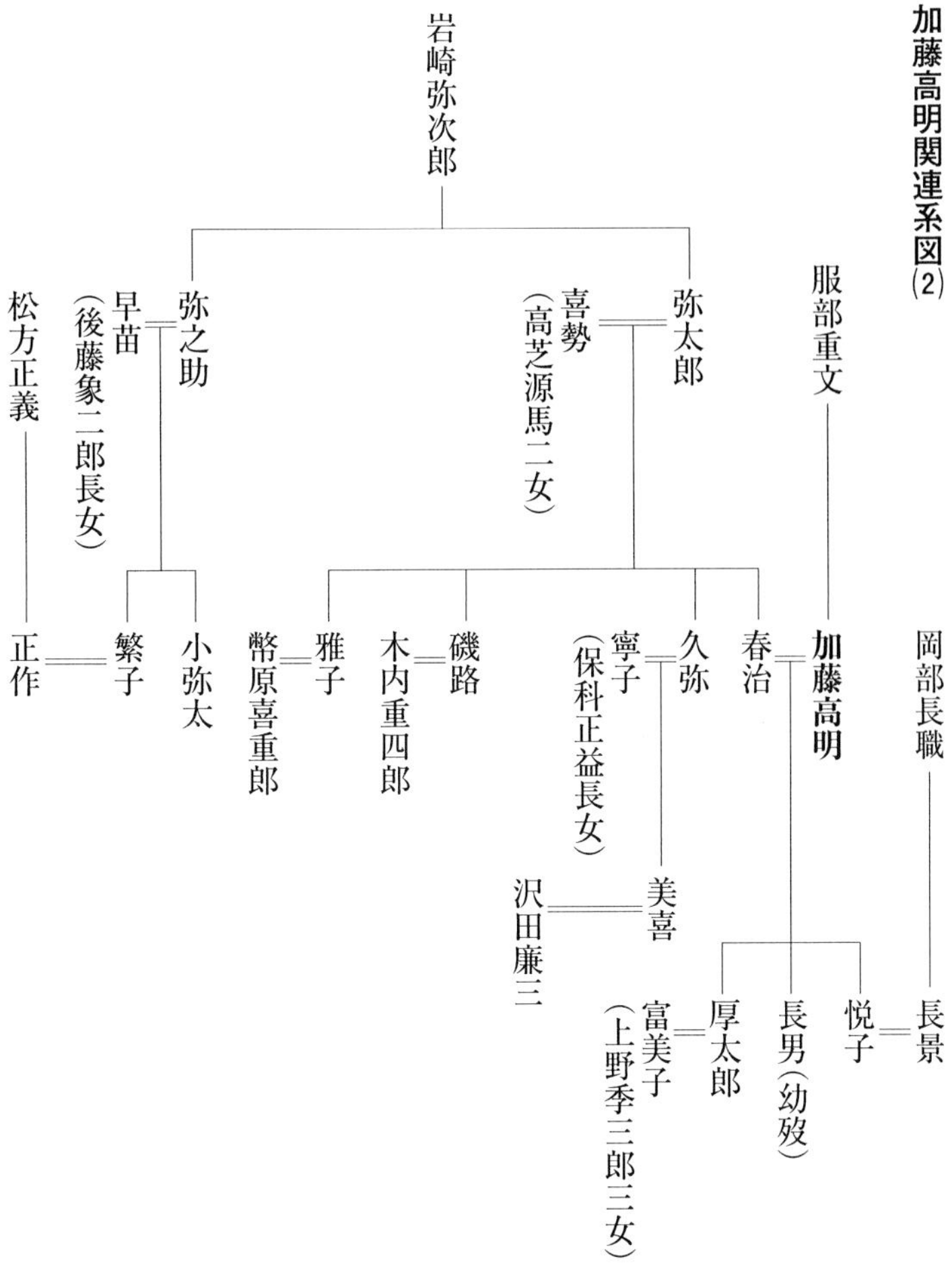

注：『加藤高明』下巻，霞会館華族家系大成編輯委員会編『平成新修旧華族家系大成』上巻（社団法人霞会館，1996年）に基づく。

表1　加藤高明在籍当時の東京開成学校開講科目

	第1年（1875～76年）	第2年（1876～77年）	主な講義担当者
第1期（9月～2月）	英語、作文 算術［終ル］、代数初歩［終ル］ 地理［地政ノ部、地形ノ部］ 万国史 人身及比較解剖及生理学［半終ル］ 画学［線図及簡易模型法］	英語学［英文学、作文］ 数学［代数終ル、幾何］ 史学［史学理論］ 物理学［初歩実験説明］ 博物誌［動物分類］ 画学［自在画報、真写画法、花果及人体］	英語学（アリン、マッカテー） 史学（サイル） 地理学（不明） 経済学（マッカテー）
第2期（2月～7月）	英語学［英文学、作文］ 数学［代数、幾何］ 史学［法国史］ 博物誌［植物組織及解剖］ 画学［自在画報、図体及実体写法、実体写陰法］		

【出典】『東京開成学校第三年報』『東京開成学校第四年報』（東京大学史史料研究会編『東京大学年報』第一巻、東京大学出版会、一九九三年所収）、『東京開成学校一覧』『東京開成学校生徒月表』第五号（東京開成学校、一八七六年）より作成。

【注】東京開成学校に入学した一八七五年九月から東京大学に編入学した一八七七年四月までの加藤高明の在籍学年・クラスにおける開講科目を示した。第二年第二期の授業は、東京開成学校の東京大学への改組により開講されなかったものと推定する。

表2　加藤高明在籍当時の東京大学開講科目（法学部、文学部）

	法学部	文学部
1学年（1877～78年）	英文学（ホートン） 普通化学（ジュット） 史学（サイル） 英語、論理学、心理学（外山正一） 和文学（横山由清） 仏語（古賀護太郎） 漢文学（岡本監輔）	法学部と同上
2学年（1878～79年）	日本古代法律（横山由清） 日本現行法律（草野允素） 法律原論、証拠法、結約法（テリー） 刑法、私犯法、憲法、原被弁論法（ターリング） 仏語（古賀護太郎）	心理学、哲学（外山正一） 哲学史（フェノロサ） 史学（サイル、クーバル） 和文学（横山由清、黒川眞頼） 漢文学（三島毅、信夫粲） 英文学（ホートン） 仏語（古賀護太郎）
3学年（1879～80年）	結社法、海運法、代理法、売買法（テリー） 衡平法、不動産法、訴訟演習、為換法（ターリング） 日本現行法律（鶴田皓） 法蘭西法律（黒川誠一郎） 日本古代法律（木村正辞）	理財学、政治学（フェノロサ） 史学、道義学（クーバー） 英文学（ホートン） 和文学（横山由清、木村正辞、小中村清矩） 漢文学（中村正直）
4学年（1880～81年）	日本古代法律（黒川眞頼） 治罪法（横田國臣） 訴訟演習（玉乃世履） 海上保険法（テリー） 列国交際法、法論、訴訟演習（鳩山和夫） 仏蘭西法律（岸本辰雄）	哲学（外山正一、クーバル） 理財学（フェノロサ） 列国交際公法、政治学（鳩山和夫） 漢文学（島田重礼）

【出典】『東京大学法理文三学部第六～八年報』『東京大学第一年報』（東京大学史史料研究会編『東京大学年報』第一、二巻、東京大学出版会、一九九三年所収）より作成。

【注】加藤高明が在籍した一八七七～八一年の東京大学法学部、文学部の開講科目を示した（括弧内は講義担当者）。三、四学年時の文学部開講科目は学科によって大きく異なるが、第一科（史学、哲学及政治学科）のみを掲げた。

立憲同志会役員(1913. 3. 29指名)

創立委員長　桂太郎

常 務 委 員　大浦兼武　大石正巳　河野広中　後藤新平　加藤高明(1913. 7. 20 指名)

幹　事　長　坂本金弥

幹　　　事　富田幸次郎　小寺謙吉　小河源一　安達謙蔵　綾部惣兵衛

　　　　　　添田飛雄太郎　木下謙次郎　中安信三郎

会計監督　若槻礼次郎　片岡直温

政務調査会長　武富時敏

頭の数字は西暦の下２桁　(　) 内は留任

――――――――――――→16.10.10

――――――――――――→16.10.10

――――――――――――→16.10.10

――――――――――――→16.10.10

15. 8.16←肥塚龍――――――→16.10.10

15. 8.16←柴四郎→15.10.29　15.11.27←阪口仁一郎――→16.10.10

――→15. 8.16←鹿島秀麿――――――→16.10.10

――→15. 8.16←武内作兵衛――――――→16.10.10

――→15. 8.16←富田幸次郎――――――→16.10.10

――→15. 8.16←綾部惣兵衛――――――→16.10.10

――――――→15.11.29←石橋茂――――――→16.10.10

――→15. 8.16←竹村鉄次郎→15.11.29←井原百介→16. 3.10←小原又次郎　→16.10.10

――→15. 8.16←浜口雄幸――――(16. 5.16)――→16.10.10

――→15. 8.16←鈴置倉次郎――――(16. 5.16)――→16.10.10

表３　立憲同志会の役職者

立憲同志会役員（1913. 2. 24指名）

会計監督	若槻礼次郎　片岡直温
幹　　事	安達謙蔵　木下謙次郎　富田幸次郎　江木翼　増田次郎　広瀬吉郎
報告委員	武富時敏　肥塚竜　肥田景之　村松亀一郎　安達謙蔵
政綱委員	阪口仁一郎　根津嘉一郎　本田恒之　坂本弥一郎　大野亀三郎　浅羽靖　岡崎久次郎　藤原惟郭　安東敏之　片岡直温　武富時敏　肥田景之

立憲同志会役員（結党式以後）

総理

13.12.23◀—加藤高明——

総務

13.12.23◀—大浦兼武——▶15. 5.15◀—若槻礼次郎——

13.12.23◀—河野広中——▶15. 5.15◀—片岡直温——

13.12.23◀—大石正巳——▶15. 1. 8　15. 5.15◀—安達謙蔵——

14. 5. 3◀—島田三郎——▶15. 5.15◀—藤沢幾之輔—▶15. 8.10

14. 5. 3◀—箕浦勝人——(15. 5.15)——▶15. 8.10

評議員会長

14. 1.19◀—島田三郎——▶15. 5.15◀—加藤政之助——

評議員会副会長

14. 1.19◀—浅羽靖——▶15. 5.15◀—鹿島秀麿——

幹事長

13.12.25◀—箕浦勝人—▶14. 7. 2—▶藤澤幾之輔—(15. 5.15)◀——

常任幹事

13.12.25◀—木下謙次郎——▶(15. 5.16)——

13.12.25◀—安達謙蔵—▶14. 5.14◀—矢島浦太郎—15. 5.16◀—小原又次郎——

13.12.25◀—富田幸次郎—▶14. 5.14◀—小林勝民—▶15. 5.16◀—原脩次郎——

政務調査会長

13.12.25◀—武富時敏—▶14. 9.19◀—島田三郎—▶15. 5.16◀—柴四郎——

政務調査会副会長

13.12.25◀—浜口雄幸—▶14. 9.19◀—町田忠治—▶(15. 5.16)——

【出典】櫻井良樹編『立憲同志会資料集』（柏書房、1991年）36〜37頁。

表4　第二次大隈重信内閣（一九一四・四・－一九一六・一〇・）の主な勅任官

官名	人名	在任期間	備考
内閣書記官長	江木　翼	一四・四・－一六・一〇・	同志会員。一六・一〇・－三一・九・貴勅（同成会）、二四・六・－二五・八・〔加藤高〕内閣書記官長、二五・八・－二七・四・〔加藤高〕法相。
法制局長官	高橋作衛	一四・四・－一六・一〇・	東京帝国大学教授（国際公法第二講座担任）兼任。同志会系。一六・一〇・－二〇・九・貴勅（同成会）。
内務次官	下岡忠治	一四・四・－一五・七・	同志会系官僚→一五・三・－二五・一一・代議士（公友倶楽部→憲政会）。一五・七・－一五・八・内務省参政官、一六・一二・憲政会入党、二四・七・－二五・一一・〔加藤高〕朝鮮政務総監。
	久保田政周	一五・七・－一六・一二・	同志会系官僚。二四・一一・－二五・一・〔加藤高〕東洋拓殖会社総裁。
大蔵次官	浜口雄幸	一四・四・－一五・七・	同志会員。一五・三・－三一・八・代議士（同志会→憲政会→民政党）、一五・七・－一五・八・大蔵省参政官、一六・一〇・憲政会入党。二四・六・－二六・六・〔加藤高〕蔵相。
	菅原通敬	一五・七・－一六・一〇・	同志会系官僚。一六・一〇・－三八・二・貴勅（同成会）、二八・二・民政党入党、三〇・一二・－三二・三・〔浜口〕東洋拓殖会社総裁。
司法次官	鈴木喜三郎	一四・四・－二一・一〇・	官僚。二〇・六・－三二・一・貴勅（交友倶楽部）、二五・四・政友会入党、二七・四・－二八・五・〔田中〕内相。
文部次官	福原鐐次郎	一一・九・－一六・一〇・	同志会系官僚。一六・一〇・－三二・一・貴勅（同成会）。
農商務次官	上山満之進	一四・四・－一八・一〇・	同志会系官僚。一八・九・－三五・一二・貴勅（同和会）、二六・七・－二八・六・〔若槻〕台湾総督。
逓信次官	中谷弘吉	一四・四・－一四・一二・	官僚。
	湯河元臣	一四・一二・－一七・二・	官僚。
鉄道院総裁	仙石　貢	一四・四・－一五・八・	実業家。元官僚、元代議士。一五・三・－二〇・二・代議士（同志会→憲政会）。二四・六・－二六・六・〔加藤高〕鉄相。
	添田寿一	一五・七・－一六・一〇・	同志会系官僚。元憲政党員。二五・一二・－二九・七・貴勅（同成会）。
警視総監	伊澤多喜男	一四・四・－一五・八・	同志会系官僚。一六・一〇・－四一・一・貴勅（同成会）、二四・九・－二六・七・〔加藤高〕台湾総督。
	西久保弘道	一五・八・－一六・一〇・	同志会系官僚。一六・一〇・－三〇・七・貴勅（同成会）。

内務省警保局長	安河内麻吉	一四.四.–一五.八.	官僚。
	湯浅倉平	一五.八.–一六.一〇.	同志会系官僚。一六.一〇.–二九.一一.貴勅(同成会)、二四.六.–二五.九.〔加藤高〕内務次官。

【出典】秦郁彦編『日本官僚制総合事典　一八六八—二〇〇〇』(東京大学出版会、二〇〇一年)、同編『日本近現代人物履歴事典』(東京大学出版会、二〇〇二年)などにより作成。

【凡例】上山満之進を例とすると、一九一四年四月から一九一八年一〇月まで農商務次官を務め、のち一九一八年九月から一九三五年一二月まで貴族院勅選議員(同和会所属)を務め、一九二六年七月に若槻内閣の下で台湾総督に任命された後、一九二八年六月まで在職したことを示す。

表5　第二次大隈重信内閣（一九一四・四・－一九一六・一〇・）の参政官・副参政官

参政官

官名	人名	在職期間	備考
外務省参政官	安達謙蔵	一五・七・－一五・八・	同志会代議士（当選六回、熊本）。熊本国権党員。朝鮮時報社、漢城新報社を創立。二五・五・－二七・四・〔加藤高〕逓相
	柴四朗	一五・一一・－一六・一〇・	同志会代議士（当選九回、福島）。元戦記編纂掛。一八九八・七・－一八九八・一一・〔大隈〕農商務次官。
内務省参政官	下岡忠治	一五・七・－一五・八・	公友倶楽部代議士（当選一回、兵庫）。一四・四・－一五・七・内務次官。二四・七・－二五・一一・〔加藤高〕朝鮮総督府政務総監。
	藤沢幾之輔	一五・八・－一六・一〇・	逓信省参政官より。
大蔵省参政官	浜口雄幸	一五・七・－一五・八・	同志会代議士（当選一回、高知）。一四・四・－一五・七・大蔵次官。二四・六・－二六・六・〔加藤高〕蔵相。
	加藤政之助	一五・八・－一六・一〇・	同志会代議士（当選一〇回、埼玉）。元報知新聞記者、埼玉県会議長。二七・四・－四一・八・貴勅（同成会）。
陸軍省参政官	真鍋斌	一五・七・－一六・一〇・	貴族院議員（一一・七・－一八・七・男爵議員、所属会派不明）。旧山口藩士。陸軍中将。〇八・一一・予備役。
海軍省参政官	早速整爾	一五・七・－一五・一二・	中正会代議士（当選五回、広島）。元芸備日日新聞主筆、広島県会副議長。一五・一二・－一七・一・衆議院副議長。二五・八・－二六・六・〔加藤高〕農相。
	岡部次郎	一六・一・－一六・一〇・	中正会代議士（当選二回、長野）。元北海タイムス主筆、営口行政委員会議長。
司法省参政官	田川大吉郎	一五・七・－一六・一〇・	中正会代議士（当選三回、東京）。元報知新聞記者、東京市助役。
文部省参政官	桑田熊蔵	一五・七・－一五・八・	貴族院議員（一八九四・九・－一九一八・九・多額納税者議員〔鳥取〕、所属会派不明）。社会政策学者（東京帝国大学講師）。
	大津淳一郎	一五・八・－一六・一〇・	大蔵省副参政官より。
農商務省参政官	町田忠治	一五・七・－一六・一〇・	同志会代議士（当選二回、秋田）。元東洋経済新聞社社長、日本銀行取調役、百十銀行理事。二六・六・－二七・四・〔若槻〕農相。
逓信省参政官	藤沢幾之輔	一五・七・－一五・八・	同志会代議士（当選九回、宮城）。弁護士、元宮城県会議長。二六・九・－二七・四・〔若槻〕商相。
	木下謙次郎	一五・八・－一六・一〇・	同志会代議士（当選六回、大分）。地主。二七・一二・－二九・八・〔田中〕関東長官。

副参政官

官名	人名	在職期間	備考
外務省副参政官	鈴置倉次郎	一五・七・－一五・八・	同志会代議士（当選六回、愛知）。加藤外相と同郷。元会計検査官。二四・八・－二六・五・（加藤高）文部政務次官。
	大隈信常	一五・一二・－一六・一〇・	文部省副参政官より。
内務省副参政官	鳥居鍗次郎	一五・七・－一六・一〇・	同志会代議士（当選一回、埼玉）。元報知新聞記者、埼玉県会議長。
大蔵省副参政官	大津淳一郎	一五・七・－一五・八・	同志会代議士（当選一〇回、茨城）。元茨城県会議員、茨城日日新聞を創刊。二七・四・－三二・一・貴勅（同成会）。
	紫安新九郎	一五・八・－一六・一〇・	公友倶楽部代議士（当選二回、大阪）。元鎮西日報主筆、大阪市南区長。
陸軍省副参政官	三浦得一郎	一五・七・－一六・一〇・	公友倶楽部代議士（当選一回、宮崎）。元陸軍軍医監、関東都督府陸軍軍医部長。
海軍省副参政官	田中善立	一五・七・－一六・一〇・	中正会代議士（当選二回、愛知）。元東洋大学講師、台湾総督府嘱託。
司法省副参政官	関　和知	一五・七・－一六・一〇・	公友倶楽部（当選三回、千葉）。元万朝報記者、東京毎日新聞編集長。二四・八・－二五・二・（加藤高）陸軍政務次官。
文部省副参政官	大隈信常	一五・七・－一五・一二・	公友倶楽部代議士（当選一回、群馬）。大隈首相の養子。元三井物産社員。二三・一・－四七・一・貴族院侯爵議員（火曜会→無所属）。
	小山谷蔵	一五・一二・－一六・一〇・	中正会代議士（当選二回、和歌山）。元台湾総督府翻訳官。
農商務省副参政官	坪井九八郎	一五・七・－一六・一〇・	貴族院議員（一一・三・－一八・一〇・男爵議員、公正会）。旧山口藩士。
通信省副参政官	荒川五郎	一五・七・－一六・一〇・	同志会代議士（当選四回、広島）。小学校校長。

【出典】【凡例】表4に同じ。

表6　主要憲政会員とその役職

人名	生年	当選回数	改選年月											憲政会内閣ポスト
		1916.10	1916.10	18.1	19.1	19.12	21.1	22.1	23.1	24.1	24.6	25.1	26.1	27.1	
加藤　高明	1860	貴(2)	総裁												首相
尾崎　行雄	1859	12	◆	◆	◇	◇	［21年2月除名］								
武富　時敏	1855	11	◆	◇	◆	◇	◇	◆	◇	◇	◇				
高田　早苗	1860	貴(6)	◆	［半ば政界引退状態］											
若槻礼次郎	1866	貴	◆	◇	◇	◇	◆	◇	◆	◇	★	★	★	★	内相→首相
片岡　直温	1859	5	◆	◇	◇	◇	◇	◇	◆	◇	◇	★※	★	★	商相→蔵相
安達　謙蔵	1864	6	◆	◆			◆			◆	◆	★※			逓相
浜口　雄幸	1870	1	◆	◇	◆	◆	◇	◆		◆	★	★	★	★	蔵相→内相
河野　広中	1849	12	◇	◇	◇	◇	◆	◇	［23年12月死去］						
箕浦　勝人	1854	12	◇	◇	◇	◆	◇	◇	◇	◇	◇	◆	◇	◇	
島田　三郎	1852	12	◇	◇	◇	◇	［21年3月脱会］								
仙石　貢	1857	2	◇	◇	◇	◇	◇	◇	◇	◇	★	★	★※		鉄相
下岡　忠治	1870	1		◆					◆		☆	☆※			朝鮮政務総監
藤沢幾之輔	1859	9		◆							◇	◆	★※		商相
早速　整爾	1868	5		◆		◆		◆			☆	★※	★	★※	鉄道次官→農相→蔵相
江木　翼	1873	貴		◇	◆						★	★	★	★	書記官長→法相
加藤政之助	1854	10			◆						◇	◇	◇	◇	
町田　忠治	1863	2			◆						◆	◆※	★※	★	農相
小寺　謙吉	1877	3			◆						◆			◇	
坂口仁一郎	1859	6				◆									
柵瀬軍之佐	1869	3				◆				◆	◆				
大津淳一郎	1856	10					◆				◇	◇	◇	◇	
鈴置倉次郎	1867	7					◆								
関　和知	1870	3						◆							
降旗元太郎	1864	8						◆				◆			

望月小太郎	1865	4							◆			◆		◇	
小泉又次郎	1865	3							◆					◆※	
頼母木桂吉	1867	1								◆	◆				
武内　作平	1867	4								◆	◆				
橋本　喜造	1872									◆	◆				
田中　善立	1874	2										◆			
野村　嘉六	1873	2										◆※			
山道　襄一	1882	2										◆※			
原　脩次郎	1871	2										◆※	◆		
森田　　茂	1872	1											◆		
富田幸次郎	1872	3											◆		
齋藤　隆夫	1870	2											◆		
一柳仲次郎	1868												◆		
西　栄太郎	1864	2											◆		
樋口　秀雄	1875	1											◆※		
横山金太郎	1868	2												◆	
横山勝太郎	1877													◆	
小池　仁郎	1866	1												◆	

【出典】『憲政』(復刻版，柏書房，1986 年)，『憲政公論』(復刻版，柏書房，1988 年)，樋口秀雄校訂，憲政会史編纂所編『憲政会史』(復刻版，原書房，1985 年)，衆議院，参議院編『議会制度百年史　衆議院議員名鑑』(大蔵省印刷局，1990 年)，『東京日日新聞』『大阪朝日新聞』による。

【注 1】◆は総務，◇は顧問，★は内閣閣僚，☆は閣僚級ポストに就任していることを表す。

【注 2】※は途中就任又は途中退任(又はその両方)を表す。

【注 3】顧問については，憲政会大会での肩書きなどによって顧問職にあると推定したものがかなりあるが，詳細は省略した。

【注 4】第 1 次・2 次加藤内閣，第 1 次若槻内閣での入閣者(および閣僚級ポスト就任者)については，右に別枠で役職名を記した。

【注 5】当選回数は 1916 年 10 月時点の代議士当選回数を指す。貴は貴族院議員であること(数字は過去代議士当選回数)，空欄は未当選を意味する。

表７　憲政会の役職者（顧問，総務を除く）

幹事長

人名	就任時期	注
富田幸次郎	1916. 10 ～ 1919. 1	
関　和知	1919. 1 ～ 1921. 1	※ 1922. 1 総務に就任。
小泉又次郎	1921. 1 ～ 1922. 1	※ 1923. 1 総務に就任。
頼母木桂吉	1922. 1 ～ 1923. 1	※ 1924. 1 総務に就任。
小山松寿	1923. 1 ～ 1924. 1	
三木武吉	1924. 1 ～ 1924. 8	
山道襄一	1924. 8 ～ 1925. 1	※ 1925. 1〔推定〕総務に就任。
八並武治	1925. 1 ～ 1925. 8	
横山金太郎	1925. 8 ～ 1927. 1	※ 1927. 1 総務に就任。
中原徳太郎	1927. 1 ～ 1927. 5	

政調会長

人名	就任時期	注
加藤政之助	1916. 10 ～ 1919. 1	※ 1919. 1 総務に就任。 1924. 6 顧問に就任。
柵瀬軍之佐	1919. 1 ～ 1919. 12	※ 1919. 12 総務に就任。
岡部次郎	1919. 12 ～ 1921. 1	
頼母木桂吉	1921. 1 ～ 1922. 1	※ 1922. 1 幹事長に就任、 1924. 1 総務に就任。
紫安新九郎	1922. 1 ～ 1923. 1	
黒金泰義	1923. 1 ～ 1924. 1	
古屋慶隆	1924. 1 ～ 1924. 6〔推定〕	
横山勝太郎	1924. 6 ～ 1926. 1	
高木正年	1926. 1 ～ 1927. 1	
荒川五郎	1927. 1 ～ 1927. 5	

会計監督

人名	就任時期
江木　翼	1916. 10 ～ 1918. 12
下岡忠治	1918. 12 ～ 1920. 1
下岡忠治、橋本喜造	1920. 1 ～ 1921. 1
橋本喜造、加藤定吉	1921. 1 ～ 1922. 1
橋本喜造、鵜沢宇八	1922. 1 ～ 1924. 1
鵜沢宇八、一柳仲次郎	1924. 1 ～ 1925. 1
一柳仲次郎、武内作平	1925. 1 ～ 1926. 1〔推定〕

憲政会政務調査会各部主査

1916年11月		
1部[内閣・鉄道]鈴木寅彦	2部[外務]関和知	3部[内務]福田又一
4部[大蔵]浅野陽吉	5部[陸海軍]岡崎久次郎	6部[司法]齋藤隆夫
7部[文部]荒川五郎	8部[農商務]紫安新九郎	9部[逓信]鈴木久次郎
10部[拓殖]黒須龍太郎		
1918年4月4日		
1部[外務]望月小太郎	2部[内務]黒須龍太郎	3部[大蔵]山田珠一
4部[陸海軍]岡部次郎	5部[司法]齋藤隆夫	6部[文部]大津淳一郎
7部[農商務]鈴木久次郎	8部[逓信・鉄道]正木照蔵	9部[拓殖]武市彰一
1919年5月23日		
1部[内閣・鉄道院]頼母木桂吉	2部[外務]望月小太郎	3部[内務]丸山名政
4部[大蔵]鈴木久次郎	5部[陸海軍]高木正年	6部[司法]鈴木富士弥
7部[文部]樋口秀雄	8部[農商務]井原百介	9部[逓信]正木照蔵
10部[拓殖]森田茂		
1921年4月13日		
1部[内閣・拓殖]黒金泰義	2部[外務]望月小太郎	3部[内務]綾部惣兵衛
4部[大蔵]高木正年	5部[陸海軍]田中善立	6部[司法]齋藤隆夫
7部[文部]三浦得一郎	8部[農商務]齋藤宇一郎	9部[逓信]正木照蔵
10部[鉄道]鵜沢宇八		
1923年4月14日		
1部[内閣・拓殖]山道襄一	2部[外務]永井柳太郎	3部[内務]古屋慶隆
4部[大蔵]津原武	5部[陸軍]三浦得一郎	6部[海軍]門屋尚志
7部[司法]井上剛一	8部[文部]佐竹庄七	9部[農商務]飯塚春太郎
10部[逓信・鉄道]粟山博		
1924年6月17日		
1部[内閣・拓殖]関和知	2部[外務]永井柳太郎	3部[内務]俵孫一
4部[大蔵]山本厚三	5部[陸軍]三浦得一郎	6部[海軍]岡部次郎
7部[司法]横山勝太郎	8部[文部]樋口秀雄	9部[農商務]高田耘平
10部[逓信]原脩次郎	11部[鉄道]野村嘉六	

【出典】『憲政』(復刻版，柏書房，1986年)，『憲政公論』(復刻版，柏書房，1988年)，樋口秀雄校訂，憲政会史編纂所編『憲政会史』(復刻版，原書房，1985年)により作成。

【注】1920年，1922年，1925年，1926年に政務調査会各部主査の改選があったのかは不明。

表8　加藤高明・第一次若槻礼次郎内閣（一九二四・六・－一九二七・四・）の主な勅任官

官名	人名	在任期間	備考
内閣書記官長	江木　翼	二四・六・－二五・八・	憲政会員、貴族院議員。一四・四・－一六・一〇・〔大隈〕内閣書記官長、一六・一〇・－三二・九・貴勅（同成会）、二五・八・－二七・四・〔加藤高〕法相。
	塚本清治	二五・八・－二七・四・	憲政会系官僚。二六・一・－四五・七・貴勅（同成会）、二七・六・民政党入党、三一・一・－三二・一・〔浜口〕関東長官。
法制局長官	塚本清治	二四・六・－二五・八・	内閣書記官長より。
	山川端夫	二五・八・－二七・四・	憲政会系官僚。二六・一・－四六・七・貴勅（研究会）、二七・五・憲政会入党、二九・一一・〔浜口〕ロンドン海軍会議全権委員随員。
内務次官	湯浅倉平	二四・六・－二五・九・	憲政会系官僚。一六・一〇・－二九・一一・貴勅（同成会）、二五・一二・－二七・一二・〔加藤高〕朝鮮政務総監、二九・一一・－三三・二・〔浜口〕会計検査院長。
	川崎卓吉	二五・九・－二七・四・	内務省警保局長より。
大蔵次官	小野義一	二四・六・－二四・八・	官僚。中正会所属代議士。浜口蔵相と同郷。二四・五・－二八・一・代議士（中正倶楽部→政友会）。
	田　昌	二四・八・－二七・四・	憲政会系官僚。二八・二・－三二・一・代議士（民政党）、三一・四・－三一・一二・〔若槻〕大蔵政務次官。
司法次官	林頼三郎	二四・一・－二七・四・	官僚。
文部次官	松浦鎮次郎	二四・一・－二七・四・	官僚。三〇・一二・－三八・一二・貴勅（同交会）。
農商務次官	三土忠造	二四・六・－二四・八・	政友会代議士。二四・八・－二五・八・〔加藤高〕農商務（のち農林）政務次官、二七・六・－二九・七・〔田中〕蔵相。
	中井励作	二四・八・－二四・一二・	官僚。
	四条隆英	二四・一二・－二五・三・	官僚。
農林次官	阿部寿準	二五・四・－二九・七・	官僚。
商工次官	四条隆英	二五・四・－二九・四・	官僚。
逓信次官	桑山鉄男	二四・六・－二九・七・	官僚。二九・七・－三六・一二・貴勅（交友倶楽部）。
鉄道次官	早速整爾	二四・六・－二四・八・	憲政会代議士。二四・八・－二五・八・大蔵政務次官、二五・八・－二六・六・〔加藤高〕農相、二六・六・－二六・九・〔若槻〕蔵相。
	青木周三	二四・八・－二六・一〇・	憲政会系官僚。仙石鉄相の娘婿、二六・一二・－四六・一二・貴勅（同成会）、二九・七・－三一・九・〔浜口〕鉄道次官。
	八田嘉明	二六・一〇・－二九・七・	官僚。二九・七・－四六・二・貴勅（研究会）。

警視総監	太田政弘	二四・六・-二七・四・	憲政会系官僚。二六・一・-四七・五・貴勅（研究会）、二七・四・憲政会入党、二九・八・-三一・一・（浜口）関東長官、三一・一・-三二・三・（若槻）台湾総督。
内務省警保局長	川崎卓吉	二四・六・-二五・九・	憲政会系官僚。二五・九・-二七・四・内務次官、二六・一・-三六・三・貴勅（同和会）、二七・五・憲政会入党、二九・七・-三一・四・（浜口）法制局長官。
	松村義一	二五・九・-二七・四・	憲政会系官僚。二七・四・-四六・六・貴勅（公正会）、二七・四・民政党入党、三一・四・-三一・一二・（若槻）商工政務次官。
内閣拓殖局長	浜田恒之助	二四・六・-二四・一二・	憲政会系官僚。
	黒金泰義	二五・九・-二七・五・	憲政会元代議士。元山口県知事。三〇・三・-三一・四・（浜口）鉄道政務次官。

【出典】【凡例】表4に同じ。

【注】塚本清治の民政党入党日は不明だが、『東京日日新聞』『民政』の記事から一九二七・六・（民政党創立時）と推定した。

表9　加藤高明・第一次若槻礼次郎内閣（一九二四・六・-一九二七・四・）の政務次官・参与官

政務次官

官名	人名	在職期間	備考
外務政務次官	中村巍	二四・八・-二五・八・	政友会代議士（当選一回、和歌山）。元外務省通商局長、アルゼンチン公使。
	矢吹省三	二五・八・-二七・四・	貴族院議員（男爵議員、公正会）。二九・七・-三一・四・（浜口）海軍政務次官、三一・四・-三一・一二・（若槻）外務政務次官。
内務政務次官	片岡直温	二四・八・-二五・八・	憲政会代議士（当選七回、京都）。元日本生命社長。二五・八・-二六・六・（加藤高）商相、二六・六・-二七・四・（若槻）蔵相。
	俵孫一	二五・八・-二七・四・	鉄道政務次官より。
大蔵政務次官	早速整爾	二四・八・-二五・八・	憲政会代議士（当選八回、広島）。二四・六・-二四・八・（加藤高）鉄道次官、二五・八・-二六・六・（加藤高）農相、二六・六・-二六・九・（若槻）蔵相。
	武内作平	二五・八・-二七・四・	海軍政務次官より。
陸軍政務次官	関和知	二四・八・-二五・二・	憲政会代議士（当選七回、千葉）。一五・七・-一六・一〇・（大隈）司法省副参政官。

	降旗元太郎	二五.四.-二五.八.	憲政会代議士（当選九回、長野）。元長野県会議員、信陽日報社長。
	水野　直	二五.八.-二七.四.	貴族院議員（子爵議員、研究会）。研究会領袖。
海軍政務次官	秦　豊　助	二四.八.-二五.四.	政友会代議士（当選四回、埼玉）。一九.四.-二二.六.〔原〕通信次官。三一.一二.-三二.五.〔犬養〕拓相。
	武内作平	二五.四.-二五.八.	憲政会代議士（当選六回、大阪）。大阪弁護士会長。三一.四.-三一.一二.〔若槻〕法制局長官。
	井上匡四郎	二五.八.-二六.六.	貴族院議員（子爵議員、研究会）。工学者（元東京帝国大学教授）。
	降旗元太郎	二六.六.-二七.四.	鉄道政務次官より。
司法政務次官	熊谷直太	二四.八.-二五.八.	政友会代議士（当選四回、山形）。弁護士。三一.一二.-三二.五.〔犬養〕司法政務次官。
	本田恒之	二五.八.-二七.四.	憲政会代議士（当選五回、長崎）。弁護士、元長崎県会議員。
文部政務次官	鈴置倉次郎	二四.八.-二六.五.	憲政会代議士（当選九回、愛知）。一五.七.-一五.八.〔大隈〕外務省副参政官。
	田中善立	二六.六.-二七.四.	憲政会代議士（当選五回、愛知）。一五.七.-一六.一〇.〔大隈〕海軍省副参政官。
農商務政務次官	三土忠造	二四.八.-二五.四.	政友会代議士（当選六回、香川）。二一.一一.-二二.六.〔高橋〕内閣書記官長、二七.六.-二九.七.〔田中〕蔵相。
農林政務次官	三土忠造	二五.四.-二五.八.	農商務政務次官より。
	小山松寿	二五.八.-二七.四.	憲政会代議士（当選四回、愛知）。名古屋新聞社長、元名古屋市会議員。三〇.四.-三一.一二.衆議院副議長。
商工政務次官	秦　豊　助	二五.四.-二五.八.	海軍政務次官より。
	柵瀬軍之佐	二五.八.-二七.四.	憲政会代議士（当選五回、岩手）。元東京毎日新聞編集長、大倉組台湾支店総支配人。
逓信政務次官	古島一雄	二四.八.-二五.六.	革新倶楽部代議士（当選六回、東京）。元雑誌「日本」「日本及日本人」記者。
	頼母木桂吉	二五.八.-二七.四.	憲政会代議士（当選四回、東京）。元報知新聞社長、東京市会議員。三六.三.-三七.二.〔広田〕逓相。
鉄道政務次官	俵　孫　一	二四.八.-二五.八.	憲政会代議士（当選一回、島根）。元北海道庁長官、拓殖事務局長。二九.七.-三一.四.〔浜口〕商相。
	降旗元太郎	二五.八.-二六.六.	陸軍政務次官より。
	佐竹三吾	二六.六.-二七.四.	貴族院議員（勅選議員、研究会）。二四.一.-二四.六.〔清浦〕法制局長官。二八.二.民政党入党。

参与官

官名	人名	在職期間	備考
外務参与官	永井柳太郎	二四.八.-二七.四.	憲政会代議士（当選二回、石川）。元早稲田大学教授、雑誌「新日本」主筆。三二.五.-三四.七.〔斎藤〕拓相。

内務参与官	鈴木富士弥	二四・八・－二七・四・	憲政会代議士（当選三回、東京）。弁護士、堂島ビルディング取締役。二九・七・－三一・四・〔浜口〕内閣書記官長。
大蔵参与官	三木武吉	二四・八・－二七・四・	憲政会代議士（当選三回、東京）。弁護士、元東京市会議員、報知新聞社長。
陸軍参与官	川崎克	二四・八・－二五・八・	憲政会代議士（当選四回、三重）。元・元山時事新報主幹兼主筆。二九・七・－三一・四・〔浜口〕司法政務次官。
	溝口直亮	二五・八・－二七・四・	貴族院議員（伯爵議員、研究会）。陸軍少将（二三・九・予備役）。二九・七・－三〇・八・〔浜口〕陸軍政務次官。
海軍参与官	菅原傳	二四・八・－二五・八・	政友会代議士（当選一一回、宮城）。実業家（新聞事業・拓殖事業）。
	伊東二郎丸	二五・八・－二七・四・	貴族院議員（子爵議員、研究会）。三〇・八・－三一・四・〔浜口〕陸軍政務次官。
司法参与官	岩崎幸治郎	二四・八・－二五・八・	政友会代議士（当選三回、大阪）。弁護士。
	八並武治	二五・八・－二七・四・	憲政会代議士（当選二回、東京）。弁護士。三二・六・－三二・一二・〔斎藤〕司法政務次官。
文部参与官	河上哲太	二四・八・－二五・八・	政友会代議士（当選三回、愛媛）。元国民新聞社経済部長。
	山道襄一	二五・八・－二七・四・	憲政会代議士（当選五回、広島）。雑誌「新半島」主幹。二九・七・－三〇・三・〔浜口〕鉄道政務次官。
農商務参与官	堀切善兵衛	二四・八・－二五・四・	政友会代議士（当選五回、福島）。二一・一一・－二二・六・〔原〕大蔵省勅任参事官。二九・一二・－三〇・一・衆議院議長。
農林参与官	黒住成章	二五・四・－二五・八・	政友会代議士（当選二回、北海道）。弁護士。二七・四・－二八・七・〔田中〕司法参与官。
	高田耘平	二五・八・－二七・四・	憲政会代議士（当選四回、栃木）。地主、元栃木県会議員。二九・七・－三一・四・〔浜口〕農林政務次官。
商工参与官	堀切善兵衛	二五・四・－二五・八・	農商務参与官より。
	野村嘉六	二五・八・－二七・四・	憲政会代議士（当選五回、富山）。弁護士、元富山県会議員。二九・七・－三一・四・〔浜口〕文部政務次官。
逓信参与官	植原悦二郎	二四・八・－二五・八・	革新倶楽部代議士（当選三回、長野）。元明治大学教授。二七・四・－二九・四〔田中〕外務参与官。
	川崎克	二五・八・－二七・四・	陸軍参与官より。
鉄道参与官	古屋慶隆	二四・八・－二七・四・	憲政会代議士（当選四回、岐阜）。地主、元町会議員。三一・四・－三一・一二・〔若槻〕内務政務次官。

【出典】【凡例】表4に同じ。

【注】人事異動の原因は以下の通り。二五・二・は関陸軍政務次官の死去。二五・四・は農商務省の分離。二五・六・は革新倶楽部の政友会合流。二五・八・は第一次加藤内閣の総辞職と第二次加藤内閣の成立。二六・六・は第一次若槻内閣の改造と鈴木文部政務次官の死去。

表10　大正～昭和戦前期の主な議会における政府委員数

議会(内閣)	開会年	内閣	外務	内務	大蔵	陸軍	海軍	司法	文部	農商＊	逓信	鉄道	拓務	厚生	合計	うち政党員数※	うち途中任命者
31議会(山本)	1913	5	6	17	8	4	3	4	5	9	5	－	－	－	66	6	4
37議会(大隈)	1914	7	7	13	11	4	5	4	6	11	8	－	－	－	76	16	10
40議会(寺内)	1916	11	4	8	11	4	4	5	5	12	6	－	－	－	76	0	4
42議会(原)	1919	22	6	9	13	6	4	8	9	18	6	－	－	－	101	5	11
44議会(原)	1920	22	8	11	16	6	4	9	12	20	8	7	－	－	123	11	20
45議会(高橋)	1921	22	11	15	16	4	5	12	9	18	8	8	－	－	128	14	23
46議会(加藤友)	1922	22	12	15	18	4	3	7	11	16	7	8	－	－	123	0	21
49議会(加藤高)	1924	19	9	18	17	3	3	8	7	14	8	8	－	－	112	4	10
50議会(加藤高)	1924	12	4	8	7	5	5	4	4	3	4	5	－	－	60	22	11
51議会(加藤高・若槻)	1925	12	5	9	9	5	5	7	4	10	5	6	－	－	77	23	29
52議会(若槻)	1926	12	3	9	9	5	5	5	4	9	3	5	－	－	69	23	21
56議会(田中)	1928	15	7	13	12	6	5	4	4	16	5	7	－	－	94	24	33
59議会(浜口)	1930	4	3	16	13	5	6	6	6	20	6	6	13	－	104	26	48
64議会(斎藤)	1932	5	3	11	15	5	5	5	4	25	8	8	14	－	108	20	41
67議会(岡田)	1934	6	5	13	19	6	5	6	10	21	11	7	13	－	122	18	60
73議会(第1次近衛)	1937	15	10	12	19	7	5	7	11	30	20	7	14	16	173	27	72
76議会(第2次近衛)	1940	26	9	13	21	11	8	8	12	39	18	9	12	20	206	0	85
79議会(東条)	1941	33	8	12	23	9	8	5	11	27	20	9	13	18	196	0	70

【出典】各議会毎の『衆議院報告』(衆議院事務局発行)。同書が発行されなかった第31議会については，『帝国議会衆議院議事速記録』による。

【注1】有意味な比較を行うため，原則として，会期中に解散や内閣の変更がなかった通常議会を取り上げた。

【注2】会期中に同一役職に他の者が任命された場合は，1名と数えた。また，会期中に同一人物が別の役職者として改めて任命された場合は，2名と数えた。

【注3】単に「政府委員」とされている者は，表では「内閣」と記した。その他の「各省所管事務政府委員」は，「外務」「大蔵」のように，省名を記した。
＊農商務省の分離後は，農林省・商工省の政府委員の合計。　※一時的党籍離脱者も政党員に含めたが，無所属の代議士は政党員に含めなかった。なお，二大政党制の時期(加藤高明内閣～犬養毅内閣)では貴族院議員も政党員に含めたが，それ以外の内閣では政党員に含めなかった。

表11　加藤高明内閣期における議会の政府委員

■49特別議会	
・内務省所管事務取扱政府委員（16→18名）	
内務次官	湯浅倉平
内務省神社局長	佐上信一他局長５名
内務書記官	赤木朝治
社会局長官	池田宏
社会局部長	三矢宮松
復興局長官	直木倫太郎
復興局部長	稲葉健之助他部長３名
北海道庁長官	土岐嘉平
北海道庁土木部長	古宇田昌（24.7.7.より）
内務技監	市瀬恭次郎（24.7.3.より）
■50通常議会	
・内務省所管事務取扱政府委員（４→８名）	
内務政務次官	片岡直温
内務参与官	鈴木富士弥
内務省地方局長	潮恵之助
内務省警保局長	川崎卓吉（24.2.16.より）
内務省衛生局長	山田準次郎（24.3.17.より）
内務書記官	赤木朝治
復興局長官	直木倫太郎（24.1.30.より）
北海道庁長官	土岐嘉平（24.1.30.より）
■51通常議会	
・内務省所管事務取扱政府委員（３→９名）	
内務政務次官	俵　孫一
内務参与官	鈴木富士弥
内務省警保局長	松村　義一（26.3.9.より）
内務省地方局長	潮　恵之助（26.1.20.より）
復興局長官	清野長太郎（26.1.20.より）
社会局長官	長岡隆一郎（26.1.20.より）
北海道庁長官	中川　健蔵（26.1.20.より）
内務書記官	赤木　朝治
内務書記官	田中廣太郎（26.1.20.より）

【注１】『帝国議会衆議院議事速記録』による。
【注２】一重線は憲政会代議士であることを示す。

奈良岡　聰智　ならおか　そうち
1975年10月，青森県青森市生まれ
1999年３月，京都大学法学部卒業
2004年３月，京都大学大学院法学研究科博士後期課程修了
現在　京都大学大学院法学研究科准教授，京都大学博士（法学）
主要著作
「政務次官設置の政治過程」(1)～(6)（『議会政治研究』65～71号，2003年３月～2004年９月）
「アーネスト・サトウの日本政治観——1895～1900年——」（『法学論叢』156巻３・４号，2005年１月）
「チャールズ・エリオットと第一次大戦後の日本政治——1918～1926年——」（『法学論叢』158巻５・６号，2006年３月）

加藤高明《かとうたかあき》と政党政治《せいとうせいじ》——二大政党制《にだいせいとうせい》への道《みち》——

2006年８月25日　第１版第１刷発行　　2014年２月25日　第１版第３刷発行

著　者　奈良岡聰智《ならおかそうち》
発行者　野澤伸平
発行所　株式会社　山川出版社
〒101-0047　東京都千代田区内神田1-13-13
電話　03(3293)8131(営業)　03(3293)8135(編集)
http://www.yamakawa.co.jp/　振替　00120-9-43993
印刷所　株式会社　太平印刷社
製本所　株式会社　ブロケード
装　幀　菊地信義

ISBN978-4-634-52011-0

人名索引

凡例

1)50音順に配列した。

2)註で掲げた文献の著者，編者や史料に記された人名，表に掲載した人名は採録しなかった。

3)「伊藤博文内閣」のように直接その人物を指していない語句は，事項索引に採録した。

4)身分や職名から人物が特定できる場合には，その人名を採録した。

5)外国人の名前は，便宜的に日本語の読み方に従って配列した。欧米人の場合，片仮名読みの後に括弧内でアルファベット表記を示すのを原則とした。

6)結婚した女性の場合は，結婚後の姓で採録し，括弧内で旧姓を示すのを原則とした。

● か

● た

事項索引

凡例

1)本書の骨子に関わる事項を取捨選択して採録しており，網羅的なものではない。

2)50音順に配列した。ただし，議会，総選挙については，「議会」「総選挙」という項目の下で時代順に配列した。

3)各項目の下に適宜小項目を設けた。

4)文脈から事項が特定できる場合には，その事項を採録したものもある。

● あ

● た

● や

● ら

● わ